信息素养与法律文献检索

林燕萍　主编

INFORMATION LITERACY AND
LEGAL LITERATURE RETRIEVAL

法律出版社
LAW PRESS · CHINA
北京

图书在版编目(CIP)数据

信息素养与法律文献检索 / 林燕萍主编. -- 2 版
. -- 北京 : 法律出版社, 2024
ISBN 978 - 7 - 5197 - 7219 - 2

Ⅰ. ①信… Ⅱ. ①林… Ⅲ. ①法律–情报检索 Ⅳ.
①G252.7

中国版本图书馆 CIP 数据核字(2022)第 197815 号

信息素养与法律文献检索(第二版)
XINXI SUYANG YU FALÜ WENXIAN JIANSUO (DI-ER BAN)

林燕萍 主编

策划编辑 沈小英
责任编辑 刘晓萌
装帧设计 鲍龙卉

出版发行 法律出版社
编辑统筹 法治与经济出版分社
责任校对 王 丰
责任印制 吕亚莉
经 销 新华书店

开本 710 毫米×1000 毫米 1/16
印张 42.75 **字数** 697 千
版本 2024 年 1 月第 2 版
印次 2024 年 1 月第 1 次印刷
印刷 天津嘉恒印务有限公司

地址:北京市丰台区莲花池西里 7 号(100073)
网址:www.lawpress.com.cn
投稿邮箱:info@lawpress.com.cn
举报盗版邮箱:jbwq@lawpress.com.cn

销售电话:010 - 83938349
客服电话:010 - 83938350
咨询电话:010 - 63939796

书号:ISBN 978 - 7 - 5197 - 7219 - 2
定价:156.00 元

凡购买本社图书,如有印装错误,我社负责退换。电话:010 - 83938349

目　录

第一章　信息素养

“信息素养”(Information Literacy)这个名词最早出现在 1974 年。到 21 世纪,信息素养在教育界渐渐取代旧有的“信息能力”(Information Competency)或“信息技能”(Information Skills),作为一种高级的认知技能,与批判性思维、解决问题的能力一同构成了企业、组织、团队或个人进行知识创新和知识管理的基础。从“用”的角度来看,知识管理的本质核心,是企业、组织、团队及个人信息素养的培养。可以说,信息素养是一种知识管理的策略。

第一节　信息与文献

一、DIKW 知识管理体系

(一)数据

数据泛指对客观事物的数量、属性、位置及其相互关系的抽象表示,以适合于用人工或自然的方式进行保存、传递和处理。通过数据的描述,我们的大脑里形成了对客观世界的清晰印象。

数据需要通过人们约定俗成的字符和定义表现出来。这些字符和定义,我们称为关键词,数据就是通过对这些关键词的应用把人类认知的物质世界清晰地描述出来。关键词必须是人们约定俗成的,这就表示不同国家、不同宗教、不同阶级的人对于关键词的约定必然会有差异。由此,可以推导出数据具有一个使用范围。不同领域的人在描述同一事物时会出现不同的数据。数据的有范围性导致由此建立的信息世界、知识世界在不同的国家、不同的宗教、不同的阶级中会产生差异。认识到数据的有范围性,要求我们在某一领域进行知识管理时,首先需要统一关键词的约定。

(二)信息

"信息"一词在英文、法文、德文、西班牙文中均是"information",日文为"情报",我国台湾地区称为"资讯",我国古代用的是"消息"。在现代,信息是事物及其属性标识的集合。信息的高度复杂性,决定了信息的定义很难被统一,不同的领域有不同的定义。同样地,信息的表现形式和种类也是多种多样,难以计数。笔者认为在知识管理领域,这个定义还是比较贴切的。

信息源于数据并高于数据。单一的数据是没有联系的、孤立的。只有当这些数据用来描述一个客观事物和客观事物的关系,形成有逻辑的数据流,它们才能被称为信息。

信息还包括有一个非常重要的特性——时效性。信息的时效性,是指信息仅在一定时间段内对决策具有价值的属性。信息的时效性很大程度上制约着决策的客观效果,影响着决策的生效时间。

(三)知识

知识是信息的一部分,是由信息提炼、转化而成的,是经过人类认识、挑选,协同和深化了的信息。

国际经济合作组织组编的《知识经济》(*Knowledge Based Economy*,1996 年)中对知识的界定,采用了 20 世纪 60 年代以来一直流行的说法——知识就是知道了什么(Know-what)、知道为什么(Know-why)、知道怎么做(Know-how)、知道谁(Know-who)。这样的界定可以概括为"知识是 4 个 W"。

哈里斯(Harris,1996 年)将知识定义为:知识是信息、文化脉络以及经验的组合。其中,文化脉络为人们看待事情时的观念,会受到社会价值、宗教信仰、天性以及性别等影响；经验则是个人从前所获得的知识；而信息则是在数据经过储存、分析以及解释后所产生的，因此信息具有实质内容与目标。

知识之所以在数据与信息之上，是因为它更接近于行动，与决策相关。我们认为这些知识的经典定义都有其价值和意义，信息虽给出了数据中一些有一定意义的东西，但其价值往往会在时间效用失效后开始衰减，只有通过人们的参与，对信息通过归纳、演绎、比较等手段进行挖掘，使其有价值的部分沉淀下来，并与已存在的人类知识体系相结合，这部分有价值的信息才转变成知识。有价值的信息沉淀并结构化后就形成了知识。

（四）智慧

智慧是高等生物所具有的基于神经器官（物质基础）的一种高级综合能力，是知识层次中的最高一级，它同时也是人类区别于其他生物的重要特征。智慧使我们作出导致成功的决策。

智慧是人类解决问题的一种能力，是人类特有的能力。智慧的产生需要基于知识的应用。智慧是人类基于已有的知识，针对物质世界运动过程中产生的问题，根据获得的信息进行分析、对比、演绎，并找出解决方案的一种能力。这种能力运用的结果是将信息的有价值部分挖掘出来，并使之成为已有知识架构的一部分。

（五）DIKW 体系

DIKW 体系（Data-Information-Knowledge-Wisdom，DIKW）将数据、信息、知识、智慧纳入一种金字塔形的层次体系，每一层比下一层都赋予一些新的特质。原始观察及量度获得了数据，分析数据间的关系获得了信息。在行动上应用信息产生了知识。智慧关心未来，它含有暗示及滞后影响的意味。（见图 1－1－1）

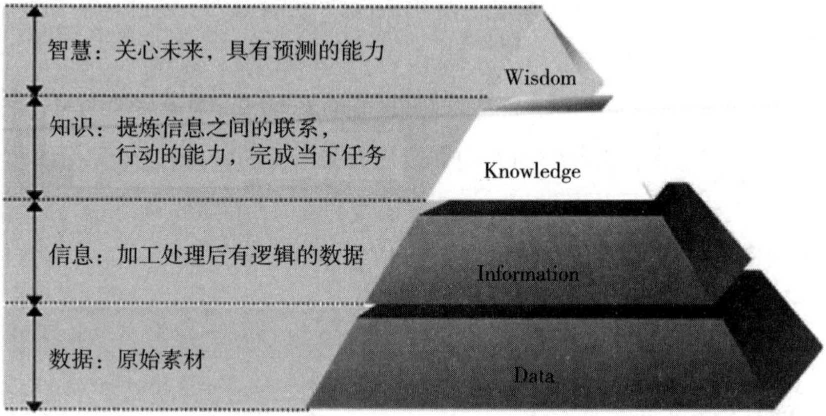

图 1-1-1　DIKW:数据、信息、知识、智慧的金字塔层次体系

通过对 DIKW 模型的分析,我们可以看到数据、信息、知识与智慧之间既有联系,又有区别。数据是记录下来可以被鉴别的符号。它是最原始的素材,未被加工解释,没有回答特定的问题,没有任何意义。信息是已经被处理、具有逻辑关系的数据,是对数据的解释,这种信息对其接收者具有意义。知识是从相关信息中过滤、提炼及加工而得到的有用资料。在特殊背景和语境下,知识在数据与信息、信息与信息在行动中的应用之间建立有意义的联系,它体现了信息的本质、原则和经验。此外,知识基于推理和分析,还可能产生新的知识。智慧,是人类所表现出来的一种独有的能力,主要表现为收集、加工、应用、传播知识的能力,以及对事物发展的前瞻性看法。智慧是在知识的基础之上,通过经验、阅历、见识的累积而形成的对事物的深刻认识和远见,体现为一种卓越的判断力。

整体来看,有关联的数据,转化为信息,升级为知识,升华为智慧。这一过程,是信息的管理和分类过程,使信息从庞大无序到分类有序。这就是一个知识管理的过程。

二、法律文献

(一)文献

“文献”一词,最早见于《论语 · 八佾》:“子曰,夏礼,吾能言之,杞不足征也。

殷礼,吾能言之,宋不足征也。文献不足故也。足,则吾能征之矣”。朱熹《论语集注》中解释:“文,典籍也。献,贤也。”这里的“文”是指典籍,“献”是指人才。后来,“文献”一词慢慢向偏义词演化,偏重于“文”,单指典籍。

今天我们所说的文献,是指“记录有知识的一切载体”。具体来说,文献是将信息用文字、符号、图像、音频等记录在一定的物质载体的结合体。

(二)法律文献

法律文献,顾名思义,就是指一切记录有法律知识的载体,它包括法律法规、司法解释、条约、判例案例、法学论著及法学类工具书,等等。这些文献可以记录在各种载体上,包括印刷形式的图书、期刊、报纸、学位论文、报告等,以及缩微资料和光盘、磁盘和网上资源等。

法律文献的类型有几种不同的分类标准和方法。

法律渊源直接影响其法律文献的体系结构和内容。根据效力的不同,法律文献一般分为原始文献(primary sources)和二次文献(secondary sources)。原始文献,主要是指国家立法机构和政府制定颁布的法律、行政法规、行政规章和政府部门的决定等,在普通法系国家还包括司法判例和决定。二次文献,是用以解释、查询以及更新原始文献的资源,是对法律原则的讨论和分析,是法律解释性和分析性文献,包括专著、法律百科全书、法律期刊、工具书、索引、摘要,等等。

在国内的法律检索界,我们比较认同的还是根据一般社会科学文献的普遍分类方法,即法律文献分为法律图书、法律期刊、法律工具书等。此外,也会根据法律文本形式的不同,分为法律、法规、司法解释、条约、案例等。

第二节　认识信息素养

20世纪70年代,鉴于信息社会普遍要求劳动者在工作中利用信息解决问题,美国信息产业界率先提出了信息素养的概念。随后,这一概念由提出伊始强调的工作场景转向图书馆和学术场景,并逐渐演变为一个与信息技术、电子数据库和专门技术知识密切相关的重要概念。

一、信息素养的提出

信息素养(Information Literacy)是进入信息社会后出现的一个概念。1974年美国信息产业协会主席保罗·泽考斯基(Paul Zurkowski)在提交给全美图书馆和信息学委员会的一份报告《信息服务环境关系与优先事项》中首次提出了这一概念,他将之解释为"利用大量的信息工具及原始信息源使问题得到解答的技术和技能"。1989年,美国图书馆协会下设的信息素养主席委员会发布了一份权威报告,报告定义了信息素养的四个组成部分,即四种能力:确定何时需要信息的能力、查找信息的能力、评估信息的能力、有效地利用所需信息的能力。概括起来,就是至今使用最为广泛的一种对信息素养的定义:有信息素养的人必须能够确定何时需要信息,并且具有检索、评价和有效使用所需信息的能力。

二、信息素养标识

为方便全球信息素养教育研究者与从业者的交流,联合国教科文组织(United Nations Educational, Scientific, and Cultural Organization, UNESCO)统一了信息素养的名称与标识。2008年8月,在加拿大魁北克举办的世界图书馆信息大会上,UNESCO负责传播与信息事务的副总干事宣布了国际信息素养logo大赛的冠军得主,宣告信息素养国际通用logo的诞生,标志着"信息素养"术语在全球的统一和广泛认可。(见图1-2-1)

图1-2-1 信息素养logo

作为信息素养的国际性标识,该标识的设计者是来自古巴哈瓦那的平面设计师爱德加·路易斯·佩雷兹(Edgar Luy Pérez)。标识采用世界公认的图书和圆的形象,以一种通俗易懂的方式,表示人类既可以通过传统方式也可以通过现代信息技术查找并获取信息。前者象征着学习,而后者则代表当前因互联网而更易获取的知识和信息,及其社会沟通的功能。该图标也代表一本翻开的图书,和顶部的圆构成一个隐喻,即那些拥有认知技能的人能够快速检索并洞悉信息所隐含的知识。俯视可见一个通常代表信息的小写的英文字母"i"。

三、信息素养的内涵

信息素养,是一个多元化、综合性的概念,包括多方面的内容,既包括信息意识和信息伦理,又包括信息技术的操作能力、各种软件的应用能力、信息资源的创新能力等。具体来说,信息素养的内涵由信息意识、信息能力、信息知识和信息伦理这四大要素共同组成。

(一)信息意识

信息意识,是指对待信息的敏感程度,即面对问题能主动寻找答案,并知道在哪里、用什么方法去寻求答案。它是信息素养中最为重要的部分,被称为信息素养的灵魂。

信息意识的表现形式包括:

- 对信息具有敏锐的感受力;
- 对信息具有持久的注意力;
- 对信息价值具有判断力。

(二)信息能力

信息能力,是指人们获取信息、加工处理信息、吸收信息并创造新信息的能力。信息能力是信息时代人类重要的生存能力,也是现代社会人类终身学习必备的基本能力。信息能力是信息素养的核心,包括以下几种能力:

- 检索信息的能力;
- 评价信息的能力;
- 整合与创造信息的能力。

(三)信息知识

信息知识是信息素养的基础,是在开展信息获取、评价、利用等信息活动中所需的知识。表现在下列方面:

- 信息文化知识;
- 各种信息源;
- 信息检索工具;
- 检索方法等方面的知识;
- 计算机和网络技术常识;
- 信息法规知识。

(四)信息伦理

面对信息污染、侵犯个人隐私权与知识产权、网上诈骗、网络攻击与破坏等网络信息活动失范行为,信息伦理的概念应运而生。信息伦理又称信息道德,是指个体在信息的开发、传播、管理、获取、利用等信息活动中应遵守的一定伦理规范。信息伦理则是信息素养的准则。主要表现在三个方面:

- 信息交流与传递的目标要与社会整体目标相一致;
- 遵循信息法律法规,抵制信息污染;
- 尊重知识产权和个人隐私。

四、信息素养标准

20世纪90年代以后,图书馆信息职业的行业组织、教育主管部门、各层次教育机构、联合国教科文组织、国际图联等开始强调信息素养对信息社会的重要性,全世界各地陆续发布了诸多有关信息素养专题的标准、报告、指南等丰硕的研究成果。

(一)美国信息素养标准和框架

1.《学生学习的九种信息素养标准》

1998年美国图书馆协会与教育交流技术协会(American Library Association and Association for Educational Communications and Technology)在其出版物《信息

能力:创建学习的伙伴》中制定了《学生学习的九种信息素养标准》。这一标准从信息素养、独立学习和社会责任三个方面进行表述,明确和丰富了信息素养在技能、态度、品德等方面的要求。

(1)信息素养方面

标准一:能够快速地、有效地获取信息;

标准二:能够熟练地、批判性地评价信息;

标准三:能够精确地、创造性地使用信息。

(2)独立学习方面

标准四:能探求与个人兴趣有关的信息;

标准五:能欣赏作品和其他对信息进行创造性表达的内容;

标准六:能力争在信息查询和知识创新中做得最好。

(3)社会责任方面

标准七:能认识信息对民主化社会的重要性;

标准八:能履行与信息和信息技术相关的符合伦理道德的行为规范;

标准九:能积极参与小组活动来探求和创建信息。

从上述有关信息素养的定义及信息素养的标准可以看出,信息素养不仅指诸如信息获取、信息检索、信息表达、信息交流等信息技能,而且包括独立学习的态度和方法,在信息社会中合理生活和学习的责任,以及将信息技能用于信息问题解决和进行创新性思维的综合的信息能力。

2.《高等教育信息素养能力标准》

美国大学和研究型图书馆协会(Association of College and Research Libraries, ACRL)董事会于2000年1月18日通过《高等教育信息素养能力标准》(Information Literacy Competency Standards for Higher Education,以下简称《标准》),在1999年10月和2004年2月分别得到美国高等教育协会和独立学院理事会认可。普林斯顿大学图书馆的白健于2005年10月将此标准译为中文。文件内容包括5个标准、22个表现指标,每个表现指标下均以成果作进一步说明,共计86项成果。

《标准》对信息素养作了如下定义,即信息素养是指个人“能认识到何时需要信息,和有效地搜索、评估和使用所需信息的能力”。信息素养在当代科技迅速发展和信息资源极其丰富的环境下变得越来越重要。由于环境变得愈加复杂,个人在学习、工作和生活中面临着多样化的、丰富的信息选择。信息可以来自图书馆、社区、行会、媒体和互联网。越来越多的未经过滤的信息的出现使得它们失去了真实性、正确性和可靠性。另外,个人很难理解和评估以图片、声像和文本的形式存在的信息。信息的不可靠性和不断增加的数量对社会形成威胁。如果缺乏有效利用信息的能力,大量信息本身并不能使大众从中汲取知识。

信息素养为一生学习奠定基础。它适用于各个学科、各种学习环境和教育水平。它可以让学习者掌握内容、扩展研究的范围,有更多主动性和自主性。有信息素养的人应能做到以下几点:

(1)决定所需信息的范围;

(2)有效地获取所需信息;

(3)严格评价信息及其相关资源;

(4)把所选信息融合到个人的知识库中;

(5)有效运用信息达到特定目的;

(6)运用信息同时了解所涉及的经济、法律和社会范畴,合法和合理地获得和利用信息。

五个标准为:

标准一:有信息素养的学生有能力确定所需信息的性质和范围;

标准二:有信息素养的学生可以有效地获得需要的信息;

标准三:有信息素养的学生评估信息和它的出处,然后把挑选的信息融合到他(她)们的知识库和价值体系;

标准四:无论是个人还是作为一个团体的成员,有信息素养的学生能够有效地利用信息来实现特定的目的;

标准五:有信息素养的学生熟悉许多与信息使用有关的经济、法律和社会问题,并能合理合法地获取信息。

《标准》自发布以来,学术图书馆员及其高等教育机构的合作伙伴们开发了相应的学习成果、工具和资源,并且一些高校已经利用它们将信息素养的概念和技能注入到了教学大纲中。我们赖以工作和生活的信息生态系统也呈现活跃而无定性的特点，这些都需要我们再次把注意力聚焦到这一生态系统的基本理念之上。学生在创造新知识、认识信息世界的轮廓和动态，以及合理使用信息、数据和学术成果方面有着更重要的作用和义务。教师在设计旨在加强信息及学术成果的核心概念与本学科相融合的课程及作业方面肩负更大的职责。图书馆员则在识别自己知识领域内可以拓展学生学习的核心理念，创设紧密结合的信息素养新课程，以及与教师开展更广泛的合作方面担负着更大的责任。

3.《高等教育信息素养框架》

《高等教育信息素养能力标准》自 2000 年发布后，受到了广泛的关注和采用，成为高等教育信息素养教学的重要指导性文件之一。随着信息社会发生的巨大变化，ACRL 一直致力于改进《标准》，并于 2013 年成立工作组开展新标准文件的制定，文件定名为《高等教育信息素养框架》(Framework for Information Literacy for Higher Education，以下简称《框架》)。2015 年 2 月，《框架》草案第四稿即最终稿获得了 ACRL 董事会的一致通过，成为正式文件在网上发布，但董事会同时表示《框架》尚需继续完善，目前不考虑废止《标准》，两者将并行供图书馆界研究和使用。2015 年 5 月，清华大学图书馆经 ACRL 的授权，将《框架》翻译成中文在网上发布。

《框架》是基于一个相互关联的核心概念的集合，可供灵活选择实施，而不是一套标准，或者一些学习成果或既定技能的列举。设计思路来自阈概念(threshold concepts)和元素养(metaliteracy)。框架(Framework)按 6 个框架要素编排，每一个要素都包括一个信息素养的核心概念、一组知识技能，以及一组行为方式。代表这些要素的 6 个概念按其英文字母顺序排列如下：

(1)权威的构建性与情境性(Authority Is Constructed and Contextual)；

(2)信息创建的过程性(Information Creation as a Process)；

(3)信息的价值属性(Information Has Value)；

(4)探究式研究(Research as Inquiry)；

(5)对话式学术研究(Scholarship as Conversation)；

(6)战略探索式检索(Searching as Strategic Exploration)。

元素养，是指学生作为信息消费者和创造者成功参与合作性领域所需的一组全面的综合能力，为我们开启了信息素养的全新愿景。元素养要求从行为上、情感上、认知上以及元认知上参与到信息生态系统中。

《高等教育信息素养框架》相对《高等教育信息素养能力标准》,从三个方面加以改进和提升。首先,将线性教学提升为整体体验,重视信息活动的情感因素;其次,从培养信息人到培养信息圈,指引社交网络化的信息活动;最后,从关注认知到强调元认知,培养信息素养人的批判性思维。

(二)英国信息素养标准

英国是世界上较早开展信息素养研究的国家之一,国家和大学图书馆协会(The Society of Colleges, National and University Libraries, SCONUL)下属的信息素养咨询委员会从1997年起就致力于发展高等教育层面上的信息素养教育工作。1999年SCONUL发布《高等教育信息技能:SCONUL立场文件》,提出高等教育中的七大信息技能模型。由于信息素养大环境的变化,SCONUL信息素养工作小组于2011年4月将原先的七大指标模型更新为核心模型,新版模型的七个核心分别为:信息需求识别(identify)、信息需求研究(scope)、检索策略计划(plan)、信息获取(gather)、信息评价(evaluate)、知识管理(manage)和知识展示与创新(present)。这七个方面根据学习和科研流程对信息素养框架进行了整理规划,使其能够更加自然、合理地融入科研和学习过程。2015年12月SCONUL对七大核心模型进行了回顾和评估。

2018年,英国图书馆与情报专家协会(The Chartered Institute of Library and Information Professionals)信息素养工作组(Information Literacy Group)对信息素养的定义进行了更新,强调信息素养教育面向所有公民,逐一界定了五种场景的信息素养:日常生活、公民身份、教育、工作、健康,这是涉及场景最多的信息素养的内涵。

(三)澳大利亚信息素养标准

澳大利亚图书馆员协会在2000年10月对《美国高等教育信息素养能力标准》进行了修改,作为澳大利亚的《信息素养标准》,该标准主要应用于高等教育中,也可适用于其他层次的教育。

(1)具有信息素养的学生能确定信息需求的性质和范围;

(2)具有信息素养的学生能有效充分地存取所需的信息;

(3)具有信息素养的学生能批判地评估信息和信息源,并把所选择的信息纳入自己的知识系统和价值系统;

(4)具有信息素养的学生能分类、存储、利用和改写所收集到的信息或生成信息;

(5)具有信息素养的学生独自或成为团体中的一员,能结合以前的知识和创新的理解来扩展、再组织或创造新的知识;

(6)具有信息素养的学生能够通过使用信息理解文化、法律和社会问题,并在遵守法律、伦理道德的前提下存取和使用信息;

(7)具有信息素养的学生能确认终身学习和履行公民职责与行使公民权利需要信息素养。

澳大利亚和新西兰两国密切合作,成立信息素养研究所(Australian and New ZealandInstitute for Information Literacy, ANZIIL)。2004 年, ANZIIL 出版《澳大利亚与新西兰信息素养框架:规则、标准和实践》,旨在总结和分享成功经验。

(四)中国信息素养标准

我国目前尚未发布全国性的信息素养评价标准。清华大学孙平教授主持研究的北京地区高校信息素养能力指标体系于 2005 年发布。由 7 个一级指标、19 个二级指标、61 个三级指标组成。7 个一级指标为:

(1)具有信息素养的学生能够了解信息以及信息素养能力在现代社会中的作用、价值与力量;

(2)具备信息素养的学生能够确定所需信息的性质与范围;

(3)具备信息素养的学生能够有效地获取所需要的信息;

(4)具备信息素养的学生能够正确地评价信息及其信息源,并且把选择的信息融入自身的知识体系中,重构新的知识体系;

(5)具备信息素养的学生能够有效地管理、组织与交流信息;

(6)具备信息素养的学生作为个人或群体的一员能够有效地利用信息来完成一项具体的任务;

(7)具备信息素养的学生了解与信息检索利用相关的法律、伦理和社会经济问题,能够合理、合法地检索和利用信息。

为加快我国教育现代化和教育强国建设,教育部于2018年4月研究制定了《教育信息化2.0行动计划》①,提出信息素养全面提升行动,要求充分认识提升信息素养对于落实立德树人目标、培养创新人才的重要作用,制定学生信息素养评价指标体系。我国信息素养教育评价标准的制定还处于起步阶段,只是在国家部委文件里面有所涉及,没有专门的标准体系。《北京地区高校信息素养能力指标》是北京市文献检索教育研究会的课题成果,对北京市高校学生信息素养提出了衡量依据。由于北京属于教育较发达地区,指标体系对其他地区的高等学校不具有普适性。因此,制定符合我国国情的全国性的信息素养教育标准迫在眉睫。

第三节　信息素养的衍生

信息技术日益推动社会的进步与发展,科学发现、技术应用、经济发展、社会交流等模式都呈现着日新月异的变化。与信息素养相关的各类素养不断涌现,如媒介素养、数字素养、数据素养,以及现代大学生需要具备的学术素养等。这些素养,如同人文素养、科学素养等,共同组成了新时代大学生核心素养的各个位面。

一、媒介素养

媒介素养(Media Literacy),是指人们面对媒介的各种信息的选择能力、理解能力、质疑能力、评估能力、思辨性应变能力以及创造和制作媒介信息的能力。简言之,媒介素养是一个人使用、阅读、分析以及创造媒体的能力。在现代社会,媒介素养已然成为现代公民必备的基本素养之一,世界各国都不断地致力于媒介素养教育,提升公众媒介素养。媒介素养在世界上很多国家被列入了中小学的课程。

媒介素养教育产生于20世纪30年代,信息素养则是20世纪70年代的产物。从本质上看,媒介素养与信息素养都强调对信息的获取、评估、判断和创造的能力,这使得两者之间有着天然的一致性。著名学者麦克卢汉(Marshall McLuhan)说:

---

① 参见《教育部关于印发〈教育信息化2.0行动计划〉的通知》,载中华人民共和国教育部网,http://www.moe.gov.cn/srcsite/A16/s3342/201804/t20180425_334188.html。

“媒介即信息。”随着信息越来越多地以数字的形式出现,并在数字媒体中传播,我们更容易看到媒介素养与信息素养在一定层面上的相互融合和相互作用。近年来,UNESCO 开始将信息素养与媒介素养合二为一,称为“媒介与信息素养”(Media and Information Literacy)。

随着信息技术的发展,信息传播在日益媒介化的同时也日益数字化。随着以博客、论坛、微博、微信等为载体的自媒体的兴起,我们进入了全民 DIY、全民出版、全民传播的时代。海量信息的传播也意味着肤浅冗余信息的大量存在。同时,自媒体传播难以监管、疏于监管,公众随意的转发与链接,使得信息传播的真实性无从保障,各种虚假信息充斥网络。在这样的背景下,公民媒介素养教育的外延和内涵正在突破原有认知的边界,涵盖着更加丰富、更加深刻的内容。在高度信息化的社会,如何整合媒介素养和信息素养这两种现代公民不可或缺的基本素养,是媒介与信息素养教育亟待解决的问题。

二、学术素养

学术素养是学术研究者应该具备的素质和修养。在教育部提出“双一流”建设和深入推进创新创业教育改革的大环境下,大学生学术素养和创新能力的培养对于高等院校未来的发展以及学生自身能力的提高都有着重要的意义。

近年来,学术论文抄袭、枪手代写、科研数据造假等学术不端行为屡禁不止。学术不端一直是学术科研的一个大问题,是学术出版业的一大问题,不仅破坏了严谨科学的学术氛围,而且对学生的学术素养产生了消极影响。

为有效预防和严肃查处高等学校发生的学术不端行为,维护学术诚信,促进教学科研和学术研究的健康发展,教育部于 2016 年 6 月发布了《高等学校预防与处理学术不端行为办法》(教育部令第 40 号),规定高等学校应当建立集教育、预防、监督、惩治于一体的学术诚信体系。特别突出了预防为主、教育与惩戒相结合的原则。该办法认定具有以下七种行为之一即构成学术不端行为[①]:

---

① 参见《高等学校预防与处理学术不端行为办法》,载中华人民共和国教育部网,http://www.moe.gov.cn/srcsite/A02/s5911/moe_621/201607/t20160718_272156.html。

1. 剽窃、抄袭、侵占他人学术成果;

2. 篡改他人研究成果;

3. 伪造科研数据、资料、文献、注释,或者捏造事实、编造虚假研究成果;

4. 未参加研究或创作而在研究成果、学术论文上署名,未经他人许可而不当使用他人署名,虚构合作者共同署名,或者多人共同完成研究而在成果中未注明他人工作、贡献;

5. 在申报课题、成果、奖励和职务评审评定、申请学位等过程中提供虚假学术信息;

6. 买卖论文、由他人代写或者为他人代写论文;

7. 其他根据高等学校或者有关学术组织、相关科研管理机构制定的规则,属于学术不端的行为。

2017 年 2 月,教育部公布新修订的《普通高等学校学生管理规定》(教育部令第 41 号),明确要求大学生要恪守学术道德、坚守学术诚信。此举对高校图书馆开展学术素养教育、预防学术不端行为提出了新任务。目前,大部分高校图书馆的培训重点还停留在文献的检索与利用上,应将学术道德规范、学术法律规范、写作技术规范、合理使用、知识产权法律知识等学术道德教育内容与图书馆数据库文献检索与利用教育相结合。

三、数字素养

数字素养与技能是数字社会公民学习工作生活应具备的数字获取、制作、使用、评价、交互、分享、创新、安全保障、伦理道德等一系列素质与能力的集合。为加快数字化发展,建设网络强国和数字中国,2021 年 11 月 5 日,中央网络安全和信息化委员会印发《提升全民数字素养与技能行动纲要》(以下简称《行动纲要》)①,对提升全民数字素养与技能作出安排部署。提升全民数字素养与技能,是顺应数字时代要求,提升国民素质、促进人的全面发展的战略任务,是实现从网络大国迈向

---

① 参见《提升全民数字素养与技能行动纲要》,载中共中央网络安全和信息化委员会网,http://www.cac.gov.cn/2021-11/05/c_1637708867754305.htm。

网络强国的必由之路,也是弥合"数字鸿沟"、促进共同富裕的关键举措。由此可见,提升全民数字素养与技能已成为国家发展战略之一。

《行动纲要》对数字素养与技能作了最新的国家界定。无论是在内涵还是外延上,都极大丰富和拓展了原有的认知与界定,为业界和学界开展数字素养与技能教育开辟了广阔的发展空间和灿烂的发展前景。数字素养与技能的内涵、外延、场景、受众、目标,比之信息素养更加宽泛、丰富,是信息素养的"升级版"。

提升全民数字素养与技能也成为国家发展目标之一。《行动纲要》提出,到2025年,全民数字化适应力、胜任力、创造力显著提升,全民数字素养与技能达到发达国家水平。数字素养与技能提升发展环境显著优化,基本形成渠道丰富、开放共享、优质普惠的数字资源供给能力。初步建成全民终身数字学习体系,老年人、残疾人等特殊群体数字技能稳步提升,"数字鸿沟"加快弥合。劳动者运用数字技能的能力显著提高,高端数字人才队伍明显扩大。全民运用数字技能实现智慧共享、和睦共治的数字生活,数字安全保障更加有力,数字道德伦理水平大幅提升。到2035年,基本建成数字人才强国,全民数字素养与技能等能力达到更高水平,高端数字人才引领作用凸显,数字创新创业繁荣活跃,为建成网络强国、数字中国、智慧社会提供有力支撑。

四、数据素养

随着移动互联网、云计算和物联网的快速发展,人类已经进入大数据时代。"大数据"作为一种概念和思潮由计算领域发端,之后逐渐延伸到科学和商业领域。大数据是以容量大、类型多、存取速度快、应用价值高为主要特征的数据集合,正快速发展为对数量巨大、来源分散、格式多样的数据进行采集、存储和关联分析,从中发现新知识、创造新价值、提升新能力的新一代信息技术和服务业态。大数据是信息化发展的新阶段。大数据于2014年后概念体系逐渐成形,对其认知亦趋于理性。大数据相关技术、产品、应用和标准不断发展,逐渐形成了包括数据资源与应用程序接口(Application Programming Interface,API)、开源平台与工具、数据基础设施、数据分析、数据应用等板块构成的大数据生态系统,并持续发展和不断完善,其发展热点呈现了从技术向应用、再向治理的逐渐迁移。推动数据资源的开发与应用成为各国发展战略。2015 年 9 月,国务院印发《促进大数据发展行动纲要》①,大力推动大数据的发展和应用。2021 年 11 月,工业和信息化部印发《"十四五"大数据产业发展规划》,推动我国大数据产业高质量发展。

受大数据环境的影响,科学研究迈向数据密集型科研范式,数据素养成为科研人员必备技能之一。高校大学生作为未来科研和数据管理的主力军,数据素养至关重要,提升大学生的数据素养,培养符合新时代需求的、具备数据素养的新型人才,是高校教育工作者不可推卸的责任。

关于数据素养的定义,目前尚未形成统一的认识,同时存在相似或者接近的术语,如"数据信息素养""科学数据素养""科研数据素养"等。数据素养与信息素养既有区别又相互联系。从信息和数据的概念来看,数据是原始的、不相关的事实,是对客观事物的一种抽象表示,本身不代表任何意义。而信息是被赋予一定含义的、相互间具有联系和相关性的数据,是加工处理后的数据。从这个层面来说,数据比信息的外延更加广泛,数据素养可以说是对信息素养的一种扩展和深化。随着信息和网络技术的发展,人们采集和处理数据的能力逐渐提升,开始从原始数据中寻找和挖掘信息,利用数据创造价值。

第四节　信息素养教育

高等教育承担着培养高素质专门人才和拔尖创新人才、发展科学技术文化的重要使命,高等教育发展的核心任务在于提高人才培养质量。信息素养是进行科学研究和知识创新的基础,能够促进问题解决、知识创新和终身学习等能力的形成,是高素质和创新型人才的必备素养。信息素养教育是培养大学生研究、分析、解决问题能力的重要途径,是高等学校培养高素质、创新型人才的必要环节。

一、信息素养教育体系

国内高等院校的信息素养教育是在文献检索课和用户教育基础上发展起来

① 参见《国务院关于印发促进大数据发展行动纲要的通知》,载中华人民共和国中央人民政府网,http://www.gov.cn/zhengce/content/2015-09/05/content_10137.htm。

的，随着教育内容和形式的变化，从面向全体的信息素养教育发展到按不同对象的专门信息素养教育，从通识的信息素养教育发展到分科的信息素养教育。

《中华人民共和国学位条例》中对本科生、硕士研究生和博士研究生在培养标准上作出了明确的规定，要求本科生具有担负专门技术工作的初步能力，硕士研究生具有从事科学研究工作或独立担负专门技术工作的能力，博士研究生具有独立从事科学研究工作的能力并在科学或专门技术上作出创造性的成果。由此可见，本科生教育更侧重于通识教育和素质教育；硕士研究生侧重于专业能力和一般性研究技能的培养；博士研究生则更侧重于专业学术研究能力的培养。培养目标的不同，不同群体对信息素养教育的需求也必然会产生差异。因此，高校大学生的信息素养教育必须遵循三层递进的“一贯式”教育体系模型（见图1－4－1），阶段培育，贯穿始终。从大学生入校，一直贯穿整个高等教育期间，进而延伸至终身学习的过程。在细分不同群体用户的基础上，针对低年级本科生开展信息素养基础教育，针对高年级本科生开展信息素养进阶教育，针对研究生开展高级信息素养教育，以满足信息素养教育的普适性和针对性，总体上形成从普及到拓展再到深入这样层层推进的信息素养教育规划逻辑。

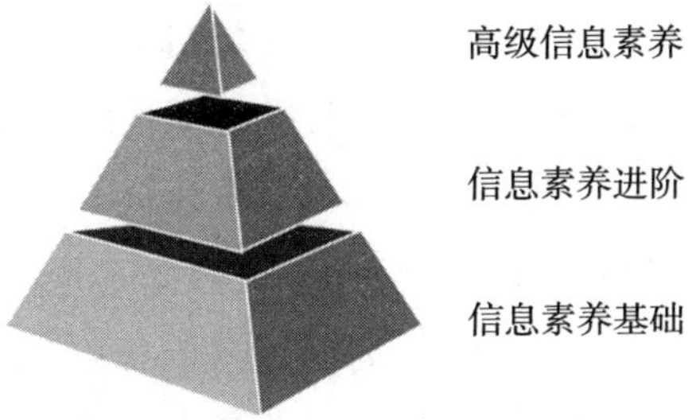

图1－4－1　三层“一贯式”信息素养教育体系模型

从全球信息素养教育和高等教育新环境来看，随着大数据、人工智能等新兴信息技术的蓬勃发展、信息生态环境的不断演变，高等教育领域发生着深刻变革，学术传播与交流模式、用户信息需求和行为方式也发生了根本性变化，对高校的信息素养教育提出了更高的要求。从国家创新发展战略需要出发，新环境下本科生层面的信息素养教育更强调研究和创新能力的培养，鼓励本科生参与科学研究、创新创业，将信息素养教育融入本科生科研训练、创业训练过程，将知识传授、能力培养和价值塑造融为一体,课堂学习与实践创新紧密结合,学生在实践训练中提高独立思考、分析问题、解决实际问题的能力,成长为复合型、创新型人才。研究生层面的信息素养内容则强调专业的信息资源获取能力以及科学研究必备的思维和习惯。在新型的学术交流环境下,学术研究的伦理和规范、学术成果的开放共享均应成为研究生掌握的重点。随着数据密集型科研范式的形成,对数据的获取、处理、分析、利用以及保护能力是科研人员必须具备的素养,科研数据成为研究生信息素养教育的新内容之一,需要充分重视。

二、信息素养教育模式

多年来,国内高校在信息素养教育的实践中逐渐积累了丰富的经验,实现了多元化、全方位的用户信息素养教育,取得了明显成效。随着微课、慕课等新型教育模式的兴起,信息素养教育也进入创新发展的关键时期。

(一)系统性课程教学

课程教学一直是信息素养教育的主要方式,相应高校的图书馆一般是该课程的开设主体。课程开设时间早、历时长,课程内容丰富、体系完整,具有较高的受众群体,是图书馆主推的信息素养教育模式。这类文献检索课或信息素养课,有公共必修和公共选修两种模式,可根据文理分科或进行更为细致的专业分类。

作为一门方法类课程,信息素养教学内容中涉及了与文献检索相关的众多内容,主要集中在文献检索基础知识、常用中外文数据库的使用方法、网络资源的检索方法,以及专题文献资源的检索等。同时,根据目标用户培养标准和信息素养需求的不同,不同层级的课程也会开设不同的内容,如毕业论文或课程论文撰写中的资源检索、开题与立项前的文献调研与综述、专业文献的阅读与研究、科研与论文写作中学术不端行为的界定、参考文献管理软件的使用、中外文核心期刊投稿指南,等等。

在教学方法上,一般采用“课堂讲授 + 教师操作演示 + 学生上机实习”相结合的经典教学方法。文献检索课程操作性较强,为使学生更好地吸收消化理论知识,有必要给学生留出充分时间进行操作实践。

在教学辅助手段上,运用移动互联网技术,通过 E-mail、QQ 群,以及开发课程相关微信公众号，把教学从课堂延伸到课堂外，延续跟踪保持课后教学持续性，以此加强教师与学生的联系，建立教学与资源获取的渠道，使学生从被动学习走向主动学习，满足了学生自主探究以及个性化学习的需求，有效提高学生的学习主动性，提升教学效果。

近年来，社会教育大环境中无论是教育理念还是教育技术、教育模式等方面的发展可谓日新月异，并快速地反映到信息素养教育中来。网络信息获取的便利性可以让我们突破时空限制去获取更多的资源。网络公开课和慕课（Massive Open Online Courses，MOOC）浪潮，为信息素养课程教育提供了新的思路和方向。有实力的高校，选择自主开发公开课和 MOOC 课程。在自身师资缺乏的状况下，更多选择将 MOOC 课程或其他高校的课程进行链接推广或组织观看，帮助本校师生获得更多、更优秀的信息素养教育。

与传统课堂相比，在线课程打破了身份、时间和地域的限制，提高了学习的灵活性，但也存在自身的局限性，无法因材施教、无法有效及时互动、缺少情感交流等。于是国内高校在慕课的基础上，开展线上线下混合式教学模式，构建线上线下结合的学习共同体，实现传统教室学习和现代网络学习的优势互补，最大限度地优化学习效果。

（二）多元化新生教育

新生入馆教育是大学生接受信息素养教育的第一堂课，高校图书馆通过不同途径开展新生教育，使不同类型的新生（本科生、研究生、留学生及新教师等）能够快速了解本校图书馆的资源与服务，是图书馆吸引用户和培养用户的制胜一环。图书馆一般在新生入学之际，通过发放新生手册、制作宣传板报、举办现场讲解和参观图书馆活动、网站开设“新生专栏”、新生入馆教育考试系统测试等多种形式进行宣传，让新生充分认识图书馆。根据本科生和研究生能力及需求的不同分别进行教育。本科新生的教育内容以通识性为主，注重信息意识的教育培养，使本科生初步了解图书馆功能、布局、服务及资源和意识到图书馆和信息交流的重要性。针对研究生，则注重告诉他们信息素养对其未来几年的学科和科研的重要性，使其能在未来研究生生涯中主动培养自己的信息素养能力。

近几年，随着互联网和多媒体技术的飞速发展，新生教育逐渐形成以线上为主、线下为辅的新型教育模式,采用以多媒体技术为支撑的虚拟化场景、微电影、视频、电子书、课件等多种载体,包括在线指南、微视频、闯关游戏、在线测试等认知和感官体验式的教育模式。其中,闯关游戏让新生在游戏中了解图书馆,并通过闯关模式检验学习效果,已成为开展信息素养教育的一种新思路和新途径。各高校近几年较多制作微视频用于新生入馆教育,包括微视频、微电影及宣传片,通过图书馆网站、微信、微博等发布渠道进行展示,使读者能够利用碎片化时间主动点击播放学习。

(三)全方位培训讲座

培训讲座是快速传播信息素养知识的有效途径,一般包括通用的信息素养教育和定制的专题信息素养教育。前者教育内容包括常用数据库的使用、文献管理工具的利用等,一般通过常规讲座来实现,主要面向学校高年级本科生、研究生和教学科研人员,旨在帮助他们在学习和科研过程中能有效地检索、组织管理和利用文献信息。后者是指具有学科和专业特色、特定人群需要的信息素养知识培训,一般包括毕业论文撰写前的文献检索,硕士、博士和科研人员开题、立项前的文献调研和综述等,通常都需要提前预约,通过定制讲座来实现。

讲座的开展有多种不同的形式,一般是现场讲座,也有在线讲座,还可以是线上线下相结合。一般以教师讲授形式进行,或邀请数据库培训师来进行讲解。

通过多途径、立体化的宣传方式,包括图书馆主页、电子显示屏、海报、数据库商宣传册等传统手段,以及 QQ 群、微博、微信等新媒体手段,辅以学校办公系统、与院系辅导员联系等组合宣传方式。微信公众号与图书馆主页、微博等相比,具有精准传播的优势,在培训讲座方面更能实现信息的精准推送服务。

信息素养教育的线上培训讲座包括提供直播讲座(自办讲座、引入讲座)、提供讲座视频观看、提供讲座课件下载等。图书馆利用微信公众号推送与讲座培训相关的内容,以直播讲座为主,直播平台包括腾讯会议、腾讯课堂、ZOOM、哔哩哔哩等。一些数据库商包括 WoS 数据库(Web of Science)、爱思唯尔(Elsevier)、赛吉(SAGE)等会提供直播讲座(引入讲座)服务。

(四)个性化信息素养教育

竞赛式信息素养教育模式近年来受到学生的广泛欢迎,成为重要的信息素养培育方式之一。该模式是通过“以赛促学”来提升信息素养教育,多家高校图书馆已将信息检索竞赛办成连续性的系列活动,且竞赛规模从单个学校举办扩展至地区高校联盟组织。华东理工大学图书馆每年均会推出夏、秋两次文献检索知识竞赛活动。南京大学图书馆自 2011 年举办第一届信息检索大赛开始,至今已举办多届,从 2013 年第三届开始,吸引了南京周边地区的 10 余所高校学生共同参与。自 2014 年起,华东政法大学图书馆每年举办法律文献检索大赛,到 2023 年已连续举办 10 届,现已在华政学子中树立了图书馆的品牌形象。此外,众多数据库厂商也纷纷通过资助的形式扩展数据库的用户群。万方数据库每年在全国多省举办区域性的“万方数据杯”文献检索大赛。自 2015 年起,中国知网数据库每年联合上海高校图工委举办“知网杯”上海高校信息资源发现大赛。

竞赛式和其他信息素养教育模式相比,具有独特的优势。该模式融知识性、趣味性、竞技性、荣誉性于一体,适合现代大学生的口味,起到了寓教于乐的作用。竞赛活动有利于调动学生学习信息检索知识的积极性、主动性,提高对信息素养课程的热情,也能在一定程度上弥补课程教学中因课时所限导致实践操作不能满足学生要求这一不足之处,课内课外联动发力,相得益彰。

除了竞赛式外,伴随着嵌入式服务理念的产生,自 2003 年起,“嵌入式”教学法逐渐引入信息素养教育。嵌入式信息素养教育是图书馆员与专业教师合作,将信息素养教育嵌入专业课程中,讲授与专业课程相关的信息素养知识。嵌入式以用户需求为核心,从分析用户的需求开始,与合作者展开紧密的协作,以提升用户的信息利用和科研创新能力,强调专业化、个性化。目前,国内一些高校图书馆已经成功打开局面并取得了不错的成绩。

随着移动互联网络、智能手机等高科技设备的发展与普及,学生更乐于追求微型化、快餐式、碎片化、个性化的学习方式。为了适应移动互联网时代知识碎片化、时间碎片化的需要,具有短小精悍、灵活、制作成本相对较低的微课逐渐受到推崇。加之信息素养教育的知识内容具有知识点分散又相对独立的特点,容易进行模块化分解,转化为微视频。以微视频为主要教学载体的微课,以它灵活多变的特点在信息素养教育中呈现独特的优势,有助于学生满足个性化学习需求,推动信息素养教育达到更为理想的教学效果。

第二章　传统文献资源的获取

第一节　传统文献资源概述

一、传统文献资源的体系定位

传统文献资源是指图书杂志等书籍类产品。图书是最典型的传统文献之一，UNESCO 将其定义为：凡由出版社（商）出版的不包括封面和封底在内 49 页以上的印刷品，具有特定的书名和著者名，编有国际标准书号，有定价并取得版权保护的出版物。它的内容比较系统、全面、成熟，但是出版周期较长，传递信息速度较慢。书目检索是查找图书的重要途径和方法。

传统文献资源检索主要是以图书馆为依托，以图书馆丰富的馆藏资料为基础，有效地获取文献资源，可以为同学们提供拓宽知识面、融会各学科知识的有利条件，对同学们主动跨越学科间的阈限、有计划地拓展或完善自己的知识结构等方面有所裨益。

二、传统文献资源的特征标识

在检索传统文献资源（主要是图书）后进行自我判断，是检索的重要环节，决定着检索结果的正误与否。

一般而言，图书的文献特征信息是检索的依据，也是甄别图书的依据,即自我判断的重要标准。图书的文献特征分为内容特征和形式特征两大类。常见的内容特征有:责任者、题名、主题、分类等;常见的形式特征有:出版社、出版时间、版本、版式信息、国际标准书号、页码、尺寸等。

在传统文献资源(主要是实体图书)上,图书的文献特征信息集中于封面、书名页、版权页,尤以后两者为重要的文献特征信息源。

以《欧盟竞争法经典案例》(第4辑)一书为例(见图2-1-1):

图书在版编目(CIP)数据

欧盟竞争法经典案例. 第4辑 : 汉英对照 / 林燕萍编译. -- 北京 : 法律出版社, 2020
ISBN 978-7-5197-4460-1

Ⅰ. ①欧… Ⅱ. ①林… Ⅲ. ①欧洲联盟—反不正当竞争法—案例—汉、英 Ⅳ. ①D950.229

中国版本图书馆CIP数据核字(2020)第067664号

欧盟竞争法经典案例(第4辑)
OUMENG JINGZHENGFA JINGDIAN ANLI(DI-4 JI)

林燕萍 编译

策划编辑 沈小英
责任编辑 沈小英 张泽华
装帧设计 李 瞻

出版 法律出版社
总发行 中国法律图书有限公司
经销 新华书店
印刷 固安华明印业有限公司
责任校对 晁明慧
责任印制 吕亚莉

编辑统筹 法治与经济出版分社
开本 710毫米×1000毫米 1/16
印张 21.25
字数 371千
版本 2020年7月第1版
印次 2020年7月第1次印刷

法律出版社/北京市丰台区莲花池西里7号(100073)
网址/www.lawpress.com.cn
投稿邮箱/info@lawpress.com.cn
举报维权邮箱/jbwq@lawpress.com.cn
销售热线/400-660-8393
咨询电话/010-63939796

中国法律图书有限公司/北京市丰台区莲花池西里7号(100073)
全国各地中法图分、子公司销售电话:
统一销售客服/400-660-8393/6393
第一法律书店/010-83938432/8433　西安分公司/029-85330678　重庆分公司/023-67453036
上海分公司/021-62071639/1636　深圳分公司/0755-83072995

图2-1-1　封面、版权页

其内容特征主要有以下几点:

题名:欧盟竞争法经典案例——此为正题名,如有英语题名,则称为并列题名。欧盟竞争法经典案例翻译系列——此为丛编题名。

责任者:林燕萍,编译、主编均是责任方式。

主题:欧洲联盟—反不正当竞争法—案例。规范词取自《汉语主题词表》及

《分类主题词表》,也可以是自由词。

分类:D950.229——此为《中国图书馆图书分类法》(以下简称《中图法》)分类号。

形态特征主要有以下几点:

出版信息:

版本:第1版(第1辑);

出版者:法律出版社;

出版时间:2020年;

ISBN:978-7-5197-4460-1,每种书均有唯一的ISBN(International Standard Book Number,国际标准书号);

版式信息:平装本。

内容特征具有检索意义,一般作为主要检索途径。题名和责任者一般作为首选检索途径。

形态特征一般不具备独立的检索意义,但可作为甄别文献的辅助途径。如出版社代表了内容的权威性;版次代表了内容的变化;页码和尺寸有时可作为判别此书非彼书的重要依据。特别是ISBN,这是图书唯一的身份号,可作为准确判断图书种类的依据。图书馆有一项"以书赔书"的管理制度:读者在使用图书过程不小心损毁了,可以用同种书抵赔,判别同种书的依据就是ISBN。

例如,下面是一组书目数据(三种图书),题名、责任者相同。那么,如何判断是否是同一种书?内容上是否有关联性?

A:国际私法学/丁伟主编——上海:上海人民出版社,2004

644页——新世纪法学教材

ISBN:7-208-05251-4或7-208-05251-2[①]/CNY55.00

B:国际私法学/丁伟主编,——2版,——上海:上海人民出版社,2010

① 这里的国际标准书号有两个,它均对应这一本书。原有书号有效数字只有9位,最多只能容纳10亿种书。因此,国际化标准组织规定,自2007年1月1日起,国际标准书号升级为13位,现有的出版机构在其出版物前加上一个三位数字的前缀"978",新成立的出版机构则加上前缀"979",之所以规定新ISBN为13位,是为了与国际条形码编码EAN-UCC系统接轨,因为超市的商品条形码都为13位。

613 页——新世纪法学教材

ISBN:978 -7 -208 -08976 -1/CNY60.00

C:国际私法学/丁伟主编——3 版——上海:上海人民出版社,2013

619 页——新世纪法学教材

ISBN:978 -7 -208 -11286 -5/CNY80,00

通过比较,我们发现,A、B 和 C,除版次、页码不同外,出版社、丛编都相同,可以认定是同一种书的不同版次,内容虽然有差异,但有关联性。

三、传统文献资源的分类方式

(一)图书分类法简介

图书分类法是分类号的依据,在我国,目前主要有三种图书分类法。《中国图书馆分类法》(原称《中国图书馆图书分类法》,以下简称《中图法》)初版于 1975 年,国家图书馆出版社于 2010 年出版了第 5 版,分为 22 大类;《中国科学院图书馆图书分类法》(以下简称《科图法》)1958 年由中国科学院图书馆编写,分为 25 大类;《中国人民大学图书馆图书法分类法》(以下简称《人大法》)由中国人民大学出版社编写,1953 年出版,分为 25 大类。目前,国内大多数图书馆均采取《中图法》分类体系,因此,本节内容主要介绍《中图法》。了解和掌握图书分类法的有关知识,可以迅速、有效地查询全国各图书馆的馆藏。

(二)《中国图书馆分类法》

《中图法》是当今国内图书馆使用最广泛的分类法体系,是一部具有代表性的大型综合性分类法。它根据图书资料的特点,按照从总到分,从一般到具体的编制原则,确定分类体系,在 5 个基本部类的基础上,组成 22 个大类。《中图法》的标记符号采用汉语拼音字母与阿拉伯数字相结合的混合号码,即用一个字母表示一个大类,以字母的顺序反映大类的序列。字母后用数字表示大类以下类目的划分。数字的编号使用小数制。

《中图法》简表见表 2 -1 -1。

表 2-1-1 《中图法》简表

简表Ⅰ A 马克思主义、列宁主义、毛泽东思想、邓小平理论 B 哲学、宗教 C 社会科学总论 **简表Ⅱ** D 政治、法律 E 军事 F 经济 G 文化、科学、教育、体育 **简表Ⅲ** H 语言、文字 I 文学 J 艺术 K 历史、地理	**简表Ⅳ** N 自然科学总论 O 数理科学和化学 P 天文学、地球科学 Q 生物科学 **简表Ⅴ** R 医药、卫生 S 农业科学 T 工业技术 U 交通运输 V 航空、航天 X 环境科学、安全科学 Z 综合性图书

(三)《中图法》中的法律类

《中图法》中的法律类有 D9 和 DF 两个分类体系。

D9 分类体系：

D9 法律

D90 法学理论

D91 法学各部门

D92 中国法律

D920.0 理论

D920.1 方针、政策及其阐述

D920.4 学习、研究

D920.5 解释、案例

D920.9 法律汇编

D921 国家法、宪法

D922.1 行政法

D922.2 财政法

D922.28 金融法

D922.29 经济法

D922.3 土地法

D922.4 农业经济管理法令

D922.5 劳动法

D922.6 自然资源与环境保护法

D923 民法

D923.9 婚姻法

D923.99 商法(总论)

D924 刑法

D925 诉讼法

D926 司法制度

D927 地方法制

D929 中国法制史

D93/97 各国法律

D99 国际法

DF 的分类体系:

DF0 法的理论(法学)

DF1 世界各国法律(总论)

DF11 世界

DF12 中国

DF13/17 各国

DF2 国家法、宪法

DF3 行政法

DF4 经济法、财政法

DF5 民法

DF6 刑法

DF7 诉讼法

(DF79)司法鉴定

DF792 犯罪学

DF793 刑事侦查学(犯罪对策学、犯罪侦查学)

DF794 司法鉴定

DF795 法医学

DF8 司法制度

DF9 国际法

D9 分类体系的不足之处在于有些部门法无法集中,如民法相关文献分散于 D913、D923、D9313.3 等各类中。

此外,D9 法律类还有一些特征复分号:

01 理论

02 历史

04 学习、研究

05 解释、案例

09 法律汇编

如 D923.01 为“中国民法教程”的分类法。

又有“ -61”为词典、“ -53”为论文集等,如 D99 -61 为“国际法词典”的分类号。

第二节 纸质图书的获取

一、OPAC 书目检索系统

查找图书,首先要进行书目检索。图书馆的联机书目检索系统(Open Public Access Catalogue,OPAC)。传统 OPAC 系统有简单检索、全文检索和多字段检索三种模式。现在大部分图书馆已经将各类检索模式集合为“一站式”检索,更加便于读者使用。本节将以王泽鉴所著《民法学说与判例研究》一书为主要案例,探讨尽可能多的检索途径及不同模式的检索方法。

据图 2 -2 -1,在“一站式”检索框输入“民法学说与判例研究”有 35,569 条检索结果,其中很多是不符合检索需求的结果,须进行手工筛选或二次检索(另设检索条件,在结果中检索)。

图 2－2－1　华东政法大学图书馆 OPAC 检索结果显示界面

经二次检索,共得到 65 个检索结果(见图 2－2－2)。此为精确的检索结果。但要考虑题名的准确性,其间些许的误差都会导致得不到应有的检索结果。本例中,"判例"为我国港台地区的术语表述,大陆一般称为"案例"。如用习惯性的表达"民法学说与案例研究"是得不到标题完全匹配的检索结果的。这种情况在检索实践中大量存在,因此,选择题名为检索途径时,不必输入全部题名,通过容错的方式提高检索的成功率。但是如此检索的不足之处在于:检索的精准度不高,须进行二次检索或手工筛选。

图 2-2-2 华东政法大学图书馆 OPAC 二次检索结果显示界面

“一站式”检索虽然简便,但精确度和成功率都不太理想。在检索实践中,如果能从题面提取多个检索条件,如作者、出版社、出版年份等,多条件检索的模式更为合适。另外,OPAC 检索支持简繁体自动转换,输入检索值“民法学说与判例研究”或“民法學說與判例研究”,其结果是一致的。

除了“一站式”检索之外,OPAC 检索页面还支持高级检索,最多支持 6 个检索条件(点击图 2-2-3 框中的“+”,即可增加检索条件),而且可以是相同途径(可以是任意词,或是题名、责任者、主题词、索书号、出版社、丛书名之一)的检索条件。(见图 2-2-3)

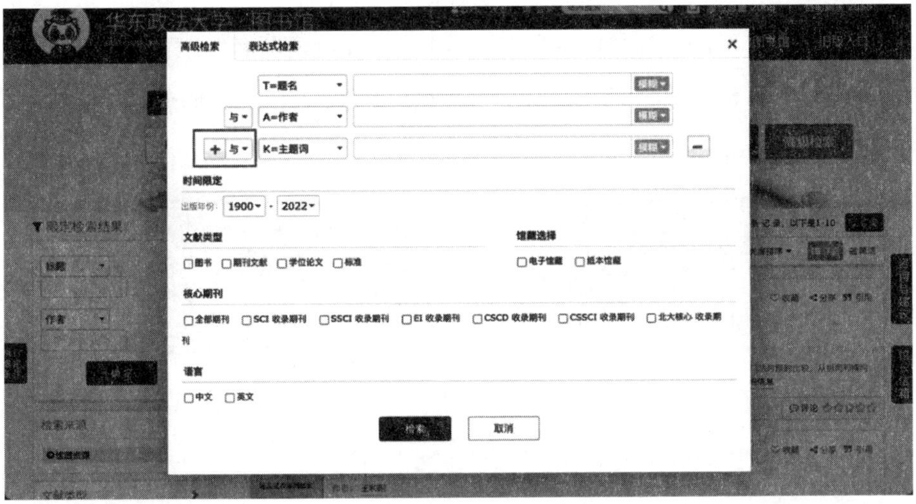

图 2－2－3　华东政法大学图书馆 OPAC 高级检索界面

在表达式检索中，可以用布尔逻辑检索式进行检索，例如，“刑事诉讼法 NOT 中国”（外国刑事诉讼法）。

二、传统文献资源获取的拓展途径

（一）文献内容的拓展

在检索实践中，经常会遇到这种情况：所在的图书馆内查不到所要的图书，或查到的图书都已出借了。这时，需要开阔思路，另寻文献获取途径，即进行拓展检索。

承接上例，检索结果为 65 项（见图 2－2－2），但这并不是正确的最终结果，这里有几个问题：（1）文集或全集中可能包含所要的图书，但其题名或书名可能未反映；（2）可获取图书并不局限于本馆馆藏；（3）可获取的图书并不局限于纸质形式，还有电子图书，以及网上的电子文档。因此，拓展检索的主要思路有：全集与文集、其他图书馆、图书馆联盟、电子书、电子书之外的网络资源、统一检索平台等。

以全集与文集为例，对于一些学术大家，出版社通常会以全集和文集的形式，对其著作集辑出版。分辑题名一般不作为检索点，因此用题名途径往往检索不到，但可以用著者名，在题名途径进行检索（这些书名往往状如：×××全集、×××文集）。

本例中,2003 年,中国政法大学出版社出版了《王泽鉴法学全集》,一套 16 卷,其中 1 ~ 8 卷为《民法学说与判例研究》。可以通过检索题名“王泽鉴”得到结果。国家图书馆书目检索结果如图 2 – 2 – 4 所示(点击图 2 – 2 – 4 框中内容即可显示 16 卷具体信息)。

图 2 – 2 – 4　国家图书馆 OPAC 检索结果显示界面

(二)文献馆藏地的拓展

1. 中国国家图书馆(http://www.nlc.cn/)

国家图书馆是国家总书库,理论上这里是中文图书收藏最全的图书馆,如果要查找 1979 年以后中文图书版本情况,国家图书馆的 OPAC 是个不错的选择(见图 2 – 2 – 5)。对于《王泽鉴法学全集》,本馆没有收藏,而国家图书馆有,则可以通过馆际互借方式获取。

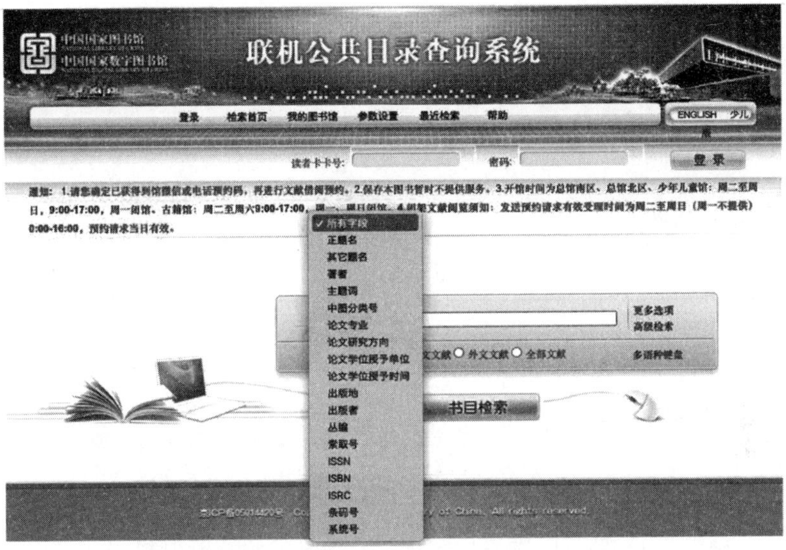

图 2－2－5　国家图书馆 OPAC 查询系统界面

国家图书馆 OPAC 支持基本检索(单条件检索)、多字段检索(相同字段不重复)、多库检索(多库单条件检索)、组合检索(相同字段可重复)、通用命令检索(检索式检索),分类浏览。

如查询西文文献,可利用美国国会图书馆的 OPAC(http://www.loc.gov/)。LC 的联机目录支持快速检索、游览(Browse)、高级检索(Advanced Search)和关键词检索(Keyword Search)四种方式。(见图 2－2－6)

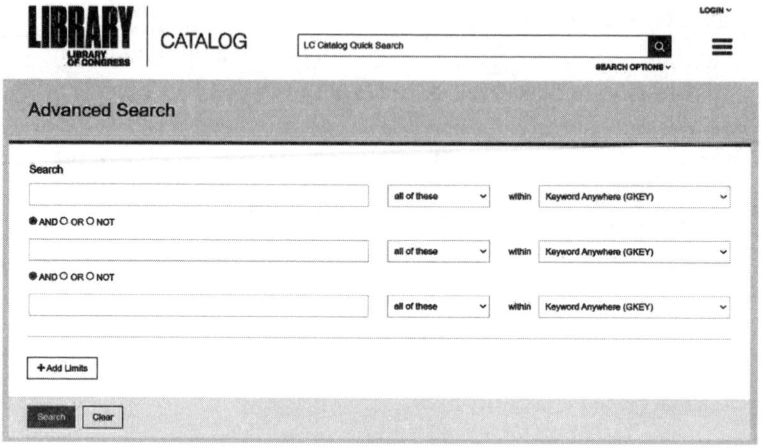

图 2-2-6 美国国会图书馆 OPAC 高级检索界面

在每一种模式下,都可以进行如图 2-2-7 所示的检索限制:

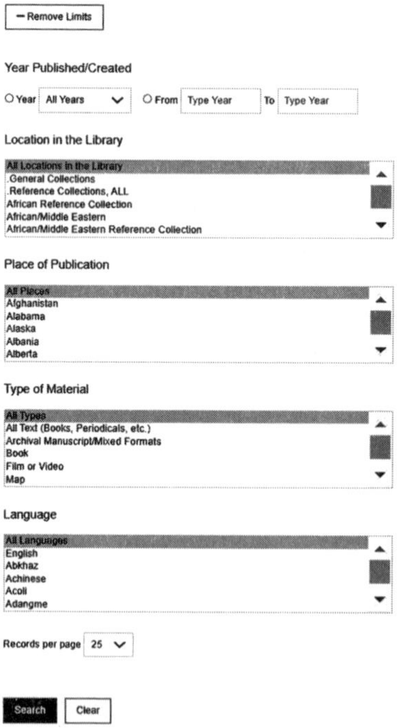

图 2-2-7 美国国会图书馆 OPAC 检索限制界面

该书目检索系统支持简/繁中文检索条件输入，检索结果(书目信息)英文显示。(见图2-2-8)

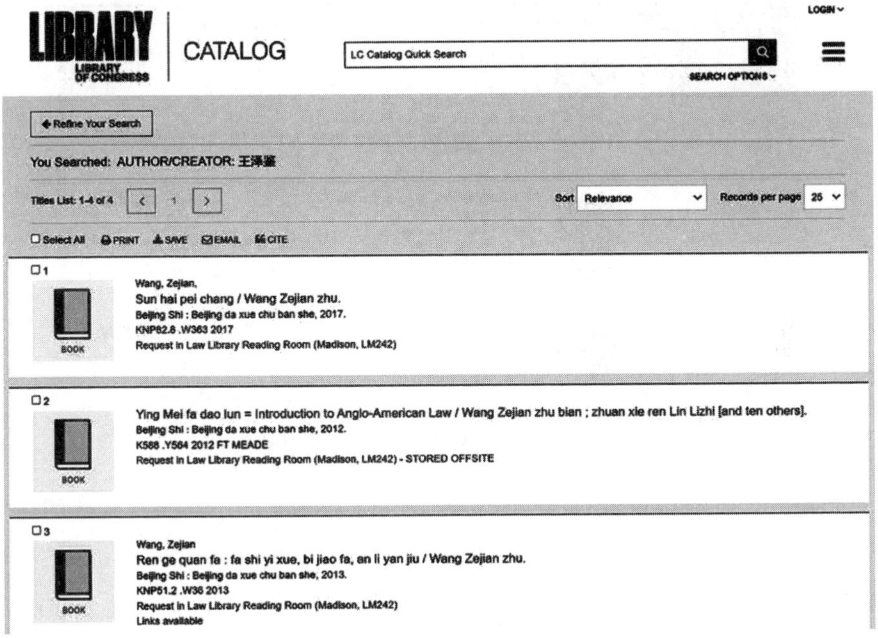

图2-2-8 美国国会图书馆OPAC检索结果界面

2. 图书馆联盟

如要查找高校图书馆的文献，可利用“中国高等教育文献保障系统”(China Academic Library & Information System, CALIS)(http://www.calis.edu.cn/)首页栏目“项目与服务”下“资源发现”中的“e读学术搜索”，查找各馆图书，可通过文献传递方式获取。不足之处在于：由于各馆著录不统一，联合目录中书目重复率较高，如《王泽鉴法学全集》，应该只有16个结果，却返回了271个结果。(见图2-2-9)

图 2-2-9　CALIS 联合目录公共检索结果界面

要了解图书的国外馆藏分布,全球书目(WorldCat)是一个不错的选择。WorldCat是联机计算机图书馆中心(Online Computer Library Center,OCLC)的在线编目联合目录,是世界范围图书馆和其他资料的联合编目库,同时也是世界最大的联机书目数据库(见图 2-2-10)。OCLC 由全世界 100 多个国家的成千上万个成员图书馆组成,它可以让你搜索书籍、期刊、光盘等的书目信息和馆藏地址。你可以搜索当地所有的图书馆,只要输入你想搜索的内容和 pin 代码,就会有一个列表将你所需信息显示出来(见图 2-2-11)。这也是了解图书版本情况最全面的一个途径。

图 2-2-10　WorldCat 联合目录公共检索系统界面

图 2－2－11　WorldCat 检索结果界面

第三节　电子图书的获取

电子图书是再现纸质图书原版原貌的数字化版本，其革命性意义在于：提供了新型的图书保存方式和阅读方式。这种新方式的便捷是毋庸置疑的，以至于逐渐改变了人们的阅读习惯——人们越来越依赖于数字化阅读方式，纸质资源阅读功能逐渐弱化，保存功能则日显突出。

电子图书由三大要素构成：

• 电子书的内容。一般以特殊的格式制作而成，在网络上传播。

• 电子书的阅读器（硬件平台）。可以是个人计算机、个人手持数字设备、专门的电子设备。

• 电子书的阅读软件。如 Adobe 公司的 Acrobat Reader、Glassbook 公司的 Glassbook、微软的 Microsoft Reader、超星公司的 SSReader、方正的 Apabi Reader 等。

如果纸质图书不易获取，电子图书也是可选项。电子图书不仅保持了纸质图书的原版原貌，而且解决了复本不够和获取不易等问题，在数字阅读日趋发达的今天,成为现代化图书馆的标准配置。

一、电子图书数据库资源

(一)中华数字书苑

中华数字书苑是方正阿帕比推出的专业华文数字内容整合而成的服务平台,收录了新中国成立以来大部分的图书全文,提供在线阅读、全文检索、离线借阅、移动阅读、下载、打印等数字内容和知识服务。(见图 2-3-1)

图 2-3-1 中华数字书苑首页

(二)超星电子图书

超星电子图书网页版汇雅书世界有电子图书 100 余万种,涵盖文学、艺术、历史、教育、经济、管理等中图分类法 22 大类,可使用阅读器客户端[包括 PC 端(见图 2-3-2)和移动端(见图 2-3-3)]在线阅览,也可网页阅览 PDF 版式。利用移动客户端,用户需首先登录学习通 App,即可在线检索电子图书,并下载至本地(移动设备)。

图 2－3－2　超星电子图书网页版汇雅书世界

图 2－3－3　超星电子图书移动端

(三)书生电子图书

书生电子图书提供全文、标题、主题词等多种数据库检索功能(见图2-3-4)。目前,镜像版已有超过17万册图书可全文在线阅读,网络版已有超过61万册图书可全文在线阅读。其中,大部分为近几年出版的新书,侧重于教材教参与考试类、文学艺术类、经济金融与工商管理类图书。该数字图书馆的电子书资源目前只能提供在线浏览。

图2-3-4 书生电子图书首页

(四)Cambridge Core(剑桥学术资源平台)

剑桥大学出版社是隶属于剑桥大学的非营利机构,成立于1534年,是世界上历史最悠久、规模最大的大学出版社之一。剑桥电子期刊和电子图书数据库——Cambridge Core,是剑桥大学出版社于2016年9月上线的学术在线平台,完美融合了丰富的剑桥学术产品(剑桥电子图书与剑桥学术期刊),平台简洁易用,具有增强的检索功能。其中,剑桥电子图书覆盖了剑桥大学出版社的全学科。剑桥大学出版社每年新出版1600多种学术图书,目前该平台收录的电子书超过38,000种,出版年最早回溯至1920年,涵盖了人文社科、科技及医学等领域的经典学术专著和教材等,特别是文学、语言、历史、政治、经济、法律、哲学、数学、医学、物理、天文、环境等都是剑桥大学出版社的优势学科。该数据库快速搜索、高级搜索等功能一应俱全,搜索范围广,可直接搜索章节内容,可以PDF格式阅读,无须安装软件。(见图2-3-5)

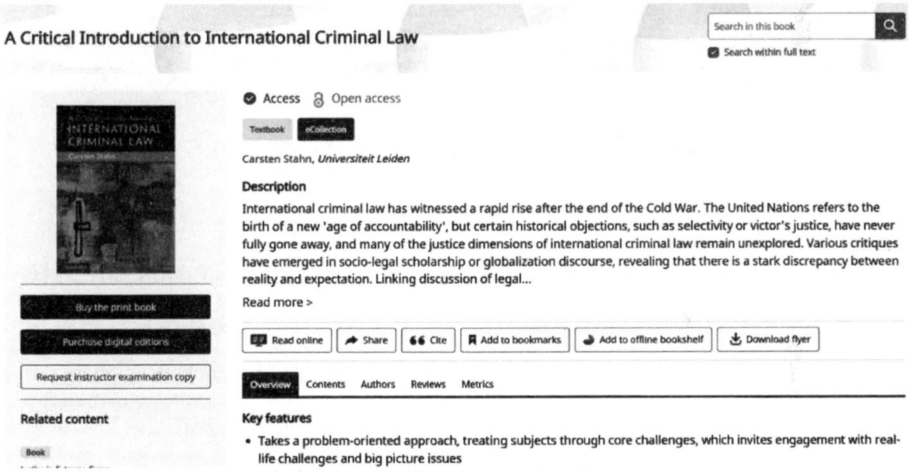

图2-3-5　Cambridge Core电子书检索结果页面

(五)Oxford Scholarship Online(牛津学术在线)

牛津大学出版社是世界上规模最大的大学出版社之一,迄今已有500多年的历史,每年都出版大量高品质的学术专著、教科书、参考工具书、辞典。牛津学术在线数据库——Oxford Scholarship Online,是该出版社研发的数字图书馆,涵盖社会科学、人文科学、自然科学和医学及生命科学,所收录的大部分图书为2003年以后出版,最早收录的图书出版时间可追溯到20世纪60年代,其为学者及专业人士提供全面、权威的"一站式"学术信息,提供最先进的科研功能,内容以XML格式提供,可实现强大的交叉式搜索和链接功能,为方便用户使用,同时提供有单个章节

PDF 下载功能。(见图 2 -3 -6)

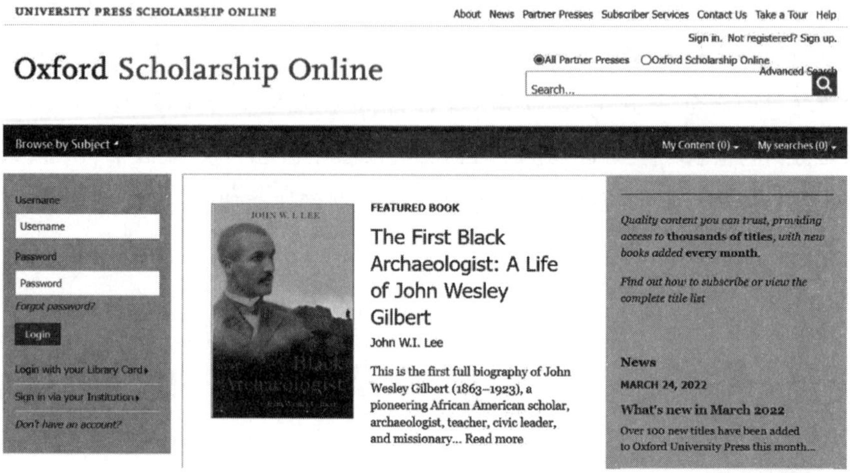

图 2 -3 -6 Oxford Scholarship Online 首页

(六)De Gruyter(德古意特)

德国的德古意特出版社(De Gruyter)是全球最大的德语人文社科类出版社,有 260 多年的历史,总部位于德国首都柏林,其学术出版物涵盖人文社科及科技医学,每年出版 1300 余种新书,以及多种同行评审期刊、数据库或参考工具书。该电子书库界面有英语与德语两种,被授权的电子书可以通过 PDF 阅读。(见图 2 -3 -7)

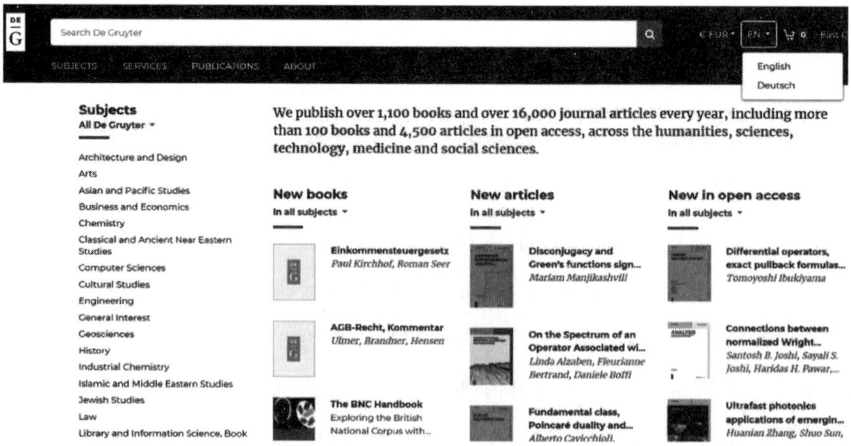

图 2 -3 -7 De Gruyter 首页

（七）SpringerLink（施普林格）

施普林格（SpringerLink）是全球最大的在线科学、技术和医学领域学术资源平台之一，目前该平台已整合了电子期刊与电子图书数据库，其图书产品涵盖专著、教科书、手册、地图集、参考工具书与丛书等。通过 PDF 预览功能，读者可以浏览电子图书各个章节，在确认内容后下载。这项重要的新功能正好满足用户“预览”电子图书内容的习惯，并排除下载过程中存在的不确定性。（见图 2－3－8）

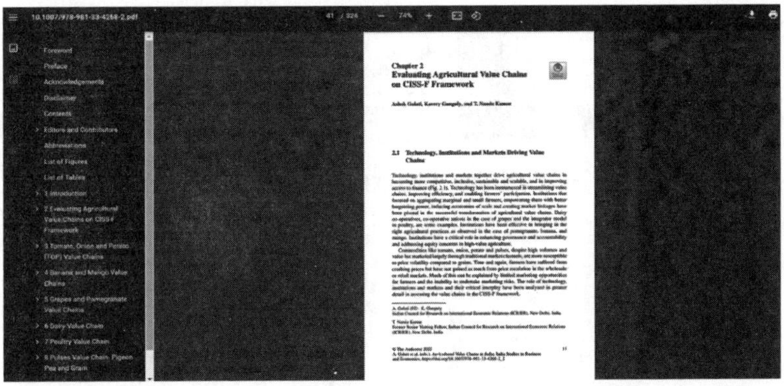

图 2－3－8　SpringerLink 电子书预览页面

二、电子图书网络公共资源

（一）大学数字图书馆国际合作计划

大学数字图书馆国际合作计划（China Academic Digital Associative Library，CADAL），网址：http://cadal.edu.cn，是全球最大的资源数字化网络之一，其丰富的资源主要来自国内外研究型大学的馆藏文献（见图 2－3－9、图 2－3－10）。资源囊括中外文图书、音视频资料以及报刊论文等重要文献，涵盖理、工、农、医、人文、社科等多个学科。其中，中文资源有古籍、民国书刊、现代学术著作、学位论文、地方志等特色资源，英文资源包括美国大学图书馆核心馆藏、技术报告等进入公共领域的图书资料。同时，CADAL 还提供民国文献大全、甲骨文数字化库、老照片库、当代生活资料库等多种特色数据库。网站注册后会自动关联所在科研机构获取用户名片，即可在线试读、借阅、浏览和添加个性化批注。

图 2-3-9　CADAL 古籍检索页面

图 2-3-10　CADAL 电子书浏览页面

(二) HathiTrust Digital Library(HathiTrust 数字图书馆)

HathiTrust 数字图书馆(HathiTrust Digital Library,网址:https://www.hathitrust.org)缘起与发展于 2004 年的谷歌图书项目(Google Books Project),并于 2008 年由美国中西部 10 所大学组成的学术合作委员会(Committee on Institutional Cooperation,以下简称 CIC 联盟)和加利福尼亚州大学宣布建立。其内容源于谷歌

图书项目、互联网档案馆(Internet Archive)和各校独自开展的数字化项目,所有数据均存于密歇根大学图书馆,该网站有专门的 OPAC 目录,包括所有数字内容的元数据。检索方式简单,大部分可在线直接浏览,但非成员馆用户无法整本下载。因许多成员馆中收藏中文图书,尤其是古籍,故也可以中文搜索。(见图 2-3-11、图 2-3-12)

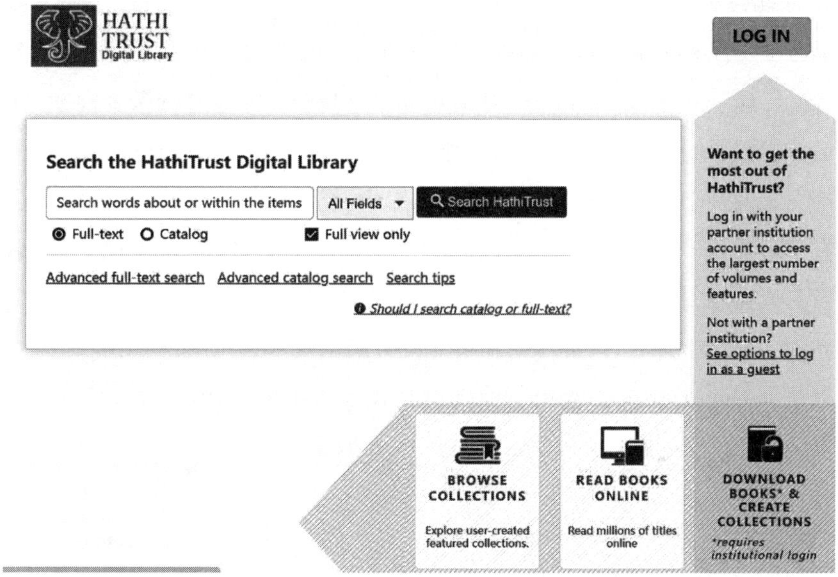

图 2-3-11 HathiTrust Digital Library 首页

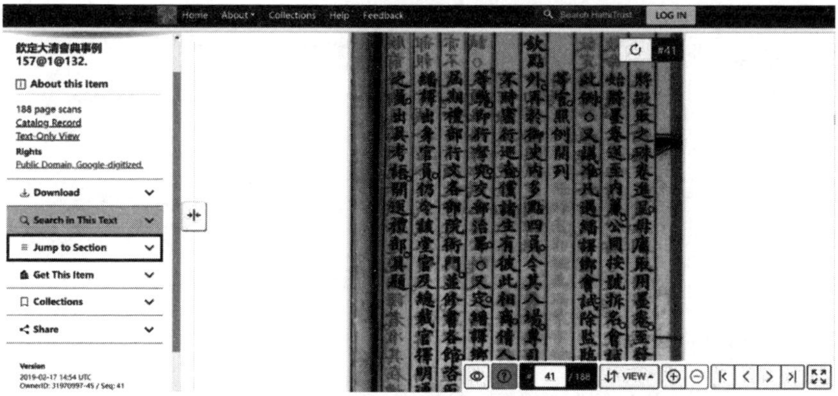

图 2-3-12 HathiTrust Digital Library 电子书浏览页面

三、电子图书的集成式检索

我们所要获取的图书,有些是图书馆馆藏,有些非馆藏;有些是纸本图书,有些是电子图书,不同类型的图书一般要通过不同的书目录检索系统查找。这是非常不方便的,那么有没有检索平台可以实现“一站式”检索呢?答案是有的。

(一)读秀学术搜索

读秀学术搜索是由海量图书等文献资源组成的庞大的知识系统,它集文献搜索、试读、传递于一体,是一个可以对文献资源及其全文内容进行深度检索,并且提供文献传递服务的平台。它将图书馆纸质图书、电子图书、期刊、报纸、学位论文、会议论文等各种学术资源整合于同一数据库中,统一检索,使读者在读秀平台上获取所有学术信息。不仅方便使用,同时有助于提高各关联数据库的使用效率。在电子图书栏目中,其不仅提供传统的文献信息,还提供封面页、版权页、目录页、前言页和正文 17 页阅读。目录检索和全文检索的结果提供 10 页章节阅读。该平台采用邮箱进行文献传递,单次申请提供图书不超过 50 页。(见图 2-3-13)

图 2-3-13 读秀学术搜索电子书检索结果页面

(二)超星发现系统

超星发现以近 10 亿海量元数据为基础,利用数据仓储、资源整合、知识挖掘、数据分析、文献计量学模型等相关技术,较好地解决了复杂异构数据库群的集成整合、完成高效、精准、统一的学术资源搜索,进而通过分面聚类、引文分析、知识关联分析等实现高价值学术文献发现、纵横结合的深度知识挖掘、可视化的全方位知识关联。其除了具有一般搜索引擎的信息检索功能外,还提供了深达知识内在关系的强大知识挖掘和情报分析功能。为此,该系统的检索字段大大增加,更具备大到默认支持全库数据集范围的空检索,细到可以通过勾选获取非常专指主题的分面组合检索,从而实现了对学术宏观走向、跨学科知识交叉及影响和知识再生方向的判断,具备了对任何特定年代,或特定领域,或特定人及机构的学术成果态势进行大尺度、多维度的对比性分析和研究。(见图 2-3-14、图 2-3-15)

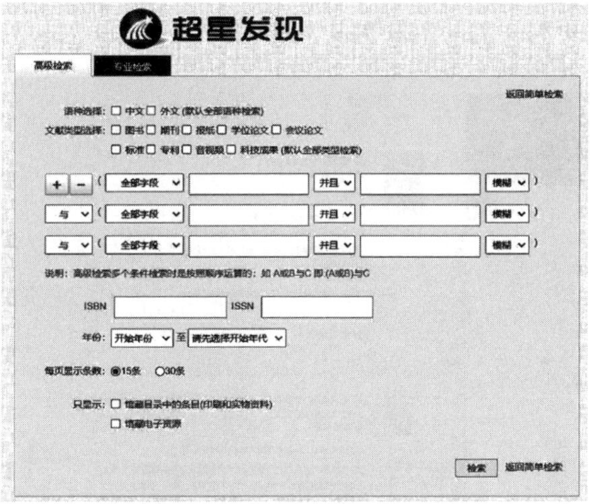

图 2-3-14　超星发现系统首页

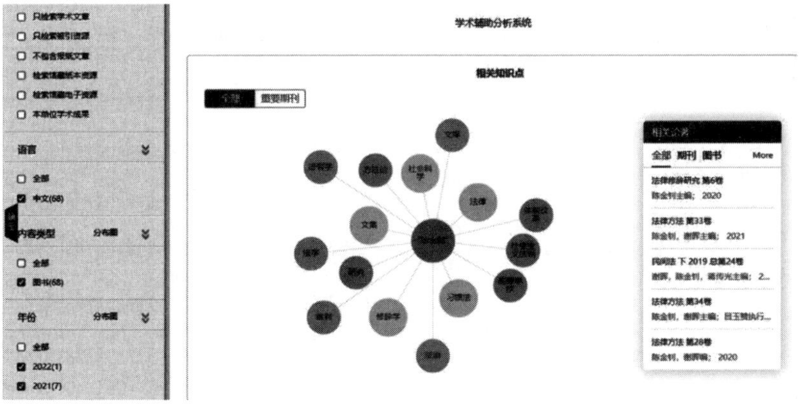

图 2-3-15　超星发现系统学术辅助分析页面

(三)Summon 外文发现系统

Summon 外文发现系统是基于海量元数据仓储的新一代学术资源发现与获取系统,致力于为读者提供便捷的"一站式"检索,它有一个与谷歌类似的简单界面,可轻松搜索图书馆所有学术资源。通常各图书馆配置的 Summon 学术检索中的资源主要来自本馆的外文全文电子期刊数据库、电子书数据库、开放获取资源、国家科技图书文献中心(National Science and Technology Library,NSTL)全国开放获取资源等,包括图书、期刊、电子书、学术期刊文章、学位论文、书评、多媒体资源、报纸文章等多种类型。该系统可以帮助研究者迅速地搜索、凝练和获取可靠的图书馆资源,避免在各种资料库之间四处找寻。(见图 2-3-16)

图 2-3-16 Summon 检索结果页面

第三章　常用数据库检索

就检索的目的而言,我们讨论的检索是“信息检索”,是检索一个事实、数据。而这个事实数据内含于具体的文献之中(文献是信息的载体),所以,检索实践就是通过文献检索达到信息检索的目的。传统的检索基于文献,表现为书目检索与论文检索。随着数字资源的发展和检索技术的发展,文献检索向信息检索发展,检索实践不仅停留于文献层面,而且深入文献内容。如今的文献检索,更多以数字化资源为检索对象,称为文献信息检索更为合适。

前文已讨论了图书以及电子图书的检索与利用。而传统文献资源,除图书之外,还有论文(主要是期刊论文),与之对应的数字化资源就是数据库(主要是期刊论文数据库)。数据库资源的检索与利用也成为如今文献信息检索与利用的主要内容。

第一节　检索技巧

一、检索要求

“坚持把司法体制改革和智慧法院建设作为‘车之两轮,鸟之两翼’,以审判体系和审判能力现代化的坚实步伐,推动国家治理体系和治理能力现代化。深化司法体制综合配套改革,全面落实司法责任制,增强改革系统性、整体性、协同性。积极推进互联网、人工智能、大数据、云计算、区块链、5G 等现代科技在司法领域深度应用,努力把智慧法院建设提升到新水平。”找出这段话的出处,就是一个信息检索的过程。如今最方便的信息检索工具就是百度、谷歌等搜索引擎。那么,我们就使用百度搜索一下(见图 3 –1 –1),然后,我们发现了一则新闻(见图 3 –1 –2)。

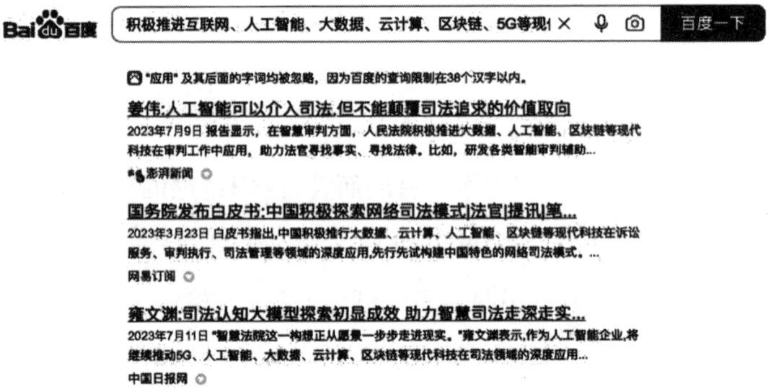

积极推进互联网、人工智能、大数据、云计算、区块链、5G等现代 百度一下

"应用" 及其后面的字词均被忽略，因为百度的查询限制在38个汉字以内。

姜伟:人工智能可以介入司法,但不能颠覆司法追求的价值取向

2023年7月9日 报告显示，在智慧审判方面，人民法院积极推进大数据、人工智能、区块链等现代科技在审判工作中应用，助力法官寻找事实、寻找法律。比如，研发各类智能审判辅助...

澎湃新闻

国务院发布白皮书:中国积极探索网络司法模式|法官|提讯|笔...

2023年3月23日 白皮书指出,中国积极推行大数据、云计算、人工智能、区块链等现代科技在诉讼服务、审判执行、司法管理等领域的深度应用,先行先试构建中国特色的网络司法模式。...

网易订阅

雍文渊:司法认知大模型探索初显成效 助力智慧司法走深走实...

2023年7月11日 "智慧法院这一构想正从愿景一步步走进现实。"雍文渊表示,作为人工智能企业,将继续推动5G、人工智能、大数据、云计算、区块链等现代科技在司法领域的深度应用...

中国日报网

图 3 –1 –1

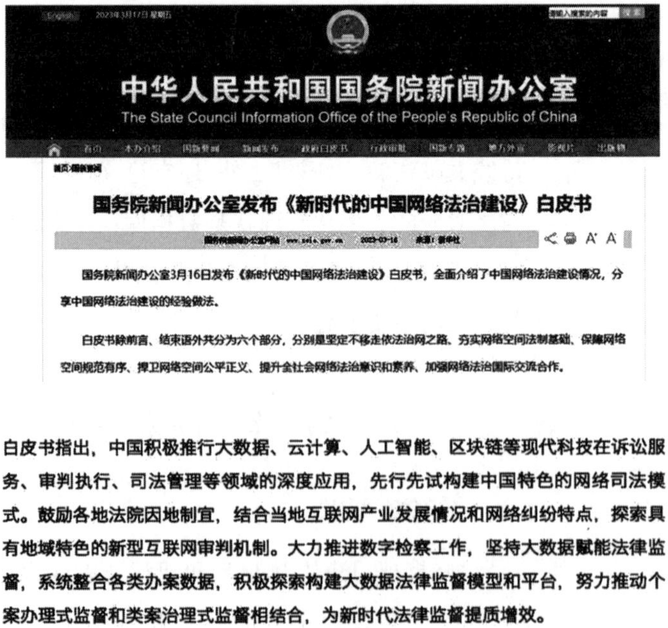

中华人民共和国国务院新闻办公室

The State Council Information Office of the People's Republic of China

国务院新闻办公室发布《新时代的中国网络法治建设》白皮书

国务院新闻办公室3月16日发布《新时代的中国网络法治建设》白皮书，全面介绍了中国网络法治建设情况，分享中国网络法治建设的经验做法。

白皮书除前言、结束语外共分为六个部分，分别是坚定不移走依法治网之路、夯实网络空间法制基础、保障网络空间规范有序、捍卫网络空间公平正义、提升全社会网络法治意识和素养、加强网络法治国际交流合作。

白皮书指出，中国积极推行大数据、云计算、人工智能、区块链等现代科技在诉讼服务、审判执行、司法管理等领域的深度应用，先行先试构建中国特色的网络司法模式。鼓励各地法院因地制宜，结合当地互联网产业发展情况和网络纠纷特点，探索具有地域特色的新型互联网审判机制。大力推进数字检察工作，坚持大数据赋能法律监督，系统整合各类办案数据，积极探索构建大数据法律监督模型和平台，努力推动个案办理式监督和类案治理式监督相结合，为新时代法律监督提质增效。

图 3 –1 –2

从这项检索中,我们发现,利用百度等搜索引擎进行信息检索很方便,但我们必须要注意到如下两点:

1. 搜索引擎是支持自然语言的全文检索。本例使用的检索词"积极推进互联网、人工智能、大数据、云计算、区块链、5G 等现代科技在司法领域深度应用,努力把智慧法院建设提升到新水平"是一句话,不是一个词语,也不是一个检索表述式,这与上一章中我们讨论的检索方法有很大不同。

2. 检索内容要准确,有特征代表内容。本例中可作为检索内容的还有:"以审判体系和审判能力现代化的坚实步伐,推动国家治理体系和治理能力现代化""坚持把司法体制改革和智慧法院建设作为'车之两轮,鸟之两翼'"等。

二、通用搜索引擎的局限性

找到出处,如要深入研究,将会产生第二个检索内容:现代科技在司法领域应用的落实情况和相关研究成果。比如,近年大热的区块链技术,它在司法领域的应用情况如何?有何相关研究成果?我们依旧利用百度进行检索,输入检索词"司法区块链"或者"司法 + 区块链",得到如图 3 - 1 - 3 所示结果:

图 3 - 1 - 3

经查看发现,检索结果达不到我们的要求。这说明:简单的信息检索可以通过百度等搜索引擎实现,但是要得到系统化的知识信息,还是要利用文献检索。所谓文献检索,不外于在图书和论文(主要是期刊论文)中进行检索,获得信息。

三、寻找合适资源

例如,利用超星发现,我们检索“司法” +“区块链”(任意字段),如图 3 -1 -4 所示:

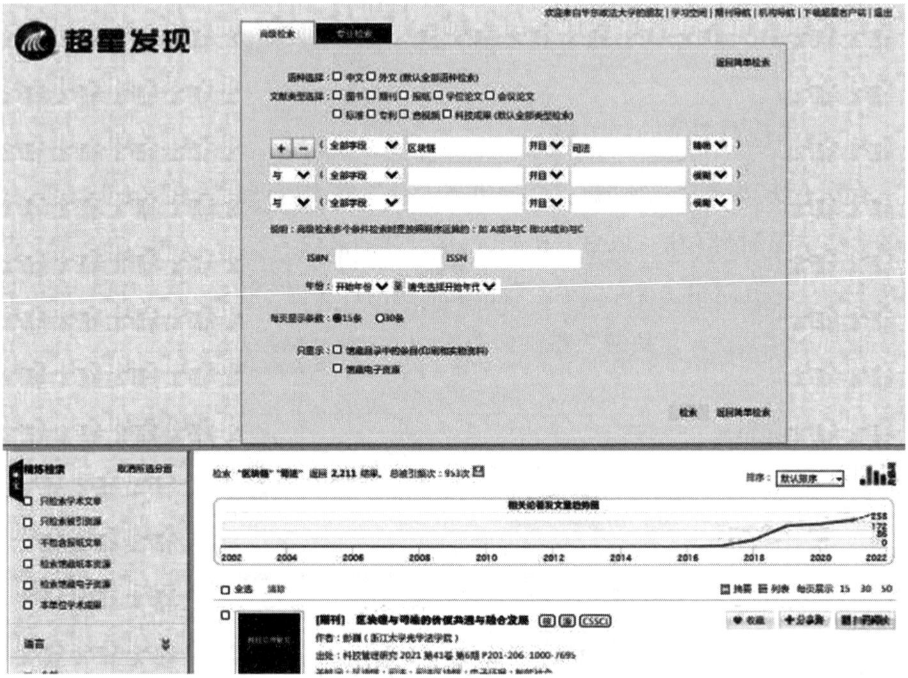

图 3 -1 -4

在检索得到的结果中,图书仅有 18 种,题名中包含“司法”和“区块链”的仅有 1 本。再尝试更改一下检索词以扩大检索范围,换成“法律” +“区块链”,发现图书有 69 种,题名中包含“法律” +“区块链”的也仅有 4 本(见图 3 -1 -5)。如果检索词换成“司法区块链”,则检索结果更少,图书更是一本也无。

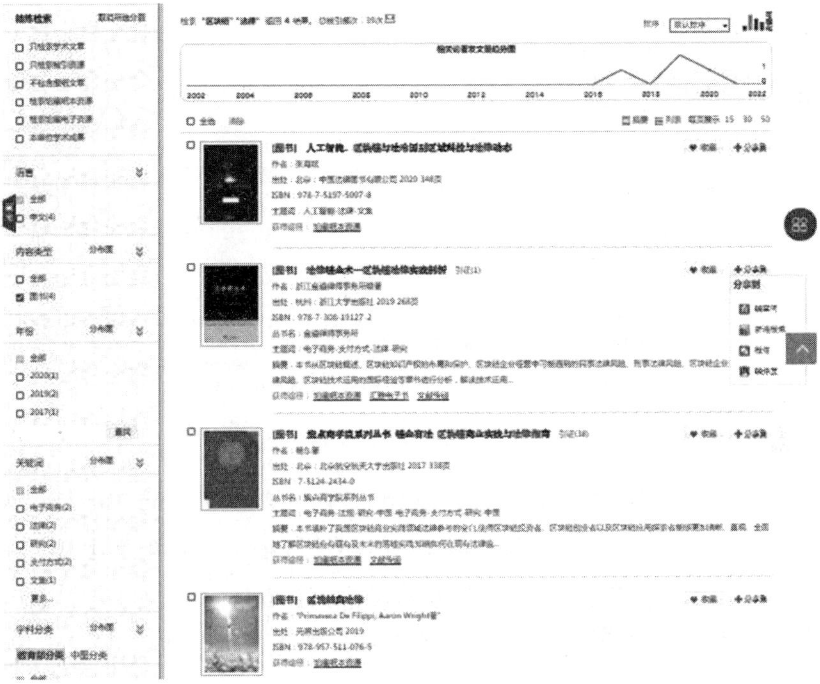

图 3－1－5

检索到的题名相关的一共 5 本图书，通过查看华东政法大学 OPAC 书目系统，发现都有纸本馆藏，查看书目详情，对应的学科主题 1 本是人工智能、法律，另外的 4 本则都是电子商务、法律等。（见图 3－1－6、图 3－1－7）

图 3－1－6

图 3-1-7

笔者没有找到“司法区块链”对应的规范主题词和分类号,因此无法以主题、分类为途径进行二次检索。由此可见,针对“司法区块链”或者“区块链”+“司法”、“区块链”+“法律”的相关图书检索并不是十分成功。这说明:图书文献是成熟的系统化的理论体系,对最新科研成果的反映不那么及时。所以,对于专题检索(特别是最新理论成果的获取),图书不是最好的文献资源。

另外,笔者在超星发现数据库中,以关键词“区块链”+“司法”检出的相关期刊论文有75篇,报纸文章168篇,学位论文7篇,会议论文2篇;期刊论文、学位论文、会议论文多由华政图书馆电子馆藏,可直接获取。由此可知,最新的文献资源,主要的载体是论文(包括期刊论文、学位论文、会议论文和报纸文章)。而论文检索,目前主要是通过数字资源检索进行的。

第二节 中国知网

目前,资源覆盖最全、使用最多、最为人熟悉的中文数据库是中国知网。

中国知网(China National Knowledge Infrastructure,CNKI),源于国家知识基础设施(National Knowledge Infrastructure,NKI)的概念。NKI是以各学科基础和前沿知识以及专家知识与经验为基本内容、以高性能计算机和信息基础设施为支撑、以建设国家级知识基础和创新体系为目标的超大型知识信息管理系统。NKI的核心和关键是知识库。[1] 世界银行《1998年度世界发展报告》提出，发展中国家应着重建设国家知识基础设施，以尽快缩小与发达国家在知识水平上的差距，增强国家知识与技术创新能力、可持续发展和国际竞争能力，提高国民整体素质，特别是科学素质。这一战略思想受到了我国和很多国家，包括美、英等发达国家的高度重视。[2] 由此，催生了中国的国家知识基础设施CNKI工程。CNKI工程是以实现全社会知识资源传播共享与增值利用为目标的信息化建设项目（http://www.cnki.net/），由清华大学、清华同方发起，始建于1999年6月，其主体部分为中国期刊网（网络版）。而中国期刊网的前身为1996年推出的《中国学术期刊（光盘版）》。

一、中国知网概述

目前，中国知网已发展成为大规模集成整合知识信息资源库，是集期刊论文、学位论文、会议论文、报纸、工具书、年鉴、专利、标准、国学、海外文献资源等为一体的、具有国际领先水平的网络出版平台。

学会利用数据库，就要熟悉数据库，首先要了解这个数据库能够提供我们哪些资源。很多数据库都能提供类似的资源，那么我们更要了解数据库资源构成上的特点。例如，资源种类、构成、收录范围（起止年限）等。这一点非常重要。

中国知网的主要资源如图3－2－1所示：

① 参见《什么是"国家知识基础设施"（NKI）?》，载《探矿工程（岩土钻掘工程）》1999年第4期。

② 参见王东波：《21世纪最重要的信息技术和信息工程：国家知识基础设施（NKI）》，载《现代情报》2000年第3期。

图 3-2-1

(一)期刊论文

在中国知网中,关于期刊论文的子库有两个,分别是“中国学术期刊(网络版)”和“中国学术辑刊全文数据库”。

“中国学术期刊(网络版)”收录中文学术期刊 8520 余种,含北大核心期刊 1970 余种,网络首发期刊 2460 余种,世纪期刊(1994 年之前出版的期刊)3767 种,最早回溯至 1915 年,共计 6130 余万篇全文文献(截至 2023 年 8 月 30 日统计数据)。

“中国学术辑刊全文数据库”是目前国内唯一的学术辑刊全文数据库,从 1979 年开始收录,共收录国内出版的重要学术辑刊 1140 余种,共计文章 30 余万篇(截至 2023 年 8 月 30 日统计数据)。

这里需要解释下:什么叫作辑刊? 辑刊是指学术机构出版刊行的成套的、定期或不定期的论文集①,如《人大法律评论》。故而,“中国学术期刊(网络版)”和“中国学术辑刊全文数据库”,这两个子库收录的内容是不重合的。

① 参见阮智富等编著:《现代汉语大词典·下》,上海辞书出版社 2009 年版,第 2151 页。

检索期刊论文,中国知网并不是唯一的选择,同类型的数据库还有“万方”和“维普”。

“万方”即万方数据知识服务平台,是由万方数据公司开发的,涵盖期刊、会议纪要、论文、学术成果、学术会议论文的大型网络数据库。“万方”是和中国知网齐名的中国专业学术数据库,但中国知网在期刊的收录全面性和更新及时性方面有明显的优势。

万方数据知识服务平台收录期刊 8445 种,优先出版期刊只有几十种。只要是中国知网获得独家授权的期刊,万方数据大多不能提供全文(以往若干年的可能有);此外,万方数据库对于所收录期刊的更新要比中国知网晚 1 个月以上。

“维普”即维普期刊资源整合服务平台,原名“维普资讯网”,是重庆维普资讯有限公司建立的网站。该公司是中文期刊数据库建设事业的奠基人。目前,“维普”收录期刊 15,261 种,但其中有大量的非学术期刊,而且更新速度不如中国知网,对辑刊的收录不如中国知网。

除上述三个数据库外,国家哲学社会科学文献中心网站(http://www.ncpssd.org/)也提供期刊论文下载,而且是免费提供。(见图 3-2-2)

图 3-2-2

该网站目前能提供全文的中文期刊有 2330 种,外文期刊 14,106 种。该中心期刊更新速度较慢,但近年有大幅提高,部分法学核心期刊的更新速度已不逊于中国知网。

该网站含有两个重要数据库,即国家哲学社会科学学术期刊数据库、哲学社会科学外文 OA 资源数据库。此外,还提供古籍 19,880 册(截至 2023 年 8 月 30 日统计数据)。

(二)学位论文

在中国知网中,关于学位论文的子库是“中国博士学位论文全文数据库”和“中国优秀硕士学位论文全文数据库”。

“中国博士学位论文全文数据库”,收录全国“985”“211”工程、教育部直属等重点高校,中国科学院、社会科学院等研究院所的博士学位论文。该库收录年限为 1984 年至今,共计收录 520 余家培养单位 50 万余篇论文。

“中国优秀硕士学位论文全文数据库”,重点收录“985”“211”高校、教育部直属高校、中国科学院、社会科学院等重点院校的优秀硕士学位论文、重要特色学科如通信、军事学、中医药等专业的优秀硕士学位论文。该库收录年限为 1984 年至今,共计收录 800 余家培养单位 550 万余篇论文(截至 2023 年 8 月 30 日统计数据)。

(三)报纸论文

在中国知网中,关于报纸论文的子库是“中国重要报纸全文数据库”。

“中国重要报纸全文数据库”收录了 2000 年以来中国国内重要报纸刊载的学术性、资料性文献,是连续动态更新的数据库。文献源于国内公开发行的 500 余种重要报纸(截至 2023 年 8 月 30 日统计数据)。

(四)会议论文

在中国知网中,关于会议论文的子库有两个,即“中国重要会议论文全文数据库”(含会议视频)、“国际会议论文全文数据库”,它们又合称为“国内外重要会议论文全文数据库”。

“国内外重要会议论文全文数据库”的文献是由国内外会议主办单位或论文汇编单位书面授权并推荐出版的重要会议论文,重点收录自 1999 年以来,中国科协系统及国家二级以上的学会、协会,高校、科研院所,政府机关举办的重要会议以及在国内召开的国际会议上发表的文献,部分重点会议文献回溯至 1953 年。目前,已收录出版国内外学术会议论文集 4.2 万余本,累计文献总量 360 余万篇(截至2023年8月30日统计数据)。

(五)年鉴

在中国知网中,关于年鉴的子库为“中国年鉴网络出版总库”。这是目前国内最大的连续更新的动态年鉴资源全文数据库,内容覆盖基本国情、地理历史、政治军事外交、法律、经济、科学技术、教育、文化体育事业、医疗卫生、社会生活、人物、统计资料、文件标准与法律法规等各个领域。该库目前总计有年鉴5420余种,4.5万余本,4190余万篇(截至2023年8月30日统计数据)。其类型如图3-2-3所示:

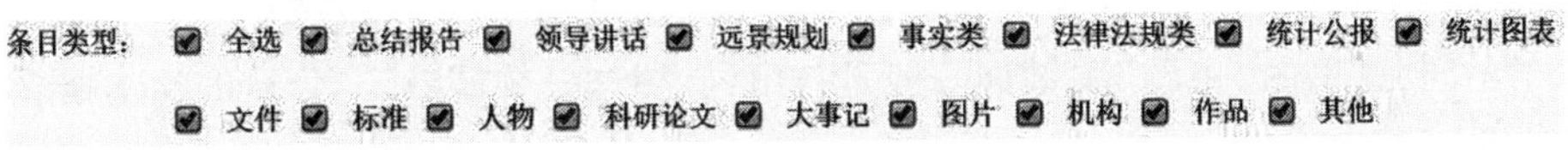

图3-2-3

(六)专利

在中国知网中,关于专利的子库为“中国专利全文数据库(知网版)”和“海外专利摘要数据库(知网版)”。

“中国专利全文数据库(知网版)”收录1985年以来的中国专利,包含发明公开、发明授权、外观设计和实用新型4个子库,由国家知识产权局知识产权出版社提供信息,目前共计收录专利5050余万项,每年新增专利约250万项。

“海外专利摘要数据库(知网版)”包含美国、日本、英国、德国、法国、瑞士、世界知识产权组织、欧洲专利局、俄罗斯、韩国、加拿大、澳大利亚、中国香港特别行政区及中国台湾地区的专利。由国家知识产权局知识产权出版社提供信息,共计收录专利1亿余项,每年新增专利约200万项(截至2023年8月30日统计数据)。

专利相关的文献、成果等信息源于CNKI各大数据库。可以通过申请号、申请日、公开号、公开日、专利名称、摘要、分类号、申请人、发明人、优先权等检索项进行检索。中国专利可一次性下载专利说明书全文,海外专利说明书则全文链接到欧洲专利局网站。

(七)外文文献

中国知网不仅提供中文文献检索,还提供外文文献检索(包括外文期刊检索)。所不同的是:中文文献检索能直接获取全文,外文文献检索的结果只能是题录,但如果读者所在机构已经采购了该全文资源,则会提供有效的全文链接,可供获取全文。中国知网的外文文献检索支持检索词的中英自动翻译,即输入中文检索词进行检索。同样地,在进行中文文献检索时,也支持输入英文检索词。

二、期刊论文的检索

从图书文献检索的经验来看,文献检索的自选途径不外乎两个:"题名"关键词检索和"责任者"关键词检索。对于论文检索,"题名(篇名)"和"责任者"也是重要的检索途径,此外,我们还要加上"主题"关键词、"全文"关键词。与图书文献检索不同,这里的"主题"关键词一般是自由词,即这一领域熟知、公认的学术概念。正因为是自由词,在检索中同样会带来很大的不确定性。这里举一个极端的例子:中国自贸区、自由贸易试验区、自贸区、自由贸易园区、FTZ 等,这些哪一个才是"主题"关键词?对"篇名"字段进行全文检索,不作完全匹配而作任意匹配,通常称为"题名关键词"检索。随着数字化技术的发展,论文检索的一个特色逐渐显现出来,那就是"全文"检索。信息技术使得"全文"检索成为可能,这在传统的仅靠人力翻阅检索的时代是不可想象的。

下面,以期刊论文的检索为例,我们讨论一下中国知网的检索功能。

中国知网提供多个检索模式:简单检索(单条件检索)、高级检索、专业检索、作者发文检索、句子检索、一框式检索。

(一)简单检索

简单检索的关键在于检索途径的选择。中国知网的期刊论文检索提供以下几个主要途径:主题、篇关摘、全文、篇名、关键词、摘要、作者、作者单位、参考文献、中图分类号、刊名、ISSN①、CN②、基金、DOI③、栏目信息等。前六个途径都是与论文

---

① ISSN 即标准国际刊号,是标准国际连续出版物号(International Standard Serial Number)的简称。是为各种内容类型和载体类型的连续出版物(如报纸、期刊、年鉴等)所分配的具有唯一识别性的代码。

② CN 国内统一刊号,是我国报刊管理部门按一定规则进行编排的号码总称。状如:11-1600/F。

③ DOI 即数字对象唯一标识符(Digital Object Unique Identifier),这种特性保证了在网络环境下对数字化对象的准确提取,有效地避免重复。一个数字化对象的 DOI 一经产生就永久不变,不随其所标识的数字化对象的版权所有者或存储地址等属性的变更而改变。

内容有关,可以看作广义的主题检索,也是期刊论文检索的基本途径。

先确定一个检索内容:以审判为中心的刑事诉讼制度改革。

依照百度检索的习惯,很多同学会把“以审判为中心的刑事诉讼制度改革”整个作为检索值输入内容,在数据库检索中,这不是不行(后面我们会讨论到句子检索),但我们不提倡这种做法。中国知网的简单检索如同百度,采用的是任意匹配的全文检索模式,会自动拆分概念,以“逻辑或”运算方式进行组配。如在中国知网中,以篇名为检索途径,检索“以审判为中心的刑事诉讼制度改革”,会得到如图3－2－4所示结果:

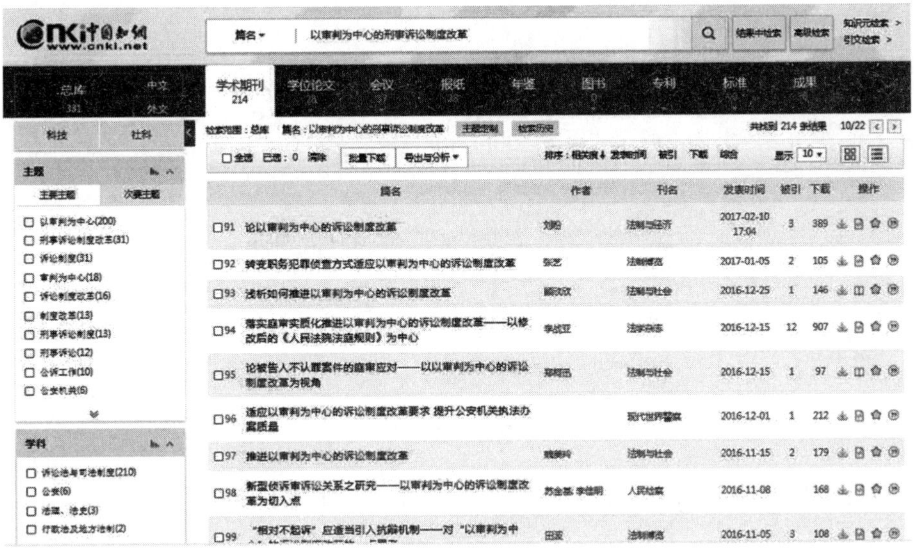

图3－2－4

可以看到,输入的检索内容被拆分成多个概念,输出的检索结果会有许多并不符合检索要求。故欲精确表达题意,则须将“以审判为中心的刑事诉讼制度改革”作为整体,但一方面检索值过于复杂,往往会造成检索失败(无结果);另一方面中国知网的简单检索不支持“”语法。因此,这里,要进行概念拆分:“刑事诉讼制度”与“改革”与“审判”,这三个概念必须同时满足。

中国知网的简单检索不支持布尔逻辑式“刑事诉讼制度 AND 改革 AND 审判”。在中国知网简单检索里,关键词“刑事诉讼制度改革审判”代表的是“刑事诉讼制度 OR 改革 OR 审判”(这与上一章中我们讨论的书目检索语法不同)。我们采用二次检索的方法:先检索“刑事诉讼制度”,再在第一次的结果中检索“改革”,再在第二次的结果中检索“审判”。

以篇名为检索途径,得到如图 3 – 2 – 5 所示结果,检索结果数量大为减少,同时,检索结果的相关度大幅提升。

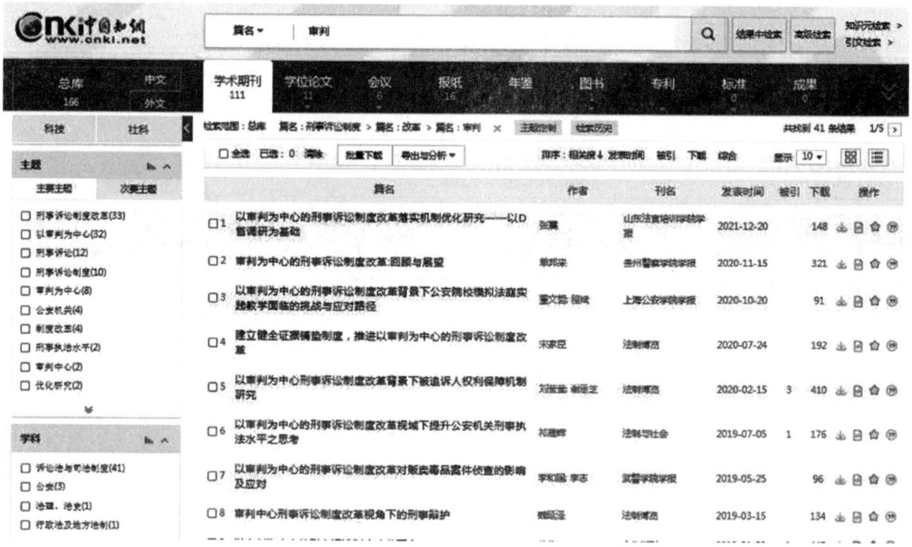

图 3 – 2 – 5

同样地,以关键词为检索途径,得到如图 3 – 2 – 6 所示结果:

图 3 – 2 – 6

以摘要为检索途径,得到如图 3－2－7 所示结果:

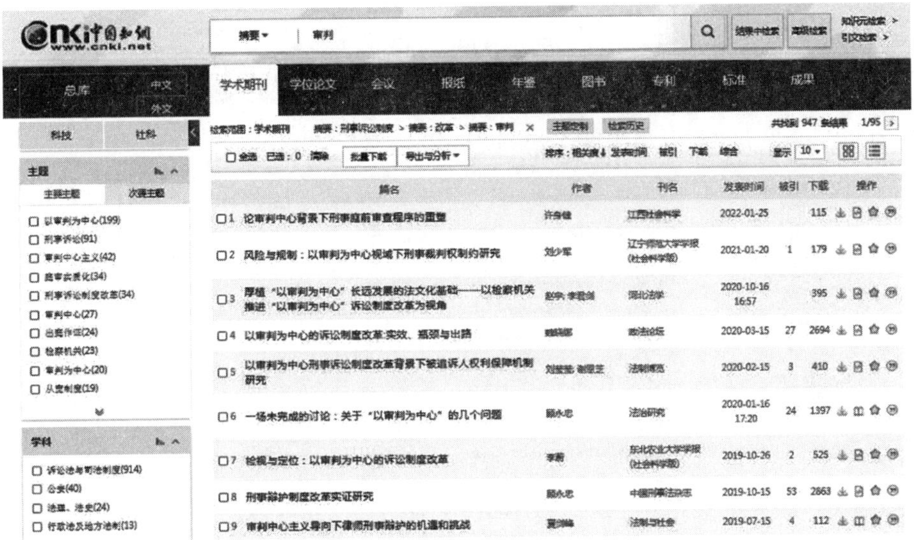

图 3－2－7

以全文为检索途径,得到如图 3－2－8 所示结果:

图 3－2－8

以主题为检索途径,得到如图3－2－9所示结果:

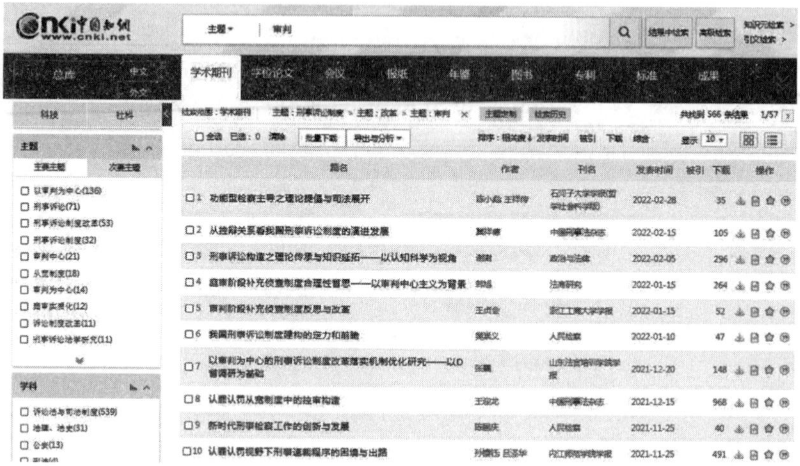

图3－2－9

以篇关摘为检索途径,得到如图3－2－10所示结果:

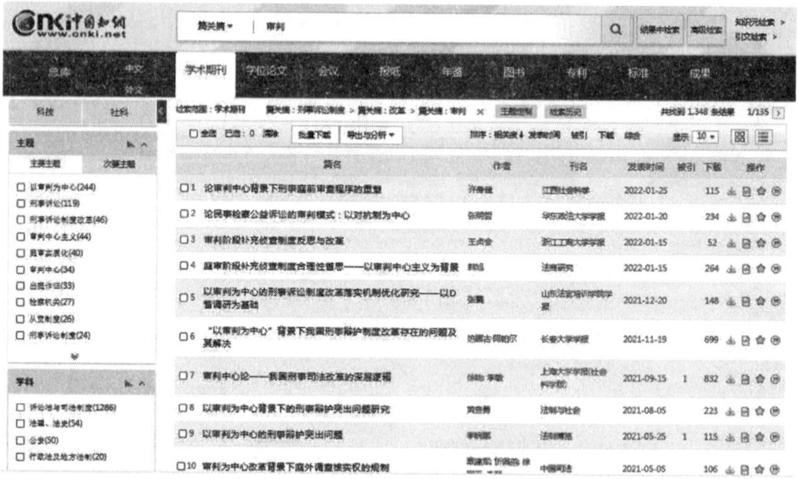

图3－2－10

从检索结果中笔者发现:对于中国知网的期刊论文检索,“全文”检索途径绝对不是一个好方法,最后的结果非常多,可读性差,许多都离题万里;“关键词”途径检索而得的结果太少,本次检索甚至没有结果;“篇名”途径得到的结果也不多,只有44篇,而2020年以后发表的只有7篇(截至2023年8月20日检索数据);以"摘要""主题""篇关摘"为检索途径检索得到的结果尚令人满意。知网的"主题"与"篇关摘"检索途径是种复合途径,"篇关摘"约等于"篇名" +"关键词" +"摘要",而"主题"比较类似于"篇关摘"(在知网改版之前,没有"篇关摘"途径,"主题"途径实际上也是"篇名" +"关键词" +"摘要")。因此,就内容检索而言,中国知网期刊论文检索的最佳途径是主题或篇关摘。

(二)高级检索

中国知网同样提供高级检索模式。如上例,为达成检索目的,在简单检索模式中要进行二次检索,而在高级检索模式中只要进行一次检索。(见图3 –2 –11)

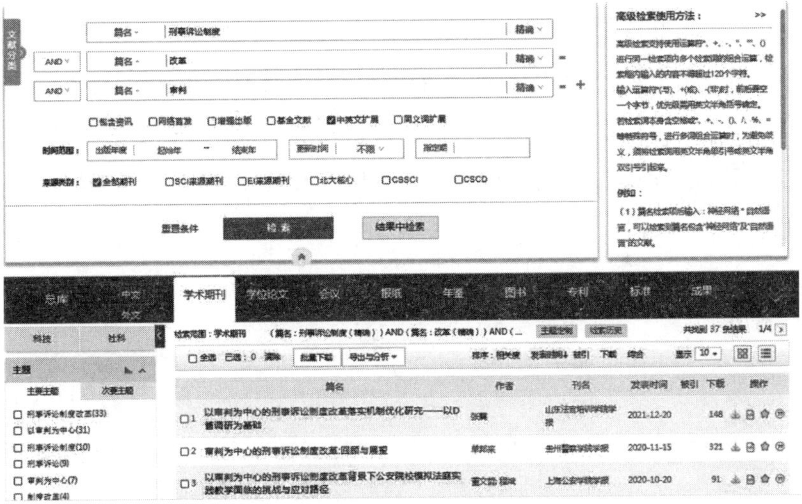

图3 –2 –11

细心的读者会发现,同样是篇名检索,高级检索的结果与简单检索的结果不一致。原因在于高级检索有匹配方式的限定,本例中采用了精确匹配;而简单检索采用的是任意一致的全文检索方式,故而"刑事诉讼制度"存在概念拆分的可能性,即被拆分成"刑事"OR"诉讼制度"。所以,相同的检索条件,高级检索比简单检索精确。

高级检索提供的检索途径与简单检索的基本相同。使用"主题""篇关摘""篇名""关键词""摘要""全文"等常用检索途径,以及"参考文献""DOI""中图分类号”“栏目信息”等不常用的检索途径,都可以同途径检索条件重复,最多可重复10次。检索条件通过“与”(AND)、“或”(OR)、“非”(NOT)组配形成复杂的检索条件。对于有些检索途径,如摘要和全文,词频的设定可以提高检索结果的内容关联度。

对于期刊论文,作者是重要的检索途径,为了避免同名同姓带来的误差,“作者单位”是一个很好的限定条件。比如王利明,我们可以限定作者单位是中国人民大学,也可以限定为内蒙古农业大学,这就是完全不同的两个人了。

其他的检索途径也很重要。

1. 来源期刊

这里有两个功能,一是进行单刊刊内检索,我们可直接以期刊名称/ISSN/CN为检索途径;二是进行一类刊内的检索。中国知网将文献按学科分为十个大类:基础科学、工程技术Ⅰ辑、工程技术Ⅱ辑、农业科技、医药卫生科技、哲学与人文社科、社会科学Ⅰ辑、社会科学Ⅱ辑、信息科技、经济与管理科学,法学属于社会科学Ⅰ辑。每个学科大类内又有若干分支,我们可以在相应的学科类别中检索。(见图3-2-12)

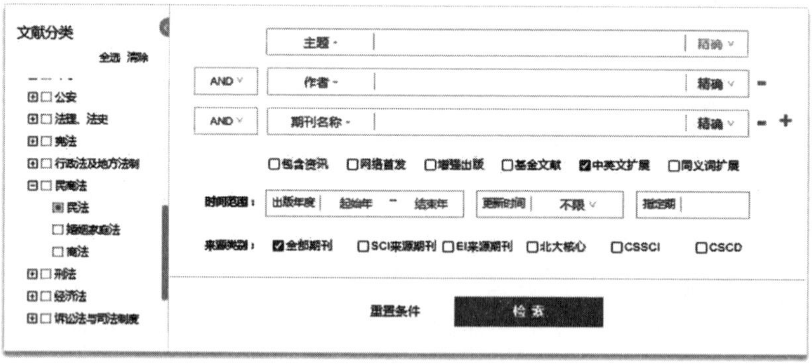

图3-2-12

需要指出的是,如使用中国知网的旧版,来源期刊的第二个功能内容设置更为丰富,又细分三种来源期刊:

其一,与上述的学科分类相似,在专辑专题内进行来源期刊检索。(见图3-2-13)

图 3－2－13

其二，依据收录来源检索。其依据是各种权威引文数据库收录情况，如 CA 化学文摘、SA 科学文摘、SCI 科学引文索引、JST 日本科学技术振兴机构数据库、PЖ(AJ)文摘杂志(俄)、EI 工程索引、CSCD 中国科学引文数据库来源期刊、CSSCI 中文社会科学引文索引，这代表期刊的学术价值。(见图 3－2－14)

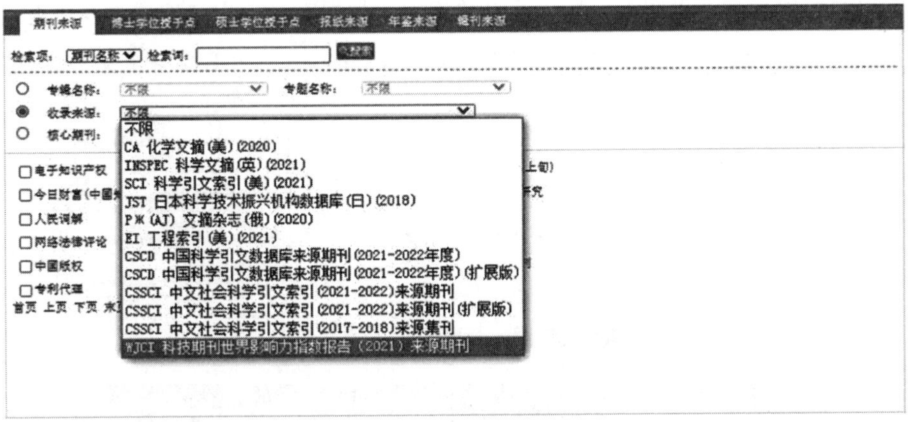

图 3－2－14

其三，按照核心期刊各编进行检索。(见图 3－2－15)

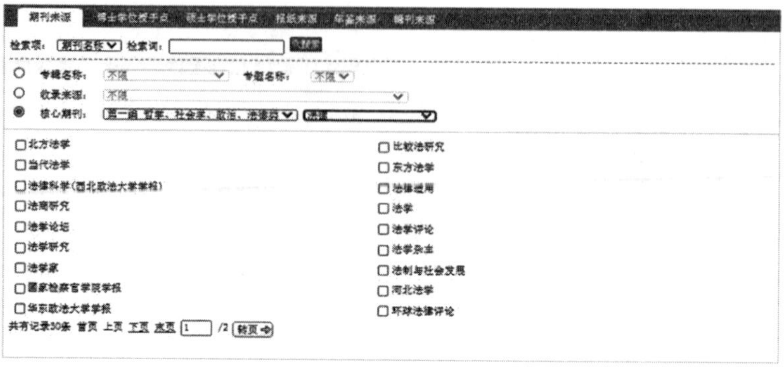

图 3-2-15

2. 基金

此处可直接在“基金”检索途径下输入关键词，也可以输入后在右侧引导列表中出现的相关基金中勾选。我们建议使用勾选方式，而不是使用直接输入的基金名称。例如，我们检索《中国法学》上发表的国家社会科学基金支持的论文，如果期刊名称和基金都是输入后勾选，可获得68项结果(见图3-2-16)。但若是输入后不勾选，得到的结果则不一样。这是数据库元数据著录不规范造成的。因此，使用中国知网检索，遇到可供勾选之处，尽量使用勾选方式，而不要完全采取手工输入的方式。

图 3-2-16

高级检索中的限定条件同样重要。有以下两点。

1. 时间范围

出版年度是学术期刊的出版年度(由于有优先出版的情况,数据库更新的期刊时间可能与纸版期刊出版时间不一致);当命中结果过多时,更新时间作为限定条件,可以帮助获取最新的文献。当出版年度、更新时间作为一个独立的检索条件时,文献统计分析意义大过检索意义。

2. 来源类别

在来源期刊中能直接选择,这里只列出典型选项,共有 6 个:全部期刊、SCI 来源期刊、EI 来源期刊、北大核心、CSSCI 和 CSCD。(见图 3-2-17)

图 3-2-17

对于文科学校而言,大多关注最后两个选项:北大核心和 CSSCI。选中全部期刊,即选中其余 5 个选项,后 5 个选项可单选。如果 6 个选项均不选,是什么结果?是不是限定为非 SCI、EI、CSSCI 和核心期刊了呢?

此处举一例说明。已知《中国法学》为北大核心期刊及 CSSCI 来源刊,上述 6 个选项均不选,以“中国法学”为来源期刊检索途径进行检索,如图 3-2-18 所示:

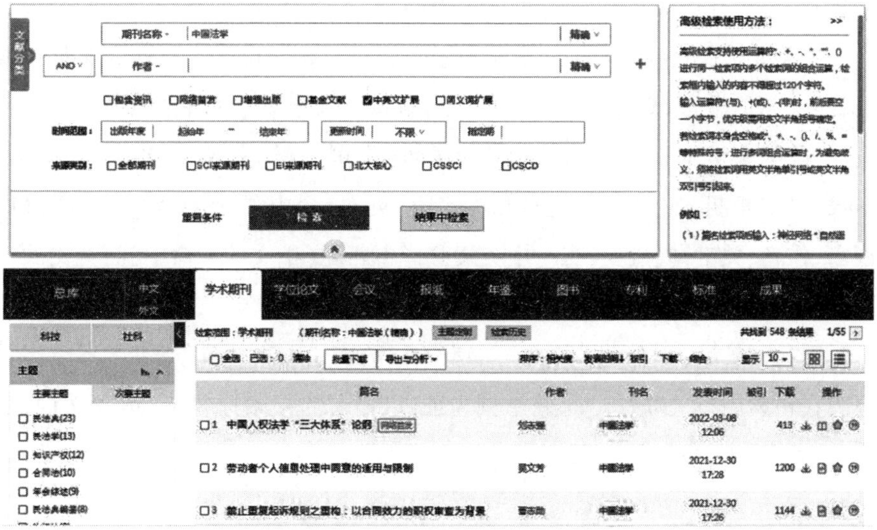

图 3-2-18

结果发现,能检索到源于《中国法学》的期刊文章。由此而知,此“来源类别”选项为限制性选项,不选,不为“逻辑非”,而是不作限定(包括该选项类别)。

在高级检索里,还有下列六个勾选项:

1. 包含资讯:包括期刊中的新闻、通知内容。

2. 网络首发:单篇网络首发,是指借助互联网(含移动网络)在“中国知网”以数字出版方式优先出版学术期刊的单篇论文内容。按照首发时的编辑状态,通常可分为3种:录用定稿、排版定稿、整期定稿。录用定稿,是指某刊内容确定、通过同行评议、主编终审同意刊用的稿件。排版定稿,是指录用定稿按照期刊特定版式(包括网络呈现版式)排版后的稿件,内容和版式确定,可能没有出版年、卷、期、页码。整期定稿,是指出版年、卷、期、页码已确定的印刷或数字出版的整期汇编稿件。

3. 增强出版:包含根文献和附加内容,经过组织和封装,形成一个有内在联系的复合数字作品的数字出版物,是全部学术成果的出版。其中,根出版物指与印刷版出版物内容一致的数字化出版物形式,或者并无印刷版相对应的纯粹数字化出版物;附加内容又叫增强材料,伴随根文献一起进行数字化出版,其内容包括文本、数据表格、图像、音频、视频、软件程序、手稿等,通常仅通过网络呈现。

4. 基金文献:获得基金支持而发表的文献。

5. 中英文扩展:将检索词自动翻译成英文,进行相应检索。与外文文献检索不同(只是文献信息,无全文),得到的结果可直接获取全文。扩展的结果一般是两种情况,一是国内学术期刊论文的英文版(如《中国法学》就有英文版 *China Legal Science*)。二是期刊论文检索途径相应字段(英文)命中。许多学术论文提供英文的题名、作者、关键词、摘要,有时中英文翻译不匹配(中文的未命中,而英文的反而命中了)。

6. 同义词扩展:一个学术概念可能有不同的表述方法,相近或有上下位类关系的概念在检索中有关联性。此处举例为证:以篇名为检索途径,勾选同义词扩展,检索“审判监督程序”。(见图3-2-19)

图 3 - 2 - 19

笔者发现，命中结果的篇名中除“审判监督程序”外，还有“再审程序”，怎么会这样？

查询 1991 年中国政法大学出版社出版的《法学大辞典》，我们可以看到“审判监督程序”词条是这么说的：

> “审判监督程序”又称“再审程序”。司法机关对已发生法律效力的判决、裁定，发现确有错误，依职权提起再行审理的特殊诉讼程序。目的在于对已生效而确实有错误的判决和裁定，通过再次审理并作出裁判予以纠正……

由此可知，“再审程序”作为“审判监督程序”的同义词，故而被命中了。

因此，同义词扩展对于提高查全率①非常有用。

在高级检索中，所有检索条件，无论是主要检索途径（如“主题”），还是辅助的

---

① 查全率，是衡量某一检索系统从文献集合中检出相关文献成功度的一项指标，即检出的相关文献量与检索系统中相关文献总量的比率。普遍表示为：查全率 = (检索出的相关信息量 ÷ 系统中的相关信息总量) × 100%。

限定项(如“更新时间”),都可独立检索,即使途径无内容检索意义,也可作为文献分析的指标。

例如,华东政法大学 2021 年 CSSCI 来源期刊发文量。(见图 3 – 2 – 20)

图 3 – 2 – 20

综上所述,在中国知网中检索,我们推荐采用高级检索模式,能比较有效且精确地命中所需内容。

使用高级检索模式时,我们要注意以下几点:

1. 内容检索,一般以“主题”或“篇关摘”为检索途径,匹配方式一般选“精确”。

2. 勾选同义词扩展。中英文扩展与同义词扩展只能勾选一个,相比之下,同义词扩展的意义更大一些,这样可以提高查全率。

3. 如果采用“全文”途径检索,使用“词频”限定,以提高查准率。①

4. 如果通过“作者”途径检索,一定要通过作者单位进行限定。如果作者单位名有变更,须全部列出。

---

① 查准率(精度)是衡量某一检索系统的信号噪声比的一种指标,即检出的相关文献与检出的全部文献的百分比。普遍表示为:查准率 = (检索出的相关信息量 ÷ 检索出的信息总量) × 100%。

5. 如有要求，无论是来源期刊和支持基金，都用勾选方式，不要手工输入。

(三)专业检索

专业检索就是检索式检索。高级检索通过下拉菜单、勾选、文本输入等方式，帮助使用生成复杂的检索条件，而专业检索就是用检索式的方式表述(见图3－2－21)。该检索式遵循一定的代码函数和运算规则(布尔逻辑运算)，几乎所有的数据库都有类似的检索模式，供专业人士使用，对于一般使用者，很少用到这种方式。

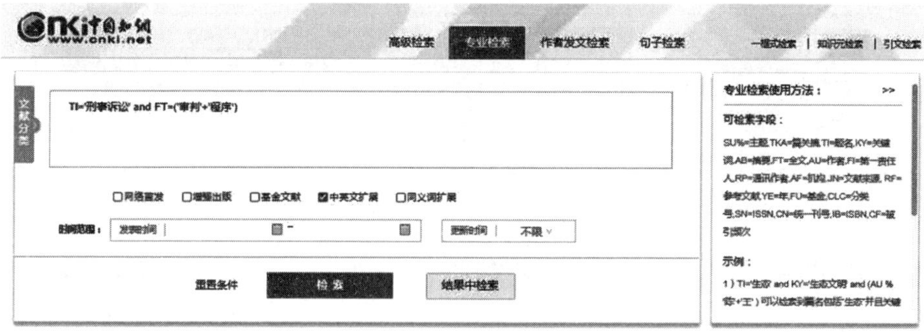

图3－2－21

(四)作者发文检索

这是高级检索中“作者”途径检索的细化，但其基本功能在高级检索中都能实现，且高级检索的组配功能强于作者发文检索。高级检索中最多支持10个作者/作者单位检索，作者发文检索中，最多可支持5个作者/作者单位检索。需要注意的是，使用“作者”途径检索，输入作者姓名，可在右侧引导列表中根据机构名称进行勾选，精准定位到某一位作者，排除同名情况。

作者单位条件不依赖于作者，如此处可同时检索华东政法大学、西南政法大学、中国政法大学、西北政法大学、中南财经政法大学发文的情况，比较各政法院校的发文数量(见图3－2－22)。但在作者发文检索中无法增加其他限定条件(如期刊来源限定)，而高级检索则可以实现这一组配功能(见图3－2－23)。

图 3 – 2 – 22

图 3 – 2 – 23

(五)句子检索

这是全文关键词的扩展,必须输入两个及以上检索词,可限定在同一句或同一段中出现,检索词可以是一个句子,最多支持两重条件(见图 3 – 2 – 24)。句子检索一般用于检索某一研究现状、理论成果、应用场景、实验方法、技术难点等碎片化的知识点,因不需阅读全文,是比较高效的一种检索方式。

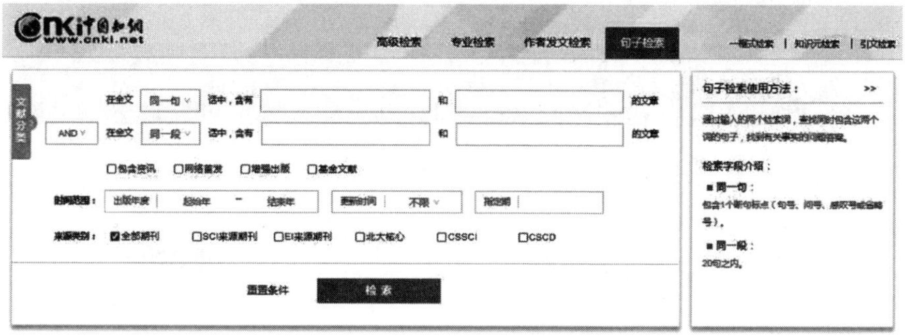

图 3-2-24

(六)一框式检索

一框式检索即简单检索(见图 3-2-25)。

图 3-2-25

(七)出版物检索

之前讨论的检索,是针对(期刊)论文的检索。中国知网还支持对期刊(以刊为单位,而不是以刊载论文为单位)的检索(见图 3-2-26)。其有两种方式:第一种,通过来源名称(刊名)、主办单位、出版者、ISSN、CN、ISBN① 进行检索(见图 3-2-27);第二种通过期刊导航(见图 3-2-28)。

---

① 国际标准书号(International Standard Book Number),简称 ISBN,是专门为识别图书等文献而设计的国际编号。ISO 于 1972 年颁布了 ISBN 国际标准,并在西柏林普鲁士图书馆设立了实施该标准的管理机构——国际 ISBN 中心。现在,采用 ISBN 编码系统的出版物有:图书、小册子、缩微出版物、盲文印刷品等。2007 年 1 月 1 日前,ISBN 由 10 位数字组成,分四个部分:组号(国家、地区、语言的代号)、出版者号、书序号和检验码。自 2007 年 1 月 1 日起,实行新版 ISBN,新版 ISBN 由 13 位数字组成,分为 5 段,即在原来的 10 位数字前加上 3 位 ENA(欧洲商品编号)图书产品代码"978"。在联机书目中 ISBN 可以作为一个检索字段,从而为用户增加了一种检索途径。

图 3－2－26

图 3－2－27

图 3－2－28

通过期刊导航,可以方便地找出法学类有哪些学术期刊。(见图3－2－29)

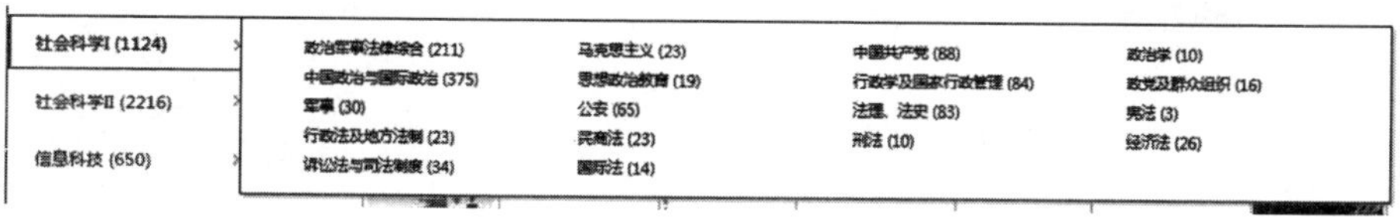

图3－2－29

通过核心期刊导航,可找出法学类核心期刊有哪些(共28种)。(见图3－2－30)

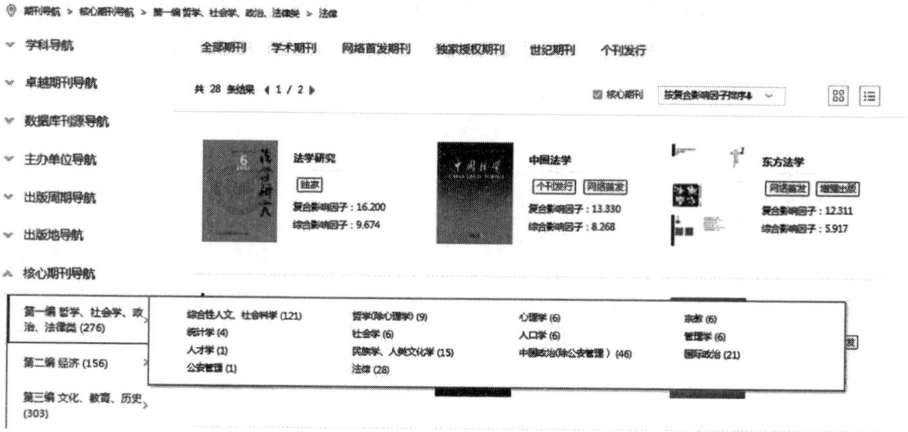

图3－2－30

需要注意的是,此处的“核心期刊”,中国知网采用的标准是北京大学核心期刊目录。

三、其他类型文献的检索

中国知网收录的论文资源除期刊论文外,还有学位论文、会议文献、报纸文献等。其检索方式大同小异。

(一)学位论文

学位论文包含博士学位论文和硕士学位论文。检索途径增加了导师、学位授予单位、目录、学科专业名称,限定条件里增加了学位年度、优秀论文级别。(见图3－2－31)

图 3－2－31

(二)会议文献

会议文献包含国内会议、国际会议、会议视频。检索途径增加了论文集名称、会议名称、主办单位,限定条件有会议级别、报告级别、论文集类型、语种等。(见图3－2－32)

图 3－2－32

(三)报纸文献

报纸文献的检索途径增加了报纸名称、国内统一刊号,限定条件增加“包含非

学术文献”。(见图 3 - 2 - 33)

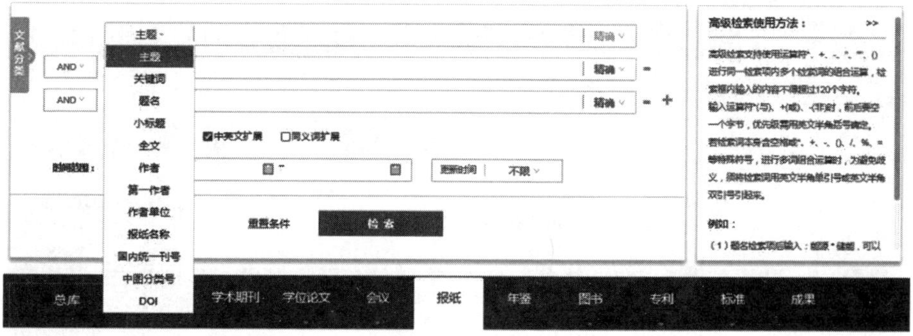

图 3 - 2 - 33

(四)学术辑刊

关于学术辑刊的检索,有这么一个检索案例,查找陈瑞华的《刑事诉讼中的证明责任问题》一文。

百度一下“刑事诉讼中的证明责任问题”,百度学术中显示如图 3 - 2 - 34 所示结果:

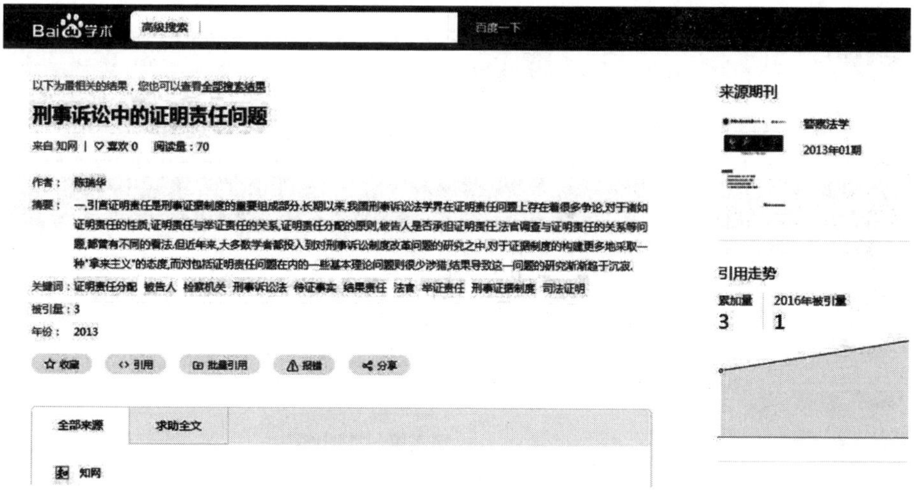

图 3 - 2 - 34

从百度可直接找到知网下载链接。(见图 3 - 2 - 35)

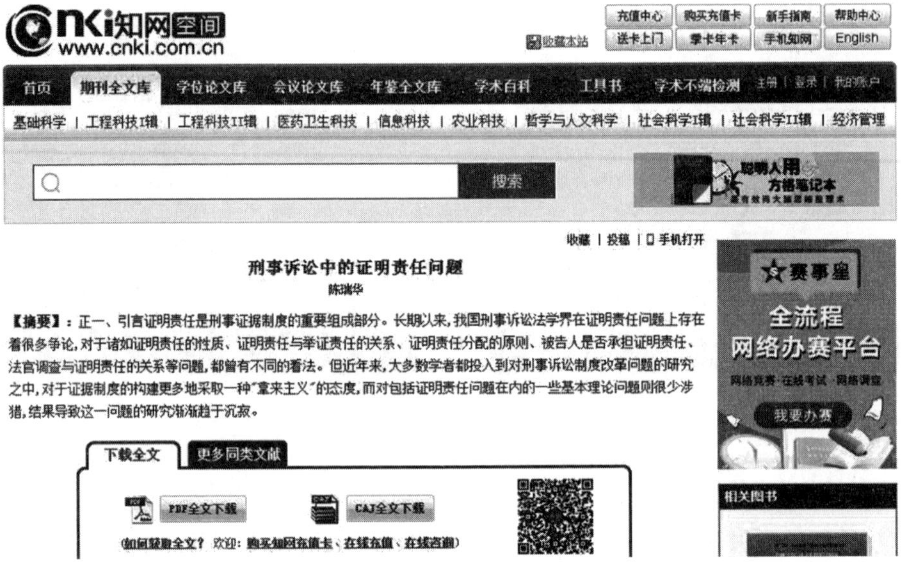

图 3－2－35

在中国知网中,进入期刊检索页面,以"刑事诉讼中的证明责任问题"为篇名途径进行检索,却没找到上述这篇文章。(见图 3－2－36)

图 3－2－36

但是,如果在文献检索页面,进行篇名"刑事诉讼中的证明责任问题"检索,却可以找到这篇文章。(见图 3－2－37)

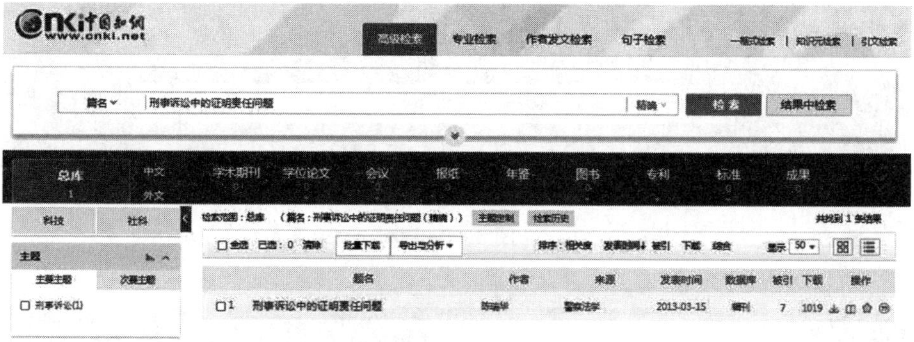

图 3－2－37

这是因为该文献的期刊来源是《警察法学》。《警察法学》不是一种学术期刊，而是一种辑刊（论丛、系列论文集），所以在期刊检索页面，检索不到由辑刊收录的文章。而中国知网的文献检索是跨库检索，在文献检索的勾选项里涵盖了期刊论文、会议论文、学位论文、报纸论文，以及学术辑刊等，所以有此结果。（见图 3－2－38）

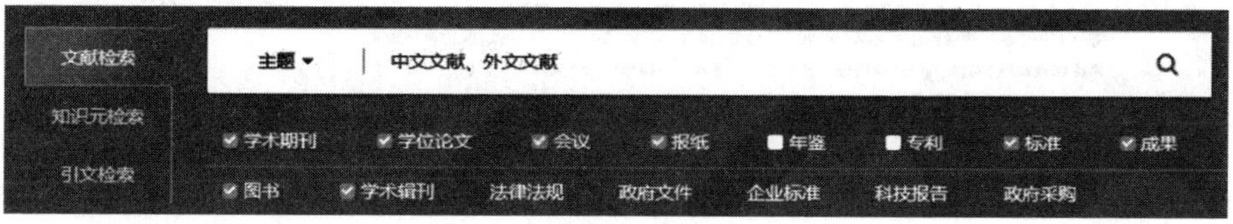

图 3－2－38

（五）知识元检索

中国知网提供知识元检索模式，即根据表征知识点的元素类型进行检索，包括知识问答，在百科、词典、手册、工具书中进行检索，以及检索诸如图片、数据、指数、概念等（见图 3－2－39）。其中，知识问答支持输入自然语言进行检索，例如，如何写毕业论文、如何实现乡村振兴、如何选择防晒用品等，系统会根据提问给出多篇文献中仅与该问题相关的内容（见图 3－2－40）。某一领域的初学者，当检索技巧和信息素养不足时，可采用这一检索模式快速了解相关知识。

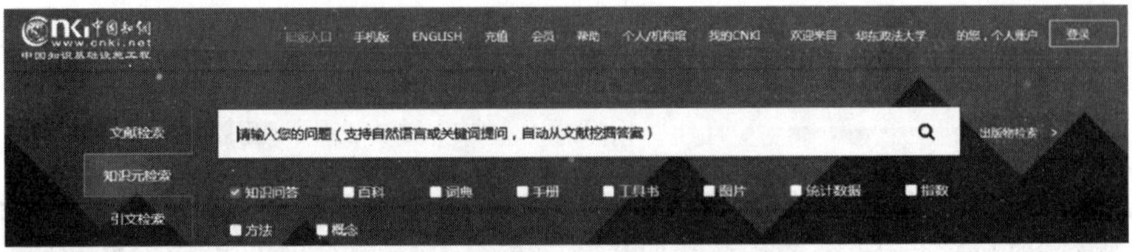

图 3-2-39

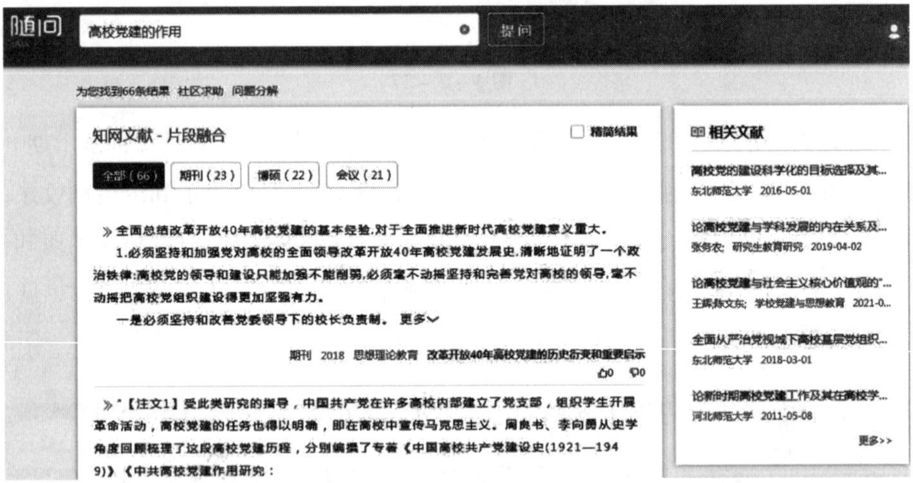

图 3-2-40

(六)引文检索

在中国知网中,支持对被引文献进行检索的子库是“中国引文数据库”,其检索对象是知网全文收录的文献的参考文献,这些参考文献(被引文献)不一定被全文收录。引文检索提供简单检索与高级检索,两者的检索途径相差不大,包括被引主题、被引题名、被引关键词、被引摘要、被引作者、被引单位、被引文献来源等,高级检索较简单检索多了一些限定选项(见图 3-2-41、图 3-2-42)。引文检索可利用文献间的相互引用关系,了解某一个主题、机构、作者等。

图 3-2-41

图 3-2-42

四、检索结果分析

中国知网的检索功能十分强大，通常会得到很多检索结果，其中有些符合检索要求，有些则不太符合要求。

此处举例说明。

2012 年 3 月 15 日，中国收到美国、欧盟、日本在世界贸易组织（World Trade Organization，WTO）争端解决机制下提出的有关稀土、钨、钼的出口管制问题的磋商请求，被称为“美国诉中国稀土案”。2014 年 3 月 26 日（日内瓦时间），世界贸易组织公布了美国、欧盟、日本诉中国稀土、钨、钼相关产品出口管理措施案专家组报告,初步裁决中国败诉。为此,国内外专家学者展开了广泛的研究。要求查找相关文献。

笔者进入中国知网,选择文献检索的高级检索模式,进行跨库检索,其检索条件如图 3－2－43 所示:

图 3－2－43

共找到 150 条命中结果,有些参差不齐。中国知网提供了左侧分类浏览方法。在学科分类中,如果选择最为相关的,当属国际法(共 96 篇)。(见图 3－2－44)

图 3－2－44

在发表年度分类中,因为该诉讼案于 2012 年提出,所以发表的文献在随后的几年数量较多。从学术价值而言,当选 2014 年以后发表的为佳(该案尘埃落定后的讨论更有价值)。(见图 3－2－45)

图 3－2－45

在研究层次分类中,最有学术价值的当属应用研究—政策研究(31 篇)和开发研究—政策研究(25 篇)。(见图 3－2－46)

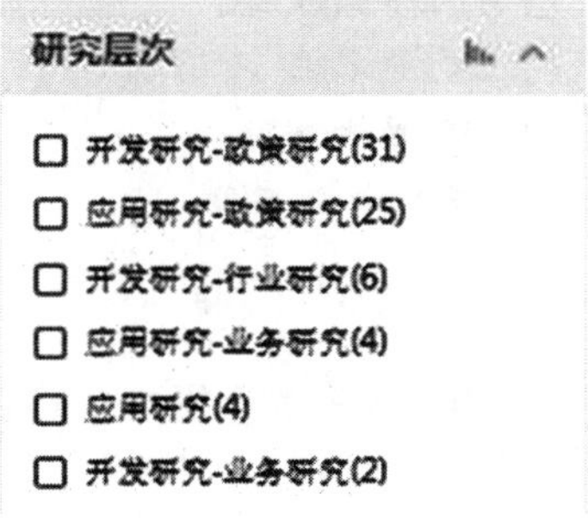

图 3－2－46

在作者分类中,刘瑛发文最多。(见图 3－2－47)

图 3 -2 -47

在机构分类中,华东政法大学在这方面的研究文章最多。(见图 3 -2 -48)

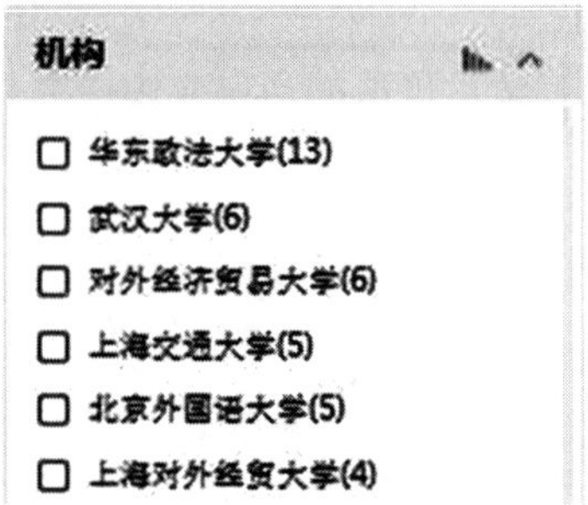

图 3 -2 -48

在基金分类中,可以发现获得国家社科基金支持的文章有多少。(见图 3 -2 -49)

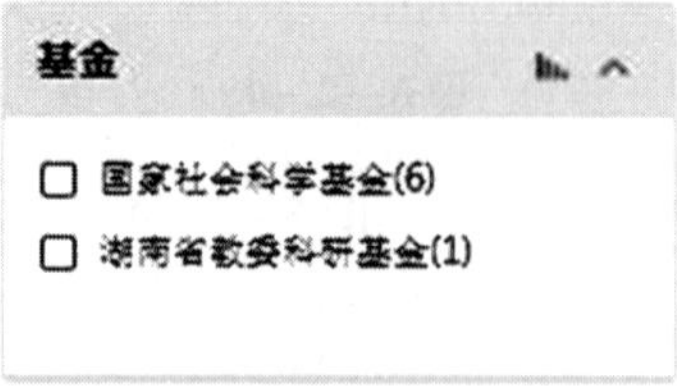

图 3 -2 -49

(一)被引次数和下载次数

一篇学术论文的重要性,或其学术价值,可以通过两个指标体现,一是被引次数,二是下载次数。被引次数更为重要,这是国际通行的学术论文评价指标。本例中,下载次数最多的是:杨楠. WTO 对自然资源产品国际贸易的规制及中国立场[D]. 吉林大学,2013(见图 3 –2 –50)。

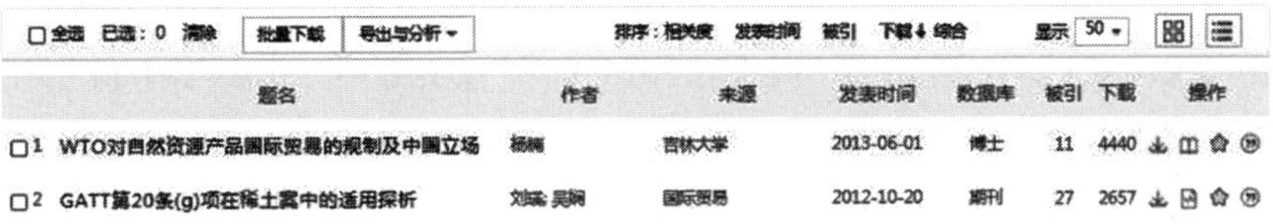

图 3 –2 –50

被引次数最多的是:刘瑛,吴娴. GATT 第 20 条(g)项在稀土案中的适用探析[J]. 国际贸易,2012,(10):61 –66(见图 3 –2 –51)。

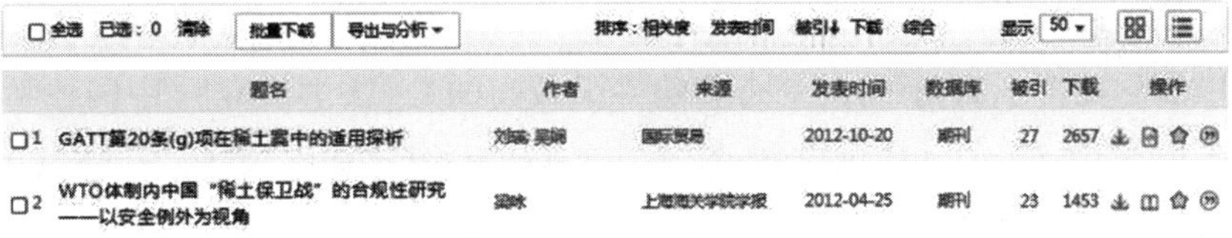

图 3 –2 –51

(二)影响因子

学术论文的权威性有时依赖于发表的期刊,权威期刊的标准:是否为核心期刊,是否为 CSSCI 来源刊(是否为权威引文工具收录)。当然更需要有客观指标——影响因子。

汤森路透(Thomson Reuters)出品的期刊引证报告(Journal Citation Reports, JCR)中有项数据被称为影响因子(Impact Factor, IF)。它是指某期刊前两年发表的论文在该报告年份(JCR year)中被引用总次数除以该期刊在这两年内发表的论文总数。这是一个国际上通行的期刊评价指标。它不仅是一种测度期刊有用性和显示度的指标,而且是测度期刊的学术水平,乃至论文质量的重要指标。影响因子是一个相对统计量。

查询外文期刊影响因子,可使用外文数据库 Web of Science 中的 JCR,其中

JCR 自然科学版(Science Edition)用于查询自然科学类期刊,JCR 社会科学版(Social Sciences Edition)用于查询人文社会科学类期刊。

查询中文期刊的影响因子,可使用中国学术期刊(光盘版)电子杂志社和中国科学文献计量评价中心联合推出的《中国学术期刊综合引证报告》(万锦堃主编,科学出版社出版)。

影响因子是以年为单位进行计算的。以 2016 年的某一期刊影响因子为例:

IF(2016 年) = 该期刊 2014 年至 2015 年所有文章在 2016 年中被引用的次数 ÷ 该期刊 2014 年至 2015 年所有文章数。

影响因子在发展的过程中形成了两个指标:复合影响因子和综合影响因子。

复合影响因子是以期刊综合统计源文献、博硕士学位论文统计源文献、会议论文统计源文献为复合统计源文献计算。

综合影响因子主要是指文、理科综合,是以科技类期刊及人文社会科学类期刊综合统计源文献计算。

以法学类核心期刊而言,复合影响因子最高的是《法学研究》《中国法学》《东方法学》(见图 3-2-52);综合影响因子最高的是《法学研究》《中国法学》《中国刑事法杂志》。由此,我们可以发现最权威的法学期刊是《法学研究》和《中国法学》。

图 3-2-52

华东政法大学的《法学》,复合影响因子为 8.2,综合影响因子排名为 3.88。(截至 2022 年年底统计数据)

(三)H 指数

对于学者,也有客观的学术价值指标——H 指数。H 指数(H-index)是一个混合量化指标,最初是由美国加利福尼亚大学圣地亚哥分校的物理学家乔治·赫希(Jorge Hirsch)在 2005 年的时候提出来的,其目的是量化科研人员作为独立个体的研究成果。赫希的原始定义是,一名科学家的 H 指数是指其发表的 Np 篇论文中有 h 篇每篇至少被引 h 次,而其余 Np - h 篇论文每篇被引均小于或等于 h 次[A scientist has index h if h of his or her Np papers have at least h citationseach and the other(Np-h) papers have≤h citation each]。

h 代表"高引用次数"(high citations)。一个人的 H 指数是指他至多有 h 篇论文分别被引用了至少 h 次。查出某个人发表的所有论文,让其按被引次数从高到低排列,往下核对,直到某篇论文的序号大于该论文被引次数,那个序号减去 1 就是 H 指数。以王利明(中国人民大学)为例,共 548 篇论文,被引从高到低排列,第 115 篇被引 115 次,第 116 篇被引 114 次,H 指数为 115(见图 3 - 2 - 53)。需要注意的是,数据库的被引次数是动态变化的,此处数据为 2023 年 8 月 20 日统计。

图 3 - 2 - 53

(四)检索结果扩展

我们利用中国知网,主要目的是获取文献,具体而言,是获取相关文献(期刊论文、学位论文、会议论文、报纸论文等)的全文。而通过中国知网的检索,能提供给我们的绝不仅仅只有这些。

下面以“稀土案”为例,如图 3-2-54 所示:

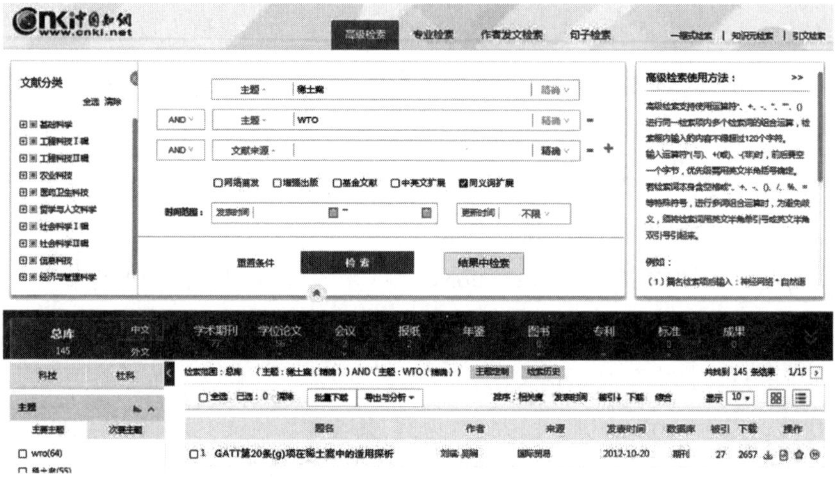

图 3-2-54

检索条件:主题 = 同义词扩展(稀土案)并且主题 = 同义词扩展(WTO)(精确匹配);

文献分类:全部中文;

数据库:文献,跨库检索。

命中文献总数 143 篇。(截至 2023 年 8 月 20 日统计数据)

除了获取这 143 篇论文的全文之外,中国知网还提供了很多有用的信息,这些信息对于我们扩展检索、深入科研,很有意义。

1. 单篇命中文献

以“刘瑛,吴娴. GATT 第 20 条(g)项在稀土案中的适用探析[J]. 国际贸易,2012,(10):61-66”为例,中国知网提供的有:

(1)引文网络

反映该引用与被引用的历史变化情况。参考文献与引证文献很好理解,二级参考文献是参考文献的参考文献,二级引证文献是引用了引证文献的引证文献,共引文献是和本文引用了相同参考文献的文献(与本文有共同的研究背景与依据),

同被引文献是与本文同时作为参考文献的文献(与本文共同作为进一步研究的依据)。通过引证关系,揭示了这些文献内容上的关联性,而且可以获取论文的清单和全文。这对于解决检索中疑难问题非常有用。

例如,查找《关税与贸易总协定》(General Agreement on Tariffs and Trade, GATT)20 条对中国实践意义的文献。

检索条件:主题 = 同义词扩展(GATT20 条)并且主题 = 同义词扩展(中国)(精确匹配);

文献分类:全部;

数据库:文献,跨库检索;

命中文献总数:39 篇。

结果阅读之后不令人满意,还需要更多文献。此时利用相关度较高的命中文献的引文网络,就可以获得一批相关文献。(见图 3－2－55)

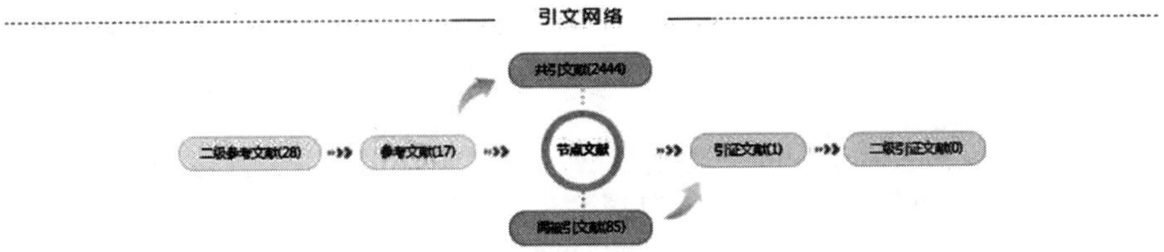

图 3－2－55

(2)关联作者

这也是一条获取相关文献的间接途径。(见图 3－2－56)

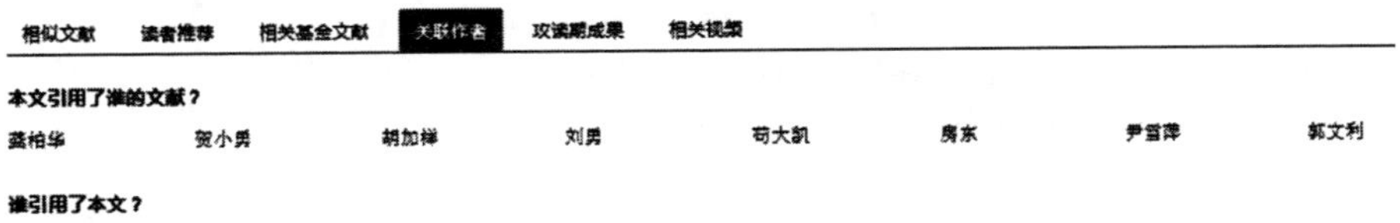

图 3－2－56

(3)相似文献

虽然没有引证关系,由于采用了相同的关键词,也可以认为是相似文献。(见图 3－2－57)

相似文献 读者推荐 相关基金文献 关联作者 攻读期成果 相关视频

[1] GATT1994第20条认定绿色贸易壁垒的法律适用[D]. 孙凯.华东政法大学 2018
[2] 论GATT1994第20条环保例外条款[D]. 柳艳.中国政法大学 2009
[3] 动物福利进口禁令在GATT1994协议下的合法性研究[D]. 何丽雅.上海交通大学 2018
[4] GATT1994国际收支例外条款及适用研究[D]. 徐秋莎.浙江工商大学 2010
[5] GATT1994中环保条款之释义[D]. 王晓莉.山东大学 2005
[6] RTA成员对GATT1994保障措施的适用[D]. 姜晓健.吉林大学 2011
[7] GATT1994一般例外条款对我国出口限制措施的适用研究[D]. 高经.宁波大学 2019
[8] 论GATT1994第20条对《中国入世议定书》第11.3条的可适用性[D]. 顾俊.华东政法大学 2014
[9] 多边贸易体制下环境例外条款（GATT1994第20条）研究[D]. 王咏晖.华中科技大学 2006
[10] 论GATT1994第20条一般例外条款的适用性[D]. 车心怡.上海交通大学 2015

图 3 - 2 - 57

(4)读者推荐

读者推荐,是指下载了本文的读者同时还下载了其他文献,这也隐含了这些文献内容上的关联性。(见图 3 - 2 - 58)

相似文献 读者推荐 相关基金文献 关联作者 攻读期成果 相关视频

[1] GATT1994第20条适用问题研究[D]. 周梦甜.华东政法大学 2018
[2] GATT1994第20条（g）款的法律适用研究[D]. 涂冰莹.南昌大学 2017
[3] GATT第20条于WTO入世议定书的适用问题研究[D]. 曲佳文.贵州民族大学 2016
[4] 论GATT一般例外条款对出口税承诺的可适用性[D]. 陈育丽.广西大学 2017
[5] GATT1994第20条对我国出口限制措施的适用[D]. 姜兆玲.中国青年政治学院 2016
[6] 论GATT第20条与中国加入WTO议定书第11条第3款的冲突与适用[D]. 卢成意.南京大学 2014
[7] 论GATT1994第20条对《中国入世议定书》第11.3条的可适用性[D]. 顾俊.华东政法大学 2014
[8] 从稀土案谈对GATT一般例外条款的重新认识[D]. 段宇楠.北京交通大学 2015
[9] 论GATT第20条的适用[D]. 辛晓晨.大连海事大学 2013
[10] GATT一般例外条款的适用研究[D]. 李静.中国政法大学 2010

图 3 - 2 - 58

2. 命中结果的总体情况

对于命中结果的总体情况,中国知网提供了直观的文献分析。仍以"稀土案"为例,选中需要分析的文献,通过可视化分析可对结果进行图表分析,如图 3 - 2 - 59 所示:

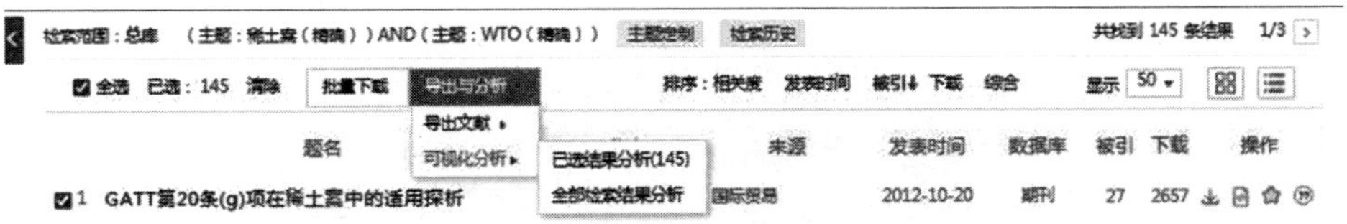

图 3－2－59

（1）总体趋势分析

通过发文量的变化，展现了这个研究专题受关注程度的变化。显然，2014 ~ 2015 年是一个高峰点。（见图 3－2－60）

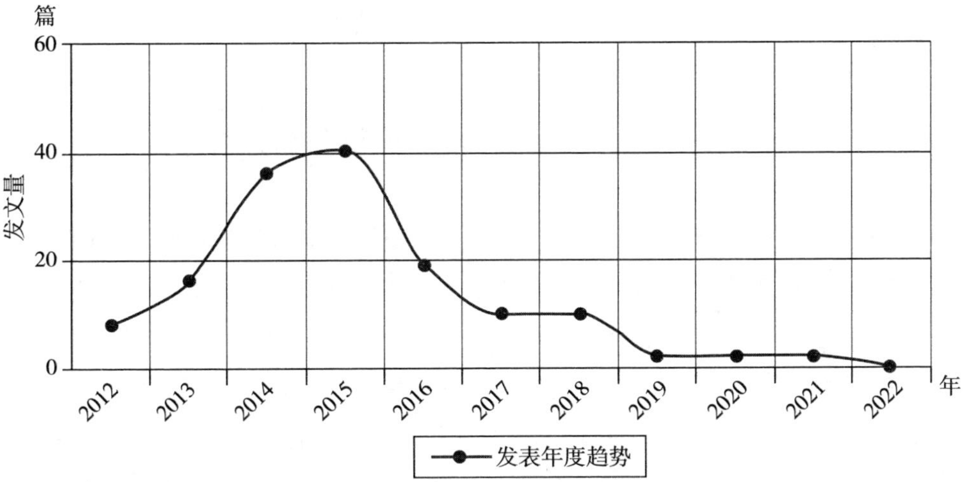

图 3－2－60　总体趋势分析

（2）关键词共现网络

图 3－2－61 展示了相关关键词及其关联度（通过共现次数表示），为扩展关键词检索提供入口。

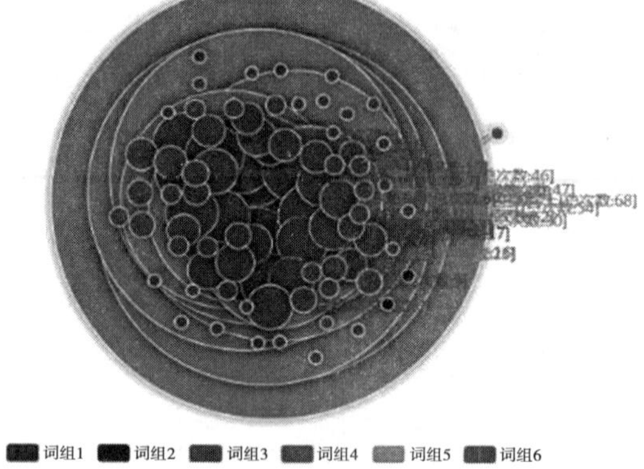

图3-2-61　关键词共现网络分析

第三节　中国人民大学复印报刊资料全文数据库

中国人民大学复印报刊资料全文数据库是在复印报刊资料纸质期刊基础上，进一步分类、编辑整理形成的，涵盖政治学与社会学类、法律类、哲学类、文学与艺术类、教育类、经济学与经济管理类、历史类、文化信息传播类、其他类刊等内容。该数据库资源秉承含有新观点、新材料、新方法或具有一定的代表性，能及时反映学术研究或实际工作部门的现状、成就及其新发展动向的原则，由专家、学者在全面审视人文社科报刊所有文章的基础上对海量学术信息进行精心整理、加工、分类、编辑，去芜存菁、优中选优，从而提供高质量的学术信息产品。

中国人民大学复印报刊资料是一套非常权威的学术辑刊，被其收录，如同被其他权威索引工具收录，代表了其权威性和学术价值。但因为它不是原发刊，而是选用其他学术期刊优秀、权威的学术论文，故而其提供全文的功能让位于学术价值的衡量功能，就此意义上而言，中国人民大学复印报刊资料是一种权威的索引工具，而不是全文数据库。

中国人民大学复印报刊资料系列共有数字期刊 139 种，法学类共有 7 种：【D410】法理学、法史学；【D411】宪法学、行政法学；【D412】民商法学；【D413】经济法学、劳动法学；【D414】刑事法学；【D415】诉讼法学、司法制度；【D416】国际法学。

另有8种原发刊:【L1】情报资料工作、【LC1】国学学刊、【LC2】社会学评论、【LD1】政治经济学评论、【LD2】公共管理与政策评论、【LF1】文化产业导刊、【LG1】新闻春秋、【LG2】创新人才教育。

中国人民大学复印报刊资料全文数据库有两个子库,全文数据库(按篇检索)和数字期刊库(按刊检索),收录范围自1995年起,部分专题已回溯到创刊年。采用多条件(可重复字段)检索。中国人民大学复印报刊资料的检索功能不强,检索时尽量不要采用复杂的检索条件。

一、简单检索

中国人民大学复印报刊资料全文数据库提供简单检索,全文数据库中简单检索可以按照主题词、标题、作者、关键词、正文、摘要、参考文献等13个检索字段进行检索。(见图3－3－1)

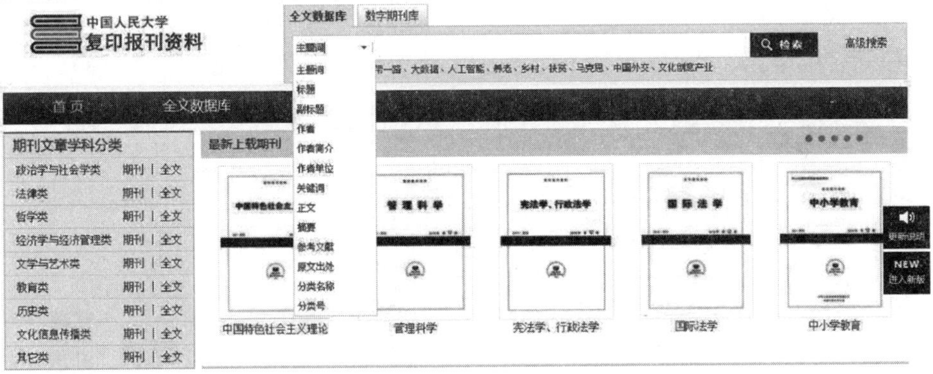

图3－3－1

数字期刊库的简单检索则只能以期刊名称作为检索字段进行检索,或者按照期刊学科、期刊首字母、期刊分类号浏览,查找特定期刊。(见图3－3－2)

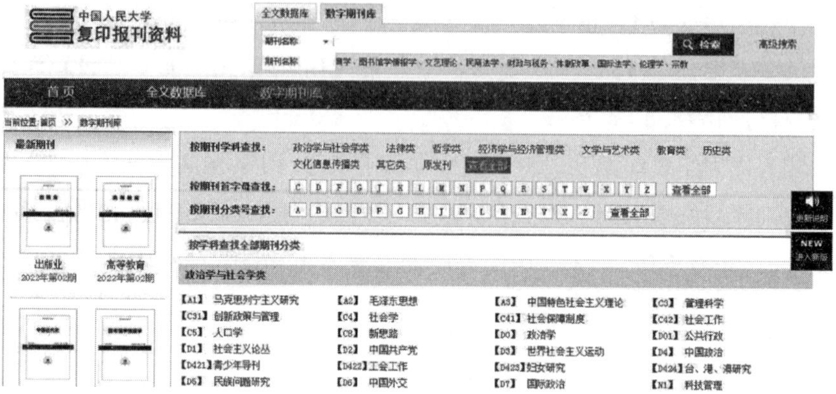

图 3-3-2

二、高级检索

中国人民大学复印报刊资料的全文数据库除了简单检索外,还提供高级检索模式,允许根据主题词、标题、作者、关键词、正文、摘要、原文出处、原刊期号等 20 个检索字段设置数量不超过 7 个检索条件,进行组合检索。(见图 3-3-3)

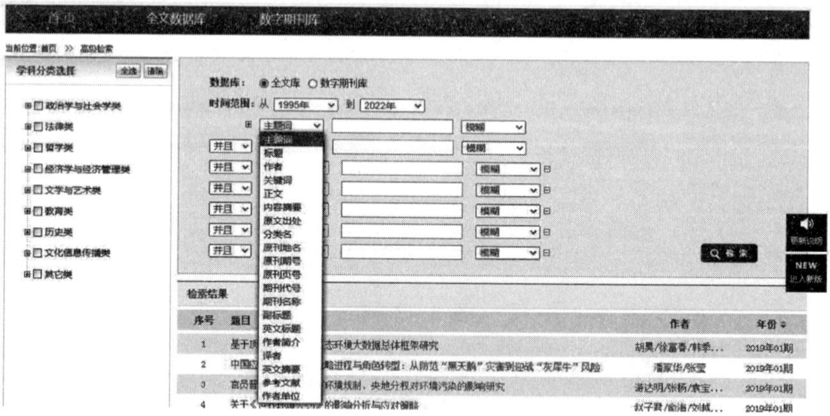

图 3-3-3

全文数据库高级检索模式提供的辅助限定勾选项不多,有两个:一是左侧栏学科分类选择,可以按专题领域进行限定检索;二是时间范围限定。值得注意的是,进行作者单位检索时,匹配方式建议选择精确,如选择模糊,则存在单位名称被拆分的情况,查准率较低。

此外，中国人民大学复印报刊资料数字期刊库也提供数字期刊的高级搜索，既可以通过搜索期刊名称、期刊代号、期刊 ISSN、期刊首字母，查找特定期刊（见图 3－3－4），还可以限定是在中国人民大学复印报刊资料系列中查找，或是在文摘刊、原发刊中查找（见图 3－3－5）。数字期刊库同样提供左侧栏学科分类选择。

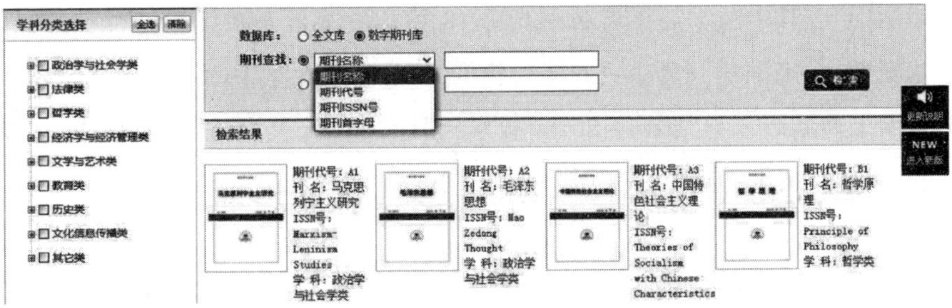

图 3－3－4

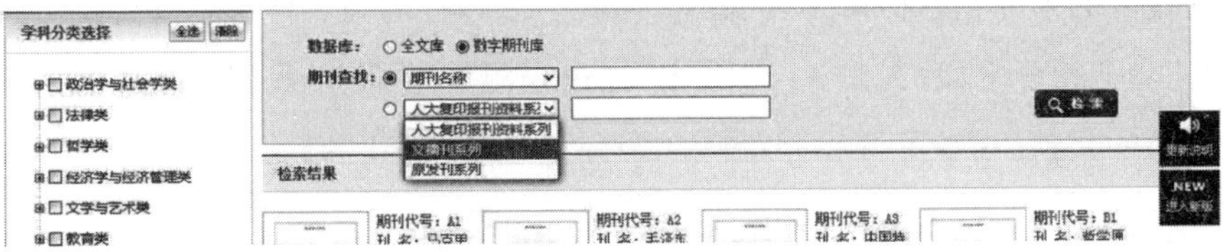

图 3－3－5

第四节　中文社会科学引文索引

中文社会科学引文索引英文全称为“Chinese Social Sciences Citation Index”，缩写为 CSSCI。用来检索中文社会科学领域的论文收录和文献被引用情况。CSSCI 由南京大学中国社会科学研究评价中心开发研制而成。CSSCI 遵循文献计量学规律，采取定量与定性评价相结合的方法从全国 2700 余种中文人文社会科学学术性期刊中精选出学术性强、编辑规范的期刊作为来源期刊。2021 年之前，收录包括法学、管理学、经济学、历史学、政治学等在内的 25 个大类的 583 种学术期刊。CSSCI（2021～2022）目录分成了 26 个学科门类，新增冷门绝学 1 个学科门类，收录 585 种学术期刊。

目前 CSSCI 的体系包括三大部分：首先是来源期刊，这是 CSSCI 最核心的部分。CSSCI(2021～2022)来源期刊共收录615种报刊(其中学术期刊583种,我国台湾地区学术期刊30种,报纸理论版2种,分别为《人民日报》和《光明日报》)。就法学类而言,首先是来源期刊共24种(华东政法大学主办的《法学》和《华东政法大学学报》均列其中)。其次是来源期刊扩展版,CSSCI(2021～2022)共收录229种扩展版期刊,其中法学类扩展版期刊为18种。最后是来源集刊(中国知网称之为学术辑刊)。来源集刊目录更新频次较低,目前南京大学中国社会科学研究评价中心官网上最新版本为"2014～2016"版本,共计145种,其中法学类23种。(以上数据检索于2023年8月20日)

一、来源文献检索

CSSCI支持来源文献检索。所谓来源文献,是指CSSCI来源期刊上所刊载的文献。这里的来源文献检索,提供篇名、作者、关键词、期刊名称、作者机构、中图分类号、基金等检索字段(见图3－4－1)。通过来源文献检索,我们可以找出某领域相对重要的文献(在重要核心上发表的文献总是相对重要的)。

图3－4－1

这里以检索"司法责任制"相关文献为例,如图3－4－2所示:

图 3 – 4 – 2

CSSCI 是一个索引数据库，自身不提供全文下载。但在检索结果列表，我们可以看到有全文链接（见图 3 – 4 – 3）。点击该链接后，我们会发现，这不是真实的全文下载（链接至百度学术，百度学术提示哪些数据库资源有全文，只有获取下载权限后才能下载，如图 3 – 4 – 4 所示）。

图 3 – 4 – 3

图 3 – 4 – 4

此外,CSSCI 还提供来源文献检索的高级检索模式,可供检索字段组合后进行检索。高级检索模式提供的检索字段和简单检索区别不大,但是增加了许多辅助的限定选项。(见图 3-4-5)

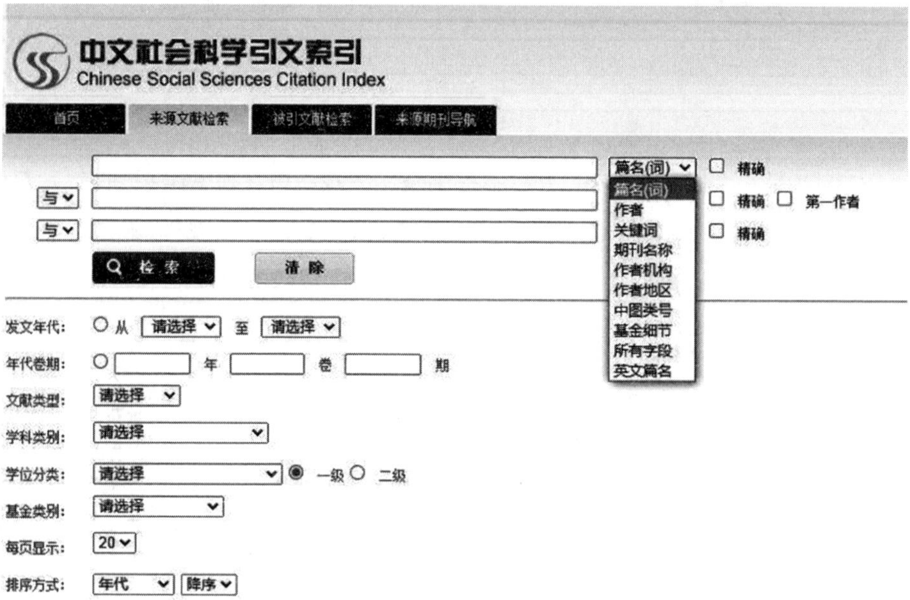

图 3-4-5

二、被引文献检索

CSSCI 支持被引文献检索。所谓被引文献,是指被 CSSCI 来源期刊所刊文献引用的文献。被引文献不一定被 CSSCI 收录,但一定是被 CSSCI 收录的来源文献所引用,类型也不局限于期刊论文,可能是会议论文或图书等其他类型文献,因此才会出现 CSSCI 收录的被引文献数量远大于来源文献数量的情况。

被引文献检索,提供被引篇名、被引作者、被引期刊名称、被引文献细节等检索字段。(见图 3-4-6)

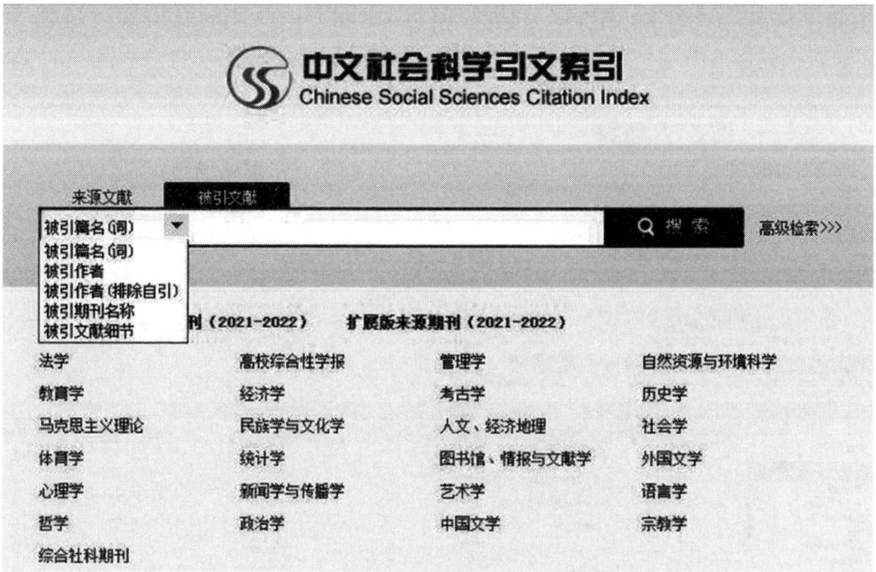

图 3－4－6

通过被引文献检索,可以找出客观上学术价值高的文献(被来源文献引用多的文献)。如检索“司法责任制”相关的被引文献,被引次数高的文献通常学术价值也较高。(见图 3－4－7、图 3－4－8)

图 3－4－7

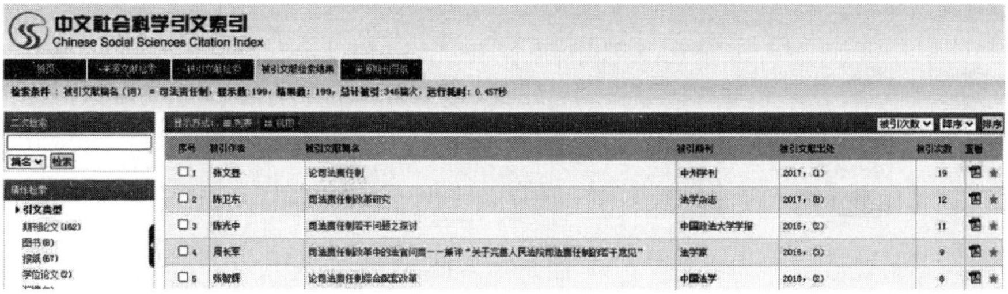

图 3－4－8

通过被引文献检索,也可以分析学者的学术能力以及他的哪篇文献是代表作。(见图3－4－9、图3－4－10)

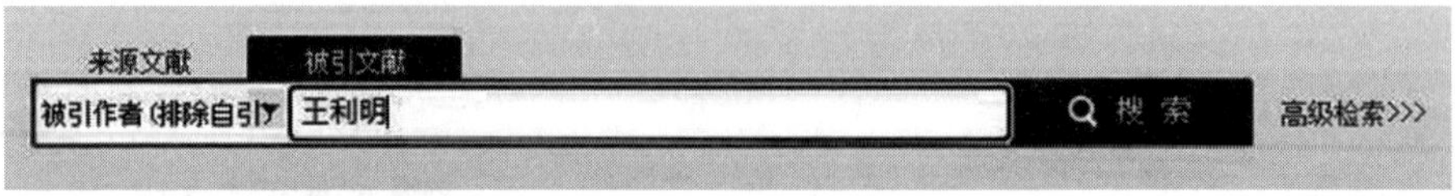

图3－4－9

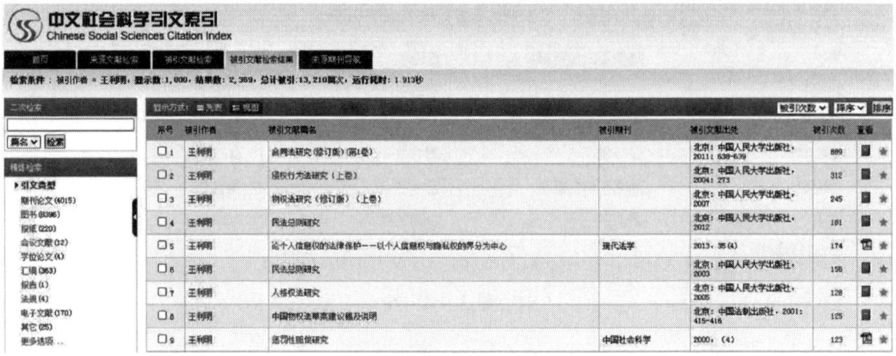

图3－4－10

CSSCI的被引文献检索,也提供高级检索模式,可供检索字段组合后进行检索,同样也是比简单检索多提供了一些限定选项(见图3－4－11)。需要注意的是,被引文献年代是指被引文献发表年代,被引年份是文献被引用的年份。

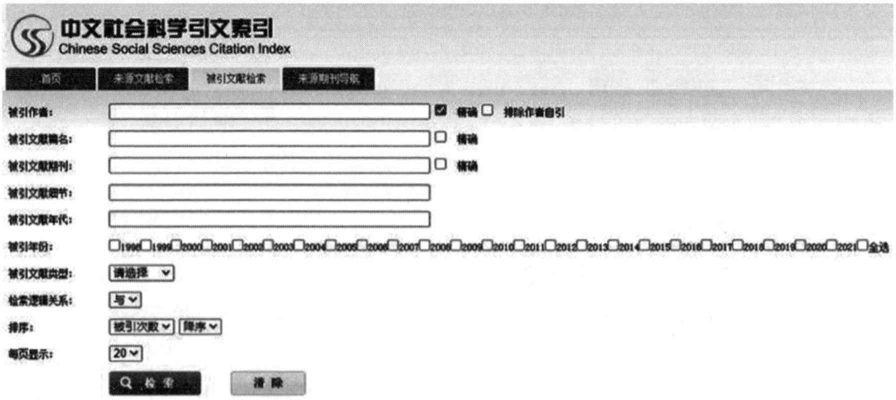

图3－4－11

三、期刊导航

CSSCI 还提供期刊导航。在 CSSCI 首页，既可直接点击来源期刊/扩展版来源期刊查找全部期刊，亦可按学科分类进行查找（见图 3－4－12）。查找结果是直接跳转至“南京大学中国社会科学研究评价中心”的官网（见图 3－4－13、图 3－4－14）。

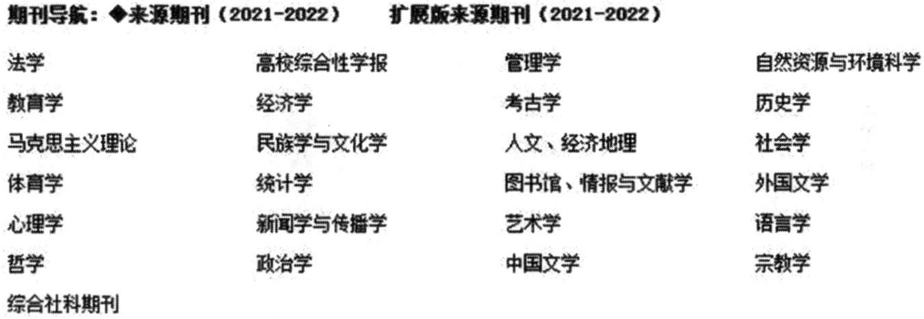

图 3－4－12

图 3－4－13

CSSCI（2021-2022）来源期刊目录 （3）

时间：2021-05-08 来源：原创 作者：CSSCI 点击：26228

CSSCI来源期刊目录（2021-2022）共收录法学、民族学与文化学期刊42种（其中台湾地区3种）。现分学科按照期刊名称音序排列如下。本目录仅供数据库用户参考，不作其他用途。

法学

图 3 - 4 - 14

第四章　法律文献信息检索

第一节　法律文献及其获取

法律文献信息,包含在法律文献之内,法律文献信息检索实际上就是法律文献检索。认识法律文献信息,首先要认识法律文献。

法律文献,包括两个方面:作为文献的法律、与法律有关的文献。作为文献的法律,不仅是法典,还包括司法的案例。与法律有关的文献,通常是研究法律的文献,以及相关的参考工具。

一、法律文献的分类

我们讨论法律文献(法律文献信息)的分类,不是为分类而分类,而是通过对法律文献分门别类,了解各类法律文献的特性,掌握其检索方式和利用价值。

从文献学角度看,最常见的法律文献就是法律图书和法律报刊,这是最基本的法律文献。从文献包含的信息特征而言,需要关注的有:法律检索信息(包括法律书目、索引、文摘等二次文献);法律参考信息(包括法律年鉴、手册、名人录、百科全书等工具书);法律权威信息(政府出版物,这是权威法律文本的唯一来源);零次法律文献(司法档案和未出版资料)。

从文献载体角度看,法律文献分为纸质法律文献和法律数字资源(数据库)。目前,法律文献信息的检索和利用,主要体现为法律数据库的检索和利用。

从法学(学习和研究)的角度看,或从法律文献信息角度,基本可分为四类:

法律法规(Laws and Regulations),泛指与司法相关的一切规范性文件。就我国而言,是指中华人民共和国现行有效的法律、行政法规、司法解释、地方性法规、地方规章、部门规章和其他规范性文件以及对于该等法律法规的不时修改和补充。在国际范围内,还包括国际条约(International Treaties)。

案例(Cases),是指从法律角度叙述某一事件的文献,有两种形式:一种是客观叙述,我们称为媒体案例(Case as News);另一种是司法案例,也称为判例(Judicial Case)。

专著与论文(Thesis),根据出版形式不同,分为法律图书和法律报刊两类。法律图书又分为三个层面:学术类法律图书,主要是专著和论文集;学习类法律图书,包括教材、教学参考书、条文解释、学习问答、习题集等;普法类图书,学术价值较低。法律报刊包括学术性和通俗性两种,分别是法律研究和法制宣传教育的工具,能及时反映法学研究动态的最主要信息。法律期刊大致包括学术性期刊、专科性期刊、高校学报、社会科学综合性期刊、法律文学期刊等。

法律参考工具(References),包括法律年鉴、词典、手册、名人录、百科全书、书目、索引、文摘等工具。

国外,特别是在英美法系语境下(如 Lexis 和 Westlaw Next 数据库),把法律文献分为原始文献(Legal)和二次文献(Secondary Legal)两类,前者是指案例和法条,后者是指论者、论文和其他参考工具。

二、法律文献的特性

法律文献的特性,是指文献内容特征,我们称为法律文献信息的特性。

(一)关联性

法律法规、案例、论著论文这三种主要的法律文献,内容上存在天然的关联性。我们研究一个法律现象,总以典型案例为对象进行研究,研究的着眼点在于法律的适用，其成果展现为论著论文。针对一个具体的案例，自然联想到涉及哪些法条，其他学者有哪些观点；针对具体的法条，对于法律适用的理解，就会涉及相关案例，以及其他学者的观点；针对具体的论著论文（学者观点），必然不是空口无凭，有相关的法条和案例作支撑（见图4-1-1）。我们进行一个课题检索，往往不局限于某一类型的法律文献信息，而是通过不同法律文献信息之间的关联性，由点及面，由此及彼，形成了多样化的法律文献信息集合。很多法律数据库在组织文献信息时，也会充分考虑不同法律文献信息的关联性，为关联点提供辅助检索途径，形成复合型的法律文献数据库。

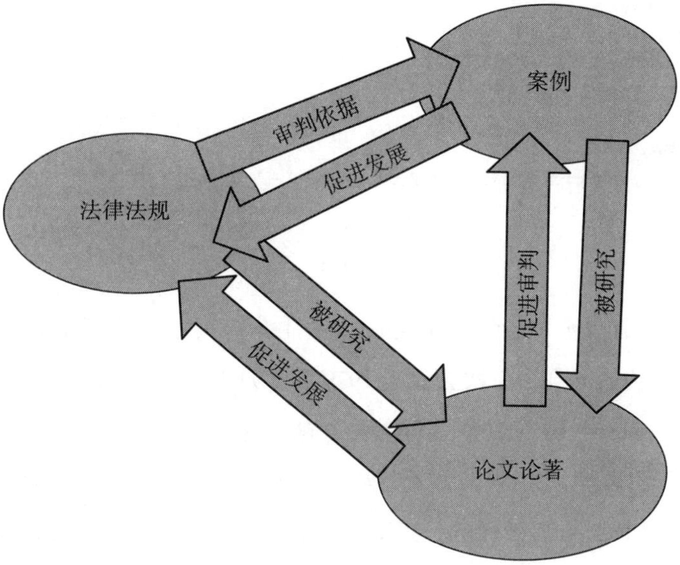

图4-1-1

（二）时效性

检索案例：查找一本《刑事诉讼法教程》。

在华政图书馆首页"馆藏目录"中以标题为检索途径，查找"刑事诉讼法教程"，得到24个检索结果（见图4-1-2），大部分为法律出版社、中国政法大学出版社、中国人民公安大学出版社等权威出版机构出版，初步判定都满足检索要求。

图 4-1-2

但是,这里有一个背景情况值得注意:《中华人民共和国刑事诉讼法》是由第五届全国人民代表大会第二次会议于 1979 年 7 月 1 日通过,1996 年 3 月 7 日、2012 年 3 月 14 日、2018 年 10 月 26 日分别修订。基于这个情况,最合适的结果只有一个:阮国平、丁翠英、杨华著,中国人民公安大学出版社 2019 年版的《刑事诉讼法教程》。

这说明:法律是有时效性的,法律文献具有时效性的特点,法律文献信息检索中也必须注意相关法律的时效,设定相应的检索时限(进行新旧法对比的纵向研究除外)。

(三)权威性

法学研究是严谨的,这对于作为法学研究文献支撑的法律文献,有着更高的权威效力要求。不同(载体形态)的法律文献,其权威效力是不同的。

数字化资源,相对于纸质文献,具有检索便利,获取速度快的优点,因而,在同时存在纸质文献、数据库和网络文献资源的情况下,人们往往倾向于利用更为便捷的网络文献资源,法律文献信息的利用也是如此。但是,如果对所获取的文献有权威效力要求，则应慎重选择。一般而言，网络文献资源与数字化资源多从纸质文献转换而来，有转换就有误差，且数字化资源的内容可修订，具有不确定性，权威效力大大下降。直接通过网络发布的文献资源，虽未转换，但未经出版者审查，权威效力更差。纸质文献→数据库→网络文献，权威效力呈递减趋势。以法律法规检索为例，从互联网查找最为方便：在百度等搜索引擎中输入题名或关键词，直接可获取，但这仅供学习参考之用，不宜作为正式文本引用，作为正式文本引用的内容必有权威的来源（多为纸质文献）。特别是引用其他语言文本时，不能从网络查找，或用网络提供的翻译工具翻译，必须找到该语言的纸质正式出版物。对于法律文献信息检索，数字化资源不能完全取代纸质文献，要根据不同的需求，选择合适类型的文献资源。

三、法律文献的获取

常见法律文献主要有两类，即法律法规和案例。

（一）法律法规

法律法规有着法定的颁布和出版渠道。

《中华人民共和国立法法》规定：

法律签署公布后，法律文本以及法律草案的说明、审议结果报告等，应当及时在全国人民代表大会常务委员会公报和中国人大网以及在全国范围内发行的报纸上刊载。在人大常务委员会公报上刊登的法律文本为标准文本。

行政法规签署公布后，及时在国务院公报和中国政府法制信息网以及在全国范围内发行的报纸上刊载。在国务院公报上刊登的行政法规文本为标准文本。

地方性法规、自治条例和单行条例公布后，其文本以及草案的说明、审议结果等，应当及时在本级人民代表大会常务委员会公报和中国人大网、本地方人民代表大会网站以及在本行政区域范围内发行的报纸上刊载。在常务委员会公报上刊登的地方性法规、自治条例和单行条例文本为标准文本。

地方政府规章签署公布后，及时在本级人民政府公报和中国政府法制信息网以及在本行政区域范围内发行的报纸上刊载。在国务院公报或者部门公报和地方人民政府公报上刊登的规章文本为标准文本。

1.最新法律法规获取渠道

(1)全国及各级人大常务委员会公报、国务院公报、各级人民政府公报。(见图4－1－3)

图4－1－3

(2)中国人大网(见图4－1－4)、各地人民代表大会网站(见图4－1－5)、司法部官网(见图4－1－6)。

2022年3月31日 星期四 | 全国人大全媒体
全国人民代表大会
The National People's Congress of the People's Republic of China
中国人大网
www.npc.gov.cn
《求是》杂志发表习近平总书记重要文章
栗战书在环境保护法执法检查组第一次全体会议上的讲话
栗战书同吉尔吉斯斯坦议长马梅托夫举行会谈
全国人大常委会对环境保护法开展执法检查 栗战书讲话
王晨：奋发有为开创高质量发展新局面
陈竺出席各国议会联盟第144届大会
全国人大代表工作信息化平台正式启用
全过程人民民主的中国实践
筑牢民主基石 凝聚奋进动力
加大执法检查力度 推进生态文明建设
“高票通过”的政治逻辑和制度密码
委员长
栗战书
副委员长
王 晨
学习贯彻
党的十九届六中全会精神
全过程人民民主
聚焦中央人大工作会议
立法
监督
奋力谱写依法治江护江兴江新篇章
立法亮剑，终结信息“裸奔时代”
修改铁路法 已形成修改稿再次征求意见
修改体育法 完善修订草案发展群众体育
修改企业破产法 有序推进修订草案起草工作
全国人大财经委调研人民法院网络执行查控系统建设
全国人大常委会环境保护法执法检查组第一次全体会议...
最高检这四年，“一篇报告”写到底！
履行宪法法律职责 维护社会公平正义
谋篇布局显担当 履职尽责有作为

图 4－1－4

上海人大
首页
要 闻
互 动
代 表
全媒体
头条
习近平参加首都义务植树活动
要闻
《求是》杂志丨全过程人民民主的中国实践
上海市委市政府致全市人民的一封信
坚决打赢疫情防控大仗硬仗！全市领导干部大会举行
专题丨充分发挥人大职能作用，打赢疫情防控阻击战
市人大财经委与市经信委听取人工智能立法意见建议
抗击疫情，长宁区人大代表在行动③
勠力同心 共抗疫情
充分发挥人大职能作用 坚决打赢疫情防控阻击战
全国人大
各地人大
广东：今年工作“规划图”出炉
福建：开展数字经济发展调研
江苏：持续推进全过程人民民主
宁夏：积极应对挑战补齐弱项短板

图 4－1－5

图 4 -1 -6

(3)报纸。

国内公开出版的报纸600余种,大部分有数字版(见图4 -1 -7),有些报纸有官网(见图4 -1 -8)、移动客户端(包括iOS、Android和微信)。作为法律法规颁布渠道的报纸,有多种(载体)形态展现:①纸质——最传统的;②数字报(包括移动端);③商业化数据库,很多数据库都能做到实时更新(当日报当日上线)。

图 4 -1 -7

图 4-1-8

法制报是一类重要的报纸,中央一级的有:

《法治日报》(法治网:http://www.legaldaily.com.cn/,电子报。子报:《法治周末》《法制文萃报》《法治日报·社区版》;子刊:《法制与新闻》《法人》《法制咨询》)。

《检察日报》(正义网:http://www.jcrb.com/,检察日报网:http://newspaper.jcrb.com/2023/20230821/20230821_001/20230821_001.html,电子报)。

《人民法院报》(电子报)。

每个地方均有法制报:

《天津政法报》(天津,电子报);

《上海法治报》(上海,电子报);

《重庆法制报》(重庆,重庆法制在线:http://szb.cqfzb.net/html/2023-08/21/node_1.htm?v=1);

《浙江法制报》(浙江,浙江法制报网:http://zjfzb.zjol.com.cn/html/2023-08/21/node_2958.htm);

《云南法制报》(云南,云南法治网:https://www.ynfzb.cn/Column.aspx?

ColId = 353);

《新疆法制报》(新疆,新疆法制报网:http://www. xjfzb. com/);

《西藏法制报》(西藏,西藏法制报网:http://epaper. chinatibetnews. com/fzb/202308/15/node_01. html);

《四川法制报》(四川,四川法制报网:https://dzb. scfzbs. com);

《西部法制报》(陕西,西部法制传媒网:http://www. xbfzb. com/,多媒体数字报);

《山西法制报》(山西,山西法制报网:http://epaper. sxrb. com/index_sxfzb. shtml);

《山东法制报》(山东,山东法制网:http://fazhi. dzwww. com/);

《青海法制报》(青海,青海法制报网:https://www. qhfzb. com);

《宁夏法治报》(宁夏,电子报,无回溯);

《内蒙古法制报》(内蒙古,电子报);

《辽宁法制报》(辽宁,辽宁法制网:http://www. lnfzw. mbahome. com);

《江苏法制报》(江苏,江苏法制报网:http://jsfzb. xhby. net/pc/layout/202308/21/node_A01. html);

《新法制报》(江西,东西法制网:http://www. jxlaw. com. cn/);

《北方法制报》(吉林,北方法制网:http://www. bffzb. com/,电子报);

《法制周报》(湖南,法制周报:http://www. efaw. cn/);

《湖北法制报》(湖北,湖北法治网:http://www. 124. gov. cn/);

《黑龙江法制报》(黑龙江,无免费下载);

《河南法制报》(河南,电子报);

《河北法制报》(河北,电子报);

《法制时报》(海南,电子报);

《法制生活报》(贵州,法制生活网:http://www. fzshb. cn);

《南方法治报》(广东,电子报);

《广西法治日报》(广西,平安广西网:http://www. pagx. cn/);

《福建法治报》(福建,海峡法治在线:http://www. hxfzzx. com/);

《安徽法制报》(安徽,电子报);

《甘肃法治报》(甘肃,法治甘肃网:https://www.gsfzb.com/index.php? c = index&a = lists&catid = 357)。

2. 最新法律法规的标准文本获取渠道:各级人大常委会公报、国务院公报以及单行法律法规

除此之外,查找法律法规的标准文本,还可以查找权威机构(全国人大常委会法制工作委员会)编辑的法律法规汇编本。

如全国人大常委会法制工作委员会编辑的:

《中华人民共和国法律汇编》自 1985 年起由人民出版社每年出版,收录上一年度颁布的法律、有关法律问题的决定、法规性文件、部门规章、司法解释等。自 1979 年起,每 5 年有一汇编本[1979 ~ 1984 汇编本(1985 年版)、1985 ~ 1989 汇编本(1991 年版)、1990 ~ 1994 汇编本(1996 年版)、1995 ~ 1999 汇编本(2000 年版)、2000 ~ 2004 汇编本(2005 年版)、2005 ~ 2009 汇编本(2010 年版)],另有 1954 ~ 2004 汇编本(2004 年版)。

《中华人民共和国法律及有关法规汇编》法律出版社出版,共两辑:1979 ~ 1984(1986 年版)和 1985 ~ 1986(1987 年版)。

以及国务院原法制办编辑的:

《新编中华人民共和国常用法律法规全书》中国法制出版社自 1993 年起,每年出一版,2017 年版为第 25 版。

《中华人民共和国新法规汇编》自 1988 年起由新华出版社出版,1990 年之后由中国法制出版社出版。一年出若干辑,目前为月刊形式。

《中华人民共和国法规汇编》法律出版社 1954 年出版,初为一年多辑,自 1959 年起为一年一卷。

《中华人民共和国涉外法规汇编》中国法制出版社,自 1993 年起每年一卷,另有 1949 ~ 1990 汇编本、1949 ~ 1988 汇编本。

另有一些法律汇编,虽然不是上述权威机构编辑,但标明由全国人大常委会法制工作委员会审定,也可认为是相对权威的标准文本,例如:

《中华人民共和国常用法律法规全书》中国民主法制出版社 2000 年出版,之后

每年出一新版。

其中也有未连续出版的,价值相对有限,例如:

《中华人民共和国法律法规全书》民主与法制出版社 1994 年初版 10 卷,1996 年、2000 年各出 2 卷补编,共 14 卷。

《中华人民共和国法律分类总览》4 卷本,法律出版社 1996 年版,1996 年、1997 年出版续编一、续编二。

《中华人民共和国常用法律法规全书》吉林人民出版社 2001 年版、2002 年版,研究出版社 2003 年版。

法律法规的英文本,一般通过数据库获取,但涉及权威性,还是以纸质文献为标准文本,由权威机构编辑出版的为上。例如:

《中华人民共和国法律汇编:英文》全国人大常委会法制工作委员会编,法律出版社 1996 年版。

《中华人民共和国法律汇编:中英文对照》,全国人大常委会法制工作委员会编,法律出版社 1998 年版。

《中华人民共和国常用法律法规全书:中英文对照》,国务院法制办,中国法制出版社 2011 年版。

《中华人民共和国涉外法规汇编:中英文对照》,国务院法制办,中国法制出版社 1991 ~ 1992 年版、1996 年版、1999 年版、2001 年版、2002 年版、2003 年版、2004 年版、2005 年版、2006 年版、2007 年版、2008 年版、2009 年版、2010 年版。

少数民族语文的法律法规标准文本由民族出版社出版,有朝鲜文、哈萨克文、维吾尔文、藏文、蒙古文等。

通常,我们在学习中查询法律法规,一般不会查找这些纸质文献,而是利用网络平台或数据库,但纸质文献仍是标准文本的保障。全国人大网上法律法规查询平台(数据库)就明确说明:国家法律法规数据库提供的电子文本与法律规定的标准文本不一致的,使用时请引用标准文本。(见图 4 - 1 - 9)

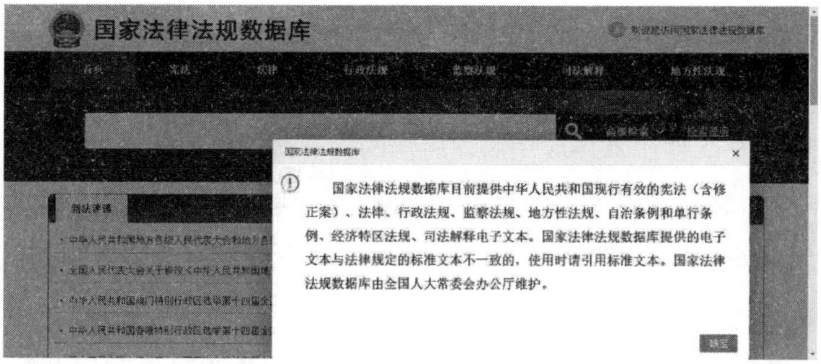

图 4－1－9

在司法部官网上，通过政务服务平台链接了全国人大的法律法规检索平台，并自建了行政法规库，放在首页。该行政法规库和全国人大法律法规检索平台中的行政法规子库不同，是根据行政法规制定程序条例集中统一对外公开现行有效行政法规，可以说更权威。（见图 4－1－10、图 4－1－11）

图 4－1－10

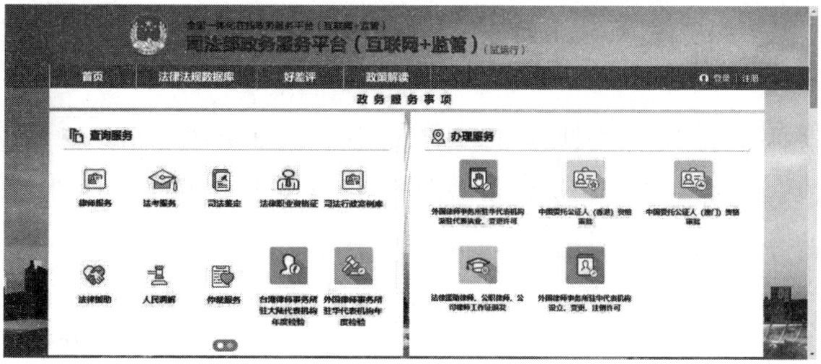

图 4－1－11

(二)司法解释

中国的司法解释特指由最高人民法院和最高人民检察院根据法律赋予的职权,对审判和检察工作中具体应用法律所作的具有普遍司法效力的解释,分为最高人民法院司法解释和最高人民检察院司法解释。其不是法律法规,却同样有普遍的司法效力,因此,这是一类重要的法律文献。其公开发布的渠道是《最高人民法院公报》和《最高人民检察院公报》。

为了便于查找标准文本,全国人大常委会法制工作委员会和国务院原法制办将其汇编出版。

《中华人民共和国法律行政法规规章司法解释分卷汇编》全国人大常委会法制工作委员会编写,北京大学出版社 1998 年版,62 卷。

《中华人民共和国法典最高人民检察院司法解释》全国人大常委会法制工作委员会编写,法律出版社 2002 年版。

《中华人民共和国常用法律法规规章司法解释大全》国务院法制办编,中国法制出版社 2008 年起每年出一版。

(三)案例

法律案例,或称判例,一般分为两类:法院案例和仲裁案例。案例文献也有两类:一类是与案例有关的司法文书——裁判文书;另一类是叙述案情的文献——案例报道(媒体案例)。

就纸质文献而言,中国的案例(裁判文书)官方发布渠道有:

1. 最高人民法院公报、各地高级人民法院公报等;

2. 法院案例汇编,如《人民法院案例选》《最高人民法院指导性案例》《最高人民检察院指导性案例》等。

纸质形态的案例检索不便,已很少使用,如今提到案例检索,一般是指数据库中的案例检索。而且,随着司法改革的深入,根据司法公开的要求,在各级法院官网上直接能查询裁判文书。(见图 4－1－12、图 4－1－13)

图 4－1－12

图 4－1－13

仲裁案例文献一般由相关仲裁机构汇编出版，如《仲裁案例选编》（中国广州仲裁委员会编,清华大学出版社2017年版)、《中国海事仲裁案例集1989—1992》(中国海事仲裁委员会编,大连海事大学出版社1996年版)。纸质文献分散,且检索不便,目前,仲裁案例文献的查找一般也通过相关数据库。

第二节 中文法律数据库举要

一、法库7.0

中国法律数字图书馆的数据库支撑平台称为"中国法律知识资源总库"(Chinese Legal Knowledge Integrated Database,CLKD),是目前中国信息量较大、资源类型较全面的大型动态法律知识服务系统。CLKD主要由三部分组成:论文库、案例库和法规库。

(一)论文库

CLKD论文库是对中国学术期刊库中相关文献资源的有序化重组,并以总库检索平台为基础,形成了适应法律文献检索的专用检索平台。全部论文文献均源于《中国知识资源总库》,整合加工198种中国优秀法学期刊及7700多种综合性相关期刊、160余种国内各级政府公报政报、380余家博士培养单位的博士学位论文、540余家硕士培养单位的优秀硕士学位论文、约1500家全国各学会/协会重要会议论文、600余种报纸,从中精心遴选法律及其相关学科文献。

检索范围按文献类型分为期刊论文、博士论文、硕士论文、会议论文和报纸文章,分别对接"中国学术期刊网络出版总库""中国博士学位论文全文数据库""中国优秀硕士学位论文全文数据库""中国重要会议论文全文数据库""中国重要报纸全文数据库"。检索模式分为快速检索、高级检索、专业检索等检索模式。其快速检索和专业检索就是总库平台的快速检索和专业检索,高级检索则根据法律文献信息检索的特点,进行了简化和调整。(见图4-2-1)

图 4－2－1

(二)案例库

案例库是专门打造的特色库,收录 1979 年至今全国 500 家各级人民法院的典型案例、媒体报道的案例,海外、历史具有重要参考价值的案例等。部分评析型案件追溯到 1949 年及以前,主要是历史上的大案要案、疑难案件;文书型案例优选最新案例,2000 年以后的案例占 95% 以上,2005 年以后的案例占 90% 以上。该库已收录各类案例 8013 余万篇(截至 2023 年 8 月),提供知识(专辑)导航和案由导航两种分类导航方式,知识导航分为:

- 法理学与法律史知识库
- 行政法知识库
- 经济法知识库
- 刑法知识库
- 诉讼法知识库
- 国际法知识库
- 法学综合
- 宪法知识库
- 民商法知识库
- 环境与资源保护法知识库
- 犯罪学知识库
- 司法及司法行政制度知识库
- 国家安全与军事法知识库
- 公安知识库

监察知识库

……

案由导航分为：

- 民事案件
- 知识产权纠纷(2011 年前案由)
- 海事海商纠纷(2011 年前案由)
- 刑事犯罪案件
- 行政诉讼案件
- 行政复议案件
- 行政执法案件
- 司法鉴定案例
- 民事经济纠纷(2011 年前案由)
- ……

根据案例检索的特点,CLKD 定制了检索工具,在标准检索中提供了三种类型的检索途径,如图 4-2-2 所示：

图 4-2-2

1. 内容特征：包括标题、案由、案号、涉及领域、关键词、摘要、全文和主题；

2. 机构：包括审理法院、仲裁委、检索机关、行政复议机关、行政执法机关、律师事务所；

3. 姓名：包括当事人、被告、原告、法官、仲裁员、律师。

专业检索的字段代码如下：

SU = 主题	TI = 标题	KY = 关键
AB = 摘要	FT = 全文	JU = 法官
CO = 审理法院	PR = 检察机关	LF = 律师事务所
LA = 律师	PC = 当事人	AC = 仲裁委
AR = 行政复议机关	LE = 行政执法机关	CA = 案由
CN = 案号	PL1 = 原告个人	PL2 = 原告机构
DE1 = 被告个人	DE2 = 被告机构	DE3 = 被告人
AB = 仲裁员		

(三)法律法规库

CLKD 的法律法规库也是个特色库,除了收录中国中央和地方的各种法律法规外,还收录国际条约、声明、公报,收录文献 128 余万篇(截至 2023 年 8 月)。法律法规库的检索相对简单,主要检索途径为标题、发布机关、关键词、发文字号、全文、摘要。(见图 4-2-3)

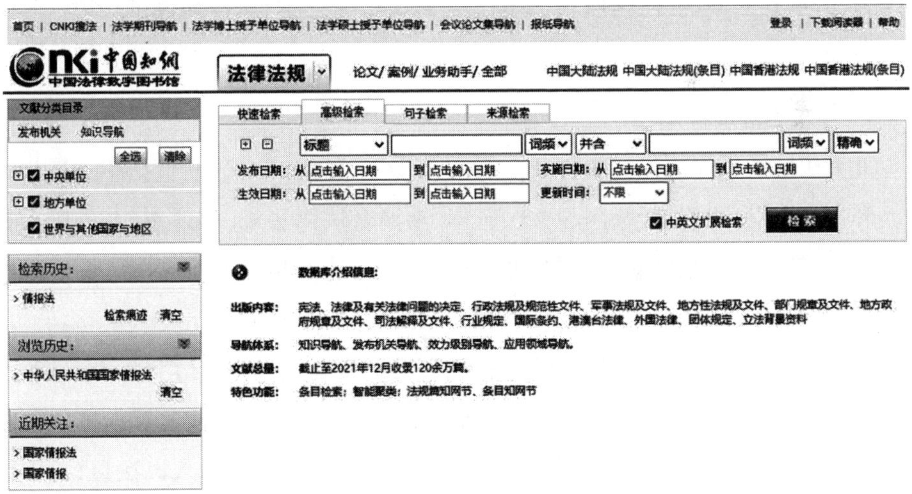

图 4-2-3

相应的专业检索字段代码为:

TI = 标题(中文标题)　　SU = 主题

KY = 关键词(中文关键词 & 英文关键词)　　AB = 摘要(中文摘要 & 英文摘要)

FT = 全文　　FB = 发布机关

FZ = 发文字号　　FR = 发布日期

检索结果可按效力级别(法律层级)、时效、应用领域分组。

法律法规库的特色是:可以进行关联检索。以《中华人民共和国物权法》为例,在命中记录详细页面中,提供本法规内检索,可进行法条检索。有同类法规、引证法规列表;有应用案例、专题研究(包括期刊论文、博士论文、硕士论文、会议论文和报纸文章)、相关研究者与相关机构等信息,提供了以法条为线索的丰富研究背景材料。

二、北大法宝

北大法律信息网也被称为"北大法宝",是由北京大学法制信息中心与北大英华科技有限公司联合推出的智能型法律检索系统。自 1985 年推出至今,经过不断的改进与完善,业已成为国内较为成熟和专业的法律法规数据库。该数据库包括有法律法规、司法案例、法学期刊、专题参考以及英文译本,基本涵盖了法律信息的各个方面。

(一)法律法规检索

北大法宝的法律法规文库收录自 1949 年起至今的法律法规,包括中央法规司法解释、地方性法规规章、合同与文书范本、港澳台法律法规、中外条约、外国法律法规、法律动态、立法背景资料等,数据内容均经过严格的分类整理,坚持不断更新。

法律法规库支持分类导航、标题关键字、正文关键字、发布部门、发布日期、发文字号等多种检索方式,并支持复合查询、跨库检索、在结果中检索等丰富的检索方式。例如,查询民法典的相关法律条文,可直接在检索框中输入民法典,检索结果中的相关部分系统会高亮显示,如图 4 - 2 - 4 所示。

图 4－2－4

如果需要做进一步的查询,可选择“结果中检索”项,进行二次检索;还可以点击“高级检索”进入各子库,通过对不同字段进行限定,进行更精确的检索。例如,需要查找与仲裁相关的国际条约,在高级检索页面选择“中外条约”,在“条约标题”中输入仲裁,检索结果如图 4－2－5 所示,在页面左边,系统按照国家与国际组织、条约种类、条约分类等对结果进行了分类。

图 4－2－5

此外,该数据库还有“法条联想”功能,通过法规条文和相关案例、裁判文书、法学文献等信息之间的链接,不仅能直接印证法规案例中引用的法律法规和司法解释及其条款,还可链接与本法规或其中某一条相关的所有法律法规、司法解释、案例,创造立体化的法律信息展现体系。

(二)司法案例检索

北大法宝的司法案例数据库收录了我国法院的各类案例,并对其进行了细致的分类,支持审理程序、法院级别、文书性质、案由分类、审理法官、代理人(辩护人)、代理律所、当事人等多途径检索方式。(见图 4－2－6)

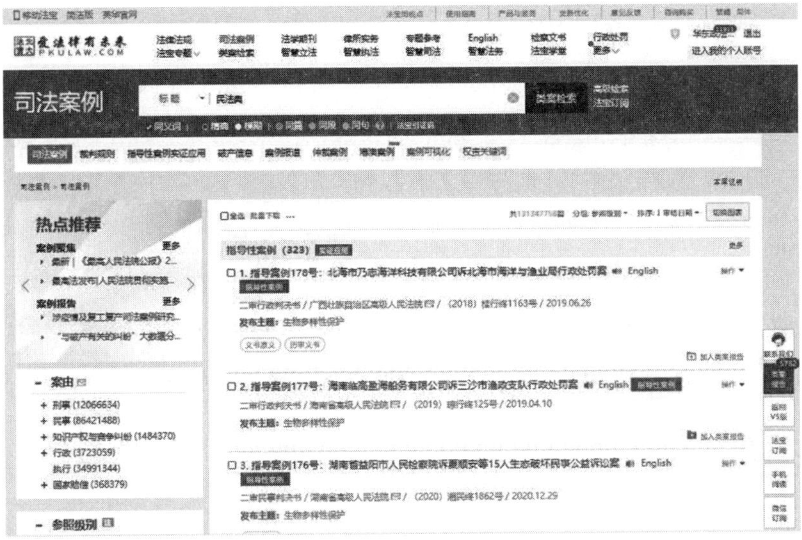

图 4－2－6

(三) 法学期刊检索

北大法宝的中国法学期刊文库收录了诸如《中国法学》《法学研究》《中外法学》《法学杂志》等国内 265 家重要法学期刊的全文数据。特别是：其中有《北大法律评论》等集刊(一般作为图书而不是期刊，在普通数据库中查不到)。(见图 4－2－7)

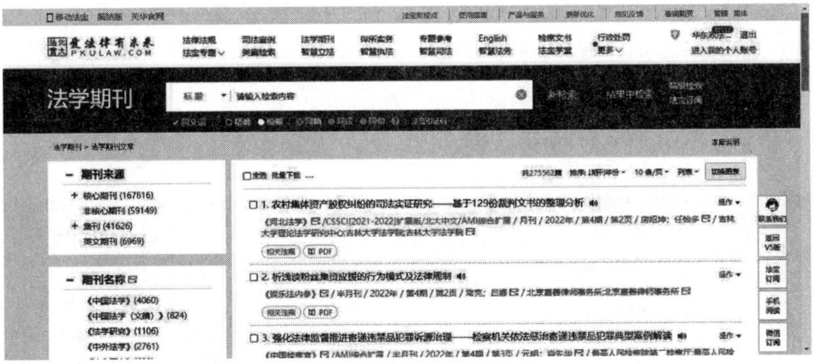

图 4－2－7

该文库的特色导航功能，可按照期刊、分类、作者、作者单位导航浏览；同时提供专业的法学期刊信息检索、原文传递服务，支持 PDF 以及 TXT(网页)格式的在线浏览和下载。

(四)法律文献英文译本检索

中国法律英文译本文库可提供中国法律法规、案例和中外税收协定,以及法律新闻等中国法律信息的英文译本。其中,中国法律法规的英文译本,包括法律、行政法规、部门规章、司法解释、地方性法规和规章以及金融业常用的惯例通则,按63个法律主题组织而成。案例包含了几乎全部最高人民法院通过和发布的典型司法判例的英文译本,涉及行政、民事、刑事、经济、知识产权和海事等多个领域。公报涵盖了官方法律法规以及政策性文件出版物,包括各种解释、报告、决议、讲话、通告与通知等。此外,还有最新中国法律、法制动态英语新闻,以及WTO法律文件等。

三、北大法意

北京法意科技有限公司长期致力于法律应用软件开发,通过整合法律知识体系与计算机技术,为法律行业和企业法务部门提供了完备的产品服务和坚实的工作平台。北大法意法律数据库拥有全球较大的中文案例数据库、中文合同范本数据库、中文法规数据库,推出了教育频道、企业频道、律师频道、政法频道、法律资源以及法律咨询六个主要版块。

其中,教育频道是专门为高校打造的法学资源门户,适用于法学专业以及与法学相关的交叉学科研究,服务于高校的教学科研工作。该频道包含热点信息、法律法规、司法案例、合同范本、法学论著、法学辞典、法律文书、法律资讯等模块及栏目。(见图4-2-8)

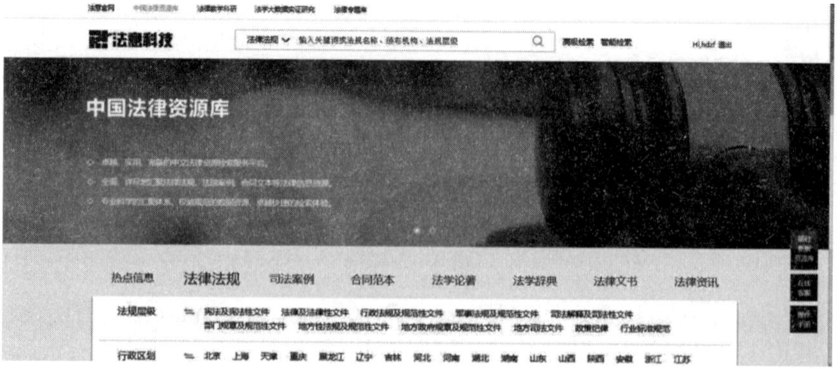

图4-2-8

司法案例模块收录了最高人民法院及各省市、各层级法院裁判文书，数据源于最高人民法院公报、最高人民检察院公报、人民法院案例选、中国审判案例要览、中国审判指导、最高人民法院判案大系及各地法院网站等。(见图4－2－9)

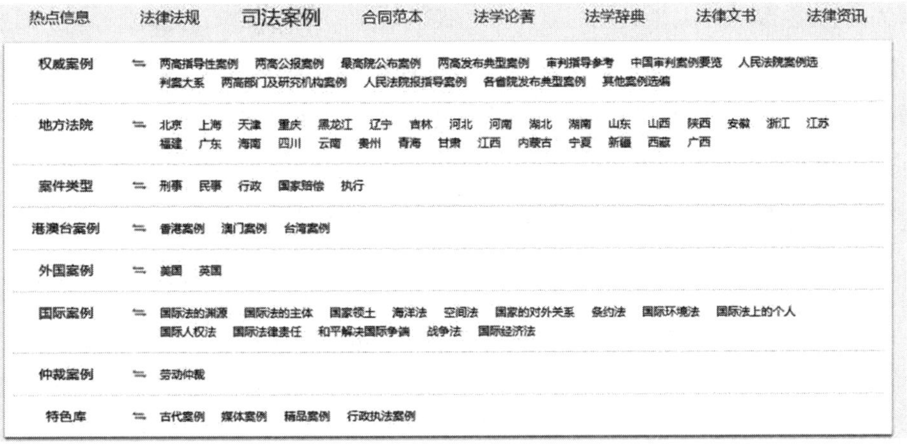

图4－2－9

法律法规模块收录了1949年至今中央及全国各地方各层级法律法规及文件，涵盖宪法法律、行政法规、部门规章、司法解释、规范性文件、国际条约等。数据来源包括人大、国务院、“两高”公报；政府及直属事业单位网站，如中央政府、各部委网站、中国法院网、人民网、法治网等；法律专业出版社权威正式出版物等。(见图4－2－10)

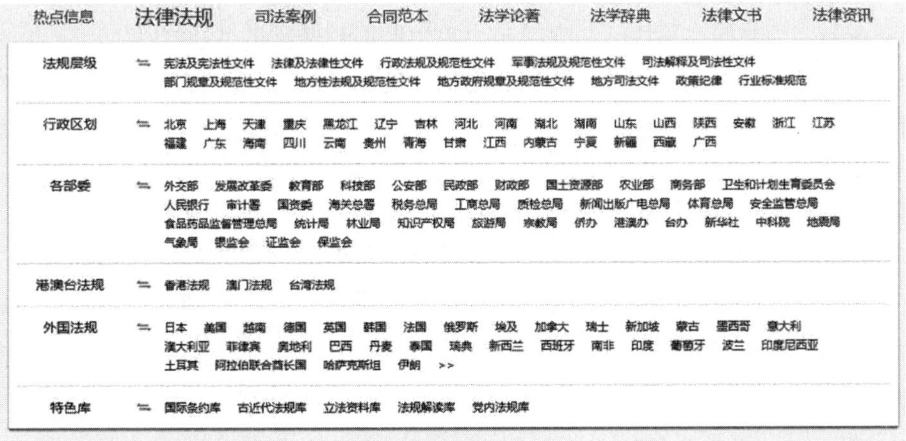

图4－2－10

四、威科先行

1836 年创建于荷兰的威科集团(Wolters Kluwer),致力于为全球财税、会计、法律法规、金融和医疗卫生领域的专业人士提供信息产品和服务,总部位于荷兰阿姆斯特丹,同时在北美、欧洲、亚太和拉丁美洲的 40 多个国家运营,业务版块主要有四部分:财税与会计、法律与法规、金融与合规服务、医疗卫生。

威科法律系列数据库包括威科法律期刊数据库、威科国际商事仲裁在线、威科国际法律百科全书、威科国际知识产权法、威科国际税务、威科银行与证券、威科先行法律信息库。

(一)威科法律期刊数据库(Kluwer Law Online Journals)

威科法律期刊数据库以收录欧洲法律期刊为主,包含数十万篇期刊全文,5 万多个案例,涉及商法、经济法、欧共体法、国际(贸易)法、竞争法(反垄断法)、交通运输法、环境法、税法、商业仲裁等领域。可以按专业、机构、作者和关键词检索,每一种期刊均有自己的首页,更方便检索,同时提供每种刊物和出版物的内容提要和 HTML 格式的参考书目文献信息。

(二)威科国际商事仲裁在线(Wolters Kluwer Arbitration)

威科国际商事仲裁在线由国际商事仲裁委员会、常设仲裁法庭、国际仲裁学会以及威科国际法律出版社(Kluwer Law International)联合推出,内容包括双边投资协定(Bilateral Investment Treaties)、裁决(Awards)及判例(Case Law)、公约(Convention)、各国信息(Jurisdictions)、相关立法(Legislation)、新闻资讯(News Updates)、相关法规(Rules)与评论(Commentary)等。

(三)威科国际法律百科全书(International Encyclopaedia of Laws)

威科国际法律百科全书囊括了 25 卷经典的参考著作,每卷著作本身都是一个独立的研究领域,以国家专论的方式深入研究该法及其相关领域的各国法律体系构建。这些国家专论所增补的内容与国际专论紧密联系,详述跨国组织的工作方式,提供法律上争议领域的重要参考,并通过比较提出观点。除了国家法律专论,附录子卷的索引还包括了国家及国际重要立法情况以及国际法庭重要的相关判例,如欧洲法庭。在宪法分卷中,还详细介绍了世界各个国家的宪法详情及历史背景。

(四)威科国际知识产权法(Kluwer Patent Law)

威科国际知识产权法提供200多个国家知识产权相关信息,包括专利、商标和设计的注册、授权以及诉讼程序;15个主要国际公约、条约及协议的全文;30个欧盟及欧盟专利协定缔约国发生的关于专利以及版权的案例;实时新闻,由知识产权从业律师撰写,是针对最新知识产权发展进行讨论的专栏。其中"Case Law"(判例)收录自2008年以来29个国家及组织的所有专利判例,个别典型案例可追溯至1980年;"Legislation"(法律法规)则收录全球重要专利公约及协定细则,如《欧洲专利公约》(European Patent Convention)、《世界知识产权公约》(The Convention Establishing the World Intellectual Property Organization,WIPO Convention)和《与贸易有关的知识产权协定》(Agreement on Trade-related Aspects of Intellectual Property Right,TRIPs)。

(五)威科国际税务(Wolters Kluwer International Tax)

威科国际税务提供全面的税务法律法规、最新税率资讯、判例以及相关领域的法律解读、专家评论和实时税务新闻动态等信息,有独具特色的四大模块:

- Worldwide Business Tax Guide 全球商业税务指南
- Worldwide Tax Rates and Answers 全球税率指南及问答
- International Tax Treaty Expert Library 国际税务协定文库
- Transfer Pricing Library™转移定价文库

(六)威科银行与证券(Wolters Kluwer Banking & Securities)

威科银行与证券收录最新、最全以及最权威的银行证券法律资讯,并附有业界专家进行的深入解读及众多案例分享。

(七)威科先行法律信息库(China Law & Reference)

威科集团于2011年推出威科先行法律信息库,整合了威科全球与中国相关的中英文法律题材内容,设有法律法规、案例、实务指南、专业文章、新闻与国际条约等栏目。(见图4-2-11)

图 4-2-11

其新闻栏目提供中英双语新闻服务,划分为11个行业及劳动法、合同法、公司治理、知识产权、会计准则、外汇、海关等16种实务应用,并可按需选订语言种类,满足用户不同的语言需求;法律法规库收录了自1949年中华人民共和国成立至今,从中央至省、自治区、直辖市的绝大部分法规,部分省市深入至县级,包括法律、行政法规、司法解释、部委规章、地方性法规与行业规范等8个效力级别及证监会、国税总局、财政部、中国人民银行与最高人民法院等的2729个中央和33,456个地方发文机关发布的法规、征求意见稿、草案及官方法规解释;案例库收录了中华人民共和国成立以来最高人民法院官方公布的典型案例及精选案例,包括各个省、自治区、直辖市的三级人民法院公布的裁判文书及海事法院、军事法院、铁路法院等专门法院公布的裁判文书,覆盖整个审判流程及民事、刑事、行政全部案由,裁判文书的类型包括判决书、裁定书、决定书、调解书及其他文书;国际条约则收录了中国与90多个国家及地区签署的税收协定。

该数据库还具备多项特色功能,如法律法规的翻译定制服务、谷歌式的单库搜索、多维度分类导航、独特的标签云、准确的时效性标识,以及便捷的文档管理功能。

五、万律

万律(Westlaw China)是汤森路透法律信息集团基于世界领先的 Westlaw 法律信息平台的技术和经验打造的智能化中国法律信息双语数据库,通过对中国的法律法规以及判例进行整理和归纳,提供经过高度整合的法律信息增值服务(见图 4-2-12)。万律的特色有以下几方面。

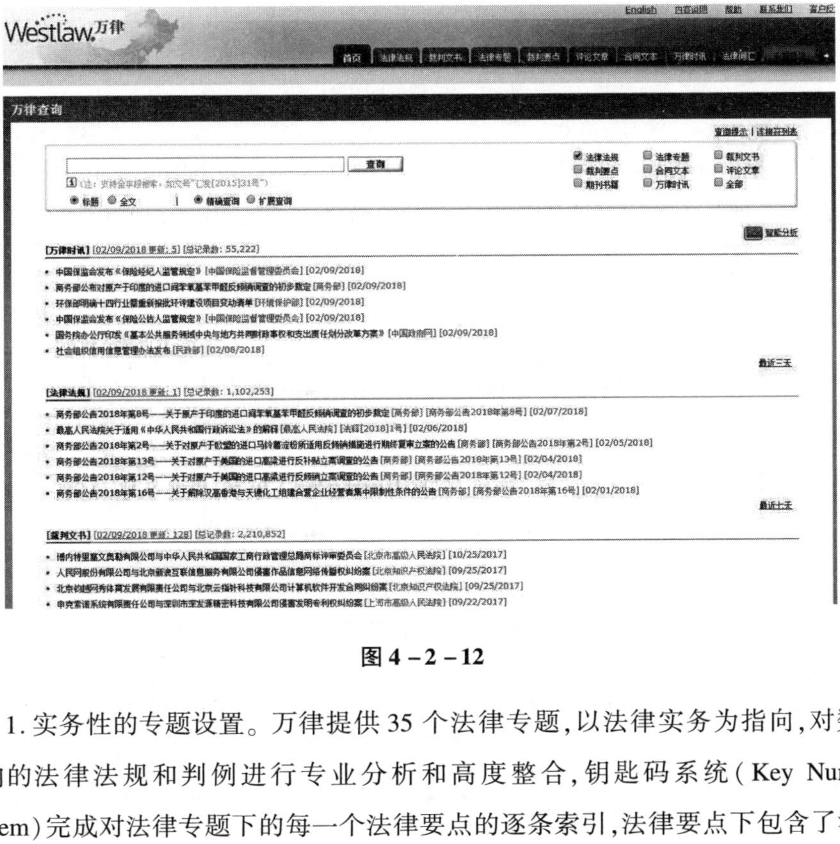

图 4-2-12

1. 实务性的专题设置。万律提供 35 个法律专题,以法律实务为指向,对数据库内的法律法规和判例进行专业分析和高度整合,钥匙码系统(Key Number System)完成对法律专题下的每一个法律要点的逐条索引,法律要点下包含了法条援引、裁判要点、相关文件,以及相关参考等内容。

2. 权威的翻译。万律由英美专业律师编辑、校正,内容严谨并精确使用专业法律用语,涵盖法律法规、12 个法律专题、4000 个裁判要点、期刊摘要以及法律资讯等内容。

3. 及时的资讯。万律通过个性化邮件订制和在线阅览相结合的方式,分别提供中文和英文版本,内容涵盖新法快递、立法趋势、审判参考、政策指导、统计信息、法律和财经方面的时事信息、专家评析、律所简讯和文献资料等栏目。

目前,万律已收录超过 200 万个基础文档,其中涵盖 35 个法律专题、27,000 个法律要点,每个法律要点下收录了法条援引、裁判要旨、相关文件以及相关参考等内容。通过万律,用户可以快速、方便地获取大量精准信息,并深入了解不熟悉的法律领域。万律法律在线数据库还提供由具有多年校对法律专业文书的英美专业人士校对的英文版本,确保内容严谨并精确使用本土专业用语。

六、律商

律商网(Lexiscn. com)是律商联讯集团(LexisNexis)为中国法律市场量身定做的最具实务性的中英双语法律数据库(见图 4 - 2 - 13)。作为目前中国市场较全面和完整的法律信息平台,律商网不仅拥有百万的数据量,更以实务为基础,推出了一系列的实务专题库,面向来自政府、中外企业、国内外律所以及各大高校的专业法律人士,提供“一站式”的解决方案。

图 4 - 2 - 13

七、港澳台地区法律数据库

北大法宝和北大法意均收录了大量港澳台地区的法律资源。利用这两个数据库需先定位有关的子库,再进行查询操作。

1. 北大法宝数据库中相关资源主要分布在港澳地区法规子库(见图4－2－14)和台湾地区法规子库(见图4－2－15)里。如查询相关资源,需要先选择或进入子库。

图4－2－14

图4－2－15

2. 北大法意数据库中相关资源主要分布在港澳台地区法规库和案例库里(见图4－2－16)。如查询相关资源,需要先选择或进入子库。

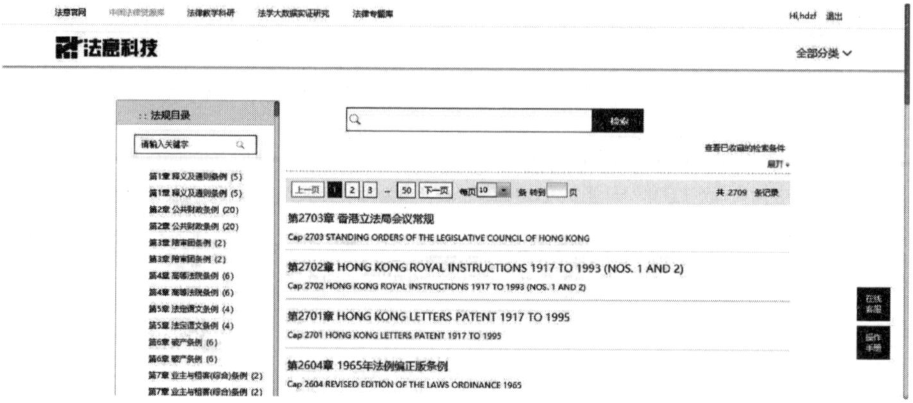

图 4-2-16

第三节　法律法规检索

本节的法律法规检索是指在相关数据库中的检索，常见的数据库有北大法宝、北大法意和法库。

“北大法宝”提供法律法规数据库内容包括：中央法规（435,460 篇）、地方性法规（3,581,586 篇）、立法资料（12,802 篇）、立法计划（2562 篇）、中外条约（10,404 篇）、外国法规（514 篇）、香港法规（19,071 篇）、澳门法规（28,189 篇）、台湾地区法规（10,602 篇）、法律动态（102,613 篇）、合同范本（10,880 篇）、法律文书（10,339 篇）、境外法律信息资源指引（167 项）。（数据更新至 2023 年 8 月 20 日）

“北大法意”的法律法规查询模块称为法规数据库群，内容包括：中国法律法规库（宪法法律、行政法规、司法解释、部委规章、地方性法规、军事法规、政策纪律、行业规范、国际条约、政府文件，共计 2,976,689 篇）；中英文本对照库（3858 篇）；香港法规库（2709 篇）；澳门法规库（33,282 篇）；台湾法规库（10,559 篇）；外国法规库（1118 篇）；国际条约库（7542 篇）等。（数据更新至 2023 年 8 月 20 日）

“法库”收录宪法、法律、有关法律的决定、法律解释、工作答复、行政法规及法规性文件、军事法规及文件、地方性法规及文件、部门规章及文件、地方政府规章及文件、司法解释及文件、行业规定、国际公约、双边条约、多边条约、外国法律、团体规定、港澳台法律、法律释义、地方司法文件等，截至2023年8月共收录128余万篇。

三个数据库内容对照如表4－3－1所示：

表4－3－1

数据库	中英文对照	新旧版对照	国际条约	港澳台法规	外国法律	古代近代法规	立法背景	合同范本
北大法宝	√	√	√	√	√		√	√
北大法意	√	√	√	√	√	√		√
法库			√	√				√

一、最新法律法规

例1：以"中华人民共和国国家情报法"为检索对象。

【渠道1】通过司法部官网的政务平台进入法律法规数据库，查找最新的法律法规，见图4－3－1：

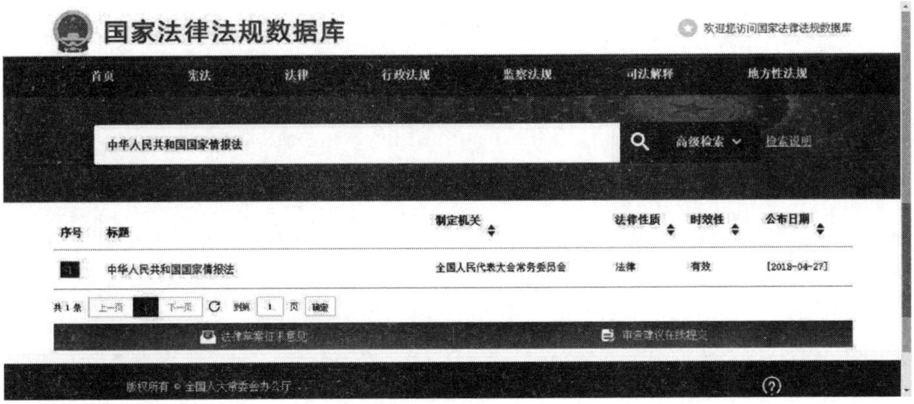

图4－3－1

【渠道2】在“法库”中进行标题检索,见图4-3-2:

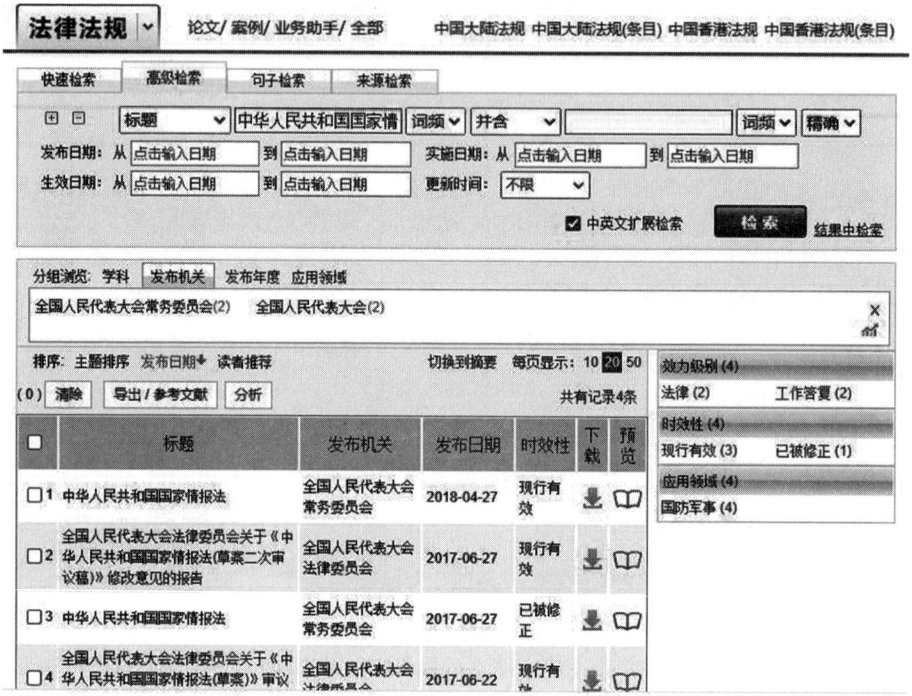

图4-3-2

除了找到本法外,还发现了本法规引用的法规,实现了关联检索。(见图4-3-3)

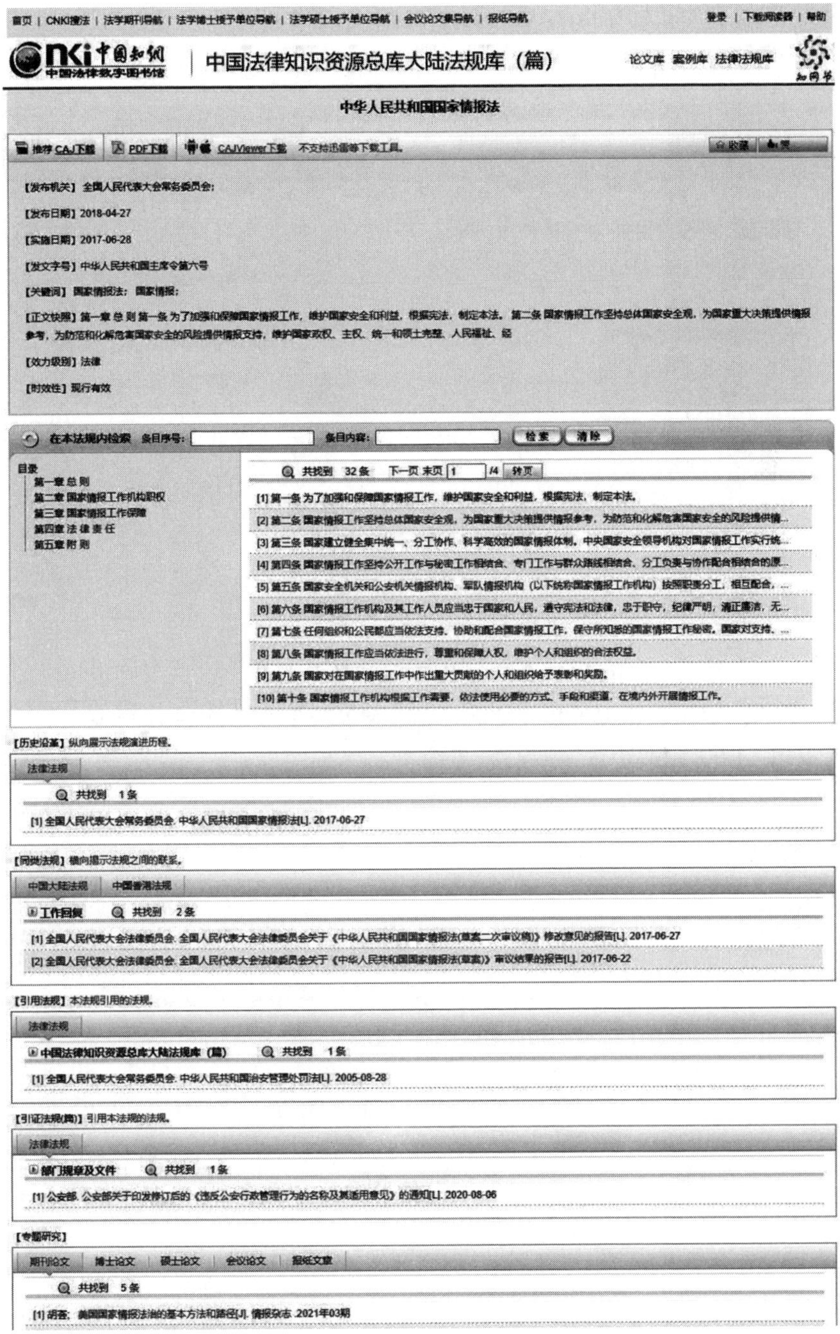
首页 | CNKI搜法 | 法学期刊导航 | 法学博士授予单位导航 | 法学硕士授予单位导航 | 会议论文集导航 | 报纸导航
登录 | 下载阅读器 | 帮助
CNKI中国知网 中国法律数字图书馆
中国法律知识资源总库大陆法规库（篇）
论文库 案例库 法律法规库
中华人民共和国国家情报法
推荐 CAJ下载
PDF下载
CAJViewer下载 不支持迅雷等下载工具。
收藏
【发布机关】全国人民代表大会常务委员会;
【发布日期】2018-04-27
【实施日期】2017-06-28
【发文字号】中华人民共和国主席令第六号
【关键词】国家情报法; 国家情报;
【正文快照】第一章 总 则 第一条 为了加强和保障国家情报工作，维护国家安全和利益，根据宪法，制定本法。第二条 国家情报工作坚持总体国家安全观，为国家重大决策提供情报参考，为防范和化解危害国家安全的风险提供情报支持，维护国家政权、主权、统一和领土完整、人民福祉、经
【效力级别】法律
【时效性】现行有效
在本法规内检索 条目序号: 条目内容: 检索 清除
目录
第一章 总 则
第二章 国家情报工作机构职权
第三章 国家情报工作保障
第四章 法 律 责 任
第五章 附 则
共找到 32条 下一页 末页 1 /4 转页
[1] 第一条 为了加强和保障国家情报工作，维护国家安全和利益，根据宪法，制定本法。
[2] 第二条 国家情报工作坚持总体国家安全观，为国家重大决策提供情报参考，为防范和化解危害国家安全的风险提供情...
[3] 第三条 国家建立健全集中统一、分工协作、科学高效的国家情报体制。中央国家安全领导机构对国家情报工作实行统...
[4] 第四条 国家情报工作坚持公开工作与秘密工作相结合、专门工作与群众路线相结合、分工负责与协作配合相结合的原...
[5] 第五条 国家安全机关和公安机关情报机构、军队情报机构（以下统称国家情报工作机构）按照职责分工，相互配合，...
[6] 第六条 国家情报工作机构及其工作人员应当忠于国家和人民，遵守宪法和法律，忠于职守，纪律严明，清正廉洁，无...
[7] 第七条 任何组织和公民都应当依法支持、协助和配合国家情报工作，保守所知悉的国家情报工作秘密。国家对支持、...
[8] 第八条 国家情报工作应当依法进行，尊重和保障人权，维护个人和组织的合法权益。
[9] 第九条 国家对在国家情报工作中作出重大贡献的个人和组织给予表彰和奖励。
[10] 第十条 国家情报工作机构根据工作需要，依法使用必要的方式、手段和渠道，在境内外开展情报工作。
【历史沿革】纵向展示法规演进历程。
法律法规
共找到 1条
[1] 全国人民代表大会常务委员会. 中华人民共和国国家情报法[L]. 2017-06-27
【同批法规】横向揭示法规之间的联系。
中国大陆法规 中国香港法规
工作回复 共找到 2条
[1] 全国人民代表大会法律委员会. 全国人民代表大会法律委员会关于《中华人民共和国国家情报法(草案二次审议稿)》修改意见的报告[L]. 2017-06-27
[2] 全国人民代表大会法律委员会. 全国人民代表大会法律委员会关于《中华人民共和国国家情报法(草案)》审议结果的报告[L]. 2017-06-22
【引用法规】本法规引用的法规。
法律法规
中国法律知识资源总库大陆法规库（篇） 共找到 1条
[1] 全国人民代表大会常务委员会. 中华人民共和国治安管理处罚法[L]. 2005-08-28
【引证法规(篇)】引用本法规的法规。
法律法规
部门规章及文件 共找到 1条
[1] 公安部. 公安部关于印发修订后的《违反公安行政管理行为的名称及其适用意见》的通知[L]. 2020-08-06
【专题研究】
期刊论文 博士论文 硕士论文 会议论文 报纸文章
共找到 5条
[1] 胡茜. 美国国家情报法治的基本方法和路径[J]. 情报杂志 .2021年03期

图 4－3－3

【渠道3】在“北大法宝”中进行标题检索,见图4-3-4:

图4-3-4

除查找到本法外,还有2篇法律动态和3篇立法动态,提供了丰富的关联检索。

【渠道4】在“北大法意”中检索,见图4-3-5:

图4-3-5

例2：以“中华人民共和国水污染防治法”为例进行检索。

【渠道1】在“法库”中，进行标题检索，见图4－3－6：

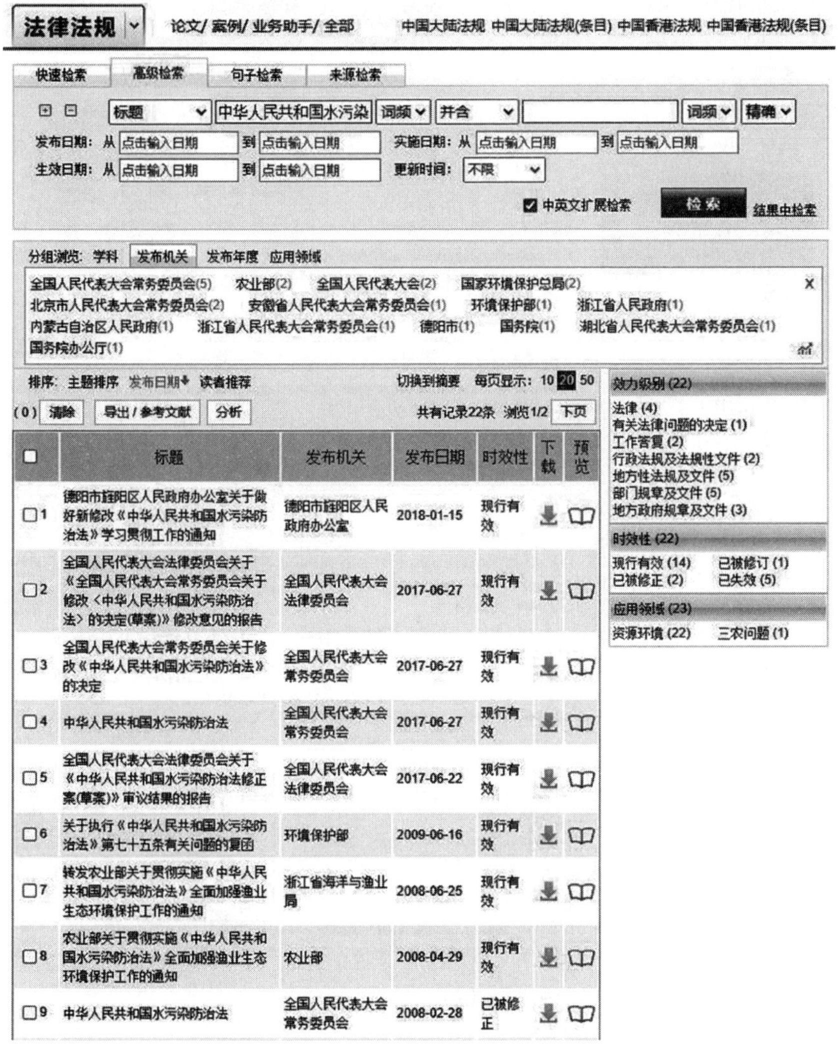

图4－3－6

可以检索到现行有效的法律、已被修订的法律、已被修正的法律、已失效的法律以及关联的其他法规。

【渠道2】在“北大法宝”中进行标题检索，见图4－3－7：

图 4-3-7

能够检索到该法律所有修订版本以及相关法规,并且,相关法律均有英文版(包括最新的)。打开“2017 修订版”,每一条条文下均有法宝联想提示,提供修订沿革、条文释义、(相关)法学期刊(论文)。右侧栏有其他法宝联想功能,包括:背景资料、本篇引用的法规、引用本篇的法规、案例、论文等信息。(见图 4-3-8)

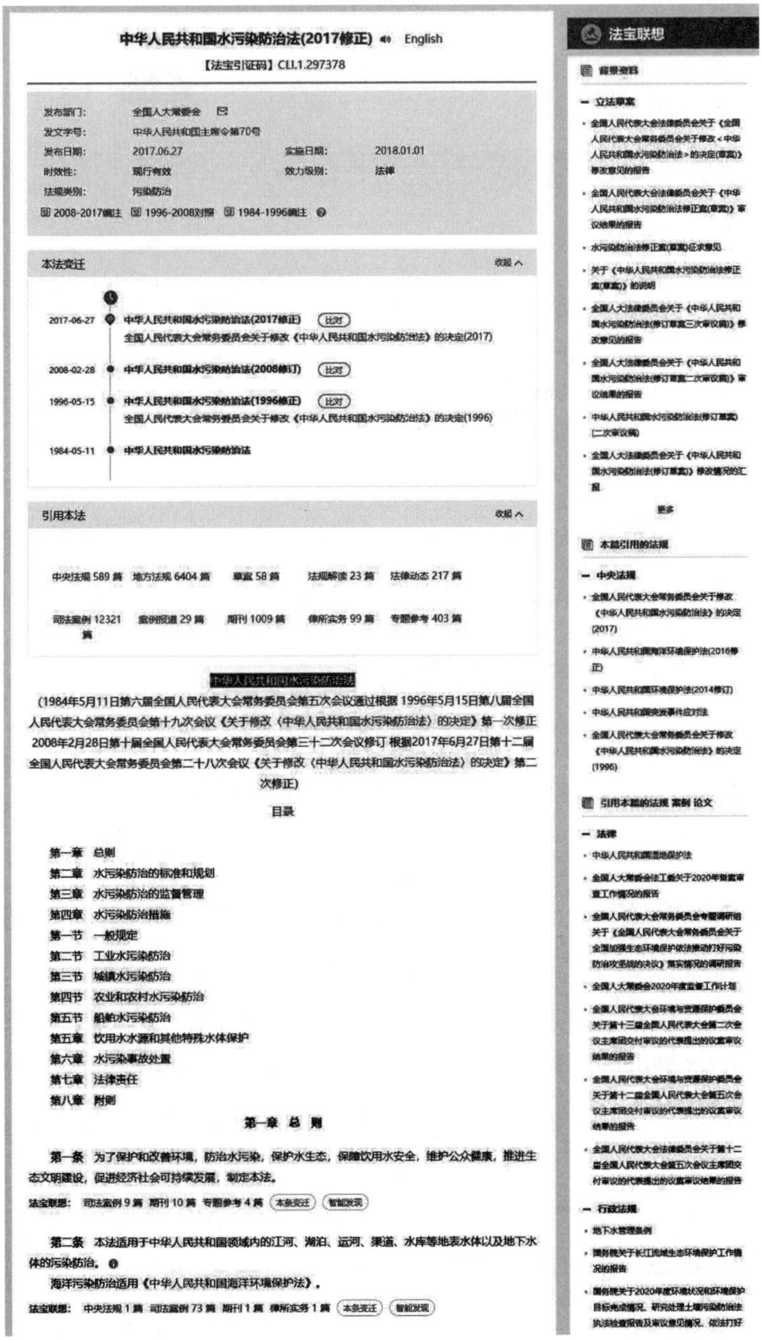

中华人民共和国水污染防治法(2017修正) English
【法宝引证码】CLI.1.297378
发布部门: 全国人大常委会
发文字号: 中华人民共和国主席令第70号
发布日期: 2017.06.27 实施日期: 2018.01.01
时效性: 现行有效 效力级别: 法律
法规类别: 污染防治
2008-2017修注 1996-2008对照 1984-1996修注
本法变迁 收起
2017-06-27 中华人民共和国水污染防治法(2017修正) 比对
全国人民代表大会常务委员会关于修改《中华人民共和国水污染防治法》的决定(2017)
2008-02-28 中华人民共和国水污染防治法(2008修订) 比对
1996-05-15 中华人民共和国水污染防治法(1996修正) 比对
全国人民代表大会常务委员会关于修改《中华人民共和国水污染防治法》的决定(1996)
1984-05-11 中华人民共和国水污染防治法
引用本法 收起
中央法规 589 篇 地方法规 6404 篇 规章 58 篇 法规解读 23 篇 法律动态 217 篇
司法案例 12321 篇 案例报道 29 篇 期刊 1009 篇 律所实务 99 篇 专题参考 403 篇
中华人民共和国水污染防治法
(1984年5月11日第六届全国人民代表大会常务委员会第五次会议通过 根据1996年5月15日第八届全国人民代表大会常务委员会第十九次会议《关于修改〈中华人民共和国水污染防治法〉的决定》第一次修正 2008年2月28日第十届全国人民代表大会常务委员会第三十二次会议修订 根据2017年6月27日第十二届全国人民代表大会常务委员会第二十八次会议《关于修改〈中华人民共和国水污染防治法〉的决定》第二次修正)
目录
第一章 总则
第二章 水污染防治的标准和规划
第三章 水污染防治的监督管理
第四章 水污染防治措施
第一节 一般规定
第二节 工业水污染防治
第三节 城镇水污染防治
第四节 农业和农村水污染防治
第五节 船舶水污染防治
第五章 饮用水水源和其他特殊水体保护
第六章 水污染事故处置
第七章 法律责任
第八章 附则
第一章 总 则
第一条 为了保护和改善环境，防治水污染，保护水生态，保障饮用水安全，维护公众健康，推进生态文明建设，促进经济社会可持续发展，制定本法。
法宝联想: 司法案例 9 篇 期刊 10 篇 专题参考 4 篇 本条变迁 智能发现
第二条 本法适用于中华人民共和国领域内的江河、湖泊、运河、渠道、水库等地表水体以及地下水体的污染防治。
海洋污染防治适用《中华人民共和国海洋环境保护法》。
法宝联想: 中央法规 1 篇 司法案例 73 篇 期刊 1 篇 律所实务 1 篇 本条变迁 智能发现
法宝联想
背景资料
立法草案
全国人民代表大会法律委员会关于《全国人民代表大会常务委员会关于修改〈中华人民共和国水污染防治法〉的决定(草案)》修改意见的报告
全国人民代表大会法律委员会关于《中华人民共和国水污染防治法修正案(草案)》审议结果的报告
水污染防治法修正案(草案)征求意见
关于《中华人民共和国水污染防治法修正案(草案)》的说明
全国人大法律委员会关于《中华人民共和国水污染防治法(修订草案三次审议稿)》修改意见的报告
全国人大法律委员会关于《中华人民共和国水污染防治法(修订草案二次审议稿)》审议结果的报告
中华人民共和国水污染防治法(修订草案)(二次审议稿)
全国人大法律委员会关于《中华人民共和国水污染防治法(修订草案)》修改情况的汇报
更多
本篇引用的法规
中央法规
全国人民代表大会常务委员会关于修改《中华人民共和国水污染防治法》的决定(2017)
中华人民共和国海洋环境保护法(2016修正)
中华人民共和国环境保护法(2014修订)
中华人民共和国突发事件应对法
全国人民代表大会常务委员会关于修改《中华人民共和国水污染防治法》的决定(1996)
引用本篇的法规 案例 论文
法律
中华人民共和国湿地保护法
全国人大常委会法工委关于2020年备案审查工作情况的报告
全国人民代表大会常务委员会专题调研组关于《全国人民代表大会常务委员会关于全面加强生态环境保护依法推动打好污染防治攻坚战的决议》落实情况的调研报告
全国人大常委会2020年度监督工作计划
全国人民代表大会环境与资源保护委员会关于第十三届全国人民代表大会第二次会议主席团交付审议的代表提出的议案审议结果的报告
全国人民代表大会环境与资源保护委员会关于第十二届全国人民代表大会第五次会议主席团交付审议的代表提出的议案审议结果的报告
全国人民代表大会法律委员会关于第十二届全国人民代表大会第五次会议主席团交付审议的代表提出的议案审议结果的报告
行政法规
地下水管理条例
国务院关于长江流域生态环境保护工作情况的报告
国务院关于2020年度环境状况和环境保护目标完成情况、研究处理土壤污染防治法执法检查报告及审议意见情况、依法打好

图 4－3－8

【渠道3】在“北大法意”中进行相同检索,见图4-3-9:

图4-3-9

相关法律法规查找较全,更新及时,2017年修订版无英文本,但条目下注有新旧法规对照、法规解读、实务案例、引用法规和被法规引用等链接,此功能类似法宝联想。

从上例中得出:“北大法宝”和“北大法意”的法律法规检索功能及其拓展的功能较为强大(尤其以“北大法宝”为优),“法库”一般检索功能尚可,但拓展的关联检索功能较弱。因此,利用数据库进行法律法规检索时,首选“北大法宝”或“北大法意”。

二、法律动态与立法背景材料

“北大法宝”中有两类资料——法律动态与立法资料。法律动态源于新闻媒体,也有对立法、修法背景的反映,但这是从法制新闻角度的反映(见图4-3-10)。

而立法材料包含了立法草案、白皮书、法规解读、工作报告等内容，是从法律文件角度的反映（见图 4 – 3 – 11）。

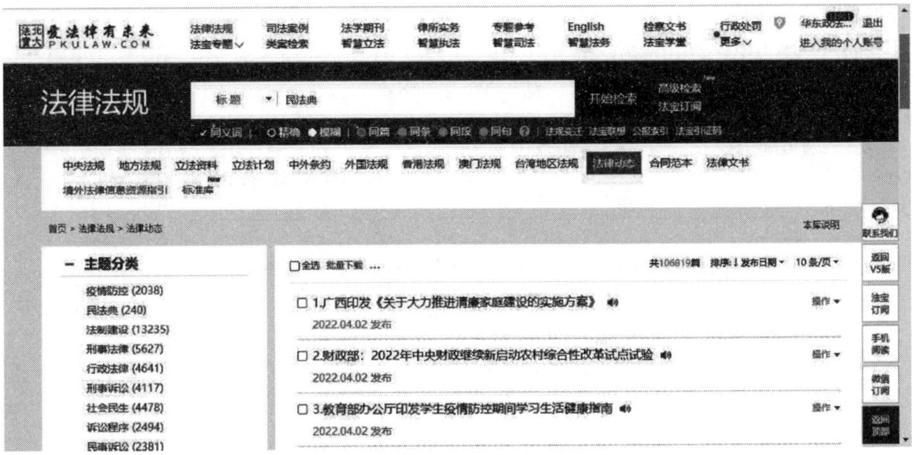

图 4 – 3 – 10

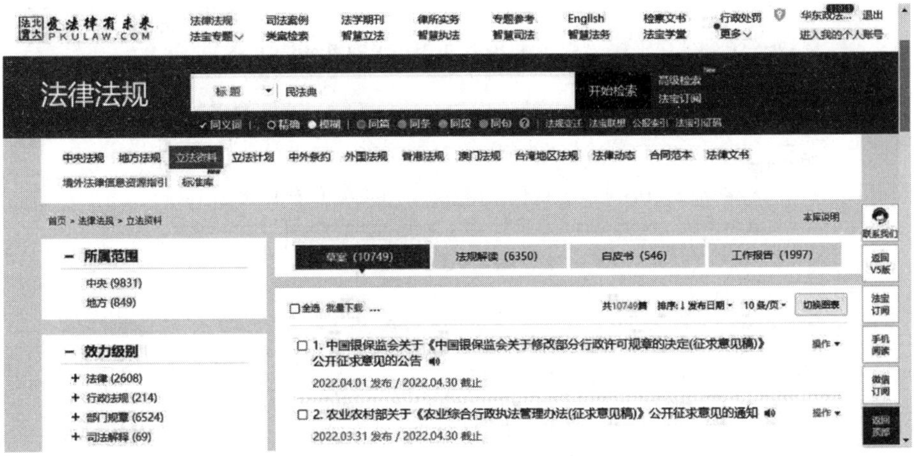

图 4 – 3 – 11

三、港澳台地区法律法规

“北大法宝”与“北大法意”都提供香港地区法律法规的查询，但两者有些许差别。在“北大法意”中，以中英对照的方式展示文本（见图 4 – 3 – 12），而在“北大法宝”中，并没有完全做到中英文对照，部分无对照的英文本（见图 4 – 3 – 13）。

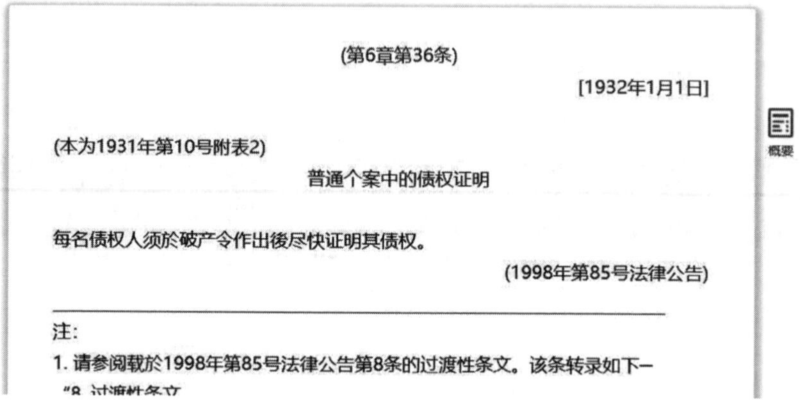
(第6章第36条)
[1932年1月1日]
(本为1931年第10号附表2)
普通个案中的债权证明
每名债权人须於破产令作出後尽快证明其债权。
(1998年第85号法律公告)
注:
1. 请参阅载於1998年第85号法律公告第8条的过渡性条文。该条转录如下—
概要

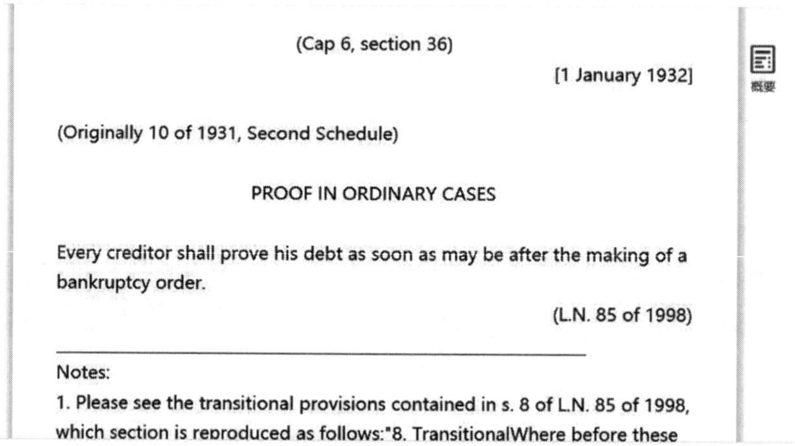
(Cap 6, section 36)
[1 January 1932]
(Originally 10 of 1931, Second Schedule)
PROOF IN ORDINARY CASES
Every creditor shall prove his debt as soon as may be after the making of a bankruptcy order.
(L.N. 85 of 1998)
Notes:
1. Please see the transitional provisions contained in s. 8 of L.N. 85 of 1998, which section is reproduced as follows:"8. TransitionalWhere before these
概要

图 4 –3 –12

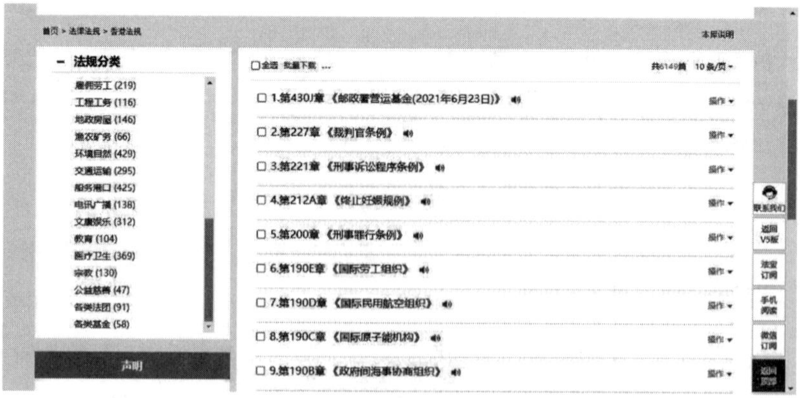
法规分类
雇佣劳工 (219)
工程工务 (116)
地政房屋 (146)
渔农矿务 (66)
环境自然 (429)
交通运输 (295)
船务港口 (425)
电讯广播 (138)
文康娱乐 (312)
教育 (104)
医疗卫生 (369)
宗教 (130)
公益慈善 (47)
各类法团 (91)
各类基金 (58)
声明
1.第430J章《邮政署营运基金(2021年6月23日)》
2.第227章《裁判官条例》
3.第221章《刑事诉讼程序条例》
4.第212A章《终止妊娠规例》
5.第200章《刑事罪行条例》
6.第190E章《国际劳工组织》
7.第190D章《国际民用航空组织》
8.第190C章《国际原子能机构》
9.第190B章《政府间海事协商组织》

图 4 –3 –13

澳门地区和台湾地区的情况与香港地区类似。

四、国际条约/中外条约

“北大法宝”或“北大法意”，都提供国际条约/中外条约检索。一些重要的国际条约都被收录其中，如《联合国宪章》《保护工业产权巴黎公约》《保护文学艺术作品伯尔尼公约》等。

试检索“WTO 法律文本”。

在“北大法宝”的“中外条约”中，我们通过题名检索“世界贸易组织”，见图 4－3－14：

图 4－3－14

结果中有标志 WTO(世界贸易组织)成立的马拉喀什协定(WTO 法律文本),而且是中英文本。另外,结果中与中国相关的较少,可以看到有中华人民共和国加入 WTO 的议定书。

在“北大法意”的国际条约中进行相同检索,见图 4－3－15:

图 4－3－15

大部分文本是与中国相关的,如有《中华人民共和国加入世界贸易组织议定书》。

总结,“北大法宝”的“中外条约”较为全面,而“北大法意”的“国际条约”则以中国为视角为主,大部分收录是与中国相关或中国为缔约方的国际条约。

总之,检索国际条约,应该找相关国际组织的官网或专题数据库,通用数据库不是最好的选择。

第四节　案例检索

“北大法宝”提供案例检索的“司法案例”分成以下部分：司法案例（145,358,397篇）、裁判规则（44,804篇）、指导性案例实证应用（9776篇）、破产信息（406,526篇）、案例报道（56,339篇）、仲裁案例（3007篇）、港澳案例（25,565篇）。（数据更新至2023年8月20日）

“北大法意”提供案例是“案例数据库群”，包括中国大陆案例库（113,602,350篇）、台湾法院案例库（714,337篇）、香港案例库（中英文）（89,814篇）、澳门案例库（中葡文）（17,736篇）、精品案例（331,088篇）。（数据更新至2023年8月20日）

“中国法律知识资源总库”截至2023年8月收录8013余万篇案例。

最初，“北大法宝”和“北大法意”对于法律文献的收录，是各有侧重的，“北大法宝”长于法律法规检索，而“北大法意”的案例检索很有特色，但根据目前的案例收录量和更新情况，“北大法意”渐已落后，只是检索上有特色，实际使用价值已大不如前。

之前已讨论过，根据司法公开的要求，裁判文书多已上网，数据库要想仍有一席之地，当在资源整合和深加工上进行努力了。

我们看一下中国裁判文书网的情况。中国裁判文书网是全国法院公布裁判文书的统一平台。各级人民法院在本院政务网站及司法公开平台均设置中国裁判文书网的链接。目前，中国裁判文书网已成为全球最大的裁判文书网，截至2023年8月20日，收文142,570,105篇，并且每日更新，当日更新53,451篇。

引例：试检索电影《我不是药神》的原型相关案例，我们可以在北大法宝司法案例中全文检索《我不是药神》电影中的高频词汇“格列卫”，结果如图4-4-1所示。

图 4-4-1

一、司法案例/裁判文书、媒体案例

(一)司法案例/裁判文书

1. “北大法宝”案例检索的途径

案由是人民法院对诉讼案件所涉及的法律关系的性质进行概括后形成的案件名称。2007 年，最高人民法院通过《民事案件案由规定》，2011 年、2020 年进行了修改。刑事案由即罪名，由《刑法》分则规定。2012 年，最高人民法院发布《关于赔偿案件案由的规定》。如果是刑事案件，案由一项与判定罪名相同。2020 年 12 月 7 日，最高人民法院发布《关于行政案件案由的暂行规定》。

对于指导性案例/案例要旨，有核心术语、案例要旨等检索途径。权责关键词可通过菜单选择。(见图 4-4-2)

图 4 –4 –2

北大法宝还有一个类案检索模块,也是案例检索的一种途径,对学习和实务都有一定帮助。(见图 4 –4 –3)

图 4 –4 –3

北大法宝的类案检索功能包括民事、刑事、行政和执行案件四部分。

由于当前人工智能技术发展的局限,北大法宝的类案检索结果是否被采纳,还需要用户的进一步分析,但该功能仍不失为一个有益尝试。(见图 4 -4 -4)

图 4 -4 -4

2.“北大法意”案例检索的途径

“北大法意”的案例收录不尽如人意,但其检索模式还是很有特色的,与“北大法宝”相比,其检索模式更适用于案件检索。其检索模式是多条件方式(最多10个并列条件),检索途径可选全文关键字、案号、案由、学理词、当事人、专题、权威出处、审理法院、法院级别、文书类型、审理法官、判决时间、审级、法律点、代理律所、代理律师。其中,案由通过参考案由(分为刑事、民经、行政、知产、海事、国家赔偿六类)选择,学理词也通过参考学理词选择。选择案件类型后,可以点选法律点进行检索(相当于二级案件类型)。(见图4-4-5)

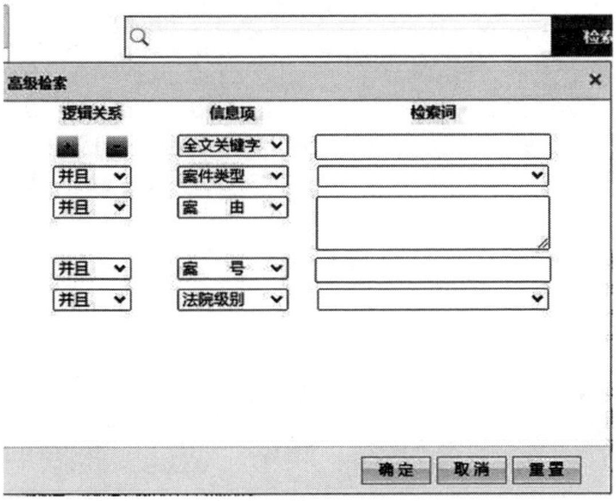

图4-4-5

“北大法意”的案例检索除了通过关键词检索模式,还可以通过分类导引模式(分别通过法院案由、法院地域引导)进行。(见图4-4-6)

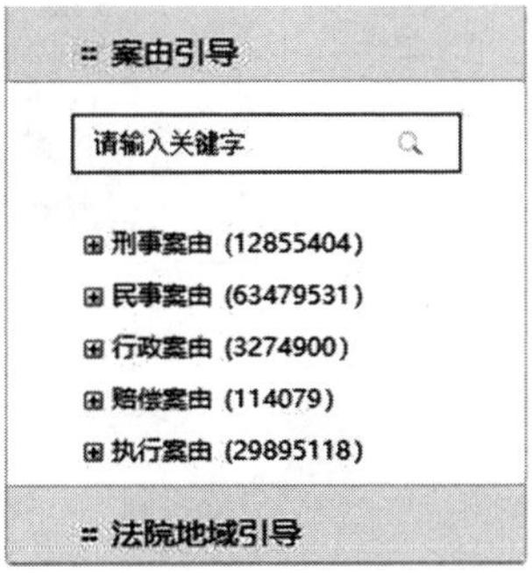

图4-4-6

3.“法库”的案例检索

“法库”保持了与“中国知网”一致的检索风格,从检索途径而言,也有案由、涉及领域等,但是却要手工输入,而未采用点选方式,这是一个不足之处。(见图4-4-7)

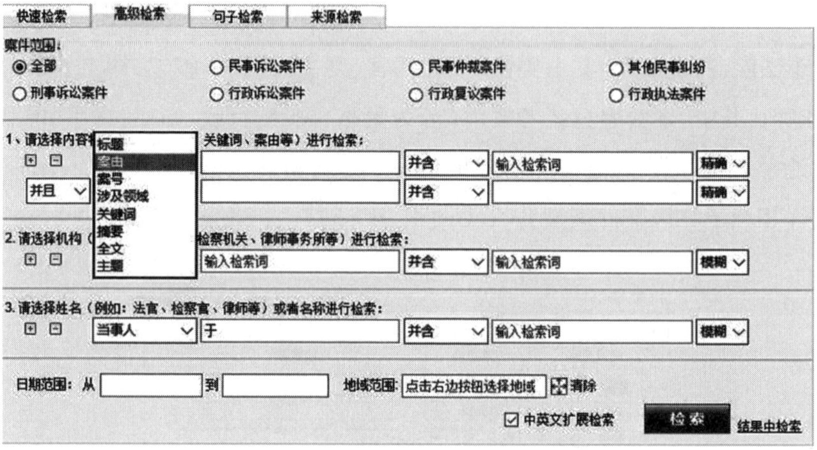

图4-4-7

4.“中国裁判文书网”的案例检索(见图4-4-8)

图4-4-8

试查询“于欢故意伤害案”(2016)。

案例检索,最便捷的途径是当事人,如果没有当事人检索途径,可从案例标题检索(当事人名字会出现在案例标题中)。首先在中国裁判文书网上检索(当事人:于欢)。(见图4-4-9)

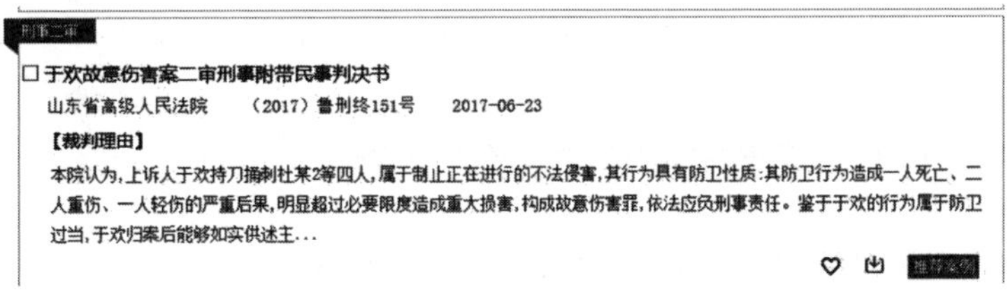

图4-4-9

该案件判决书已公开(因当事人利益问题,有些判决书不公开)。

在“北大法宝”检索,由于“北大法宝”不直接提供当事人检索途径,可以从标题检索。(见图4-4-10)

图4-4-10

除了判决书外,还有一些案例报道。(见图 4 - 4 - 11)

□ 1. 于欢母亲苏银霞犯非法吸收公众存款罪获刑三年

2018.11.14

□ 2. “于欢案”背后吴学占涉黑团伙终审维持原判 主犯获刑25年

2018.06.29

□ 3. “于欢案”背后吴学占黑社会性质组织犯罪案一审宣判

2018.05.11

□ 4. 于欢刺死辱母者为何由无期改判5年？二审主审法官释疑

2018.01.19

□ 5. 于欢案涉黑团伙15人被提起公诉 于欢之母索赔60万元并要求返还13.4万元高息及一处房屋

2017.08.10

□ 6. 最高法常务副院长从于欢案谈正当防卫：统一法律适用标准

2017.06.26

□ 7. 坚持依法裁判 维护公平正义 山东高院负责人就于欢故意伤害案答记者问

2017.06.23

图 4 - 4 - 11

裁判文书中只有法律事实和判决结果,没有专家观点等内容,而案例报道中有相关内容。如果是指导性案例(案件要旨),就不完全是判决书的格式,内容有:关键词、要旨/裁判要点、相关立法、基本案情、诉讼过程/裁判理由、裁判结果等。(见图 4 - 4 - 12)

指导案例32号：张某某、金某危险驾驶案 指导性案例

Guiding Case No. 32: Case of Dangerous Driving by Zhang and Jin

【案由】	刑事 > 危害公共安全罪 > 危险驾驶罪 [注]		
【案件字号】	（2012）浦刑初字第4245号	【文书类型】	判决书
【审结日期】	2013.01.21	【审理法院】	上海市浦东新区人民法院

∨展开查看权责关键词、审理程序、案例要旨等信息

【全文】　【法宝引证码】CLI.C.3705402

指导案例32号：张某某、金某危险驾驶案

（最高人民法院审判委员会讨论通过　2014年12月18日发布）

指导案例32号

【关键词】

刑事 危险驾驶罪 追逐竞驶 情节恶劣

【裁判要点】

1.机动车驾驶人员出于竞技、追求刺激、斗气或者其他动机，在道路上曲折穿行、快速追赶行驶的，属于《中华人民共和国刑法》第一百三十三条之一规定的“追逐竞驶”。

2.追逐竞驶虽未造成人员伤亡或财产损失，但综合考虑超过限速、闯红灯、强行超车、抗拒交通执法等严重违反道路交通安全法的行为，足以威胁他人生命、财产安全的，属于危险驾驶罪中“情节恶劣”的情形。

【相关法条】

图 4－4－12

有些是公报案例，在判决书正文之前，会有一段裁判摘要。（见图 4－4－13）

王军诉李睿抵押合同纠纷案 公报案例

【案由】	民事 > 合同、无因管理、不当得利纠纷 [注] > 合同纠纷 > 抵押合同纠纷 [案由释义]		
【文书类型】	判决书	【审结日期】	2016.10.25
【法院级别】	中级法院	【审理法院】	北京市第三中级人民法院

⌄展开查看权责关键词、审理程序、来源等信息

【全文】 【法宝引证码】CLI.C.9241980

王军诉李睿抵押合同纠纷案

[裁判摘要]

抵押权人在主债权诉讼时效期间未行使抵押权将导致抵押权消灭，而非胜诉权的丧失。抵押权消灭后，抵押人要求解除抵押权登记的，人民法院应当支持。

原告：王军，女，69岁，汉族，住北京市通州区。

被告：李睿，男，35岁，汉族，住河北省秦皇岛市。

原告王军因与被告李睿发生抵押合同纠纷，向北京市通州区人民法院提起诉讼。

原告王军诉称：2009年8月12日，王军与被告李睿签订房产抵押合同及借款合同，约定用王军名下的位于北京市通州区A房屋作为抵押，并办理抵押登记。因款项实为案外人兰广清向李睿所借，王军仅是应兰广清要求提供房本，所有的款项均由兰广清本人偿还，与王军无关。至于李睿如何与兰广清进行协商，王军并不清楚。王军并未收到李睿给付的借款50万元。因实际借款人为兰广清，且李睿未在主债权诉讼时效期间行使抵押权，故抵押权不予保护。现诉至法院，请求判令：李睿协助王军办理注销通州区A房屋的抵押登记手续。

图 4-4-13

裁判文书是原始文献，而公报案例、案例要旨(指导性案例)附有评述内容，是一篇案例的综述，对于学习与研究有指导作用。

总结：案例检索，除了中国裁判文书网上查原始文献外，“北大法宝”是一个比较好的选择。“北大法宝”为我们提供判决书的同时，在右侧栏，提供了丰富的法宝联想功能：本案法律依据、同案由重要案例、本法院内类案例、相关审判参考、相关实务专题、相关论文(见图4-4-14)。这也是笔者选择“北大法宝”进行案例检索的理由。

北大法宝 > 司法案例 > 案例与裁判文书 > 正文阅读

于欢故意伤害案刑事附带案 法宝推荐

【案由】	刑事 > 侵犯公民人身权利民主权利罪 > 故意伤害罪		
【案件字号】	(2017)鲁刑终151号	【审理法官】	吴靖　刘振会　王文兴
【文书类型】	判决书	【审结日期】	2017.06.23

展开查看审理法院、审理程序、代理律师/律所等信息

【全文】　　【法宝引证码】CLI.C.9180485

[redacted]故意伤害案刑事附带案

山东省高级人民法院

刑事附带民事判决书

(2017)鲁刑终151号

原公诉机关山东省聊城市人民检察院。

上诉人（原审附带民事诉讼原告人）杜某1。系被害人杜某2的父亲。

上诉人（原审附带民事诉讼原告人）许某。系杜某2的母亲。

上诉人（原审附带民事诉讼原告人）杜某3。系杜某2的女儿。

上诉人（原审附带民事诉讼原告人）杜某4。系杜某2的女儿。

上诉人（原审附带民事诉讼原告人）杜某5。系杜某2的女儿。

上诉人（原审附带民事诉讼原告人）杜某6。系杜某2的儿子。

上诉人（原审附带民事诉讼原告人）暨杜某3、杜某4、杜某5、杜某6的法定代理人李某1。系杜某2的妻子，杜某3、杜某4、杜某5、杜某6的母亲。

上列上诉人的诉讼代理人方辉，山东方晖律师事务所律师。

上诉人（原审被告人）于欢。因涉嫌犯故意伤害罪于2016年4月15日被刑事拘留，同月29日被逮捕。

辩护人殷清利，河北十力律师事务所律师。

附带民事诉讼代理人于某某，系于欢的姑母。

原审附带民事诉讼原告人严某。系被害人。

诉讼代理人严树魁，系严某的父亲。

法宝联想

■ 本案法律依据

- 中华人民共和国刑法(1997修订) 第20条
- 中华人民共和国刑法(1997修订) 第36条
- 中华人民共和国刑法(1997修订) 第61条
- 中华人民共和国刑法(1997修订) 第63条
- 中华人民共和国刑法(1997修订) 第67条
- 中华人民共和国刑法(1997修订) 第234条
- 中华人民共和国刑事诉讼法(2012修正) 第225条
- 最高人民法院关于适用《中华人民共和国刑事诉讼法》的解释 第155条

■ 同案由重要案例

- 检例第18号：郭明先参加黑社会性质组织、故意杀人、故意伤害案
- 检例第21号：丁国山等（故意伤害）核准追诉案
- 最高人民法院发布依法惩治侵犯儿童权益犯罪典型案例之四：王玉贵故意伤害、虐待案
- 邢台市人民检察院诉陈文兵故意伤害案
- 朱晓红正当防卫案
- 福建省龙海市人民检察院诉杨逸章故意伤害案

图 4－4－14

(二)媒体案例

试检索案例:“杭州‘5·7’交通肇事案”(2009 年胡斌交通肇事案)。

在“北大法宝”中,从“案例报道”检索[当事人:胡斌,案由(点选):交通肇事罪],如图 4－4－15 所示。

图 4－4－15

从结果看,可以用“杭州‘5・7’交通肇事案”进行标题检索(见图 4－4－16)。从这里也可以看出,“案例报道”提供的检索途径要简单得多。

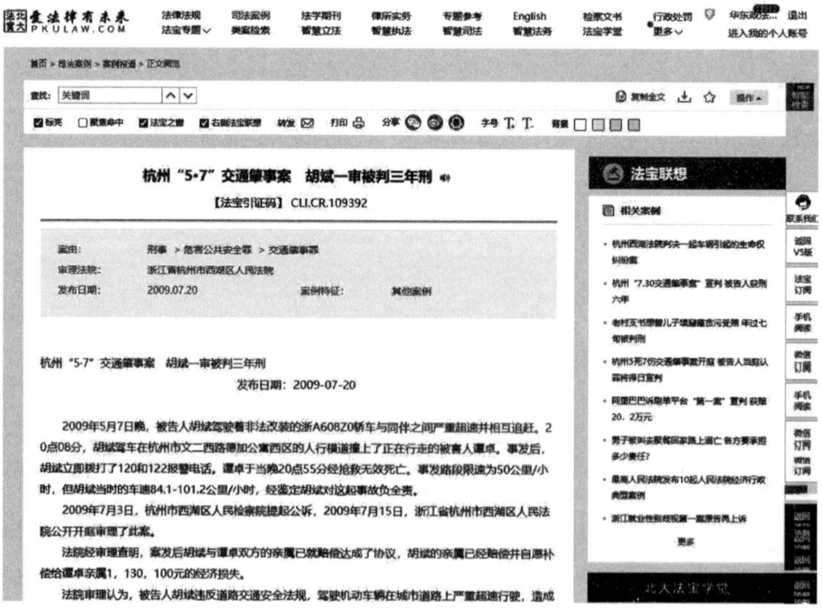

图 4－4－16

如果从“案例与裁判文书”检索，则不能以“杭州‘5·7’交通肇事案”进行标题检索，只能以“标题：胡斌，案由：交通肇事罪”进行检索。（见图4-4-17）

图4-4-17

在“北大法意”中，从“媒体案例库”检索。（见图4-4-18）

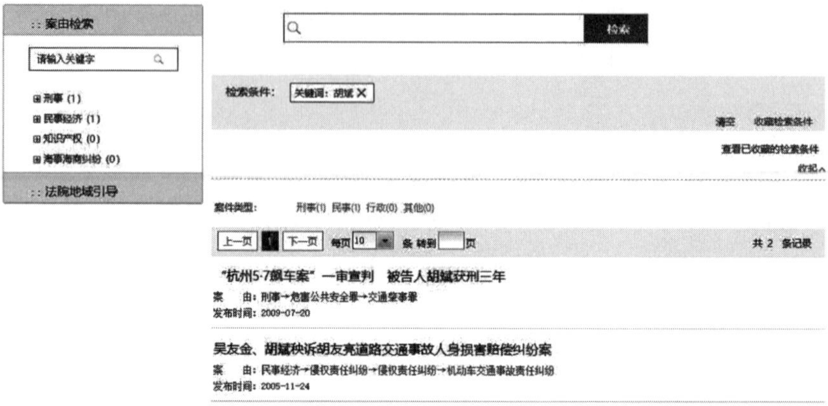

图 4－4－18

如果用被告“胡斌”的名字检索，可以找到“杭州‘5·7’交通肇事案”；如果在“北大法意”的“中国裁判文书库”中检索这个案例，直接用“杭州‘5·7’交通肇事案”也可以（见图 4－4－19）。在检索中，我们要学会不同的子库可能需要使用不同的检索词或检索标题。这样，我们获取的信息更全面。

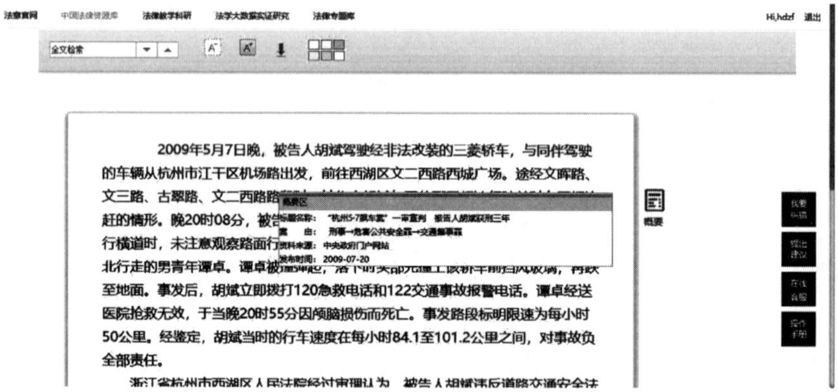

图 4－4－19

二、仲裁案例

仲裁案例文献一般由相关仲裁机构汇编出版，如《仲裁案例选编》，但纸质文献分散，且检索不便。目前，仲裁案例文献的查找一般通过相关数据库，常见的有北大法宝。（见图 4－4－20）

图 4 - 4 - 20

第五节　法学论文检索

一、中国法律资源总库

“中国知网”长于论文检索，“法库”也是如此。其检索方式与中国知网的期刊论文检索如出一辙，也有快速检索、高级检索、专业检索、作者发文检索、科研基金检索、句子检索和文献来源检索等多种模式可选(见图 4 - 5 - 1)。那么，其检索结果与中国知网的论文检索是否有区别呢？

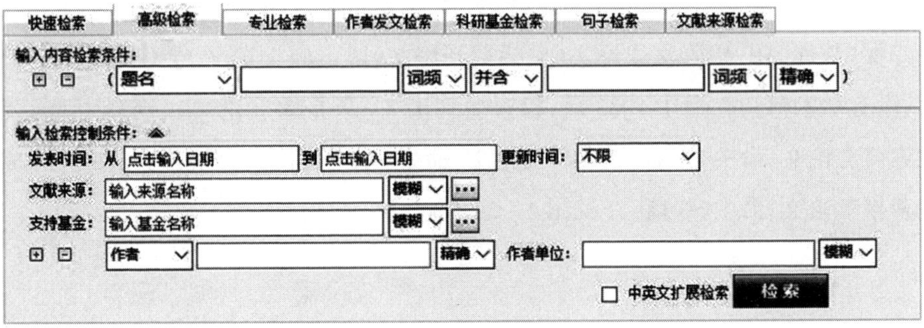

图 4 - 5 - 1

试举一例。为了显示对比效果，仍然以“刑事诉讼制度改革”为例。

在中国知网中,文献检索(包括期刊论文、国内会议论文、国外会议论文、博士论文、硕士论文、报纸论文,学术辑刊等默认选项),命中结果 1135 篇;期刊论文(只是期刊论文,不包括其他论文)565 篇;博硕士论文检索,命中 407 篇;会议论文检索,命中 37 篇;报纸论文检索,命中 62 篇。(见图 4 - 5 - 2)

图 4 - 5 - 2

在"法库"中,检索法律论文(包括期刊论文、博士硕士论文、会议论文、报纸论文,没有学术辑刊),命中 1033 篇;检索期刊论文(只是期刊论文),则命中 504 篇;检索博士论文,命中 38 篇;检索硕士论文,命中 381 篇;检索会议论文,命中 30 篇;检索报纸论文,命中 80 篇。(见图 4 - 5 - 3)

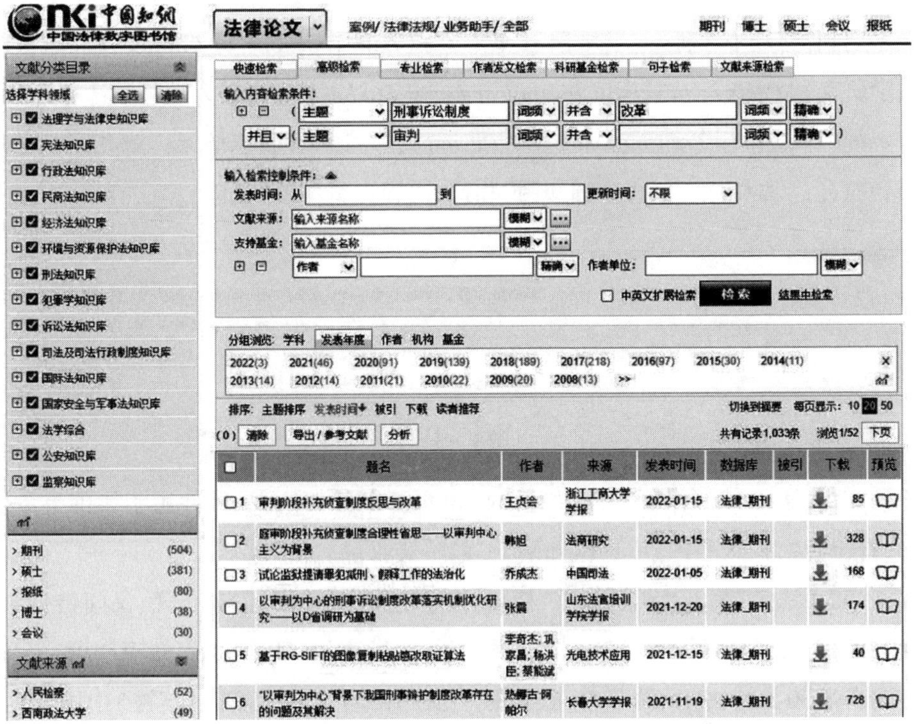

图 4－5－3

笔者发现,相同的检索条件,“中国知网”与“法库”检索结果有差别,原因在于:

1. 同样是精确匹配模式,“法库”的更严格,如刑事诉讼制度被认为是一个整体;而在“中国知网”大平台中,将“诉讼制度”等同于“刑事诉讼制度”,因为与审判对应的诉讼制度,一般就是指刑事诉讼制度。

“法库”收文更严格,进行了二次筛选,因为有二次筛选,“法库”内容更新相对滞后。

2. “法库”收录的期刊数量(包括辑刊数量),少于“中国知网”的期刊总量(包括辑刊总量)。这也是造成两者检索结果有差异的原因之一。

二、北大法宝

“北大法宝”也收录法学期刊,截至 2023 年 8 月 20 日共收录法学期刊 283 种

(见图4－5－4)。9种英文期刊均为中国机构主办的法学期刊英文版,非原版英文学术期刊,但其中3种——《中国法律年鉴》(*Law Yearbook of China*)、《北京大学法学研究》(*Peking University Journal of Legal Studies*)、《北京大学跨国法律评论》(*Peking University Transnational Law Review*),“中国知网”未收录。就共同收录的期刊而言,“北大法宝”与“中国知网”相比,内容更新不够及时。

法学期刊库详细参数	
内容	《中国法学》《法学研究》《中外法学》《法商研究》《法学》《法学家》《法律科学》《比较法研究》《当代法学》《法学评论》《法学论坛》《法制与社会发展》《现代法学》《政法论坛》《政治与法律》《华东政法大学学报》《东方法学》《中国刑事法杂志》《行政法学研究》《国家检察官学院学报》《法学杂志》《环球法律评论》《法律适用》《河北法学》《知识产权》《甘肃政法大学学报》《科技与法律》《人民司法》《人民检察》《电子知识产权》等.
类型	核心期刊(117种)、非核心期刊(59种)、集刊(82种)、英文期刊(9种)、总文章数量(277943篇)

图4－5－4

“北大法宝”有“律所实务”栏目,收录律所实务类论文,稿件源于律师事务所(内部出版物),这些内容“中国知网”一般不会收录。

“北大法宝”另有“专题参考”栏目,内容包括民法典、企业合规、民间借贷、正当防卫、个人信息保护、物权纠纷、合同纠纷、交通事故、婚姻家庭、知识产权、公司、房地产等30余个专题,源于专著、业务手册和网络文献,大都也不被“中国知网”收录。

三、北大法意

北大法意也收录法学论文,在其“法学论著”模块中,包括40,185篇会议论文、236,658篇报纸论文、680,842篇期刊论文和258,559篇学位论文索引。北大法意的法学论文主要是目录摘要索引,部分已获授权数据可以查阅、下载全文。(见图4－5－5)

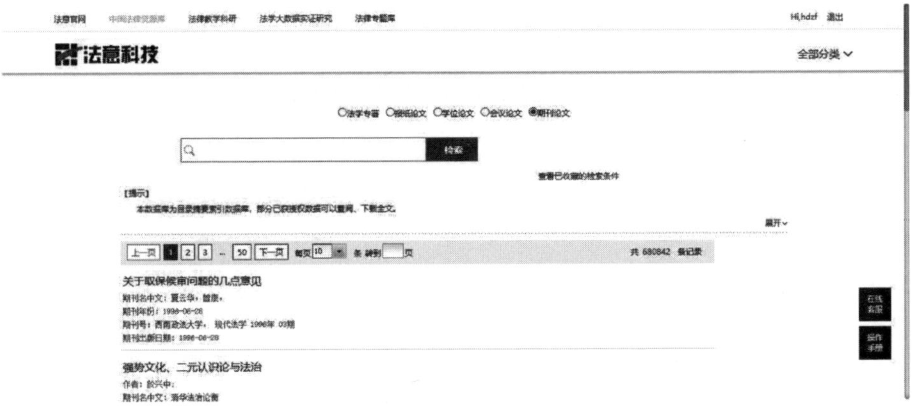

图 4－5－5

总之，法律法规检索，网络获取成为首选；如要获取权威标准文本，纸质文献是一个选择，全国人大常委会办公厅的国家法律法规数据库网站和司法部官网都是不错的选择；如选择数据库，特别是需要进行关联检索时，“北大法宝”是第一选择，“北大法意”和“中国知网”的“法库”也可根据需要选用。

案例检索，“中国裁判文书网”可提供最新、最全的原始材料（裁判文书），如果要获取进一步的信息——裁判要点、专家意见等，应当选用“北大法宝”；如要体验案例检索的特殊性，可以选择“北大法意”。

论文检索，“中国知网”是当仁不让的首选；如果要求进行精确检索（对查准率要求高，对查全率要求低，非大数据统计分析），应当选用“中国法律知识资源总库”；如要精选权威论文，可以选择“北大法宝”；如要获取非正式出版的文献（不属于期刊论文、学位论文、会议论文、报纸论文、辑刊论文），“北大法宝”和“北大法意”是不错的补充资源。

第五章　外文法律数据库

英文法律专业数据库具有资料丰富、检索方便高效、特色功能专业等优势,是法学研究人员和实务工作者常用的检索工具。

第一节　Westlaw

一、Westlaw 简介

汤森路透旗下的 Westlaw 曾用名是 Westlaw International, Westlaw Next,当前名称 Westlaw Classic。

Westlaw 以权威的英美法国家原始法律资料和高质量的二次法律资料为基础,配合专业法律搜索引擎(WestSearch),同时提供钥匙码系统(Key Number)、判例摘要(Headnote)、关键引用(KeyCite)分析工具等特色服务,是汤森路透新一代、“一站式”法律信息检索平台。

Westlaw 收录内容主要包含:美国、英国、法国、澳大利亚、加拿大、韩国、中国香港特别行政区和欧盟等国家和地区的判例和成文法;1500 多种法学期刊全文(涵盖绝大部分美国法学核心期刊);1600 多种法学专著书籍;独家收录《布莱克法律词典》第 11 版电子版;路透法律、财经、政治等领域新闻资讯。

Westlaw 检索首页包括如下三部分。(见图 5－1－1)

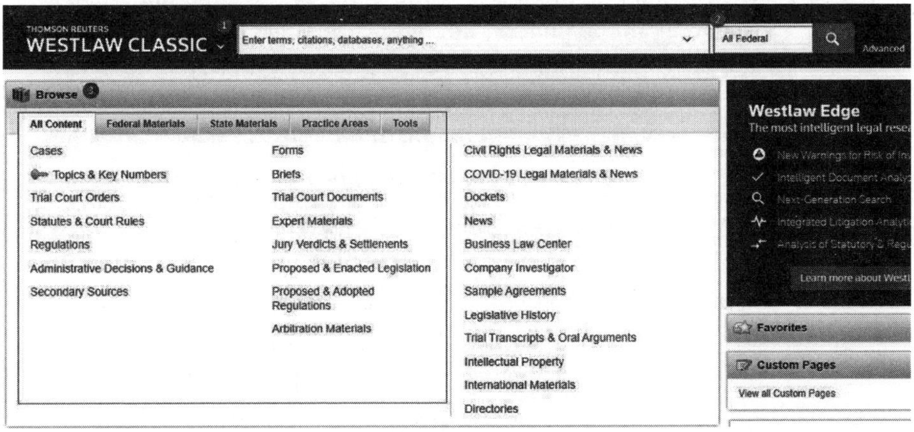

图 5－1－1

1. 检索框(WestSearch)。WestSearch 是专为法学研究人员研发的搜索引擎,可自动识别法律语言以及法律引文格式,可将法律问题以描述性语言进行检索或者以关键词加布尔术语连接符方式进行检索。

2. 司法辖区选择(Jurisdiction Selector)。

3. 浏览(Browse)可从包含成百上千数据库的分类导航逐层点击浏览至所需要的内容。

二、Westlaw 检索方法

(一) Westlaw Browse 浏览法

Westlaw 提供判例、成文法、期刊评论、专著教材、新闻等资源的直接浏览功能,可通过逐级点击浏览内容。

首页默认管辖区域为美国,从 Browse 部分可直接浏览美国的法律资料。例如,浏览美国联邦最高院最新的 10 篇判例报告,如图 5－1－2 所示。

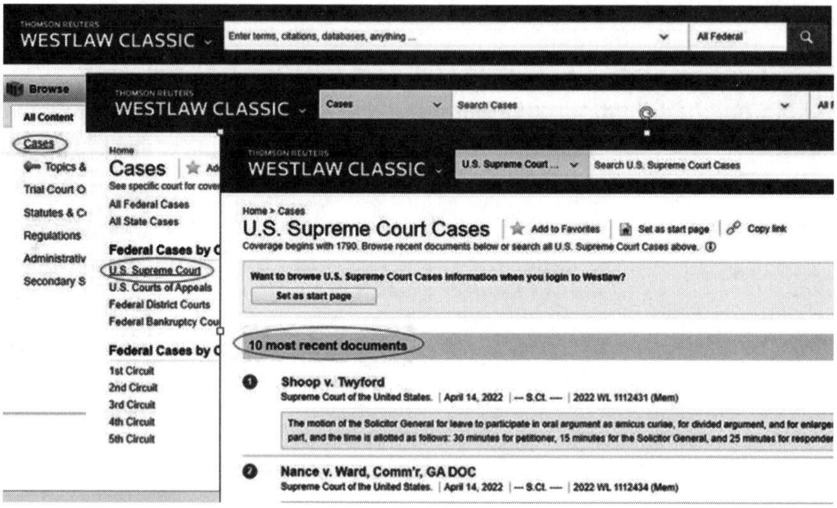

图 5－1－2

其他国家和地区资料可通过“国际资料”(International Material)进行浏览。(见图 5－1－3)

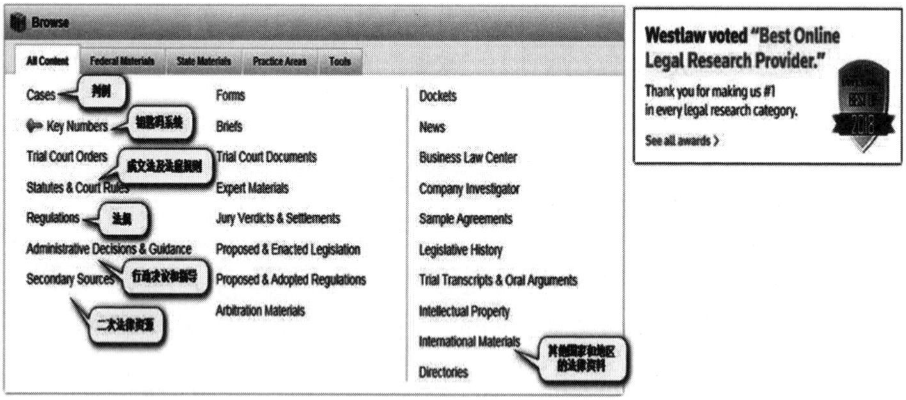

图 5－1－3

(二) WestSearch 检索法

WestSearch 能识别符合检索主题的关键词,提供与该主题最相关的文件。WestSearch 对文件之间丰富的相关性进行分析,使检索结果更加广泛,并将相关度最高的文件显示在结果清单顶部。比如,带注释版本的法令或条例包含了正在检索的关键词常出现在顶部。

1. 自然语言检索

自然语言检索,即简单查询——用描述性的语言直接检索,可以是一个单词,一个词组,或是一句描述性的话,也可以是一个问题。例如,在 WestSearch 检索框中输入描述性语言“how to protect copyright”,点击 Search(橘黄色放大镜图标),即可得到与此描述性关键词相关的 44 个成文法,1020 个判例,超过 10,000 篇二次法律文献,以及更多相关结果。(见图 5-1-4)

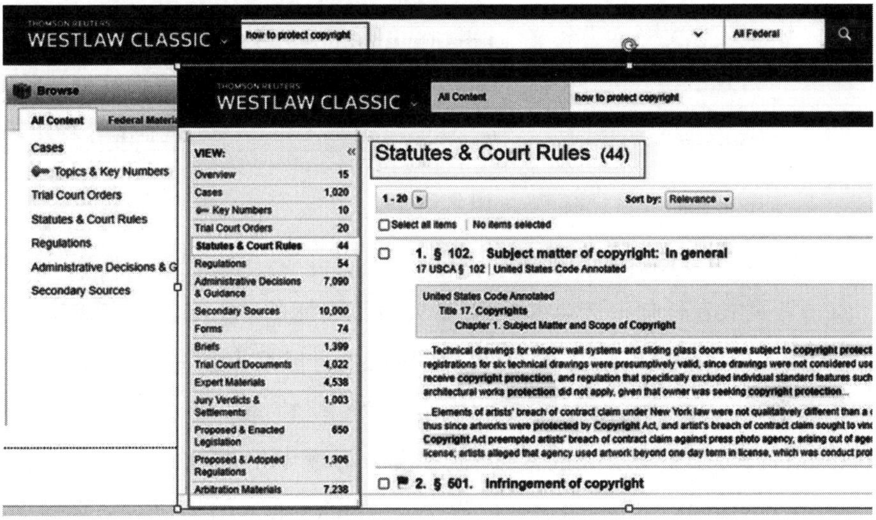

图 5-1-4

2. 高级检索

高级检索可以使检索结果更加精确。高级检索可以通过两种方式来实现,一种是使用布尔术语与连接符(Boolean Terms & Connectors),另一种是使用文件字段(Document Fields)。

(1) Boolean Terms & Connectors 使用举例

在 WestSearch 检索框中输入关键词“copyright infringement & internet”(版权侵权与互联网)。点击 Search(搜索,即橘黄色放大镜),即可得到关键词相关的 164 个成文法,6143 个判例以及更多其他法律资料。(见图 5-1-5)

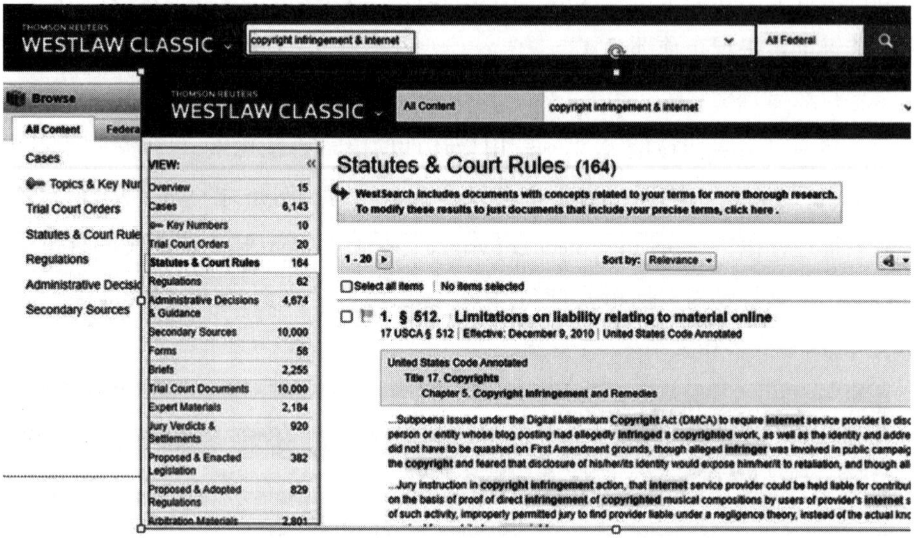

图 5 – 1 – 5

(2)Document Fields 使用举例

点击首页或者任何一个数据库浏览页面最右侧的 Advanced(高级检索)工具,进入当前资料库的高级检索界面。此界面中可以根据预先了解的文件线索进行"文件字段"(Document Fields)相关字段检索。例如,要查询微软(Microsoft)公司作为当事人的案件,或者文章标题中出现 Microsoft 公司,那么可以在"名称/标题"(Name/Title)位置输入"Microsoft";如果检索结果过多,可以输入更多关键词进行条件限制,如在图 5 – 1 – 6 中"精确词组位置"(This exact phrase)输入"copyright infringement"(版权侵权)。点击 Search(搜索,即橘黄色放大镜)即可得到与限制条件相关的 201 个判例,206 篇二次法律文献以及其他相关法律资料。

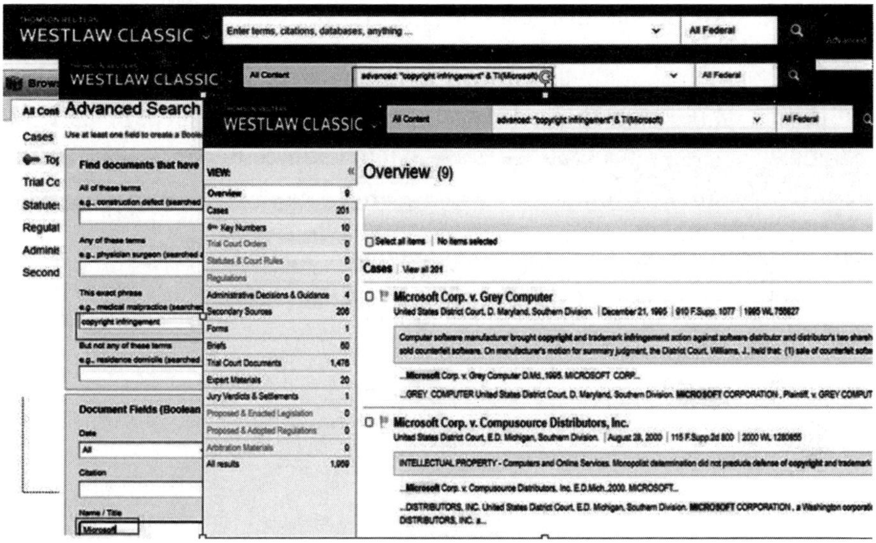

图 5－1－6

三、Westlaw 特色服务

(一)关键引用(KeyCite)

关键引用(KeyCite),能够确认一个案例、法令、行政决定、规章是否仍然适用,以便快速找到能够支撑法律观点的参考资料。

1. 关键引用的状况旗帜

(1)在关键引用功能中检查案例

● 红色旗帜,提示本案例至少它所包含的一个法律观点已经不再适用。

● 黄色旗帜,提示本案例尚未被推翻,但是曾被提出异议。

● 蓝色条形旗帜,表明本案例被上诉至美国上诉法院或者美国联邦最高法院(不包括机构提出的上诉)。

(2)在关键引用功能中检查法令

● 红色旗帜,表明本法令已经整体或者部分被最近的会期法修改、废除、代替、判定违宪,或被其他法优先取代。

● 黄色旗帜,表明本法令已由最近的法律重新编号或者转移,出现影响本法令的其他未编号法律或法律草案;本法令被宪法或其他优先法律限制使用或有效性已经受到质疑;这个法令的先前版本被法庭提出异议。

2. 异议

在适当时,会在文章顶部显示最为严厉异议的描述和链接。(见图5－1－7)

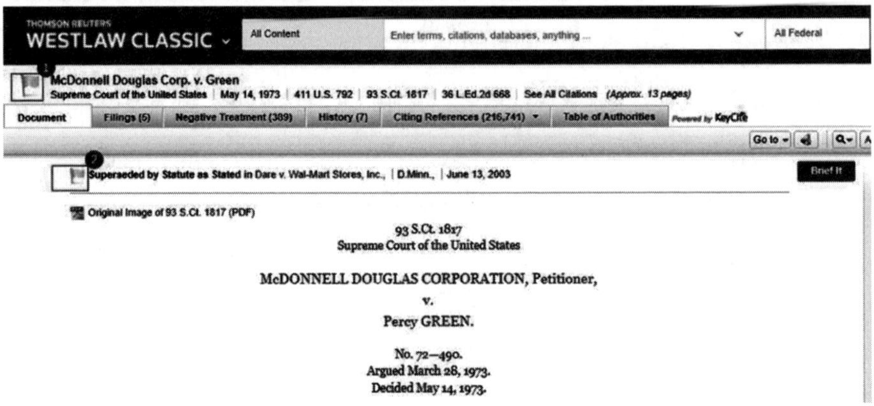

图5－1－7

关键引用提供引用案例的其他案例、行政资料、二次文献、摘要和其他法庭材料,能够确保引用的是有效力的法律。

1. 进入引用页面

点击引用文献(Citing References)按钮,页面就会显示引用了案例的文献。

2. 排序

点击工具栏的排序(Sort By)按钮,可以改变引用文献的排列顺序。

3. 筛选

为了减少列表的引用文献内容,可以:

• 左侧专栏的结果中搜索(Search within results)搜索框中输入术语。

• 在左侧专栏中选择文献种类,如案例。可以进一步通过该左侧专栏中的筛选器缩小范围,包括选择司法辖区或者主题要点等。

4. 关键引用讨论程度(KeyCite Depth of treatment bars)

该栏显示引用该文献的案例、行政决定或摘要对该被引用案例的讨论程度。

四条绿杠,examined,表明引用该文献的案例、行政决定或摘要对该被引用案例进行了深入的讨论,篇幅通常超过一页纸。

三条绿杠，discussed，表明引用该文献的案例、行政决定或摘要对该被引用案例进行了实质的讨论，篇幅通常超过一个自然段，但是少于一页纸。

两条绿杠，cited，表明引用该文献的案例、行政决定或摘要对该被引用案例进行了讨论，篇幅通常少于一个自然段。

一条绿杠，mentioned，表明引用该文献的案例、行政决定或摘要提及了该被引用的案例，通常是在一串引用中。（见图5－1－8）

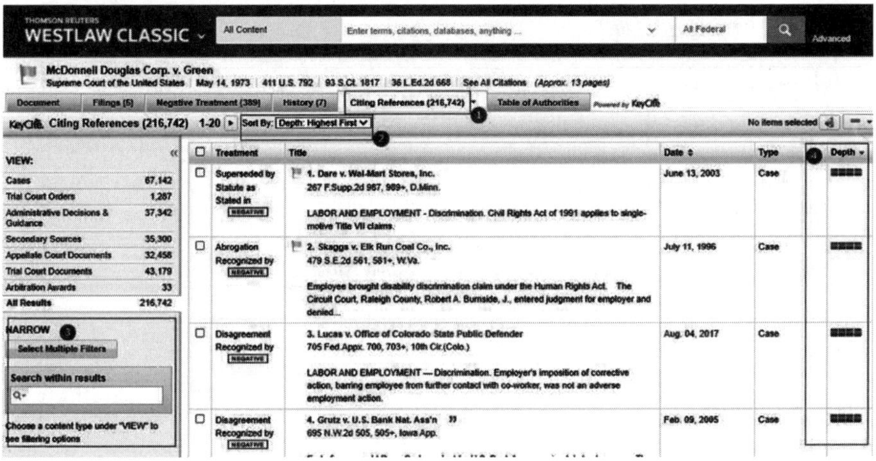

图5－1－8

（二）钥匙码检索系统（West Key Number System）

钥匙码检索系统是案例法资料综合性、常用的检索系统。编辑的要点（headnotes），按照主题分类匹配钥匙码。根据主题或钥匙码，或者法庭讨论使用的法律术语和内容，可在钥匙码系统中检索出可靠的相关文献。

访问钥匙码检索系统：

1. 在浏览标签下，点击工具（Tools）标签。

2. 在工具页面，点击钥匙码检索系统（West Key Number System）。

3. 浏览相关主题与钥匙码。

4. 使用搜索框，进行“标题检索”。

5. 点击进入一个主题，浏览内容。进入主题后，点击具体分区的标题，并且选择司法辖区，得到更多相关内容。

6. 点击信息(Information)图标,查看相关主题的具体描述。(见图5－1－9)

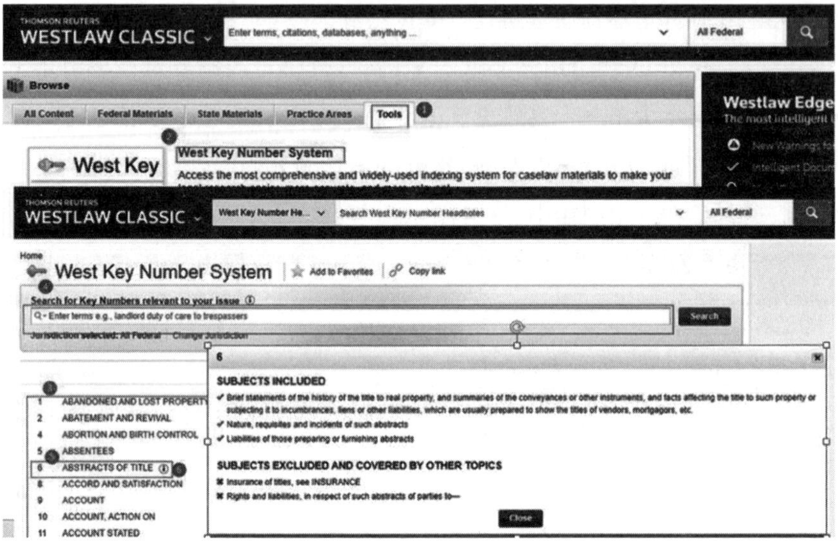

图5－1－9

四、应用举例

检索美国成文法。

1. 引证检索:使用搜索框输入引证号搜索成文法,若需一次输入多个引证号中间用分号隔开,如29 USCA 2614;Cal Civ code 56.21。(见图5－1－10)

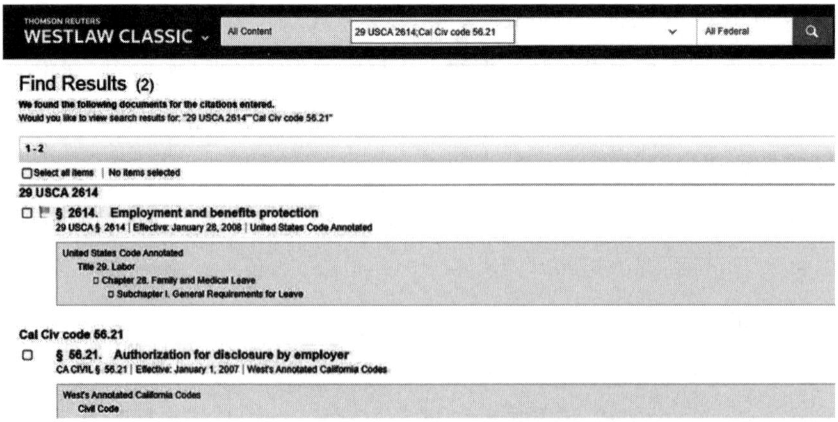

图5－1－10

2. 浏览检索：浏览区域点击法规分类目录下各链接，逐层进入相应法规资源页面，可以浏览查看或者限定资源范围检索相应法规内容，如美国法典注释（United States Code Annotated，USCA），右侧推荐各种法规检索工具如“常用名称表—美国法典注释”（Popular Name Table-USCA）。注意推荐工具是系统根据不同资源而提供的有很强的针对性，可更有效的辅助检索。（见图 5－1－11、图 5－1－12）

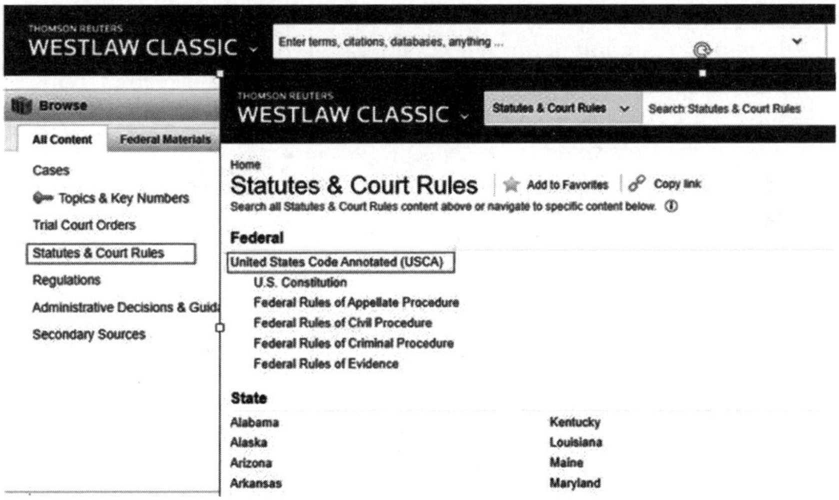

图 5－1－11

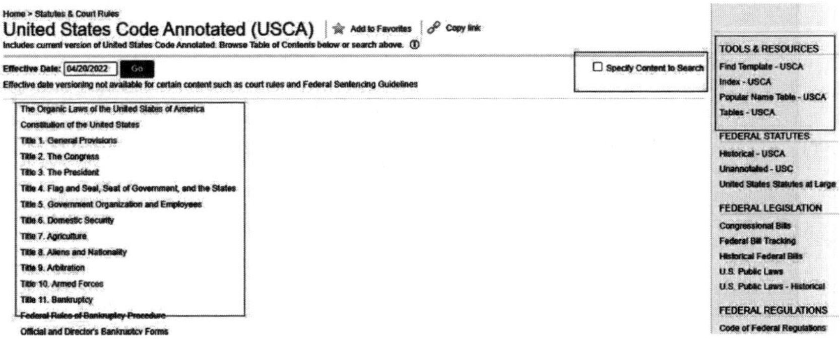

图 5－1－12

3. 命令检索：选定法规资源范围，直接在顶部检索框中输入检索命令（自然语言或检索术语均可，检索术语可参考高级检索页右侧说明），或者使用高级检索方式设置具体条件后检索。（见图 5－1－13）

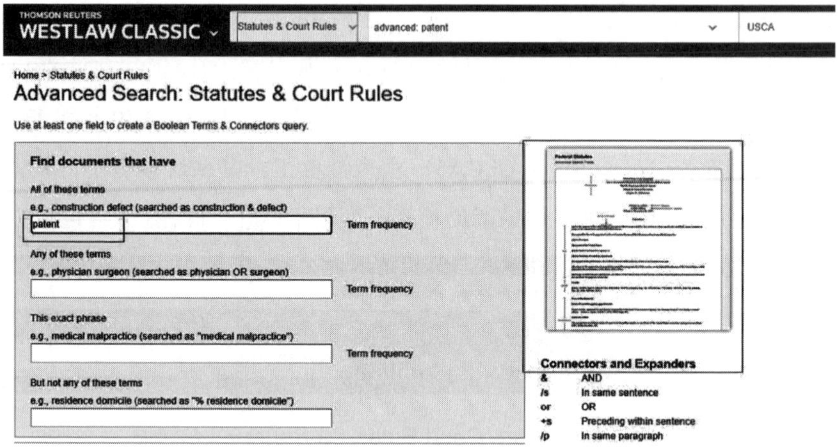

图 5-1-13

第二节　Lexis

一、Lexis 简介及检索首页

Lexis(律商)是 Lexis advance 的新版本,它在原有平台丰富内容资源的基础上,进一步修改检索界面,优化检索设置,继续提供"一站式"检索方式,方便迅速、准确地定位英美法相关领域的文献资料。

Lexis 提供"一站式"检索 60,000 多个信息源,超过 40 个法律实务领域;可全面检索美国联邦及各州的成文法、案例和行政法规、立法和法律法规;可检索法律期刊、百科全书、法律新闻和报告;可按法律主题浏览获取法律专题资源;提供谢泼德引证服务。

1. 返回首页:点击任何页面的 Lexis®标志。

2. 输入检索关键词查找,可通过司法区域、文献类型、法律主题分类勾选,限制检索范围。

- 键入自然语言检索词后点击搜索(Search)。无须选择资源。
- 键入检索词及连接词,如"Americans disabilities/20 alcohol!",再点击 Search。
- 键入引证号,如"800 f2d 111",并点击 Search 获得全文资料以及关联检索结果。

● 键入部分或完整的资料名称，如“Collier”，可取得这个资料的关联文件档案。

● 键入热门的判例名称，如“roe v. wade”，并点击 Search，以获得本判例的全文资料与关联检索结果。

● 键入法规名称，如“Georgia Lemon Law”，并点击 Search，以获得本法规的全文资料与关联检索结果。

● 键入 Shepard’s 查询，如“shep：800 f2d 111”，并点击 Search。

在键入字符的同时，红色检索框会推荐相关的检索词汇、文件或资源。

3. 高级检索和单个文件检索模式链接。

4. 按主题、区域、类型组织的资源链接，可按其分类层级深入了解或搜寻特定的资源或主题。（见图 5－2－1）

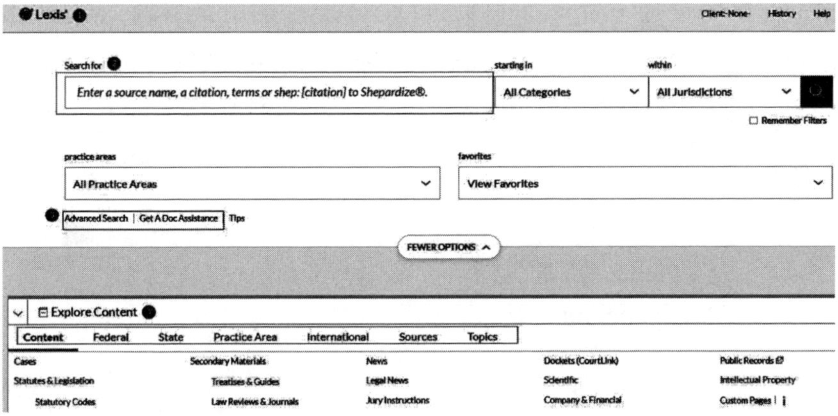

图 5－2－1

二、Lexis 检索方法

（一）检索过滤

使用过滤功能（Filter）筛选检索结果，限制文件的数量；也可以在检索之前就先选择司法管辖、内容类别或执业范围等加以过滤。

1. 类别（Category）选项中包含各类型文献，如立法、判例。

2. 辖区(Jurisdictions)选项包含美国联邦和各州。

3. 执业领域(Practice Area)选项包括40种以上的执业范围。(见图5-2-2)

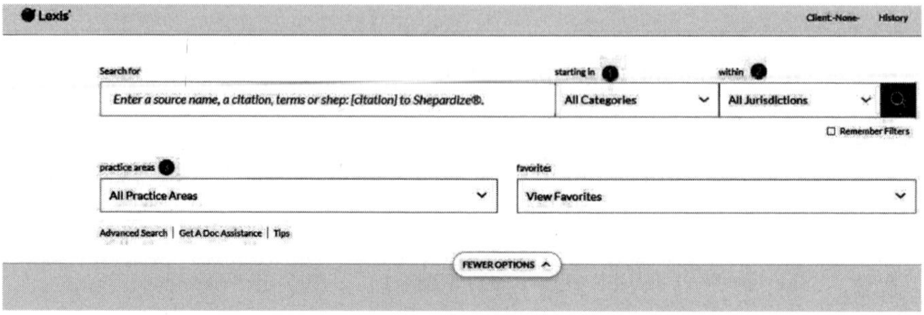

图5-2-2

(二)浏览资源

1. 在检索框里输入资料完整名称或部分名称

点击资源链接进入资源详细页,可按目录逐层浏览资源,点选"开始"(Actions)的"获得资源文件"(Get source documents)链接,获取该资源的所有可用文件,也可勾选范围检索资源中的内容。(见图5-2-3、图5-2-4)

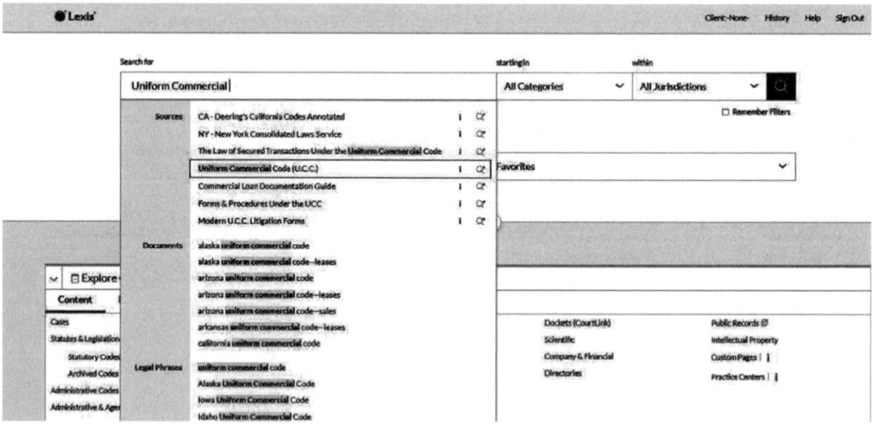

图5-2-3

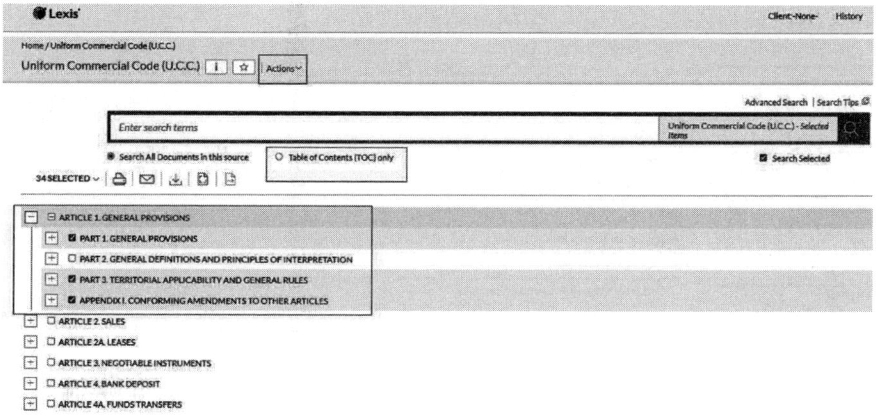

图 5－2－4

2. 检索或浏览资源清单

首页内容浏览区可依司法管辖、内容类别、执业范围等项浏览。或者在资源(Sources)标签下搜索资源或浏览所有资源(view all sources)浏览按字母顺序排列的资源。

(1)输入任意资源完整或部分的标题名称,提示信息也随之出现,最后点击灰色的放大镜进行检索。

(2)以内容类别与司法管辖等项目过滤资源,则可选择检索过滤来更快速找到所需信息。

(3)依字母顺序排列浏览资源,就先利用这个字母行列点选一个字母后再增加内容与司法管辖的检索过滤。

(4)点击任意资源链接就可以:增加资源为检索范围,获得所有资源的文件。

(5)点击信息 i 的图示以显示资源的内容、收录范围和更新时效的详细说明。(见图 5－2－5、图 5－2－6)

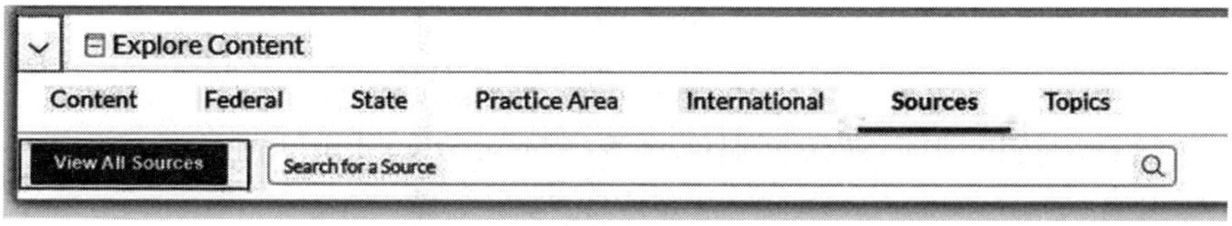

图 5－2－5

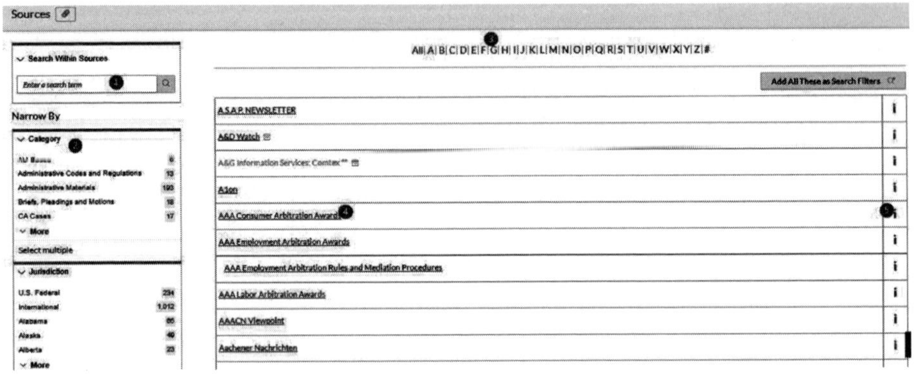

图 5－2－6

(三)浏览主题

法律主题检索,从内容浏览区的主题(Topics)着手。

1. 点 Topics 进入主题浏览和检索页;

2. 输入要检索的关键词后点击 Search 可检索特定的主题;

3. 逐层深入点击浏览法律主题资源。(见图 5－2－7)

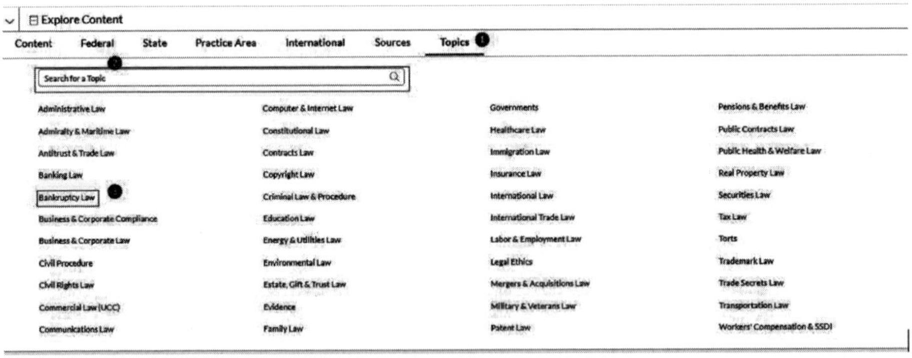

图 5－2－7

三、Lexis 特色功能:谢泼德引证服务(Shepard's Citations)

(一)引证分析

1. 案件前面的处置标示符号,通过谢泼德信号标志(Shepards Signal™

indicators)，迅速知道后续的法律处置状态。

2. 快速导览 Shepard's 分析报告时所产生的信息：

- 上诉历史；
- 后续援引本案的判决；
- 其他的引证资源，如条约等；
- 判例表，显示本案所引用的判例以及其后续的法律处置。

3. 建立贴心警示，当 Shepard's 法律状态变更时，即可自动取得更新。使用者甚至还能选择变更的类型，如否定分析等。

4. 点击栅格视图(Grid View)可以看到所有援引本案且具有前后关系的文献，按司法管辖层级与时间的方式所形成的大图表。

5. 查看一个句子就可以快速明了本案后续的案件历史发展。

6. 图示可提供储存、传送或分享的功能，便于储存报告到资料夹或传递报告。例如，传递 Shepard's 报告、引证文献的全文，两者可同时进行。

7. 依日期排序报告结果。

8. 依特定法律处置、特殊判例注解、司法管辖层级、时间范围或讨论深度"限缩"检索，可就结果信息检索特定关键字，这样能快速过滤引证文献查找到重要判例。点击一个检索过滤，就会在限缩(Narrow By)之下显现蓝色字体。只要点击蓝框里的 X 并选择移除多个检索过滤后就可完成该检索过滤的移除。

9. 透过检视 Shepard's Signal™ Indicators 案例服务来查看引用判例的后续的处置情况。

10. 透过旗子颜色、简短说明、精确纪录文献与讨论中的判例用语，即可精准凸显援引本案判例的法律用语。(见图 5－2－8)

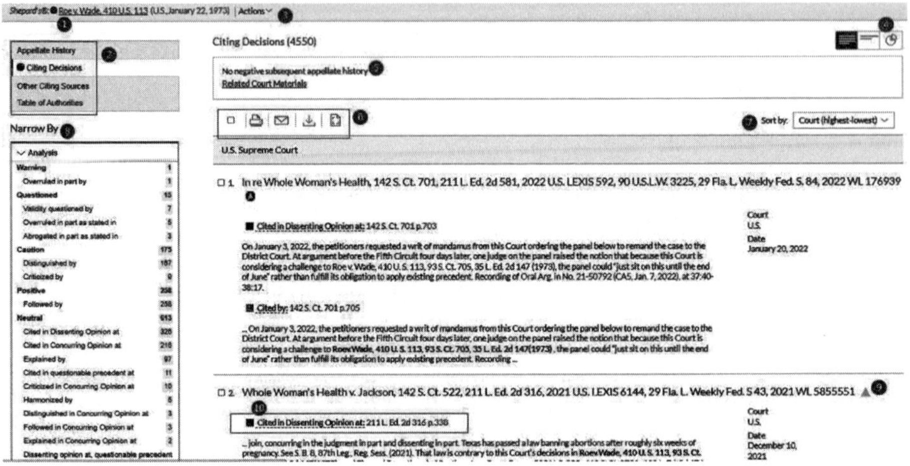

图 5-2-8

(二)上诉历史

清楚地认识本案在历经各个不同管辖法院后的“生命周期”。

1. 点击上诉历史(Appellate History),出现引证文献清单,即可查看页面上的上诉历史。

2. 点击栅格视图(Grid View),地图(Map)页面同时显示,查看地图式的上诉历史。

3. 在适合打印页面点击打印(Print)即可打印地图。

4. 点击图例(Legend)了解地图图示含义。

5. 显示选项(Display Options)移除地图标记,如间接历史与再现地图。

6. 利用这三个图示缩放 Shepardized 引文地图,可转为全屏查看或分别扩大/缩小地图。

7. 如要检视诉讼历史中某个重要的判例,点击该地图图示后,即可开启该文件全文或列出引证文献重点。(见图 5-2-9)

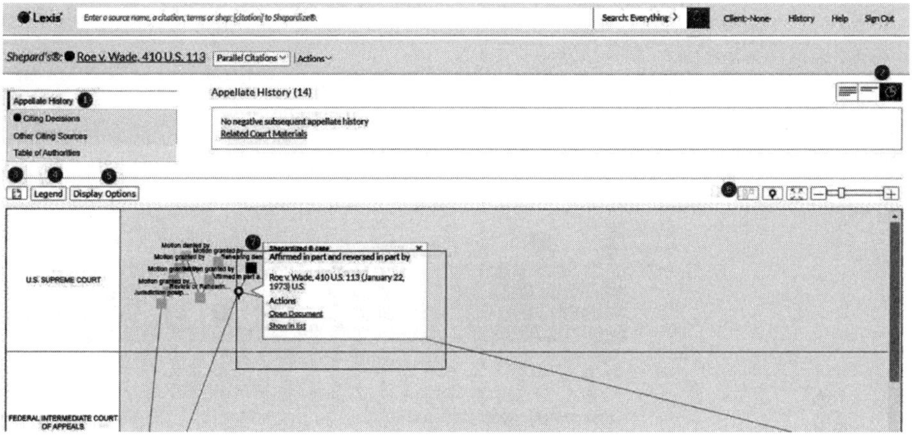

图 5－2－9

（三）引证文献趋势

法律案件几乎很少是完全被驳回或否决的，而判例的法律争点可能会持续在很多的司法管辖法院当中被引证，所以这个图解方格可快速有效地显示这些重要的关键信息。

1. 点击闹钟图示，可针对本案的负面分析、任何变更或选定的变更，完成变更警示的设定。

2. 点击引证裁决（Citing Decisions），可在清单（List）页面上查阅引证文献。引证判例清单是预设页面信息。

3. 点击栅格视图（Grid View）取得宏观图解方格。

4. 只要在适合打印页面点击打印（Print），即可打印图解方格。

5. 点击一个图解方格，然后选定图表中的这些判例，即可立即链接这些重要的引证文献。

6. 可依据图表中的分析语汇、司法管辖法院或年份进行过滤检索，就可看到在选定页面中的这些判例。例如，点击“7th Circuit（227）”。点击画面下方的图例（Legend）键，可以了解图解方格的构成要素。Legend 键也可在列表（List）画面下方看到。（见图 5－2－10）

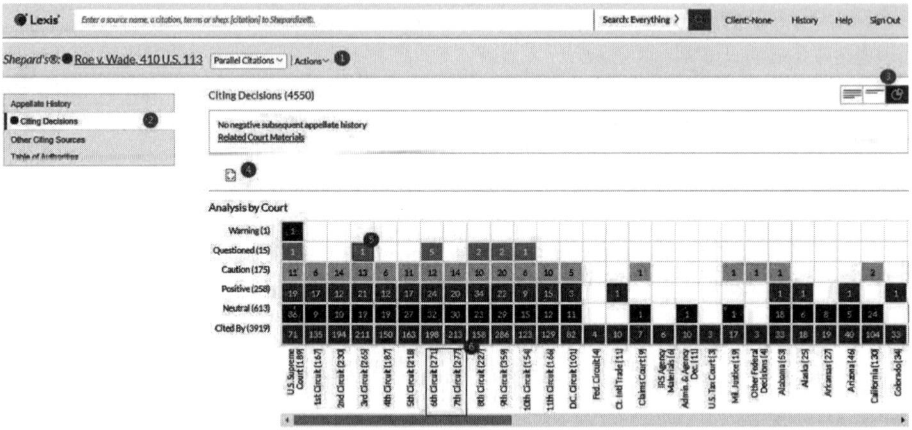

图 5 -2 -10

四、应用举例

检索美国判例法。

引证检索,使用搜索框输入引证号搜索成文法,若需一次输入多个引证号中间用分号隔开,如“4 U. S. 23;88 F. 781”。

浏览检索,浏览区域点击案例分类目录下各链接,逐层进入相应法规资源页面,可以通过 Actions 浏览部分案例,如《美国最高法院判例汇编(律师版)》(U. S. Supreme Court Cases, Lawyers' Edition)。

命令检索,选定法规资源范围,直接在顶部检索框中输入检索命令(自然语言或检索术语均可,检索术语可参考高级检索页右侧说明),或者使用高级检索方式设置具体条件后检索。(见图 5 -2 -11、图 5 -2 -12)

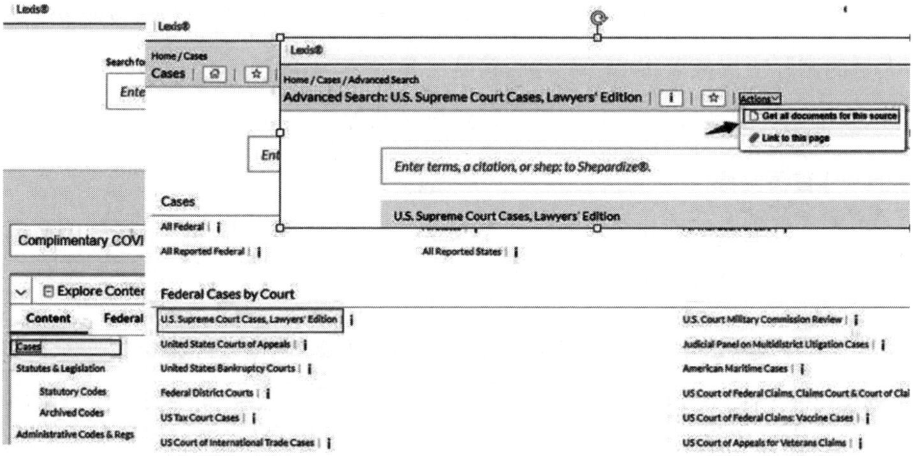

图 5－2－11

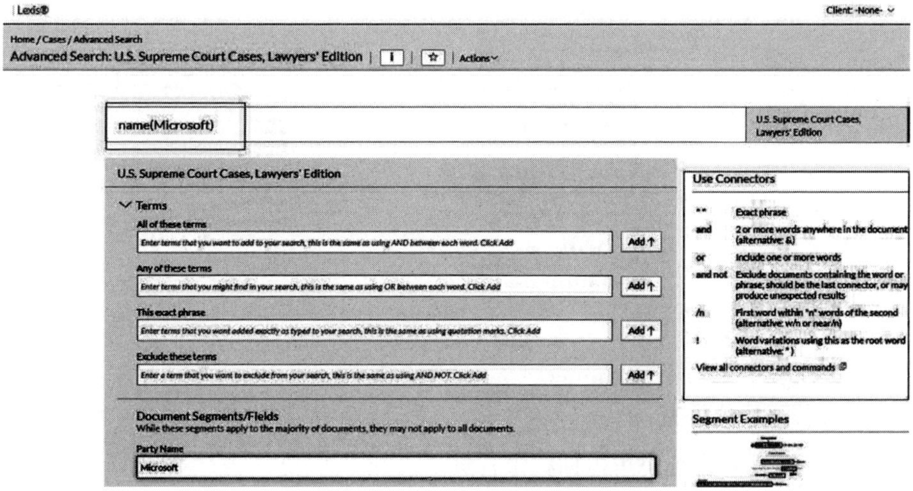

图 5－2－12

第三节　HeinOnline

一、HeinOnline 简介及检索首页

HeinOnline 是美国法律全文数据库，数据库以法律期刊为基础同时包含法规、判例等其他法律文献。最主要的法学期刊库涵盖全球 3000 余种法律研究期刊，大

部分期刊从创刊号收录到当前期,最早期刊回溯至1788年,其他特色文库内容涵盖大量的国际法权威著作、案例文献、精品法学专著、美国联邦政府报告、美国总统文件、美国联邦最高法院资料、美国联邦纪事文档等。

(一)首页资源

检索首页依据类别和名称列出所有文库,点击链接分类可进入下属具体文库,点击更多信息链接可了解文库的详细信息。(见图5-3-1)

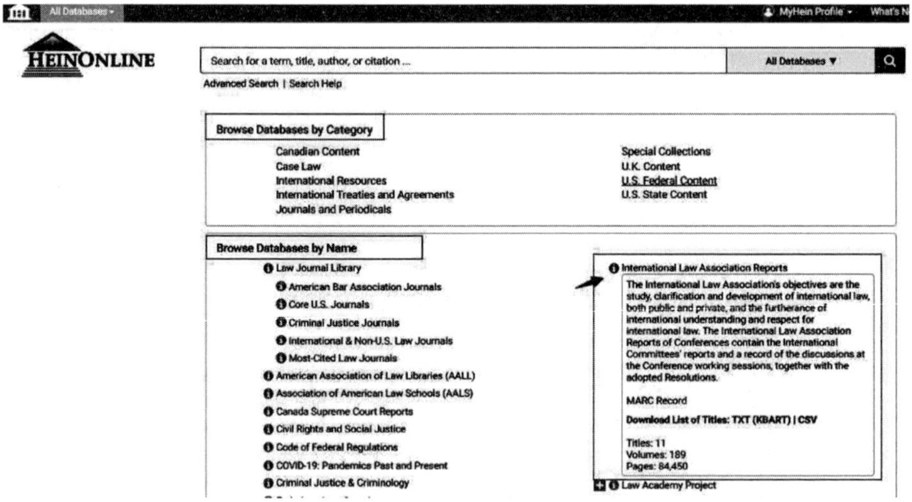

图5-3-1

(二)首页功能位置

1. 任意页面点击标志可返回检索首页。

2. 检索框出现在任何页面可输入检索词或检索式,通过所有数据库(all databases)下拉菜单勾选检索范围,默认为全选;检索框输入内容后,系统会出现5种检索途径下拉选项供选择使用。

3. 点击高级检索出现高级检索设置页面,可设置字段和条件检索。(见图5-3-2)

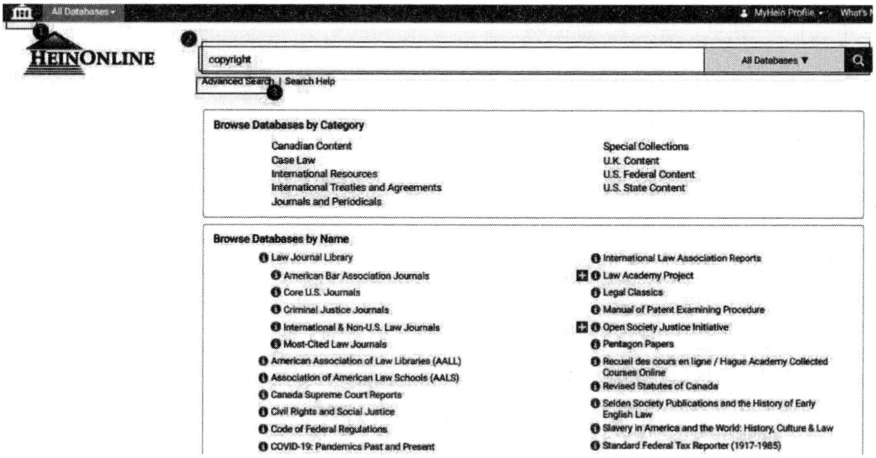

图 5 –3 –2

二、HeinOnline 检索方法

(一)“一站式”全文检索

检索框输入检索词或检索式点击右侧放大镜默认检索全部文库,也可通过右侧下拉菜单选择检索范围,该检索方式相当于选择系统提示选项的“只需检索”(Just search for)检索方式,检索层级是全文文档有别于其他 4 种字段层级的检索方式。检索语法可点击搜索帮助(Search help)进行参考。(见图 5 –3 –3)

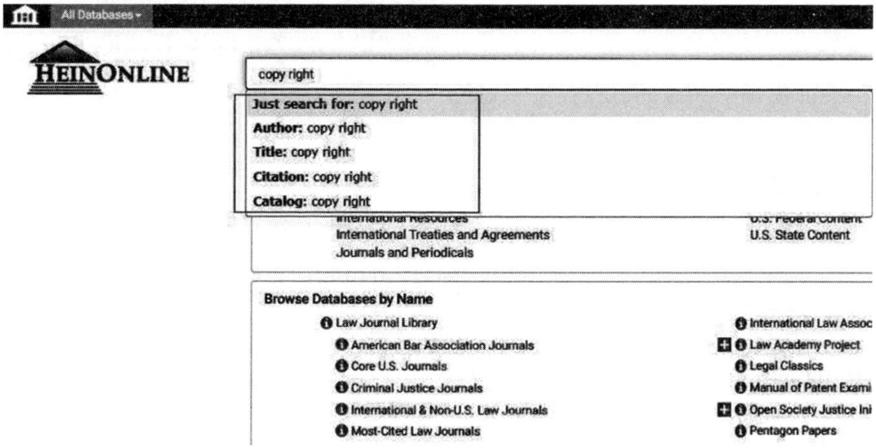

图 5 –3 –3

(二)"一站式"全文检索举例

输入检索指令:"Convention on the Rights of the Child" AND abus * ,注意词组使用双引号,abuse 使用统配符号 * 扩展检索 abusive,abuser,等,检索结果按文章被引次数排序,勾选侧面具体文库如法律期刊图书馆(Law Journal Library)限制检索结果。

1. 使用左侧勾选项限制检索结果;

2. 匹配文档区域加粗显示检索词;

3. 使用各个图标以修改检索结果、二次检索、扩展显示全部匹配区域;

4. 使用各工具按钮实现下载打印等操作。(见图 5 – 3 – 4)

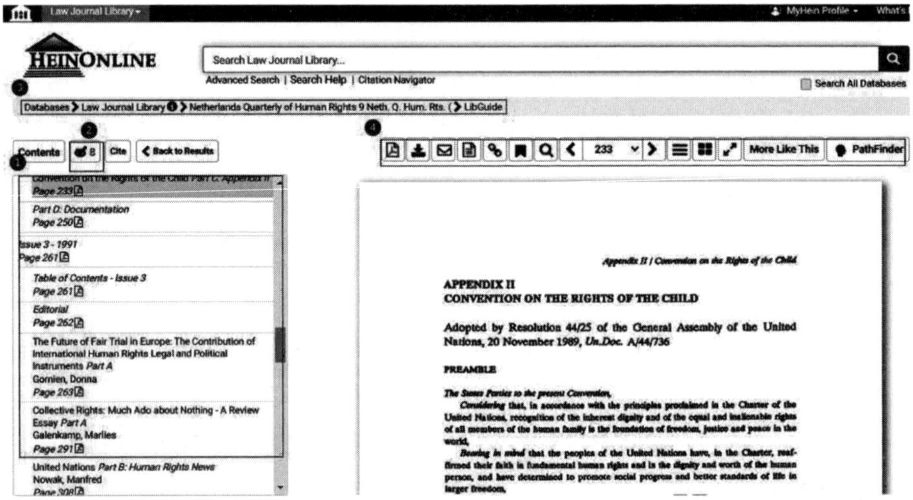

图 5 – 3 – 4

(三)文档页显示

1. 目录,当前部分金色高亮显示;

2. 学术影响力指数(ScholarCheck)图标、引用图标显示引用信息;

3. 检索路径;

4. 图形工具栏提供多个选项。(见图 5 – 3 – 5)

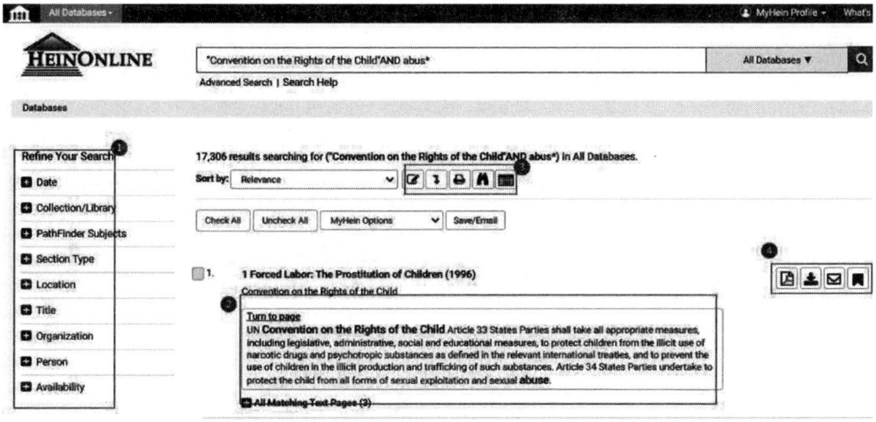

图 5 - 3 - 5

(四)目录检索

目录检索用以检索目录字段层级的结果,一般为出版物,可在检索框选择目录(catalog)输入出版物名称检索,也可点击高级检索链接,在搜索目录(Search the Catalog)区域设置目录检索的详细字段和时间范围。目录检索结果包括文库中的具体篇目,左侧可按文库、主题、出版类型、时间限制检索结果。(见图 5 - 3 - 6、图 5 - 3 - 7)

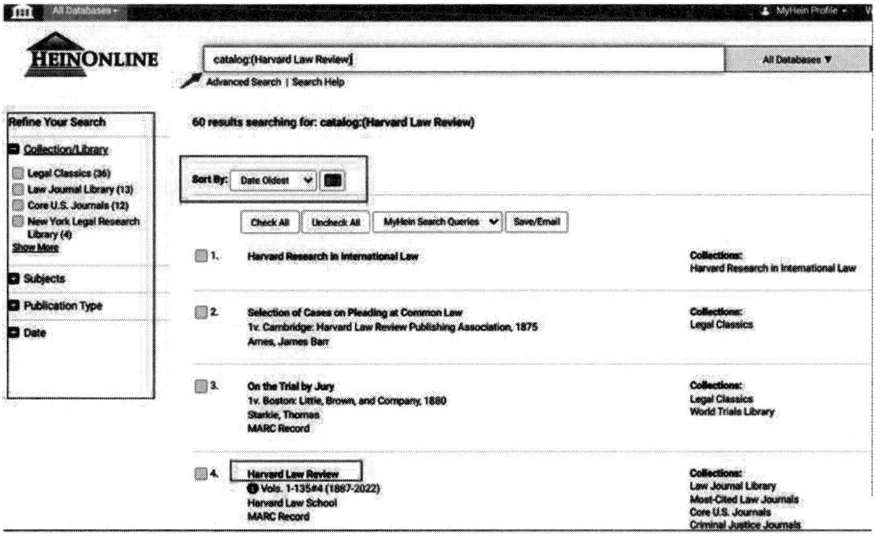

图 5 - 3 - 6

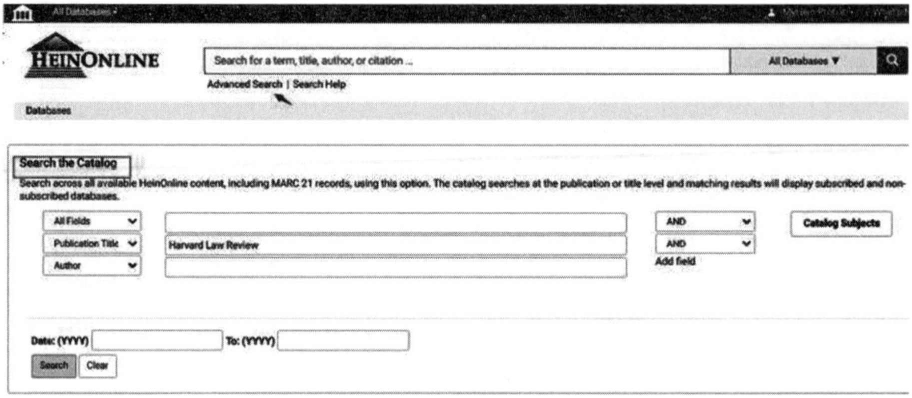

图 5-3-7

三、HeinOnline 特色功能及资源

(一)ScholarCheck 服务

ScholarCheck(学术影响力指数)是 HeinOnline 整个系统服务,可查看期刊及判例在某专题下的影响力。

1. 访问法学期刊库最多被引用浏览选项,可查看最多被引期刊、论文、作者等信息。(见图 5-3-8)

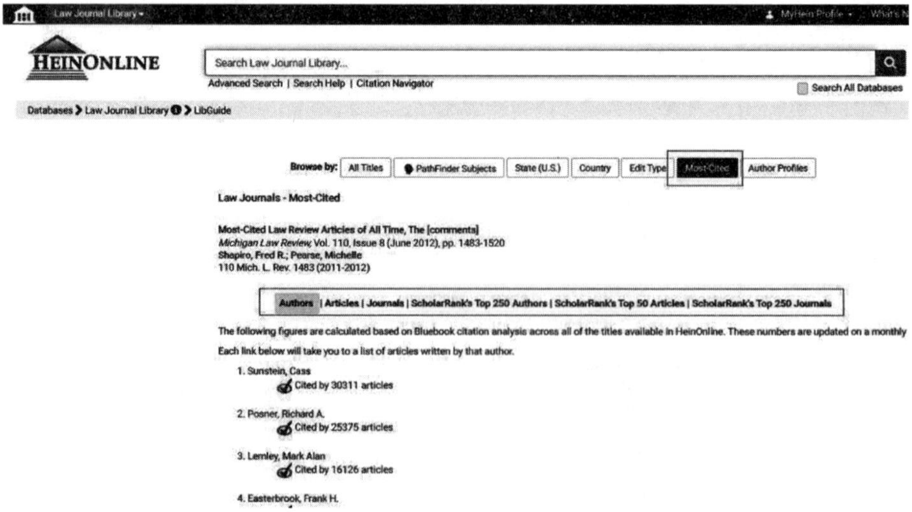

图 5-3-8

2. 在任意文档结果页点击 ScholarCheck 图标查看被引用情况。(见图 5 – 3 – 9)

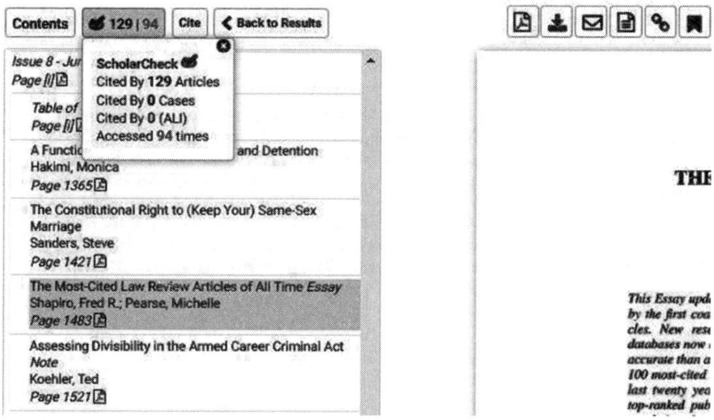

图 5 – 3 – 9

3. 显示过去 12 个月被数据库用户访问情况。(见图 5 – 3 – 10)

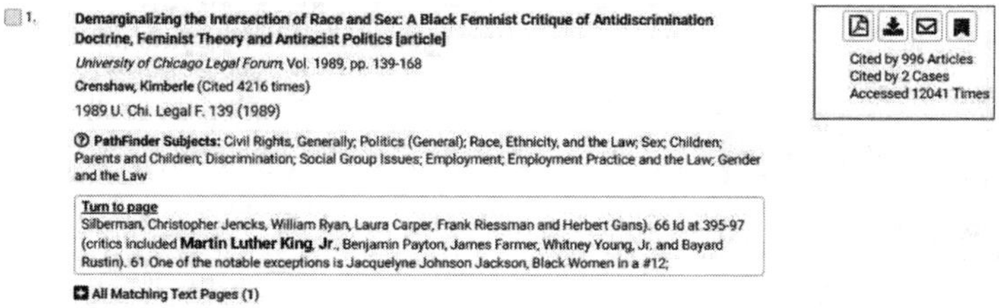

图 5 – 3 – 10

4. 依最高被引用作者、被引文章次数或案例引用次数、被访问次数排序。(见图 5 – 3 – 11)

图 5 – 3 – 11

5. 点击文档内部蓝色高亮链接可以跳转到相应文档。(见图 5 - 3 - 12)

enable individuals who allege that their human rights have been violated to challenge putative deprivations and to secure reme-

2. M. McDougal, The Application of Constitutive Prescriptions: An Addendum to Justice Cardozo 9-51 (1979). *Cf.* H. McBain, The Living Constitution (1927); Clark & Trubek, *The Creative Role of Judge: Restraint and Freedom in the Common Law Tradition*, 71 Yale L.J. 255 (1961); Llewellyn, *The Constitution as an Institution*, 34 Colum. L. Rev. 1 (1934); Miller, *Notes on the Concept of the "Living" Constitution*, 31 Geo. Wash. L. Rev. 881 (1963); J. Grey, The Nature and Source of Law (2d ed. 1931).
3. For a generalization of the distinctive features of a bill of rights, see M. McDougal, H. Lasswell & L. Chen, Human Rights and World Public Order 314-20 (1980).
4. *See id.* at 87, 261-77, 820-32, 406.
5. *See id.* at 88, 278-89, 357-60, 406-07.

图 5 - 3 - 12

6. 点击作者姓名链接,显示作者文献被引用的详细数据及排名。(见图 5 - 3 - 13)

Finkelman, Paul

Full Name	Finkelman, Paul
Birth Year	1949
University/Affiliation	Gratz College
Title	President
ORCID ID	Register or Connect your ORCID iD
Expert Witness	Courtroom Insight

PathFinder Subjects

Legal History (58) Constitutional Law, Generally (35) Race and Ethnicity Issues (32) Slavery (28) Civil Rights, Generally (25) Law and Society (20) War (19) Race, Ethnicity, and the Law (16) Judges (15) Politics (General) (14)

	#
Cited by Articles (0-5 Years)	352
Cited by Articles (5+ Years)	1,359
Cited by Cases (0-5 Years)	6
Cited by Cases (5+ Years)	14
Accessed (Past 12 Months)	2,586
ScholarRank	407

图 5 - 3 - 13

(二)特色资源:HeinOnline 的特色文库

1. 美国贸易法文库(U. S. International Trade Library)

收录超过 320 万页美国与其他国家服务与商品交换的相关法律文献,是美国历史上及现行各类国际贸易法律资源库。内容涉及美国国际贸易委员会出版物、立法情况、美国联邦法规与美国法典第 15 篇章与第 19 篇章相关规定、国际贸易重要出版物、学术文章、美国贸易委员会第 337 条款相关文献等。

2. 海牙国际法学院演讲集(The Hague Academy Collected Courses Online)

海牙国际法学院由卡内基国际和平基金会资助,于 1923 年成立,其宗旨:培养国际法学高级人才,促进审查涉及国际司法关系问题。学院每年邀请当今国际法学领域的著名专家、学者来校讲授国际公法、国际私法相关课程,并将相关的课程结集并以《海牙国际法学院演讲集》的形式出版。因其授课的对象已经在国际法领域内有了较好的专业知识,所以其授课或演讲的内容为对国际法某一领域内进行认真研究后的成果。《海牙国际法学院演讲集》在国际法学界享有很高声誉,是国际法学研究领域的权威资源。

3. 世界条约数据库(World Treaty Library)

收录全球条约数据超过 180,000 条记录,时间跨度从 1648 年到现在,除本身的索引检索功能外,还配有多个索引工具库辅助检索,包括美国条约索引(Hein's U.S. Treaty Index)、联合国条约索引(United Nations Treaty Series)、国联条约索引(League of Nations Treaty Series)、罗恩国际条约索引(Rohn's World Treaty Index)、历史条约索引(Historical Treaty Index)、多边条约日历(Multilateral Treaty Calendar)、马登斯条约集(Martens' Treaties)等多个索引。

4. 外国法及国际法文库(Foreign & International Law Resources Database)

收录了研究国际法和外国法全球学术资源,其收录的内容包括:美国国际法学会的出版物;全球多个国家和地区的国际法年报,包括:非洲国际法年报、亚洲国际法年报、欧盟国际法年报、美国国际法年报、联合国国际法相关出版物、年报等几十种国际法年报和相关的学术期刊;欧盟相关的国际法及法律出版物;海牙国际法庭的相关出版物、案例及相关判决;国际法相关的学术期刊。

5. 外国法期刊索引(Index to Foreign Legal Periodicals)

国际法律期刊和评论集的精选学科目录数据库。由美国法律图书馆协会和美国加利福尼亚州大学伯克利分校法学院共同编辑而成,收录了 1985 年至今,国际上 750 多种法律期刊中的文章和书评的超过 400,000 条的多语种文献记录,深度覆盖了各种国际私法和国际公法、比较法和外国法,以及美国、英国、加拿大、澳大利亚之外的其他国家的法律。IFLP 将内容分为大约 50 个独立专辑,包括法律评论、Festschriften,Mélanges 和国会报告等。

6. 联合国法律文库(United Nations Law Collection)

收录超过 5000 卷来自国联、联合国成立以来的国际条约及相关出版物;近 200 种联合国的相关组织(如国际法院、联合国国际贸易法委员会、国际海洋法法庭)等的相关出版物和案例集;近 30 种联合国年报和连续出版物;20 多种关于国际法发展的著作;70 多种关于联合国、国际法与联合国等方面的专著。

7. 国际法历史文库(History of International Law)

收录 2700 余种国际法历史相关著作,最早出版年代为 1690 年,其作者均为国际法领域最重要的学者,如威廉·道格拉斯(William Douglas)、詹姆斯·布朗·斯科特(James Brown Scott)、菲利普·杰赛普(Philip C. Jessup)、汉斯·凯尔森(Hans Kelsen)、塞缪尔·普芬多夫(Samuel Pufendorf)、胡伯·格劳秀斯(Hugo Grotius)等,是研究国际法历史的基本资源,涵盖的国际法领域主要集中在:战争与和平、纽伦堡审判、海洋法、国际仲裁等。

四、应用举例

检索法学期刊论文。

选定法律期刊库,直接在顶部检索框中输入检索命令(自然语言或检索术语均可,检索术语可参考 search help 说明),或者使用高级检索方式设置具体条件后检索。(见图 5-3-14)

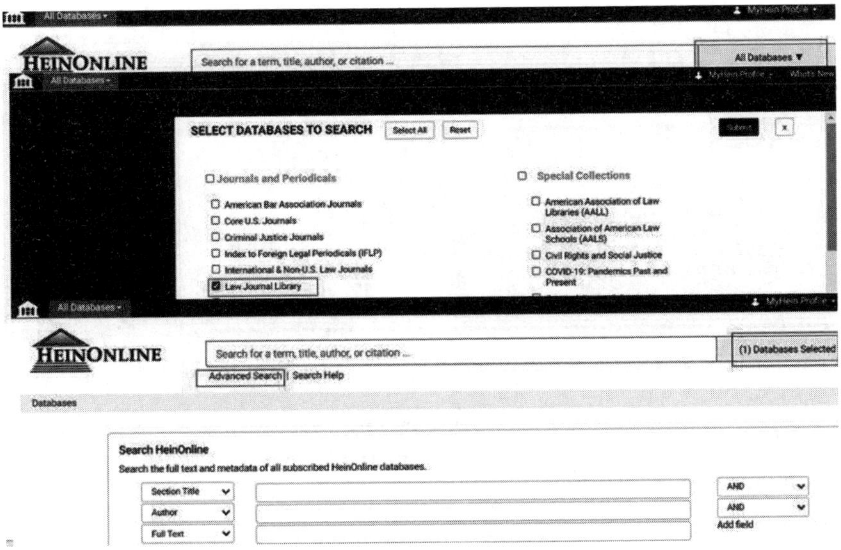

图 5－3－14

第四节　其他法律数据库

一、威科系列法律数据库

创建于 1836 的荷兰威科集团（Wolters Kluwer），是世界三大信息出版集团之一，专业信息服务深入财税、会计、法律法规、金融和医疗卫生领域。威科法律系列数据库以收录专业资料为主，兼顾学科及实务需求。

（一）威科法律期刊数据库（Kluwer Law Online Journals）

威科法律期刊数据库收录欧洲法律期刊为主，大部分期刊可回溯到第一卷第一期，涉及商法、经济法、欧共体法、国际（贸易）法、竞争法（反垄断法）、交通运输法、环境法、税法、商业仲裁等各个领域。（见图 5－4－1）

图 5-4-1

25 种法律学术期刊包括：

Air and Space Law(航空和空间法)；

ASA Bulletin(ASA 通讯)；

Asian Dispute Review(亚洲争议评论)；

Asian International Arbitration Journal(亚洲国际仲裁杂志)；

BCDR International Arbitration Review(BCDR 国际仲裁评论)；

Belgian Review of Arbitration(比利时仲裁评论)；

Business Law Review(商法评论)；

Common Market Law Review(共同市场法律评论)；

EC Tax Review(欧共体税法评论)；

European Business Law Review(欧洲商法评论)；

European Company Law(欧洲公司法)；

European Energy and Environmental Law Review(欧洲能源与环境法评论)；

European Foreign Affairs Review(欧洲外交评论)；

European Public Law(欧洲公法)；

European Review of Private Law(欧洲私法评论)；

Global Trade and Customs Journal(全球贸易和关税杂志)；

International Journal of Comparative Labour Law and Industrial Relations(国际比较劳动法和工业关系杂志)；

Intertax(国际税务);

Journal of European Consumer and Market Law(欧洲消费者及市场法律杂志);

Journal of International Arbitration(国际仲裁杂志);

Journal of World Trade(世界贸易杂志);

Legal Issues of Economic Integration(经济一体化法律问题);

RevistaBrasileira de Arbitragem(巴西仲裁杂志);

World Competition(世界竞争);

World Trade and Arbitration Materials(世界贸易和仲裁资料)。

(二)威科国际商事仲裁在线(Wolters Kluwer Arbitration)

威科国际商事仲裁在线收录丰富的一次资源包括双边投资协定(Bilateral Investment Treaties)、裁决(Awards)及判例(Case Law)、公约(Convention)、立法(Legislation)、规范(Rules)以及大量专家作者的分析评论(Commentary),投资仲裁的图书122本、期刊13种。资料来源包括国际商事仲裁委员会、常设仲裁法庭、国际仲裁学会等权威机构。(见图5-4-2)

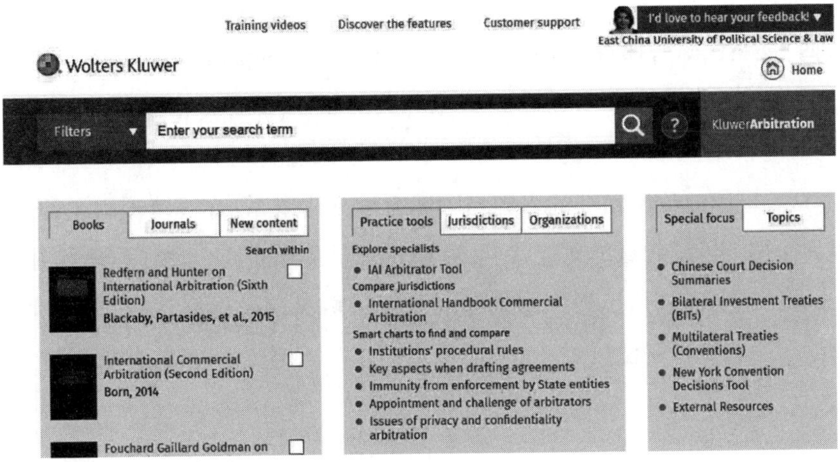

图5-4-2

(三)威科国际知识产权法(Kluwer Patent Law)

威科国际知识产权法提供200多个国家知识产权相关信息,包括专利、商标和设计的注册、授权以及诉讼程序;15个主要国际公约、条约及协议的全文;30个欧盟及欧盟专利协定缔约国发生的关于专利以及版权的案例;其实时新闻部分,由知识产权从业律师撰写,是针对最新知识产权发展进行讨论的专栏。其中,判例(Case Law)收录自2008年以来29个国家及组织的所有专利判例,个别典型案例可追溯至1980年,法律法规(Legislation)则收录全球重要专利公约及协定细则,如《欧洲专利公约》《世界知识产权公约》等。(见图5-4-3)

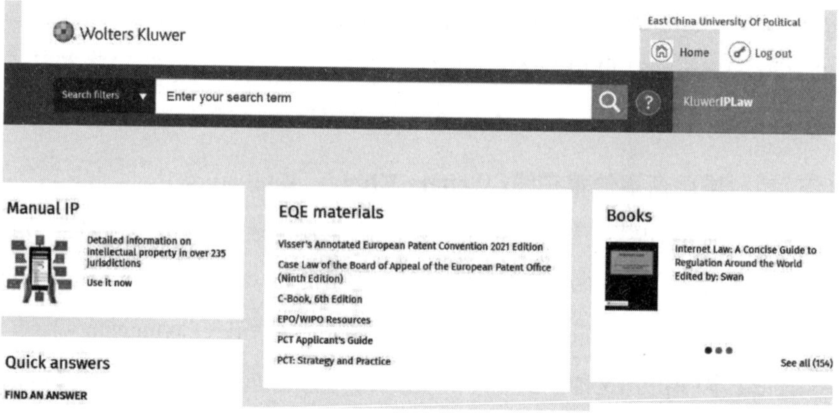

图5-4-3

(四)威科国际法律百科全书(International Encyclopaedia of Laws)

威科国际法律百科全书囊括了25卷经典的参考著作,每卷著作本身都是一个独立的研究领域,以国家专论的方式深入研究该法及其相关领域的各国法律体系构建。这些国家专论所增补的内容与国际专论紧密联系,详述跨国组织的工作方式,提供法律上争议领域的重要参考,并通过比较提出观点。除了国家法律专论,附录子卷的索引还包括了国家及国际重要立法情况以及国际法庭重要的相关判例,如欧洲法庭。在宪法分卷中,还详细介绍了世界各个国家的宪法详情及历史背景。

二、牛津国际法数据库

(一)ORIL 牛津国际法报告数据库

牛津国际法报告数据库(Oxford Reports on International Law)广泛收录了来自国际法庭、国内法院以及特设法庭的经典案例超过5500件,同时配以相关专家的分析和评述。其突出特点在于拥有专家和编辑团队所作出的高质量的案例分析、评述和意见,包括批注、案情和裁决综述、法庭意见全文、学者分析评论、非英文裁决书的准确英文翻译、被引证的案例和裁决清单等。(见图 5－4－4)

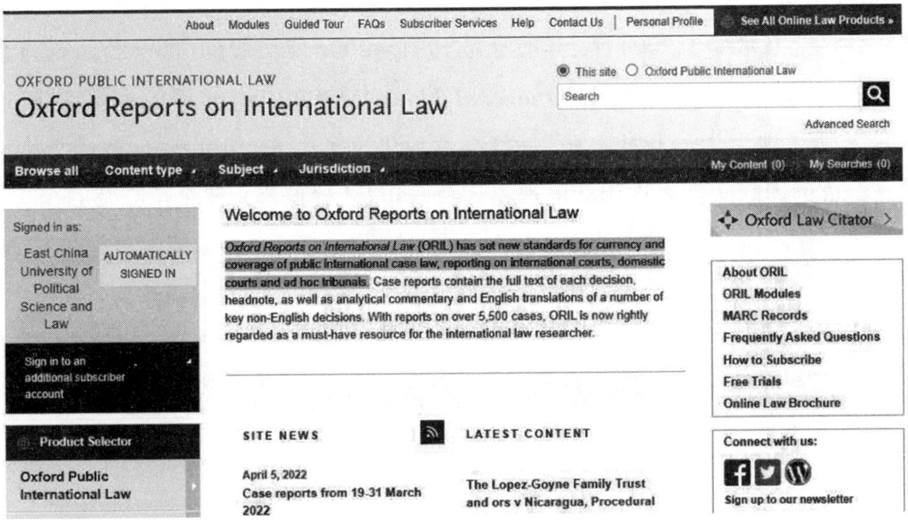

图 5－4－4

牛津国际法报告的案例报告由 7 个部分组成:

- 国内法庭报告:发布由国内法庭做出的有关国际法的典型的判例;
- 国际刑事法律报告:包括国际刑事法庭、前南国际刑事法庭、卢旺达国际刑事法庭等刑事法庭的判例;
- 国际人权法报告:包括欧洲人权法庭、联合国人权、非洲人权法庭的判例;
- 国际投资争议报告:包括伦敦国际仲裁庭、国际投资争端解决中心、国际商会的判决和裁决;
- 国际法庭报告:包括国际法庭、国际仲裁庭、国际海洋法法庭的判例;
- 欧洲法庭报告;
- 国际贸易法律裁判。

(二)马克思普朗克国际公法在线百科全书

马克思普朗克国际公法在线百科全书(Max Planck Encyclopedia of Public

International Law,MPEPIL)网址:https://opil. ouplaw. com/home/MPIL,是一个综合的国际法律分析资源库,内容涵盖整个国际公法,多年来一直是国际法领域中全面且具有深度的电子参考书(见图5-4-5),包括许多国际法中最新更新的条款、国际组织和国际的合作情况,覆盖全面的热点问题。马克思普朗克国际公法在线百科全书始编于2004年,其前身是1991~2001年出版的《国际公法百科全书》(*Encyclopedia of Public International Law*),MPEPIL的电子版和印刷版于2008年由牛津大学出版社出版,每篇文章均经过了由MPEPIL咨询委员会主要专家组成的国际法律咨询团队的严格评价与审核,确保高水平的文章质量。

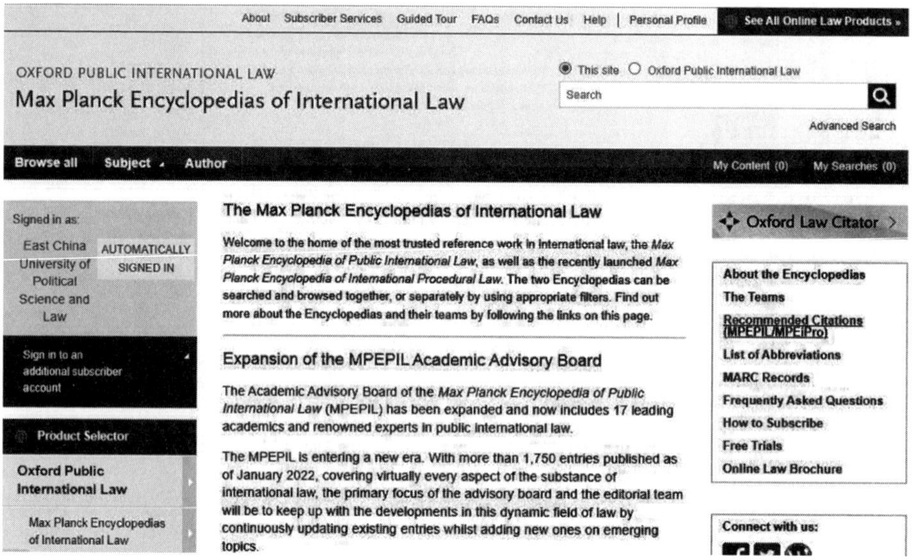

图5-4-5

数据库涵盖的领域主要有:航空法及太空法、外交与领事关系、外交关系、国际法的历史、人权、豁免权、个人及非国家行为者、国际合作、国际法院和法庭、国际刑法、国际经济法律和关系、国际环境法、国际人道主义法、国际组织、国际程序法、国际责任、海洋法、条约法、国际关系和国内法、争端解决和国际法的机构,管辖权的状态及国家机关,国际法的主体、领土、国际法理论,全球国际组织和机构,使用武力、战争、和平和中立等。数据库提供了快速检索和高级检索方法,还可按题名、作者和主题的字母列表浏览,内容每季度更新。主要特点如下:

- 收录的文章题材广泛，涵盖国际法的各种研究主题、文书、法理和裁决；
- 声誉卓著的专家团队编写；
- 可通过主题、作者和关键字进行搜索；
- 可在线阅读或下载 PDF 格式文本；
- 牛津法律引证（Oxford Law Citator）为本书的文献中涉及的案例、文章和其他相关资料提供直接的链接。

（三）牛津国际投资赔偿数据库

牛津国际投资赔偿数据库（Investment Claims ，IC）网址：https://oxia. ouplaw. com/home/ic，由牛津出版社出版，致力于向国际投资纠纷领域的律师、学者和法学家提供高质量的服务（见图 5－4－6）。该数据库发布国际投资法领域的仲裁信息及相关内容的分析、评论，将主要的法律文书和评论信息相结合。所有案例均为投资者与国家之间的投资纠纷，收录的投资仲裁资料包括官方的案件报告、权威的评论以及相关的法律规定（双边投资条约、多边投资条约、制度条例和国家仲裁法）。案例和相关法律法规来自国际投资纠纷调解中心、国际商会仲裁院、英国伦敦国际仲裁院、斯德哥尔摩商会仲裁院、海牙仲裁常设委员会和国际特别仲裁法庭等。

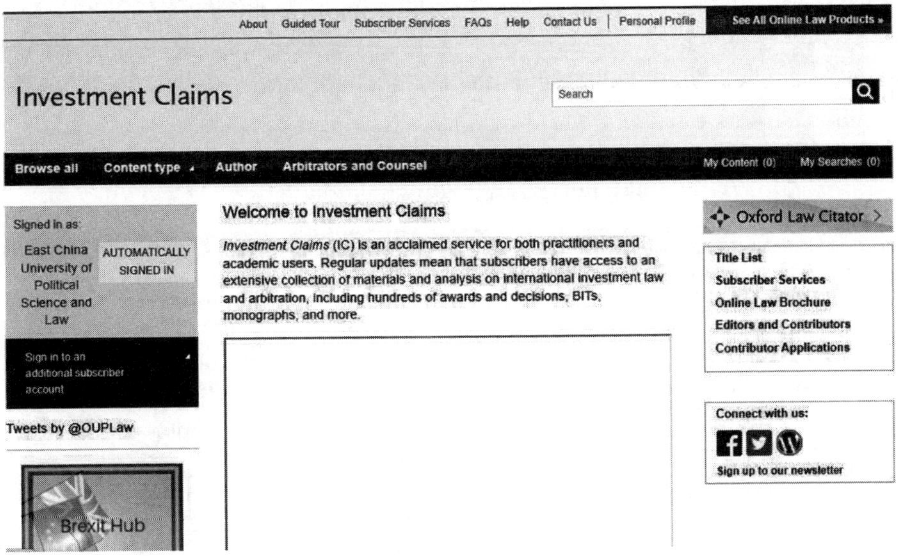

图 5－4－6

所有公开的国际仲裁裁决、执行和国家法院的复审以及国际特别仲裁法庭的裁决,都会添加基本介绍,其后续报告会补充完整介绍和专家评论分析,如事件概述和仲裁法庭的决定、案件的详细分析评论、深度分析的参考资料(通过牛津法律引证 Oxford Law Citator 获取)、所引用的案例和法律文书列表。

IC 数据库的内容主要包括:仲裁裁决和专家编写的评论;大多数国家签署的双边/多边投资条约全文,其中包含双边投资条约概述以及详细的分析评论;选自联合国国际贸易法委员会、中国国际经贸仲裁委员会、海牙仲裁常设委员会等仲裁机构的仲裁条例;美国、英国、德国、法国等国的仲裁法律全文;数百名仲裁员和上千名法律顾问的名单(可直接链接至其参与的案件)。

三、世界贸易法数据库

世界贸易法数据库(World Trade Law Net)旨在帮助用户阅读 WTO 专家小组、上诉机构和仲裁员发表的争端解决报告,并提供清晰简明的摘要和分析评注报告。对于每个报告,WTL 都会提供有关法律裁决和专家小组、上诉机构、仲裁员结论的基本摘要,并提供针对报告中的许多问题的专家评注和总结(见图 5 – 4 – 7)。

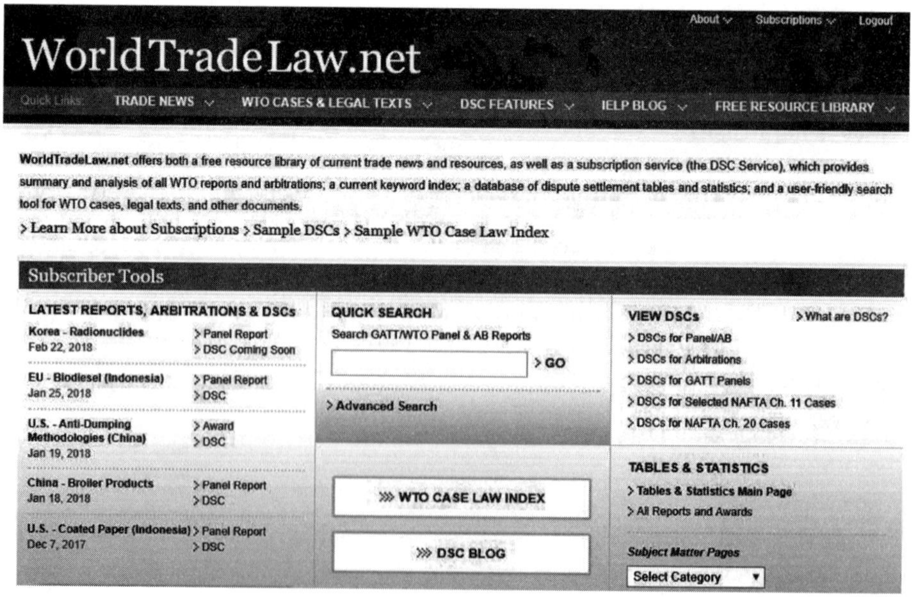

图 5 – 4 – 7

数据库特色：

1. 提供自 WTO 成立以来所有专家小组、仲裁机构报告和 WTO 仲裁的争端解决评注报告(Dispute Settlement Commentary, DSC)；

2. 提供新报告、仲裁公布 1 ~ 3 周之内的关于 WTO 专家小组、仲裁机构报告的 DSC；

3. 提供对过去 DSC 的更新，以体现 WTO 法律的新进展；

4. 提供 WTO 专家小组、仲裁机构报告中的裁决的摘要总结和对所选择裁决的关键性分析；

5. 提供每个 DSC 的有关原始 WTO 专家小组、仲裁机构报告和引用案例的链接；

6. 每个 DSC 发表后立即更新关键词索引；

7. 可以根据关键词(决议、上诉人、被诉人、DS Number、公布日期、裁判日期、仲裁日期)来查找 WTO 专家小组、仲裁机构报告；

8. WTO 争议解决目录和统计数据；

9. 提供相关参考期刊文章和图书的贸易法相关文章；

10. WTO 法规和条款关键词索引(WTO 判例法索引)；

11. 向用户提供及时的电子邮件告知服务，可以通过在线讨论小组、电子邮件回答客户有关 DSC 的问题。

四、现代法律之路

现代法律之路(The Making of Modern Law)原始资料均来自全球知名的法学院图书馆、哈佛、哥伦比亚、耶鲁、约克大学的馆藏数字化，是历史与当代法学研究的参考资源，数据库一共包含 6 个独立模块。数据库涵盖了整个 17 ~ 20 世纪的各类法律著作，收录了法学发展分水岭时期的重要的法学专论，其中法学专论(Legal Treatises)部分更是目前收录最完整的关于传统法律的法学专论全文资料库，是一个可以对美国历史的案例、章程、法令法规做全文检索的资源库。同时，还收录早期在美国、法国、英国现实社会中的案例、法律专著、历史记录和作品；提供了百年以来法律相关的主要事件的详细研究报道，公共政策、税收、合同法、对可持续发展

的关注及战争和平等问题。模块具体内容如下:

1. 国际原始资料(The Making of Modern Law: Foreign Primary Sources)提供了法律的"原始资料",提供了法规书籍的解释性分析。专注于罗马法和教会法、南欧(意大利和伊比利亚)、拉丁美洲、美国、加拿大、澳大利亚、印度和其他司法管辖区。

2. 外国法、比较法和国际法(The Making of Modern Law: Foreign, Comparative and International Law)作为研究国际法律和历史的必备资源,该数据库提供了 17 ~ 20 世纪初的法律专著、历史记录和作品。同时,提供了百年来法律相关的主要事件的详细研究报道,从公共政策、税收、合同法、对可持续发展的关注及战争和平等问题。

3. 法律专著(The Making of Modern Law: Legal Treatises)涵盖了 19 世纪与 20 世纪前叶法学发展"分水岭"时期的重要的法学专论,是目前收录最完整的关于传统法律的法学专论全文资料库。

4. 原始资料(The Making of Modern Law: Primary Sources)是一个可以对美国历史的案例、章程、法令法规做全文检索的资源库,包含早期正式编码、宪法会议和编辑文档、城市规章、法律辞典和美国殖民地的参考文献资料等。资料主要源于耶鲁大学法学院图书馆。

5. 案例(The Making of Modern Law: Trials)收录当时在美国、法国、英国现实社会中的案例。这些内容可以使我们一览其当时代的家族关系、性别问题,同时是了解 19 世纪婚姻制度的最好来源。所收录的不仅有审判,而且有宪法和历史议题相关的审判,其中包括最有名的 The Dred Scott 案和猴子审判等。

6. 美国联邦最高法院记录与摘要(U. S. Supreme Court Records and Briefs),是美国上诉最终宪法法院和国家宪法的最终解释者。在诉讼方面,最高法院划分州与国家、州与州、政府与公民之间的职权范围。联邦最高法院是根据 1787 年的宪法建立的,它是联邦法院系统的最高组织,它有权管理和干涉美国联邦宪法、法律和美国参加条约的案件;以美国为一方的争议案件;州与州之间或州与公民之间的争议案件,海事管辖案件,以及侵犯大使、其他公使和领事的案件。

第六章　互联网法律文献检索

传统的文献资源以纸质书刊为代表，传统的法律文献资源也以纸质书刊为主要形式。随着计算机技术和网络技术的发展，文献资源的数字化和网络化成为趋势。美国麻省理工学院教授兼媒体实验室主任尼古拉·尼葛洛庞帝（Nicholas Negroponte）在他的《数字化生存》（*Being Digital*）中指出："过去，大部分的信息都经过人的缓慢处理，以书籍、杂志、报纸和录像带的形式呈现；而这，很快将被即时而廉价的电子数据传输所取代。"多年前的预言，早已成为现实——在我们生活中，互联网的影响无处不在——我们进入了互联网时代。在此背景下，法律文献资源日趋数字化，法律文献资源的检索与利用日趋网络化，越来越多的法律资源可以通过互联网查询，并且随着新媒体的不断出现，查询法律文献资源的媒介也更加丰富、便捷。因此，我们本章讨论的法律文献资源主要是互联网的法律文献资源检索。

第一节　官方法律文献资源

一、法律法规官方网站

政府官方网站是发布权威信息的官方网络渠道。如法律法规的颁布，过去是通过政府公报，现在更借助于网络平台。随着政府信息公开的推广,我们可以从官方网站上获取越来越多的法律文献信息。相对于数据库和其他一般网络资源,政府官方网站发布的法律文献信息更具有权威性和时效性,所以政府官方网站是我们及时获取权威法律文献信息的首选途径。

政府官方网站有两种类型:一类偏重于部门机构介绍、政府职能展示等,是政府机关运作的网络平台;另一类偏重于信息发布、整合,是政府信息资源的门户,不一定是独立的网站,可以是前一类网站的功能模块。出于法律文献信息检索的需要,我们更关注后一类的政府网站。

(一)中国人大网

全国人民代表大会是最高国家权力机关,它的常设机关是全国人民代表大会常务委员会。全国人民代表大会和全国人民代表大会常务委员会行使国家立法权。中国人大网是全国人大常委会办公厅主办的综合性官方新闻网站,是提供权威法律文献信息的重要官方网站,我们可以在全国人大网上查找到全国人大及全国人大常委会制定的相关法律的详细信息。

中国人大网(http://www.npc.gov.cn/)上专门发布法律的栏目——权威发布,该栏目中按时间顺序发布最新的法律、报告、立法动态等信息(见图6-1-1)。但是不足之处在于,该网站不提供历史文件查询工具。

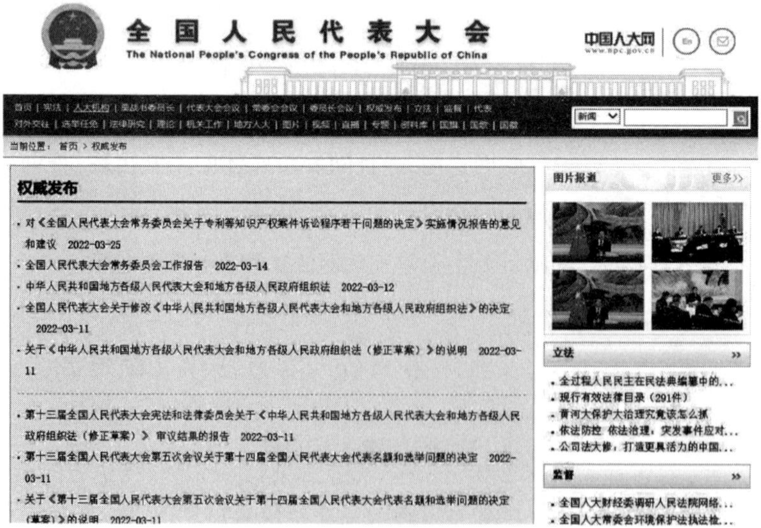

图6-1-1 全国人大网

(二)司法部法制信息网

随着国务院法制信息办公室并入司法部(http://www.moj.gov.cn/),国务院原法制信息网已与司法部网站合并。司法部网站的“政务公开”“行政法规库”等栏目中可以查询案例、法规等法律信息。

该网站的专栏——中国法律服务网(http://12348.moj.gov.cn/#/homepage)的法律资源非常丰富,“法律服务”中可以查案例、找律师、找司法鉴定、仲裁、调解等资源和服务。(见图6-1-2)

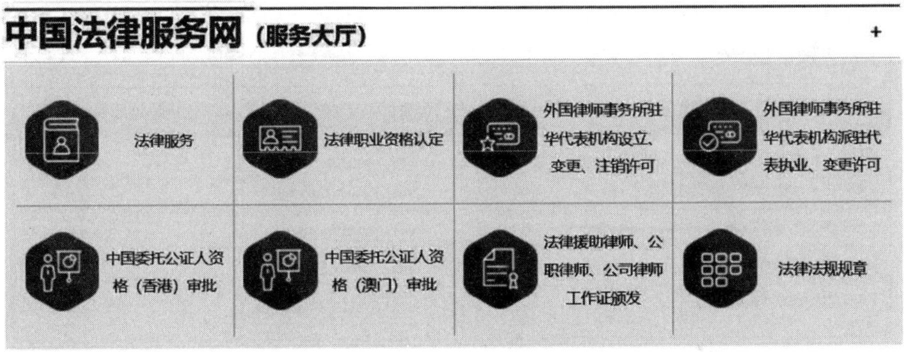

图6-1-2　司法部中国法律服务网

“法律法规规章”中内容包含法律、条约、行政法规、法规解读、部门规章、地方政府规章、备案法规规章数据库等内容,点击任意选项后,可以进入“国家法律法规数据库”(见图6-1-3),该数据库提供时间顺序、法律分类浏览,还可以进行简单检索、高级检索,这是一个资源丰富,并且使用方便的网站。

图 6-1-3　国家法律法规数据库

二、案例官方网站

"阳光"是最好的司法"防腐剂",司法公开是法治社会的重要标志,2013 年起,最高人民法院逐步推进"四大司法公开平台"的信息化建设,以推进审判流程公开、庭审活动公开、裁判文书公开、执行信息公开等司法信息公开,让司法权在阳光下运行,努力通过司法公开促进司法公正,不断提升司法公信力。

(一)中国审判流程信息公开网

中国审判流程信息公开网(https://splcgk.court.gov.cn/gzfwww/)是最高人民法院向社会公开审判流程的平台(见图 6-1-4)。该平台自 2014 年 8 月 1 日起，最高人民法院在官方政务网站上开通，正式面向案件当事人、诉讼代理人和社会公众公开审判流程信息，通过该平台可以查询到案件的进展情况和变更情况，使当事人和社会公众能够对案件办理的进程实施全方位监督。

图 6－1－4　中国审判流程信息公开网

审判流程公开包括向案件当事人、诉讼代理人公开和向社会公众公开两个部分。向当事人及诉讼代理人公开的信息包括立案信息、承办法官、审限变更情况等。对于社会公众，通过网站公开的内容包括法院地址、开庭公告、审判委员会组成人员等法院公共信息。

当事人输入本人身份证号信息、姓名，用立案时填写的手机号发送验证码登录，可以查询到收案信息、立案信息、交费信息、审理信息、审判组织信息，以及案件目前进展的阶段等。（见图 6－1－5）

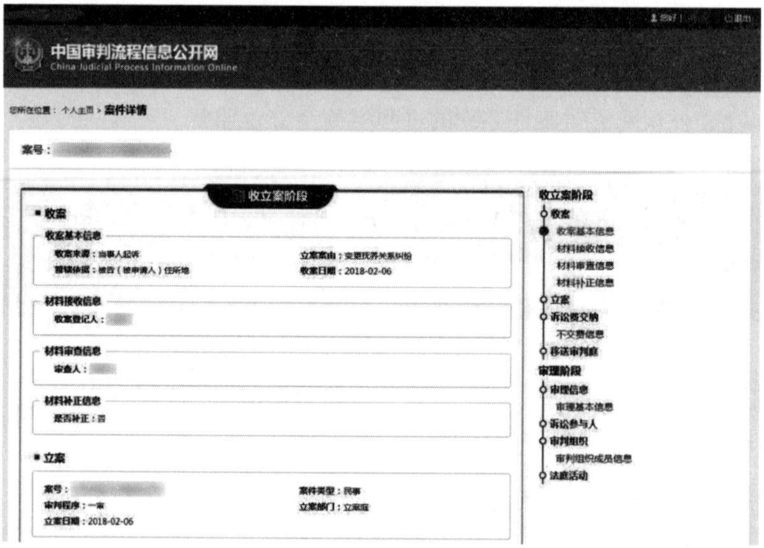

图 6 –1 –5

(二) 中国庭审公开网

中国庭审公开网(http://tingshen. court. gov. cn/)是最高人民法院公开庭审过程的平台,于 2016 年 9 月 27 日开通运行(见图 6 –1 –6)。该平台为公众提供了一个权威、便捷、可靠的庭审视频观看途径。根据司法公开的要求,截至目前,中国庭审公开网已经覆盖全国各级法院(全部法院已接入)。

图 6 –1 –6　中国庭审公开网

通过中国庭审公开网,当事人和社会公众可以查看到案件的庭审直播情况、庭审直播回放、庭审预告等庭审实况。平台首页,可直接点击查看今日庭审直播情况,也可以通过法院导航,查看最高人民法院以及全国各地区、各级别法院的庭审直播、预告和回放。

该网站还提供简单检索和高级检索功能,可以通过案件名称、案由、法院、法官、诉讼参与人等选项进行检索,功能齐全,操作便捷。

(三)中国裁判文书网

中国裁判文书网(http://wenshu.court.gov.cn/)是最高人民法院向全社会公开裁判文书的平台(见图6-1-7)。2013年7月,《最高人民法院裁判文书上网公布暂行办法》正式实施。依据该办法,除法律规定的特殊情形外,最高人民法院发生法律效力的判决书、裁定书、决定书一般均应在互联网公布。2013年11月27日,中国裁判文书网与各高级人民法院裁判文书传送平台联通,标志着全国四级法院裁判文书统一发布的技术平台搭建成功。

图6-1-7 中国裁判文书网

裁判文书公开是司法公开的重要一环,有利于增强司法透明度,强化监督,防止司法权滥用。通过互联网及时、全面公布法院尤其是最高人民法院的生效裁判文书,便于查阅,既高效回应社会关切,也有利于充分发挥司法裁判的法律效果和社会效果。

中国裁判文书网是国内最大的裁判文书资源网站,每日新增近万篇裁判文书,截至 2022 年 3 月底,文书总量达 13,000 多万篇,其中刑事文书近 1000 万篇,民事 8000 多万篇,行政文书 300 多万篇,执行文书 3600 多万篇,访问量达 834 多亿次。

该网站提供快捷检索和高级检索功能,快捷检索可以直接输入案由、关键词、法院、当事人等直接查询;高级检索提供全文、案由、案号、法院、审判人员、当事人、法律依据等多字段组合检索(见图 6 – 1 – 8)。也可以根据法院导航,查询最高人民法院和全国各地区各级人民法院判决的案件。2020 年 9 月 1 日,中国裁判文书网访问方式进行了升级,访问用户需通过手机号码验证的方式进行注册,注册登录后,可以照常进行文书查询、下载等操作。

图 6 –1 –8

(四)中国执行信息公开网

中国执行信息公开网(http://zxgk.court.gov.cn/)是公布全国法院失信被执行人名单信息的官方平台,于2013年10月24日向社会开通。(见图6-1-9)

图6-1-9 中国执行信息公开网

该平台可以输入被执行人姓名或名称来查询该失信被执行人、限制消费人员、被执行人信息执行文书等信息。案件当事人可以通过立案时留下的证件号码和手机号进行注册,登录查询自己案件流程信息、法官咨询、执行等信息。

2018年6月1日改版后,面向社会公开全国法院新收首次执行案件、执行恢复案件、执行异议案件、执行复议案件、执行监督案件的相关信息。

三、商业信息网站

全国企业信用信息公示系统(http://www.gsxt.gov.cn/index.html)于2014年2月上线运行(见图6-1-10),称为国家企业信用信息公示系统。该系统公示的主要内容包括市场主体注册登记、许可审批、年度报告、行政处罚、抽查结果、经营异常状态、严重违法失信名单等信息。

图 6－1－10　国家企业信用信息公示系统

输入企业名称、社会信用代码或注册号可以查询市场主体信用信息,包含法定代表人、注册资本、登记机关、住所、经营范围等营业执照信息、行政许可信息、行政处罚信息、失信违法信息等。该系统查询到的市场主体信息可以作为起诉材料明确的被告信息。该系统还支持按名称的关键词模糊查询,一次最多显示 50 条记录。对于无效的查询条件,将不会显示查询结果。

市场主体还可通过本系统选择登记机关所在地区,点击“企业公示信息填报”,填报年度报告和其他信息。

自 2021 年 11 月 26 日起,国家企业信用信息公示系统用户实名认证查询正式上线。

第二节　商业法律检索平台

得益于信息技术,大量的法律文本、裁判文书等法律文献资料实现了电子化、数字化,众多中外文法律数据库极大地方便了法律文献检索。在此基础上,在人工智能技术的加持下,法律文献检索正向智能化、自动化的方向迈进,众多商业智能法律检索平台也不断涌现，如法信、无讼、开放法律联盟（OpenLaw）等，这些平台大都是在法律资源数字化的基础上，借助人工智能技术为大众提供精准、高效的“一站式”法律知识服务。

一、法律检索平台

（一）法信

法信（http://www.faxin.cn/）平台是由最高人民法院立项、人民法院出版集团建设运营的国家级法律知识服务和案例大数据融合平台（见图6－2－1）。“法信”平台以为法治中国提供基础性数字化权威、精准的法律知识服务为目标，汇集系统、全面的法律、裁判规则、类案检索和法律文献版权资源，通过独有的法律知识导航体系——“法信大纲”和业内领先的类案检索、同案智推、智能问答大数据和人工智能引擎，为用户提供全面、精准、高效的“一站式”法律知识解决方案和案例大数据智推服务。

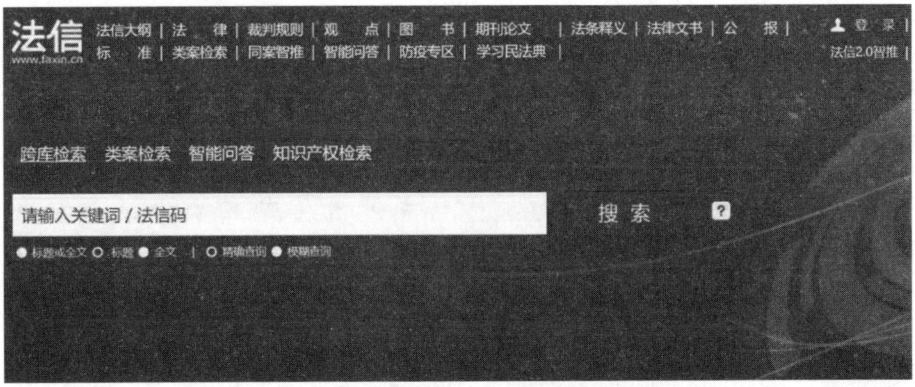

图6－2－1　法信网站

法信平台拥有丰富的法律、案例数据和法律知识文献资源，包括法律文件库、法律观点库、裁判规则库、法条释义库、类案检索库、法学期刊库、法律文书库等12个一级库，截至2022年3月底，总文献数达1.19亿篇，其中法律1,621,030篇、裁判规则169,302篇、案例12,159万篇、期刊论文656,577篇、观点242,775篇等，并且全库2小时更新一次，全国3200家法院内外网同步。

法信平台拥有精准、高效的检索功能,具备关键词检索、知识体系检索、大数据维度检索、智能问答、以文找文五种检索模式(见图6－2－2)。平台还推出了独家的法律知识和案例导航体系及“一站式”法律知识解决方案,精准串联法条、案例、观点、论著的法律知识元检索系统,该平台自称是目前国内唯一将我国成文法律体系和指导案例制度相融合的法律分类结构法律数据库产品。

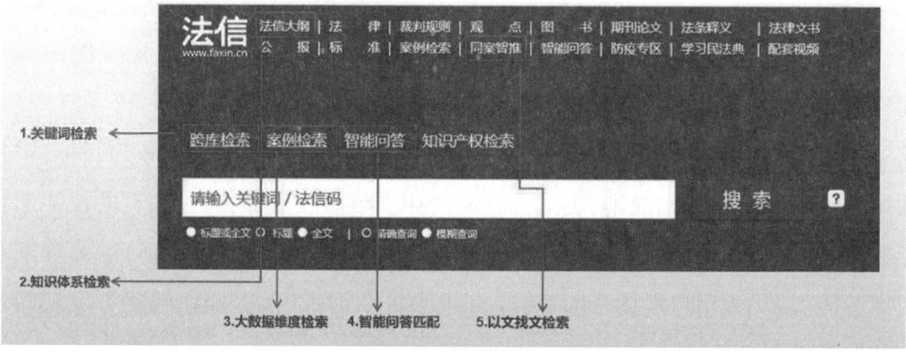

图6－2－2 “法信”是同时具备五种检索模式的法律平台

以“公共卫生”为关键词,输入检索框中,显示结果包含法律、裁判规则、案例、观点、图书、期刊等“一站式”法律知识,确实是能比较高效、精准地查询到所需资料,省去分项、多次检索的麻烦。(见图6－2－3)

图6－2－3 法信网站“一站式”检索结果

法信平台还提供基于法律条文的全维度知识服务和大数据分析功能(见图 6－2－4),以及基于机器学习和人工智能算法的全案由“案例推送”与“同案智推”系统、法信智能问答系统。当然,这些便捷、高效的检索功能需要收费。

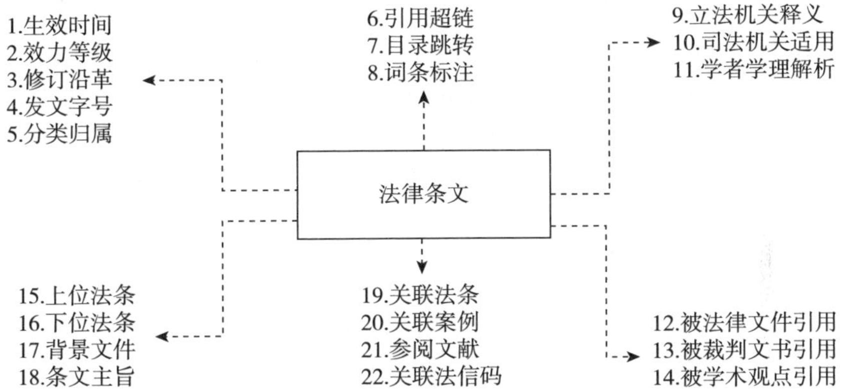

图 6－2－4　法信网站法律条文功能

(二)无讼

无讼(https://www.wusong.com/),成立于 2014 年,致力于通过大数据、智能技术等构建连接法律服务供需双方的互联网平台,宗旨是让法律更好地服务每个人(见图 6－2－5)。无讼致力于向大众提供专业、高效、贴心的法律服务,希望基于专业法律服务的基因,借助互联网和先进信息技术,构建更加公平正义的综合性法律服务互联网平台,成为人人信赖的法律伙伴。

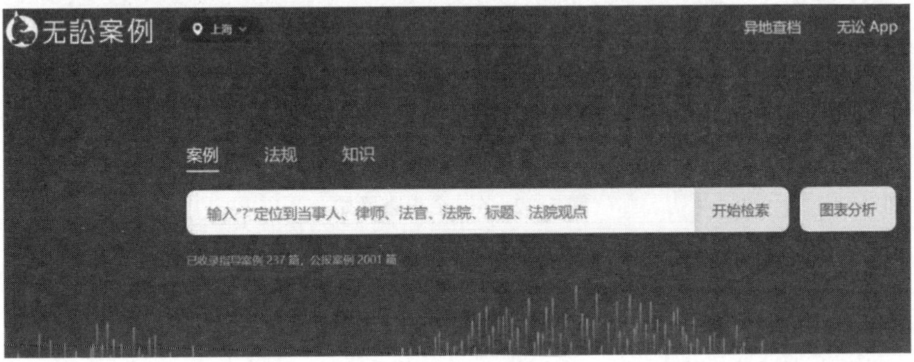

图 6－2－5　无讼网站

无讼平台现有超过 17 万名认证律师,能够为大众链接更优质律师资源。通过提升律师匹配效率、统一平台服务流程、规范平台服务质量,使大众获得便捷、专业、普惠的法律服务。

登录平台后,可以分别检索案例、法规和知识,仅提供关键词简单检索,功能比较简单。

无讼还专门开发了手机版无讼 App 和微信小程序,方便用户移动端使用。当然也是付费登录后,才可以使用其丰富的资源和强大的功能。

二、企业信息检索平台

(一)企查查

企查查(https://www.qcc.com/)是官方备案的企业信用查询工具,旨在为用户提供快速、全面查询企业工商信息、法院判决信息、关联企业信息、法律诉讼、失信信息、被执行人信息、知识产权信息、公司新闻、企业年报等服务。平台覆盖全球超 4 亿家企业数据,并拥有 3 亿用户。(见图 6-2-6)

图 6-2-6 企查查网站

以"中兴通讯"为关键词查企业,在平台未登录状态下,可以进行查询,并可查看一些营业执照基本信息、上市信息、财务信息、股东、企业高管、持股信息、诉讼仲裁、联系方式等部分信息,其实这些信息已经非常丰富,如果仅想了解企业的一般信息,这些已基本可满足需求。但是要进一步查看诸如法律诉讼、经营风险等信息

时，则需要付费账户登录才可查看。（见图 6－2－7）

图 6－2－7

通过查老板选项，输入关键词，可以查询到该老板的简介，了解其有多少家企业，企业分布的地区，合作伙伴、关联企业、风险信息、财产线索、股权信息等，当然大部分信息需要付费登录后才可查看。

通过查风险选项，输入公司名称、人名、案号、案件名称等，可查询公司或者个人涉及的案件，破产信息、执行信息等风险信息。

企查查还设有高级检索功能，可选择关键词，勾选企业相关信息、经营状态、知识产权、风险信息等多个选项，同时查询。

（二）天眼查

天眼查（https://www.tianyancha.com/）是国家中小企业发展子基金旗下的一款商业查询平台。该平台拥有 2.8 亿社会实体公开数据，通过先进的大数据技术，整合多种数据维度，为 3 亿用户提供免费的商业查询服务，包括公司工商信息、经营信息、司法风险、合作风险、商业关系等信息，与企查查功能相似。（见图 6－2－8）

图 6-2-8　天眼查网站

输入公司名称、老板姓名、品牌名称等关键词,可以查询到公司的工商信息、上市信息、股权结构、主要人员、主要股东、对外投资、经营风险、司法风险等信息。其中大部分可以在线免费查看,但是诸如司法风险、经营风险、财务信息等内容需要付费查看。

输入老板姓名可以查询老板的简介、任职信息、风险信息、控制权、预警提醒、财产线索、司法案件、信誉风险等信息。

天眼查包含的商业信息内容、查询功能与企查查基本相似,用户可以根据自己的需要和习惯,选择其一。

第三节　其他互联网法律资源

如前所述,法律网站是"互联网+"时代的重要法律文献资源,除官方法律文献资源、商业性法律检索平台之外,还有诸多新闻媒体信息、法律实务信息和理论研究类文献信息等散见于各类机构网站中,本部分内容主要依据文献信息内容和网站所属机构类型的不同,枚举国内法律相关网站。

一、新闻媒体网站

新闻媒体网站,依据其内容来源的不同,主要包括传统新闻媒体网站和新闻资讯类商业门户网站。前者是指由传统媒体,包括广播、电视、报纸、杂志,创办经营,将传统媒体上的新闻资讯等,通过互联网形式进行传播,包括综合性新闻媒体网站和专业类媒体网站;后者是指新闻聚合类的综合性商业门户网站,采集并传播各行业(或某垂直行业)新闻类资讯。新闻媒体网站,尤其是传统新闻媒体网站,多设有法治频道、法治栏目,或围绕法律热点问题打造专题板块,提供法治类新闻如新法速递、媒体案例、热点解读等。

(一)综合性新闻媒体网站

综合性新闻媒体网站,以报道法治新闻、开展普法宣传为主,定期会就重大法律热点问题发布专题。

1. 人民网

人民网是“网上的人民日报”,是人民日报社控股的文化传媒上市公司。设有“社会·法治”一级子网(http://legal.people.com.cn/),开辟滚动新闻、本网原创、公安部新闻发布会、人民网“求真”栏目以及“人民直击”等栏目。(见图6-3-1)

图6-3-1　人民网

2. 新华网

新华网,是国家通讯社新华社主办的综合新闻信息服务门户网站。设法治频道(http://www.news.cn/legal/),有法眼、反腐倡廉、法治图解、法治专题、法治联播等栏目。

3. 央视网

央视网,是中央广播电视总台主办的中央重点新闻网站。设法治频道(https://news.cctv.com/law/),可以列表或卡片形式,浏览法治新闻。

4. 中国新闻网

中国新闻网是由中国新闻社主办的中央重点新闻网站。设法治频道(http://www.chinanews.com/fz/),开设焦点人物、反腐倡廉、拍案惊奇、庭审直击、依法行政、司法改革、立法进程、新法速递、学界论衡、法律法规、权益保护、经济纠纷、劳动保障、婚姻家庭、法治图萃等丰富栏目。

(二)法律专业类媒体网站

法律专业类媒体网站,以法制类报纸、杂志、电视等的网站为主,这类网站内容一般不仅包含主办机构报纸、杂志、电视节目等的网络版,往往也提供丰富的其他法律信息。

1. 正义网

正义网(http://www.jcrb.com/),是最高人民检察院检察日报社主办的,拥有网络新媒体采编、网络舆情服务、政务网站建设、法治教育基地建设、法治宣传教育培训等多种业务的互联网综合服务平台。除刊载中检报业《检察日报》《人民检察》《方圆》等报刊网络版外,设有新闻、法治、检察、评论、访谈、直播、专题、图解、视觉、理论、文化、舆情等丰富栏目内容。(见图6-3-2)

图 6-3-2　正义网

2. 法治网

法治网(http://www.legaldaily.com.cn/),是中央政法委机关报《法治日报》主办的综合新闻信息服务门户网站。设有新闻资讯、法律服务、视频、访谈直播等多个版块,40 余个一级频道,逾 500 个二级栏目。其舆情中心是目前涉法舆情监测、分析、引导能力领先的舆情服务机构。

3. 中国人权网

中国人权网(http://www.humanrights.cn/),是由中国人权研究会主办的中国人权领域专业网站,作为《人权》杂志官网,提供该杂志 HTML 网络版。此外,内容还涵盖国内外人权领域的动态资讯、理论研究、国际交流、教育培训、文献资料、联合国人权与中国、维权指南等多个方面。

4. 今日说法

今日说法(http://tv.cctv.com/lm/jrsf/),是央视名牌法治栏目《今日说法》官网,作为央视网的子网页,主要收录《今日说法》栏目往期节目内容,并提供关键词检索、栏目文稿等功能。此类法治节目网站,收录往期节目视频内容,拓展电视台法治节目公众服务的渠道和内容,为我们提供了大量的视频类法律文献资源。

此外,在商业门户网站中,虽较少设有专门的法治频道,但部分网站在其新闻频道下设法治新闻栏目,部分网站围绕社会热点问题,不定期发布法律相关专题。

例如,新浪网设有法治新闻(https://news.sina.com.cn/z/lawnewscolumn/)栏目,含大案要案、公检法新闻、反腐新闻、百姓诉讼、案件传真、综述评论和法律法规等板块内容。

二、法律实务网站

(一)律师实务相关网站

律师处于法律工作的第一线,具有丰富的法律实务经验,在法律实务研究方面,律师实务网站极具文献价值。该类网站可分为三类:一是律协网站,二是律所网站,三是律师个人网站。因律师个人网站文献价值参差不齐,部分网站变动较多,不易做长期跟踪,故此处主要介绍前两类网站。

1. 律协网站

律协网站包括全国律师协会官网及各地律师协会官网,以行业新闻、法律实务探讨、律师文化等内容为主,兼有部分律协内部通知公告、教育培训等功能。

例如,中国律师网(http://www.acla.org.cn/home/toPage),是中华全国律师协会的官网,设有协会介绍、行业党建、会员服务、专业建设、教育培训、实习管理、奖励惩戒和交流合作等频道,以各种协会新闻、信息和专题专栏资料为主。(见图6-3-3)

图6-3-3　中国律师网

东方律师网（http://www.lawyers.org.cn/），是上海市律师协会的官网，有协会介绍、行业党建、行业资讯、业务研究、律师文化、会员服务等频道，收录《上海律师》网络版内容。

其他各省市律师协会，亦多有建立自己的机构网站。

2. 律所网站

律所网站，既是机构网站，又是资讯网站，部分网站具有较强的专业性，含有丰富的实务类法律文献和信息资源。

例如，北京大成律师事务所官网（http://www.dachenglaw.com/），除本所业务、团队、招聘及相关新闻资讯外，设有“大成研究”频道，刊载其实务研究成果，如《境外投资机遇速递》，截至 2022 年 3 月，已更新至第 10 期，依托律师实务视角，提供在能源、基础设施以及境外并购项目的国外市场以及最新法律监管环境的咨讯。

上海锦天城律师事务所官网（http://www.allbrightlaw.com/），除本所概况、业务和行业领域、人员及相关新闻资讯外，设有“出版刊物”频道，每月更新《锦天城法律观察》、所内专业文章、著作，具有简单的检索功能。（见图 6－3－4）

图 6－3－4　上海锦天城律师事务所官网

与前述“大成研究”“锦天城法律观察”类似的频道,还有金杜文章、中伦资讯、君合法评等,均为各大律所专长领域中的实务研究成果。

此外,律师个人网站包括律师个人设立的网站或专栏,以及律所以律师个人名义设立的网站,部分网站具有一定的资讯功能。如罗云律师网(http://www.luoyun.cn/)、法律桥(http://www.lawbridge.org/)等。

(二)综合性法律服务网站

1. 中顾法律网

中顾法律网(http://www.9ask.cn/),由济南中顾法商网络科技股份有限公司创办于2005年,是一个实务型的法律服务网站,集找律师、查法律和在线咨询于一体。其也是网站群,在全国各省、市设有众多的分站。

2. 找法网

找法网(http://china.findlaw.cn/),由广州网律互联网科技有限公司创立于2003年6月,以法律咨询服务为主,设有图文、视频、音频说法,咨询百科等栏目。其“学习法律”汇集了1000多个常见生活法律问题及答案,包括婚姻家庭、交通、劳动、刑事犯罪、中小企业、房产建筑、债权债务等十几个法律主题及法律场景。

3. 法律图书馆

法律图书馆(http://www.law-lib.com/),是杭州法图网络科技有限公司开发的门户型法律网站,是在西湖法律书店的基础上发展而来。包括法律法规、论文资料、法治动态、律师黄页、裁判文书、法律书摘等频道。(见图6-3-5)

图6－3－5　西湖法律图书馆

三、学术机构网站

法学学术机构主要是指法学会、法学院等各类教育研究机构。作为学科领域专业机构的网站,该类网站中收录具有较高学术价值的法学文献,是法学学习和研究中,文献信息资源的重要来源之一。

(一)法学会网站

中国法学会网(http://www.chinalaw.org.cn/),具有机构网属性,承载着学会内部通知公告、讲话文件、党群工作、评价评奖、社团管理等多项功能;同时具有资讯网属性,提供学术研究参考。(见图6－3－6)

图 6-3-6　中国法学会官网

其学会刊物频道包含下列出版物:法学会主办期刊《中国法学》2012 年至今各期刊物目录及内容提要,主办报刊《民主与法制时报》2014 年第 16 期至今电子版,《中国法律年鉴》社的《中国法治建设年度报告》《中国特色社会主义法律体系全书》等。

地方频道可超链接至北京、天津、上海等 47 个地方法学会网站,同时包含各地方法学会重要报道及学术研究成果;研究会频道指向了法理学、宪法学等 54 个直属研究会的专业网站(部分含有超链接,可直接跳转),同时包含各地方法学会重要报道及信息。

此外,网站导航栏目提供了诸多法律网站的链接,包括中央国家机关网站、政法媒体网站、法学院校网站、直属单位网站等,分类合理、覆盖面广,为查找网络法律文献信息提供了捷径。

各地法学会网站亦同时具有机构网站及资讯网站属性,提供学会概况、学会动态、学会研究成果及会刊等内容。

(二)法学院校网站

法学院校是法学教育的基地,也是重要的法学研究机构。法学院校网站作为机构网站,承担院校对外展示交流、对内管理沟通的职能,用户根据访客、教职工、学生等不同身份,可区分权限地浏览不同板块内容,该类网站直接提供法律文献信息内容有限,但具有较强的文献信息线索整合功能,可通过超链接形式,跳转法学院校的各类研究机构、数字图书馆、信息中心等网站,获取大量法律文献信息。

1. 法学院校官网

以清华大学法学院网站(http://www.law.tsinghua.edu.cn/)为例,其设有学院概况、师资力量、科学研究、教务教学、国际交流和学生工作等频道,同时首页飘窗展示法律图书馆、《清华法学》期刊等超链接(见图6-3-7)。其科研成果栏目,包含近期重要科研成果及学术动态,部分成果可直接获取PDF版本全文;学术刊物栏目,包含法学院各类刊物介绍,如《清华法治论衡》《清华法学评论》《清华法学》《清华中国法律评论》;研究机构栏目中,展示校院两级研究中心清单,部分具有独立网站的研究中心可直接跳转;师资力量频道,展示所有教师的教育工作背景、学术研究概况及成果、奖励荣誉等信息。

图6-3-7　清华大学官网

北京大学法学院网站(http://www.law.pku.edu.cn/)的科研机构栏目中,有各科研机构清单、各机构简介,部分机构有超链接直达独立网站,可在线浏览机构内部简报;学术刊物板块收录《中外法学》等13种刊物,其中部分非正式出版物,不为中国知网等数据库收录,仅官网可查询;北大法治与发展研究院栏目,可直接跳转该院独立网站,收录其研究成果和项目。可通过超链接访问北大法律信息网

(https://www.chinalawinfo.com/),该网是北大英华公司和北大法制信息中心共同创办的法律综合型网站。法学在线栏目拥有众多法学名家文集,收录了近6000位法律学人不同时期的法学文章;法学网刊栏目,以网络期刊的形式集结精粹法学文章,关注国内外法律学术动态、法制焦点热点问题。

2. 法学院校研究机构网站

如前所述,各类法学院校网站往往展示其专业研究机构清单、简介或独立网站信息。这些法学院校下设机构,作为某一法学部门的专业研究单位,其官网往往会涵盖该法学部门的前沿问题、热点关注、研究动态等文献信息。

例如,中国民商法律网(http://www.civillaw.com.cn/),由中国法学会和中国人民大学民商事法律科学研究中心支持建设,包含论文集萃、学术前沿、悦读驿站、学术公告、授权学者和法典评注等频道,通过学术、前沿、可读、精品信息,使青年学者、法科学生以及民商法律实务工作者,对中国民商法的理论与实践有所了解、思考和收获。(见图6-3-8)

图6-3-8 中国民商法律网

法治政府网(http://fzzfyjy.cupl.edu.cn/),由中国政法大学法治政府研究院主办,以中国政法大学行政法学学科的科研队伍为依托,致力于法治政府建设和研究。同时,该网站也是中国行政法学研究会和法学类中文核心期刊《行政法学研究》指定的官方网站,承担行政法学研究会媒体支持和《行政法学研究》网络投稿任务。

还有很多具有影响力的法学院研究机构学术网站:

中国财税法网(北京大学财经法研究中心,http://www.cftl.cn/);

明德公法网(中国人民大学公法研究中心,http://www.calaw.cn/);

中国刑事法律网(中国人民大学刑事法律科学研究中心,http://www.criminallaw.com.cn/);

中国诉讼法律网(中国政法大学诉讼法学研究院,http://www.procedurallaw.cn/);

法史网(华东政法大学法律史研究中心,http://fashi.ecupl.edu.cn/);

中国知识产权研究网(中南财经政法大学知识产权研究中心,http://www.iprcn.com/);

罗马法教研室(厦门大学罗马法研究所,http://www.romanlaw.cn/);

珞珈诉讼法律网(武汉大学诉讼制度与司法改革研究中心,http://www.luojiaprocedurallaw.com/);

……

(三)法律图书馆网站

法律图书馆主要是指法学教育研究机构的图书馆。传统的法律图书馆网站,是一类机构网站,依托馆藏资源提供文献检索和信息服务。随着互联网技术的发展,如今图书馆依托网络平台实现数字化转型,逐渐成为数字化资源的门户。这类数字图书馆以特色馆藏为抓手,以数字资源为重点,打造跨资源、跨平台的一站服务。

国内主要政法院校图书馆网站如下:

中国政法大学图书馆(http://library.cupl.edu.cn/);

华东政法大学图书馆(http://www.tsg.ecupl.edu.cn/);

西南政法大学图书馆(http://lib.swupl.edu.cn/);

中南财经政法大学图书馆(http://lib.zuel.edu.cn/);

西北政法大学图书馆(http://tsg.nwupl.cn/)。

在传统图书馆机构网站之外,为进一步提升学科化服务水平,部分教学科研机构探索通过图书馆联盟共享资源及网上开放资源①,建立资源导航为主的学术网站,成为法律图书馆的新发展。

1. 最高人民法院数字图书馆

最高人民法院数字图书馆(http://eastlawlibrary. court. gov. cn/),是在互联网和大数据双轮驱动的时代大背景下,以法院内部业务应用的实际需求出发,结合数字图书馆、数字出版以及知识服务的新技术和新趋势,构建的以知识管理和知识服务为基础和导向的新型数字图书馆平台(见图6-3-9)。采用“开放办馆”的原则,做到系统资源(各省法院图书馆)与社会资源(社会机构图书馆)的整合,公共资源(官方图书资源)与个人资源(个人藏书资源)的整合,以及国内资源(国内图书馆资源)与国际资源(外国图书馆资源)的整合。

图6-3-9 最高人民法院数字图书馆

2. 华东政法大学中外法律文献中心

华东政法大学中外法律文献中心(http://cli. ecupl. edu. cn/),由华东政法大

① 网上开放资源(Open Access),是国际科技界、学术界、出版界、信息传播界为推动科研成果利用网络自由传播而发起的运动。即文献可以在互联网上免费获取,允许用户出于合法目的阅读、下载、复制、传播、打印、检索、连接其全文。目的是促进科学及人文信息交流,提升科学研究的公共利用程度,提高科研效率。

学图书馆承建，秉承数字化、专业化、便捷化、协同化以及开放共享的理念，依托华东政法大学丰富的中外文法律文献资源和学科服务经验，借助互联网等现代信息技术手段，对法律文献资源予以整合、开发，以全方位的服务模式向国内外各界、各层次用户提供值得信赖的中外文法律文献资源查询、借阅、咨询和培训等多模块的服务。（见图6-3-10）

图6-3-10　华东政法大学中外法律文献中心

网站功能含法律文献的“云资源”聚合平台、法律文献资源的统一发现平台、法学学科资源的知识共享平台、法律情报信息分析服务、机构知识门户、法律主题词表等。

四、在线法律词典

在法律文献信息检索中，法学专有名词的解释与翻译往往需要借助专业参考工具，如法律词典。传统的参考工具书均为纸质印刷品，在“互联网+”的背景下，这些参考工具也陆续向在线平台迁移。

(一)《布莱克法律词典》

《布莱克法律词典》(*Black's Law Dictionary*),是一部较为权威的美国法律词典,由亨利·坎贝尔·布莱克(Henry Campbell Black)创立,其首版于 1891 年由韦斯特出版公司(West Publishing Company)出版。1999 年,布莱恩·A. 加纳(Bryan A. Garner)成为第 7 版的主编,对之前的作品进行了重大更新。最新版本为 2019 年第 11 版,由布莱恩·A. 加纳主编,该版本清晰而严谨地定义了超过 55,000 个与法律相关的单词和短语。

1990 年,其百年纪念版(Centennial Edition)首次提到通过汤森路透(Thomson Reuters)的著名法律资源平台 Westlaw 进行在线法律检索。目前,在 Westlaw Next 的二次资源(Secondary Sources)板块中,可在线查询《布莱克法律词典》(2019 年第 11 版)。(见图 6-3-11)

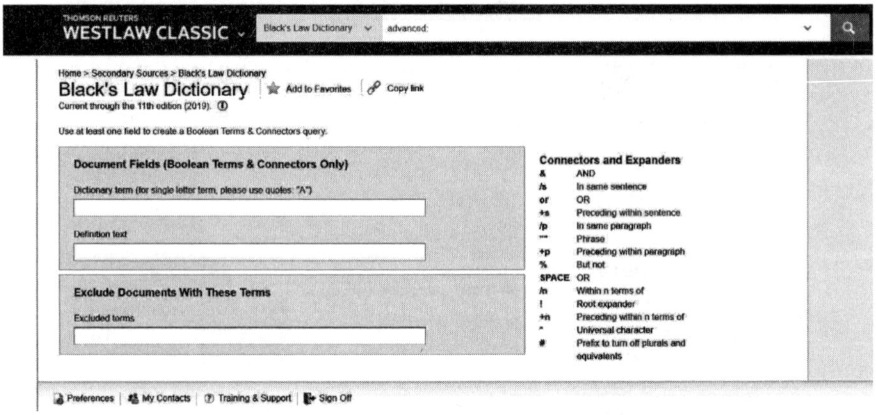

图 6-3-11 *Black's Law Dictionary* 11th(Westlaw Next)

词典同时推出了简版(Pocket Edition,最新简版为 2021 年第 6 版)和移动端 App:Black's Law Dictionary 10th ED(适用于 iOS 平台)。

此外,《布莱克法律词典》第 2 版的版权已过期,部分网站及移动端 App 以该版内容为基础开发,免费向公众开放,如网站 https://thelawdictionary.org 及应用程序 Law Lexicon。

(二)《牛津法律大辞典》

《牛津法律大辞典》(*The Oxford Companion to Law*),权威性亦为世界各国公认,由戴维·M. 沃克(David M. Walker)主编,1980年由牛津的克拉伦登(Clarendon)出版社出版,1988年、2003年分别由光明日报出版社和法律出版社出版中文版《牛津法律大辞典》。辞典所收词量大,涉及范围广,释义简明扼要。2008年牛津大学出版社(Oxford University Press)出版了《新牛津法律大辞典》(*The New Oxford Companion to Law*),可在牛津参考在线(https://www.oxfordreference.com/)查询。(见图6-3-12)

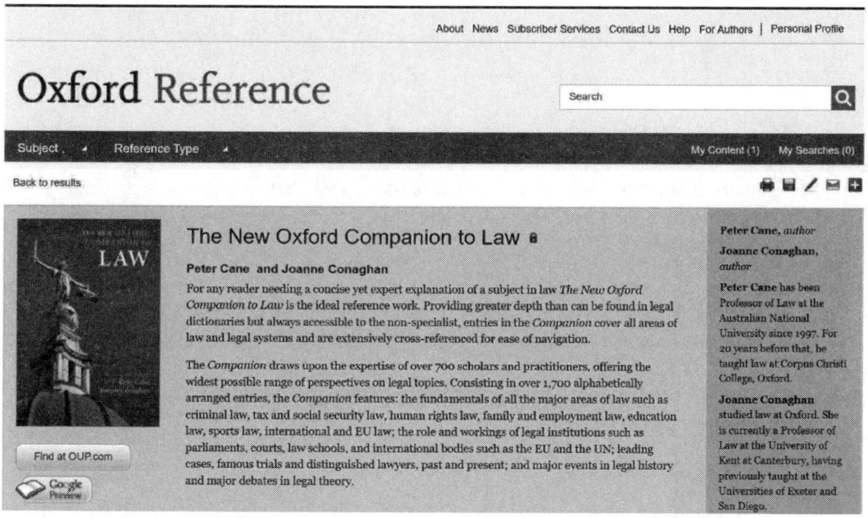

图6-3-12　*The Oxford Companion to Law*(Oxford Reference)

此外,牛津大学出版社(Oxford University Press)的系列法律词典,如《牛津美国法律大辞典》(*The Oxford Companion to American Law*)、《牛津法律词典》(*A Dictionary of Law*)等都是较具影响力的法学工具书,均可在牛津参考在线查询。

(三)《韦氏法律词典》

梅里亚姆—韦伯斯特公司(Merriam-Webster)是美国权威的辞书出版机构,它出版的词典被称作"韦氏词典"。《韦氏法律词典》(*Merriam-Webster's Dictionary of Law*)首版于1996年发行,中国法制出版社2014年出版过其中文引进版,至今更新至2016年版。包含超过10,000个使用频率较高的法律单词和短语,全书的内容除法律词典之外,还含有美国司法体系介绍、重要的判例、法律、美国主要政府机构介绍及美国宪法全文等。

其官网(https://www.merriam-webster.com/legal)提供法律词典的检索及浏览(见图 6-3-13)。此外,FindLaw(https://dictionary.findlaw.com/)法律检索平台中,法律词典内容全部源于《韦氏法律词典》(1996 年)。

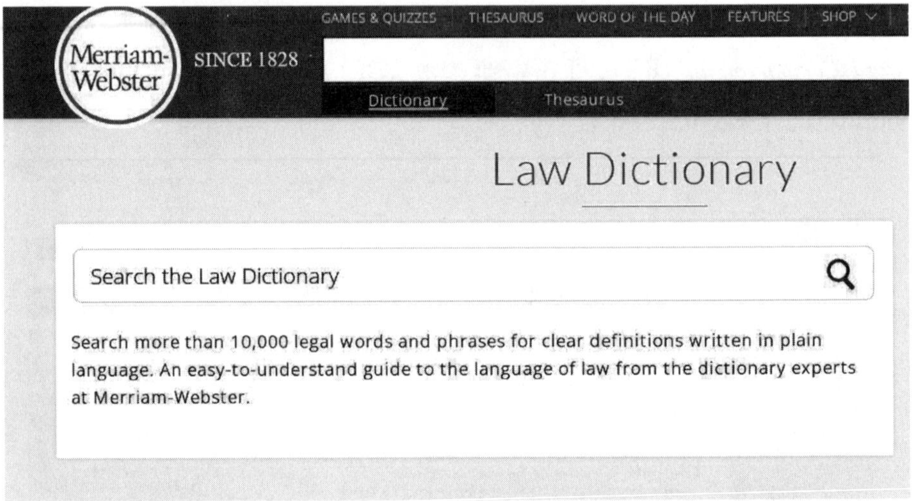

图 6-3-13 《韦氏法律词典》的在线查询

(四)《元照英美法词典》

《元照英美法词典》是我国第一部英美法词典,2003 年由法律出版社出版,在全面介绍英美法的基本制度、概念等方面填补了我国法律辞书在此方面的空白。共计 5 万余词条,收录英美商事法、契约法、侵权法、行政法、刑事法等专业术语。

出版商元照知识集团开发有移动端 App《元照英美法词典》(简体版),收录最新版词典内容。月旦法学知识库(http://www.lawdata.com.tw/)收录该词典,可在线查询。

此外,还有一些英汉法律词典,作为法学名词的学术工具书之外,还兼有英汉法律词汇语言工具书功能,如《英汉法律用语大词典》(*An English-Chinese Dictionary of Law Terms*,法律出版社 2005 年版)、《英汉法律词典》(*English-Chinese Dictionary of Law*,法律出版社 2008 年版)、《英汉法律缩略语词典》(*English-Chinese Dictionary of Legal Abbreviations*,中国民主法制出版社 2007 年版)等,以上均可在月旦法学知识库(http://www.lawdata.com.tw/)中在线查询。(见图

6-3-14)

图 6-3-14 月旦知识库中的在线法律词典

第四节 新媒体与法律文献检索

在"互联网+"时代,网络技术的发展突飞猛进,WEB1.0 实现了知识共享,WEB2.0 增强交互功能、实现了知识共建,WEB3.0 提供个性化智能网络服务、实现了知识传承,WEB4.0 建立了全新知识分配体系。技术发展驱动下,法律文献检索方式日新月异,文献获取途径越来越多,方法越来越便捷。

一、网络搜索引擎

搜索引擎(Search Engine)是指根据一定的策略、运用特定的计算机程序从互联网上搜集信息,在对信息进行组织和处理后,为用户提供检索服务,将用户检索到的相关的信息展示给用户的系统。根据检索信息的范围分类,可以将搜索引擎分为综合搜索引擎和垂直搜索引擎。前者是根据各类用户需求,广泛搜集各类型资源信息后予以反馈;后者是仅针对某一个行业的搜索引擎,挖掘整合某一特定行业的专门信息,并将结果返回给用户。

(一)综合搜索引擎

较有影响的综合搜索引擎有百度、搜狗、谷歌、雅虎搜索、360 搜索、必应搜索等。综合搜索引擎因其检索范围广泛、收集信息丰富、使用体验便捷等特点,成为法律文献检索的重要补充途径之一。为进一步提升综合搜索引擎的使用效率、提升检索结果的精准化程度,以下以百度为例,重点介绍其高级检索和学术检索功能,同时对比其他搜索引擎的特色功能。

1. 高级搜索功能

熟练使用搜索引擎的高级搜索功能,能够有效缩小检索范围、提高检索精确度。百度中的高级搜索功能,有高级搜索界面或高级搜索语法两种途径。

高级搜索界面,通过百度首页的设置选项打开,根据实际检索需求,可设置检索内容、时间、文档格式等。

高级搜索语法,即在百度"一站式"搜索框中,运用特殊语法对检索范围、内容、类型等进行限定,以到达缩小检索范围、提升精度的目的。常用语法有:

搜索范围限定在新闻标题(intitle)。新闻标题通常是对新闻内容提纲挈领式的归纳,把查询内容范围限定在新闻标题中,可查询特定要求信息。例如,买卖合同 intitle:最高人民法院,可查找标题中含有最高人民法院的,有关买卖合同的信息。

搜索范围限定在特定站点(site)。如果只想查看来自某个站点的信息,或者明确知道某个站点中有自己需要找的信息,可以把搜索范围限定在这个站点中。例如,北京冬奥会 site:xinhuanet. com,可在新华网查找有关北京冬奥会的权威信息。

搜索范围限定在 url 链接(inurl)。网页 url 常含有某种具有价值的信息,如对搜索结果的 url 做某种限定,可直接限定信息来源网站性质。例如,执行 inurl:court,可在法院系统的网站中,查找有关"执行"的信息。

不含特定查询词(减号 -)。查询词用减号 - 语法可以在搜索结果中排除包含特定的关键词的所有网页。例如,需要检索仲裁机构列表,直接检索:仲裁机构,会发现有很多劳动仲裁机构的相关信息,如不需要劳动仲裁机构的信息,可采用检索:仲裁机构—劳动。

精确匹配(双引号""和书名号《》)。查询词加上双引号""表示查询词不能被拆分,在搜索结果中必需完整出现。查询词加上书名号《》有两层特殊功能:一是书名号会出现在搜索结果中;二是被书名号括起来的内容,不会被拆分。

搜索范围限定指定文档格式(Filetype)。查询词用 Filetype 语法可以限定查询词出现在指定的文档格式中,支持文档格式有 pdf、doc、xls、ppt、rtf 等。例如,商铺租赁合同 filetype:pdf,可查询 PDF 格式的商铺租赁合同模板。

更多语法信息可查询百度帮助板块。

2. 学术搜索功能

随着文献检索的专业化程度越来越高,综合搜索引擎在不断完善改进中,纷纷推出了更加专业的工具——学术搜索。Google Scholar、百度学术、必应学术都具有较强的专业检索功能。

以百度学术为例,其在中国知网、万方数据、维普资讯、SpringerLink、Elsevier、Wiley、web of Science、IEEE Xplore 等中外学术数据库支持下,实现对学术图书和论文的“一站式”搜索,相当于一个在线的学术发现系统。

百度学术的检索命中记录,以列表方式呈现简单的题录信息(见图 6 - 4 - 1)。进入记录中,可查看详细题录内容、相似文献、参考文献等,亦可通过点击题名二次检索。命中信息可进行收藏、引用或分享。命中记录的全文获取,因文献来源不同,链接至第三方免费互联网平台或商业数据库查看下载。

图 6 - 4 - 1　百度学术搜索

此外,百度学术还有以下特色功能:

期刊频道,是一个中文学术期刊大全,可按刊浏览,在数据来源平台登录后获取全文。共收录北大核心期刊、中国科技核心期刊、CSSCI(中国社会科学索引数据库)、CSCD(中国科学引文数据库)等来源刊。其中法学学科,北大核心期刊112种、中国科技核心期刊75种、CSSCI来源刊77种。(截至2022年4月5日)

学者主页,帮助用户通过追踪学者研究进展,了解最新研究方向。其根据全网文章数据,自动帮学者聚合学术成果,生成学者主页,学者亦可在百度学术维护自己主页,将其打造成自己的学术名片。

订阅功能,系统根据用户选定的主题,实时收藏相关文献题录,同时将其发送到指定邮箱,相当于邮件列表和RSS[①] 功能。

开题分析,运用大数据和知识图谱技术,依托自有文献资源,帮助用户快速、全面、方便地了解自己陌生的领域或碰到的难题。例如,输入课题名称"法律检索",得到法律检索的概念、研究趋势、关联研究、学科渗透、相关学者、相关机构、相关论文、相关词推荐等。(见图6-4-2)

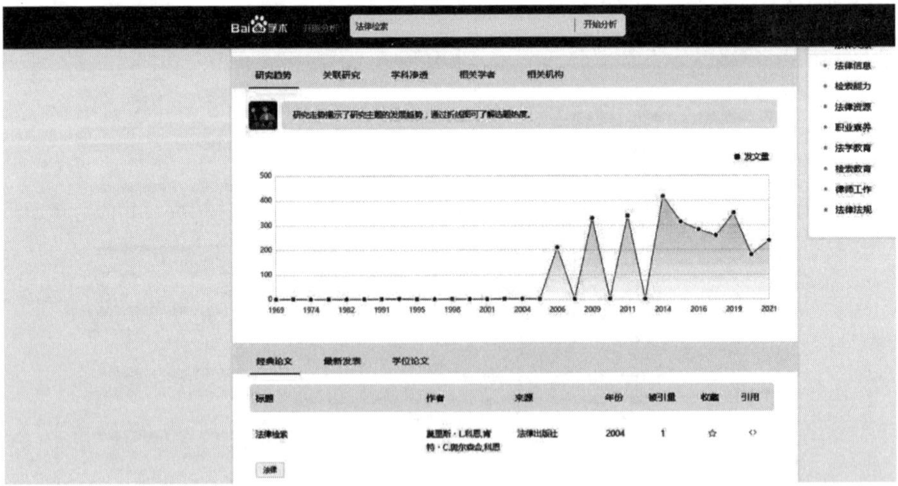

图6-4-2　百度学术的开题分析

① 简易信息聚合(Really Simple Syndication,RSS)是一种描述和同步网站内容的格式,是使用最广泛的XML应用。

微软在搜索领域推出必应搜索(bing),其在满足中国用户对全球,特别是英文信息的检索需求方面具有一定优势。必应学术搜索,更加注重多语种的文献检索,在外国法律文献检索方面的优势尤为突出。

(二)法律专业搜索引擎

除综合搜索引擎外,法律专业垂直搜索引擎也是法律文献检索中的重要平台型工具。一般而言,法律专业垂直搜索引擎在分类目录体系编排和网站归类上,往往具有独到之处,在检索法律文献信息方面,更为专业、便捷。

1. 国内法律搜索引擎

中国法律服务网(http://www.12348.gov.cn/),即“12348 中国法网”,是由司法部建设的智能法律咨询平台,网站整合了 38 万多家法律服务机构、139 万多名法律服务人员数据,提供法律事务咨询、法律服务指引、法律法规与案例查询等多种服务。网站采用藏汉双语,设有请律师、办公证、求法援、找调解、寻鉴定、要仲裁、案例库、执法服务和法考服务等频道,具有“一站式”搜索功能。(见图 6－4－3)

图 6－4－3　中国法律服务网

全球法规网(http://policy.mofcom.gov.cn/jwfg/),由中华人民共和国商务部主办,收录中国商务法规、中外条约、境外法规、国际条约等内容,具有较为强大的境外法规检索功能,能够区分地区、国家、生效区域、主题等,进行境外法规的关键词检索。

法搜(http://fasou.fabang.com/),是北京律行天下科技有限公司法邦网的法律关键词搜索引擎,其以法律咨询为主,检索内容包括综合、咨询、知识、律师、律所等。

2. 国外法律搜索引擎

HG. org(http://www. hg. org/),是莱克斯芒迪(Lex Mundi,由独立律师事务所组成的全球协作机构)建立的在线法律信息平台,包含200多个国家的律师事务所及律师目录、相关法律信息、律师撰写的法律文章,以及260多个实践领域的法律指南。(见图6-4-4)

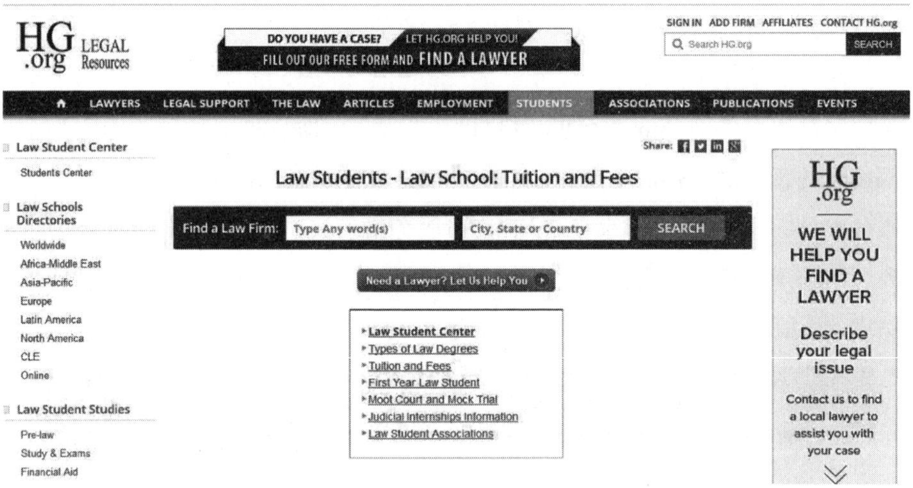

图6-4-4 HG. org Legal Resources

LII(http://www. law. cornell. edu/),是美国康奈尔大学法学院的独立资助项目。网站包含法律(Get the law)、律师名录(Lawyer directory)、法律百科(Legal encyclopedia),其中,法律资源包括法条与判例(Primary sources)、原始文档(Original content)、法律各部门(Learn About)以及法律热点(Legal topic)。

SSRN(https://papers. ssrn. com/),是社会科学研究方面的开放获取资源,提供来自超过65个学科的80余万名研究人员的100余万篇研究论文。其中,法律类文献包括论文、图书章节、课程和教材等。与之类似的开放获取资源还有Law Review Commons(https://lawreviewcommons. com/),目前含有300余种,计20余万可开放获取的法律评论。

此外,联合国、世界贸易组织等各类国际组织网站,各国法院、法学研究会、律师协会网站,各国政府及图书馆网站中,很多具有检索功能,具体将在后续章节中介绍。

二、手机媒体

传统媒体,报纸刊物、广播、电视在时间和空间上具有局限性,第三媒体互联网、第四媒体移动网络逐渐打破这种局限,具有即时、海量、共享等特点。特别是移动网络的发展,已成为新媒体发展的必然趋势,拥有更加广泛的覆盖面和受众面。手机是移动网络终端设备中使用最为广泛和普遍的一种,手机媒体带来的革命性变化,为法律文献检索提供了新的思路和途径。

(一)手机媒体的特点

根据国家统计局发布的《中华人民共和国2020年国民经济和社会发展统计公报》数据显示,2020年年末互联网上网人数9.89亿人,其中手机上网人数9.86亿人。[①] 手机媒体在时空维度、媒体融合、检索方式和使用体验等方面的优势,使其逐渐成为移动媒体最主要的形态,手机端法律文献信息的检索及获取,也随之拥有越来越好的体验,以及越来越多的用户。

1.时空维度扩展

手机的随身与便携属性,进一步打破了手机媒体与手机检索在时空维度方面的限制,实现了信息获取与文献检索的随时性与随地性。在时间维度上,信息获取更加及时,碎片化时间的利用更加有效;在空间维度上,随着无线通信技术的普及,手机能够覆盖的服务范围无处不在,真正实现了信息的随地访问与运用。

2.多种媒体融合

在这场媒体变革发展中,传统媒体纷纷开始抢占无线网络传播的新高地,在手机媒体中拓展新的阵地。如电子书刊、手机报、在线广播、在线电视、手机互联网等手机媒体的出现,消除了不同媒体之间的隔断,实现了各类媒介的大融合。在此趋势下,各类法律检索平台也纷纷在手机端开始了新的尝试。

3.检索方式多样

手机端检索的输入包括文字输入、图像输入、语音输入和二维码输入等多种方

① 《中华人民共和国2020年国民经济和社会发展统计公报》,载国家统计局网,http://www.stats.gov.cn/xxgk/sjfb/zxfb2020/202102/t20210228_1814159.html,2022年4月10日访问。

式。其中,文字输入是最为常见的输入方式,以关键词(或句)进行检索,大多数支持自然语言;图像输入,可输入图像或图像的网络地址信息,用以检索同类型图像或识别图像中内容,常用在以图识图、以图识字、以图识物等程序中;语音输入,采用语音识别和处理技术,在高速音频录入、人机语音交互等场景具有较大的应用潜力;二维码输入可将二维码内容识别为文本。

4. 互动交流丰富

与传统媒体单向信息传播方式不同,新媒体传播注重交互性,用户不再是被动接受信息,而是参与到信息传播全过程中,既是信息接受者,也是传播者,甚至还可能是信息的发布者,形成传播的多向互动。手机检索在这种具有交互的信息传播途径下,基于用户检索行为大数据的挖掘和分析,对于用户的需求匹配也将更加精准。

(二)常用法律 App

随着移动通信技术的迅猛发展,移动互联网应用(Mobile Internet Application, App)创新活跃。根据中国信息通信研究院(工信部电信研究院)《移动互联网应用程序(APP)个人信息保护治理白皮书》统计,截至 2021 年 9 月底,我国移动电话用户总数达 16.4 亿,App 在架数量达 274 万款,第三方应用商店在架应用分发总量达 20,164 亿次,已成为数字经济发展的重要力量。① 其中,法律文献和信息类 App 的蓬勃发展,成为移动端法律文献检索和信息获取的重要方式之一。

1. 移动法律图书馆及法律数据库

移动互联网的发展,使图书馆(包括法律图书馆)的文献信息服务向移动端延伸,于是有了移动图书馆。相关的文献信息服务提供者——各数据库厂商也将其服务内容和平台向移动端迁移,超星电子书、阿帕比电子书、书生电子书、中文在线、中国知网、威科先行、北大法宝等纷纷开发了安卓(Android)和 iOS 平台上的 App。

超星移动图书馆 App,是专门为各图书馆制作的专业移动阅读平台,用户可在

① 《移动互联网应用程序(APP)个人信息保护治理白皮书》,载中国信息通信研究院网,http://www.caict.ac.cn/kxyj/qwfb/bps/202111/t20211119_392904.htm,2022 年 4 月 10 日访问。

移动设备上完成个人借阅查询、馆藏查阅等。其拥有大量电子书、报纸、中外文文献元数据等。

北大法宝 App，由北京北大英华科技有限公司开发，是一个“一站式”的移动法律检索平台，可实现对法律法规、司法案例、法学期刊、专题参考、律所实务等法律信息的快速查询。在功能上，与 PC 端北大法宝数据库类似，具有法宝联想等特有功能。（见图 6－4－5）

图 6－4－5　北大法宝 App

2. 政府及法律机构 App

部分政府机关、法律检索平台、法律机构在建设网站发布相关信息、提供文献检索服务外，也开始在移动端拓展新的渠道，开展移动服务。主要方式包括开发 App 和建设各平台应用账号（其中以微信公众号为主），以下列举不同类型机构 App 及其功能，相关机构微信公众号的建设将在后续章节中介绍。

裁判文书网 App，是前述中国裁判文书网为用户打造的移动手机客户端，由最高人民法院开发，可检索由相关法院录入和审核的裁判文书（见图 6－4－6）。检索功能提供基础检索和高级检索功能，并同时提供关联文书的查看。此外，最高人民法院还开发有中国法官培训网 App、多元调解（人民法院调解平台）App 等，面向不同用户，提供不同功能的服务平台。

图 6－4－6　裁判文书网 App

无讼律师 App,由无讼开发的法律专业学习、工作和交流平台。无讼学院板块提供直播及视频课程;无讼案例板块已收录 9500 万份判决文书、超过 155 万条法规,可通过关键词系统进行检索;律师协作板块可通过平台实现在线发单、接单;无讼阅读板块提供法律咨询、法律热点等阅读内容。

法律家 App,由北京中智库软件有限公司开发的免费法律法规、指导性案例检索应用。《法律法规全库》《指导性案例库》收录 100 余万国家、地方法律法规文件和全部最高人民法院、最高人民检察院发布的指导性案例。

实务类法律机构的 App 以律协和律所 App 为主,如北京市律协的首都律师 App、广州市律协的律兴 App、锦天城律师事务所的锦天城学院 App 等。

3. 手机端实用法律工具

前述 App 主要以法律类图书论文、法律资讯、法律法规、案例等法律文献信息检索为主。移动端还有一类工具类 App,可以协助法律从业者、学者、学生更高效地开展工作学习,如商业信息查询类 App、法律翻译类 App 等。

启信宝 App,是上海生腾数据科技有限公司开发的企业征信产品,可查询各类企业信息,包括企业工商、投资招标信息、司法涉诉、资质、许可、处罚等企业信息。检索可采用多模式,具有多选项筛选功能。前述企查查、天眼查等,亦开发有类似的企业征信 App。

多问 App,是由广州法度信息科技有限公司开发的法律类移动办公软件,主要是为律师提供实用类法律工具。功能包括诉讼费、律师费、贷款利息等的计算,诉讼保全担保、异地查档等的服务以及当事人咨询、律师同业合作等,尤其是作为律师实用“计算器”工具,便捷高效。

欧路词典 App,是由上海倩言网络科技有限公司开发的网络词典。内置常用英汉词条 30 多万个,专业词条 40 万个,可根据个体使用需求添加各类法学词典库,如《元照英美法词典》《英汉法律缩略词词典》《英汉法学大词典》《韩语法学词典》等。移动端支持摄像头取词、拍照查词,具有生词本、笔记、荧光笔、云端同步等多种功能。除开发有移动端 iOS、安卓(Android)系统应用外,也支持 Mac、Windows 等 PC 端使用。

(三)App 中的法律文献检索

2011 年,腾讯公司推出了一个为智能终端提供即时通信服务的免费应用程序,即微信。2011 年至今,微信除基本通信功能外,逐步增加了社交功能、支付功能、公众号和服务号功能、小程序功能、视频号功能等,成为移动互联应用的又一次革命。本部分主要以微信为例,介绍 App 内的法律文献检索。

1. 微信公众平台

微信公众平台是微信最为重要的功能模块之一。作为政府机关、企事业单位、个人都可以申请应用的媒体平台,微信公众平台可以实现和特定群体的文字、图片、语音、视频的全方位沟通、互动,已覆盖各行业方方面面。各类法律图书馆、政府相关机构、法律媒体、出版社、商业及学术机构运用微信平台,打造宣传推广平台及服务开展窗口,微信公众号成为提供文献信息的新型媒体平台。

“检察日报正义网”公众号,是检察日报和正义网的微信公众号。定位于立足法治、面向社会,点赞检察好声音,传播法治正能量。除日常消息发布外,还建设有“原创栏目”“原创策划”“正义文创”等服务模块,提供“检察官公开课”“普法放映室”等专题内容。法院、检察院媒体类公众号还有最高人民法院、最高人民检察院、人民法院在线服务、12309 检察服务中心、国家公诉、人民法院报、中国检察官、方圆等,各地区人民法院、人民检察院也多有建设自己的微信公众号。

“法律出版社”公众号,是法律出版社的微信公众号。定位于传播法律信息、推进法制进程、积累法律文化、弘扬法治精神。日常推送“图书导读”“法律书评”“热点案例解读”等丰富文章,同时打造有“法律好课”“法律好书”“法律服务”等专题板块内容。法律图书馆、出版社类公众号还有北大出版社法律图书、人大社法律出版、人民法院出版社、元照读书馆等,各政法院校图书馆也多有建设自己的官方微信公众号。

“中国民商法律网”公众号,是中国人民大学王利明教授创办的民商法律专业公众号,旨在为关注中国法治进程、学术发展的人士提供民商法前沿信息。类似法律专业学术性公众号还有明德公法、法学学术前沿、华政东方知识产权、商法界、中国国际法前沿等。(见图 6 – 4 – 7)

图 6 – 4 – 7 各类型法律微信公众号

“君合法律评论”公众号,是北京君合律师事务所的微信公众号。主要是开展对法律实务、立法动态和热点法律问题的评析与探讨。该公众号同时开设有视频号。类似法律实务类公众号一般由大型律师事务所、法律检索网站等开设,少数个人开设法律实务类公众号也具有较高的专业水平。例如,天同诉讼圈、国浩律师事务所、大成律师事务所、法纳刑辩、刑事实务、高杉 LEGAL、民商事裁判规则、劳动法库、家事法苑、知产库、法律之星等。

2. 微信小程序

微信小程序是微信在 2017 年 1 月上线的,无须下载安装即可使用的应用。用户通过扫描小程序码或微信内搜索即可打开应用，具有消息通知、线下扫码、公众号关联等功能。法律检索平台、法律实用工具等应用，在开发 App 之外，亦可选择采用微信小程序的方式提供服务。

“国家法律法规资料库”小程序，是由全国人大信息中心开发的官方法律法规数据库。数据库收录了宪法、法律、行政法规、监察法规、司法解释和地方性法规，并提供高级检索功能，还可浏览或下载公报原版或 WPS 版。数据库同时嵌入法律草案征求意见和审查建议在线提交的功能。类似法律检索类小程序还有中国证券投资基金业协会的“中国基金业法律法规”、上海司法局的“12348 上海法网”、北京华宇元典信息服务有限公司的“元典智库”等。

“秘塔法律助手”小程序，由上海秘塔网络科技有限公司开发，致力于运用人工智能技术为法律人打造生产工具，主要产品是法律检索、多语种法律文件翻译。法律工具类小程序还有劳动法计算器、不二法律助手等。

前述国家企业信用信息公示系统（国家市场监督管理总局）、企查查、天眼查、法信、无讼等各类网站，超星读书、北大法宝、启信宝等各类 App 均开发有微信小程序应用，功能基本一致，此处不再展开。

3. 微信搜索

2017 年 5 月，微信开通了“搜一搜”功能，使用该内置搜索功能，不仅可以实现前述法律文献信息的“一站式”检索，还可以检索搜狗网页搜索数据以及知乎问答社区的文章。

进入微信“发现”，可进入“搜一搜”功能界面，通过文字或语音输入的方式，以关键词进行泛检索，可获得相关新闻、文章、公众号、小程序、百科、视频以及微信指数等检索结果。在第一步泛检索的前提下，可进行分类检索，对检索内容的类型、检索文章是否为已关注公众号发布等进行限制，按照综合、发布时间、阅读量等进行排序，进一步获取更为精准的法律信息。

此外，综合搜索引擎“搜狗”推出了“微信搜索”功能（https://weixin.sogou.com/），在其 PC 端及移动搜索客户端，可以通过关键词搜索相关的微信公众号或公众号推送的文章。

三、网络开放课程

在“互联网 + ”时代,教育也经历着前所未有的变革。2001 年麻省理工学院开放课件项目(MIT Open Course Ware,OCW)启动,向全世界所有人免费提供麻省理工学院的课程材料。2002 年 7 月,联合国教科文组织举办的“开放课件对发展中国家高等教育的影响论坛”(The Forum on the Impact of OpenCourseware for Higher Education in Developing Countries)首次提出了“开放教育资源”(Open Educational Resources,OERs)的概念,即“通过使用信息和通信技术,开放供应教育资源,供非营利的用户社区咨询、使用和改编”。基于互联网和移动终端技术的不断发展,传统的线下课堂被搬到互联网,封闭式的课堂逐渐开放。

(一)视频公开课

视频公开课,即利用现代信息技术和网络技术,为广大用户提供的共享视频教学服务。课程以优质教育资源为基础,一般以向用户单向传递知识传递为主,部分平台支持用户开展简单的互动评论。目前,主要的视频公开课平台有以下几个:

网易公开课(https://open.163.com/),是一个为用户提供内容服务的互联网平台,内容包括但不限于各个领域的专家,以文字、音频或视频等形式分享个人见解、传播行业知识(见图 6 - 4 - 8)。课程汇集了清华、北大、哈佛、耶鲁等世界名校共上千门课程,覆盖包括法学在内的 22 个领域。

图 6 - 4 - 8　网易公开课

爱课程网(https://www.icourses.cn/cuoc/),是教育部、财政部委托高等教育出版社建设的高等教育课程资源共享平台,2011年11月,由北京大学、清华大学等18所知名高校建设了首批20门"中国大学视频公开课",截至2022年4月,网站已相继推出中国大学视频公开课共计992门,涵盖包括法学在内的13类课程。

此外,各大视频网站也具有众多视频公开课资源,如视频网站哔哩哔哩(https://www.bilibili.com/),拥有诸多世界名校包括哈佛大学、耶鲁大学、北京大学等的公开课资源。在其法律分类下,可通过关键词检索、最新动态或播放次数排序等方式,获取相关法律视频公开课资源。

(二)慕课

慕课(Massive Open Online Course,MOOC),即大规模开放的在线课程。该术语是2008年,加拿大爱德华王子岛大学网络传播与创新主任戴夫·科米尔(Dave Cormier),与国家人文教育技术应用研究院高级研究员布莱恩·亚历山大(Bryan Alexander)联合提出来的。"大规模"是指参与学习人数不受限制,"开放"是指课程对所有想学习的用户开放;"在线"是指可随时随地通过互联网完成学习。慕课与视频公开课的主要区别是,慕课能提供更多的交流与互动,除课程视频外,还可以同时提供课件、参考资料等辅助资料,支持课堂互动与课后作业,部分慕课甚至可通过线上考核获取学分或修读证书。2011年秋,斯坦福大学开出的一门"人工智能导论"的免费课程,来自世界各地的160,000人注册参加了学习。慕课在中国同样受到了很大关注,主要的慕课平台有以下几个:

中国大学MOOC(https://www.icourse163.org/),是由网易与高教社携手推出的在线教育平台,向大众提供中国知名高校的MOOC课程(见图6-4-9)。截至2022年4月,已收录北京大学、南京大学等400余所名校的200余门法学类课程。采用完整的在线教学模式,定期开课、学习视频、提交作业,完课后可获得讲师签名证书。

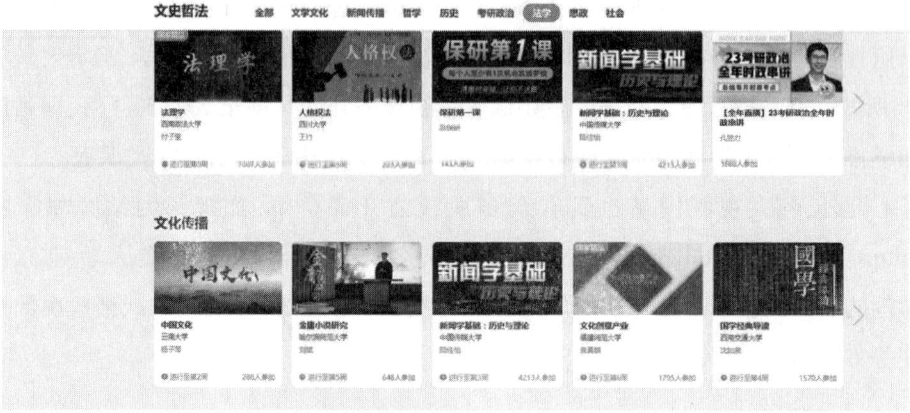

图 6 - 4 - 9　中国大学 MOOC

学堂在线(http://www.xuetangx.com/),是清华大学于 2013 年 10 月发起建立的慕课平台,是教育部在线教育研究中心的研究交流和成果应用平台,也是 UNESCO 国际工程教育中心(International Center for Engineering Education,ICEE)的在线教育平台。面向全球提供来自清华大学、北京大学、复旦大学、中国科技大学,以及麻省理工学院、斯坦福大学、加利福尼亚州大学伯克利分校等国内外高校超过 3000 门在线课程。截至 2022 年 4 月,法学类课程已超过 150 门。

第七章　大陆法系国家的法律文献检索

第一节　德国法律检索

一、德国的法律体系

德国属于大陆法系国家,其法律主要是以成文法为表现形式。与此同时,德国是一个联邦制国家,实行的是联邦制国家结构,除联邦宪法之外,各州还有各自的法律。

德国法的法律渊源主要有:

1. 联邦宪法——德国现行宪法是1949年的《德国基本法》,又称为“波恩宪法”。联邦宪法是德国的基本法,要修改宪法,必须有联邦议会两院各2/3以上多数同意。

2. 国际条约——德国所参加的国际组织的法律、国际条约以及公认的国际法准则是德国法律的重要组成部分。根据德国法律规定,国际条约具有优先于国内法的效力。

3. 联邦法律法规——德国联邦和各个州都有立法权。德国一些重要的法典都是联邦法律,如《德国民法典》(Bürgerliches Gesetzbuch, BGB)、《德国商法典》(Handelsgesetzbuch, HGB)、《德国民事诉讼法典》(die deutsche Zivilpmzessordnung, ZPO)、《德国刑事诉讼法典》(Strafprozessordnung, StPO)等。联邦法律具有高于州法的法律效力,各州必须严格遵守联邦法律。联邦政府依据法律授权可以颁布法令。

4. 各州的法律法规——德国各州有自主立法权,不过立法范围较小,主要集中在州政府机构的组织、地方治安、教育、环境保护等。州法律由各州议会制定,也包括各州政府颁布的法令法规。

5. 判例和习惯法——在德国,判例和习惯法的地位虽然没有普通法系国家那么重要,但是判例(尤其是宪法法院的判例)也是非常重要的法律渊源。

二、德国的司法体系

德国法院系统设有6种法院,即宪法法院、普通法院、劳工法院、行政法院、社会法院和财政法院,各成系统。除宪法法院外,其他5种法院的联邦级法院机构组成联合委员会,协调彼此工作。宪法法院(包括联邦宪法法院和州宪法法院)的权限和组成由《德国基本法》规定,其地位凌驾于其他法院之上。普通法院负责审理除专门法院管辖以外的一切民事、刑事案件,分4级,即联邦最高法院、州高等法院、州中等法院和地方法院。劳工法院分3级,负责审理劳资纠纷、工会与其成员之间的纠纷以及关于工人参加决定权的纠纷。行政法院分3级,负责审理除有关宪法、社会保险和财政以外的一切行政诉讼,被告一方为国家行政机关。社会法院分3级,负责审理一切有关社会保险的纠纷。财政法院分2级,负责审理有关财政税收纠纷。

德国联邦法院组织如图7－1－1所示:

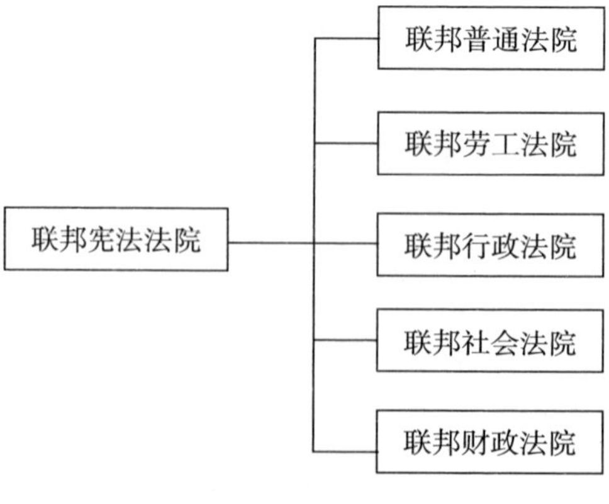

图7－1－1　德国联邦法院组织

普通法院系统如图 7 – 1 – 2 所示：

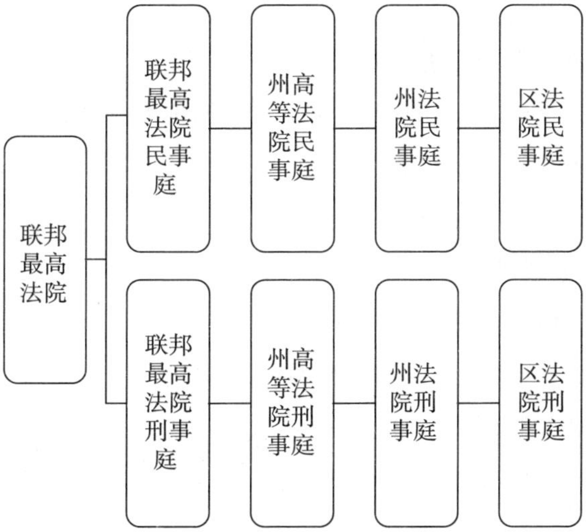

图 7 – 1 – 2　德国联邦普通法院系统

行政法院系统如图 7 – 1 – 3 所示：

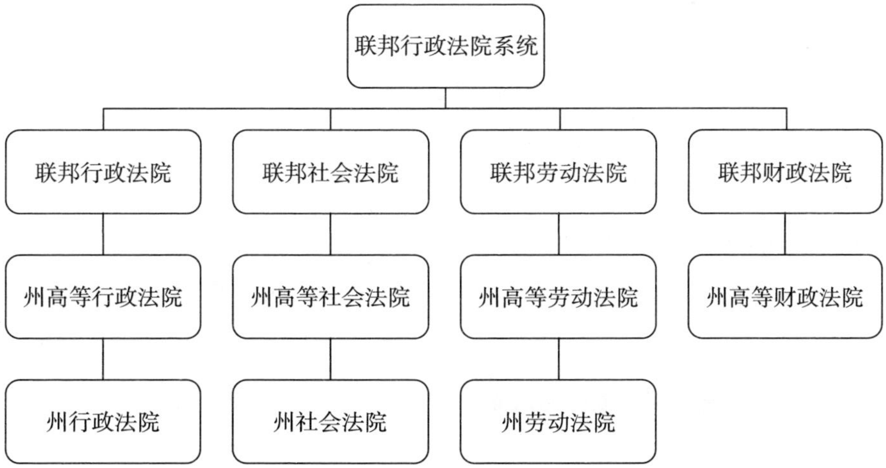

图 7 – 1 – 3　德国联邦行政法院系统

三、德国的法律文献检索

(一)德国法律主要纸质出版物

德国的各个法院对司法判决都有非常详尽的汇编,可以找到的重要司法判决汇编的纸质出版物有:

《联邦宪法法院判决书集》(1952 年至今);

《联邦最高法院民事判决书集》(1951 年至今);

《联邦最高法院刑事判决书集》(1951 年至今);

《联邦劳工法院判决书集》(1952 年至今);

《联邦行政法院判决书集》(1954 年至今);

《联邦财政法院判决书集》(1952 年至今);

《联邦社会法院判决书集》(1955 年至今)。

在德国,大学法学院或公共图书馆一般能查询到以上判决书集。

德文法律期刊主要有:

Neue Juristische Wochenschrift(《新法学周刊》);

Neue Zeitschrift für Arbeitsrecht(《新劳动法杂志》);

Neue Zeitschrift für Strafrecht(《新刑法杂志》);

Neue Zeitschrift für Verwaltungsrecht(《新行政法杂志》);

Wettbewerb in Recht und Praxis(《法律与实践杂志》);

Europaishe Zeitschrift für Wirtschaftsrecht(《欧洲经济法杂志》);

Zeitschrift für das gesamte Handelsrecht und Wirtschaftsrecht(《商法与经济法大全》)。

(二)德国法律数据库 Beck-Online

网址:http://beck-online. beck. de/

Beck-Online 数据库是由德国最大的法律出版集团——贝克集团(C. H. Beck)创建的,是全球收录德文法律信息权威的数据库之一(见图 7 - 1 - 4)。整个数据库收录了大量德国法律法规,包括民法、商法和贸易法、诉讼法、劳动和社会法、刑法、交通法、税法及审计规则、国际法和欧盟法等,是研究德国法律和欧洲法律不可或缺的资源。特别是该数据库收录了数千种法学各学科领域最核心的专著和注释书——超过7000种法律图书、550万份可以检索的文献。资源每天更新，收录资源最早可以回溯到1954年。该数据库只有德语版本，对一些不懂德语的研究者来说，使用该数据库查询德国法律资源有一定难度。

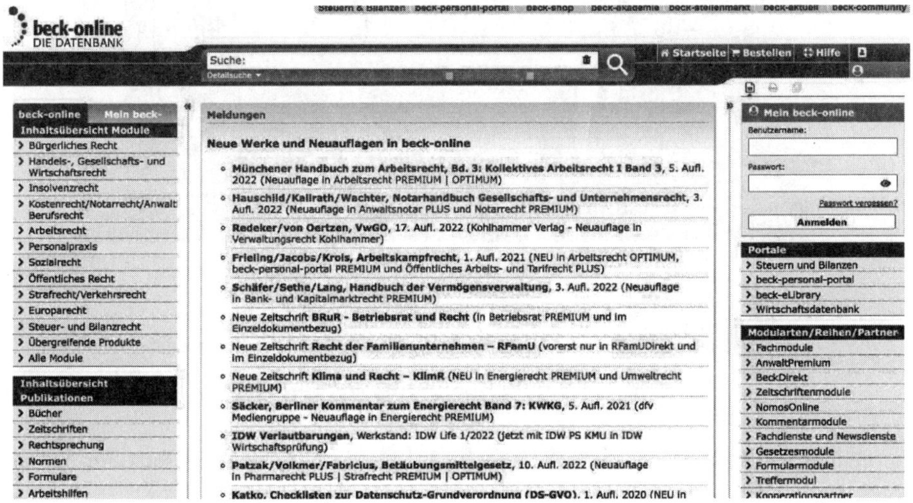

图7-1-4　Beck-Online德国法律查询网站首页

(三)德国法律主要网络资源

1. 德意志联邦司法部(Bundesministerium der Justiz)

网址:https://www.bmj.de/DE/Startseite/Startseite_node.html

德国联邦司法部前身是德意志帝国司法局(Reichsjustizamt),于1877年1月1日成立(见图7-1-5)。在1919年德国成为共和国以后,该司法局也提升了层级,改为德意志帝国司法部(Reichsministerium der Justiz)。1949年以后改名为联邦司法部。司法部下属的部门有:中央司法行政(Justizverwaltung)、司法制度(Rechtspflege),民法(Bürgerliches Recht)、刑法(Strafrecht)、商法及经济法(Handels-und Wirtschaftsrecht)、宪法及行政法(Verfassungs-und Verwaltungsrecht)、欧盟法及国际法(Völker-und Europarecht)。

图 7－1－5　德国联邦司法部网站首页

德国联邦司法网站具备法律法规查询功能(http://www. gesetze-im-internet. de/)。(见图 7－1－6)

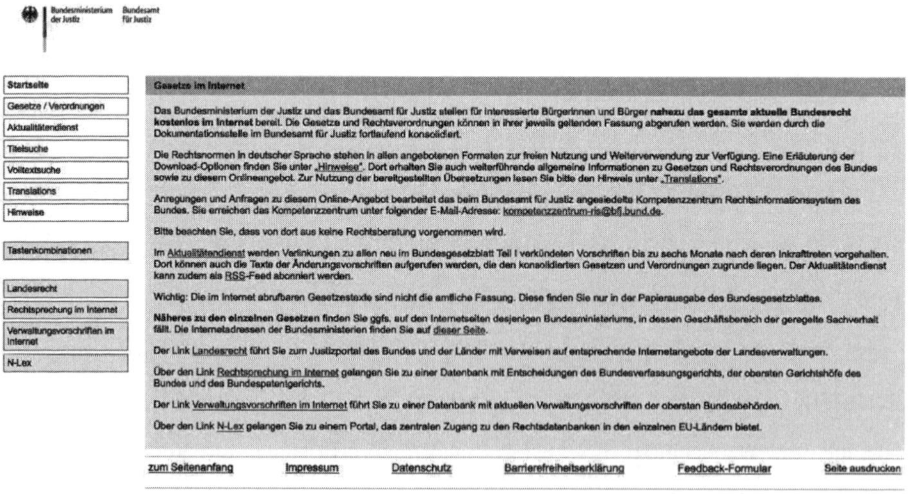

图 7－1－6　德国联邦司法部网站法规查询页面

检索途径：进入首页（Startseite），选择左边的“法律法规”（Gesetze/Verordnungen）一栏，内有德国所有法律法规的官方文本，均为 PDF 格式，进入后按字母排列检索。例如，德国民法典（BGB），选择字母 B，进入后找到 BGB Bürgerliches Gesetzbuch PDF，点击后可下载、阅读和保存德文版的德国民法典。另外，该网站中有很多德国法律是官方的英译本，同以 BGB 为例，进入主页后，点击左边的“翻译”（Translations）一栏，找到 BGB German Civil Code 点击后即为英文版的德国民法典。

网站特点：

- 权威性。该网站为德国联邦司法部官方网站，所有法律文本均为正式文本。
- 全面性。几乎涵盖德国所有的法律、法规、条例等。还有英文文本。
- 免费使用。该网站为公开网站，登录方便，文档可以免费下载阅读。

2. 德国联邦最高法院（Bundesgerichtshof）

网址：http://www.bundesgerichtshof.de/

德国联邦最高法院是德国普通法院系统的最高法院，也是德国民事和刑事案件的终审法院。联邦最高法院为德国 5 个联邦终审法院之一，另外 4 个是联邦最高劳工法院、联邦最高财政法院、联邦最高社会法院、联邦最高行政法院。联邦最高法院有 12 个民事审判庭、5 个刑事审判庭、8 个专门审判庭（包括土地经济审判庭、律师案件审判庭、公证案件审判庭、专利代理人案件审判庭、会计案件审判庭、税务顾问案件审判庭、卡特尔案件审判庭和政府公务员案件审判庭）。

检索途径：进入首页后，可以看到几个栏目，分别是联邦最高法院的介绍、法官的介绍（Richter）、法院的判决（Entscheidungen）、图书馆（Bibliothek）、出版物（Press）等。左边一栏提供网站内的检索功能，找到“搜索页面”（Suche in den Seiten），输入想找的内容即可。该网站还提供英文和法文的版面。（见图 7-1-7）

图 7-1-7 德国联邦最高法院网站首页

3. 德国专利及商标局(Deutsches Patent-und Markenamt)

网址:http://www.dpma.de/

1949 年,原德意志帝国专利局更名为德国专利局,总部设在慕尼黑,隶属于联邦司法部。两德合并后,前德意志民主共和国发明和专利事务局的工作职责并入德国专利局。1998 年 11 月 1 日,德国专利局正式更名为德国专利商标局(Das Deutsche Patent-und Markenamt, DPMA),主要办公地点分别在慕尼黑、耶拿和柏林。

DPMA 为德国联邦司法部管辖的联邦高级行政机构,是管理德国工业产权的中心,主要职能如下:

- 发明专利申请的受理、审查和授权;
- 实用新型、工业品外观设计、商标和集成电路布图设计申请的受理、审查和注册以及相关信息的公布;
- 代表政府对工业产权工作执行监督管理,对工业产权授权纠纷进行裁决。

目前,德国颁布的知识产权相关法规有《专利法》、《实用新型法》、《外观设计法》、《商标法》、《著作权法》、《半导体保护法》(保护客体为集成电路布图)和《植物新品种法》。

检索途径：进入德国专利及商标局网站主页面（见图 7－1－8），右上角为“搜索词”（Suchbegriff），可以键入要检索的内容，左边第一栏为“注册”（DPMAregister），进入后页面为“Amtliche Pulikations-und Registerdatenbank”，即“德国专利及商标局注册的信息的数据库”。首页上方分为几栏，以商标为例：选择栏目上的“商标”（Marken），点击进入后是对商标注册的简介，也有申请书的 PDF 格式可供下载。网页左边分为几个栏目，分别有商标注册费用（Gebühren）、商标申请程序（Verfahren）、注册申请（Anmeldung）等信息的查询。表格与表单（Formulare und Merkblätter）中有各种 Word 和 PDF 格式的表格，供公众免费下载。关于专利等其他查询方法也参照以上步骤。

图 7－1－8　德国联邦专利及商标局网站

4. 欧洲专利局（EPO）

网址：http://www.epo.org/

欧洲专利局正式成立于 1972 年，是一个根据《欧洲专利公约》成立的政府间组织，现有 19 个成员国，负责欧洲地区的专利审批工作。专利局设有 5 个总部一级机构，第一总部设在海牙，其余 4 个均设在慕尼黑。专利信息中心位于维也纳。

欧洲专利局网站采用德文、法文和英文三种界面语言（见图 7－1－9）。欧洲专利局是世界上最现代化的专利局之一，拥有在专利审查、申诉及法律研究方面丰富的文献资料，以及先进的专利信息检索系统。

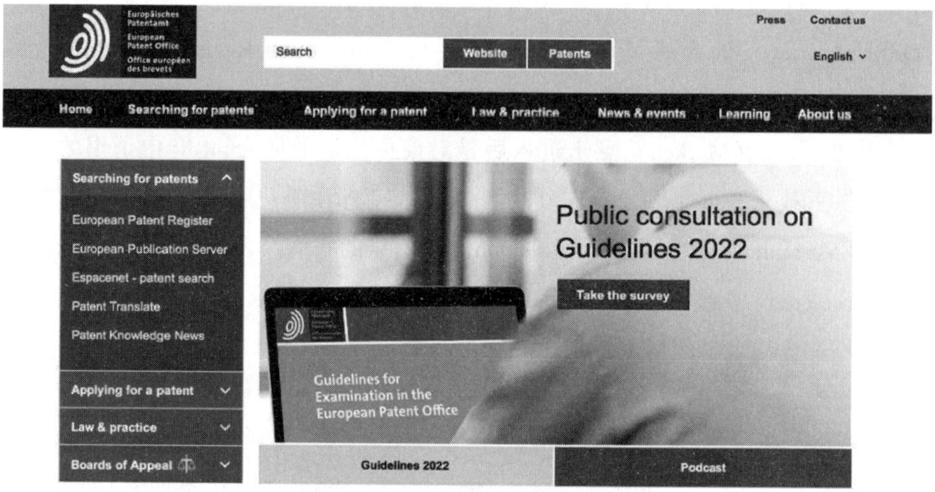

图 7－1－9　欧洲专利局网站

5. 德国联邦宪法法院(BundesVerfassungsGericht)

网址:http://www.bundesverfassungsgericht.de/

德国联邦宪法法院是根据《德国基本法》特别设立的一个国家机关,不属于普通法院系统,是一个独立的司法机构。德国联邦宪法法院的主要任务是对德国国家机关的行为进行司法审查,若有违反宪法的行为则宣布其无效。

检索途径:进入首页后,点击裁决(Entscheidungen),进入网页即可查询德国联邦宪法法院作出的所有判决。该页还提供关键词检索的功能,可以按照判决作出的日期进行。点击某一个判决后即可获得正式判决文本。(见图 7－1－10)

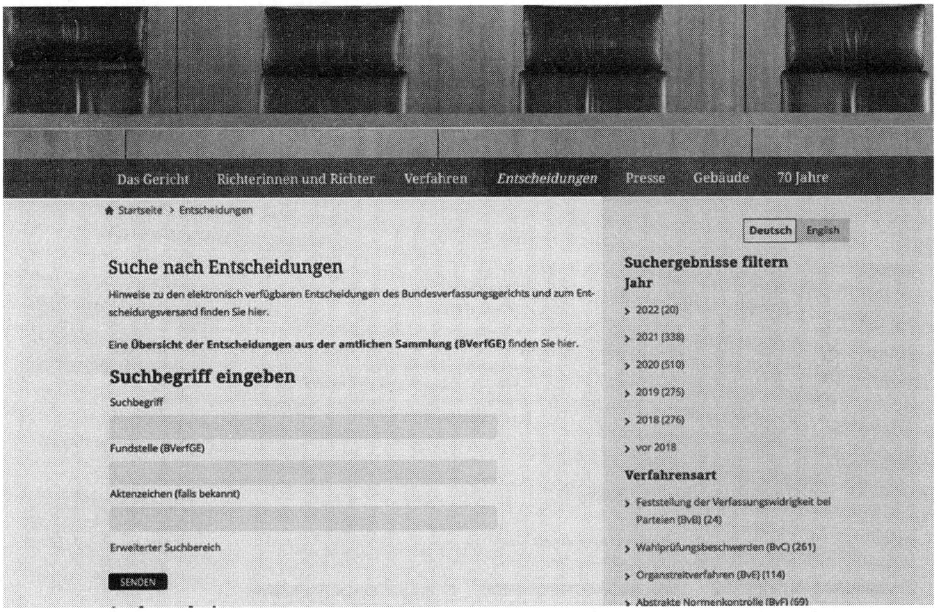

图 7 – 1 – 10　德国联邦宪法法院网站

6. 德国联邦最高行政法院(Bundesverwaltungsgericht)

网址:http://www.bvger.ch/

德国联邦最高行政法院是德国五大终审法院之一,负责审理全国范围内的与行政法有关的诉讼案件,被告一方一般为国家行政机关。如果当事人不服各州高等行政法院的判决,可以上诉至联邦最高行政法院。联邦最高行政法院网站提供德语、法语和意大利语 3 个版本的资料。(见图 7 – 1 – 11)

图 7-1-11 德国联邦最高行政法院网站

7. 德国联邦最高财政法院(Bundesfinanzhof)

网址:http://bundesfinanzhof.de/

德国联邦最高财政法院作为五大终审法院之一,分为两级,负责审理有关财政税收、海关的各种纠纷案件。该网站还提供历年联邦财政法院的判决书。(见图7-1-12)

图 7 -1 -12　德国联邦最高财政法院网站

8. 德国联邦最高社会法院(Bundessozialgericht)

网址:http://www. bsg. bund. de/

德国联邦社会法院系统是德国六大法院系统的重要组成部分,分为三级,主要受理一切有关社会保险、社会保障的案件。(见图 7 -1 -13)

图 7 -1 -13　德国联邦最高社会法院网站

9. 德国联邦最高劳动法院(Bundesarbeitsgericht)

网址:http://www.bundesarbeitsgericht.de/

德国联邦最高劳动法院,又称德国联邦劳工法院。该法院系统分为三级,受案范围比较广,主要负责审理劳资纠纷、工会与其成员之间的纠纷以及工人参加决定权的纠纷等。(见图 7-1-14)

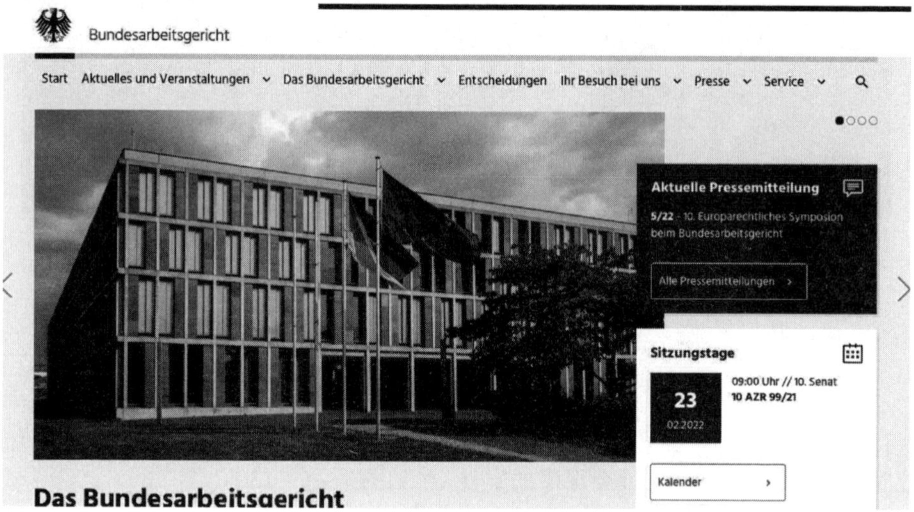

图 7-1-14 德国联邦劳动法院网站

10. 德国联邦最高专利法院(Bundespatentgericht)

网址:http://www.bundespatentgericht.de/cms/

德国为处理与专利有关的知识产权纠纷专门设立了德国联邦最高专利法院。在具体案件中,合议庭由法官和专业技术人员组成。这种专门化、专业化的审判机构解决了传统上法官可能无法对专利技术问题作出司法认定的难题。该法院的网站以英语、德语两种语言为主,有众多专利方面的判决可供查询。(见图 7-1-15)

图 7-1-15　德国联邦专利法院网站

（四）大学及其他网站

1. 柏林自由大学（Freie Universität Berlin）

网址：http://www.ub.fu-berlin.de/

柏林自由大学成立于1948年12月4日，迄今已有50年的历史，是德国首都最大的综合性大学，主校址位于柏林达雷姆（Berlin-Dahlem）。冷战期间，位于菩提树下大街的原柏林大学划归东柏林。为了追求学术自由，原柏林大学的部分师生出走，在西柏林成立了柏林自由大学，成为联邦德国的学术重镇。（见图7-1-16）

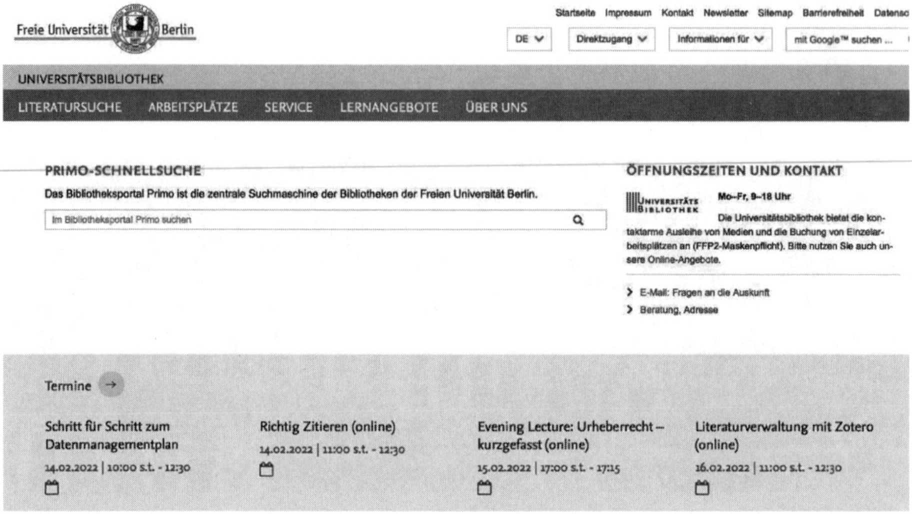

图 7－1－16　德国柏林自由大学首页

2. 柏林洪堡大学(Humboldt-Universität zu Berlin)

网址:http://www. hu-berlin. de/

柏林洪堡大学是德国首都柏林最古老的大学,于 1809 年由普鲁士教育改革者及语言学家威廉·冯·洪堡(Wilhelm von Humboldt)及弟弟亚历山大·冯·洪堡(Alexander von Humboldt)创立,是第一所新式的大学,对于欧洲乃至全世界影响深远,被誉为"现代大学之母"。(见图 7－1－17)

图 7－1－17　德国柏林洪堡大学首页

3. 萨尔大学法律查询网(Juristisches Internetprojekt Saarbrücken)

网址:http://www. jura. uni-saarland. de/

萨尔大学法律查询网是一个使用方便、内容齐全的网站。首页最上一栏有查询分类:选择"项目"(PROJEKTE)项下"epub 格式的法律"(Gesetze im ePub-Format),进入页面后可以进行法律搜索,既可以选择在线浏览,也可以进行文本下载。(见图 7-1-18)

图 7-1-18　萨尔大学法律查询网

4. 律师事务所法律汇编网(Strömer Rechtsanwälte)

网址:http://www. netlaw. de/index. php/aktuelles/aktuelle-gesetze

律师事务所法律汇编网是一个内容丰富又十分实用的网页。虽然内容都是非官方的文本,但是用户可以查询到齐全的德国法律法规。(见图 7-1-19)

图 7-1-19 Strömer Rechtsanwälte 律师事务所法律汇编网

第二节 法国法律检索

一、法国的法律体系

法国是典型的大陆法系国家,有成文的法律法规,其法律渊源包括国际法、欧盟法、国内规范(宪法、法律、法规或判例)、地方规范(市政决议)以及合同规范(公民间达成的协议、集体协议等行业协议)。

早期法国(高卢王朝时代前)没有统一的法律规范,一些规范受罗马法、习惯法以及教会法的影响。直到法国革命以及法兰西第一帝国期间,才开始逐步实施权力分散,形成“立法机构立法+法官实施法律”的机制。

1804 年,拿破仑一世组织制定民法典,拉开了法国法典化的序幕。民法典的编纂综合了法国南北方不同的司法特点,使其成为介于成文法和习惯法之间的法律文本,同时体现了法国传统的社会统治意志与启发法国革命的个人主义哲学。值得注意的是,法国民法典的编纂注重对法律原则的表述,并且在撰写时讲求语言表达的清晰和简洁,有利于大众理解法律。

法兰西共和国现行宪法于 1958 年 10 月 4 日颁布。任何其他法律都从属于宪法。国家的一切法律都由议会通过。法国议会由国民议会和参议院组成。国民议会有议员577人,由直接普选产生,任期5年。参议院共有321名议员,由选举团间接选举产生,任期9年,每3年改选1/3。共和国总统为军队的最高统帅,由选举产生,负责保证民族独立、领土完整以及条约和共同体协定的遵守。总理由共和国总统任命,总理负责管理国家日常事务,主持内阁会议。

二、法国的司法体系

法国司法体系实行“双轨制”,分为普通法院系统和行政法院系统。整个法院系统的主要区别在于分工不同:普通法院负责审理民事、刑事以及其他专门领域的法律纠纷;行政法院则负责审理行政当局使用公共权力时与被治理的公民之间发生的诉讼。“双轨制”的主要目的和意义在于防范司法权与制定法和行政管理之间的重叠和互相干预,真正实现行政权与司法权的分离。(见图7-2-1)

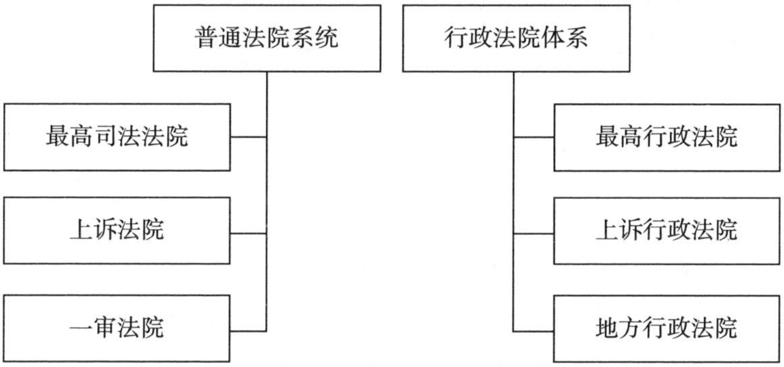

图7-2-1　法国的司法体系

(一)法国的普通法院体系

法国的普通法院分为三级,分别是一审法院、上诉法院和最高司法法院。

1. 一审法院

法国一审法院分为刑事一审法院和民商事一审法院,以及处理特殊纠纷的专门法院。刑事一审法院(Tribunaux correctionnels)包括违警法院(Tribunaux de police)、轻罪法院(Le tribunal correctionnel)和重罪法院(Cours d’assise)。民商事一审法院包括大审法院(Tribunaux de grande instance)和小审法院(Le tribunal d'instance)。审理特殊纠纷的专门法院包括商事法院(Tribunaux de commerce)、劳动法院(conseils de prud'hommes)、社会保障法院(Tribunaux des affaires de sécurité sociale)和农事租赁法院(Tribunaux paritaires des baux ruraux)。

2. 上诉法院(la cour d'appel)

上诉法院是审理民事和刑事上诉案件的主要审判机构,除大审法院行使部分上诉审判职能外,一般上诉案件的审理均由上诉法院承担。

3. 最高司法法院(La Cour de cassation)

法国最高司法法院是法院组织系统中的最高一级,负责指导和监督各级审判机关,它有权管辖全国各级法院的各类案件。最高司法法院的作用是审核第一级和第二级审判机关作出的判决是否符合法律的要求。

(二)法国的行政法院体系

法国的行政法院组织主要包括最高行政法院、上诉行政法院和地方行政法院。

1. 最高行政法院(Le Conseil d'Etat)

最高行政法院的职权包括咨询、审判、裁决行政法院系统内部管辖权以及指导下级行政法院的工作。最高行政法院的组织分为两个主要部门,即行政组和诉讼组。行政组的任务是向政府提供咨询意见,诉讼组的任务是行政审判。最高行政法院的审判职权有三种:初审管辖权、上诉审管辖权和复核审管辖权。

2. 上诉行政法院(Les tribunaux administratifs)

法国的上诉行政法院于 1987 年在行政诉讼制度改革中创设。依据法律规定。上诉行政法院受理不服地方行政法庭裁决的上诉案件。上诉行政法院的法官至少具备地方行政法庭一级法官的资格,而且还需要有 6 年的工作经验(其中 4 年必须是从事审判工作)。

3. 地方行政法院(Les cours administratives d'appel)

地方行政法院被称为行政法庭,其职权主要有两项:审判和咨询。

(三)法国的特殊职能法院

除上述法院之外,还有一些具备特殊职能的法院(les juridictions exterieures aux deux ordres):

- 权限争议法院(Le Tribunal des conflits)就普通法院与行政法院的管辖权冲

突作出裁决。

• 宪法委员会(Le Conseil Constitutionnel)负责审查法律是否符合宪法性规范。

三、法国的法律文献检索

在进行法国法相关研究时,用户可以通过以下途径检索到法国法律。

(一)官方网络资源

1. 法国法律网(Legifrance)

网址:http://www.legifrance.gouv.fr/

法国法律网是法国政府发布法律信息的官方网站。根据2002年8月7日颁布的《有关法律信息网上传播公共服务的第2002-1064号法令》,其宗旨是免费为公众提供法律数据,方便公民、民选官员以及企业更了解自己的权利和义务。网站以法语为主要工作语言,同时提供包括英语、中文、西班牙语等语种在内的翻译文件。(见图7-2-2)

图7-2-2　Legifrance 官方网站

该网站提供的法律资源包括:

• 规范性文件及其修改内容(Lois et règlements):

(1)宪法、法典、法律以及国家机构作出的规范性文件;

(2)经有关条例决定推广的全国性集体协议。

• 基于法国在国际上承诺所采取的措施(Droit international & Droit européen):

(1)法国加入的条约与协定;

(2)欧盟当局作出的指令和条例。

• 判例(Jurisprudence):

(1)宪法委员会、国家行政法院、最高法院和权限争议法院的决定和判决;

(2)国家审计院的决定;

(3)其他普通法院和行政法院的判决选录;

(4)欧洲人权法院和欧洲人权委员会的判决和决定;

(5)欧共体法院和欧共体初审法院的决定。

• 官方出版物(Le Journal officiel de la République française):

(1)法兰西共和国官方公报法律法规版;

(2)各部委公报;

(3)欧洲共同体官方公报。

在"法国法律"(Droit français)栏中,可以查询到法国法律的最新动态(Actualité)、法律实践(L'application des lois)、各部委的信息(Les bulletins officiels des ministères)、法律汇编(Codification)、与宪法有关的决议以及条例(La Constitution),以及部分重要的官方公告(La sélection du Journal officiel de la République française)等。(见图 7-2-3)

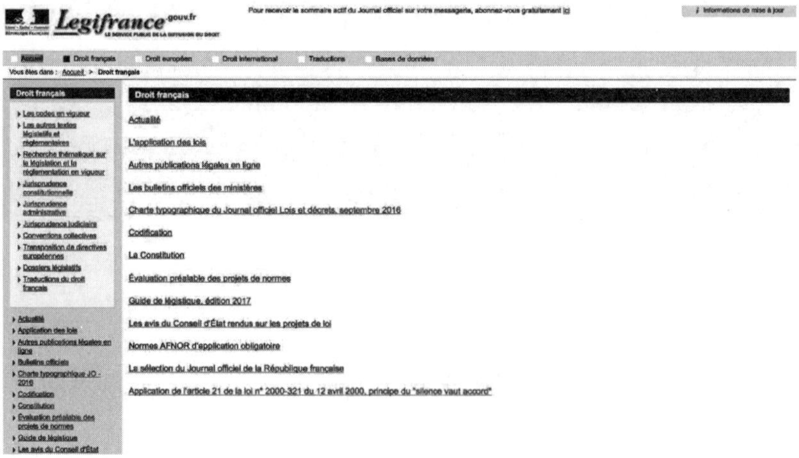

图 7-2-3 法国法律(Droit français)查询页面

值得注意的是,法国法律(Droit français)网页左侧的导航栏,是重要的法律资源查询入口。它们是:

- 成文法典查询(Les codes en vigueur);
- 其他立法文件和法规查询(Les autres textes législatifs et réglementaires);
- 按照不同领域查询法规(Recherche thématique sur la législation et la réglementation en vigueur);
- 查询宪法有关的判例(Jurisprudence constitutionnelle);
- 查询行政法相关判例(Jurisprudence administrative);
- 查询普通法相关判例(Jurisprudence judiciaire);
- 查询集体协议(Conventions collectives);
- 欧盟指令查询(Transposition de directives européennes);
- 立法资源查询(Dossiers législatifs);
- 法国法律翻译(Traductions du droit français)。

在翻译(Traductions)栏中,网站提供官方的翻译文件,其中以英语资料为主。中文用户可以点击中文,即可获得相关资料。网站还提供其他中文资料的网站链接。(见图7-2-4)

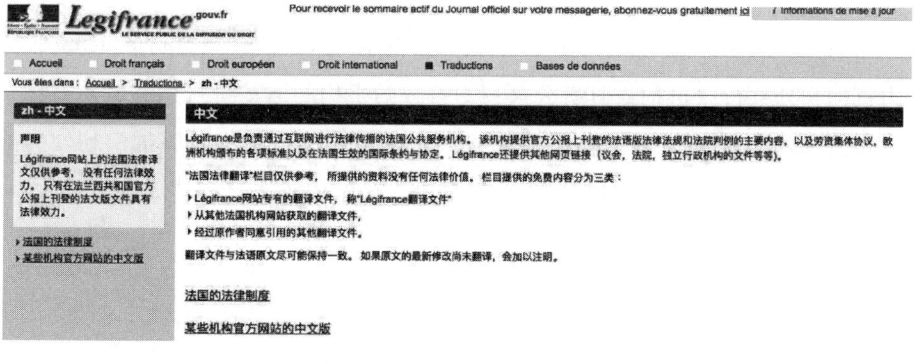

图7-2-4　Legifrance网站官方翻译文件

另外,Legifrance网站是重要的法律数据库的入口,用户可点击数据库(Bases de données)栏进入。这些免费数据库包括:

LEGI数据库(https://www.legifrance.gouv.fr/initRechExpTexteCode.do),包

括所有法典、法令以及各项法规;

JORF 数据库(https://www.legifrance.gouv.fr/initRechExpTexteJorf.do),包括所有官方公告;

KALI 数据库(https://www.legifrance.gouv.fr/initRechExpConvColl.do),包括所有集体协议①;

CONSTIT 数据库(https://www.legifrance.gouv.fr/initRechExpJuriConst.do),包括所有宪法委员会决议;

CNIL 数据库(https://www.legifrance.gouv.fr/initRechExpCnil.do),包括国家信息科技和民权委员会的审议结果。

2. 最高行政法院

网址:http://www.conseil-etat.fr/fr/;中文网站:http://www.conseil-etat.fr/zh/

法国最高行政法院建立于 1790 年的法国大革命期间。目前,该法院拥有将近 85 名法官、40 名助理法官,设有 6 个法庭。最高行政法院是政府在起草法律、法令和某些政令草案时的顾问,要在政府就法律问题征求意见时作出答复。此外,它还要根据政府的要求,或者主动地对任何行政问题或涉及某项公共政策的问题进行研究。

最高行政法院同时是最高行政审判机关,它有权对政府、地方行政机关、独立权力机构和公共行政机构或具有公共权力特权的机构的活动进行最终判决。凭借其在司法和咨询方面的双重职能,最高行政法院可以确保法国政府部门切实遵守法律。(见图 7-2-5)

---

① 集体协议,是指工会和企业主联合会经谈判,就当时的协议工资、薪金、工作时间、假期及其他劳动条件所达成的协议。

图 7－2－5　法国最高行政法院网站

该网站所提供的检索内容，将为研究人员研究法国行政法历史沿革和最新发展提供有价值的信息。内容包括：

- 新闻动态（Actualité）；
- 合宪性先决问题（Question prioritaire de constitutionnalité）；
- 最高行政法院决议、意见以及公开出版物（Décisions, avis et publications）；
- 1999 年以来最高行政法院公开说明的部分决议（Sélection de décisions du Conseil d'État faisant l'objet d'un communiqué de presse depuis 1999）；
- 最高行政法院决议的介绍（Présentation des grands arrêts）；
- 最高行政法院重要决议（Les grands avis）。

在最高行政法院的"研究报告"（Etudes & publications）栏中，用户可以下载自 1998 年以来最高行政法院就大众问题的研究报告（Rapports publics du Conseil d'État et études de caractère général publiées depuis 1998）。用户亦可在线阅读 1873 年至今最高行政法院所有裁决的摘要和判例分析。与此同时，用户还可以在线订购 2006～2008 年的最高行政法院判例集。

3. 最高司法法院

网址:http://www. courdecassation. fr/

法国最高司法法院设有 6 个法庭,除民事法庭(民事一庭、民事二庭、民事三庭)之外,法院还增设了商事财经法庭、社会法庭以及刑事法庭。每个法庭设庭长一名。法国最高司法法院的人员设置由首席院长、各庭庭长、法官、助理法官组成。(见图 7-2-6)

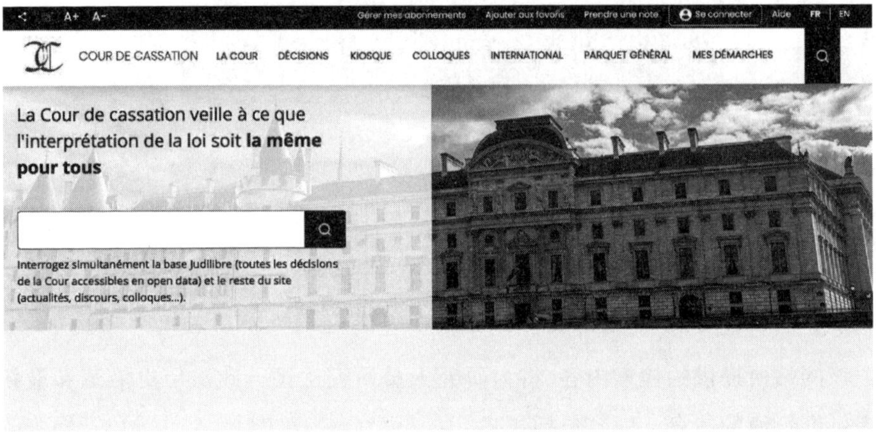

图 7-2-6　法国最高司法法院网站

用户在该网站上可以查询 1992 年以后所有最高司法法庭意见审结的判例(Avis de la Cour),查询者可根据标题或者年份查询,所查询结果都可以在线打印。

最高司法法院 1995～2005 年的信息公告(Bulletin d'information de la Cour de cassation,BICC)只提供 html 版本,2006 年以后的信息公告提供 PDF 版本下载。

最高司法法院 1997 年至 2002 年的年报(Rapports)仅提供 html 版本,2003～2011 年的年报在 html 版本外同时提供 PDF 版本。

4. 权限争议法院

网址:http://www. tribunal-conflits. fr/

权限争议法院根据 1848 年宪法规定,于 1849 年成立。其主要功能是审理涉及民事和行政管辖权冲突的案件,避免在两套体系中得出相悖的法律结论。该法院共由 8 位法官组成,每 3 年更换一次,其中 4 位来自最高行政法院、4 位来自最高

法院。(见图 7 - 2 - 7)

图 7 - 2 - 7　法国权限争议法院网站

在“组织机构”(organisation)栏中,用户可以了解权限争议法院的判决形式。

在“判决”(décisions)栏中,用户可以检索 2009 年至今的所有法院判决(有的还包括总结和分析)。用户可以按照年限查询,查询结果可以在线阅读、直接打印或者通过 html 格式保存。

在权限争议法院网站“年度报告”(rapports annuels)栏中,用户可以查询到 2005 年至今的报告并在线打印。

5. 得克萨斯大学奥斯汀分校法学院

网址:http://www.utexas.edu/law/academics/centers/transnational/work_new/

得克萨斯大学奥斯汀分校法学院的网站免费向用户提供在线浏览英译版的政策法规、判例等,内容包括宪法委员会决议、最高行政法院判例、最高法院判例和商

法判例。翻译资料都经过了系统梳理,为研究法国法提供丰富的资料。(见图7－2－8)

图7－2－8 得克萨斯大学奥斯汀分校法学院网站

6. 法国司法部(Ministère de la Justice)

网址:http://www.justice.gouv.fr/

法国司法部网站不仅详细解释了法国司法部的职责以及运作方式,同时介绍法国司法发展简史等,为法国公民、法律界人士以及法律爱好者提供前沿而实用的信息。用户在网站上可以搜索官方的公告、司法部统计资料以及司法部在不同领域内的研究报告(Les rapports thématiques de la Justice)。同时,对于欧洲司法和国际法最新发展,特别是比较法(Etudes de droit comparé)方面亦有涉猎。(见图7－2－9)

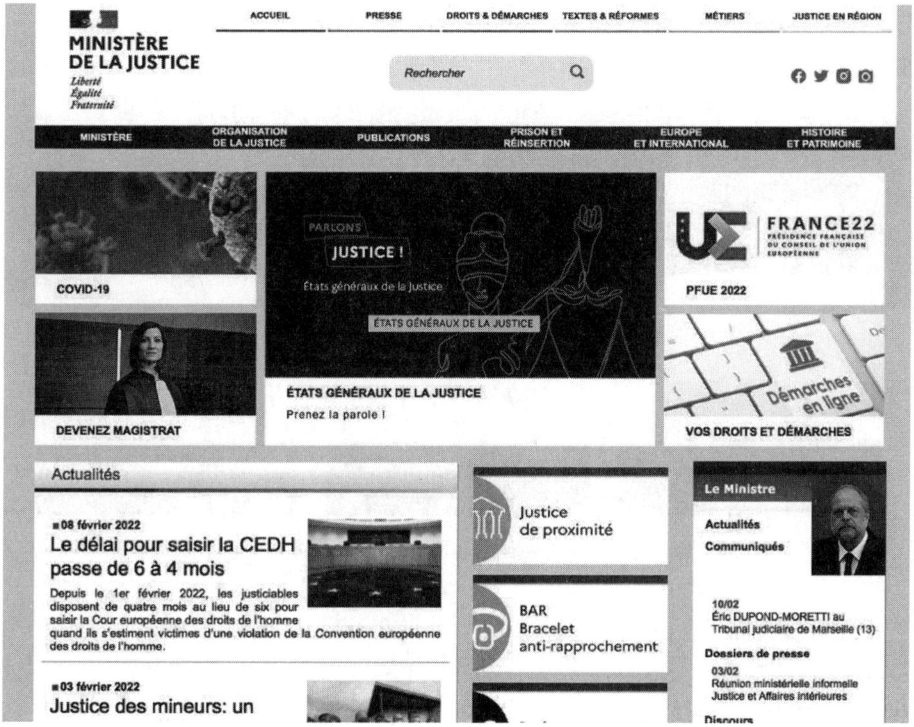

图 7－2－9　法国司法部网站

7. 法国国家工业产权研究院(Institut national de la propriété industrielle)

网址:https://www. inpi. fr/fr

法国国家工业产权研究院是负责法国有关工业产权申请、受理以及办理权利变更的公共机构。该网站实现了对工业产权知识的普及以及公共服务功能,提供免费的工业产权数据检索功能。免费数据库有:商标(Base Marques)、授权专利(Base Brevets-FR Esp@ cenet)、外观设计型(Base Dessins et modèles)、工业产权判例数据库(Base Jurisprudence)、地理标志查询(Base Indications géographiques)、19世纪专利(Brevets du 19è siècle)。(见图 7－2－10)

图 7-2-10　法国国家工业产权研究院网站

(二)出版物

1. 达洛兹(Dalloz)出版社

网址:http://www.dalloz.fr/

达洛兹出版社是法国重要的法学出版社,其出版物包括法典(codes)、法学期刊(revues)、法律百科全书汇编(répertoires de l'Encyclopédie)等,涉及的领域有:行政法、民法、商法、劳动法、不动产法以及刑法。

除出版物之外,该出版社还有两个电子平台:一个是 Dollar 时事平台(Dalloz actualité),提供有关立法和判例的最新动态,用户可以在线阅读或者打印,同时可选择订购方式;另一个是 Dalloz 判例平台(Dalloz jurisprudence),共收集了超过 60 万个判决。(见图 7-2-11)

图 7－2－11　Dallo 出版社网站

用户搜索判例时可以依据不同的管辖法院(Juridiction)、所在城市(Ville)、所在的法庭(Chambre)、判决号(N°de décision)以及时间(Date)等详细信息搜索,但是网上数据库功能需要付费使用。

2. EFL 出版社(Les Éditions Francis Lefebvre)

网址:http://www.efl.fr/

EFL 出版社是法国著名的法学出版社,主要领域涉及税法、社会法、公司法、财务管理和不动产法等(见图 7－2－12)。最著名出版物为概要(Mémentos)系列的法律实务手册,内容涉及上述具体每个部门法的难点解析和实务操作。

图 7－2－12　EFL 出版社网站

此外,该出版社有 4 个在线数据平台,它们分别是 Navis、Mémentis、Practis、Thèmexpress,提供从在线资料查询到交互式问答不同的法律解决方案。开通在线数据库服务需要付费。

(三)商业数据库

1. 律商联讯(LexisNexis)

网址:http://www.lexisnexis.fr/

LexisNexis 是法国比较成熟的商业局数据库,数据库中有 120 万余件司法判例、15 万余种法律文献以及超过 130 种类的法学期刊。其他资料还包括法律法规、专利资料、期刊论文及专著、新闻以及各部门法实务指南等。用户可以经由律商联讯法学专业版(LexisNexis JurisClasseur Pro)查询所需要的资料。(见图 7－2－13)

图 7 -2 -13　LexisNexis 商业数据库

2. Lextenso

网址：https://www. labase-lextenso. fr/

Lextenso 数据库包含两个数据平台：期刊（base revues）和判例（base jurisprudence）。前者收录了 13 种期刊，后者则以法理学（Jurisprudence）为主，提供检索接口功能，以便用户查阅超过 60 万个判决（décision）全文。（见图 7 -2 -14）

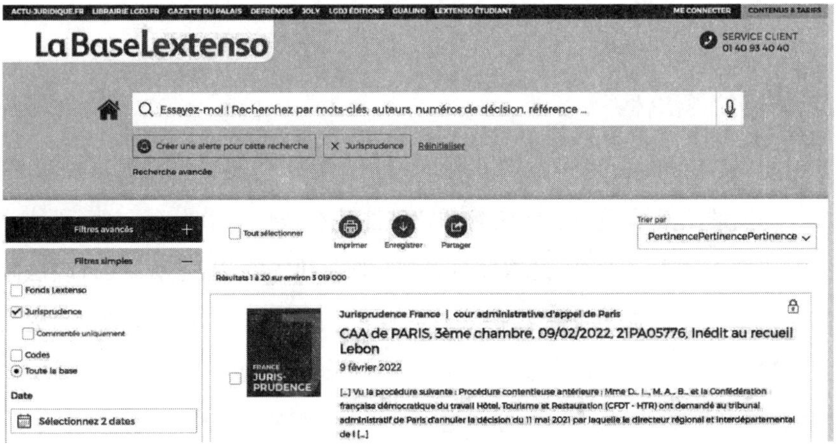

图 7 -2 -14　Lextenso 数据库搜索页面

第三节　韩国法律检索

一、韩国的法律体系

韩国作为大陆法系国家之一,其法律渊源是国会制定的各种成文法。韩国的现行宪法是 1987 年宪法,规定国会是国家唯一的立法机关。韩国法律体系由国会制定的各种成文法构成,除国内法之外,还包括国际条约、条例和指令。

韩国于 1948 年开始制定宪法,经历了 9 次修宪。1987 年 6 月,国民通过“六月民主抗争”提出以总统直选制、切实扩大并强化基本权利等为主要内容的修宪要求,1987 年 10 月 27 日,宪法修改案获国民投票通过,于同月 29 日颁布实施。在 1987 年宪法出台的同时,韩国引入了宪法裁判所制度和宪法诉愿审判制度。宪法裁判所负责违宪法律审判、弹劾审判、政党解散审判、权限争议审判和宪法诉愿审判。如果因国家权力的作为或不作为而侵害了国民的基本权利,国民就可以直接请求宪法裁判所予以救济。

韩国国会目前采用“以小选区为主、比例代表制为辅”的选举制度。选区分为地域区和全国区两种。前者采用小选区制,将全国划分为若干个选区,每个选区由选民直接投票选出一名国会议员;后者采用比例代表制,在地域区选举结束后,由中央选举管理委员会按照各政党在地域区选举中的得票率,按比例将部分议员名额分配给当选议员超过 5 人的政党。

二、韩国的司法体系

韩国的司法机构是行使司法权的国家机关。韩国的司法机构由法院和宪法机关组成。韩国的法院体系由各级法院和特殊法院组成。法院共分三级,即大法院、高等法院和地方法院。此外,还有特殊法院,即专利法院、家庭法院、行政法院(见图 7-3-1)。大法院是韩国最高司法机关,审理下级法院和军事法庭所作出的裁决的上诉案件。大法院院长由总统任命,但须经国会同意。大法院的其他法官由大法院院长推荐,经过国会同意并由总统任命。大法院院长任期为 6 年,不得连任,年满 70 岁退休。大法院的其他法官任期也为 6 年,根据法律规定,任期届满可被重新任命，但年满 65 岁退休。

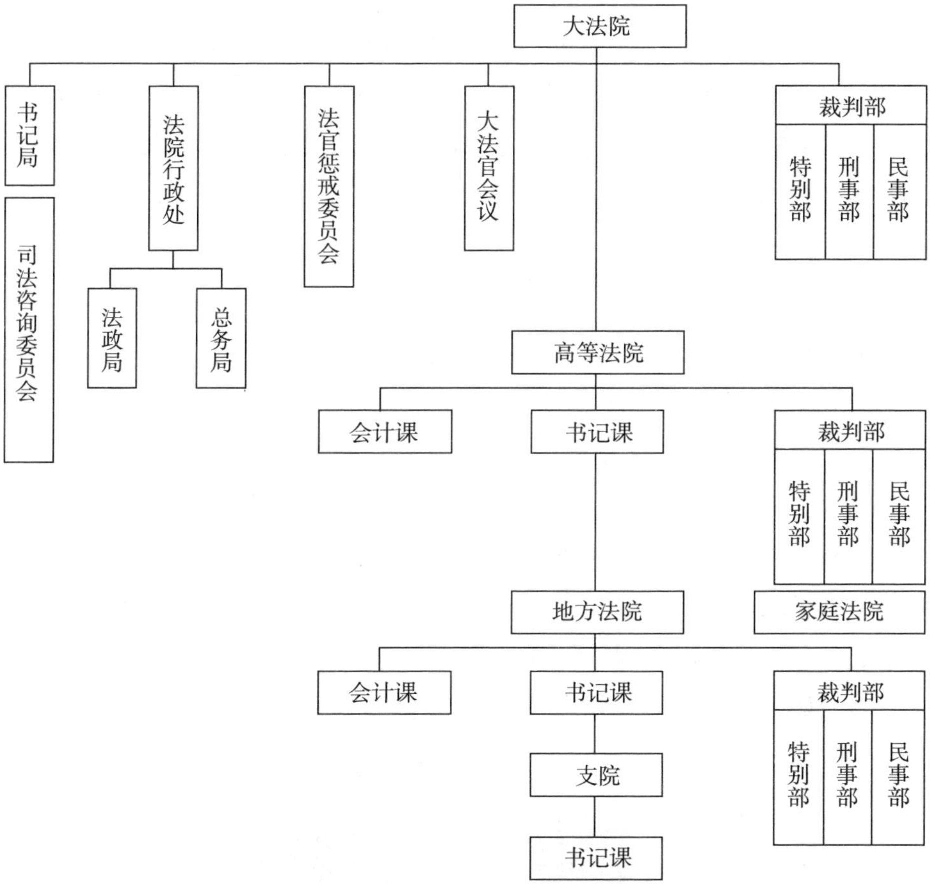

图 7－3－1　韩国法院体系

三、韩国的法律文献检索

韩国法律信息资源的网络建设较为成熟，这不仅为本国公众随时获取法律信息和援助提供了便利，而且为研究和学习韩国法律的人提供了丰富全面的法律信息检索渠道。

韩国的法律信息资源主要来自政府网站和政府建设的免费数据库。因为韩国倡导“信息服务”的理念，所以除了政务信息公开，更多的是为公众提供免费的政法信息服务。10 多年前,韩国政府网站的韩、英两种文字界面各自所包含的法律内容差别较大。英文页面主要以机构设置、职能、新闻公告、工作报告、政策介绍等栏目为主,提供的法律原始文献比较少。韩文页面所包含的法律信息则比较丰富,但这对于有语言障碍的非本国研究者而言价值有限。近年来,韩国政府网站在不断改善,越来越多地提供英韩双语的法律原始文献和二次文献,以及可直接进行英文检索的数据库。

(一)官方网络资源

1. 韩国国会

网址:http://www. assembly. go. kr/

韩国国会网站有国会情报系统(数据库),其中包含 9 个子库:立法综合信息检索库、法律知识信息库、预算决算信息库、国政监查信息库、议案信息库、会议记录库、网络议事转播、视频会议记录、多媒体资料馆。其中,立法综合信息检索库支持用户通过综合检索或者日期检索等方式对立法信息进行查询;法律知识信息库则支持用户进行法律知识检索、废止法律检索、最新制定和改正法律检索、法律相关信息检索、立法过程概况检索。另外,可以通过输入关键字进行详细的法令和判例检索。(见图 7-3-2)

图 7-3-2 韩国国会网站

2. 大法院

网址:http://www.scourt.go.kr/

在韩国大法院的韩文版网页,用户可以通过检索窗口进行案件的检索,可按案件年份、编号或当事人姓名检索到1985年至今的案件(见图7-3-3)。在司法统计菜单中有法院统计月报、司法年鉴和法院统计月报。以上资料均可免费下载。在韩国大法院的英文版网页,有韩国宪法英译本、各类案件的司法程序规则英译本。文件可以复制或免费下载。

图7-3-3 韩国大法院判例搜索页面

3. 大检察厅

网址:http://www.spo.go.kr

韩国的检察机关附属于行政系统。在国家行政组织结构中,设有外交部、国防部、法务部等13个部,其中的法务部以其外厅的形式设立了大检察厅。在大检察厅韩文版网页中,可以检索到1990年至今的检察报告文本、2000年至今的各类犯罪统计、2003年至今的刑事犯罪动向以及一些研究资料。以上资料可以通过综合检索获取并免费下载。(见图7-3-4)

图 7－3－4　韩国大检察厅网站

4. 法务部

网址:http://www. moj. go. kr

韩国的法务部是国家行政机关之一,相当于各国的司法部。法务部首长不仅是法务部长官,同时被任命为国务委员。法务部的主要职责:监察、保护处分与保安观察处分的管理与执行、行刑、未成年人的保护、刑满人员的保护、国家保安司法的报道、人权保护、公证、诉讼业务、国籍的脱离恢复与归化、司法考试以及军队法务官任用考试。法务部网页中的主要法律资源为立法文件,包含五大类(民事、国际、行政、商事、刑事)共 40 部法律的英文原文,提供 PDF 版本免费下载。另外,还包含一些相关法律、规则、立法预告、法令修改等信息。该网页没有综合检索功能,只有通过菜单目录式查找才能获取需要的法律信息。(见图 7－3－5)

图 7－3－5　韩国法务部网站

5. 法制处

网址：http://www. moleg. go. kr/

法制处是韩国国家行政机构之一，隶属于总理室。它有两方面职能：立法与行政复议。立法职能包括政府立法活动的调整、法律法规等的起草与审定、法律法规的有权解释、法律法规的宣传、地方政府及自治团体的法制指导工作等。行政复议职能包括通过国务总理行政审查委员会行使对案件的审理、议决等方面的行政复议工作。法制处网站中的主要法律资源有：720 部英文版法律法规（只提供 HWP 格式下载）、法制研究资料、政策研究资料、法制处最新报道等。（见图 7－3－6）

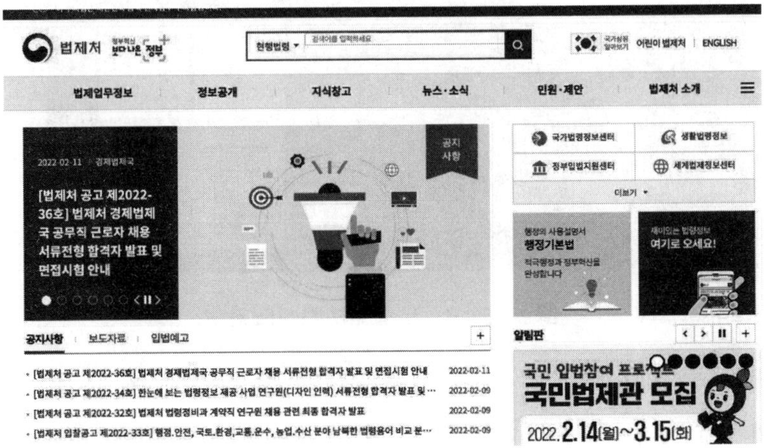

图 7－3－6　韩国法制处网站

6. 宪法裁判所

网址:http://www.ccourt.go.kr/

宪法裁判所于1988年9月成立,由9名审判官组成。宪法裁判所负责违宪法律审判、弹劾审判、政党解散审判、权限争议审判和宪法诉愿审判。宪法裁判所的韩文版网页所提供的法律资源较为丰富,以数据库和电子出版物为特色。在判例资源中有一个判例数据库,该库收录全面、检索方便,通过英文亦可以完成检索。电子出版物分两大类:一类是判例资源,如判例公报和判例摘要文本;另一类是法律出版物,其中连续出版物包括《宪法判例集》、《宪法论丛》、《宪法裁判研究》、《宪法裁判所审判释义集》、《公报》、《韩国宪法法院判决》(Decisions of the Constitutional Court of Korea),另有11种单行本。此外,该网页还提供审判统计数据。以上电子出版物和统计数据均可以免费下载。其英文网页的法律信息,同样以判例和电子出版物为主要内容。对于1988年至今中英文版本的审判统计,用户可以通过关键字、年份、编号等信息检索判例。电子出版物主要是宪法裁判所编写的一些著作和年鉴。以上资料可以在该网站免费下载获得。(见图7-3-7)

图7-3-7 韩国宪法裁判所网站

7. 韩国商事仲裁院

网址:http://www.kcab.or.kr/

韩国商事仲裁院成立于1966年3月,旨在迅速公平地解决国内商事纠纷,是韩国唯一的常设仲裁机构。该仲裁院集合了法律界、学术界、企业界等各界人士（包括外国人），具有10年以上经验的仲裁人员队伍，解决在商事各领域发生的纠纷。其业务领域不局限于仲裁，还经常通过调解帮助当事人化解纠纷。韩国商事仲裁院的标准仲裁条款如下：由于合同、合同关联或合同不履行的原因而在当事人之间发生的一切纠纷、争论、意见差异，应提请位于韩国首尔市的大韩商事仲裁院，依据该仲裁院的仲裁规则和韩国法律最终予以解决。仲裁员（们）作出的仲裁为最终裁定，对双方当事人均有约束力。在商事仲裁院网页上，除了可以查询仲裁规则、协定、程序、贸易纷争调解等文本，还有一些比较有价值的法律资源，如各类合约书范本、仲裁判定事例、仲裁法规、论文等。以上资料均可免费下载。（见图7－3－8）

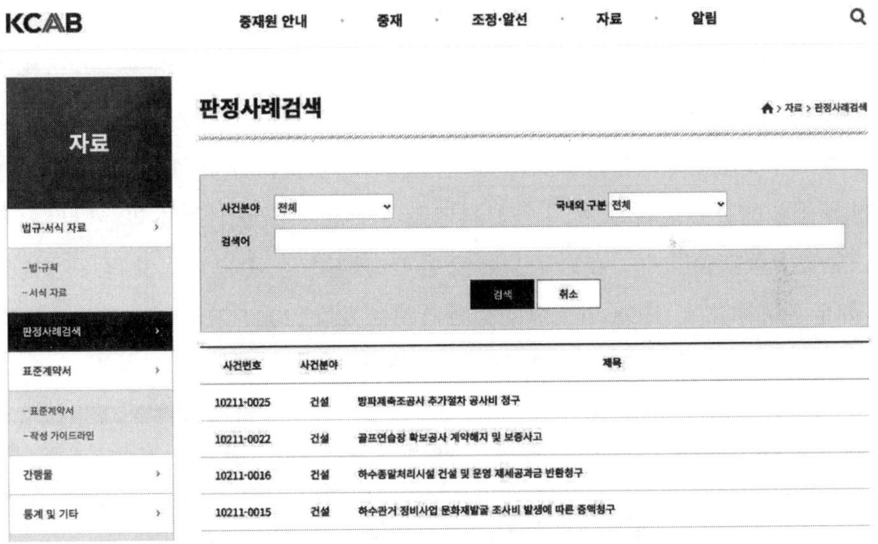

图7－3－8　韩国商事仲裁裁定案例

8. 监察院

网址：http://www.bai.go.kr/

监察院网站的主要法律资源包含监察院相关法律文本、六大类监察标准书、监察院出版物文本（季刊、年报、白皮书等）和研究报告书文本（论文集等）。以上资料均可免费下载，但只能通过菜单目录式查找，无法通过检索获得。（见图7－3－9）

图 7-3-9　韩国监察院网站

9. 金融监督院

网址:http://www.fss.or.kr/

用户可以在金融监督院韩文网页上检索到的主要法律资源有金融监督法规、1979 年至今的金融监督判例、业务材料以及电子报告书、统计文本等。以上内容均可以免费下载获得文本。在金融监督院的英文网页上,用户可以获得一些英文资料,如金融法律法规、1998 年至今的金融监督院发文、2000 年至今的金融监督院周报。以上资料提供英文全文免费下载。(见图 7-3-10)

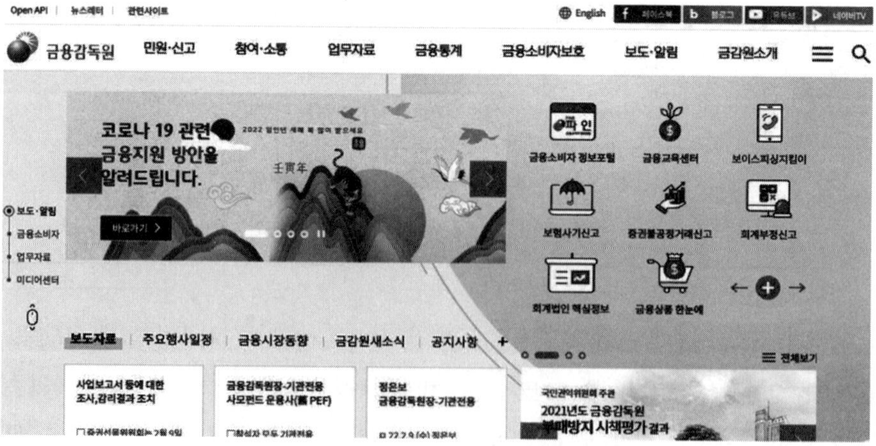

图 7-3-10　韩国金融监督院网站

10. 特许厅

网址：http://www. kipo. go. kr/

特许厅是韩国行政机构中的 18 个厅之一，相当于其他国家的专利局。其韩文版网页的三大类法律资源是：法律文本、电子出版物和统计数据。法律文本中包含商业产权文案和国际条约；电子出版物内容颇为丰富，包含 2003 年至今的双月刊《知识产权》、政策、研究报告书、白皮书、审查基准文本以及 22 本相关电子书；统计数据包含：知识产权统计（申请、审查、登记、审判）、2001 年至今的知识产权统计电子期刊、国内外知识产权政策动向。以上资料均可免费下载。特许厅英文版主页提供有关专利申请步骤的资料、法律法规文本和电子版年鉴。以上英文资料提供全文免费下载。（见图 7－3－11）

图 7－3－11　韩国特许厅网站

11. 雇佣劳动部

网址：http://www. moel. go. kr/

雇佣劳动部是韩国国家行政机关之一，部门首长称劳动部长官，同时被任命为国务委员。该部门韩文网页上的主要法律资源有政策文本（白皮书、刊物、研究报告书等）和 12 大类政策信息。用户可以通过综合检索或分类检索获取前述资料。此外,用户在英文网页上可以查询到劳动雇佣相关法律全文和劳务调查统计报告,并且相关文件的英译版全文(PDF 格式)提供免费下载。(见图 7-3-12)

图 7-3-12 韩国雇佣劳务部网站

(二)出版物

韩国电子官报

网址:http://gwanbo. mois. go. kr/main. do

韩国电子官报由内务部出版发行,主要刊载新颁布的法律法规、公告通告、总统令、条约、规章、预算、公共奖章和有关国会、各级法院、选举、地方政府、人事任免等方面的信息。该网站提供 2000 年 4 月至今的政府每日官报文本。这些官报文本不仅可以通过综合检索或分类检索获取,还提供多格式免费下载。(见图 7-3-13)

图 7-3-13　韩国政府官报

另一处官报网站(http://contents.archives.go.kr/next/gazette/viewMain.do)为1910~2000年政府每日官报数据库。该网站支持综合检索或按日期检索,但只提供阅览,无法全文下载。

(三)数据库

1. 韩国法律信息中心数据库

网址:http://www.law.go.kr/

韩国法律信息中心数据库由法制处开发,用户无须注册即可免费使用。该数据库内容丰富全面,包含有法律条文、行政法规、自治规则、条约、判例、现行审决例、释义例等官方文本,并且提供多种下载格式。用户可以通过综合检索或分类检索获取材料。(见图7-3-14)

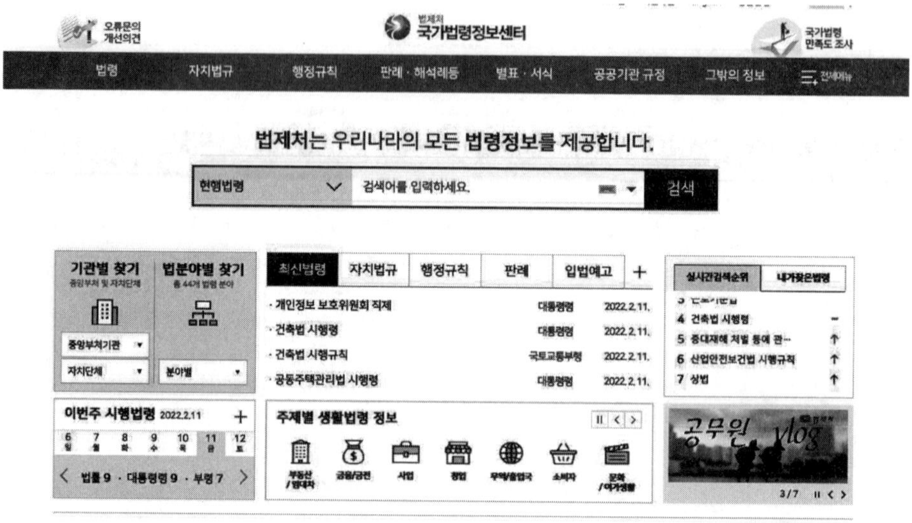

图 7 -3 -14　韩国法律信息中心数据库

2. 判例数据库

网址:http://search. ccourt. go. kr/ths/pr/ths_pr0101_L1. do

判例数据库属于韩国宪法裁判所,可以从宪法裁判所的主页进入。用户可通过韩文或英文关键字检索到判例、判例摘要集、发行文献、英文判例等。以上内容或文书均可免费下载,且下载格式大部分仅限于 HWP 格式。(见图 7 -3 -15)

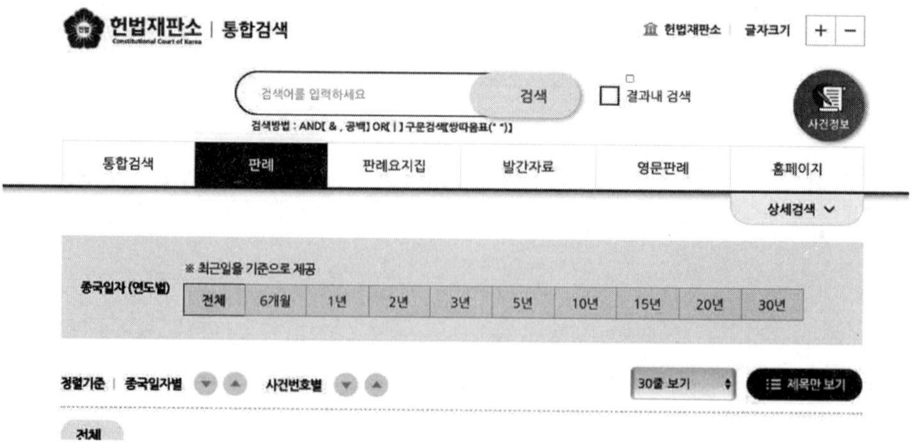

图 7 -3 -15　宪法裁判所判例数据库

3. 韩国法令英文数据库

网址：http://elaw.klri.re.kr/

韩国法令英文数据库属于韩国法制研究院，是可以全面检索到韩国法律英文版本的网站。本数据库在注册后方可使用，且无须付费。用户可以通过输入英文或韩文的关键字进行综合检索，可以方便获取法律文本，亦可以通过年份、机关名、种类等进行分类专项检索。检索结果不可以下载或复制，但可以直接打印全文。（见图7－3－16）

图7－3－16　韩国法令英文数据库

4. 专利数据库

网址：http://www.kipris.or.kr/

韩国知识产权信息中心成立于1995年7月，是韩国特许厅（专利局）下属的信息机构。韩国专利数据库由韩国知识产权信息中心建立。该数据库支持用户通过关键字查询并下载与专利、设计、商标等相关的文档信息。（见图7－3－17）

图 7－3－17　韩国专利数据库

5. 全球法律研究数据库

网址:https://www.klri.re.kr/grns/service/main.do

全球法律研究数据库属于韩国法制研究院,包含三个子库:全球法制研究数据库、地域(美洲、欧洲、亚洲、澳洲、中东和非洲)研究数据库以及法制和政策研究数据库。该数据库主要特色内容为比较法学研究论文集,这些论文可以以 PDF 格式下载打印、RSS 订阅或通过邮件传递。用户可以通过综合检索或目录查找的方式获得该网站的法律信息。(见图 7－3－18)

图 7-3-18 全球法律研究数据库

四、韩国公平交易委员会

韩国公平交易委员会作为独立的规制机关,隶属于国务总理,执行《垄断规制法》。公平交易委员会是集准立法权、准司法权、行政权于一身的独立规制机关。同时,公平交易委员会可以与外国政府签订关于执行《垄断规制法》的协定,支援外国政府的法律执行等国际协助活动。

作为中央行政机关,公平交易委员会具有以下职责:

1. 规制滥用市场支配地位行为;
2. 处理有关限制企业结合及抑制经济力集中的事项;
3. 规制不当共同行为及经营者团体的限制竞争行为;
4. 规制不公平交易行为及维持转售价格行为;
5. 限制订立不当国际合同行为;
6. 调整、协议限制竞争的法律以及行政处分有关促进竞争法的事项;
7. 其他法令规定由公平交易委员会管辖的事项。

公平交易委员会具有以下权限:

1. 制定执行《垄断规制法》所必要的标准;
2. 接受对违反《垄断规制法》行为的举报;
3. 认定《垄断规制法》禁止行为的例外情形;

4. 调查违反《垄断规制法》的行为;

5. 责令采取相应纠正措施;

6. 收缴课征金;

7. 行使控告权。

韩国公平交易委员会的韩文版网页(http://www.ftc.go.kr/)主要有三个方面的法律资源:政策—制度、情报、审决—法令。“政策—制度”栏中有竞争法、消费者政策、承包加盟业政策、委员会审决制度、2003 年至今的委员会统计年报、2002 年至今的公平交易白皮书、劳务报告书和立法预告书;“情报”栏中以各类交易合同范本和事业者信息情报为核心内容;“审决—法令”栏中的内容有 9 种委员会相关法令及 1981 年至今的议决书和判例摘要。以上资料均可免费下载。

例如,查询韩国 LG 公司在公平交易委员会中的各种记录。

在主页检索框中输入公司名称“LG”,跳转网页(见图 7-3-19),进入综合检索系统。检索范围分为:全部、题目、正文和附件内容;检索期间分为:全部、最近 5 年间、最近 2 年间、最近 1 年间和最近 1 个月,也可以手动键入起始时间。

图 7-3-19 韩国公平交易委员会网站的检索功能

得到多条分类检索结果(见图 7-3-20),有 47 条 LG 公司违反审决法的事实查询。表单中罗列了违反类型、采取措施类型、事件号和表决日期。

심결법위반사실조회 (총47건)

- (주)LG데이콤의 부당한 광고행위에 대한 건

위반유형 : 부당한 비교.표시광고　조치유형 : 시정명령　사건번호 : 2006서소2744　의결일자 : 20070302

- LG기업집단 계열회사의 부당지원행위에 대한 건 중 (주)이원의 대여금 과다지원부분에 대한 과징금 납부명령 등의 직권취소에 대한 건

위반유형 : 해당없음　조치유형 : 기타　사건번호 : 2005조기2490　의결일자 : 20051205

- LG카드(주)의 거래상지위남용행위에 대한 건

위반유형 : 거래상지위남용　조치유형 : 시정명령　사건번호 : 2003독점1885　의결일자 : 20040103

- LG텔레콤(주)의 단말기할부계약서 등의 불공정약관조항에 대한 건

위반유형 : 부당하게 불리한 약관조항　조치유형 : 시정명령　사건번호 : 2003약제0614　의결일자 : 20030923

- (주)LG화학 및 호남석유화학(주)의 기업결합제한규정 위반행위에 대한 건

위반유형 : 경쟁제한적 기업결합　조치유형 : 시정명령　사건번호 : 2003기결1176　의결일자 : 20030904

- LG카드(주)의 개인회원약관상 불공정약관조항에 대한 건

위반유형 : 부당하게 불리한 약관조항　조치유형 : 시정권고　사건번호 : 2003약제0666　의결일자 : 20030503

图 7－3－20　韩国公平交易委员会网站的检索结果

点击题目(如图 7－3－20 第一条:针对 LG 通信不正当广告行为),可以获得 HWP 格式的公平交易委员会的决议书(见图 7－3－21)。

공 정 거 래 위 원 회

제 3 소 회 의

의 결(약) 제 2007 - 032호　　　　2007. 3. 2.

사 건 번 호　　2006서소2744

사 건 명　　(주)엘지데이콤의 부당한 광고행위에 대한 건

피 심 인　　주식회사 엘지데이콤
서울특별시 강남구 역삼동 706-1
대표이사 박종용

图 7－3－21　韩国公平交易委员会的决议书

公平交易委员会英文版网站(http://eng. ftc. go. kr/)提供的英文全文资料较多,大致有新闻、法令规则和国际关系三个方面。“新闻”栏目中有 2000 年至今的委员会发文和 1997 年至今的年报;“法令规则”栏目中有《垄断规制和公平交易法》等 12 种法令及相关法律规则;“国际关系”栏目中有韩国与各国(或地区)的自由贸易协定、2001 年至今的首尔国际竞争论坛报告及 2002 年至今的国际竞争法研讨会报告。以上资料英译版提供 PDF 格式全文免费下载。

第八章　普通法系国家的法律文献检索

第一节　美国法律检索

一、美国的法律体系

美国是典型的英美法系国家，其法律传统深受英国法的影响。1607 年英国第一次在弗吉尼亚州詹姆斯敦实行殖民统治，标志着美国法律的开始。美国法律的发展经历了以下几个阶段：英国殖民地时期、组成国家时期（1776～1788 年）、在联邦宪法被批准后开始的“合众国”独立国家时期。

根据美国宪法，美国的政府结构采用三权分立的模式，即立法权（legislative）、司法权（judicial）和行政权（executive）相分离。相应的机构是立法机构——国会，行政机构——总统，司法机构——联邦最高法院。国会的基本职责是通过法律、法令、命令等，总统的基本职责是签署法令、否认法令以及管理各级行政部门，联邦最高法院拥有违宪审查权等。

美国的法律文献除受英国法影响外，有些州还具有大陆法系的传统。例如，路易斯安那州至今仍采用以法国法典为范例的法典编纂形式，在西部和西南部的各州至今仍受西班牙和法国法律传统的影响。1803 年，威廉·布莱克斯通(William Blackstone)撰写的《英国法释义》在美国出版,英国法在美国得到了进一步的传播,许多州法律明确规定采纳英国普通法。因此,一些法律用语、司法的基本概念至今仍是“英国的”。美国法律起初主要由判例法构成,自19世纪末以来,制定法地位越来越重要。在一些经济、贸易和社会立法领域,制定法开始取代判例法的地位。制定法存在于联邦一级和州一级,联邦宪法明确规定联邦的立法范围,将其他立法权保留给各州。不过,《联邦宪法》第6条规定,联邦法律高于州法律。联邦法律由联邦宪法(包括最高法院具有约束力的宪法判例)、联邦法律(包括联邦行政机构发布的行政规章)以及联邦条约构成。各州的制定法由州宪法、州法律和郡/市的法律法规构成。

除制定法之外,判例法在美国是一个十分重要的法律渊源。在美国的大部分私法领域,判例法是最主要的法律渊源,制定法仍然要通过具有拘束力的判例的解释才能有效实施。判例法制度的基本原则是下级法院受上级法院判决(先例)的约束,这就是“遵从前例原则”(stare decisis)。也就是说,州下级法院在州法律问题上,受本州上诉法院判决的拘束;而在联邦法律问题上,则受联邦法院,特别是联邦最高法院的拘束。在查询判例时,下级法院法官主要是看上级法院判决的“判决根据”(ratio decidendi,即holding判决中的法律原则)以及在判决中可能包括的“附带说明”(obiter dicta)。美国的判例都有公开出版物。联邦法院判决主要刊载在三大汇编里:(1)美国最高法院判例汇编;(2)联邦上诉法院判例汇编;(3)联邦地区法院判例补编。各州也都有自己的判例汇编,州最高法院的判决也被刊登在地区报告里。此外,《法律重述》和《美国法律报告注解》也都收集了各法律领域的主要判决。

二、美国的司法体系

美国的司法体系由两个平行的体系构成,即联邦法院体系和州法院体系。联邦法院体系由联邦最高法院和下级联邦法院共同构成(见图8-1-1)。联邦法院管辖的案件主要是涉及联邦问题的案件以及不同州公民之间的案件,如涉及联邦宪法、法律或国际条约的案件。一般来说,对违反州法律的案件,联邦法院不予受理。

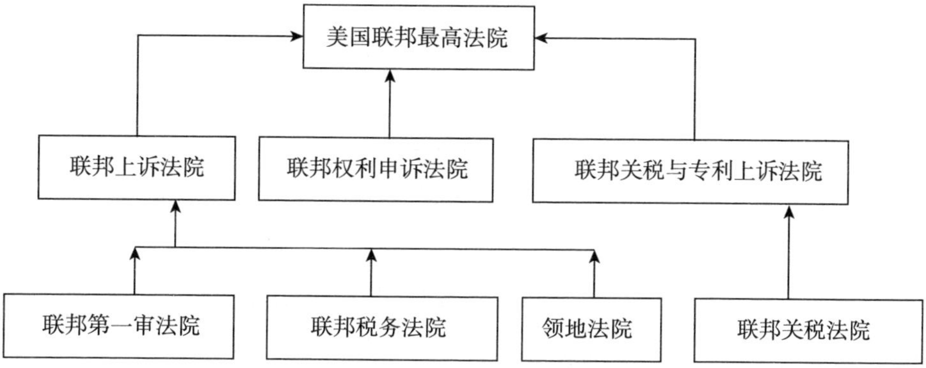

图 8-1-1 美国联邦系统法院组织

美国各州都有自己独立的法院体系,由此,50 个州就有 50 个法院体系。此外,哥伦比亚特区和波多黎各属地也分别有各自的法院体系。可见,美国州法院体系极为复杂且名称各异,很难从名称上划分法院的级别或等级。一般而言,州法院体系由以下几个不同等级的法院构成:

- 州基层法院(Court of Original Jurisdiction)

各州的名称有所不同,有些州称为巡回法院(Circuit Court),有些州称为高级法院(Superior Court)或地区法院(District Court)等。

- 州中级上诉法院(Intermediate Appellate Court)

凡实行三级审判制的州都设有中级上诉法院,负责受理当事人不服基层法院判决而上诉的案件。纽约州称之为最高法院上诉庭(Appellate Division of Supreme Court),而宾夕法尼亚州称之为上级法院(Superior Court),大多数州称之为上诉法院(Court of Appeals)。

- 州终审法院(Court of Ultimate Review)

这是州司法体系中最高级别的法院,负责受理当事人对州基层法院或州上诉法院判决不服的案件。州终审法院对涉及州宪法、法律等解释方面的争论有最终裁判权,并有权依法批准极刑判决。

美国州系统法院组织如图 8-1-2 所示。

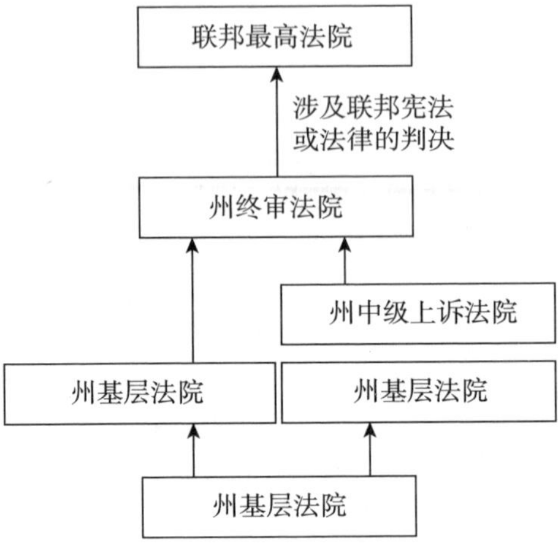

图 8-1-2　美国州系统法院组织

三、美国法律文献检索

在美国法学院图书馆一般把法律文献划分成三大类。

第一类:原始资料。包括宪法、成文法(包括定期汇编的法规和法典)、条约、行政法规和条例、行政判决和裁定和司法判例汇编。

第二类:查找工具。包括文献目录和检索指南、援引汇集、计算机检索系统、判例汇编摘要、成文法和立法史索引、期刊索引、活页服务资料、词语及习语图书。

第三类:二次文献。包括法律期刊、法律注释汇编、文本、专论和专著、百科全书、词典、法律和律师事务所指南、立法史、行政判例汇编和研究、律师协会报告和记录以及律师和法官的传记。

根据以上文献的种类,下面逐一介绍检索方法。

(一)原始资源

原始资源又称一次文献,主要是指宪法、法律和判例等。美国的宪法可以从网上直接下载。

1. 美国国会图书馆

网址:https://www.congress.gov/

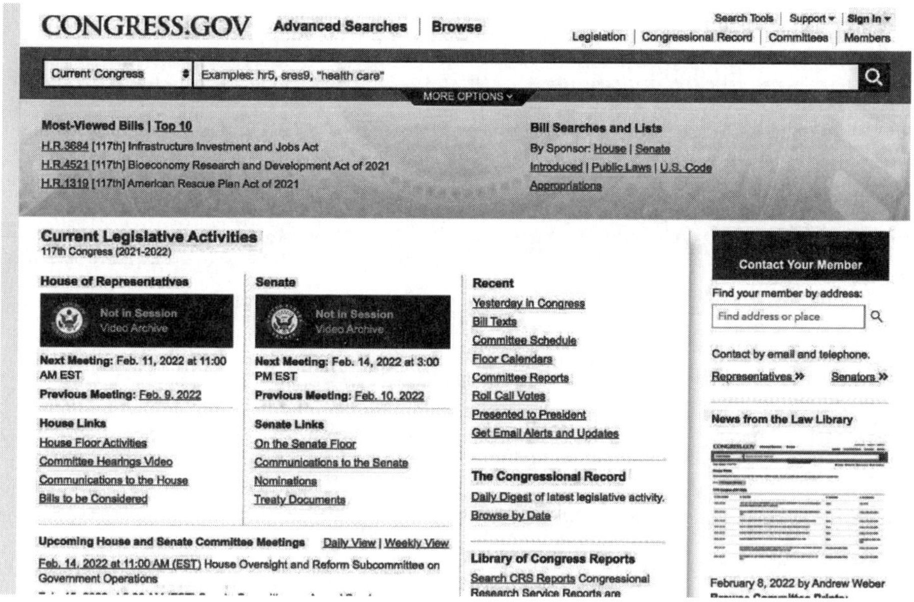

图 8-1-3 美国国会图书馆的 Thomas 查询系统

美国国会图书馆不仅有托马斯(Thomas)查询系统(见图 8-1-3)提供资源检索服务,还创建了法律图书馆,其网址为:https://guides. loc. gov/law-library,是国会图书馆的分馆之一。在该网站上可以找到一个"在线法律指南:美国各州和地区"(Guide to Law Online: U. S. States and Territories)的页面(https://guides. loc. gov/us-states-territories),从中可以找到美国各州法律的目录链接。美国国会图书馆的资源虽然有一大半提示"Accessible from a Reading Room",即需要在阅览室才能访问,但是也提供了相当多的免费开源资源,如一些专门法律数据库(人权法数据库、劳动法数据库等)。(见图 8-1-4)

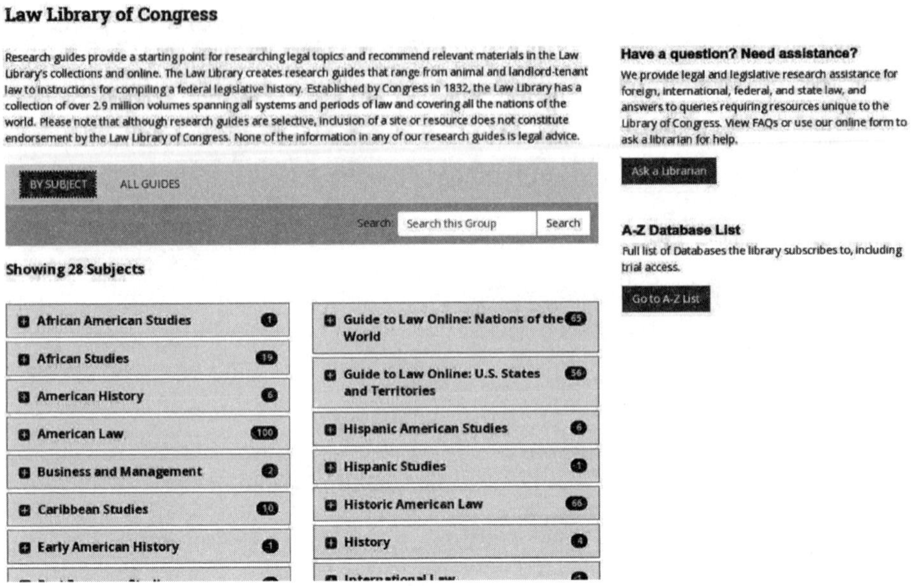

图 8-1-4　美国国会法律图书馆

2. 政府印刷局(GPO Access)

网址:http://www.gpo.gov/

用户在查询美国的制定法时,首先应了解制定法的汇编和分类。在美国,联邦法律一般收录在《联邦法律汇编》中。虽然《美国法典》(United States Code,U.S.C.)和《美国法典注释》(United States Code Annotated,U.S.C.A.)这两个汇编也收录了联邦法律,但其更新速度不快。新的法律一般在《美国国会法典和行政新闻》上刊登,重要的实施规则和总统命令及公告一般会在《联邦规则典》(Code of Federal Regulations,C.F.R.)上发表。当然,通过电脑系统查询是最便捷的途径。(见图 8-1-5)

图 8-1-5　美国政府印刷局

美国政府印刷局通过 GPO Access 提供免费的电子阅览途径，使用户能够获得联邦政府生产的大量重要信息产品。除非特别说明，用户可以在 GPO Access 中不受限制地浏览官方信息全文。

3. 找法网（Findlaw. com）

网址：http://www. findlaw. com

当用户需要寻找某一制定法时，可以到找法网（Findlaw. com）。它所提供的资料都可以免费下载。（见图 8-1-6）

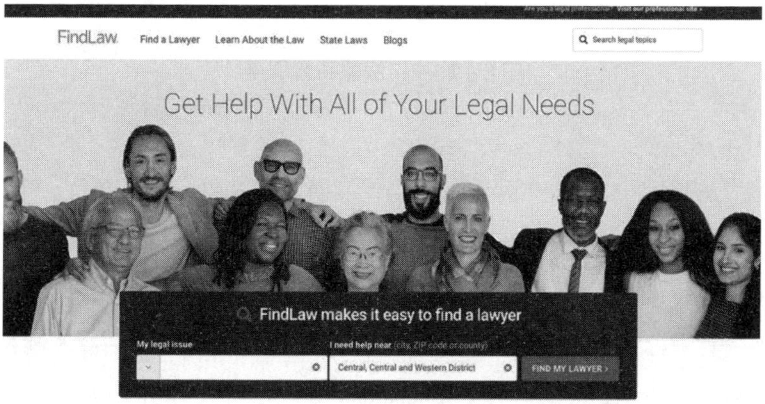

图 8-1-6　找法网

找法网提供了多种搜索途径，也可以为初学者、当事人以及法律专业人士提供不一样的访问界面,甚至还有一个互助论坛,为用户提供在线法律帮助。

找法网被汤森路透集团收购之后对一次文献的提供力度与速度较从前有所提高。整个网站的服务内容侧重于提供免费信息,以及为非专业人士提供法律信息,如有关律所或者律师的信息。更多的法律研究内容需要到汤森路透集团旗下最大的法律数据库提供商 Westlaw 的数据库里查找。而为了方便用户更直观地查找所有找法网提供的信息,找法网提供了一个综合搜索引擎以解决这一需求,网址为 http://lp. findlaw. com/,也就是用户使用最多的法律搜索(Lawcrawler)服务。在这里,用户可以分主题浏览,也可搜索开源法律数据。(见图 8 – 1 – 7)

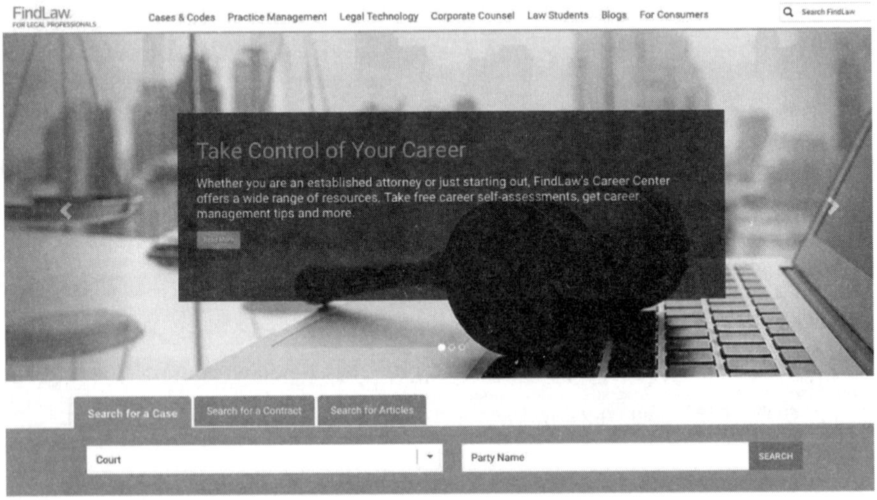

图 8 – 1 – 7 法律搜索服务

(二)二次文献

在笔者的研究中,二次文献的利用率相当高。从文献分类的角度,二次文献是指论文(Treatises)、专著(Monographs)、法律期刊(Law Journals)、百科全书(Encyclopedias)、重述(Restatements)等。

还有一种被称为法律发现者(LawFinders)的文献,这包括我们经常在网上看到的文摘(Digest)、索引(Index)、引文(Shepards Citation)和关键引用(Key Cite)等。

对中国学生来说,研究外国法的主要资料是二次文献。因此,法学院的法律图书馆主要收集外国的法律出版物、法律期刊、法律数据库等。令学生们经常感到困惑的是,哪些资料是最权威的?哪些机构出版或编纂的美国法律或判例可以被引用?通过比较,笔者推荐以下较可靠的出版单位。

1. 官方的出版物

Government Printing Office,即政府印刷局的出版物;

US. CFR,即联邦行政法典;

Agency websites,即各级机构的站点,前文提及的找法网罗列了相关的链接;

Thomas(LC)—Congressional,即前文提及的美国国会图书馆 Thomas 查询系统;

GPO Access,前文亦有提及。

2. 非官方的出版物

N. Y. Times,即《纽约时报》;

Lexis,即律商通讯,与 Westlaw 齐名的法律数据库;

HeinOnline,即著名的期刊集成数据库;

Cornell & Washburn sites,即康奈尔大学的站点。

在二次文献中,美国各大学的《法律评论》是主要的参考文献来源。这部分法律期刊都以各大学的名字命名,如《哈佛大学法律评论》《耶鲁大学法律评论》《哥伦比亚大学法律评论》等。有些法律期刊质量较高,面向全世界出版发行,如《美国比较法杂志》。

用户若想查询这些杂志,可以进入 Westlaw 和 LexisNexis 这两个法律数据库,它们有大约 700 多种期刊,且能够浏览全文。当然,使用这两个数据库需要付费,但是国内外各大法学院基本上都有这两个数据库的访问权限。

Westlaw 数据库是汤森路透依托业界值得信赖的专家和核心法律研究工具,为法律工作者创建的新一代、"一站式"法律信息检索平台。它以权威的英美法国家原始法律资料和首屈一指的二次法律资料为基础,独家研发出世界顶尖的 WestSearch 的法律搜索引擎、备受英美法国家法学研究人员推崇的钥匙码(Key Number)系统、判例摘要(Headnote)和关键引用(KeyCite)分析工具,致力于提供优质的法律检索服务。Westlaw 提供繁简结合的多种文献检索方法,用户可以使用习语与连接词(Terms & Connectors)检索从而获得最精准的结果,或者使用自然语言

检索(Natural Language)获得相关的许多信息。(见图 8-1-8)

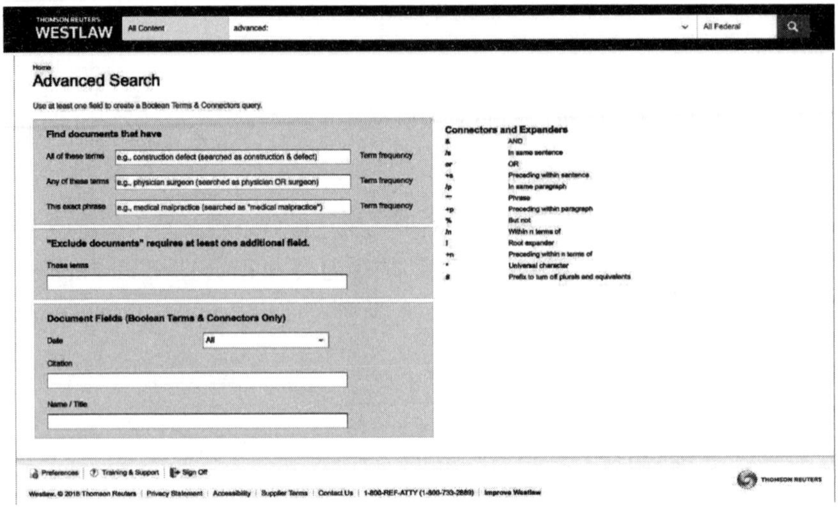

图 8-1-8 Westlaw Next

Lexis 是与 Westlaw 齐名的法律信息集成供应商,涵盖的内容与 Westlaw 有很大一部分的重叠,如成文法、各级法院的案例等,它们的不同点主要集中在特色服务之上,如不同的引文查询系统、不同的期刊收录目录、不同的新闻信息来源等。

这个数据库的搜索方式与 Westlaw 类似,但是它提供习语建议,也就是相关专业检索词,为外语使用者提供具有亲和力的检索方式。(见图 8-1-9)

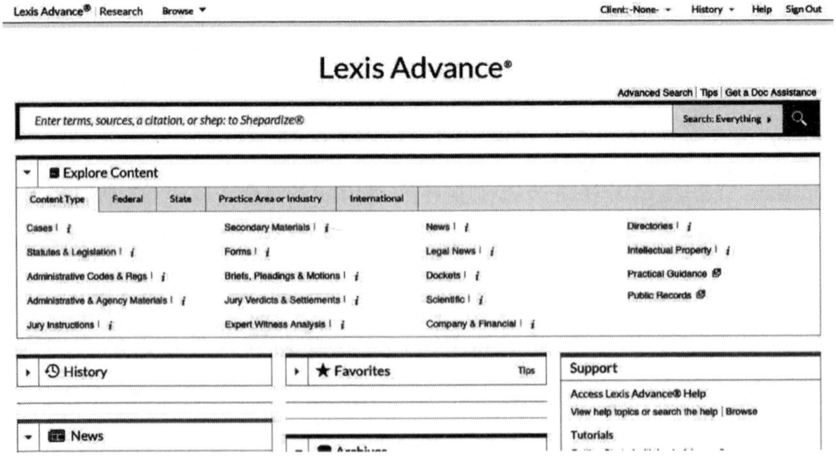

图 8-1-9 Lexis

HeinOnline 期刊集成数据库,网址为:http://www.heinonline.org。不同于之前提到的两个全面覆盖的专业数据库,HeinOnline 专注于期刊杂志以及各种报告文献等。(见图 8-1-10)

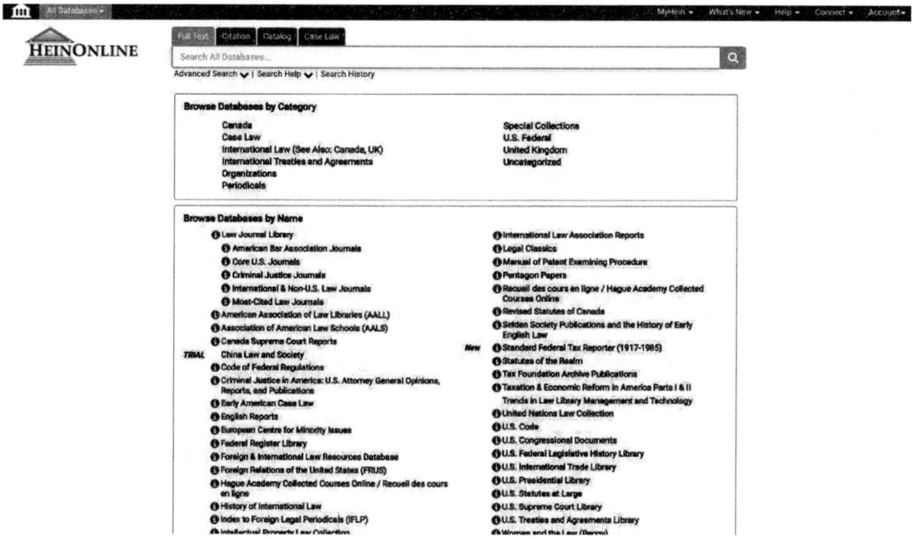

图 8-1-10 HeinOnline

这个数据库收录了超过 2000 种法律期刊文献,并提供非常简洁的搜索方法与文献显示方式。同时,可以显示特定文章引用次数以及相关文献,如同引文献,或者引用文献的直接链接,方便研究者从关联性上检索所需的信息。

以上 3 个数据库都需要付费使用。

3. 开源资源

康奈尔大学有一个法律信息研究所(https://www.law.cornell.edu/),根据其网页,这个机构自 1992 年创立时起就致力于提供法律开源数据。(见图 8-1-11)

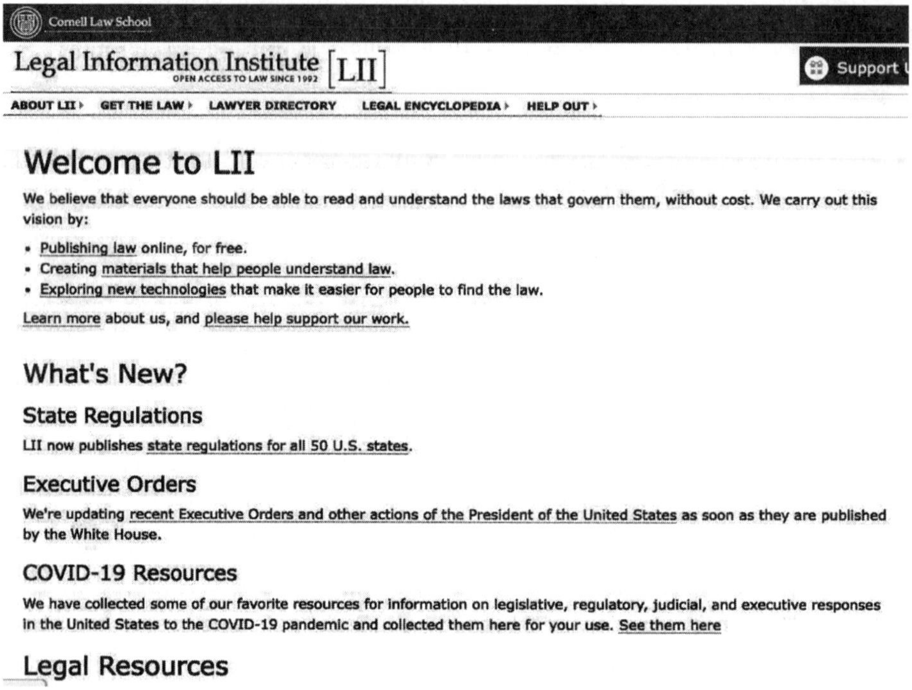

图 8-1-11　康奈尔大学法学院法律信息研究所

康奈尔大学法学院法律信息研究所提供的基本上都是成文法以及各种法律的报告文档,或者根据机构自己的陈述为“提供便于查找法律的技术”。总的来说,这个网站对于研究法律有一定的指导作用,还提供与法律名词解释有关的数据库,类似于百科式的词典数据库,有利于研究者精进法律英语。当然这个站点也提供了其他有用的研究信息与链接,如各级法院与政府机构站点的链接等。

美国法学会的网站(http://ali.org)主要发布学会的各种“重述”研究报告、近期会议信息、项目阶段性报告等内容。美国法学会的重述虽然是不具有拘束力的法律解释,但是对整个美国法律的发展发挥了重要作用。(见图 8-1-12)

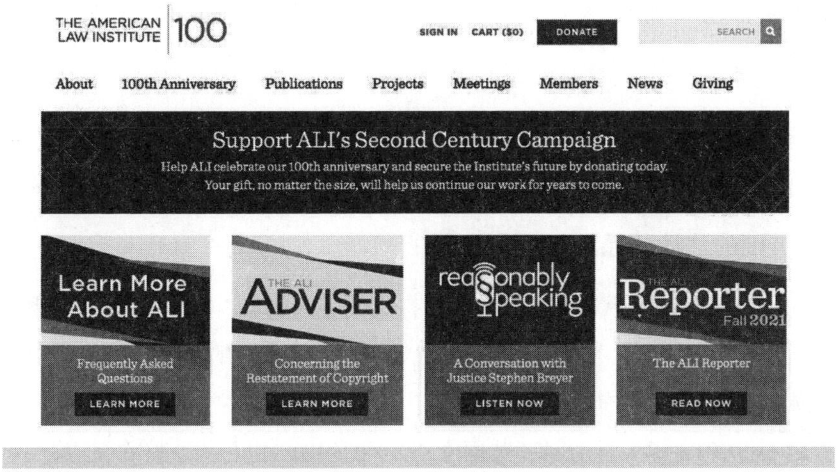

图 8－1－12　美国法学会

美国国际法学会的网站(http://www.asil.org)提供了相当多的研究资源。它的资源(Resources)版块不仅提供数据资源的搜索链接,还提供如何使用这些数据资源的向导。它主要包括国际法相关的内容,如国际条约、国际争议解决仲裁等。此外,该网站还提供国际法案例研究工具,但需权限访问并使用。(见图 8－1－13)

图 8－1－13　美国国际法学会

除此之外,美国大部分高等院校的法学院网站或者法学院图书馆都提供了一些开源资源,如法律评论、法律新闻等。各个专业法学研究机构的网站上也会公布相关法律的研究动态。

第二节　英国法律检索

一、英国的法律体系

英国作为英美法系代表国家之一,没有成文宪法,其主要法律渊源是制定法和判例法。其中,由立法机关制定的各种成文法和由各级法院的判决形成的判例法构成了英国法律体系结构中的主要内容。在英国“脱欧”之前,欧盟法也是英国法律渊源之一。2017 年 3 月 16 日,英国女王伊丽莎白二世批准“脱欧”法案,授权前英国首相特雷莎·梅正式启动“脱欧”程序。2017 年 9 月 13 日,英国议会通过《大废除法案》,把现有的欧盟法律转化为英国法律,以保证英国在“脱欧”之后法律保持稳定。

大不列颠及北爱尔兰联合王国自 1922 年起有四个部分、三个管辖区:英格兰和威尔士、苏格兰、北爱尔兰。各管辖区立法机关制定的法律仅在特定的地域范围内产生法律效力。不同的管辖区有各自的法院结构、等级、程序和传统。法院审理案件的同时对立法机关制定的法律进行解释。例如,部分威斯敏斯特议会制定的法案或其部分内容仅适用于英格兰和威尔士,部分适用于英格兰、威尔士和苏格兰,其他的则适用于英格兰、威尔士、苏格兰和北爱尔兰。工党政府在 1997 年后进行了宪法改革,将权力委任给各地区。1999 年,苏格兰议会、威尔士国民大会和北爱尔兰大会成立,它们都拥有立法权,但权限大小不同。不同于威斯敏斯特议会的立法,这些新的立法机关负责制定法律的主要部分。

英国采用议会政治,下议院有 659 个成员,每 5 年选举一次,是英国的主要立法主体,制定英国法令;上议院包括 92 名有投票权的成员。在君主立宪政体下,英国国王为国家元首(在位但不当政),首相是政府首脑(下议院多数党的领袖),负责管理国家日常事务。

二、英国的司法体系

英国的司法体系因普通法与衡平法分立而形成二元制的传统。由于二元制存在许多弊端,英国议会于 1873 年制定了《司法条例》,于 1875 年 12 月 1 日颁布实施。按照《司法条例》,英国取消了普通法院和衡平法院的双重体制,实现了二者的统一。(见图 8－2－1)

目前,英国法院分为民事管辖法院和刑事管辖法院。

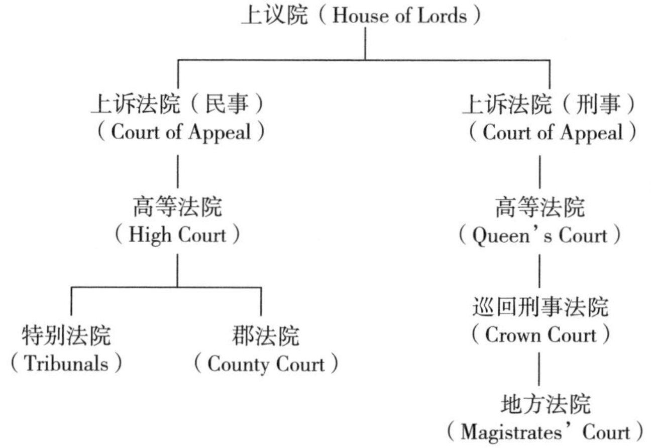

图 8－2－1　英国法院系统组织

除上述法院外,英国还有一些特别设立的专门法院,独立于民事和刑事法院系统外,主要有军事法院、少年法院、劳资上诉法院、验尸官法庭和行政裁判所等。

英国没有与法院平行的检察机关。作为刑事案件的起诉机关,检察机关独立行使检察职权。刑事案件只能由检察部门向法院起诉,检察部门对案件是否起诉或是否继续诉讼有独立的决定权。

英国检察机构体制是由以总检察长为首的中央法律事务部、刑事检察署以及区检察署构成。英国中央政府的检察机关是由内政大臣任命一位出庭或诉讼律师担任检察长。检察长领导、指挥检察官的工作,检察官分为首席检察官、分部检察官、助理分部检察官、高级检察官和检察官。总体来讲,英国的检察机关实行分级设置、垂直管理。

英国的检察长和副检察长除了主持对重要案件的起诉,还是英王的法律顾问、王室的首席法务官,出席有关英王权力案件的审判。有时还参加内阁,有权向议会和内阁提出法律问题的咨询意见。

三、英国法律文献检索

查找英国的法律文献,首先要了解英国法律文献的类型。一般来说,一个管辖区内的法律文献包括原始文献(primary)和二次文献(secondary)。

原始文献是指法律陈述本身,二次文献是对一次文献的评述、讨论以及各类法学著作。原始文献通常包括两类:立法(立法机关或议会制定的法律)和判例法(法院判决)。有时候,还会有第三类原始资料即法律外资源,包括法典汇编(codes)、原则(principles)和实施准则(standards of good practice)。这些法律外资源一般由立法机关、议会、法院以外的机构制定,通常不具有法律效力,只是作为实施法律的指导。二次文献包括期刊、教科书、百科全书等。(见图 8-2-2)

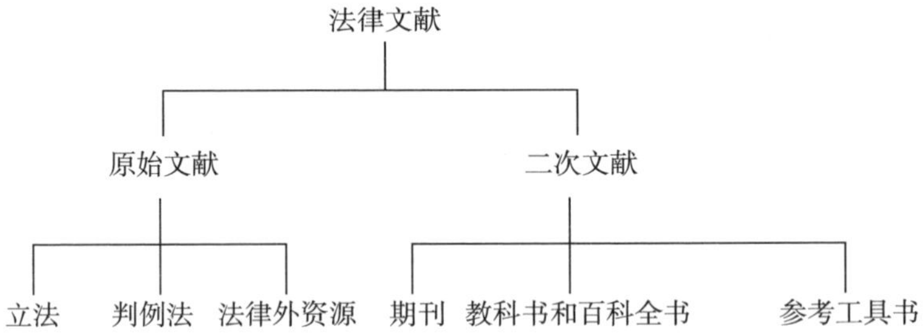

图 8-2-2　英国法律文献结构

英国与爱尔兰法律信息研究所(British and Irish Legal Information Institute, BAILII,网址:http://www.bailii.org)提供英国法律在线服务。BAILII 网站于 2000 年 3 月设立,可以供用户免费查询英国和爱尔兰的法律资料。它有 14 个数据库,75,000 多个文件供搜索,还有一些比较重要的数据库也被收录在该网站中。(见图 8-2-3)

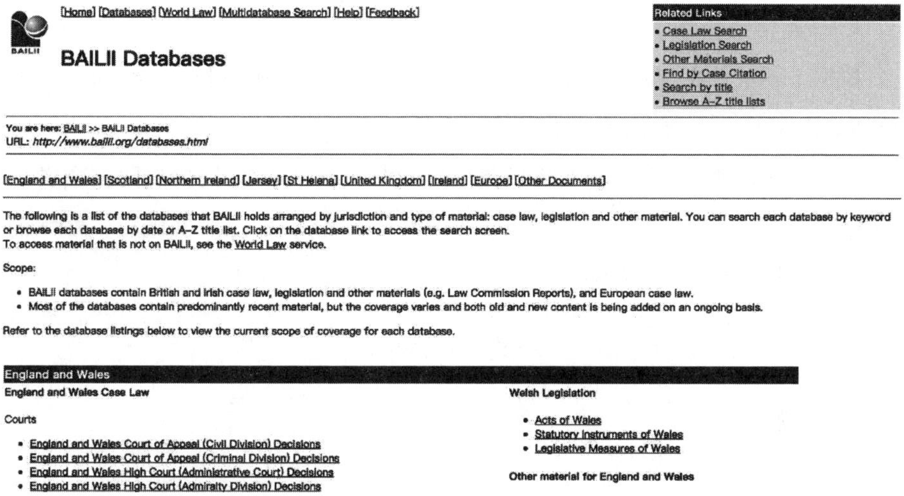

图 8－2－3　BAILII 网站

英国法律在线(https://vlex.com/vlexjustis/)是较权威的法律信息库,其资料涉及的范围非常广泛,包括判例法、英国法律法令、欧盟的判例法和立法。此数据库定期更新,内容较全面。(见图 8－2－4)

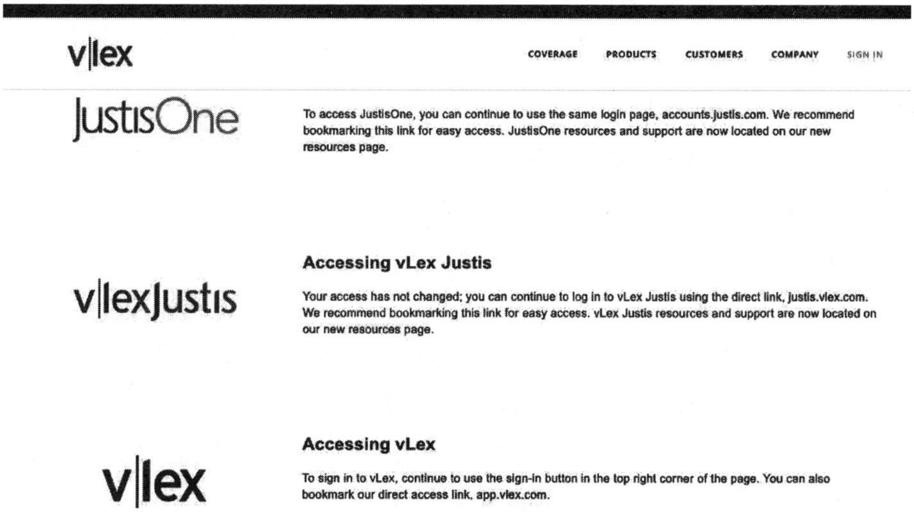

图 8－2－4　英国法律在线

下面按照英国的三个管辖区来分别介绍其各自的法律文献检索方法。

(一)英格兰和威尔士

根据上述法律文献的分类,我们从原始文献(包括立法、判例法、法律以外的资源)和二次文献入手,介绍英格兰和威尔士的法律文献。

立法分为两类:一类是一次或原始资源;另一类是二次、授权或附属资源。广义上来说,一次或原始资源是由议会颁布的法案;二次资源是为实施相关法案而制定的实施细则。(见图 8-2-5)

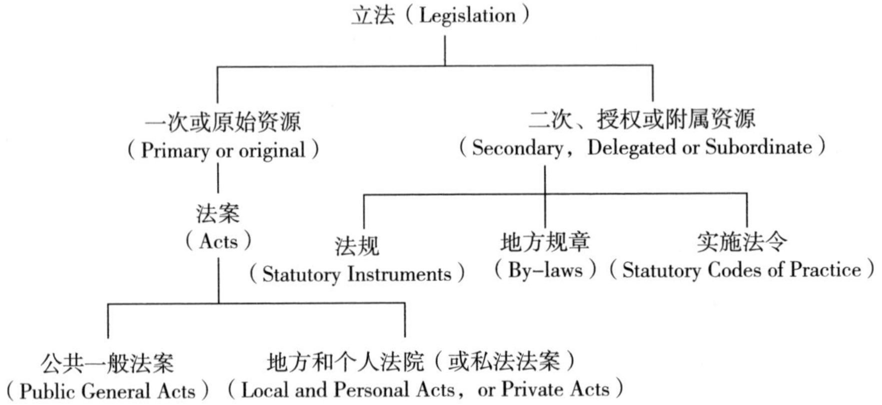

图 8-2-5 英国立法结构

在 1999 年威尔士国民大会成立之前,威斯敏斯特议会负责英格兰和威尔士的一次和二次立法的制定与批准。自 1999 年 7 月 1 日起,威斯敏斯特议会授权国民大会在 17 个地区制定补充规则和一系列实施政策,授权范围非常广泛。

1. 法案

(1)简介

一次立法最普遍的形式是议会法案(Acts of Parliament),在法案还没有得到议会批准和皇家认可(royal assent)之前,也就是还处在草案阶段的时候,称为议会议案(Bills of Parliament)。议会法案有两种类型:公共一般法案(Public General Acts)、地方和个人法案(Local and Personal Acts)。

在大规模的私有化运动中保留下来的英国政府出版社,又称皇家文书局(Her Majesty's Stationery Office,HMSO)负责议会法案的出版发行工作。法案得到皇家认可后,即可在较短的时间内发行。法案通常是根据标注在正文内容前的简略标题来区分。每一个得到皇家认可的法案都会在当年的法令全书中成为新的一章(chapter)。年份和章目编码标注在简略标题之下,通常可作为寻找特定法案的快捷途径。例如,1991 年《儿童抚养法案》(The Child Support Act,1991),可根据 1991 ch. 48(1991 年第 48 项获得皇家认可的法案)快速找到。Chapter 常简写为 chap. 或 ch.。

每一项法案可以继续细分为节(section)。section 通常简写为"s"或其复数形式"ss"。大多数当代法案的最后几节对法律检索都有特殊的意义,因为它们通常标明了该法案的实施起始日期和地域范围。法案中没有具体指明实施起始日期的情况也很常见,这种情况下,内阁部长(Government Minister)有权指定一个具体的日期开始实施某项法案。该项权力是通过签发"开始令"(commencement order)实现的,"开始令"也属于法规的一种。

公共一般法案、地方和个人法案由 HMSO 出版发行。相当数量的公共一般法案(官方和非官方版本)在法律图书馆和学术图书馆、公共图书馆都能找到。查找地方和个人法案相对来说要困难一些。一些专业法律图书馆会收集此类法案,大的公共图书馆和县郡档案办公室也会根据他们所在的地区收集当地法案。此外,自 1992 年起,《现行法律法规》开始收集地方和个人法案,而在大多数图书馆都能找到。

此外,自 1996 年以后,由威斯敏斯特议会通过的公共一般法案的全文可以在国家档案馆的网站(http://www.legislation.gov.uk/)中找到(见图 8－2－6)。该网站还收录了 1984 年《数据资料保护法案》(Data Protection Act,1984)、1995 年《刑事上诉法案》(Criminal Appeal Act, 1995)、1995 年《残疾人歧视法案》(Disability Discrimination Act,1995)以及 20 世纪 80 年代以来的大约 300 部公共一般法案的摘要,还有 1997 年第一部地方和个人法案及此后的所有该类法案的全文。用户在使用时必须注意,该网站没有收录这些法案以后的修正条款或废止条款。

图 8-2-6　国家档案馆

(2)如何查找这些法案

【例 1】使用书面资源和与其对应的电子资源。

公共一般法案的官方版本是以活页形式出版的,到年末装订成册并且加注标题,如《公共一般法案和一般会议措施》(Public General Acts and General Synod Measures)。这些法案以它们得到皇家认可时的形式入卷,修正条款或废止条款不包括在内。

目前,电子版的法律法令数据库(Statutes Law Database)已经出版。该数据库包含所有《公共一般法案和一般会议措施》(现行的和以前颁布的)以及现行有效的地方和个人法案全文。

商业出版物中最有用的有两种:一种是《现行法律法规》(*Current Law Statutes*,CLS)及《现行法律法规引注》(*Current Law Statutes Legislation Citators*),由斯威特与马克斯韦尔出版社(Sweet & Maxwell)出版;另一种是《霍尔斯伯里英国制定法》(*Halsbury's Statutes of England*),由巴特沃斯出版社(Butterworths)出版。此外,巴特沃斯出版社还出版了介绍如何使用这两种资源的说明书,以图表形式分步骤介绍如何检索。关于如何使用这两种出版物还可以阅读皮特·克林奇(Peter Clinch)的《使用法律图书馆》(*Using a Law Library*)一书,书中的介绍十分详细。

2000 年,CLS 发行了光盘版,最初仅含有法令和 1998 年、1999 年两年的 CLS 引注,后来又有所增补。此外,立法指南网(Legislation Direct)收录了现行有效的法令文本,不过该网仅对会员开放。

【例 2】如果使用 CLS 系统查询,则需要知道该法案的标题。

CLS 及其引注不提供主题搜索。CLS 每年的议会法案卷是以他们得到皇家认可时的形式入卷,并按时间先后编排的,而且有大量的注释来解释法案出台的背景。

《霍尔斯伯里英国制定法大全》适用于按照主题搜索现行有效的立法。该书再版时仅收录出版现行有效的法案或法案的某一部分,有 50 多卷,包含详细的主题索引和简略标题索引,定期更新。通常《霍尔斯伯里英国制定法大全》的评注要比 CLS 简略。然而,在对法案主题有所疑问,不清楚哪些法案可能会与此有关的情况下,建议用《霍尔斯伯里英国制定法大全》查询。

【例 3】如果使用电子资源,可以进入 Lawtel 和 Lexis 这两个系统。

Lawtel (https://legalsolutions. thomsonreuters. co. uk/en/products-services/westlaw-uk. html)主要是信息的汇集,收录有法案的摘要,每日更新,仅对会员开放。(见图 8 - 2 - 7)

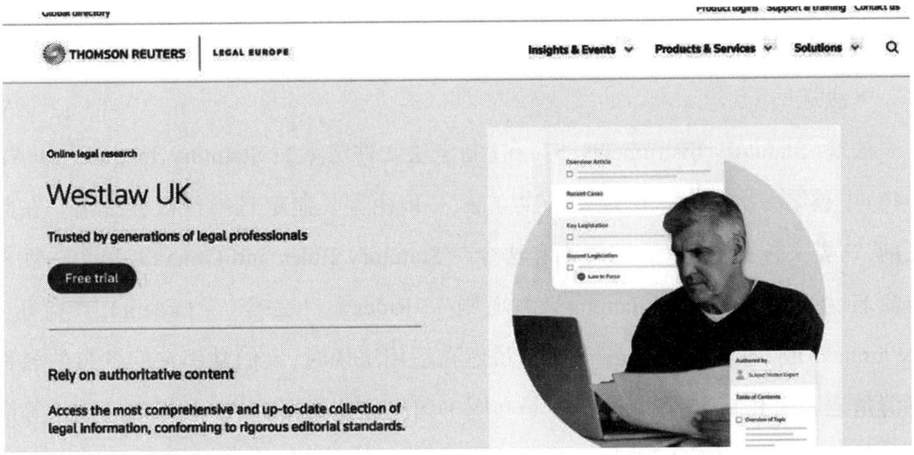

图 8 - 2 - 7　Lawtel

LexisNexis United Kingdom(http://www.lexisnexis.co.uk/)提供英格兰和威尔士现行有效的所有公共一般法案的全文,每周更新一次。但是在一项新的法案获 HMSO 出版到加入该数据库中,可能需要几周的时间。LexisNexis United Kingdom 数据库中,每个法案都含有其修正条款,不过它仅向会员开放。(见图 8-2-8)

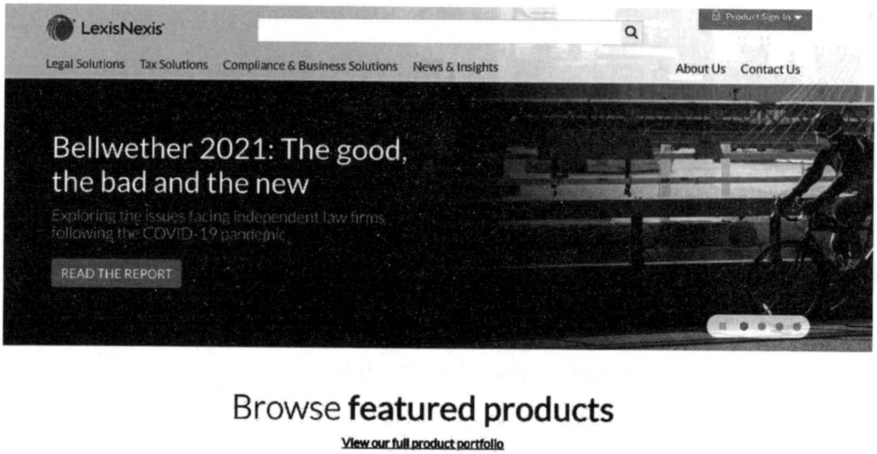

图 8-2-8 LexisNexis United Kingdom

2. 二次立法

二次立法有三种类型:法规、地方规章和实施法令。

(1)简介

• 法规

法规(Statutory Instruments,SI)在《制定法文件法案》(Statutory Instruments Act 1946)中被第一次引入。法规是二次立法,一般由部长制定且须经议会批准。在此之前,这类文件被称为"法定规则和法令"(Statutory Rules and Orders),单个法规常被命名为"规章"(Regulations)、"规则"(Rules)、"命令"(Orders)、"指示"(Warrants)或"方案"(Schemes)等。虽然在适用法规时,人们常用它们各自的名称以清楚地表明其制定者的身份,但是在图书馆里往往找不到以"规章""规则"等命名的独立全本,因为它们被收录在以总称"法规"命名的综合卷本中。

法规有两大类:一般法规和地方法规。二者的区别类似于公共一般法案与地方和个人法案之间的区别。一般法规由 HMSO 出版并发行,通常的表示方法是先用字母简写为 SI,然后是年份,随后是“/”,后面是法规的顺序号,如“SI 1989/1674”。HMSO 网站(http://www.legislation.gov.uk/)上也可以找到法规全文,该网站收录了 1987 年以来所有出版过的法规以及 1997 年以来的草案法规,但未印刷或出版过的地方性法规不包含在内。除了条目特别多或排版印刷式样特别复杂的法规,其他法规在印刷出版后的 24 小时内就会被添加到网站内容中。(见图 8－2－9)

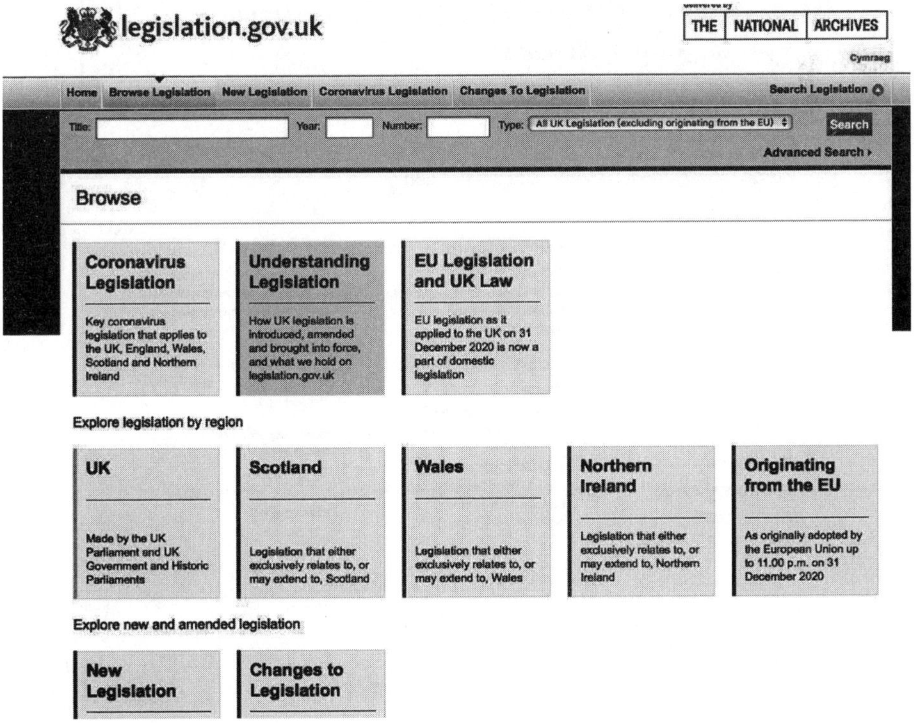

图 8－2－9　HMSO 网站上浏览法案页面

除非部长认为确有必要,否则地方法规都是免于印刷出售的。可见,搜寻地方法规是比较困难的。

自 1999 年 7 月 1 日起,威斯敏斯特议会授权威尔士国民大会制定法规,授权范围根据 1998 年《威尔士政府法案》(Government of Wales Act, 1998)确定,大会制定的法规仅适用于威尔士。虽然理论上讲,威尔士国民大会无权制定一次立法,但是其二次立法的权力范围很广,相当于是一个特殊的威尔士立法机构。

获得批准的一般法规由 HMSO 出版,用户可以在威尔士政府网(https://gov.wales/)上找到这些法规(见图 8－2－10)。国民大会制定的法规以英语和威尔士语出版发行。自从 2003～2006 年的机构改革之后,皇家文书局与其他 3 个机构合并成为国家档案馆(The National Archives),整合了原来各机构的职能,包括出版制定法文件。

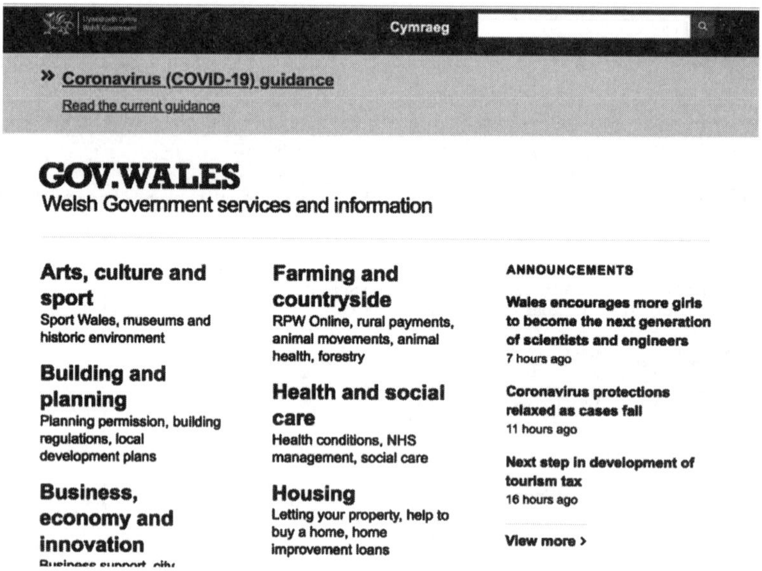

图 8－2－10　威尔士政府网

● 地方规章

地方规章(By-laws)是二次立法,由议会法案授权的当地或公共权威机构制定。根据 1972 年《当地政府法案》(Local Government Act, 1972)第 236 节的规定,当地权威机构制定的地方规章应置于当地权威机构办事处,供各地方政府审阅,并且可以向公众出售。其他机构的地方规章应置于各自的办事处供公众审查和购买。一般来说,规模较大的公共图书馆会藏有其所在地区权威机构制定的地方规章。

● 实施法令

实施法令(Statutory Codes of Practice)没有官方定义,最早也是最有名的实施法令是20世纪30年代制定的《公路法》(Highway Code)。20世纪70年代以来,部长和其他官方机构得到授权可以发布一些指南,以保证法律得以更好实施。相关机构还发布了大量的实施法令。有些实施法令具有法律效力,可被法院用作裁判依据。但是,实施法令的出版并不统一,许多是由英国文书局(The Stationary Office,TSO)出版的,如《公路法》;还有一些,如均等机会委员会(Equal Opportunities Commission)为消除就业中的歧视而制定的法令,则由制定该法令的组织出版。查找这些法令的最好资源是法律百科全书。例如,大量关于劳工关系的法律实施法令在再版时都附有百科全书编辑者所标的脚注,可以在斯威特与马克斯韦尔出版社出版的《劳工法大全》(*Sweet & Maxwell's Encyclopedia of Employment Law*)此类的百科全书中找到。

(2)如何使用二次立法

如前文所述,公众可以通过书面方式或网络找到二次立法。每到年末,名为"制定法文件"的法规年卷都将会由HMSO出版,其中含有一般法规的再版。年卷中的法规是按顺序号编排的,而且每年最后一卷后面附有主题索引。HMSO也提供法规的主题索引或年代时间(如顺序号)索引服务,但是由于法规年卷的出版通常要延后几年时间,使得索引服务更新不够及时,使用起来也不如商业版本方便。法律法规数据库(Statute Law Database)是由法规出版处(Statutory Publications Office)建立的,收录了1991年之后所有一般法规的全文以及在此之前的部分法规全文。

关于法规官方文本在图书馆的收藏情况,戴维·刘易斯·琼斯(David Lewis Jones)和克里斯·庞德(Chris Pond)的《英国和爱尔兰图书馆的议会馆藏》(*Parliament Holdings in Libraries in Britain and Ireland*)一书中有相关介绍。

《霍尔斯伯里制定法文件大全》(*Halsbury's Statutory Instruments*)是研究者查询法规较好的资源之一。它每月更新一次,有非常详细的主题、标题和年代时间索引。但是,该出版物并非包含所有的法规,很多法规也仅提供摘要。在使用《霍尔斯伯里制定法文件大全》时,如果碰到以下两种情况最好采用其他方法:第一,已经知道所要查询法规的出版年份和顺序号,此时可以直接到HMSO的出版物中查询,因为它们是按此顺序编排的;第二,如果要查询几周前刚发布的法规,由于它们还没有被收录到《霍尔斯伯里制定法文件大全》中,所以研究者可以到 HMSO 的活页本或其网站上搜索。若要正确使用《霍尔斯伯里制定法文件大全》还需要一些实践指导。巴特沃斯出版社提供了一个用户指南,还用图表形式列出了一个使用说明书。

《现行制定法文件引注》(*Current Law Statutory Instrument Citator*)详细列明了 1993 年以后所有法规的内容,以及废止和修正情况,同时提供法院解释法律法规的相关案件信息。

此外,还有一些电子资源在检索二次立法上也会有所帮助,它们是 Lexis、Lawtel 和 Justis 制定法文件光盘(Justis Statutory Instrument CD-ROM, Justis SI-CD)。

Lexis 收录了英格兰和威尔士现行有效的所有一般法规且附有修正条款,每周更新一次。

Lawtel 提供法律信息的在线摘要。它没有收录法规的全文,而仅收录关于法规的一些信息。该数据库每日更新,所以对查询当前或最近的法规时很有用处。

Justis SI-CD 收录了 HMSO 自 1987 年 1 月 1 日以后出版的所有法规全文。用户可以用任何关键词进行检索,这有些类似于 Lexis。Justis SI-CD 收录了法规里包含的所有表格(tables)、图表(diagrams)和图示(maps),每 3 个月更新一次。

(3)检索举例

【例 1】在仅知道法规的标题,而不知道发行年份和顺序号的情况下如何查找?

用户在书面资源中可以利用《霍尔斯伯里制定法文件大全》,要注意选择恰当的索引,如果查到的法规不是全文版的,可以到 HMSO 版本中查找。如果想在电子资源中查找,可以用 Justis SI-CD,在“标题”(heading)项下搜索,不过要注意该数据库收录的法规的日期范围;也可以用 Lawtel 数据库,不过同样也要注意其日期范围;用 Lexis 也可以,但是和其他数据库一样,因为每年有大量的法规发布,有一些标题会有所类似,所以搜索的过程中仔细阅读法规名称;在 HMSO 的网站上也可以搜索到相关法规文本,但是要注意该网站只收录了 1997 年以后颁布的法规。

【例 2】如何查询某一法规当前是否有效?

用户选择书面资源可以用《霍尔斯伯里制定法文件大全》,注意要用恰当的索引进行搜索,而且要确保使用的是每月更新一次的活页本,以保证不会遗漏法规的最新变动情况。为了弥补《霍尔斯伯里制定法文件大全》编纂耗时较长的缺陷,可以选用 HMSO 网站上的法规查询工具或由 TSO 编写的“每日目录单”(Daily List),获取最新出版信息。大多数法律图书馆和一些较大的公共图书馆都会订购“每日目录单”。其他电子资源都有不同的局限性:Justis SI-CD 更新不够及时,不便查找;Lawtel 提供最新的法规信息,但是仅限于摘要;Lexis 仅收录现行有效的法规全文。

3. 判例法

判例法由法院的判决报告组成。

与法案和法规相比,搜索判例法相对困难一些。原因是:第一,没有本管辖区的官方判例汇编;第二,每年大约只有 1.25% 的案例判决能够出版。

英国的法律报告有四大类:经过汇编的“一般法律报告”和“专门法律报告”,记载全文的“一般法律报告”和“专门法律报告”。

“一般法律报告”收录范围较广,而“专门法律报告”则是有选择地收录某一法律领域的案件。经过汇编的报告又称“高级报告”(advance reports),这是美国法律报告分类所用的术语。高级报告是指形式简略,经过编排后,以最快的速度出版发行的判决报告。与之对应的是全文报告(full-text),这是一种逐字逐句按照判决书进行汇编的报告。一般高级报告可以在一些高质量的日报中找到,如《泰晤士报》(*The Times*)、《金融时报》(*Financial Times*)和《独立报》(*Independent*)。另两种综合性出版物《法律报告周刊》(*Weekly Law Reports*)和《英格兰法律报告》(*All England Law Reports*),一般出版全文报告,但通常要延后数月。专门报告的情况与一般报告有些类似,例如,《刑法评论》(*Criminal Law Review*)刊印高级报告。而《刑事上诉报告》(*Criminal Appeal Reports*)要延后很久才能刊印全文报告。

上议院网站(http://www.parliament.uk/business/bills-and-legislation/)收录了其 1996 年 11 月 14 日以后所作的案件判决,这些判决一般在作出后 2 小时内就会被加入网站内容中。(见图 8－2－11)

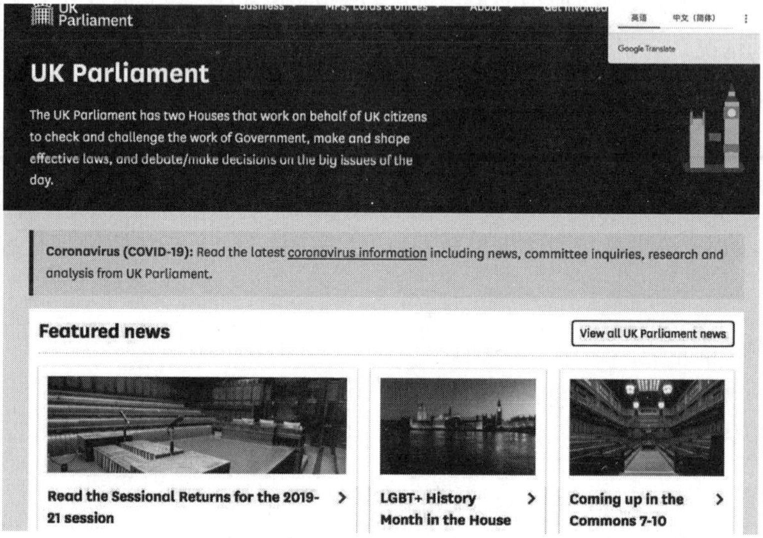

图 8－2－11 英国议会

还有一些网站也收录有未经报告的案例判决：法院服务处(Court Service)——上议院大法官部(Lord Chancellor's Department)收录了部分高等法院、上诉法院(https://www.gov.uk/government/organisations/hm-courts-and-tribunals-service，见图 8－2－12)民事案件审理司和上诉法院刑事案件审理司判决的全文报告。

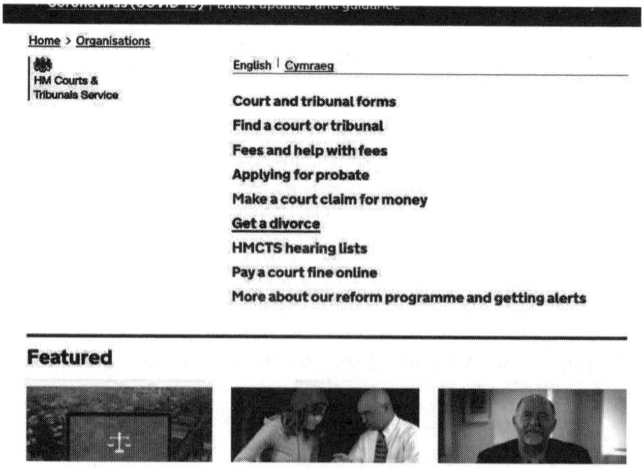

图 8－2－12 上诉法院

雇佣上诉特别法庭(Employment Appeal Tribunal)设立了一个免费网站(https://www. gov. uk/appeal-employment-appeal-tribunal)。该网站提供判决全文。(见图 8－2－13)

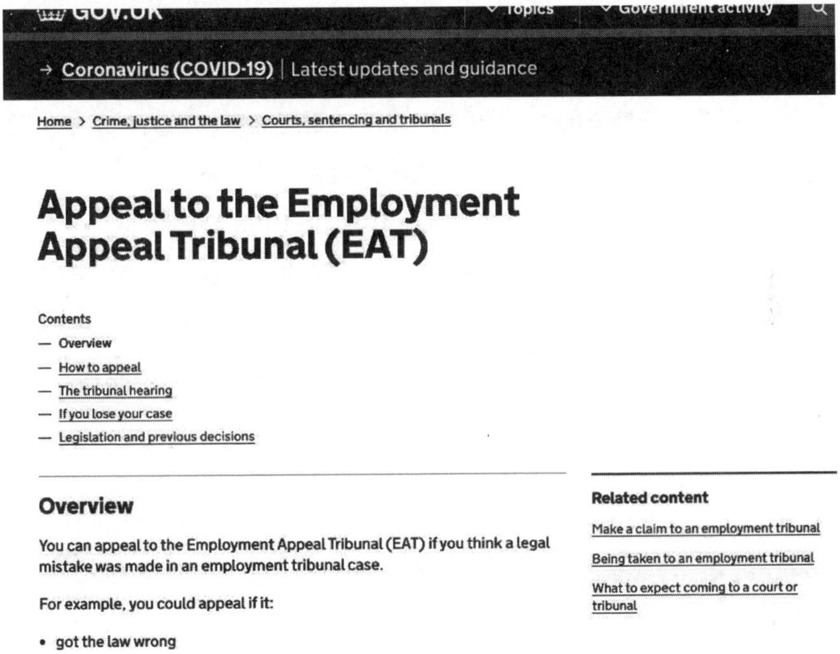

图 8－2－13　上诉特别法庭

对于那些在电子数据库中查不到的案例,最高法院图书馆编写了一本非常有用的小册子:《司法程序记录:如何获取》(*Transcripts of Judicial Proceedings: How to Obtain Them*),它提供了与副本对应的不同等级的法院的地址、电话和传真号码。根据这本小册子编写的一个列单被收录在盖伊·霍尔本(Guy Holborn)的《法律研究指南》(*Legal Research Guide*)中,但其中的信息已经日显陈旧了。值得一提的是,地方法院的会议记录没有正式的记载,用户想查询巡回刑事法庭和郡法院的会议记录应该与当地法院联系。

在查找判例法时我们要掌握几个检索技巧:

第一,学会看懂"法律报告"中的引注。

要查找法律报告中的某一案例,我们先要看懂一些引注和缩略语。如"Rolled

Steel Products Ltd v BSC[1985] 3 ALL ER52",从这个法律引注中可以获得的信息是,该案例可以在1985年的《全英判例汇编大全》(*All England Law Reports*)第3卷第52页中找到。

第二,熟悉查找判例法的几个途径。

有五种类型的数据库或出版物可以供我们查找有关判例:案例的全文报告、法律报告索引、附有案例摘要的索引或引注,以及把不同的案例判决联系起来的法律评论。对这几种类型的数据库或出版物的查找途径介绍如下:

(1)查找案例的全文报告(full text reports of the cases themselves)

大多数法律图书馆都收藏了一般法律报告的出版物,如《全英判例汇编大全》(*All England Law Reports*)、《判例汇编周报》(*Weekly Law Reports*)和《判例汇报》(*The Law Reports*)。另外,一些较大的日报也会收集法律报告,如《泰晤士报》(*The Times*)和《独立报》(*Independent*)等。

在收录的法律报告的日期范围和主题范围上,Lexis是最广的,但Lexis仅向会员开放。Lexis收录了1945年以来所有案例报告的全文,以及大量的上诉法院民事案件审理司未经报告的案例,其中有一些报告选自于高等法院和特别法庭。

法律信息网(Legal Information Network)是一个在线信息系统,主要为律师而设,收录了1993年以来上诉法院民事案件审理司和上议院审理的大约5000个案例的全文副本。《电子判例汇报》(*Electronic Law Reports*)是《判例汇报》(*The Law Reports*)的光盘版,收录了1865年至今的案例报告。不过,《判例汇报》仅收录了所有报告的案例中很小的一部分。"Justis判例汇编周报"(JustisWeekly Law Reports)数据库收录了周报全文。光盘每两个月更新一次;Justis在线服务更新频繁些,每两周一次。《劳埃德法律报告》(*Lloyd's Law Reports*)收录了1919年至今有关海事海商和商法方面最具权威性的法庭决议。

近年来,英国各大主要的出版社都倾向于出版按主题分类的光盘,内容涵盖某一具体法律领域内的评论、立法和案例报告,如税收法、公司法。

(2)法律报告索引(indexes to law reports)

《判例汇报》(*The Law Reports*)同时出版索引。《法律杂志索引》(*Legal Journals Index*)于1986年首次出版发行。《法律杂志索引》原来是一个书面的数据库，但现在已成为《现行法律信息》（斯威特与马克斯韦尔出版社）一书的一部分，其电子版也投入了使用。电子版《法律杂志索引》提供了英国 400 多种法律期刊的索引，涉及的领域非常广泛。

约克郡一家法律顾问公司斯沃布里克公司（Swarbrick & Co.）创办了一个法律报告索引网站（http://www.swarb.co.uk/），收录了英国 1992 年以后的 1000 多个案例的报告。（见图 8－2－14）

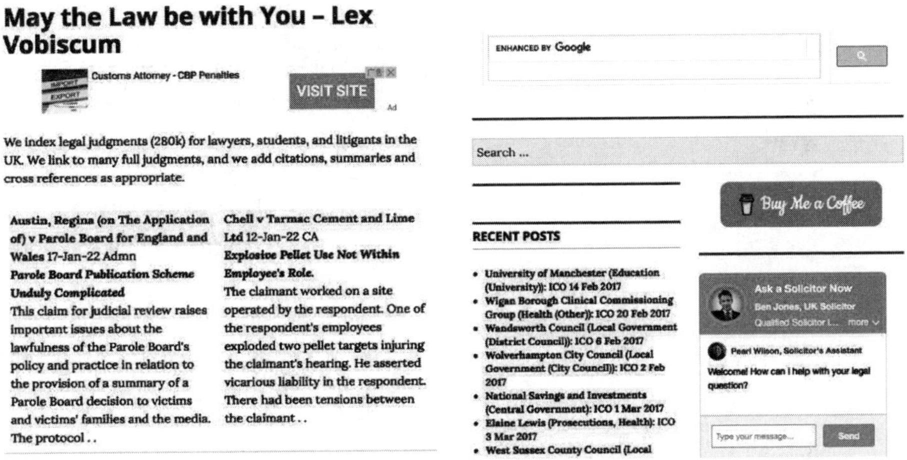

图 8－2－14　斯沃布里克公司法律报告索引网站

（3）附有案例摘要的索引（indexes with brief summaries of cases）

Lawtel 网（http://www.lawtel.com/）提供含有案例摘要的法律信息，其数据库收录了 1980 年以来的案例，新的案例也会在报纸报道或其得到案例副本之后被尽快加到数据库中。如果一个案例是以法律报告的形式印刷出版的，Lawtel 在其数据库中也会收录此案例引注的详细内容。（见图 8－2－15）

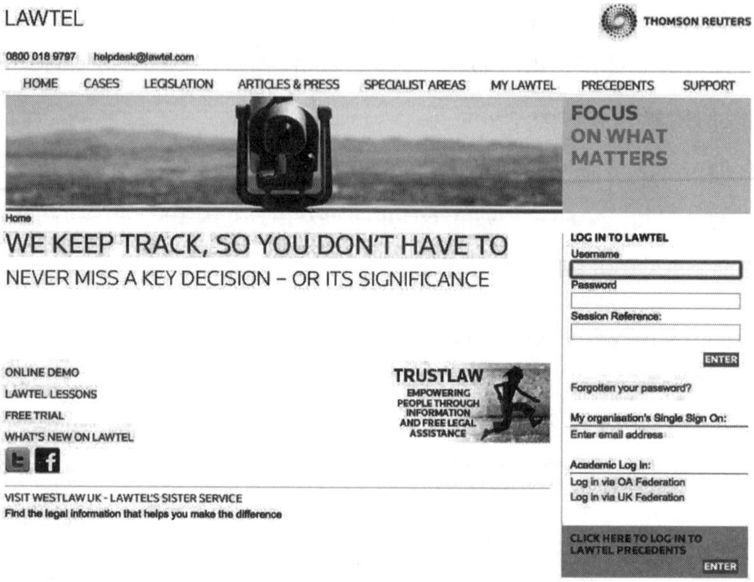

图 8－2－15　Lawtel

自 1999 年起,《判例汇报》和《判例汇编周报》的发行人法律报告委员会(The Incorporated Council of Law Reporting, ICLR)提供了免费的网上查询服务(http://www.iclr.co.uk/)。该网收录了上议院、枢密院、上诉法院和高等法院的部分案例的摘要,这些案例摘要在判决作出后 24 小时内即被收录其中,内容较新。(见图 8－2－16)

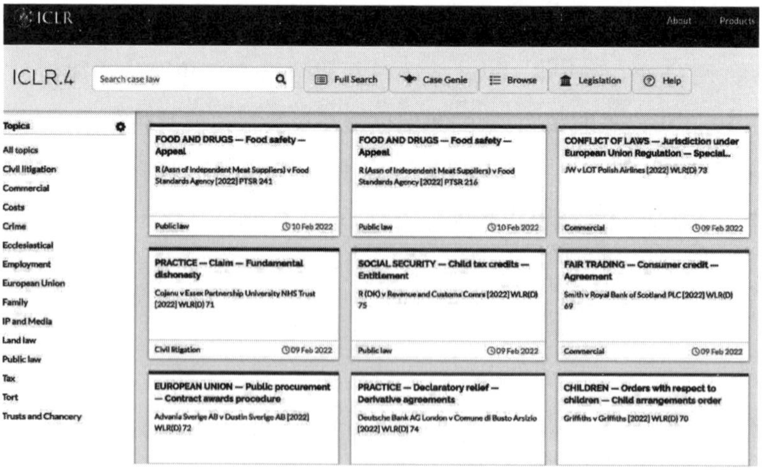

图 8－2－16　ICLR

(4)引注(Citators)

《现行法律判例引文集》(*Current Law Case Citator*,以下简称 *Citator*)是按照案例名称的字母顺序排列的一个引注列单,收录了 1947 年之后所有报告过的英格兰、威尔士和苏格兰的案例。如果所要查找的案例的引注不完整,则无法从 *Citator* 上查询。在 *Citator* 中每一个条目都具体列明了该案例的出处,因为有的案例会记载于不同的出版物中,故而很多情况下一个案例可能有几个引注。倘若有多种选择,律师通常会选择最详尽的版本。*Citator* 印有多卷,每一卷收录的是不同时期的案例报告。*Citator* 的电子版被收录在"现行法律信息"数据库中。

(5)把不同的案例判决联系起来的法律注释(commentaries on the law relating different case decisions to each other)

《霍尔斯伯里英国判例法大全》(*Halsbury's Law of England*)是一个非常重要的出版物。它是由巴特沃斯出版社编辑人员编写的对英格兰和威尔士的法律注释。该书附有大量脚注和案例引注。如果想根据主题查找案例或把不同案例的判决联系起来进行考察的话,该书是最好的选择。该书附有用户指南和一份用图表形式列明的使用说明书。

第三,学会如何检索判例法。

【例 1】在知道当事人名字的情况下如何查找案例报告?

首选是 *Citator*,书面版或电子版均可。另外,《判例汇编索引》(*Law Reports Index*)以及《全英判例汇编大全》(*All England Law Reports*)的综合图表索引亦可。如果怀疑案例是最近才判决的,那么应该使用《现行法律判例》(*Current Law Cases*)和《法学期刊索引》(*Legal Journals Index*)。这类查询用 Lawtel 和 Lexis 也可以。但是,因为 Lexis 是收费的,所以在网上搜索之前最好先在书面资源里查找,也可以综合利用前面提到的免费网站,不过要注意大多数网站没有收录 1996 年以前的案例。如果知道作出判决的具体法院,那么在数据库和网络中的查询就会快得多。

【例 2】如何查询某一判决作出后,其后的案例是否参考过该判决?

因为此类查询涉及的范围比较广,所以只有两种资源可以予以利用:Lexis 或 *Citator*。如果要使用 *Citator* 的书面版,首先要找到所需查找的案例的条目,然后参考其姊妹书《现行法律年鉴》(*Current Law Yearbook*,以下简称 *Yearbook*),后者收录了案例判决的摘要。这些摘要参考的书目都在 *Citator* 的对应条目最后的“摘要”(Digested)一词后。数码表明了 *Yearbook* 的年份以及在书中哪一段可以找到案例摘要。一旦找到了所需查找的案例的相关内容,然后在最新发行的 *Citator* 中查询法院在随后的案例中是如何评价原始判决的。要注意留心任何能够表明以后的判决是怎样遵从或否定原始案例的信息。我们可以留意 *Yearbook* 中的相关内容,因为它们包含的信息可能表明案件的原始判决是否已经不适用于作为以后的案件判决的参考了。关于 *Citator* 和 *Yearbook* 的使用说明,皮特·克林奇的《使用法律图书馆》一书中有介绍。

Citator 的光盘版使用起来更方便一些,因为通过它可以直接链接到它的姊妹数据库——现行法律判例数据库中,后者记录了案例的摘要。也可以通过互联网在 *Citator* 中搜索,但是没有链接服务。

【例 3】如何根据主题搜索案例?

Lexis 和 Lawtel 数据库都可以进行此类搜索,不过要注意 Lawtel 收集的案例有日期限制。此外,建议使用《霍尔斯伯里英国判例法大全》来检索书面资源。

4. 法律以外的资源

法律以外的资源包含大量以实施规则(codes of practice)、行为规范(codes of conduct)、指导(guidance)和准则(standards)命名的文件,涉及范围非常广泛。它们和前面谈到的资源有以下两个区别:第一,任何组织都可以发布该类资源,而法律法规只能由拥有立法权的机构发布;第二,这一类文本本身没有法律上的执行效力,它们只是希望影响人们的行为,建议或保证法律实施上的统一性。例如,根据 1973 年《公平贸易法案》(Fair Trade Act, 1973),商品交易会总理事(Direct General of Fair Trading)有义务督促贸易协会制定实施准则。目前已经有将近 50 个准则出台。它们明确了交易者的法律责任以及消费者在法定权益之外还享有的权益。比如,《汽车制造业实施规则》包含推销、销售、维修以及售后服务方面的内容;根据 1993 年《数据资料保护法案》(Data Protection Act, 1993),保护委员会有义务督促贸易协会根据法案中的数据资料保护原则制定更为详细的实施规则。

5. 二次文献

教科书、法律期刊、法律工具书以及官方出版物是常见的二次文献。

(1)教科书

各类教科书的详细情况可以从英格兰和威尔士主要的法律出版公司的目录(通过书面或网络均可)中查到,如巴特沃斯出版社(Butterworths)、斯威特与马克斯韦尔出版社(Sweet & Maxwell)、黑石出版社(Blackstone)。英国最大的两家书店——哈米克书店(Hammick's Bookshop)和法律笔记书店(Law Notes Bookshop),在它们每年的目录中都会列出重要的综合性的法律教科书。最新的法律教科书的详细情况在《现行法律月刊文摘》(*Current Law Monthly Digest*)中有记录,在文摘的正文或每期最后的清单中也都能找到。

一些法律出版商开始出版电子版的教科书。巴特沃斯出版社已经开始出版电子图书,这些书收录了经挑选的部分书面版教科书的内容,连同电子版的相关立法和案例介绍,一并压缩在一张光盘中,用户能够很快查到所需要的内容。斯威特与马克斯韦尔出版社、荷兰威科集团也开始研制类似的光盘,把同一学科不同种类的出版物收录到一张光盘中。

(2)法律期刊

用户若想查询法律期刊可以通过电子版的期刊索引。创建于 1986 年 9 月的《法学期刊索引》(*Legal Journals Index*)是英国辖区内较权威的索引,它涵盖了 400 多种期刊,使用光盘或互联网查询均可。Lawtel 涵盖的期刊比《法学期刊索引》少,但仍不失为一种可供查询的资源。Lexis 用途比较有限,侧重于收录实用性杂志上的文章全文,这对律师来说比较合适。就书面资源而言,《现行法律月刊文摘》(*Current Law Monthly Digest*)也提供期刊文章的索引,但是因为它也收录其他有关法律的最新信息,并且是以非常宽泛的标题范围编排的,所以要进行比较具体的查询可能会有些困难。一些索引服务也提供法律方面相关文章的索引,如《犯罪学》(*Criminology*)、《刑罚学和警察科学文摘》(*Penology and Police Science Abstracts*)、《英国人文指数》(*British Humanities Index*)的书面版或光盘版。

(3)法律工具书或检索类用书

一般来说,比较常用的法律词典包括:

Mozley and Whiteley's Law Dictionary(《莫兹利与怀特利法律词典》);

A consise Dictionary of Law(《简明法律词典》);

Osborn's Law Dictionary(《奥斯本法则》);

Jowitt's Dictionary of English Law(《乔伊特英国法词典》);

A Dictionary of Legal Quotations(《法律引文词典》)。

(4)官方出版物

除了议会的议案、法案和法规,一些官方出版物,如敕令书(Command Papers)、重要的政策性文件、皇家专门委员会报告或议会以外的机构的调查报告等也是很有价值的法律文献资源。例如,一些表明议会将来立法的动向或包含对公共事务进行调查后所作的相关建议书,以及法律委员会的报告和咨询性文件等。这些资料由英国文书局出版发行。一些非政府性的半自治组织,如均等机会委员会、卫生与安全委员会等也会发行一些对律师非常有用的文件。许多机构都在网上发布文件,有关部门的网址可以用英国政府信息服务网(http://www.direct.gov.uk/)的机构组织索引进行查询。(见图 8-2-17)

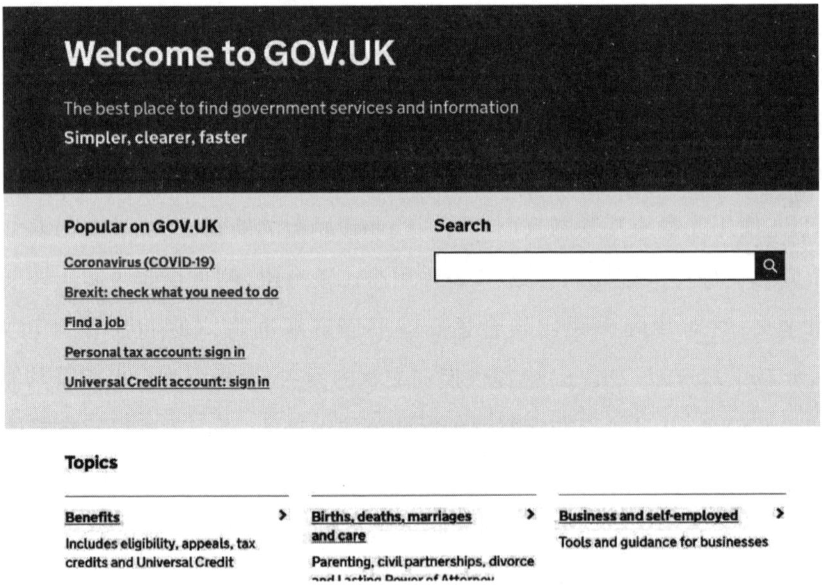

图 8-2-17　英国政府信息服务网

另一种查询政府出版物的方式是利用不列颠政府出版物目录(Catalogue of British of ficial Publications)或其光盘,英国官方出版物网站(United Kingdom Official Publications, UKOP)也会提供 TSO 出版物目录。

以南安普敦大学为主的一个商业网站（“英国官方出版物当前意识服务”，British Official Publications Current Awareness Service，BOPCAS，网址：http://www.soton.ac.uk/）提供了大多数 TSO 的出版物和大量政府部门出版物的索引。该网站由两部分组成：免费部分——提供最近6个月内出版物的索引；会员部分——收录了1995年以来的档案文件。该网站每周更新一次，使用起来也很方便，用户可以利用日期、出版物的类型（如敕令书）和主题进行搜索，也可以加入“政策意识电邮小组”（Policy Awareness Electronic Mail Group）以自动获取某一项领域（如环境法）最新出版物的情况。（见图8-2-18）

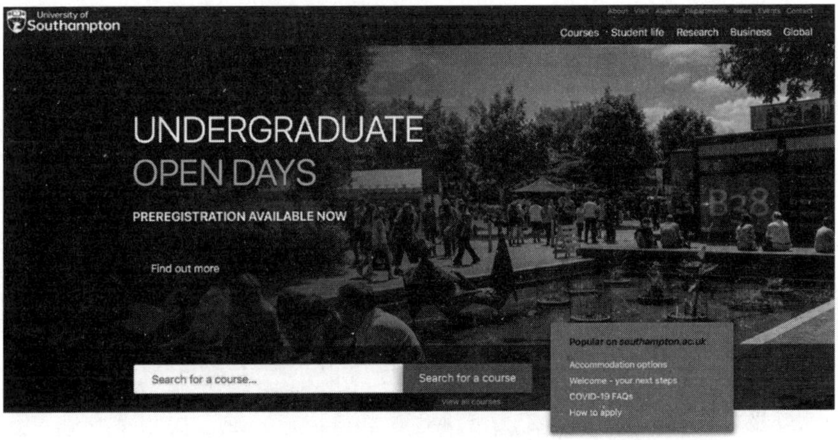

图8-2-18　英国官方出版物与前意识服务网站

（二）苏格兰

苏格兰的法律体系是一个混合体，既受到英格兰和威尔士普通法系的影响，又受到大陆民法体系的影响。这也是苏格兰很多法律的基本原则不同于英格兰法的一个原因。在法律职业和法院等级方面两者也有很大不同。在今天苏格兰的法律教育中，罗马法的学习仍然是很重要的一部分。

1709～1999年，英格兰和苏格兰的议会还是统一的，那时它们的主要立法形式相同：公共一般法案和二次立法，主要是法规。不过，适用苏格兰法律时一定要注意其议会法案适用的地域范围：有一些适用于全英国，有一些仅适用于苏格兰，还有的仅适用于苏格兰的某些地区。每项法案最后都会有法案适用的地域范围的说明。

HMSO 出版苏格兰当代官方法案资源的情况同英格兰和威尔士一样。CLS 收录了 1991 年以后的苏格兰法案全文。《霍尔斯伯里英国制定法大全》虽没有专门介绍苏格兰的法令,不过在该书的“是否有效?”(Is it in force?)部分中,详细收录了苏格兰法令的起始实施日期以及废除条款和修正条款。

根据 1998 年《苏格兰法案》(Scotland Act, 1998)的规定,苏格兰议会自 1999 年 7 月 1 日起有权立法。威斯敏斯特议会授权新议会制定仅适用于苏格兰的法案和二次立法,授权范围很广。在一些特定产业上,威斯敏斯特议会仍然保留其立法权,如贸易和工业、国家安全、均等机会和广播业等。

查询苏格兰议会立法草案的网址:http://www. parliament. scot/parliamentary business/bills. aspx。(见图 8-2-19)

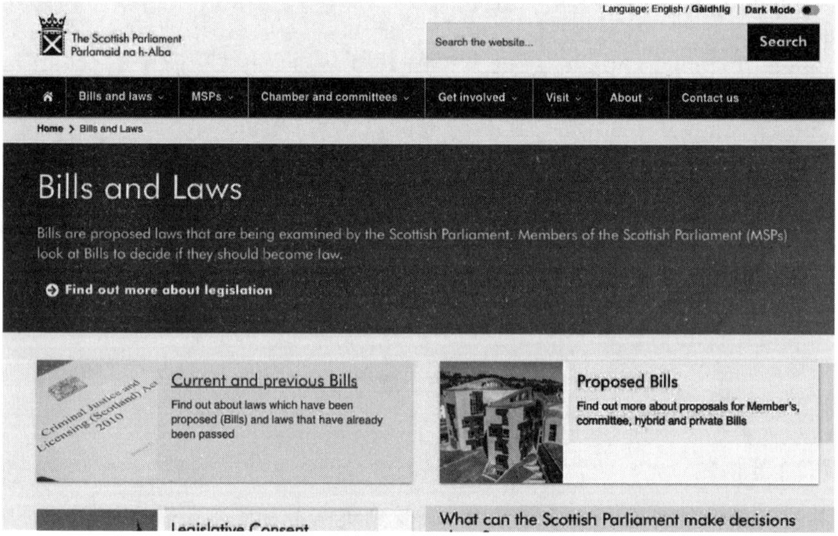

图 8-2-19　苏格兰议会

《苏格兰议会的法案》(Acts of the Scottish Parliament, ASP)由 HMSO 出版,在国家档案馆网站中也可查到。该网站还收录了 1998 年《苏格兰法案》(Scotland Act, 1998)的全文相关立法。同样,由于 HMSO 并入国家档案馆,现在只需登录国家档案馆网站(http://www. legislation. gov. uk/),就可以查询到苏格兰议会制定的法案。CLS 中专门有一节是刊印苏格兰议会法案的,还附有简短的介绍和专家评注。

新苏格兰议会有权制定仅在苏格兰地区适用的法规。法规草案的审议程序在苏格兰议会和威斯敏斯特议会有很大差别,因此,两个议会就同一立法对象制定的立法在生效日期和效力上都会不同。

审议通过的法规由 HMSO 出版发行。苏格兰法规在以下电子服务站点也能找到:"巴特沃斯苏格兰指南"(Butterworths Scotland Direct)、"Justis 制定法文件"(Justis Statutory Instrument)、"Lawtel"和"现行法律信息"(Current Legal Information)。

"格林斯苏格兰制定法文件服务"(Greens Scottish Statutory Instrument Service)提供了新议会制定的法规的全文和其余法规的摘要,且都附有专家评论。其索引支持题目、序号和主题搜索。

有两种类型的二次立法是专属于苏格兰的。两个程序法——集会法案(Acts of Sederunt)和延期法案(Acts of Adjournal),被收录在了《苏格兰法律时报》(*Scots Law Times*)(印刷版或光盘版)中。这两个法案在 HMSO 出版发行的《现行法律法规》中也能查到。

苏格兰的判例法有很多地方同英格兰和威尔士的判例法是一样的,如所有案例中只有很小一部分能够出版发行,法律报告的种类和律师引用案例的方式也是相同的。如果是用书面版的引注查询案例,务必注意是在 *Citator* 里关于苏格兰的章节中查询。同样,在用《现行法律月刊文摘》查询的时候,也要记住该书是按管辖区编排的,关于苏格兰的内容是单独编排的。

《法律期刊索引》和《现行法律判例》(都收录在"现行法律信息"的光盘或互联网上的数据库中)也有苏格兰的判例法。《格林周刊文摘》(*Green's Weekly Digest*)是专门提供苏格兰信息的出版物。与《霍尔斯伯里英国制定法文件大全》相似的出版物是介绍苏格兰法律的《苏格兰法律:楼梯纪念百科全书》(*The Laws of Scotland: Stair Memorial Encyclopedia*)。这是一本 25 卷带评注的苏格兰法律汇编,该法律汇编按主题编排,并有及时的更新服务。苏格兰图书馆的 Lexis 系统收录了 1944 年之后的苏格兰案例的报告全文和 20 世纪 80 年代以来一些苏格兰法院审理的未经报告的案例。

苏格兰法院网(http://www.scotcourts.gov.uk/)由苏格兰法院服务处

(Scottish Court Service)创办,提供所有苏格兰民事及刑事法院的信息,包括判决法庭(Court of Session)、司法官高级法庭(High Court of Justiciary)、郡长法庭(Sheriff Courts)以及其他一些法院、委员会、特别法庭和地方法院。提供的信息包括这些法院的地址、联系方式以及近期判决的建议和具体内容。(见图 8 - 2 - 20)

图 8 - 2 - 20　苏格兰法院网

用户只要了解了苏格兰和英格兰在法律文献上的上述差异,就可以按照搜索英格兰和威尔士法律相关内容的步骤来查找所需的信息了。

格拉斯哥大学创办了一个苏格兰议会和政府出版物专栏(http://www.gla.ac.uk/myglasgow/library/collections/maps officialpublications and-Statisticsunit/),该栏目中有与苏格兰有关的议会和官方出版物的列单,所涉机构包括联合王国议会、苏格兰议会、苏格兰行政部门(Scottish Executive)以及苏格兰办公室(Scottish Office)。(见图 8 - 2 - 21)

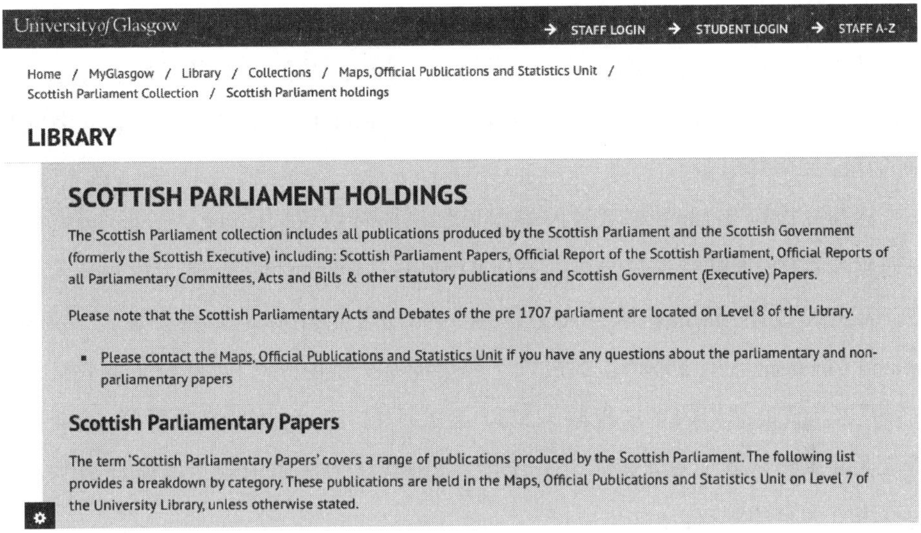

图 8－2－21　苏格兰议会和政府出版物专栏

在爱丁堡大学法学院的网站（http://www. law. ed. ac. uk/）上也可以搜索到苏格兰法律的相关内容。（见图 8－2－22）

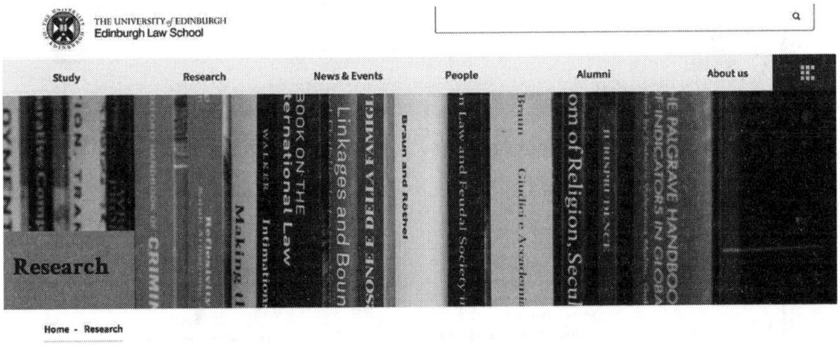

图 8－2－22　爱丁堡大学法学院网站

（三）北爱尔兰

1801 年以前，整个爱尔兰有其独立的议会。1801～1921 年，伦敦的联合王国议会为全爱尔兰立法。1920 年《爱尔兰政府法案》（Government of Ireland Act, 1920）生效以后南北爱尔兰宪法及立法体系分立。1921 年以后，北爱尔兰的法制情况复杂而多变，也导致其法规的制定和出版发行变化不断。

北爱尔兰议会在 1921～1972 年制定的法规由贝尔法斯特的皇家文书局出版。

1972 年 3 月,北爱尔兰议会解散,北爱尔兰在威斯敏斯特议会的直接统治下继续存在。北爱尔兰法规是作为枢密令(Orders in Council)出版发行的。新北爱尔兰大会在其存续期间内(1973 年 7 月 ~1974 年 5 月)通过了 4 项“措施”,均由贝尔法斯特的皇家文书局出版。

1974 ~1999 年,北爱尔兰政府根据贝尔法斯特协议(Belfast Agreement),即现在通常所称的“耶稣受难日协议”(GOOD Friday Agreement)重建了新北爱尔兰大会。经公民投票,新北爱尔兰大会依据 1998 年《北爱尔兰选举法案》(Northern Ireland Elections Act, 1998)正式成立。大会拥有广泛的立法权,整合了原先分别由 6 个爱尔兰政府部门的立法权限。2000 年 2 月 11 日,大会职权被暂停,威斯敏斯特议会又重新恢复了对北爱尔兰的统治,直到其认为法律中规定的条件被满足以后再恢复大会的职权。

虽然威斯敏斯特议会保留了为北爱尔兰立法的权力,但是北爱尔兰大会还是有权制定威斯敏斯特议会授权范围内的法律。大会制定的法律可以在北爱尔兰大会网站(http://www. niassembly. gov. uk/,见图 8 –2 –23)上查到。

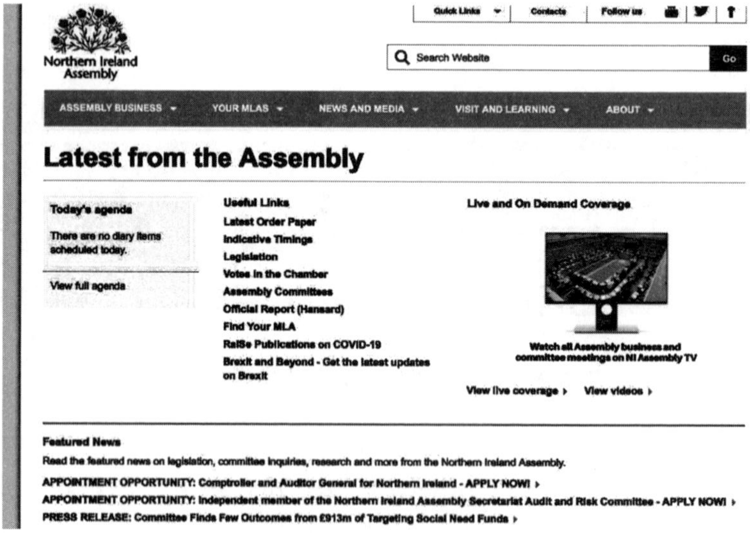

图 8 –2 –23　北爱尔兰大会网站

大会通过的法律由贝尔法斯特的皇家文书局出版发行。

《北爱尔兰法规》(*Statutes Revised, Northern Ireland*)(第二版)收录了所有现

行有效的北爱尔兰立法，但不包括1922年后由威斯敏斯特议会通过的适用范围扩及或仅适用于北爱尔兰的联合王国法规。

贝尔法斯特的皇家文书局每年都会出版《北爱尔兰法规》增刊，但是原文不会更新。Lexis电子数据库仅收录了现行有效的适用范围扩及或仅适用于北爱尔兰地区的联合王国的法规。Justis光盘收录了仅适用于北爱尔兰地区的法案的全文。至于二次立法，自1922年起，适用于爱尔兰的法规就单独由贝尔法斯特的皇家文书局出版发行，后来它们被成卷出版发行在《北爱尔兰法规和指令》(*Northern Ireland Statutory Rules and Orders*)中。

北爱尔兰的"官方"法律报告是《北爱尔兰法律报告》(*Northern Ireland Law Reports*)，但其发行通常不够及时。自1971年起，《北爱尔兰判决公报》(*Northern Ireland Judgments Bulletin*)提供判决报告。在其他方面，北爱尔兰法律报告体系类似于英格兰和威尔士。Lexis收录了1945年后《北爱尔兰法律报告》中的案例报告全文，以及1984年3月起的未经报告的案例。北爱尔兰法院服务处有自己的网站(http://www. courtsni. gov. uk/)，但提供的案例信息非常少。(见图8－2－24)

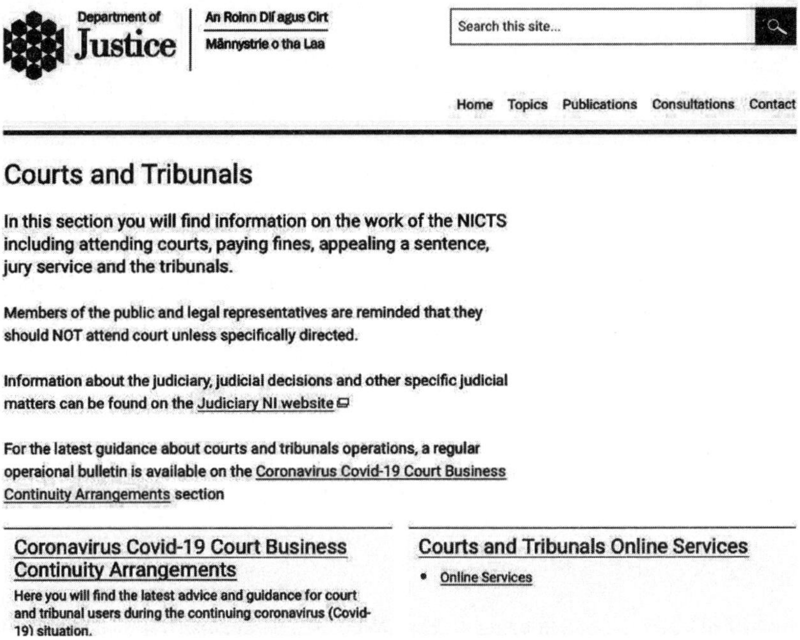

图8－2－24　北爱尔兰法院网站

《北爱尔兰法律公报》(*Bulletin of Northern Ireland Law*)创刊于 1981 年,每年 10 期,更新很及时。自 1986 年起,该刊内容通过“Justis 在线法律服务”也可以查到,但是没有光盘。《现行法律月刊摘要》有一节详细介绍了北爱尔兰法律的最新发展情况。书面版或电子版的数据库“法律期刊索引”收录有英国期刊上关于北爱尔兰的文章。

Legal Island 网(http://www.legal-island.com/,见图 8 - 2 - 25)提供了北爱尔兰和爱尔兰一些法律网站的链接。

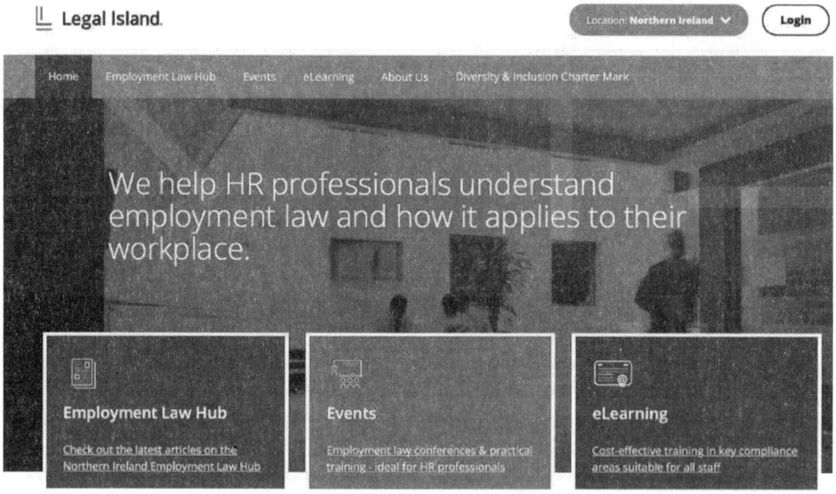

图 8 - 2 - 25 Legal-Island 网

想进一步了解北爱尔兰的主要法律信息,可以参阅由朱尔斯·温特顿(Jules Winterton)和伊丽莎白·莫伊斯(Elizabeth Moys)编辑,乔治·伍德曼(George Woodman)撰写的《法律信息来源》(*Information Sources in Law*),该书中有专门章节介绍北爱尔兰法律。

第三节 加拿大法律检索

一、加拿大的法律体系

自 17 世纪以来,加拿大的人口主要由英国、法国等欧洲移民以及原住民构成。时至今日,在加拿大仍然能够感受到这三种不同文化的存续。1876 年 7 月 1 日,加拿大以联邦形式建国,随后又有很多省份相继加入加拿大联邦,从而构成了今天的加拿大。

加拿大 1867 年宪法确立了加拿大为联邦制国家,联邦政府与省政府分享不同领域的立法权,并用法语与英语出版法律法规。因此,加拿大有宪法、联邦法和各省地方法。但是与美国相比,加拿大的法律体系更加复杂,因为加拿大有两套法律制度,这也是由加拿大联邦的人口构成所决定的。一是从英国继承来的、以英格兰法为基础的普通法,适用于除了魁北克以外的各省份;二是魁北克省实行的以法国法为基础的大陆法系法律制度,这套制度在继受法国法的同时也受到了普通法的影响。自从《1876 年宪法法案》出台以后,魁北克省就一直同时使用法语与英语出版其法律法规,而其他省则是近年来才有此做法。

加拿大联邦的法律体系由宪法(Constitution Acts)、联邦议会法案(Acts of the Federal Parliament)、省和地方议会法令(Acts and Ordinances of Provincial & Territory Parliaments)以及由各级法院判决的判例法(Cases)构成。

加拿大是一个君主立宪的联邦国家,其议会民主也是承袭了英国的“议会政治”体系,即“威斯敏斯特”体系和以不列颠传统为基础的立宪制议会民主体制。作为英联邦的一员,英国国王是加拿大的元首(无实权,由总督代表),而总督一般都由加拿大总理提名,英国国王任命,少数情况下则由内阁提名。1952 年加拿大完全独立于英国之后,这个职位毫无例外都是由加拿大人担任。

与英国和同为英联邦一员的澳大利亚一样,加拿大法律体系也采用“两院制”,即拥有两个立法机构。联邦议会由两部分构成:下议院(House of Commons),简称下院,以及参议院(Senate),一般称为上院。下议院由 338 名议员组成,5 年选举一次,是主要的立法主体,制定联邦法令;参议院议员由总理任命,固定为 104 人,按地区分布确定人数,其最重要的立法功能就是对措辞模糊和专业性过强的条文进行修改。

二、加拿大的司法体系

加拿大法院体系可以分为四级,自上而下分别是加拿大最高法院、省上诉法院和联邦上诉法院、省和地区的高级法院、同一层次但分工不同的联邦法院审判庭、各省和地区的基层法院。

根据加拿大联邦宪法法案,即《1867 年宪法法案》,加拿大联邦设立加拿大最高法院。加拿大最高法院在设立之初并无完全独立的司法管辖权,直到 1949 年根据修订的《最高法院条例》,才成为加拿大名副其实的最高级别的终审上诉法院。根据现行法律,加拿大最高法院 9 名大法官中至少应有 3 名由魁北克省任命。加拿大最高法院负责审理不服各省上诉法院裁判的上诉案件,但这些案件也并非全部受理,而是只审理其中涉及重大公众利益并为公众所普遍关心的案件,以及在法律适用方面有重大问题的案件。最高法院拥有对联邦以及省政府立法的违宪审查权。

在联邦层面,除加拿大最高法院外,加拿大还设有加拿大联邦法院、军事法庭上诉庭以及加拿大税务法庭。

加拿大各省以及地区法院组织通常由刑事法院、民事法院以及上诉法院这三个部分构成,其下再设各级不同法院。各省对上诉法院的设置各有不同,各省对刑事、民事案件的上诉规定更是复杂。例如,在安大略省,对小额赔偿法院(属于民事法院的一种)判决不服的上诉,只能上诉到安大略省最高法院的独任法官法庭;而对郡法院判决不服的则可以上诉至该省的上诉法院或者最高法院上诉庭。

若有意了解联邦及各省详细的规则,研究者可以参考 LLRX. com 网站(法律图书馆资源交流网)上一份由特德贾登(Ted Tjaden)在 2008 年发表的《加拿大法律研究指南》(*Doing Legal Research in Canada*)。这份指南详细地列举了立法、司法以及其他法律资源的查询方法。

三、加拿大法律文献检索

首先要提到的是加拿大联邦的各类原始法律资源,加拿大法律信息研究所网站和加拿大司法部网站都免费提供主要的法律资料。

加拿大法律信息研究所(Canadian Legal Information Institute,CanLII)提供了加拿大法律资料的基本框架。这是一个由加拿大法学会发起、蒙特利尔大学的计算机法律搜索组 LexUM 设计的网站(http://www. canlii. org/)。该非营利性网站的

运营目标是让用户可以从网络上免费获得加拿大的法律资料。（见图 8 – 3 – 1）

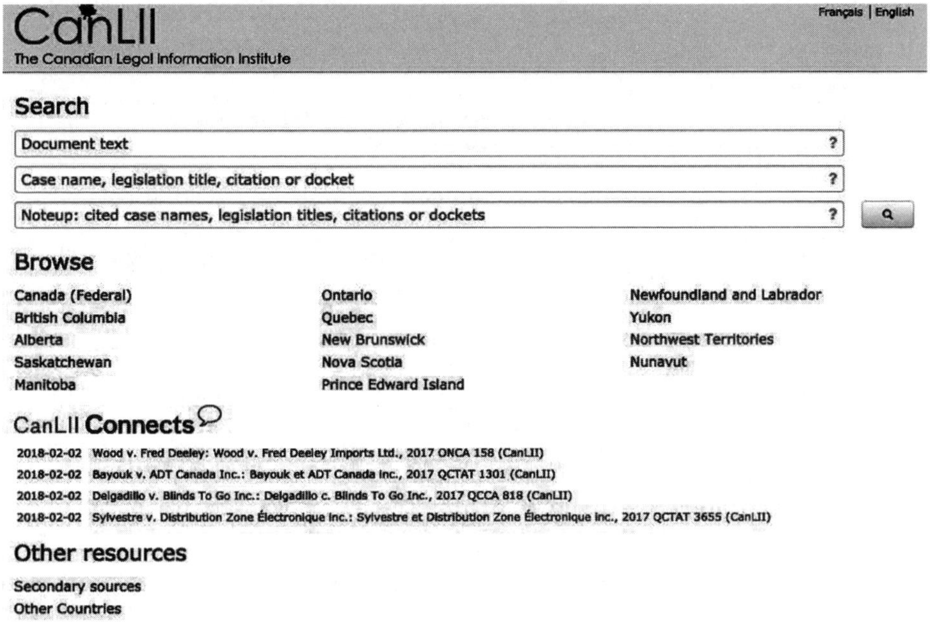

图 8 – 3 – 1　加拿大法律信息研究所网站

该网站经过多年发展已经能够做到及时更新各种法令与案例。用户从这个网站基本上就能获得大部分所需要的法律法规以及案例。而且此网站可以做到按关键词搜索后再按时间顺序浏览，以及按照各个省份地区以及联邦划分案例或法规，提供英文与法文两个搜索界面。

加拿大司法部的网站（http://laws-lois. justice. gc. ca/，见图 8 – 3 – 2）提供法令和规章的汇编。司法部每年会更新法律文本，这也意味着司法部网站上的内容可能不是最新的。法令与规章都有英语、法语两种版本，可以进行目录式阅览或检索。

图 8 –3 –2　加拿大司法部网站

《加拿大公报》(*Canada Gazette*)是加拿大联邦政府出版的每日公报,收录了联邦立法的全文,包括一次立法与二次立法。各省的公报则是收录各省立法的全文。用户若想要获得最权威最新的立法信息,可以从联邦以及省的公报上查找。加拿大公报的网址:http://canadagazette. gc. ca/,该网站同时提供英语、法语两种版本。(见图 8 –3 –3)

图 8 –3 –3　加拿大联邦政府公报

议案要成为法律需经过参众两院的一读、二读、委员会审议和三读程序。而这个过程可以在议会在线(http://www. parl. gc. ca,见图 8－3－4)上找到,同时联邦议会以及各省议会关于各个过程的提案全文、辩论内容和立法进展的信息也可以在议会在线网站上获得。

图 8－3－4　加拿大联邦议会在线

前文提及的 LLRX. com 网站(法律图书馆资源交流网)上的《加拿大法律研究指南》(网址:http://www. llrx. com/features/ca. htm/,见图 8－3－5),主要从以下几方面介绍了加拿大的法律资源:加拿大法律系统的介绍、加拿大原始法律资源、加拿大二次法律资源、加拿大法律组织(法律图书馆、法学院等)、加拿大法律出版社(包括在线数据商)以及关于加拿大法律研究的专题指南。

图 8-3-5 LLRX. com

加拿大最高法院的网站(https://www.scc-csc.ca/home-accueil/index-eng.aspx,见图 8-3-6)也提供最高法院判例的查询,不过除少部分是由网站本身提供的以外,大部分最高法院报告是由 LexUM 网站(加拿大法律信息研究所网站的创始人)的数据库提供的。

图 8-3-6 加拿大最高法院网站

QuickLaw 作为加拿大法律在线搜索数据库的知名品牌，现在已经并入 LexisNexis 的数据库群组，成为 LexisNexis Canada（https://www.lexisnexis.ca/en-ca/home.page）的主要部分。这里收录了从联邦到省与地区的法律法规、案例全文，以及基于这些法律法规、案例全文的二次立法，还有期刊论文、法律分析报告等研究资料，堪称最全面的整合数据库品牌。（见图 8－3－7）

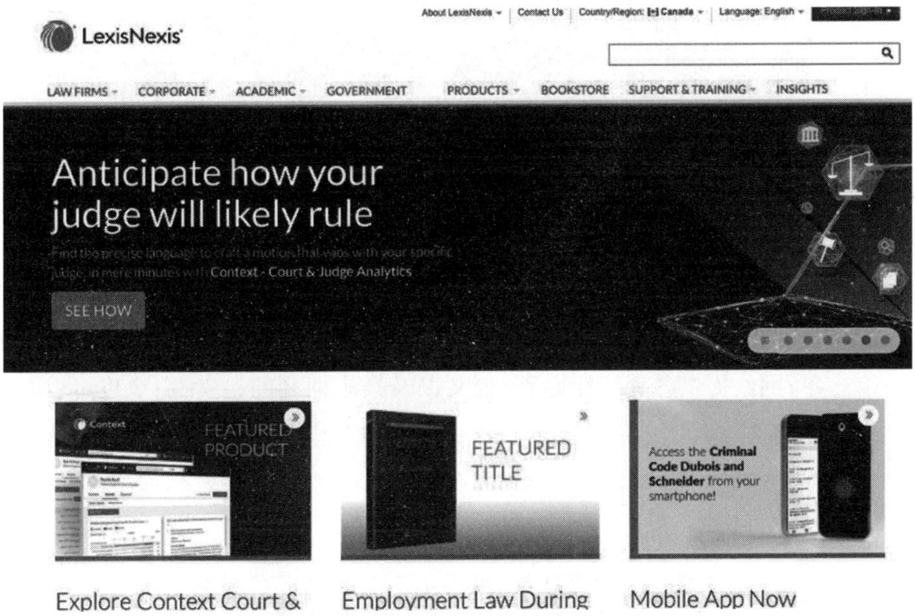

图 8－3－7　LexisNexis Canada

作为老牌数据库集成商，QuickLaw 收录了 3000 种以上的子数据库，但是这个数据库是收费的，对个人客户而言只有 15 日的有限权限试用期。加拿大各大法学院、法律图书馆都有这个数据库的访问权限。

Westlaw Canada（https://www.westlawcanada.com/，见图 8－3－8）是另一主流数据库集成商，同样都收录了较为全面的加拿大原始法律资源与二次法律资源。Westlaw 为了应对不同客户群的不同需求，提供了不同的资源库入口供各大律师事务所以及公司、法学院校选购。

图 8-3-8 Westlaw Canada

多伦多大学的勃拉·拉斯金法律图书馆(https://library.law.utoronto.ca/,见图 8-3-9)网站提供各种法律专著、论文以及杂志期刊的检索,用户也可以在该网站上查到最新的法律法规与案例。勃拉·拉斯金法律图书馆网站提供“一站式”复合搜索复选框、目录式浏览方便读者使用。在目录式浏览的页面中,既可以以主题为关键词浏览,也可以用时间为线索进行浏览,十分方便。

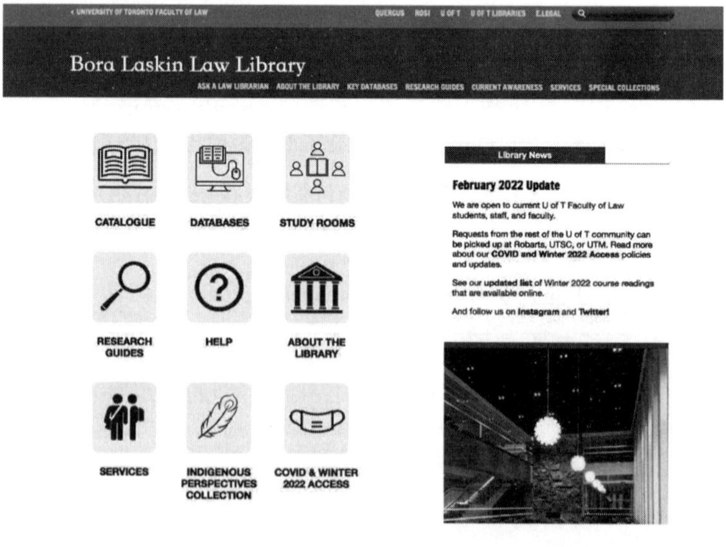

图 8-3-9 多伦多大学勃拉·拉斯金法律图书馆

在法律出版商方面,卡斯威尔(Carswell)是汤森路透旗下子公司,与 Westlaw 是姊妹公司,也是加拿大主要的法律资料出版商、线上数据供应商。(见图 8-3-10)

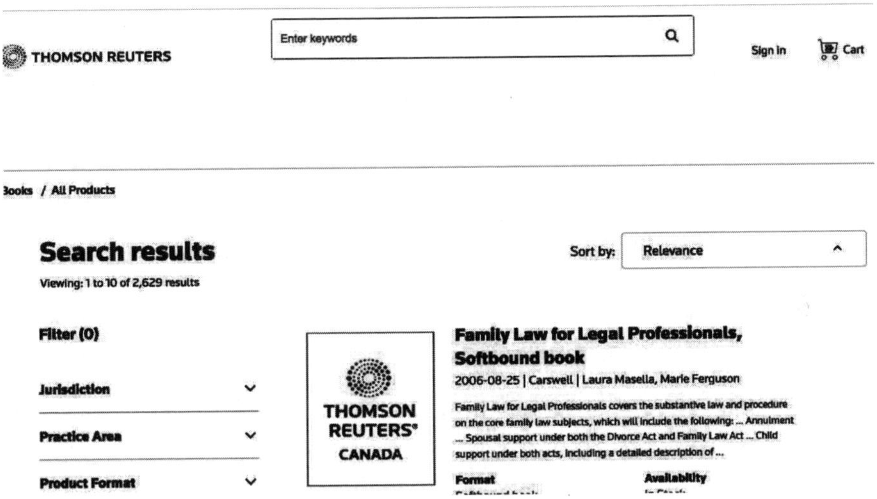

图 8-3-10　卡斯威尔在线书店

用户若想获取更多的有关加拿大法律的内容,可以查阅互联网上更多的开源内容,如《加拿大法律研究最佳指南》(Best Guide to Canadian Legal Research,网址:http://www.legalresearch.org/,见图 8-3-11)。这个网站提供对于研究加拿大法律的方向性指导,同时介绍了检索加拿大法律文献的一些技巧。

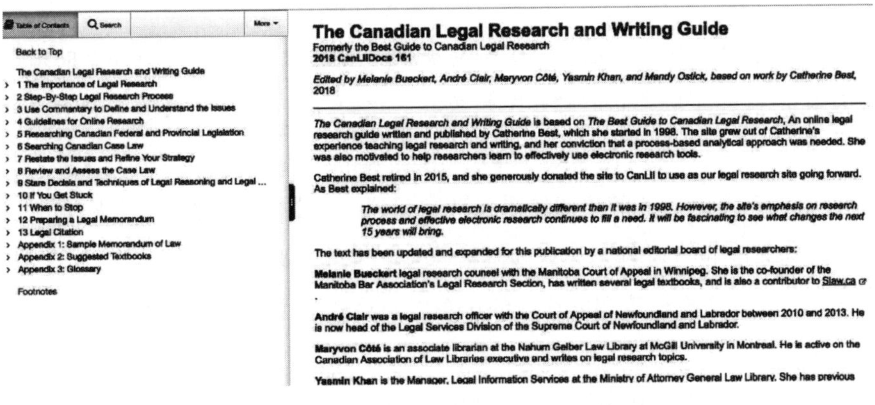

图 8-3-11　《加拿大法律研究最佳指南》

第四节　澳大利亚法律检索

一、澳大利亚的法律体系

澳大利亚曾为英国殖民地,其法律制度更多地保留了英美法系的传统。独立后,澳大利亚的法律制度在保留原有法律特色的基础上又有了新的发展,具有了一些不同于英美国家法律制度的特征。现在澳大利亚的议会制度借鉴了英国的威斯敏斯特议会体制与不列颠传统,内阁掌握主要权力。

澳大利亚联邦议会包括众议院与参议院,也称为下议院与上议院。下议院(众议院)由选区按照选民的分布而经常重新划分,所以议员数目不固定,目前由150个选区的议员组成,每个选区以强制性选择投票制的方式选举一名议员,主要负责制定联邦法令;上议院(参议院)目前由76名议员组成:每个州12名加上北部地区和首都特区各2名。参议员的选举方式为比例代表投票制。

承袭英国法的传统,澳大利亚法律以判例法为主体。近年来,成文法有较大发展,但与大陆法系不同的是,成文法颁布后并不当然适用,仍然要通过具体案件形成判例才具有约束力。成文法的立法权掌握在议会(包括联邦议会、州议会和特区议会)手中,具体立法权限由1901年澳大利亚宪法加以规定。一般而言,涉及联邦事务、国防、移民、结婚和离婚、破产等方面的事务由联邦议会立法。州议会则具有除宪法规定的联邦立法权之外相当广泛的立法权限。

澳大利亚1901年宪法借鉴了美国与加拿大的宪法,将各个分离并立的殖民地联合为国家,初建了联邦政府和6个州政府。此后,又有两个州获得了自治并加入了联邦。

总体而言,澳大利亚的法律体系包括联邦议会立法、州和地方议会的立法以及澳大利亚各级法院的判例法。澳大利亚的法律渊源主要有:

- 议会在宪法授权范围内通过的法令以及这些法令授权或从属于这些法令的法规。
- 关于特区的条例以及这些条例授权或从属于这些条例的法规。
- 由州议会和北领地、首都特区以及诺夫克岛的立法会通过的法令以及这些法令授权或从属于这些法令的法规。

● 被澳大利亚接受且目前仍然适用的英国普通法和成文法。

● 澳大利亚普通法，即源于英国普通法并不断地为澳大利亚法院所解释和修正的判例法。

二、澳大利亚的司法体系

澳大利亚的法院体系分为联邦法院系统与州法院系统，而各个法院的名称、关系也非常容易引起混淆。联邦法院系统设有澳大利亚高等法院（High Court of Australia），其下设有澳大利亚联邦法院（Federal Court of Australia）、家庭法院（Family Court of Australia）和联邦治安法院（Federal Magistrates' Court）。

澳大利亚高等法院自 1978 年起成为联邦最高法院，是澳大利亚联邦的最高司法权力机关。其主要任务是解释和适用澳大利亚法律、审理涉及宪法效力的案件以及联邦内的重大案件。主要有直接基于国际条约而产生的案件、州与州之间的诉讼、州与代表另一州的个人之间的诉讼或代表不同州的个人之间的诉讼、澳联邦或代表联邦的人为一方当事人的案件、州际案件、不同州居民之间的案件、涉及要向联邦政府或联邦法院的官员发布执行令或禁止令的案件、涉及联邦选举纠纷的案件。联邦高等法院同时是上诉法院，受理联邦、州以及特区法院的上诉案件。

为了减轻联邦法院的负担，联邦法院系统有几个专门法院，如于 1999 年增设的联邦治安法院，它处理的事务范围与联邦法院是一致的，不过它主要处理的都是案情简单、标的较小的案件。与此同时，处理一些婚姻家庭、儿童抚养、破产、消费者保护方面的案件。

州法院系统在州与州之间存在比较明显的差异，以新南威尔士州为例，州中设州最高法院，主要处理上诉案件以及诉讼标的比较庞大的民事、经济案件、赔偿请求比较庞大的人身伤害案件、谋杀等重罪案件。

州最高法院之下设有中级法院，每个州对他们自己的中级法院称呼方式不尽相同。例如，新南威尔士州称为地区法院（District Court），而在维多利亚州则称为县法院（County Court）。在中级法院之下是地方法院（Local Court），也有的州，如维多利亚州称之为治安法院（Magistrates' Court of Victoria），因为在这些基层法院中担任审判职责的并非法官(Judge),而是治安法官(Magistrate)。

澳大利亚联邦及各州都设有独立的检察署,由检察署来行使公诉权。检察署并非按照法院的级别设立的,各检察署之间无隶属关系,根据案件的性质及严重程度,它既可向治安法院提起公诉,也可向最高法院提起公诉。澳大利亚的检察署名义上隶属于政府,受司法部长的领导,实际上是独立的公诉机关,司法部长只有与检察长协商之后才有权对检察署进行指导、发布指示。检察署的主要职能是就联邦警察局(Australian Federal Police,AFP)以及政府委员会提交的案件决定是否提起公诉。检察署没有决定采取侦查行动的权力,也不能进行侦查活动,但它经常为侦查活动提供法律意见或政策指导。

三、澳大利亚法律文献检索

(一)法律信息的种类

澳大利亚的一次法律渊源主要包括成文法和判例法。成文法立法是由澳大利亚政府出版局或者相关政府出版部门以印刷版的形式出版。大多数的成文立法(包括联邦与州、地区的立法)都可以在互联网上查到。需要注意的是,商业出版社出版的立法资料主要是教材或者活页本服务。立法一般有注释,对法令进行评论性解释。

判例法是澳大利亚的重要法律渊源。澳大利亚判例包括报告的判例和未报告的判例。大多数报告的判例可以在互联网上找到,它们是由法院发布的。报告的判例或判决,是指写入判例集(Law reports)中的判决,只有涉及法律要点的判例才会被收录在册,成为有价值的先例。判例集也有两种形式,即授权与未授权。授权的判例集,是指在出版前由法官进行编辑与检查的判例集。在一般情况下,授权判例集在参考价值上要优于其他的判例集。

二次法律资源即各类期刊、论文、评论和文章等,对现有法律以及法律发展状况进行评述。

(二)在线法律资源介绍

在介绍具体的在线资源之前,先介绍两份澳大利亚法律信息搜索指引。一份是纽约大学法学院的霍瑟全球法学院项目——“澳大利亚联邦法律系统在线资源研究指南并供州法律层面参考”(A Guide to Online Research Resources for the Australian Federal Legal System with some Reference to the State Level,网址:http://www.nyulawglobal.org/globalex/Australia.html,见图8-4-1),其作者佩特尔·欣德(Petal Kinder)是澳大利亚高等法院的法院图书馆员,在莫纳什大学教授法律信息研究课程的经历,有着丰富的法律信息搜索经验。这份指南详尽地罗列了立法、司法、法学教育等方面的信息,同时给出了相关数据库的地址链接。

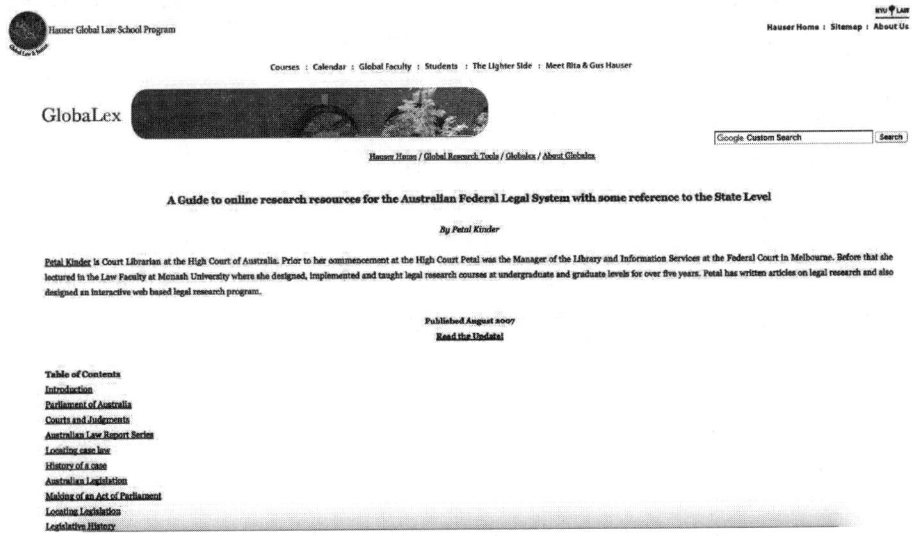

图8-4-1　澳大利亚联邦法律系统在线资源研究指南

另一份是由LLRX.com提供的澳大利亚法律研究指南——《澳大利亚法律研究》(*Researching Australian Law*),作者是尼古拉斯·彭格利(Nicholas Pengelley)与苏·米尔恩(Sue Milne),网址:https://www.llrx.com/2014/01/researching-australian-law-2/(见图8-4-2)。这是一份比较详尽的研究指南,罗列了澳大利亚法律各方面的信息与链接以供参考。

图8-4-2 澳大利亚法律研究

1. AustLII

网址:http://www.austlii.edu.au/

"如果你只能记住一个澳大利亚在线法律资源,请记住 AustLII。"这是澳大利亚法律信息学会的广告语。澳大利亚法律信息研究所(Australasian Legal Information Institute, AustLII)是澳大利亚最大的免费在线法律信息数据库,提供了综合性的澳大利亚法律信息检索,收录了绝大多数可以在网络上获取的免费法律资源。如各级成文立法、未经报告的判例等原始法律资源,这些资源来自澳大利亚政府出版部门与法院。AustLII 也收录了二次法律资源,如法律新闻、法律期刊、法律评论等。(见图8-4-3)

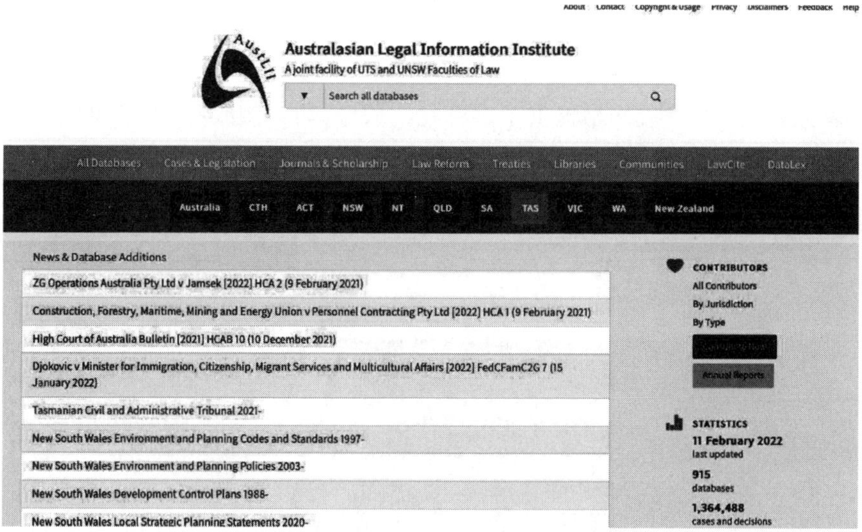

图8－4－3　澳大利亚法律信息研究所

2. ComLaw

网址:http://www.comlaw.gov.au/

ComLaw 是一个提供澳大利亚政府立法信息的政府网站。这个站点从超过 70 个不同的政府机构收集立法信息,提供最权威、最全面也可能是最新的澳大利亚立法文件与资讯。(见图 8－4－4)

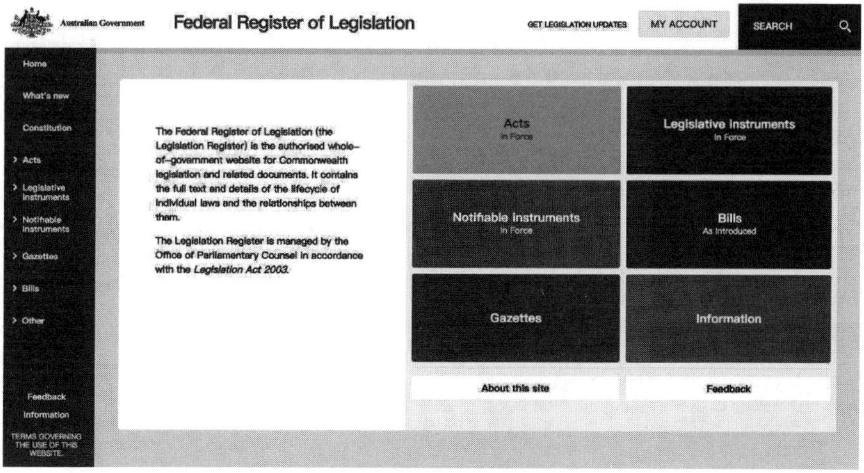

图8－4－4　ComLaw

3. 联邦法院网站

网址:http://www.fedcourt.gov.au/

澳大利亚联邦法院网站提供了多种在线服务,如案例服务、电子审判、电子表格、法律实践指导、下级法院列表等。(见图 8-4-5)

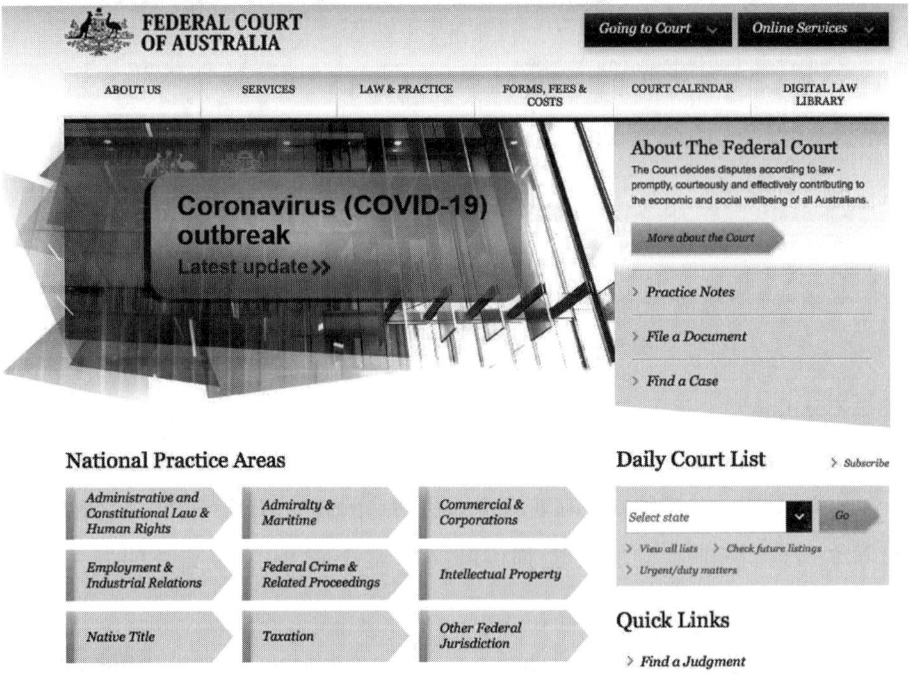

图 8-4-5 澳大利亚联邦法院网站

4. LexisNexis AU

网址:http://www.lexisnexis.com.au/

LexisNexis AU 是一个收费的数据库。它作为全球较大的法律数据库厂商之一,比较完整地收录了澳大利亚的成文立法、判例法、各种法律期刊、法律评论和法律新闻等。(见图 8-4-6)

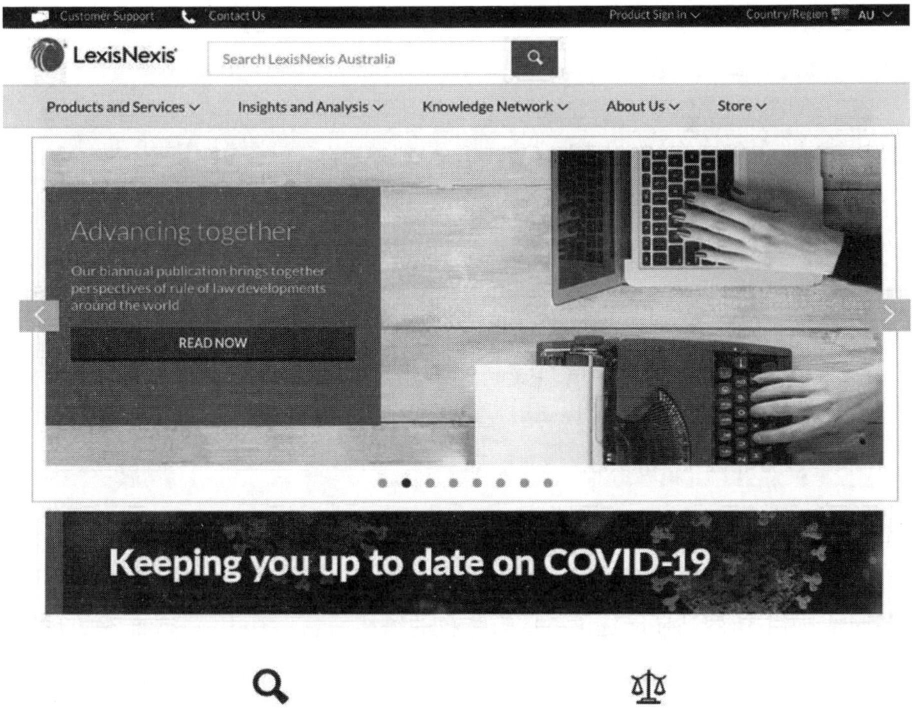

图 8 -4 -6　LexisNexic AU

LexisNexis AU 有一项服务名为“案例库”(CaseBase),是一个在线案例引证查询系统,为研究者提供比较完善的案例引证服务。用户可以很方便地通过引证号找到案例。

5. Westlaw AU

网址:https://legal. thomsonreuters. com. au/products/westlaw/

Westlaw AU 是一个收费的在线数据库,其收录的内容也基本上涵盖了前文提及的澳大利亚各种法律渊源,同时收录了大量的法律期刊、法律评论与法律新闻。此外,Westlaw AU 会对数据进行加工,并使用 Westlaw 的特色数据归纳系统,让各种信息更加方便易查。(见图 8 -4 -7)

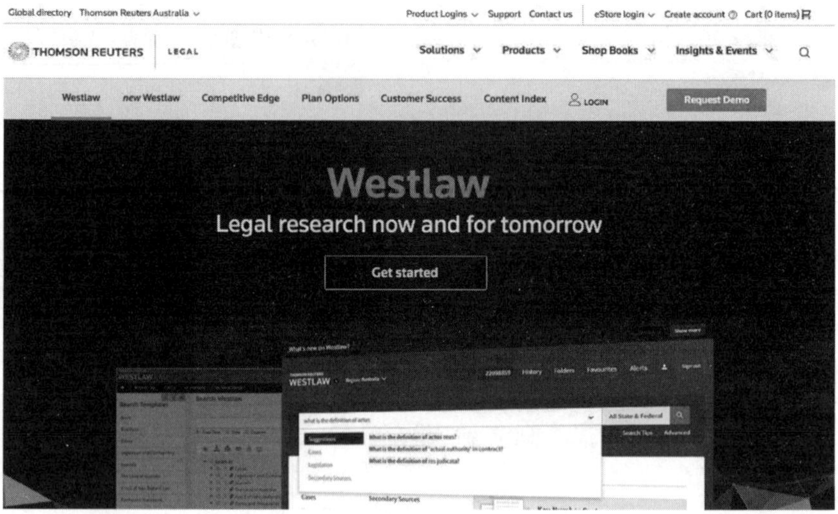

图 8 -4 -7 Westlaw AU

用户若对澳大利亚法律有进一步的兴趣与研究需要,澳大利亚各大学校的法学院网站、图书馆网站还能提供一些有特色的法律信息。其中,值得推荐的是澳大利亚国家图书馆的研究导引(https://www. nla. gov. au/research-guides, 见图 8 -4 -8),该网站提供了大量的数据库、政府机构与法院的链接,同时对如何研究法律、澳大利亚法律体系是如何构成的、如何获取免费资源等问题进行了概述。

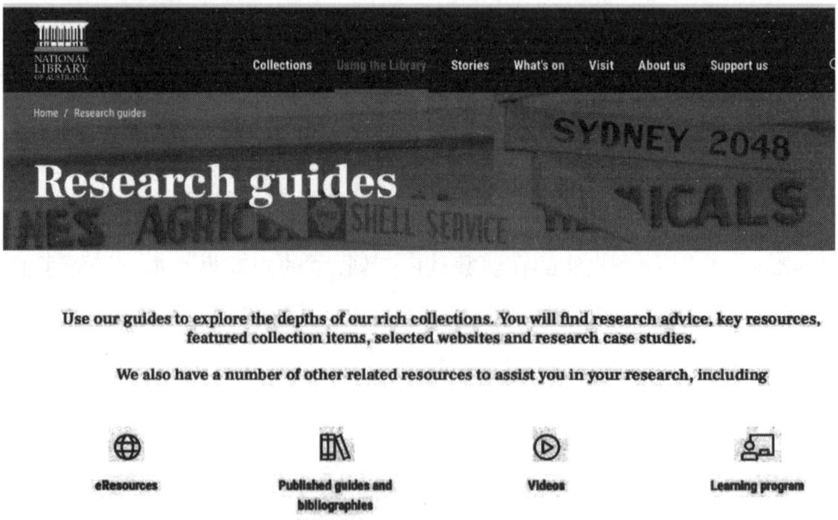

图 8 -4 -8 Australian Law: Selected Websites

第九章 “一带一路”与“金砖国家”法律文献检索

第一节 俄罗斯法律检索

一、俄罗斯的法律体系

俄罗斯在继承苏联法的基础上确立了大陆法体系，由议会负责立法，强调关注俄罗斯民族法律文化传统，建立了包括宪法、民法、商法、刑法、经济法、行政法和诉讼法等在内的法律体系。同时，俄罗斯也借鉴了英美法系“法官造法”的积极作用，典型判例在法律体系中的重要作用日益凸显。

与俄罗斯实行联邦制有关，俄罗斯从立法体系上就分为联邦立法体系和联邦主体立法体系。联邦与联邦主体在行使立法权上各有管辖范围，由相互条约规定。属于联邦管理权限的事务如海关、边防、检疫等由联邦法律来调节；属于地方管理权限的事务由联邦主体法律来调节。除此之外，也有共同管辖对象。

1993 年 12 月 12 日，俄罗斯宪法经全民投票通过，同月 25 日正式生效。该宪法是俄罗斯独立后的第一部宪法，规定俄罗斯是共和制的民主联邦法制国家，确立了总统制的国家领导体制。俄罗斯宪法第 15 条第 4 款明确规定：

“普遍公认的国际法原则和准则以及俄罗斯联邦签署的国际条约为其法律体系的组成部分。如果俄罗斯联邦所签署的国际条约规定的规则与法律规定不一致时,适用国际条约的规定。”可见,俄罗斯以宪法的形式确立了国际法优于国内法适用的原则。

俄罗斯联邦会议(议会)是立法代议机关,由联邦委员会(上院)和国家杜马(下院)组成。联邦会议为常设机关。联邦委员会和国家杜马分别开会,会议公开进行。在两院议事规程所规定的情况下,两院有权举行秘密会议。两院可以举行联席会议以听取俄联邦总统咨文、俄联邦宪法法院咨文、外国领导人的演说。

上院由每个联邦主体的代表权力机关和执行权力机关各一名代表组成。主要职能是批准联邦法律、联邦主体边界变更、关于战争状态和紧急状态的命令,决定境外驻军、总统选举及弹劾、中央同地方的关系问题等。

下院共450名代表(议员)席位,代表任期5年,主要职能是通过联邦法律、宣布大赦、同意总统关于政府首脑的任命等。

二、俄罗斯的司法体系

俄罗斯的司法体系由宪法法院体系、普通法院体系和仲裁法院体系组成。宪法法院分为俄罗斯联邦宪法法院和各联邦主体的宪法法院。普通法院由联邦最高法院、各联邦主体法院、区法院、治安法院以及军事法院组成,负责审理民事、刑事和行政案件,实行三审终审。俄罗斯仲裁法院负责对经济纠纷进行裁决。(见图9-1-1)

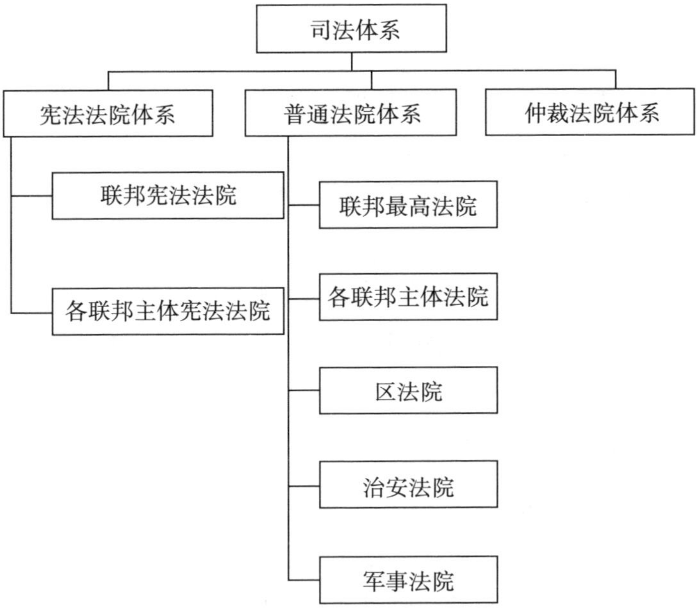

图 9-1-1 俄罗斯的司法体系

(一)宪法法院

俄罗斯联邦宪法法院是平衡行政、立法、司法权力关系的一个机构,有权对政府首脑颁布的行政命令和议会制定的法律进行审查,确定其是否符合宪法,并有权宣布违反宪法的行政命令和法律无效。

各联邦主体宪法法院与联邦宪法法院互为独立,彼此不具有从属关系。

(二)普通法院

俄罗斯联邦最高法院在其权限范围内可作为第一审法院审理案件,也可审理上诉案件,对下级法院作出的决议、判决、裁定等进行监督;研究并总结审判经验,分析司法统计资料,对下级法院在审理案件中所遇到的法律问题给予指导性的解释。根据俄罗斯宪法第104条的规定,联邦最高法院在其主管范围内具有立法动议权。俄罗斯联邦最高法院设有全体会议、主席团、民事审判会议、刑事审判会议(包括上诉院)、军事法院。

各联邦主体宪法法院的职权与组织方式由各主体相关法律规定,与联邦宪法法院相互独立,各自管辖范围不同,无监督与被监督的关系。

区法院是按照行政区划与行政层次设置的基层法院,除受理刑事、民事、行政案件外,还受理对治安法官的判决或裁定提出的上诉的案件,是治安法院的上诉法院。

治安法院实行独任制审理。主要审理法定刑不超过2年监禁的案件和其他轻微的民事、行政案件。

军事法院由各军兵种、军区、集团军、舰队军事法院和各军、卫戍区、兵团、分舰队军事法庭组成,除接受军事法院的垂直司法监督外,还要接受联邦最高法院的司法监督。

(三)仲裁法院

仲裁法院分为高等仲裁法院、上诉审法院、二审法院、一审法院等四级法院。各级仲裁法院是审理经济争议和行政处罚争议等纠纷的司法机关,必须接受联邦最高仲裁法院的监督。各级仲裁法院法官由联邦总统按照联邦法律规定的程序任命。

三、俄罗斯的法律文献检索

(一)官方网络资源

1. 俄罗斯法律信息门户网站

网址:http://pravo. gov. ru/

俄罗斯法律信息门户网站(ПОРТАЛ ПРАВОВОЙ ИНФОРМАЦИИ ФСО РОССИИ)是俄罗斯政府发布法律信息的官方网站(见图9-1-2)。2011年7月22日,该网站正式登记为联邦国家信息系统,其运作由联邦执行机构保证,履行制定国家政策,监管和法律规定的职能。网站以俄语为工作语言。

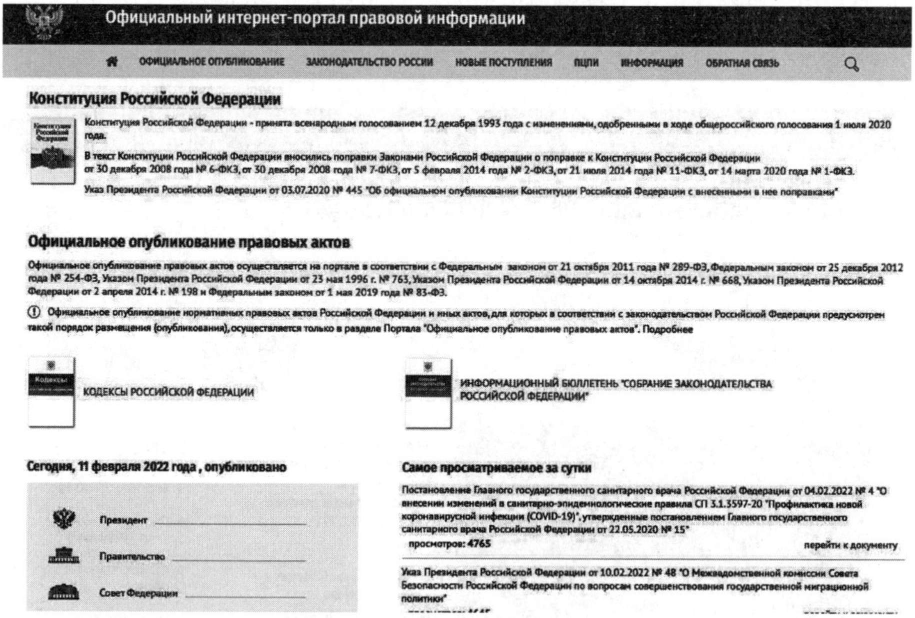

图 9－1－2 俄罗斯法律信息门户网站

该网站提供的法律资源包括:

(1)联邦宪法;

(2)联邦法律;

(3)俄罗斯联邦总统的法令和命令;

(4)对俄罗斯联邦生效的国际条约以及俄罗斯联邦暂时适用的国际条约(机构间协议除外);

(5)俄罗斯联邦宪法法院的裁决;

(6)俄罗斯联邦政府的决定和命令;

(7)联邦执行机构的法律法规;

(8)俄罗斯各联邦主体的法律法规。

2. 俄罗斯司法部

网址:http://minjust.ru/

俄罗斯司法部(Министерство юстиции Российской Федерации)网站(见图 9－1－3)不仅详细介绍了司法部的职责以及运作方式,而且提供了前沿、实用的法律信息。用户可以在网站上搜索司法部的命令、决定、行动和行政程序、司法部统计资料以及其他相关最新法律消息。

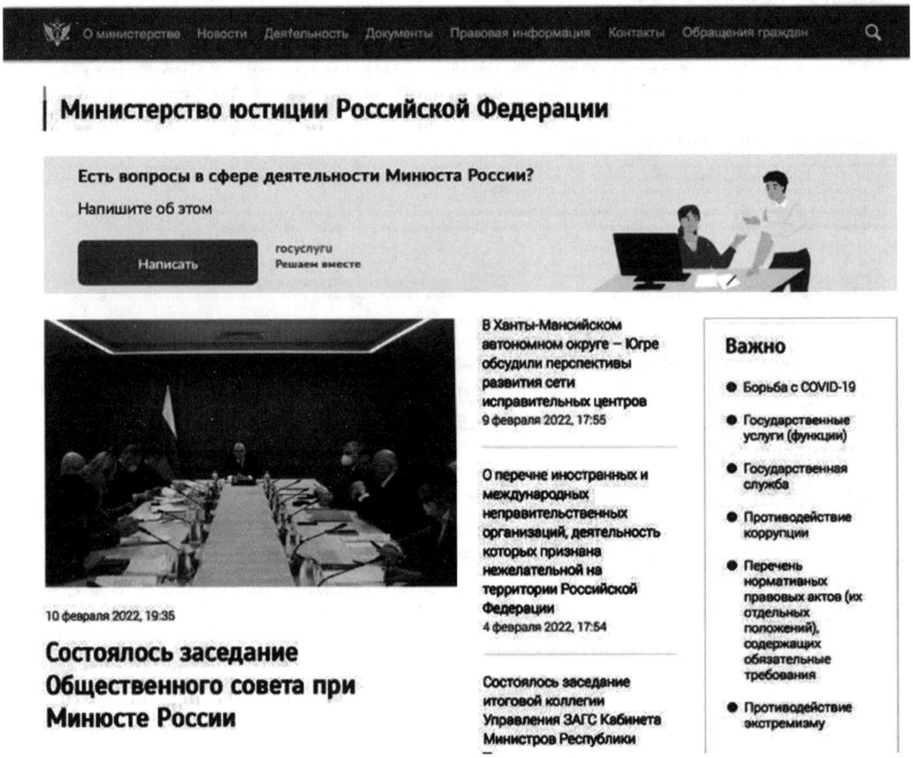

图 9－1－3　俄罗斯司法部官网

3. 俄罗斯联邦宪法法院

网址:http://www.ksrf.ru/ru/Pages/default.aspx

俄罗斯联邦宪法法院由两个审判庭组成:一庭由 9 名法官组成,另一庭由 10 名法官组成。每一庭法官的人选由俄联邦宪法法院章程规定,通过抽签方式产生。每一庭的组成人员不能超过 3 年不变。同一审判庭会议不能同时包括法院院长和副院长。宪法法院在全体法官会议和审判庭会议上审理案件。全体法官会议要求所有法官必须参加,审判庭会议由各庭组成人员参加。全体法官会议可以审查属于宪法法院职权的任何问题,但是下列类型的案件只能由全体法官会议审理:

(1)俄罗斯联邦共和国宪法和联邦主体宪章的合宪性案件;

(2)对俄联邦宪法进行解释;

(3)对俄联邦总统犯有叛国罪或其他重罪的指控是否符合确定程序做出结论意见;

(4)通过宪法法院咨文;

(5)决定是否提出立法建议。

用户可以在俄罗斯联邦宪法法院网站根据关键词、时间、案号(Номер документа)快速检索到俄罗斯联邦宪法法院的判决,判决书提供PDF版本下载。(见图9-1-4)

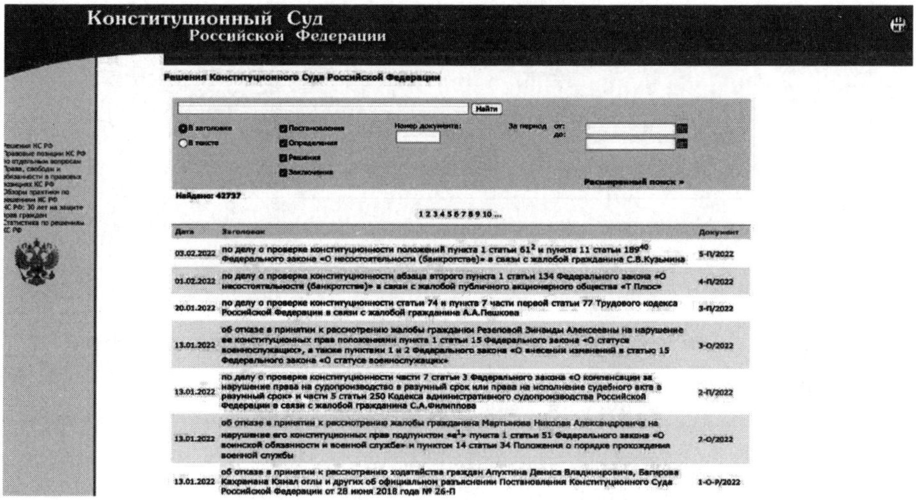

图9-1-4 俄罗斯联邦宪法法院网站

4. 俄罗斯联邦最高法院

网址:http://www.supcourt.ru/

俄罗斯联邦最高法院是民事、刑事、行政以及归普通管辖权法院审理的其他案件的最高司法机关,负责对审判实践问题作出解释。根据联邦法律规定,俄罗斯联邦最高法院对普通管辖权法院(包括军事和专业联邦法院)进行审判监督。在其管辖范围内,作为第二审法院审理监督和再审程序案件;在联邦法律规定的情况下,作为第一审法院审理案件。

该网站的工作语言是俄语、英语和法语。网站详细介绍了联邦最高法院的职能、工作程序、组织机构、历史背景。用户可以在线阅读或者下载自 1961 年至今的联邦最高法院全会决议、最高院对于某一法律问题的专题评论、司法统计数据、国际惯例以及法院公告。

用户在俄罗斯联邦最高法院网站搜索判例时可以依据关键词(КЛЮЧЕВОЕ СЛОВО)、类别(КАТЕГОРИЯ)、信息主题(ИНФОРМАЦИОННАЯ ТЕМА)以及时间(время)等信息进行搜索。(见图 9－1－5)

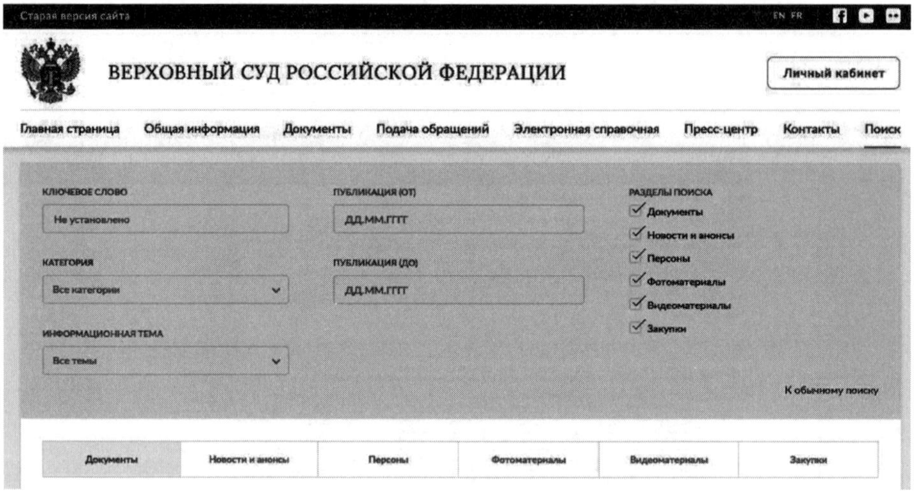

图 9－1－5　俄罗斯联邦最高法院网站

5. 俄罗斯联邦最高仲裁院

网址:http://www.arbitr.ru/

现行的俄罗斯联邦仲裁法院体系,由 4 个级别的仲裁法院构成,即俄罗斯联邦最高仲裁法院、12 个联邦大区仲裁法院、20 个复审仲裁法院和 81 个联邦主体仲裁法院,主要根据 1995 年 7 月 1 日生效的俄罗斯联邦宪法性法律《仲裁法院法》和 2002 年 9 月 1 日起实施的《仲裁程序法典》对经济类案件进行管辖和审判。

用户在俄罗斯联邦最高仲裁院网站上可以查询 2014 年至今的俄罗斯联邦最高仲裁法庭主席团的决定(Постановления Президиума ВАС РФ),查询结果可以在线打印,也可下载 PDF 版本。用户还可以从该网站了解俄罗斯联邦仲裁法院条例、仲裁法院的调解程序、法庭庭审日程等信息。网站提供关键词搜索。(见图9－1－6)

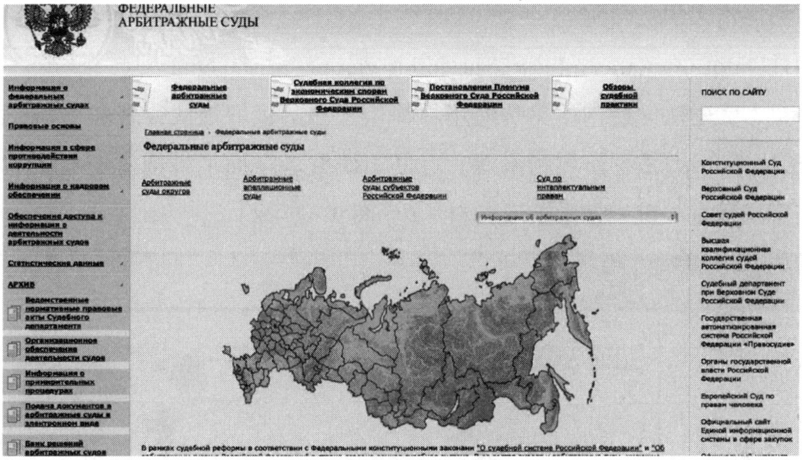

图 9－1－6 俄罗斯联邦最高仲裁院网站

6. 爱荷华大学法律图书馆

网址：https://libguides. law. uiowa. edu

爱荷华大学法律图书馆网站免费向用户提供在线浏览英译版的宪法、法律、政策法规、判例等。翻译资料都经过分类整理，用户也可以进行搜索，快捷找到需要的法律资料。（见图 9－1－7）

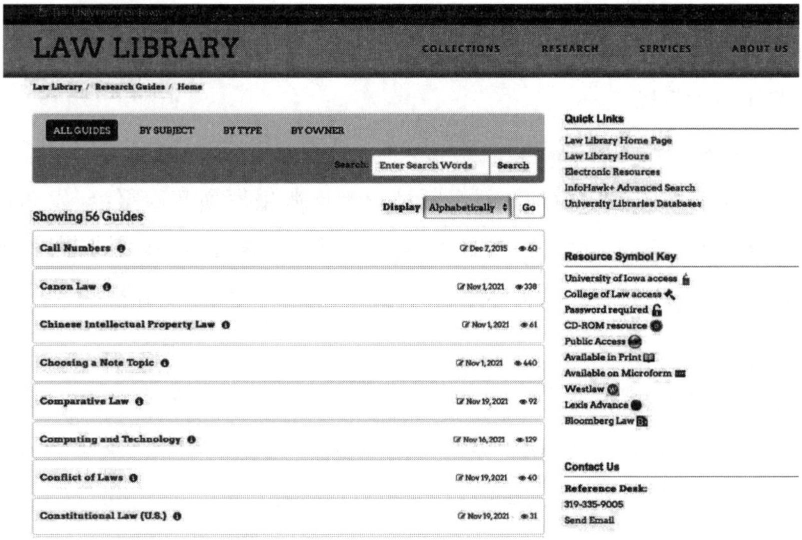

图 9－1－7 爱荷华大学法律图书馆网站

7. 华盛本大学法学院

网址:http://www.washlaw.edu/forint/europe/russia.html

华盛本大学法学院网站免费向用户提供详尽的俄罗斯法律资料,包括法律法规、司法体系介绍、法律研究指南等。有助于研究者全面了解俄罗斯立法和司法。用户还可以通过关键词搜索获取资料。(见图9-1-8)

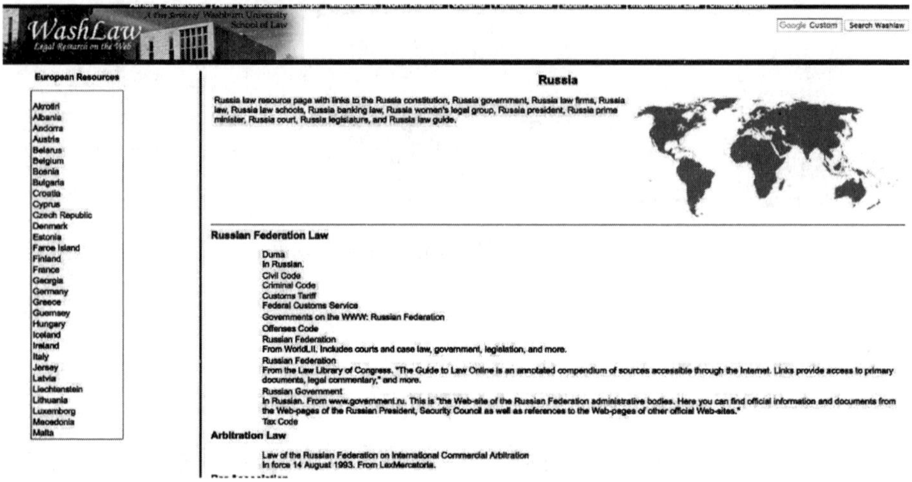

图9-1-8 华盛本大学法学院网站

(二)出版物

俄罗斯报出版社

网址:https://rg.ru/

俄罗斯报(Rossiyskaya Gazeta)出版社负责出版俄罗斯政府报纸,发布俄罗斯所有法律法规和国家机关公告,及时更新俄罗斯及世界各地新闻、时事、各方观点以及评论等,具有权威性。涉及的领域有政治、商业、安全、国际法、社会、文化和体育。

该出版社网站为用户提供有关俄罗斯法律法规的最新动态(Новые законы и нормативные акты)以及自2012年至今的俄罗斯联邦法典(Кодексы Российской Федерации)。用户可以在线阅读或打印,也可以选择订购。(见图9-1-9)

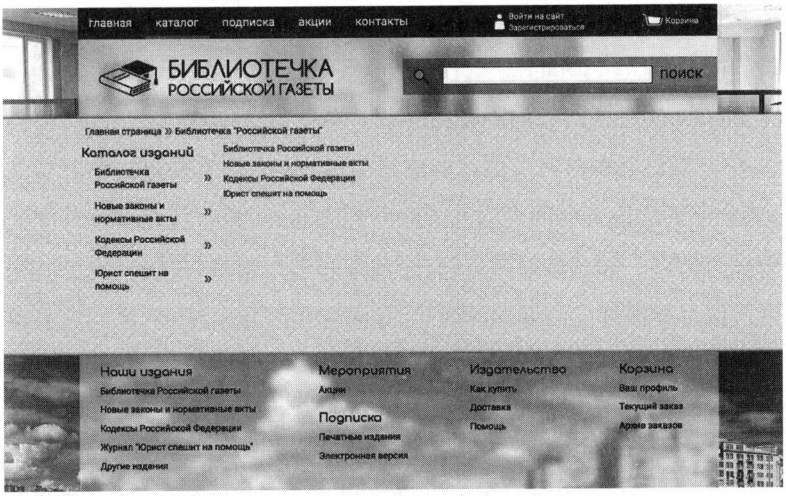

图 9－1－9 俄罗斯报出版社网站

(三)商业数据库

1. 俄罗斯商业法律检索库

网址:http://www.consultant.ru/

俄罗斯商业法律检索库(Consultant Plus)是一个需要安装在电脑上使用的收费数据库,也是在俄罗斯被公众所熟知的法律检索系统。该数据库提供的法律文献包括俄罗斯立法、司法实践、财务人事咨询、司法解释、各类法律文件模板、国际法律、立法概要、新订立法以及针对律师和会计的法律新闻等。(见图 9－1－10)

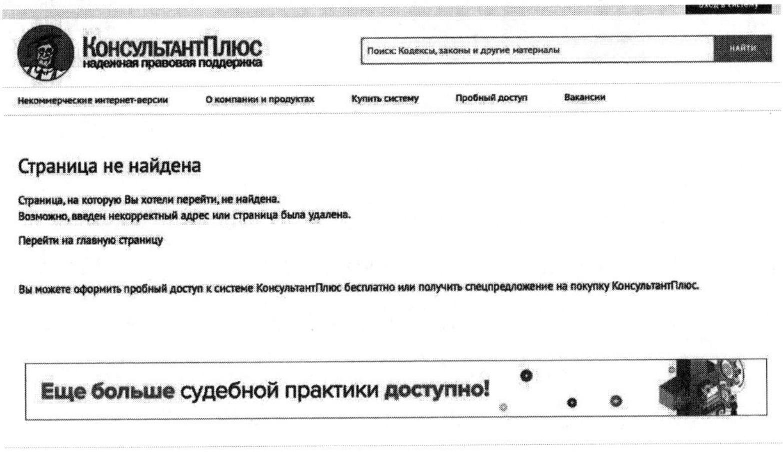

图 9－1－10 俄罗斯商业法律检索库

2. 加兰特

网址:http://www.garant.ru/

加兰特(Garant)法律信息数据库专注于收集司法判例信息,每周都会更新近4000份文件。该数据库与司法部达成协议,直接向用户提供司法部原始文件的扫描版本,充分保证法律资料的真实性。除联邦立法外,加兰特在莫斯科立法方面的法律资料较为丰富。加兰特是为律师、会计师和学生量身打造的数据库,用户还可以在线参与俄罗斯法律发展问题的讨论,如参加俄罗斯立法者、政府官员以及律师的在线会议。(见图9-1-11)

图9-1-11 加兰特法律信息数据库

3. Kodeks

网址:https://www.eastview.com/resources/e-collections/kodeks/

Kodeks俄罗斯法律数据库收录了自1991年以来约93万条内容,覆盖俄罗斯大约200个行政、立法与司法分支机构提供的立法法案等,每天更新。Kodeks主要面向法学学生提供法律资料及电子法律期刊。除了包含联邦立法、总统法令等重要文件,Kodeks还侧重于收集圣彼得堡的相关立法信息。数据库提供英文版面。(见图9-1-12)

图 9－1－12 Kodeks 法律数据库

4. 俄罗斯大全俄语数据库

网址：http://online.ebiblioteka.ru/index.jsp

俄罗斯大全俄语数据库(Universal Database)由美国东方观察信息服务公司(East View Information Services)提供，是迄今为止全球最大的收录俄罗斯学术资源的数据库，内容权威，涉及范围广泛。全库共收录资源约 600 种，文章超过 1200 万篇，以俄语为主，部分资源还提供英语与德语。数据库使用方便，提供俄语、中文、英语和德语检索界面，可对其中的任意部分进行全文检索，可以进行俄、英、德三种语言的联合检索。该数据库需要登录使用。(见图 9－1－13)

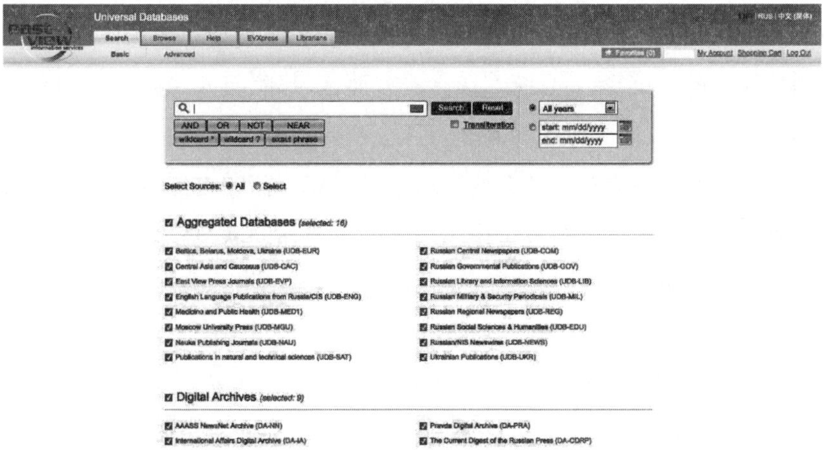

图 9－1－13 俄罗斯大全俄语数据库

第二节　印度法律检索

一、印度的法律体系

印度是一个文明古国,其悠久的法律文化具有深厚的宗教哲学基础和鲜明的民族特征,在古代东方曾大放异彩。它曾经伴随宗教传播到东南亚、东亚一带,形成了东方三大法律文化圈之一的"印度法系"。经过2000多年相对稳定而缓慢的发展,至近代沦为英国殖民地之后,印度传统法律文化发生了翻天覆地的变化,印度社会接受了现代西方法制文明,加入了普通法系的行列。

印度由28个州、6个联邦地区、1个国家首都辖区组成。总统是国家元首,具有象征性地位,他按照联邦内阁的建议行事。总理是国家行政权力的真正掌握者,负责印度议会。议会是两院制:国家议会或上议院议会的主要成员由州议会选举产生,人民议院或下议院由人民直接选举产生的议员组成。民主制度的运作方式与英国的民主议会制相似。

印度的法律渊源包括印度宪法、中央法规、地方法律法规。1949年11月26日通过《印度宪法》后,出现了大量的下位立法,由政府发布为一般法律规则和命令。印度宪法奠定了新的法律体系的基础。根据宪法规定,联邦议会是国家最高立法机关。议会的主要职能包括:制定法律和修改宪法;控制和调整联邦政府的收入和支出;对联邦政府提出不信任案,可以罢免最高法院法官和高等法院法官、总检察长、选举总监和审计长、弹劾总统。在立法方面,联邦院与人民院对大多数法案的讨论具有同等发言权。任何法案除非为议会两院无修正地同意,或有两院附条件同意的修正案,不得视为获得议会两院通过。如议会两院不能就同一法律议案达成一致,则召开联席会议以多数决作出决定。总统在同联邦院议长和人民院议长协商后,可以对两院联席会议及两院间联系的程序问题制定规则。

二、印度的司法体系

印度实行三权分立。印度司法体系是一个典型的混合法律体系,在部分延续英国法的基础上融入本国特色。在这种司法体系中,判例和立法是法律的组成部分。印度宪法是最高法律文件,确立了一元制司法体系,宪法授予不同层级的法院以不同的管辖权。

按照宪法的规定,印度法院的层级自上而下分别是最高法院、高级法院、城区法院和村法庭。除此之外还有行政法院,专门审理行政案件。法院审理刑事和民事案件,包括个人和政府之间的纠纷。(见图9-2-1)

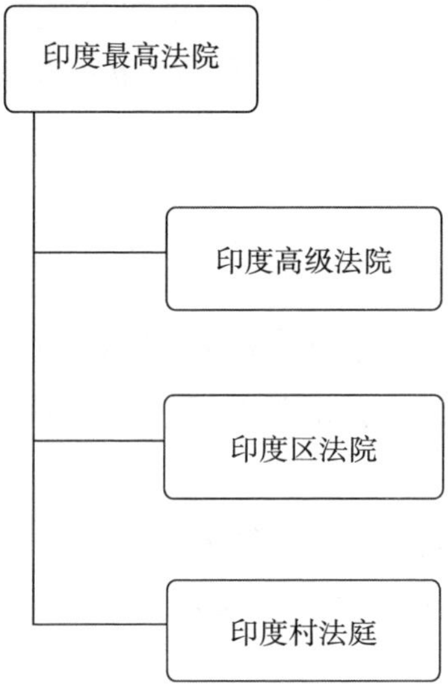

图9-2-1 印度的司法体系

(一)印度最高法院

印度最高法院不仅是印度最高司法机关以及上诉法院,而且是最高宪法法院,享有宪法授予的违宪审查的权力。最初,印度最高法院由1位首席大法官和7位法官组成。随着案件审理任务的日益繁重,法官人数几经增补。目前,印度最高法院由1位首席大法官和30位法官构成,印度最高法院享有初审、上诉以及咨询管辖权。最高法院针对公民的基本权利享有初审管辖权,也负责调解各邦政府间的争议。作为最终上诉法院,其上诉所针对的判决是各邦高级法院以及其他区法庭做出的判决。最高法院还可以对总统依据宪法提出的法案咨询进行回答。

印度首席大法官由总统提名,在议会两院获多数票(1/2)通过。弹劾首席大法官需要有总统签发的弹劾命令并且在议会两院获绝大多数票(2/3)同意。

(二)印度高级法院

根据印度宪法第 141 条的规定,印度在邦一级共设有 24 个高级法院,通过参考最高法院的判例而进行判决以及发布各项命令。高级法院对在其本邦领土范围内的所有刑事、民事事项享有初审管辖权。根据宪法第 226 条的规定,绝大多数高级法院的工作主要源于下级法院或法庭的令状和上诉请愿。

高级法院的首席法官和法官由印度总统、该邦邦长以及最高法院的首席大法官联合任命产生。弹劾法官也需要邦长的命令状以及获得邦议会大多数票(2/3)同意。

(三)印度区法院

印度的区法院是印度邦政府在其本邦各个地区上所设立的法院,区法院的设立取决于该地区的人口数量、案件争议数量。如果不服区法院所做的判决决定,可以向高级法院上诉。印度区法院对其本区内的除高级法院所管辖的刑事、民事案件外享有初审管辖权。

区法院的法官是由该邦邦长以及高级法院首席法官商讨后,进行提名任命。成为区法官的最低资格是通过印度律师委员会考试,并且作为律师执业满 7 年或 7 年以上。

(四)印度村法庭

村法庭由 1 位法官与 2 位陪审官组成,以调解的形式处理案件,主要审理村范围内的民事、刑事案件。

三、印度的法律文献检索

(一)官方网络资源

1. 印度最高法院

网址:http://www.supremecourtofindia.nic.in/

印度最高院的官方网站包含印度宪法全文、最高法院判例、法律法规、法官信息等。用户可以直接在网站上浏览案件的裁判信息及案件状态。(见图 9-2-2)

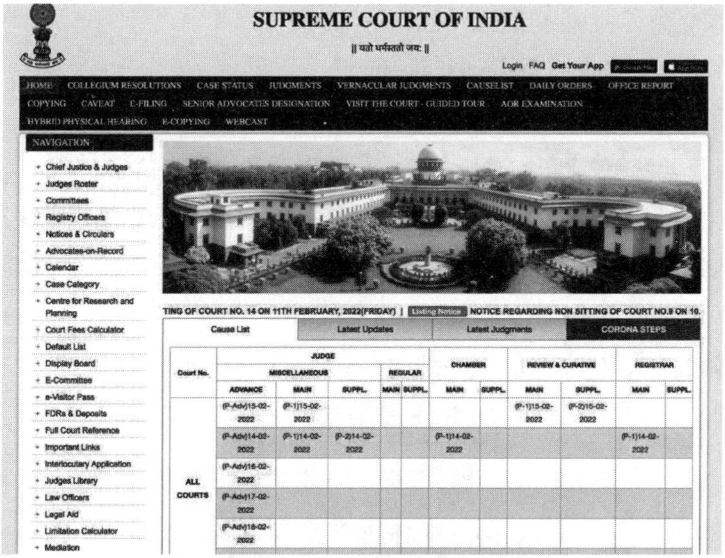

图 9－2－2 印度最高院网站

用户还可以在印度最高院网站上访问法官图书馆(Judges Library)。图书馆包含了一些非常有用的数据库:案例索引、法律文献、立法文件以及联机公共目录查询系统。(见图 9－2－3)

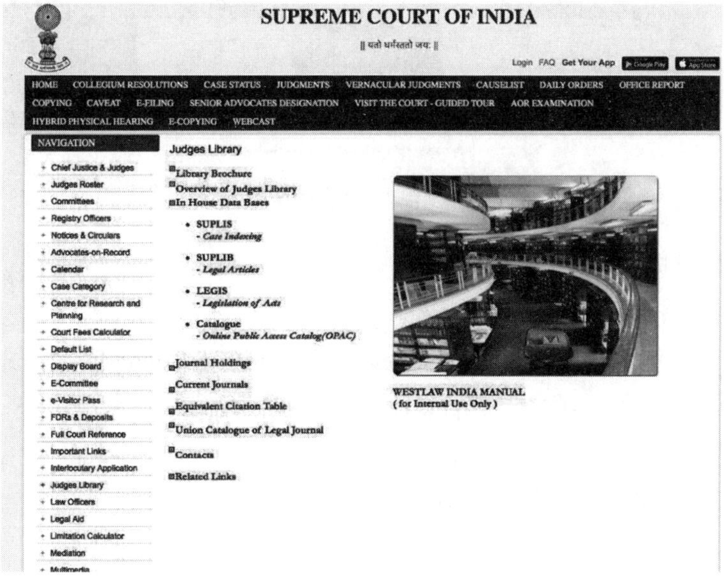

图 9－2－3 法官图书馆页面

2. 印度议会

网址:http://parliamentofindia. nic. in/

印度议会网站包含 3 个不同的主页:

(1)印度总统:包含了与总统的相关信息以及其他基本信息。

(2)国家议会:包含了立法相关信息,提供其他国家议会的站内链接地址。

(3)人民议会:包含了人民议会所有的议案信息,用户可以了解议案的讨论过程,还可以浏览议会图书馆的馆藏。

该网站提供英语与印地文两种版本。(见图 9-2-4)

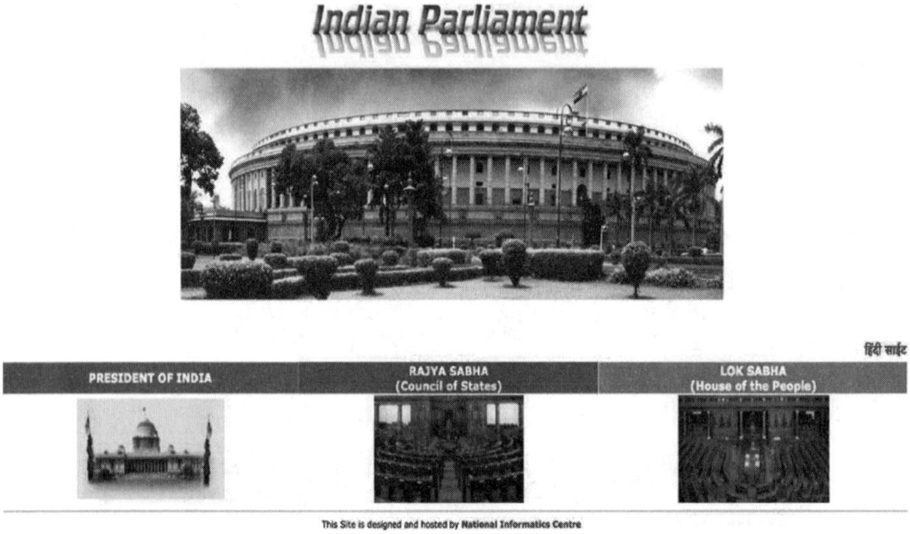

图 9-2-4 印度议会网站

3. 印度电信管理局

网址:http://www. trai. gov. in/

用户可以通过印度电信管理局(Telecom Regulatory Authority of India, TRAI)网站,了解 TRAI 法案、检索关税订单以及当局作出的裁决。(见图 9-2-5)

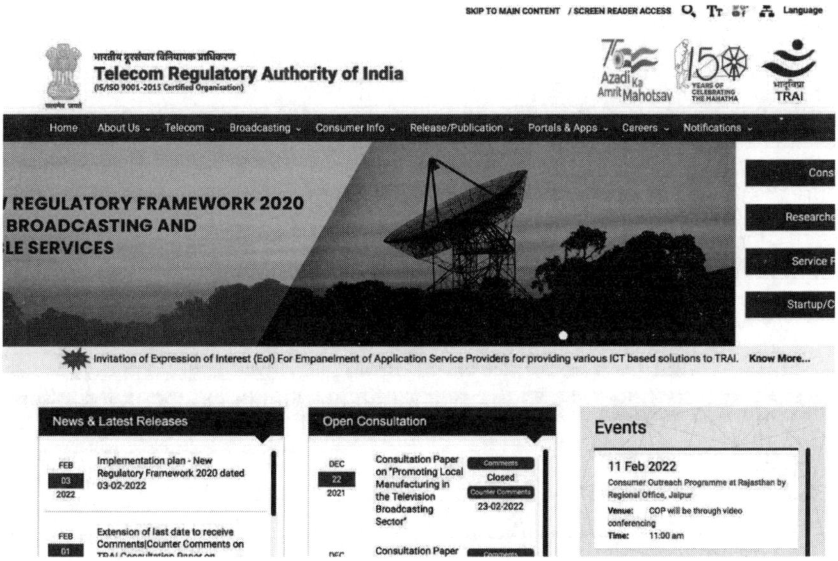

图 9-2-5　印度电信管理局网站

4. 中央电力监管委员会

网址：http://www.cercind.gov.in/

中央电力监管委员会网站是了解政府法规、咨询草案、命令、电力数据、关税通知和听证会时间表的重要网站。该网站的所有命令/决定都是按照时间顺序提供的。（见图 9-2-6）

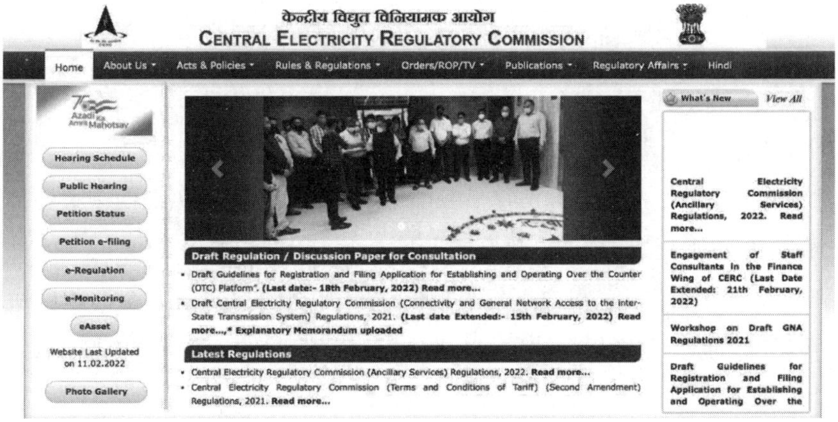

图 9-2-6　中央电力监管委员会网站

5. 印度证券交易委员会

网址:http://www.sebi.gov.in/

印度证券交易委员会的官方网站提供有关印度证券交易委员会(Securities and Exchange Board of India,SEBI)法律框架的信息,包括相关、法规、仲裁庭的命令/裁决,董事长/成员以及董事会的报告和文件也可在该网站上查阅。用户可以通过搜索框检索文件。(见图 9-2-7)

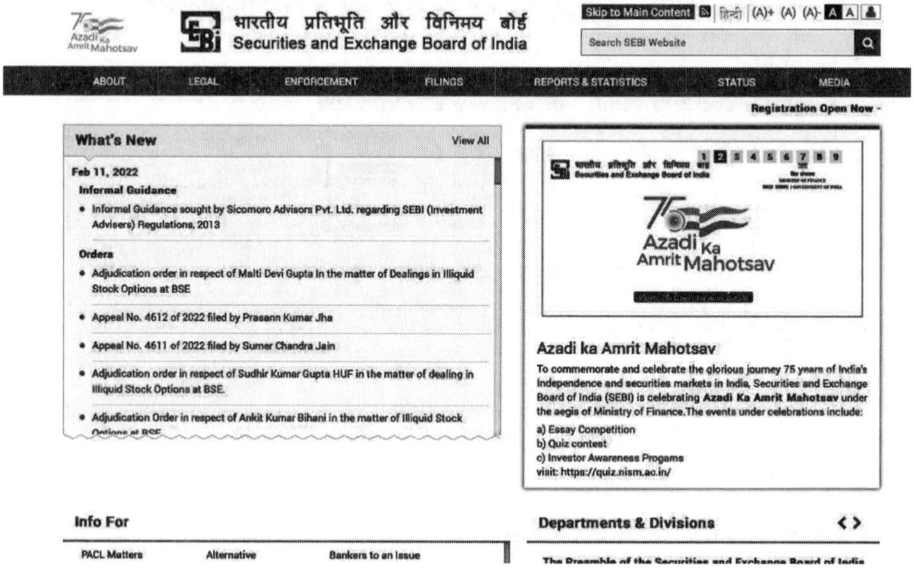

图 9-2-7 印度证券交易委员会网站

6. 法律与司法部

网址:https://lawmin.gov.in/

法律与司法部由立法部和法律事务部组成。法律事务部负责向中央各部提供咨询,而立法部则负责起草中央政府的主要立法。印度法典由 20 世纪制定并在印度境内生效的法律组成。用户不仅可以在法律与司法部网站上查询印度法典内容,还可以在线浏览印度最高法院、高级法院和区法院的审判案件等。(见图 9-2-8)

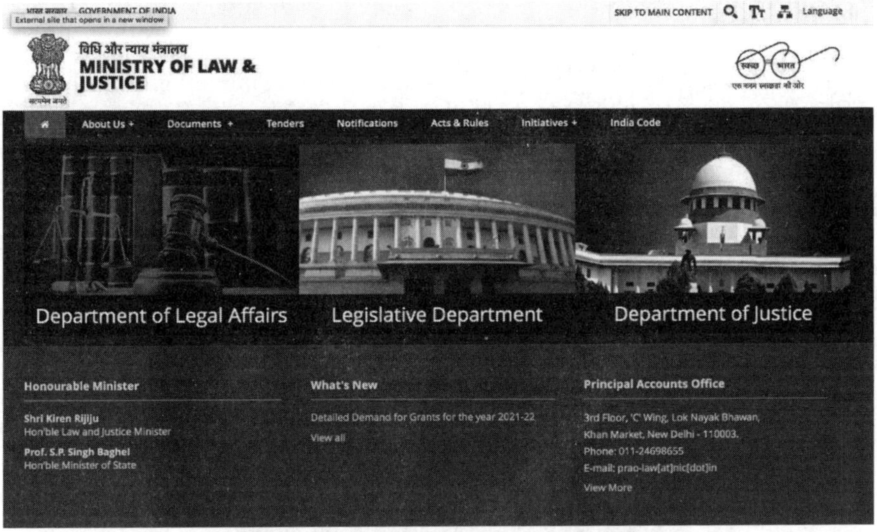

图9-2-8 印度法律与司法部网站

7. 印度法律委员会

网址：http://www. lawcommissionofindia. nic. in/

印度法律委员会网站提供国家法律委员会报告全文以及委员会在各种立法事项上的咨询文件。（见图9-2-9）

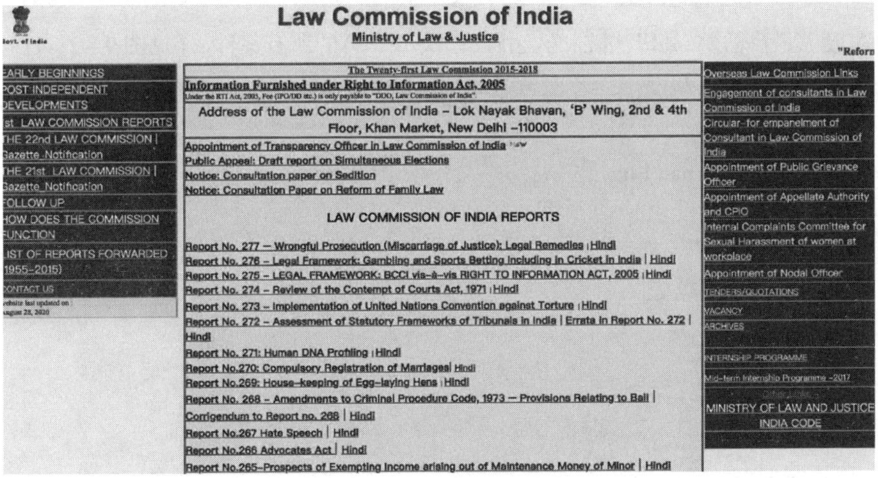

图9-2-9 印度法律委员会网站

8. 印度法令

网址:http://www.indiacode.nic.in/

印度法令(India Code)网站会定期更新中央法案全文,包括印度宪法和议会法案。用户可以根据法令编号、关键词、年份等检索印度法律。用户也可以在该网站订购印度宪法的光盘版本和选举法律手册。(见图9-2-10)

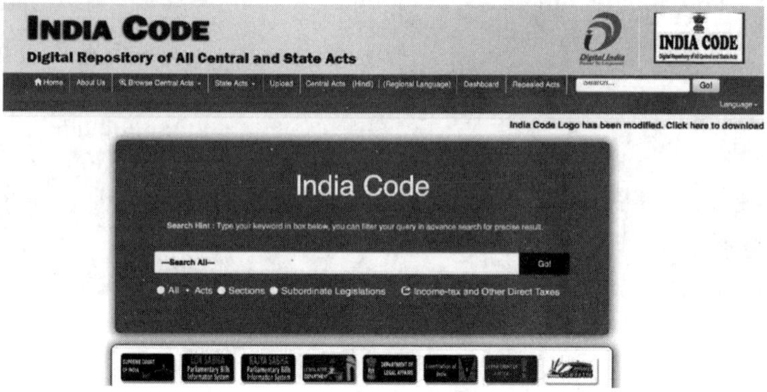

图9-2-10　印度法令网站

9. 印度在线法院服务网站

网址:https://ecourts.gov.in/ecourts_home/index1.php

印度在线法院服务网站是印度政府较重要的网站之一,提供关于司法机构的宝贵资料,涵盖最高法院、高级法院和区法院(已决/未决)的所有案件。(见图9-2-11)

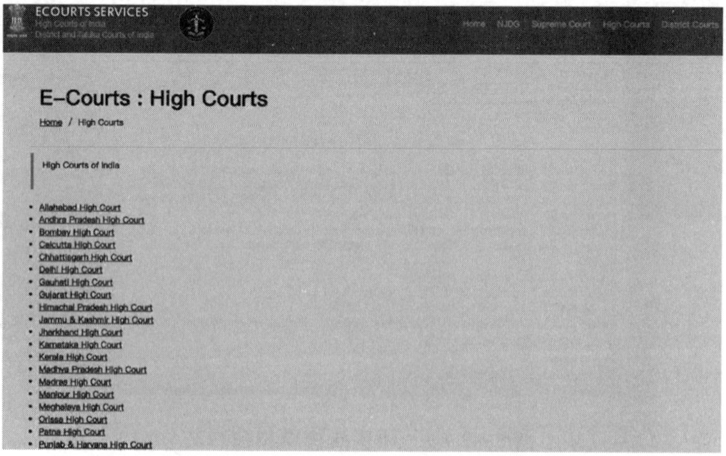

图9-2-11　印度在线法院服务网站高等法院页面

（二）出版物

出版部（Publication Division，网址：http://publicationsdivision.nic.in/）是印度较重要的出版社之一，隶属于信息和广播部。它试图通过举办书展、以低价销售书籍来传播信息，提高公众对文化和信仰的认知，进而促进国家一体化。截至目前，出版部已经发行了超过7000种刊物。（见图9－2－12）

图9－2－12 出版部网站

（三）商业数据库

最高法院案例在线（Supreme Court Case Online，简称SCC Online，网址：http://www.scconline.com/）是印度首屈一指的法律数据库。用户可以使用该数据库搜索印度最高法院的案例材料，以及许多外国司法判例与国际材料。（见图9－2－13）

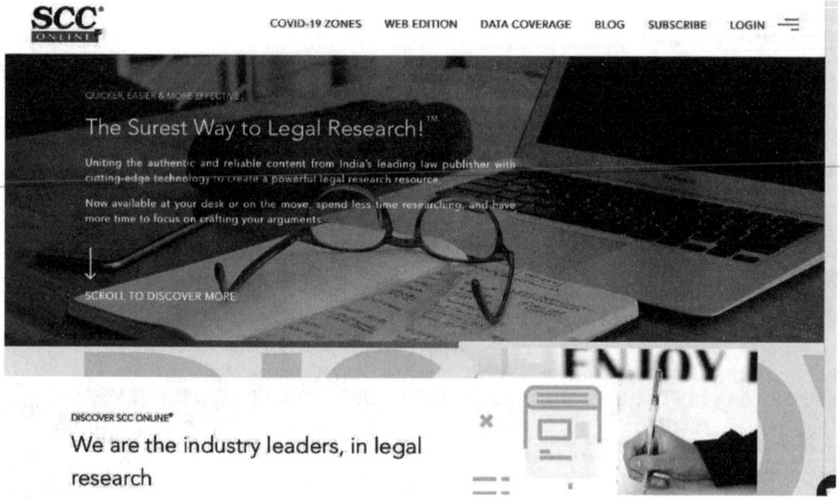

图 9－2－13 SCC Online 网站

第三节 巴西法律检索

一、巴西的法律体系

巴西是典型的大陆法系国家,这与其曾经是葡萄牙殖民地不无关系。巴西地处南美,制度上也借鉴了部分英美法系的特点,如法律渊源中包括衡平原则等。巴西是联邦共和制国家,其法律体系由联邦政府、州市政府的法典和法律组成,同时兼顾各地区利益。在一般情况下,司法裁决基于已有的法典和法律作出。在没有法典和法律可供参考的情况下,法庭将通过类比以往相似案例,或参考惯例及公认的法律准则作出裁定,但是以往案例的裁决结果对以后的裁决不具有法律约束力。

巴西联邦宪法统领巴西法律体系,保证巴西国民的基本权利,约束巴西政府的行为,确定了巴西立法、司法、行政的权责范围,控制税收体系,管辖社会经济及财政政策。联邦宪法准许联邦政府、州政府以及联邦地区在以下相关方面立法:税收、金融、经济、监狱、生产及消费、环境污染或消费者损害、教育、社会保障、卫生保护及防范疾病等。在上述方面,联邦政府的权限主要集中在总的指导方针的确定,而州及联邦地区政府的主要责任则是在联邦政府的总指导方针下,确立在这些方面的补充性法律。城市地区的法律权限被限制在与地区利益相关的事务方面。同时，巴西有违宪审查制度，已由国会批准的法律将进入违宪审查程序，待违宪审查程序完成后才能得到真正实施。

巴西主要的法律文件是法典和法令，一些重要的法典有民法典、国家税收法典、刑法典、统一劳工法典、民事程序法典以及刑事程序法典。

二、巴西的司法体系

巴西法院分为联邦法院、最高法院和地方法院。全国设立一个联邦最高法院，联邦最高法院由11名大法官组成，大法官必须是35岁以上、65岁以下的巴西公民，由总统提名，经参议院批准后任命。最高法院处理涉及违宪的各类上诉案件，不审查判决的实质问题，而是审查法律适用的问题。高级法院负责处理非宪法类的上诉案件，听取对联邦法律的解释和应用上的诉讼。高级法院不是地区最高法院，而是巴西最高司法系统中的组成部分。最高法院下面分为联邦高级法院和地方法院。联邦高级法院跨越地方行政区域设立，可以管辖涉及两个州以上的案件。因工作需要，联邦高级法院在每个州均有派出机构。地方法院则严格按照行政区域设立，每州设立一个高级法院及若干派出法院（初审法院）。（见图9－3－1）

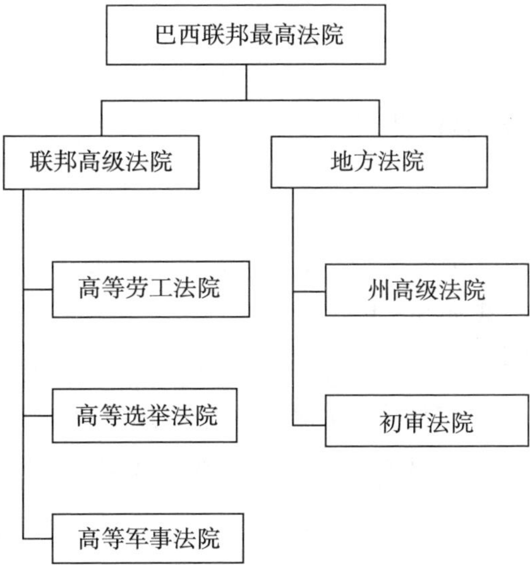

图9－3－1 巴西的司法体系

(一)联邦最高法院

联邦最高法院主要处理关涉巴西宪法的案件,拥有审查巴西国会通过的法律是否违宪的司法复核权。自2002年起,巴西最高法院审理案件的情形全部经由电视播报,以接受公众监督。

(二)联邦高级法院

1. 高等劳工法院:主要处理劳工诉讼纠纷。

2. 高等选举法院:主要处理与选举有关的案件。巴西各政党要在高等选举法院登记。

3. 高等军事法院:审判军人犯罪的一审法院。

(三)地方法院

地方法院主要处理本辖区内的大量一审案件,多为独任审判。如果案件当事人不服初审法院判决,则可上诉至州高等法院。州高等法院收到当事人的上诉申请后,将由3名法官组成合议庭进行审理。若3名法官均一致决定维持原判,当事人不服的可直接上诉至联邦高等法院;若1名以上法官不同意维持原判,则由5名法官重新组成合议庭进行审理。若当事人对法庭判决仍然不服,可上诉至联邦高等法院。

三、巴西的法律文献检索

(一)官方网络资源

1. 巴西联邦最高法院

网址:http://portal.stf.jus.br/

巴西联邦最高法院官方网站提供多语言浏览模式:葡萄牙语、英语和西班牙语。用户可以按类别、关键词检索法律资料。该网站提供联邦最高法院的所有判决内容,用户只需要输入案号即可查询。(见图9-3-2)

图 9－3－2　巴西联邦最高法院网站

2. 巴西国家司法委员会

网址：http：//www. cnj. jus. br/

用户可以通过巴西国家司法委员会网站快速访问电子司法程序、参与虚拟全体会议，还可以获取司法委员会会议准则、会议安排以及会议结果。该网站还会及时发布法院新闻。用户可以进行关键词搜索以查询相关材料。（见图 9－3－3）

图 9－3－3　巴西国家司法委员会网站

3. 巴西司法部

网址:http://justica. gov. br/

巴西司法部网站详细介绍了司法部的职责以及运作方式,同时介绍了最新司法政策。用户在网站上可以搜索司法部统计资料以及司法部关于社会各领域的调查报告。(见图9-3-4)

图9-3-4　巴西司法部网站

4. 高等法律研究所

网址:http://libguides. ials. sas. ac. uk/brazil

高等法律研究所(Institute of Advanced Legal Studies,IALS)网站向用户提供了详尽的巴西法律信息,包括宪法、法律法规、报告、图书和期刊等。用户可以在搜索框中检索相关法律资料。(见图9-3-5)

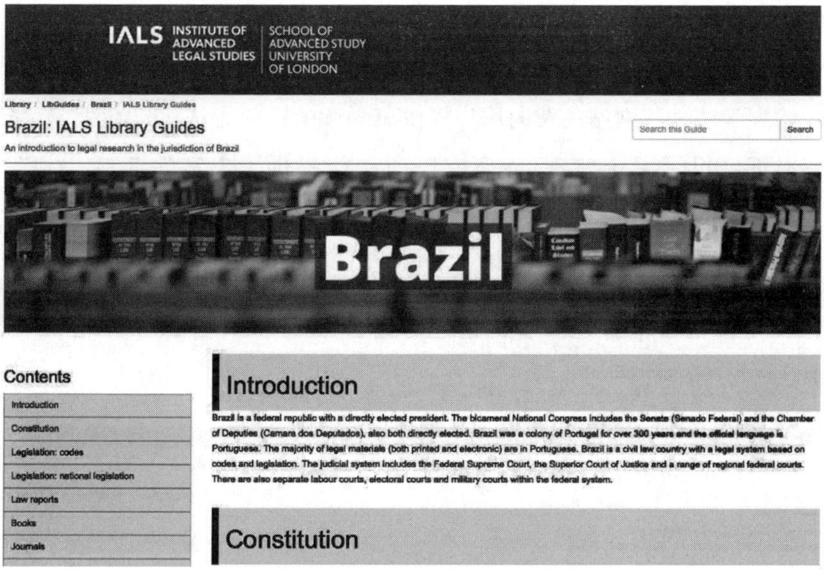

图 9－3－5 高等法律研究所网站

5. LexML

网址：http://www. lexml. gov. br/

LexML 提供立法和判例的检索，其中一些以全文形式提供。这些材料均由联邦检察长办公室、总检察长办公室以及联邦最高法院提供，保证了信息的真实可靠。用户可以按关键词（Todos os Campos）、年份（Do ano）、文件类型（Tipo do Documento）、发布机构（Autoridade Emitente）、索引号（Assunto / Indexação）等便捷检索法律文件。该网站工作语言有四种：葡萄牙语、英语、法语和西班牙语。（见图 9－3－6）

图 9－3－6 LexML 网站

6. 纽约大学法学院

网址:http://nyulaw.libguides.com/c.php? g=773850&p=5552104

纽约大学法学院网站免费向用户提供英译版的巴西宪法、法律、法令、判例等。翻译资料都经过了系统整理,为研究巴西法律提供了丰富的资料。(见图9-3-7)

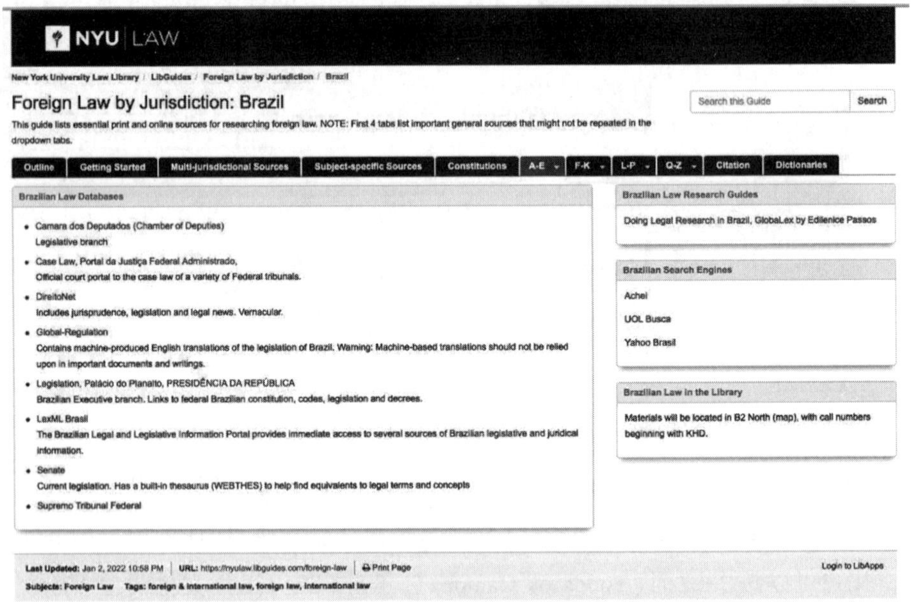

图9-3-7 纽约大学法学院巴西法律检索页面

7. 国家出版社

网址:http://www.imprensanacional.gov.br/

国家出版社(Imprensa Nacional)网站提供有关巴西法律、法令、决议、条例等规范性法律文件。用户可以通过检索关键词、时间等基本信息在线浏览或者下载PDF版本的文件。(见图9-3-8)

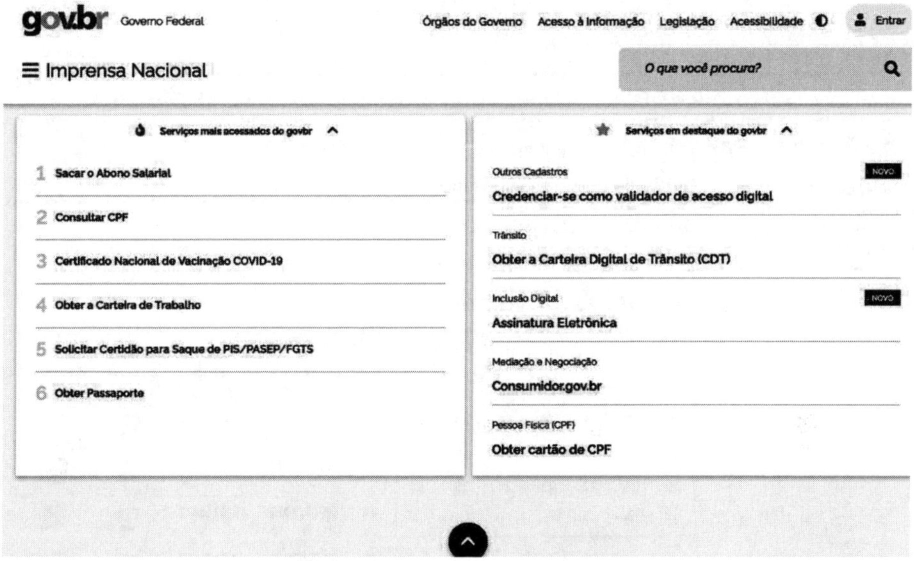

图 9-3-8 国家出版社网站

(二)出版物

1. 正义报

网址：http://www.stf.jus.br/portal/diariojusticaeletronico/pesquisardiarioeletronico.asp

正义报(Diárioda da Justiça, DJ)于 2008 年创建，是传播有关司法机构公共事务的媒介。正义报主要发布巴西司法部以及联邦最高法院的司法活动。用户可以按日期浏览刊物。(见图 9-3-9)

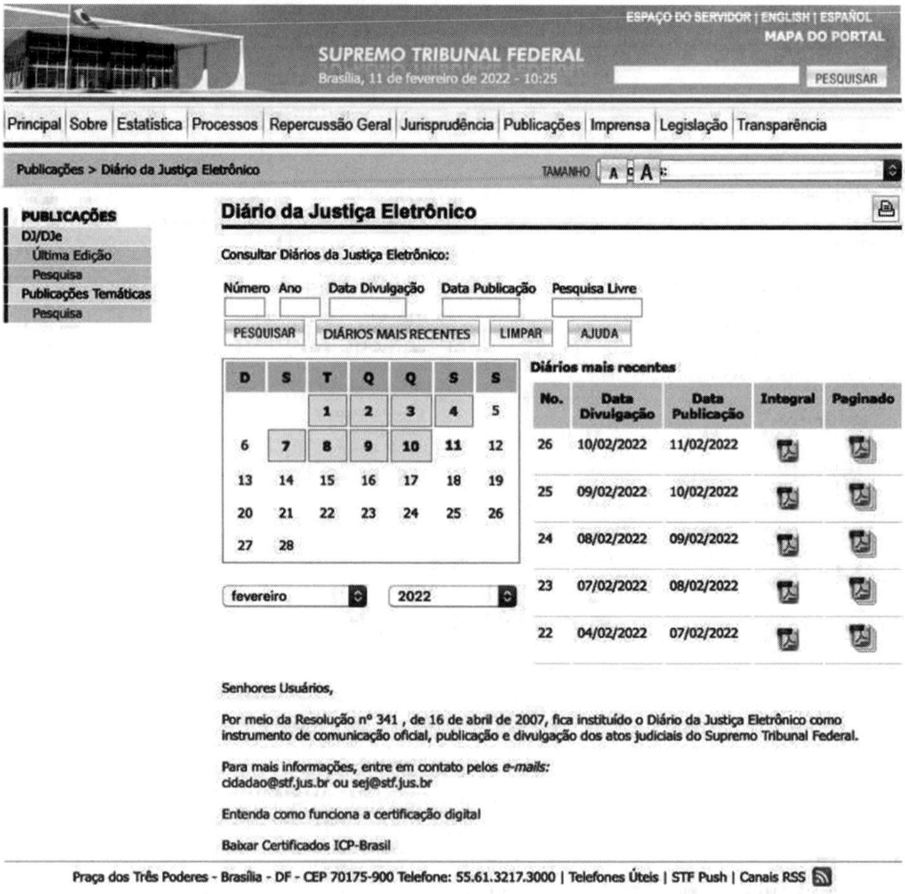

图 9-3-9 正义报网站

2. 工会官方公报

网址:https://www.jusbrasil.com.br/diarios/DOU/

工会官方公报(Diário Oficial da União)主要包括三部分内容:(1)宪法修正案、法律、法令、决议、规范性指令、条例和其他普遍关注的规范性行为;(2)联邦公共管理局的行为;(3)官方公报、新闻稿。

工会官方公报网站收录了自1890年以来的巴西法律信息,用户可以按年份查看相关文件。(见图9-3-10)

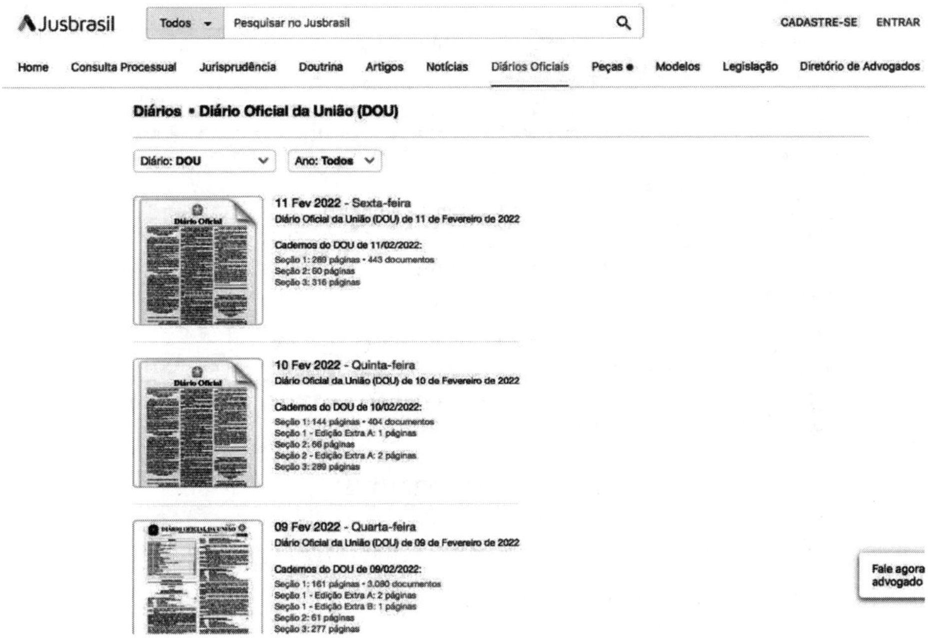

图 9-3-10 工会官方公报网站

(三)数据库

1. 锐思

网址:http://www3.resset.cn:8086/YDYL/dbindex? msg =

锐思(RESSET)“一带一路”信息平台紧紧围绕国家的方针和政策,充分展示“一带一路”相关各国的法律法规、新闻、研究成果,并设有讨论区供用户进行学术讨论。锐思“一带一路”数据库根据交通、教育、经济、军事等相关题材的实证研究设计开发而成,需要用户登录使用。(见图 9-3-11)

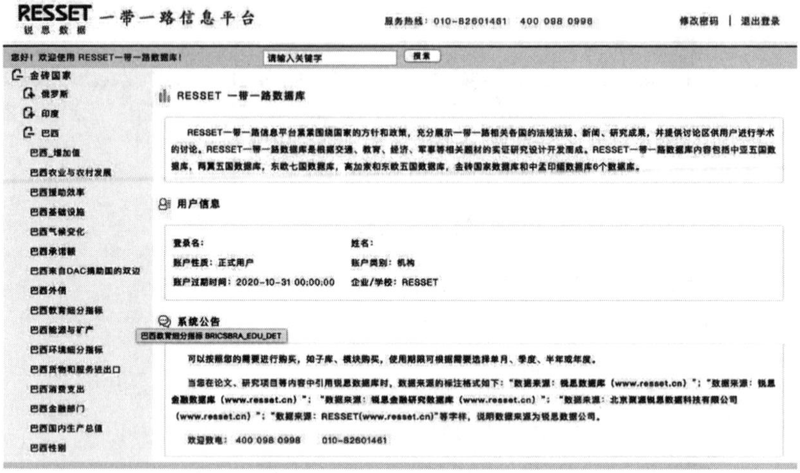

图 9－3－11　锐思网站

2. 研究图书馆中心

网址：https://www.crl.edu/node/1225

研究图书馆中心(Center for Research Libraries,CRL)数据库提供各国(包括巴西)官方文件,用户可以直接按国别检索。(见图 9－3－12)

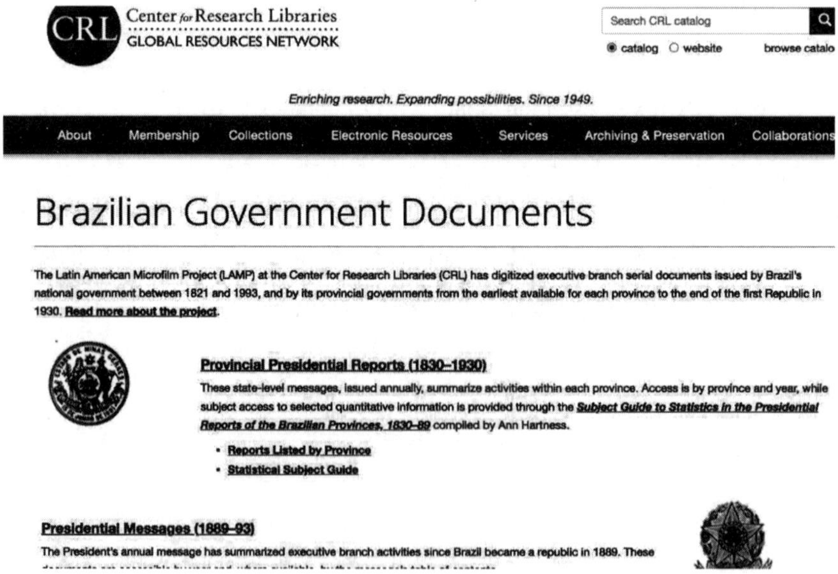

图 9－3－12　研究图书馆中心网站

第四节 南非法律检索

一、南非的法律体系

由于受英国和荷兰影响,南非的法律体系具有混合性特征,即兼具普通法系和大陆法系的某些特征。在公法领域,南非法律主要受到普通法系的影响,而私法领域则主要体现了罗马—荷兰法以及习惯法的痕迹。

南非的法律渊源多种多样,主要包括四种:宪法、制定法、普通法和习惯法。

宪法是南非的首要法律渊源。南非现行宪法于1996年通过,于1997年起开始分阶段实施。2012年通过的宪法第十七修正案对南非司法体系结构以及权力划分等进行了最新修改。南非宪法的签署为平等和民主政治体制的确立和今后的民族国家建设奠定了法律基石,其中所包含的公正平等原则和民主自由原则是广大南非人民百年来反抗殖民压迫、争取民主自由的最高体现。因此,新宪法的诞生被广泛誉为新南非的“出生证书”,标志着“一个新国家的诞生”。宪法明确规定,宪法是国家根本大法,具有至高无上的法律地位,任何法律或行为若与宪法相冲突的无效。

制定法,是指由享有立法权的国家机关依照法定程序制定和公布的法律。制定法通常与不成文法相对,具有文字表现形式,一般以法典或单行法的形式存在。根据南非宪法,制定法按照制定主体不同可分为国会立法、省议会立法、委托立法、授权立法、地方或社团立法。

普通法包括罗马—荷兰法与殖民时期移植的英国法,其中最为重要的是罗马—荷兰经典著作和司法先例。由于罗马—荷兰法的许多规定存在不确定之处,因此南非法院在审理某些国际私法案件时,经常援用17~18世纪荷兰国际私法学者如胡伯、伏特、罗登伯格等人的著作。而荷兰学者西蒙·梵·雷乌安(Simon van Leeuan)于1664年出版的《罗马—荷兰法》仍在南非作为权威著作使用。此外,约翰内斯·伏特(Johannes Voet)对《学说汇纂》的评注在南非也具有极大的影响力。当没有任何司法先例时,法院一般会根据罗马—荷兰法的原则或相关著作作出裁决。可以说,经典著作是重要的南非法律渊源之一。

习惯法由南非土著团体所遵守的各类法律组成,所以又被称为“土著法”(indigenous law)。1996 年南非新宪法正式承认罗马—荷兰法和习惯法是该国法律制度的主要组成部分。南非宪法第 35 条第 3 款要求南非法院在发展习惯法或普通法时要对《权利法案》的精神、主旨和目标给予适当的关注,且第 211 条第 3 款命令法院在适当的情况下适用习惯法。宪法还规定了法院适用习惯法的三大重要限制:习惯法具有可适用性、习惯法不与宪法抵触、习惯法没有被任何其他形式的立法所取代。

二、南非的司法体系

南非的司法体系包括:宪法法院、最高上诉法院、高等法院、地方法院和特别法庭。(见图 9－4－1)

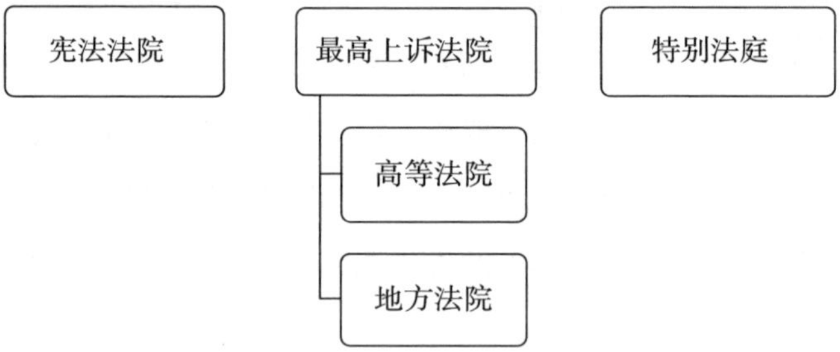

图 9－4－1　南非的司法体系

(一)宪法法院

宪法法院设在约翰内斯堡,是一切涉及解释、保护和实施宪法问题的最高级法院。宪法法院可更改、推翻任何下级法院的决定,但前提条件是案件涉及宪法的解释和适用。宪法法院由 1 名院长、1 名副院长和 9 名法官组成。每个案件需由 8 名以上法官审理。凡是在中央和省一级范围内国家机关之间涉及任何国家机关的宪法地位、权力或职责的争端、总统或省长送交认定的议会或省立法机关法案的合宪法性、国民议会议员或省立法机关议员申请发布命令宣布该机构制定的某一法案的全部或部分违反宪法、任何宪法修正案的合宪法性、议会或总统未能履行宪法责任及省宪法的认定,都只能由宪法法院作出判决。最高上诉法院、高级法院或具有类似地位的法院所作出的宣布无效的命令,必须得到宪法法院的认定才能生效。

（二）最高上诉法院

最高上诉法院是与宪法法院享有同等地位的最高级法院。宪法法院专门受理宪法问题，而最高上诉法院受理除宪法问题以外的任何上诉案件。除了宪法法院，其他任何法院都不可以改变最高上诉法院的判决。但是，如果议会不满意最高上诉法院对法律的解释，议会可以修改相关法律。

（三）高等法院

高等法院可以审理任何民事和刑事案件，包括对地方法院判决不服的上诉案件。高等法院的法官一般由具有丰富实践经验的律师担任。民事案件一般由 1 名法官审理，但如果是上诉案件则必须由两名法官共同审理。刑事案件一般也由 1 名法官审理，但遇到复杂案件则可以选择两名助手。这 2 名助手将旁听整个庭审，并在最后提出自己的意见。

（四）地方法院

地方法院是低等级法院，审理较简单、轻微的民事、刑事案件。地方法院分为民事法庭和刑事法庭。

（五）特别法庭

南非还有一些特别的法庭，如相当于高级法院地位的劳动法庭、土地申诉法庭、税务法庭等；也有相当于地方法院的地方法庭、家庭法庭、扶养法庭、儿童法庭等。小额索赔法庭不属于正式的法院系统。

三、南非的法律文献检索

（一）官方网络资源

1. 政体

网址：https://m.polity.org.za/

政体（Polity）网站向用户提供丰富的政府信息，包括自 1995 年以来的议案和自 1993 年以来的法案全文。除此之外，用户还可以浏览以下文件的全部内容：白皮书、委员会报告、讨论文件、绿皮书、通告和条例、政策性文件、报告和演讲。用户可以按时间、文件类型以及关键词检索。（见图 9－4－2）

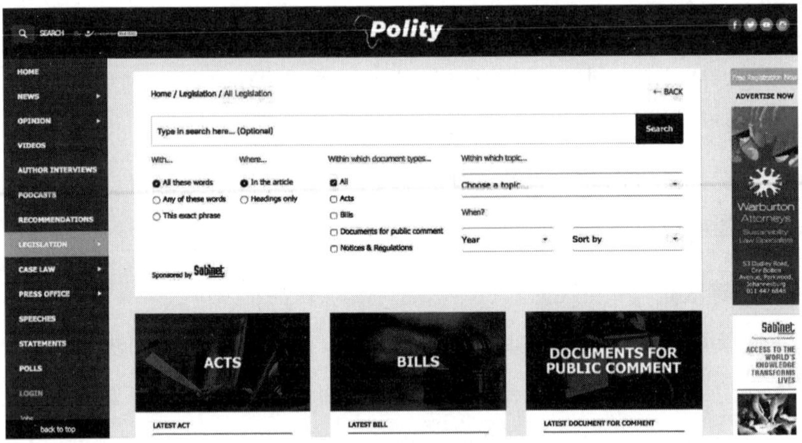

图 9－4－2 政体网站

2. 南非议会

网址:https://www. parliament. gov. za/

南非议会网站提供了自 1993 年以来通过的法案的全文,以及 1998 年以来的议案全文。该网站还提供了有关立法程序的背景资料。用户可以及时获得有关立法的最新消息、新闻等。用户还可以在线浏览或者下载 PDF 版本的官方出版物,如“国会议事录”“年度报告”等资料。(见图 9－4－3)

图 9－4－3 南非议会网站

3. 南非政府

网址:https://www.gov.za/

南非政府官方网站提供自1993年以来通过的法案全文、自1996年以来的议案全文、许多演讲和政策性文件全文等(包括白皮书和绿皮书)。它还提供关于南非政府组成和发展历程的资料,介绍各政府部门之间的联系。(见图9-4-4)

图9-4-4 南非政府网站

4. 南非宪法法院

网址:https://www.concourt.org.za/

在南非宪法法院网站,用户可以根据关键词或案例名称等快速检索司法判例。此外,该网站提供最新判决信息、南非宪法发展历史及相关文本等。用户可以通过快速链接获取法院规则以及既往判例。(见图9-4-5)

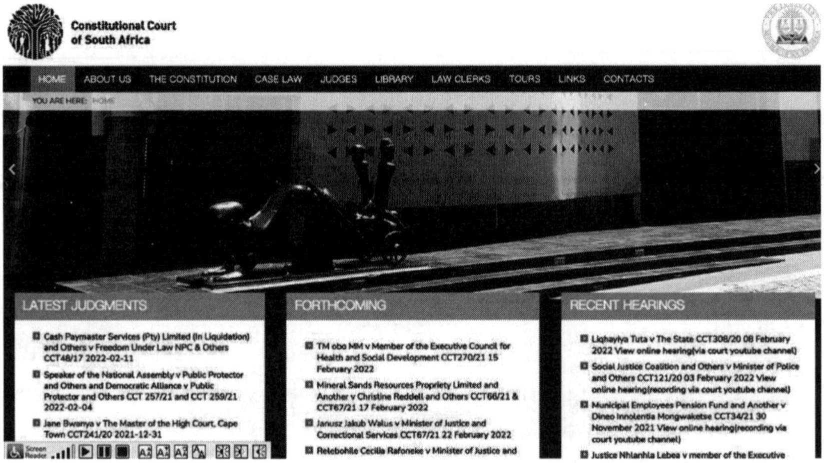

图 9－4－5　南非宪法法院网站

用户还可以免费使用宪法法院的电子图书馆,检索期刊文章或法律报告。(见图 9－4－6)

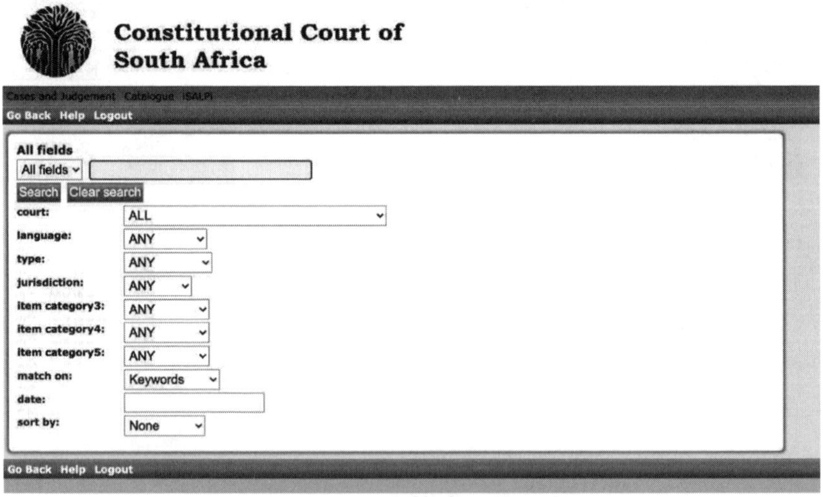

图 9－4－6　南非宪法法院电子图书馆检索页面

5. 美国国会图书馆

网址:https://www.loc.gov/law/help/guide/nations/southafrica.php

美国国会图书馆在线系统免费向用户提供国别法律、法规以及司法指引等资料。用户可以根据国别搜索相关资料并可在线浏览或下载。(见图 9－4－7)

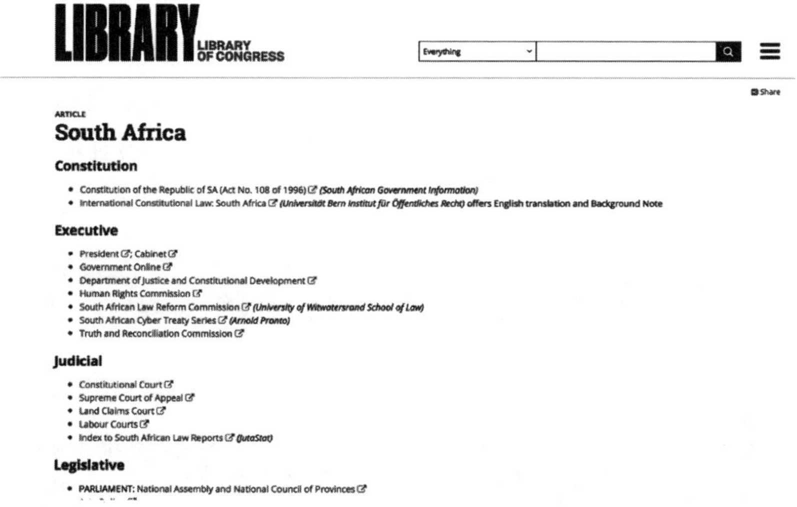

图 9－4－7　美国国会图书馆网站

6. 南非最高上诉法院

网址：https://www.supremecourtofappeal.org.za/

南非最高上诉法院网站向用户详细介绍了最高上诉法院的职能、发展历史、其在司法体系中的地位等基本信息。用户可以在该网站上查看法院判决、法院公告、法官信息等。判决分别按年份、案件名称开头字母进行系统统计，方便研究者查找法院判例。用户可以在线浏览或者下载判决 PDF 版本。（见图 9－4－8）

图 9－4－8　南非最高上诉法院网站

7. Sabinet Online

网址:https://www. sabinet. co. za/

萨比内特(Sabinet)公司创办的 Sabinet Online 提供订阅服务。该网站包含自1994 年以来的政府公报,包括议案、法律法规、白皮书全文以及其他政府信息。(见图 9 - 4 - 9)

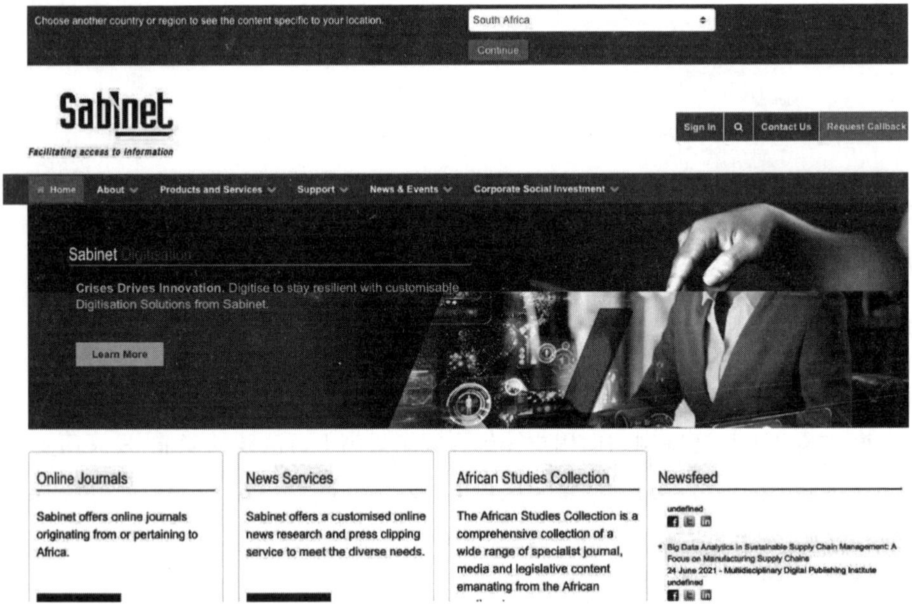

图 9 - 4 - 9 Sabinet Online 网站

8. 南非法律信息研究所

网址:http://www. saflii. org/

南非法律信息研究所(Southern African Legal Information Institute, Saflii)是一个法律信息在线存储库,通过发布法律材料来促进法治和司法的发展。这些材料是研究所依托其与政府、法院、法律协会以及其他法律信息机构的合作伙伴关系获得的。该网站还有免费数据库,拥有大量免费在线期刊、判决和法律法规。(见图 9 - 4 - 10)

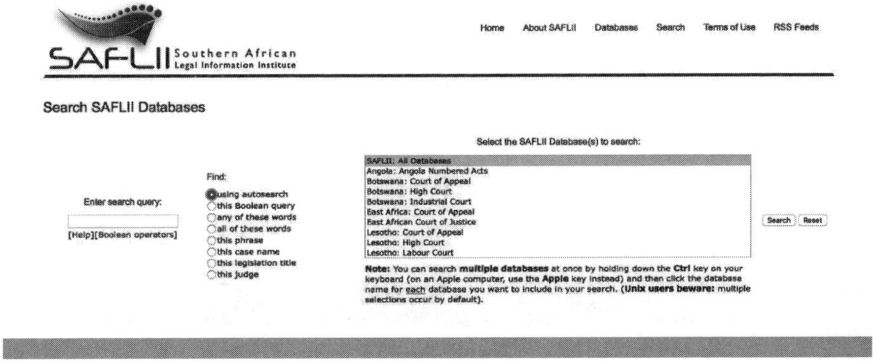

图 9-4-10 南非法律信息研究所网站

9. 印第安纳大学伯明顿分校

网址：http://law. indiana. libguides. com/c. php? g = 282032&p = 1879036

印第安纳大学伯明顿分校网站详细介绍了南非法律概况、罗马—荷兰法的发展历程、南非司法体系等，用户可以就关键词进行检索，获取相关文献，为用户研究南非法律提供了丰富资料。（见图 9-4-11）

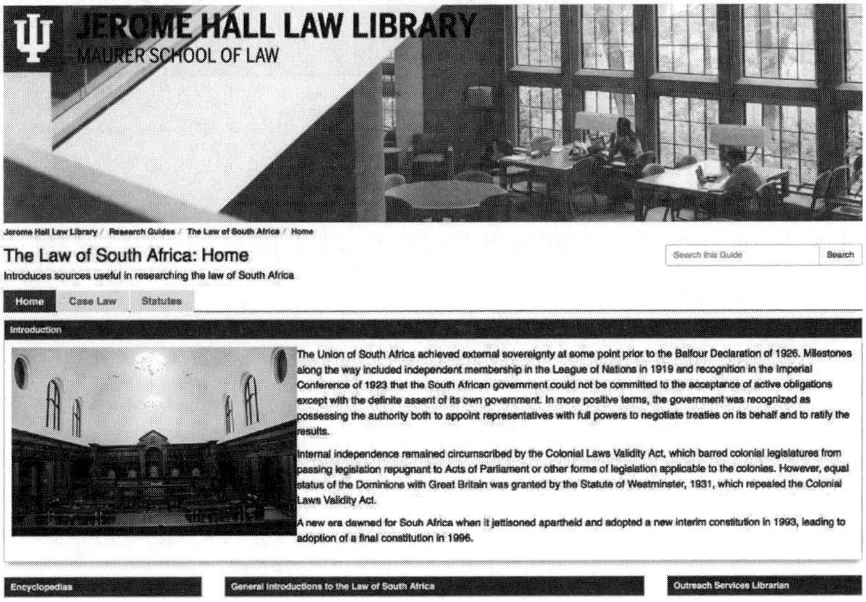

图 9-4-11 印第安纳大学伯明顿分校网站

(二)出版物

尤塔出版社(Juta,网址:https://juta.co.za/)创建于1853年,是南非较大的出版商之一,其出版物包括法律法规、判例全文、法律报告等。作为南非领先的学术和法律出版社,其文献资料质量较高。(见图9-4-12)

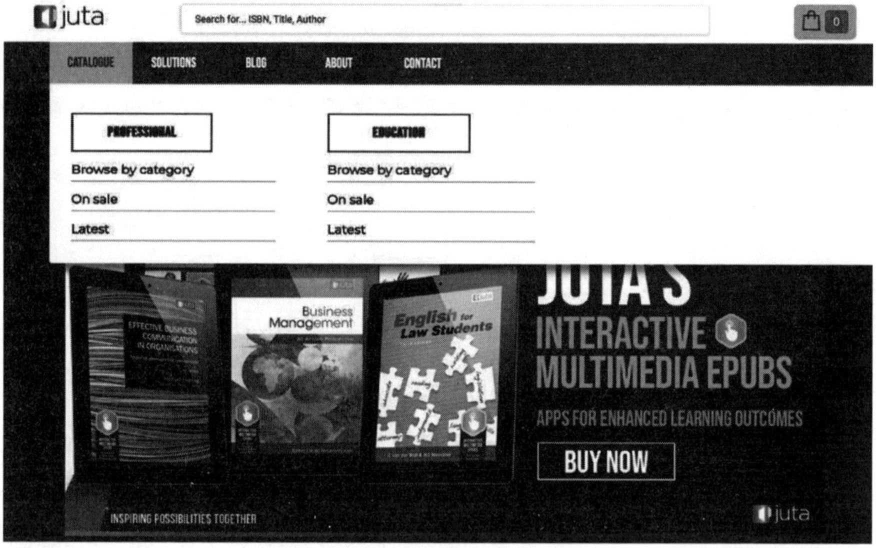

图9-4-12 尤塔出版社网站

(三)商业数据库

LexisNexis South Africa是南非比较成熟的商业数据库,用户可以搜索到最新的判例全文。(见图9-4-13)

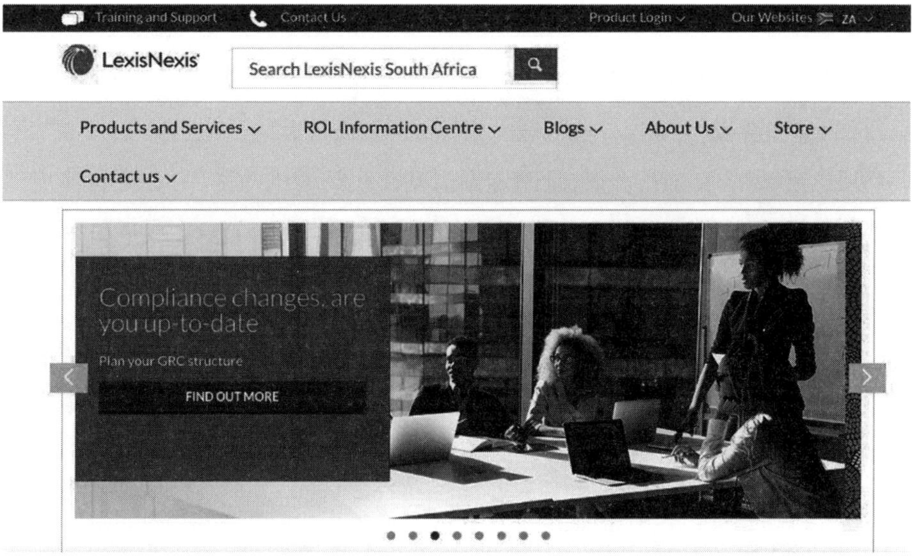

图 9-4-13 LexisNexis South Africa 网站

第五节 东盟法律检索

一、东盟的组织机构

东南亚国家联盟(Association of Southeast Asian Nations,ASEAN),简称东盟,是一个政府性国际组织。东盟的前身是马来亚(现马来西亚)、菲律宾和泰国于1961年7月31日在曼谷成立的东南亚联盟。1967年8月7~8日,印度尼西亚、泰国、新加坡、菲律宾4国外长和马来西亚副总理在曼谷举行会议,发表了《曼谷宣言》(《东南亚国家联盟成立宣言》),正式宣告东南亚国家联盟成立。

除印度尼西亚、马来西亚、菲律宾、新加坡和泰国5个创始成员国外,20世纪80年代后,文莱(1984年)、越南(1995年)、老挝(1997年)、缅甸(1997年)和柬埔寨(1999年)5国先后加入东盟,使这一组织涵盖整个东南亚地区。

东盟主要的组织机构有:

(一)首脑会议

首脑会议是东盟最高决策机构,由东盟各国轮流担任主席国,负责召集首脑会议,就东盟发展的重大问题和发展方向作出决策。2000 年第四次非正式首脑会议决定取消正式与非正式首脑会议之分,每年召开一次首脑会议。

(二)外长会议

外长会议即外交部长会议,是制定东盟基本政策的机构之一,负责解释规则、方针,签署重要的宣言、条约,发布会议公报和声明等。每年轮流在成员国举行。

(三)常务委员会

常务委员会由当年主持外长会议的东道国外长任主席,负责主持常务委员会的工作,任期一年,其他成员国驻该国大使(或高级专员)任委员。常务委员会不定期举行会议,负责处理东盟日常事务和筹备召开外长会议,执行外长会议的决议,并有权代表东盟发表声明。

(四)其他部长会议

东盟经济部长会议是东盟经济合作的决策机构。从 20 世纪 70 年代中期开始,东盟的经济合作日益重要,第一次东盟首脑会议将经济部长会议设置为常设会议。在首脑会议成为最高决策机构之前,东盟实行的是外交部长会议和经济部长会议的二元决策机制。

东盟能源部长会议主要讨论东盟的能源开发、管理和保护事宜。

东盟财政部长会议是在 1997 年东南亚金融危机爆发以后,东盟意识到本地区有必要建立起金融合作机制以共同抗击风险的形势下召开的。东盟财政部长会议不定期召开,致力于促进本地区的经济增长、改善投资、加强金融监管和维护市场秩序。

东盟还有包括农业、林业、贸易、环境、投资、信息、科技、劳工在内的多个部长会议,不定期地在东盟各国轮流举行,讨论相关领域的问题,对本地区的合作与繁荣做出了很大的贡献。

(五)秘书处

秘书处是东盟的行政总部,负责协调各成员国国家秘书处,向部长会议和常务委员会负责。东盟秘书长由东盟各国根据资历和条件轮流提名,任期 5 年。秘书处设在印度尼西亚首都雅加达。

(六)专门委员会

专门委员会由高级官员组成,共有 9 个专门委员会:

- 工业、矿业和能源委员会;
- 贸易和旅游委员会;
- 粮食、农业和林业委员会;
- 内政和银行委员会;
- 交通运输委员会;
- 预算委员会;
- 文化和宣传委员会;
- 科学技术委员会;
- 社会发展委员会。

(七)特别委员会

特别委员会包括东盟特别协调委员会、东盟—布鲁塞尔委员会、中央银行和货币管理委员会、重建和复兴委员会、贸易问题高级官员委员会、东盟—日内瓦委员会、合成橡胶问题高级官员委员会、砂糖问题高级官员委员会,负责研究和处理东盟经济合作和对外经济关系中的一些特殊问题。

(八)民间和半官方机构

民间和半官方机构包括东盟议会联盟、工商联合会、石油理事会、新闻工作者联合会、承运商理事会联合会、船主协会联合会、旅游联合会和博物馆联合会等。

二、东盟的法律文献检索

1. 中国—东盟国家法律与司法信息中心

网址:http://www.china-aseanlawinfo.org/? language = zh-CN

为开辟中国与东盟国家司法交流与合作的新渠道,中国最高人民法院在中国广西南宁建立中国—东盟国家法律与司法信息中心。该中心于 2017 年 6 月 9 日正式成立。

该中心汇总了中国与东盟各国的法律、案例及司法解释、双边和多边条约协定、司法交流合作资讯等相关资料,整合司法各工作领域合作成果,引领中国与东盟国家之间的司法信息整合与交流,为中国与东盟乃至南亚地区商贸投资者提供一整套清晰、准确、可预测的裁判规则,并通过建设全面、权威、准确、及时的司法信息网,积极推动法律与司法信息有效共享。(见图9-5-1)

图9-5-1 中国—东盟国家法律与司法信息中心网站

该中心网站设置了七个板块:

• 司法交流

向用户提供中国及东盟国家最新的时政资讯及相关司法动态。

• 国际条约

用户可以在线浏览中国与东盟国家签署的条约、协定、换文、议定书、备忘录,发表的联合声明等。

• 法律法规

用户可以在线浏览东盟10国的法律法规,但网站仅提供英文版。此外,网站还整理了检索东盟国家法律法规的检索地址。例如,柬埔寨法律法规检索地址,引导用户对柬埔寨法律进行进一步检索,为研究提供便利(见图9-5-2)。

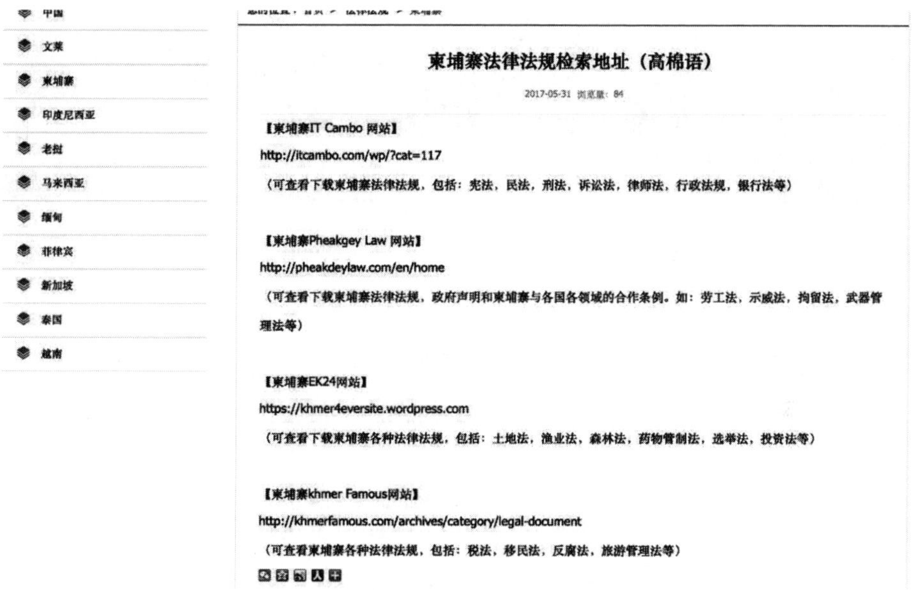

图 9－5－2 柬埔寨法律法规检索页面

• 典型案例

选取中国当事人和东盟国家当事人之间的典型民事纠纷案件，并提供判决书全文。

• 司法研究

收录了自 1956 年以来我国司法研究领域的期刊，并且按学科分类。用户可以按年份查看相关期刊文章。用户还可以在检索框中检索文章标题，加上双引号可进行标题或全文的精确检索，如“劳动合同法”（见图 9－5－3）。

图 9－5－3　全文精确搜索

• 大法官论坛

用户可以及时了解到中国—东盟法律论坛的相关信息以及中国与东盟之间的司法领域互动。

• 在线培训

用户可点击进入国家法官学院广西分院教育培训平台,需登录使用。

2. 中国—东盟法律文献数据库

中国—东盟法律文献数据库由中国—东盟法律研究中心与西南政法大学和数据公司合作开发。数据库链接:172.16.143.15/,仅供西南政法大学校园网用户登录使用。

该数据库从国际组织、东盟 10 国法律法规、研究成果等不同角度对中国—东盟法律文献信息进行资源揭示与整合,支持中英文两种语言,可以上传图片、音频、视频等类型资源,以全文数据库为主要类型,由东盟组织、中国—东盟法律制度、东盟 10 国法律文献、其他区域组织法律文献、热点问题法律文献、研究文献等 6 个子库组成。

(1)数据库体系健全(见表9-5-1)

表9-5-1 中国—东盟法律文献数据库体系

法律文献基本数据库			关联数据库	
中—东盟法律制度	东盟组织法律制度	东盟10国法律制度	其他区域组织	热点专题
中—东盟自由贸易区	组织章程	新加坡	法律制度	南海问题
条约	会议文件	泰国	北美自贸区	研究文献
政策	宣言	马来西亚	欧盟	重大活动
研究文献	决议	印度尼西亚	研究文献	其他
重大活动	条约	菲律宾	重大活动	
其他	协定	文莱	其他	
	纲领	老挝		
	计划	越南		
		缅甸		
		柬埔寨		

(2)数据库使用方便

数据库支持中英文两种语言,提供友情链接、文献传递、下载等个性化服务,用户按照栏目浏览资源,点击相应条目即可查看具体信息和进行全文下载(包括视频、音频、图片等资源)。

(3)数据库系统完善

“中国—东盟法律文献数据库”系统完善,以B/S为结构,在服务器端保存信息资源,对外发布后可为网络连接的任何授权用户访问页面;具备数据录入、维护、审核等后台管理功能和数据检索、浏览、访问权限认证等前台展示功能;支持全文检索、分面检索和中文分词,支持在所有具有检索意义的字段中检索,在不同子库用户可以输入不同的字段如:题名、作者、会议届次等进行检索。

3.东盟法律网

网址:http://zgdmlaw.com/index.asp

东盟法律网所收集的法律文献资料更新速度较快、涉及面广、信息量大、参考性实用性较强,是研究东盟事务,掌握东盟法律,开拓东盟市场的知识宝库。东盟法律网致力于推动中国的对外开放,推动中国—东盟自由贸易区的建设发展,为社会各界提供广泛、实用的东盟法律资料和法律信息服务。(见图9-5-4)

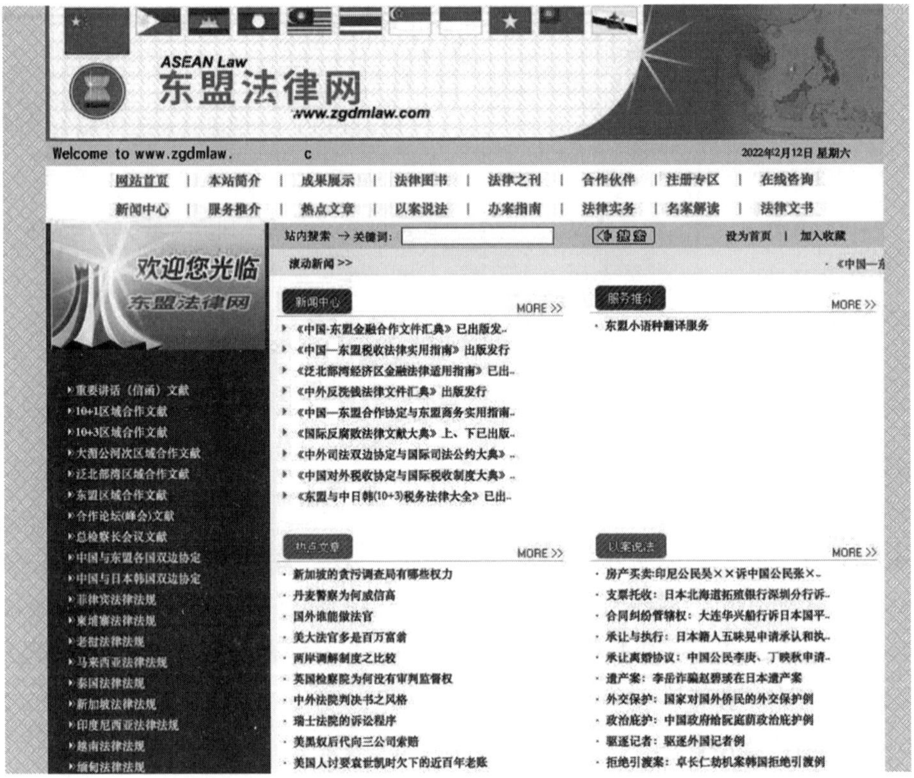

图9-5-4　东盟法律网首页

用户可以按国家浏览东盟法律,该网站提供的法律涉及民法、刑法、金融法、知识产权法、劳动法、土地法、投资法等多个领域,同时介绍了东盟国家的司法体系,有助于研究者更加全面地了解东盟法律。(见图9-5-5)

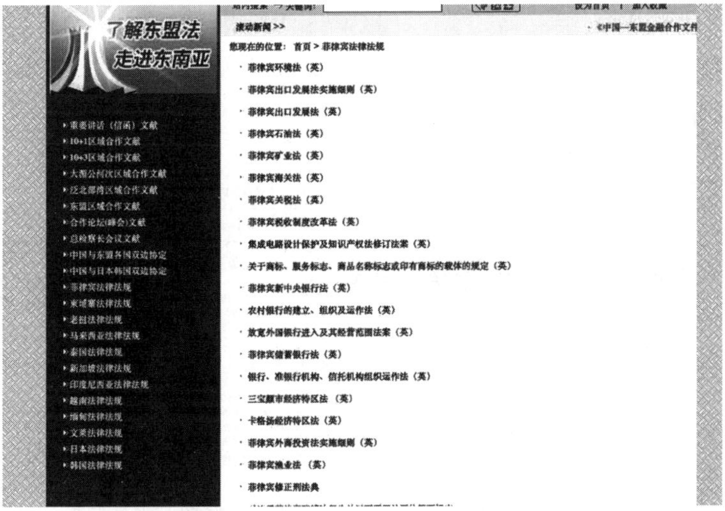

图9－5－5　东盟法律网菲律宾法律检索页面

4. 香港城市大学新丝路研究中心

网址：http://www.cb.cityu.edu.hk/obor/

香港城市大学新丝路研究中心网站为用户提供了有关“一带一路”国家的政策文件、学术研究、相关课程的丰富资料。（见图9－5－6）

图9－5－6　香港城市大学新丝路研究中心网站

用户可以在该网站上在线浏览中心的最新出版物，如《一带一路：中国视角的全球化和对新秩序的探索》、《一带一路设施联通中 PPP 模式扮演的角色》和《全球化形势重新布局》(*Pressing the Global Reset Button*)等,供研究者深入学习与“一带一路”倡议相关的资料。(见图 9－5－7)

图 9－5－7　香港城市大学新丝路研究中心出版物页面

用户还可以在线观看视频,了解相关会议进程,远程参与凤凰卫视世纪大讲堂。(见图 9－5－8)

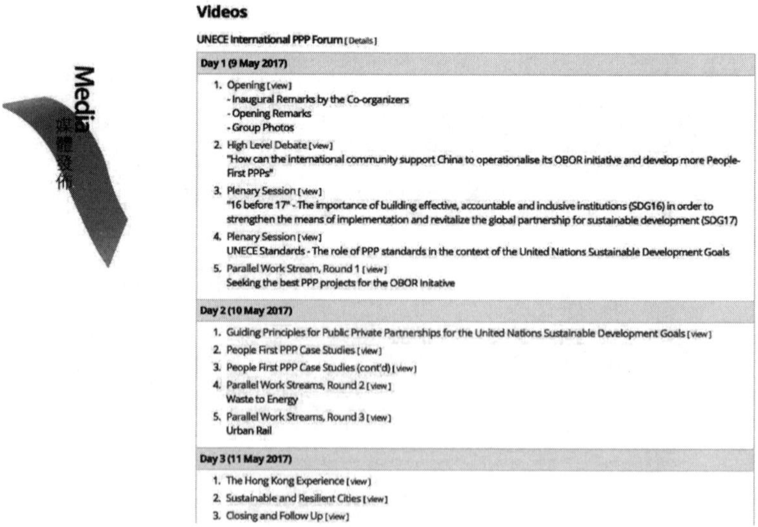

图 9－5－8　香港城市大学新丝路研究中心视频页面

5. 一带一路国际研究院

网址：http://interbeltandroad.org/cn/

一带一路国际研究院成立于2016年1月，是中国香港首个有关“一带一路”倡议的研究机构，致力搭建一个国际性的学术与专业交流平台，并以培育青少年及人才为己任，通过举办国际论坛、考察交流等活动，提升社会对“一带一路”倡议的认知，推动年轻人在紧贴时代步伐的同时，亦可尽早装备自己，把握时代机遇。研究院汇聚不同专业范畴的沿线国专家学者，就“一带一路”在执行过程中可能涉及的问题，向企业和机构提供分析及专业意见，更着手编纂《一带一路沿线国家法律精要》和《一带一路争端解决机制》，积极推动香港参与“一带一路”，发挥其独特优势。

用户可以在网站上了解关于“一带一路”倡议的最新资讯，查询“一带一路”国家的基本资料，还可以在线浏览该机构出版的电子报。（见图9－5－9）

图9－5－9　一带一路国际研究院网站

6. 一带一路系列数据库

网址：https://cgc.law.stanford.edu/zh-hans/belt-and-road/

一带一路系列数据库是中国指导性案例项目下的系列产品之一，该数据库包括两个子库，即一带一路典型案例数据库以及一带一路案文数据库。

- 一带一路典型案例数据库

一带一路典型案例数据库向用户提供与“一带一路”倡议相关的中国法院案例原文，即自2015年以来的18个典型案例，默认按时间顺序排列。但用户可以按审理时间、审判法院、关键词以及法律领域,对案例进行检索。

例如,在关键词的下拉菜单中点击“尊重当事人意思自治”(见图 9-5-10),即可获得“典型案例 10:英属维尔京群岛万嘉融资咨询私人有限公司、马来西亚叶某某与中宇建材集团有限公司居间合同纠纷上诉案”。

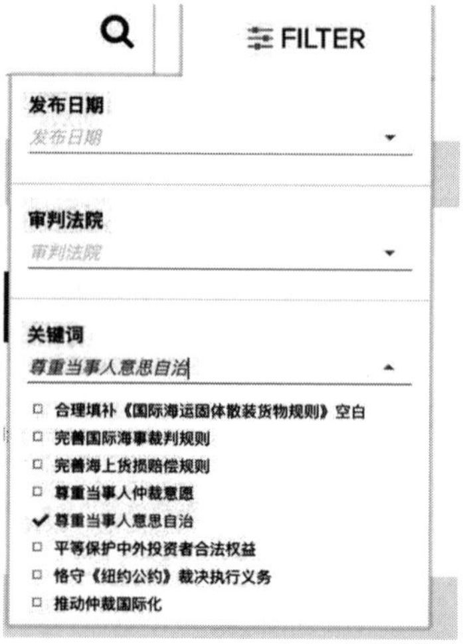

图 9-5-10　一带一路系列数据库检索案例页面

用户可以在线浏览案例全文,包括基本案情、裁判结果以及典型意义。用户还可以免费下载 PDF 版本。(见图 9-5-11)

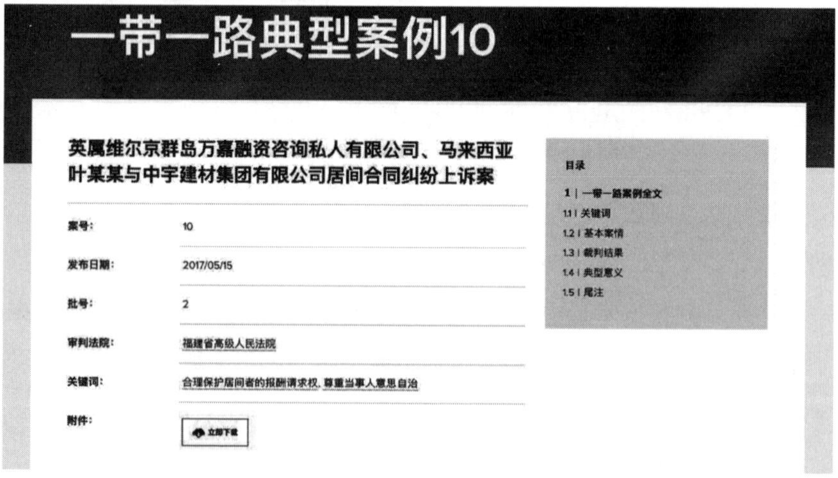

图 9-5-11　一带一路系列数据库典型案例 10

• 一带一路案文数据库

一带一路案文数据库收录了与“一带一路”倡议相关的所有原始法律框架性文件资料汇编，包括中国与“一带一路”沿线国家之间的法律合作协议。用户可以按签署时间、生效时间以及签署国家检索相关法律文件。

例如，在签署国家的下拉菜单中选择马来西亚（见图9－5－12），即可获得《中华人民共和国政府和马来西亚政府关于相互鼓励和保护投资协定》。

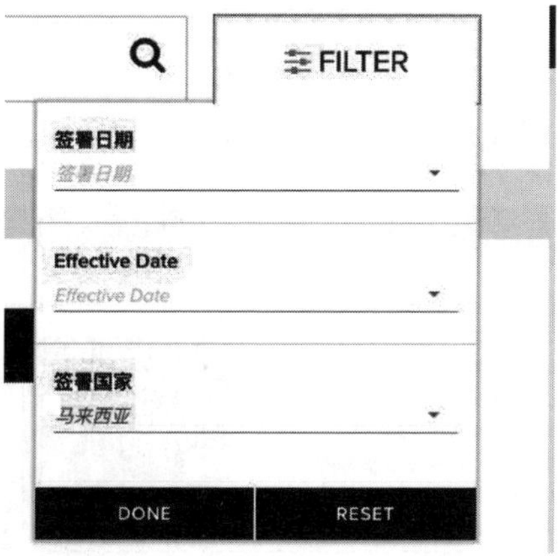

图9－5－12 “一带一路”系列数据库检索案文页面

用户可以在线浏览该投资协定的全文，也可以免费下载PDF版本。（见图9－5－13）

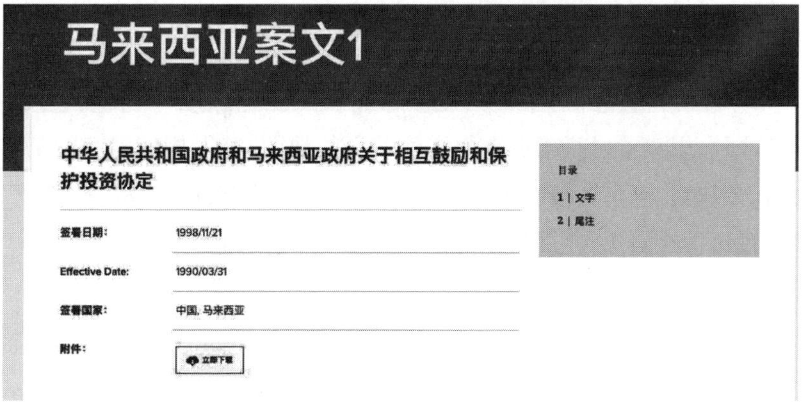

图9－5－13 “一带一路”系列数据库马来西亚案文1

7. 一带一路数据库

网址:http://www. ydylcn. com/skwx_ydyl/sublibrary? SiteID = 1&ID = 8721

“一带一路”数据库属于“十三五”国家重点电子出版物出版规划项目。该数据库提供了大量关于“一带一路”国家的文献资料,包括报告、图书等。数据库提供关键词检索,用户既可以在线阅读也可以下载阅读,但均需要付费使用。(见图9-5-14)

图9-5-14 一带一路数据库首页

除此之外,用户可以直接点击数据库首页的地图,获得相应国家的基本资料。例如,点击菲律宾,可以获得有关菲律宾政治、经济、社会、历史、外交、文化等相关信息。但仅可在线阅读,并且需要付费。(见图9-5-15)

图 9-5-15 “一带一路”数据库菲律宾页面

第十章　国际法与国际组织文献检索

第一节　国际条约法检索

国际条约是国际法的法律渊源之一。国际法渊源的经典表述来自《国际法院规约》第38条的规定,而《国际法院规约》则是《联合国宪章》的组成部分。国际法院适用的法律渊源中,最重要的是国际条约和国际习惯。

一、国际条约概述

(一)条约的基本类型和性质

国际条约是指两个或两个以上作为国际法主体的国家或国际组织订立的在政治、经济、贸易、文化、法律、军事等方面规定其相互间权利和义务的各种协议的统称。根据1969年《维也纳条约法公约》第2条的描述,条约是指"国家间所缔结而以国际法为准之国际书面协定,不论其载于一项单独文书或两项以上相互有关之文书内,亦不论其特定名称如何"。

条约有双边和多边之分,由两个国际法主体订立的协议为双边条约,多个国际法主体订立的协议为多边条约。国际条约的名称和形式多种多样,无论国际条约的名称和形式如何不同,只要是为了确立国际法主体相互间各种权利和义务关系而订立的，均属于国际条约的性质及编纂国际条约汇编文献的资源。主要有下列几种类型：

条约（Treaty）一般适用于比较重大的政治、经济、法律等问题有效期较长的协议，如同盟条约、和平友好条约、互不侵犯条约、中立条约、边界条约、通商航海条约等。条约多数是双边条约。

公约（Convention）通常是若干国家举行国际会议缔结的多边条约，规定一些共同遵守的行为规则和制度，如 1949 年关于战俘待遇等的 4 个日内瓦公约，以及联合国一系列人权公约等。

专约（Convention）是就某些专门问题签订的协议，如领事专约、渔业专约。专约有双边的，也有多边的。

宪章（Charter）、盟约（Covenant）、规约（Statute）多数是重要国际组织的章程，如《联合国宪章》（Charter of the United Nations）、《国际联盟盟约》（Covenant of the League of Nations）、《国际法院规约》（Statute of the International Court of Justice）等。

协定（Agreement）是解决行政性、事务性的具体问题的协议，如司法协助协定、贸易协定、邮电协定、航空协定等。国际组织间缔结的协议多称“协定”。但也有重大政治性协议称为“协定”的，如 1945 年美、英、苏三国的《雅尔塔协定》（Yalta Agreement）。

议定书（Protocol）通常是辅助性的法律文件，用作一个主条约的附属文件，以补充、说明、解释或改变主条约的规定，如两国缔结贸易协定后签订的支付议定书，《欧洲人权公约》的 12 项议定书。但有的议定书本身就是一个独立的条约，如 1925 年《关于禁用毒气或类似毒品及细菌方法作战的日内瓦协定书》。

宣言（Declaration）分为三种：（1）两国或数国政府发表的不规定具体权利义务的政策声明，这类宣言不属于严格意义上的条约；（2）两国或数国在发表政策声明的同时还在文件中规定某些相互权利和义务，如 1943 年中、美、英三国签署的《开罗宣言》，其中规定相互权利和义务，构成相关国家间的条约，具有法律上的约束力；（3）宣言本身就是一个条约，规定国家的相互权利和义务或行为规则。

联合公报(Joint Communiqué)、联合声明(Joint Statement)是指两国或数国政府通过会谈达成协议后共同发表的正式文件,如1979年《中美建交公报》,但仅为阐明当事方各自的立场,宣布会谈结果的联合公报或联合声明,则不具备条约的性质。

谅解备忘录(Memorandum of Understanding)一般用于在当事方之间就处理某个具体事项而达成的协议,如1963年《美、苏关于建立直接通信联络的谅解备忘录》。

除上述国际条约的名称外,在国际实践中,还有宗教条约(Concordat)、最后决议书(Final Act)、总决议书(General Act)、停战协定(Armistice Agreement)、附加条款(Additional Article)、初步和约(Preliminary Treaty of Peace)和临时协定(*Modus Vivendi*)等。

(二)条约和习惯

条约和习惯都是国际法的重要渊源。条约和习惯既相互区别,又密切联系。条约是意图设定相互间权利义务的当事方之间共同意思的表达,而习惯的产生则相对复杂。一般认为,构成国际习惯必须满足两个条件:一是要有通例,二是具备法律确信。

所谓通例,是指国家的一般实践,是习惯产生的客观条件。构成习惯的惯行必须是国家反复的、一致的、连续的行为,并且要具有一定的普遍性。但是,国家反复一致的、连续的惯行并不意味着一定要经历长时间的实践,尽管许多国际习惯的形成都经历了这一过程。实践证明,时间的持久性并不是构成通例的必要条件。

法律确信是国际习惯的主观条件,也是区分国际习惯与国际礼让或国际道德的关键因素。这一条件表明,国家不仅要有惯行,而且要具备相信这类惯行可以构成相互间法律的信念,这是国际习惯产生法律拘束力的必要条件。这两个条件对于习惯的形成不可或缺。

条约和习惯都构成国家之间的法律,都在处理国家之间关系的实践中发挥着巨大作用,但是二者的区别也十分明显:(1)形式不同,大多数的条约都采取书面形式,而习惯则散见于各类国际法文书;(2)效力范围不同,条约受到相对效力原则的限制,对第三国既无损也无益,不产生拘束力,国际习惯的效力则具有一般性,个别国家的不同意志并不能对其加以否定；(3)效力依据不同，从本质上说，条约和习惯都是国际社会共同意志的体现，但其形成过程是完全不同的。条约基于国家的共同同意，是国家意志的明确表达，是国家通过主动的行为对现实中的事项加以规范，而习惯正相反，反复一致的实践本能地规范着国家行为，最后由国家被动地接受为法律。

(三)条约法的原则、编纂

一个合法缔结的条约，缔约方对自己在条约中承诺的义务，应当善意地予以履行，这是条约必须遵守原则的基本含义。而善意履行条约，不仅是按照条约的表面规定履行，更重要的是履约行为要符合条约的基本精神，符合条约的目的和宗旨，而这又是以对条约的善意解释为前提的。第二次世界大战以后，在国际组织的主持之下，国家对条约法进行了大规模的编纂，将以往的习惯法规则纳入条约，从而使条约也成为条约法的主要渊源。从此，从各国共有的法律原则中提炼出来的一般规则、一般法律原则也是条约法的重要渊源。而司法判例和公法家学说，虽然不构成条约法的主要渊源，但在补充、证明条约法规则方面发挥了十分重要的作用。所以，尽管条约法规范的对象是作为国际法渊源的条约，但本质上他和其他国际法分支并无不同。条约法的编纂是将条约法系统化、法典化的过程。由于国际上不存在一个超国家的立法机关，编纂对条约法有关规则的确定和发展具有重要意义。

二、国际条约的效力

(一)条约的时间、空间适用范围

条约在时间上的适用范围，即时际法问题，是指条约的规定是否适用于条约对当事国生效以前发生的与当事国有关的事件和行为。

(二)条约的实施

条约的国内实施方式，从国际法的角度而言，完全是一个国家的内政。每个国家都有权决定条约在自己国家内部如何实施。因此，国际法对一国施加的是结果的义务，而非方法的义务。国际上不存在统一的国内实施条约的实践，每个国家对条约的实施都有自己的特点。但是从宏观的角度来看,仍然有规律可循,即各国实施条约不外乎并入和转化两种方式。实践中,还有很多国家综合使用并入和转化两种方式。但无论哪种方式,条约在国内的实施,都离不开国内法的作用。一般来说,私法性质的条约以及其他可以直接适用于一国国民的条约,可以直接纳入一国的国内法律体系。与条约当事国领土适用有关的条约,尤其是一些涉及国际法上重要事项的条约,要通过转化的方式将其变为国内法,从而在国内得到适用。

(三)条约的修订

所谓条约的修订,是指条约的缔约国增加、更改或删除原条约规定的行为。它包括两种情况:条约的修正和条约的修改。条约的修正是指意图在全体缔约国之间修订条约并使修订后的条约为所有缔约国所接受的条约修订方式;而条约的修改则指意图在部分缔约国之间修订条约并使修订后的条约仅适用于该部分缔约国的条约修订方式。

双边条约由于只有两个缔约方,实施上只能被修正,而不能被修改,但实践中往往并不对这种措辞加以区分。双边条约的缔约方可以随时提出修改,并以换文议定书的形式确认该项修订。多边条约通常是无限期有效的,这使得修订就变得更加必要。而且由于多边条约通常缔约国数目众多,造成同意对多边条约进行修订以及随后使之生效的过程可能和谈判该原始条约并使之生效一样困难。因此,较之双边条约,多边条约修订的规则和程序要复杂得多。

(四)条约争端解决

条约争端是国家或国际组织等国际法主体之间因缔结、解释和履行条约而产生的争端,通常涉及国家之间的重大事项,并常受到国际政治的干扰,因而具有情况复杂、解决难度大等特点。条约争端虽然涉及各国不同的政治利益,但从本质上来说,它仍是一种法律争端。联合国成立后,由于彻底禁止以武力和武力威胁作为推行国家政策和解决国际争端的工具,因此国际社会各成员只能采用和平方式解决相互之间的条约争端。

根据 1969 年《维也纳条约法公约》第 65 条第 3 款的规定,如果产生条约争端,首先应当诉诸《联合国宪章》第 33 条规定的方法以谋求解决。《联合国宪章》第 33

条规定了和平解决条约争端的一般方法,包括:谈判和协商、斡旋和调停、调查与和解、仲裁和司法解决、区域协定。

三、国际条约的检索

国际条约是国际公法的法律渊源之一,主要分为双边与多边条约。这些文本内容通常在联合国网站、各国外交部网站、部分世界组织网站、条约法研究机构网站和提供法律原始文本的法律数据库中被检索。以下列举部分内容全面,实用且更新较快的条约专门网站。

(一)联合国(United Nations)

网址:http://treaties. un. org/

在联合国网站中,有关于国际条约的专项网站,可以通过联合国主页的国际法(International Law)专栏进入。《联合国条约汇编》(*United Nations Treaty Series*, UNTS)是由联合国秘书处编写的出版物,以《联合国宪章》第102条规定为依据,载有自1945年以来登记或备案和记录的所有条约和国际协定。其中包括条约的所有组成部分,如地图、界线、图表等附件。纸质版条约的文本目前有三种出版格式:完整出版、部分出版和有限出版。

UNTS也提供了全面搜索的在线数据库(United Nations Treaty Series Online),可以通过高级搜索工具搜索特定条约或条约组(见图10-1-1)。其中的月度声明(Monthly Statements)数据库中可以按月检索当月全文。纳入UNTS的文书的注册编号由罗马数字和阿拉伯数字组成,并以冒号(如Ⅰ:54321;Ⅱ:965)连接。罗马数字Ⅰ表示登记的条约和国际协定;罗马数字Ⅱ表示提交和记录的条约和国际协议。阿拉伯数字表示在类别Ⅰ和Ⅱ内分配的序列号。

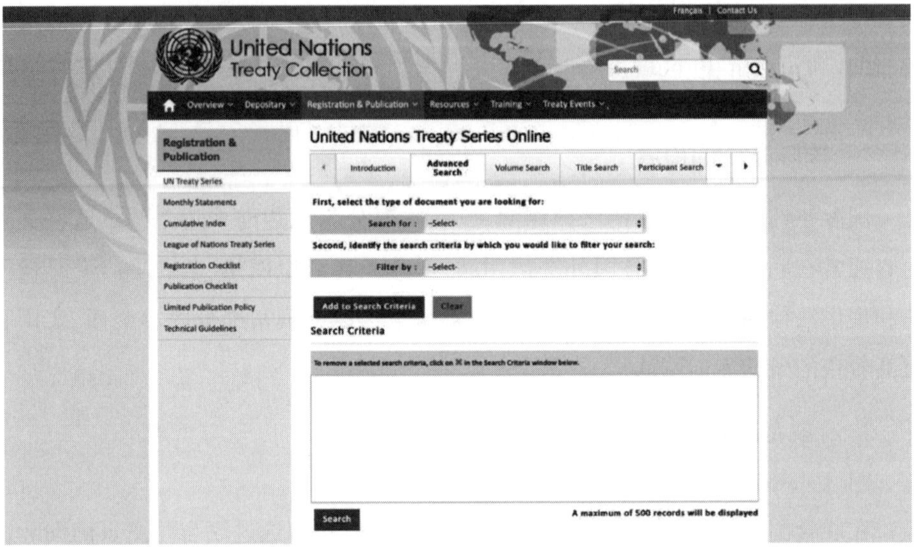

图 10－1－1　联合国条约网站:United Nations Treaty Series Online

为便于参考联合国条约汇编,秘书处还出版了《联合国条约汇编累积索引》(*United Nations Treaty Series Cumulative Index*),它由50卷联合国条约汇编累积而成,文种是英文和法文。累积索引的每一卷由“年表索引”和“字母索引”两个主要部分组成,每个部分前面都有一个注释。

(二)欧盟条约数据库(Treaties Office Database of EUROPA)

网址:https://eur-lex.europa.eu/collection/eu-law/treaties/treaties-force.html

欧盟条约数据库目前是欧盟官方法律数据库(EUR-Lex)的子数据库,该数据库由欧盟直接运营,对欧洲联盟的有关条约进行分类汇编,其中包括现行有效的欧盟条约(Treaties currently in force)、建立欧盟的基础条约(Founding treaties)、各成员方加入欧盟或欧共体的议定书(Accession Treaties),以及其他欧盟成员国内部缔结的多边条约(Other treaties and protocols),如《申根协定》(Schengen Convention)、英国脱欧协定等。但该数据库仅限于检索欧盟有关条约时使用,而且数据库中并不包含欧盟成员方之间缔结的双边条约。(见图10－1－2)

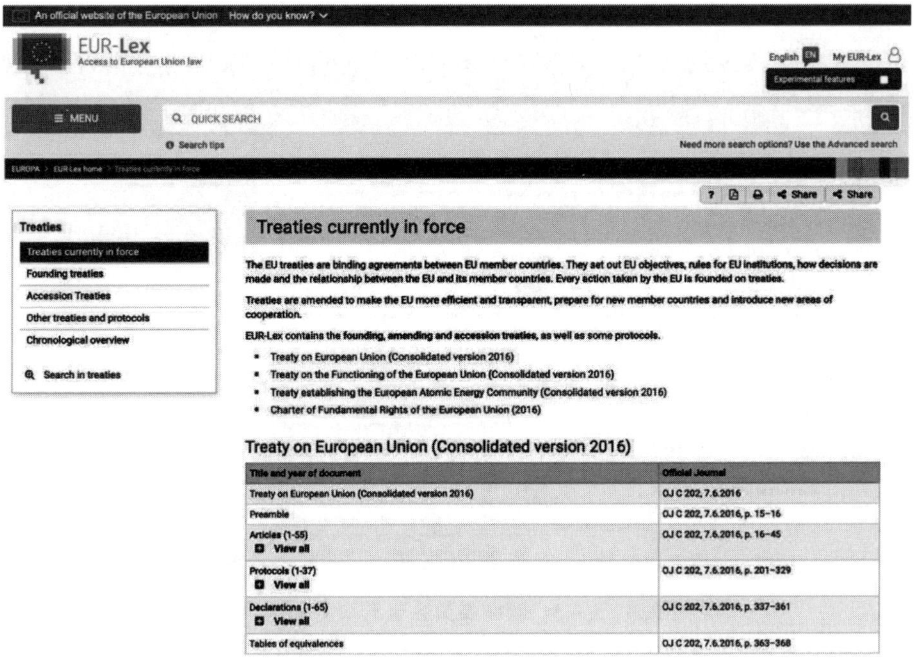

图 10－1－2　欧盟条约数据库

该数据库目前提供的所有文件均为欧盟法律公报（Official Journal）提供的正式文本，网站数据更新快，并且可以获得全文的 PDF 格式下载，所有的文件均是具有法律效力的官方文本。此外，该数据库提供欧盟所有成员方的 24 种不同语言版本的条约，对于条约文本的不同语言需求也可以得到满足。

（三）欧洲委员会（Council of Europe）

网址：https://www.coe.int/en/web/conventions/

欧洲委员会网站有英、法、德、意、俄 5 种版面，可以检索到所有欧洲委员会条约、解释报告、发布和保存状况和一些官方通知。具体内容有按国别检索 47 国条约或按 12 种主题，另有专门关于人权条约、条约最新变化和翻译等内容。在条约列表页中，列有 223 种条约，罗列清楚，可以通过“网页查找”方法快速定位所需内容。此外，该数据库不仅可以检索条约文本和其他语言译本，还可以检索条约的签署和批准情况、条约的保留和声明情况等，以及检索到欧洲委员会国家间签署的局部协定（partial agreement）。（见图 10－1－3）

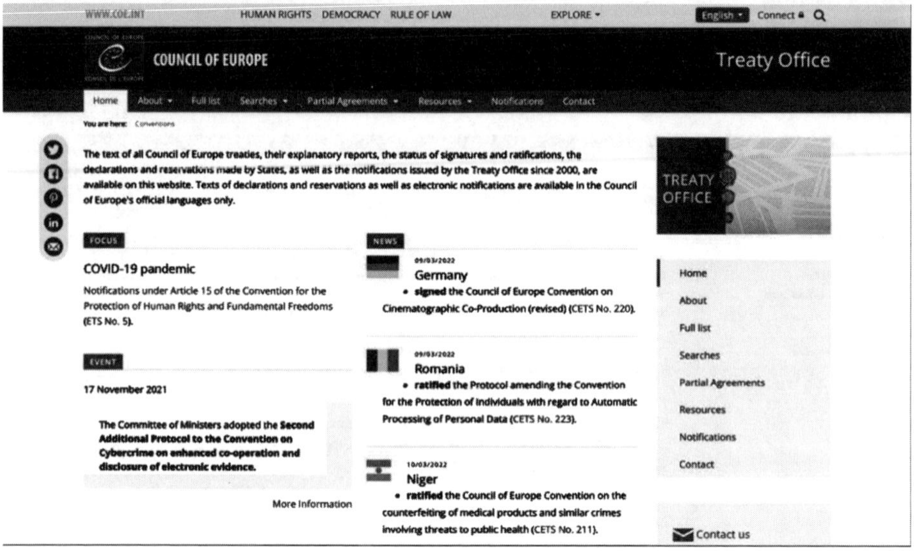

图 10－1－3 欧洲委员会条约事务部网页

(四)美国条约事务部(Office of Treaty Affairs)

网址:https://www.state.gov/bureaus-offices/treaty-affairs/

美国条约事务部为美国国务院合法性咨议办公室(Office of the Legal Adviser)下属部门,其网站主要收录以美国为缔约国的条约,包括目前正在生效的条约,也包括正在美国参议院待批准的条约。条约事务部还按照年份将每年新生效的条约编辑成《美国条约与其他国际法文件集》(*Treaties and Other International Acts Series*,TIAS),这一条约集是美国官方编纂的重要条约集,在条约事务部的网站上可以检索到1982年以后的全部条约,并且该网站支持RSS和邮件方式进行订阅。除此之外,该网站中有许多索引式检索目录,可以按照年份、主题等不同信息进行检索;对于所有以美国为保管国的多边条约,该网站还提供条约的状态查询。(见图10－1－4)

图 10－1－4　美国条约事务部条约数据库

(五)阿根廷国际公法网站(Derecho Internacional Público)

网址:https://www. dipublico. org

阿根廷国际公法网站收录了国际法尤其是国际公法领域的案例、条约、书籍等详细内容,还同步更新许多著名的欧美国家国际法期刊。除条约与期刊外,该网站大部分文献资源的更新都是西班牙语资源,并且支持通过邮件订阅更新。该网站按照年份顺序罗列了 1648 年至 2007 年签署的国际公法领域的条约,大部分可以在线阅览,或以 PDF 格式下载到本地阅读,对于 1959 年至 2009 年交存联合国秘书长的多边条约,还提供英文和法文的全卷 PDF 格式下载。另外,该网站还有以欧盟、人权法和人权为主题的条约专栏。(见图 10－1－5)

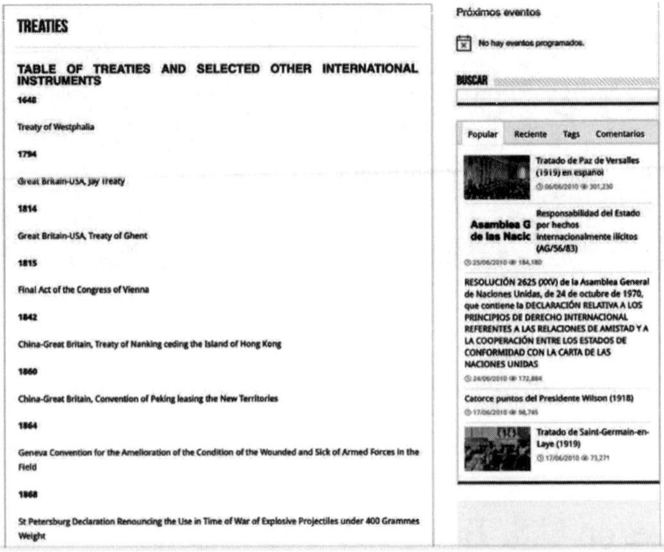

图 10－1－5　阿根廷国际公法网站条约目录

第二节　联　合　国

一、联合国的组织机构

联合国(United Nations)是一个由主权国家组成的国际组织。第二次世界大战时期,为了建立世界反法西斯同盟,时任美国总统罗斯福做了大量工作,起草了《联合国家宣言》,1942 年年初,中、苏、美、英等 26 个国家在《联合国家宣言》上签了字。这是第一次正式采用"联合国家"(也译为"联合国")这个名称。不过,当时"联合国家"还没有被作为一个国际性组织的名称使用,到了 1943 年 10 月 30 日,苏、中、美、英四国代表在莫斯科会议上共同发表《普通安全宣言》,具体体现了建立一个战后国际安全组织的主张。1945 年 6 月 26 日,参加旧金山"联合国家关于国际组织的会议"的 50 个国家一致通过了《联合国宪章》(Charter of the United Nations)。同年 10 月 24 日,《联合国宪章》开始生效,联合国就此正式成立了。联合国致力于促进各国在国际法、国际安全、经济发展、社会进步、人权及实现世界和平方面的合作。截至目前联合国共有 193 个成员国。总部设立在美国纽约。

联合国的组织架构中,有主要机关和下属机构两种组织。联合国的附属机构是指根据《联合国宪章》第三章第7条之规定，联合国设有联合国大会、联合国安全理事会、联合国经济及社会理事会、联合国托管理事会、国际法院和联合国秘书处6个联合国主要机构。联合国的下属机构，是指联合国在工作过程中陆续发展起来的一些机构，这些机构数目众多，如联合国人权理事会就是联合国大会下属的专门机构，除此之外，联合国开发计划署、联合国国际贸易法委员会、联合国贸易与发展会议、联合国儿童基金会等都是联合国的下设机构，并归属于不同主要机关管辖。

还有一些国际组织并非联合国宪章下的组织机构，但与联合国的工作密切相关，被称为联合国的专门机构，这些机构是根据特别协定而与联合国建立关系的全球性、专门性政府间国际组织，如世界卫生组织、国际劳工组织、国际民用航空组织、国际海事组织、国际货币基金组织、世界知识产权组织等共15个专门组织，这些组织通过与联合国签订专门协定而纳入联合国体制内，但每一个机构都具有其独立的法律地位，是按照自己的章程进行活动，与联合国的合作关系是通过联合国经社理事会的协调来完成的。（见图10－2－1）

图10－2－1　联合国系统的框架

(一)联合国大会

联合国大会(General Assembly,GA),简称“联大”,是联合国的主要审议、监督和审查机构。由全体会员国组成。截至目前,联合国大会共有会员国 193 个。大会每年举行一届常会。

根据《联合国宪章》的规定,大会除对安理会正在审议的争端,非经安理会请求不得提出建议外,有权讨论《联合国宪章》范围内的任何问题或事项,并向会员国和安理会提出建议。大会接受并审议安理会及联合国其他机构的报告,讨论决定联合国预算和会员国分摊的会费,选举安理会非常任理事国、经社理事会和托管理事会的理事国,选举国际法院的法官,并根据安理会推荐批准接纳新会员国和委任秘书长。

(二)联合国安全理事会

联合国安全理事会(Security Council,SC),简称“安理会”,由中国、法国、俄罗斯、英国、美国 5 个常任理事国和 10 个非常任理事国组成,共有 15 个成员。非常任理事国由联合国大会选举产生,任期 2 年,经选举每年更换 5 个,不能连选连任。

根据《联合国宪章》的宗旨及原则,安理会负有维持国际和平与安全的责任,是唯一有权采取行动的联合国机构。安理会有权调查任何引起国际争端或摩擦的任何情况,并可提出解决这些争端的方式或办法。会员国或接受联合国宪章的非会员国、联合国大会或秘书长,均可就国际和平与安全问题提请安理会注意。安理会有权断定任何威胁和平、破坏和平或侵略等行为的存在,并可提出采取强制措施以维持或恢复国际和平与安全的建议或作出这方面的决定,如认为这些措施还不能解决问题,安理会可以通过采取关于军事行动的决议去解决这些问题。

(三)联合国经济与社会理事会

联合国经济及社会理事会(Economic and Social Council,ECOSOC),简称“经社理事会”,是根据《联合国宪章》设立的,是协调 15 个联合国专门机构、8 个职司委员会和 5 个区域委员会的经济、社会和相关工作的主要机构。经社理事会还管辖 10 个基金会和规划署。经社理事会为讨论国际经济及社会问题,并就此类问题制定面向各成员国和整个联合国系统的政策建议,提供中心论坛。它负责促进较高的生活标准、全民就业以及经济和社会的进步;解决国际经济、社会和卫生问题;促进国际间文化和教育合作;倡导对全体人类的人权和基本自由的普遍尊重。它被授权从事或发起有关这些问题的研究和报告。它也授权帮助准备和组织经济、社会和相关领域的重大国际会议,协调这些会议的后续事项。经社理事会具有较广的职权,其权限涉及整个联合国系统的人类和金融资源超过70%。经社理事会由54个理事国组成,经大会选举产生,任期3年。

(四)联合国托管理事会

联合国托管理事会(Trusteeship Council,TC),简称"托管理事会",由安全理事会的5个常任理事国组成。随着联合国的最后一个托管领土帕劳取得独立,理事会于1994年11月1日正式停止运作。理事会修改其议事规则,取消每年举行会议的规定,并同意根据理事会或理事会主席的决定,或根据理事会多数成员或大会或安全理事会的要求,视需要举行会议。

(五)国际法院

国际法院(International Court of Justice,ICJ),是联合国主要司法机构。根据《联合国宪章》设立,以实现联合国的一项主要宗旨:"以和平方法且依正义及国际法之原则,调整或解决足以破坏和平之国际争端或情势。"国际法院依照《国际法院规约》(Statute of the International Court of Justice)及其本身的《国际法院规则》运作。《国际法院规则》是《联合国宪章》的一部分。国际法院于1946年开始工作,取代1920年在国际联盟主持下设立的常设国际法院(The Permanent Court of International Justice,PCIJ)。国际法院在荷兰海牙和平宫。联合国6个主要机构中,国际法院是唯一设在纽约以外的机构。

国际法院具有双重作用:依照国际法解决各国向其提交的法律争端(诉讼管辖权),并就正式认可的联合国机关和专门机构提交的法律问题提供咨询意见(咨询性管辖权)。国际法院由15名法官组成,并由其行政机关书记官处协助。国际法院正式语言为英语和法语。

(六)联合国秘书处

联合国秘书处(Secretariat),是联合国各机构的行政秘书事务机构。联合国主席任命联合国秘书长。秘书长是联合国的行政官,担任重大的国际政治责任。秘书长由联合国大会和安理会推荐,任期5年。秘书长在国际事务中以联合国代表的资格出现,代表联合国与会员国及其他国际组织进行联系,可以代表联合国到出现国际冲突和争端的地区进行了解和调解(good office)。

秘书处由秘书长和联合国工作人员组成,其职责是为联合国及其所属机构服务,并负责执行这些机构所制定的方案和政策。

二、联合国法律资源的检索

(一)联合国网站

网址:https://www.un.org/zh/

联合国官方网站提供6种语言界面,囊括了联合国所有的相关信息资源,包括联合国的各种新闻、重要文件和发展议题,使用联合国网站主页可以检索的内容主要是资讯性质的文献资料。(见图10-2-2)

图10-2-2 联合国官方网站

(二)联合国图书馆:达格·哈马舍尔德图书馆(Dag Hammarskjöld Library)

网址:https://www.un.org/zh/library

联合国图书馆的主要任务是使各代表团、秘书处及联合国的其他正式机构尽可能以最迅速、便利及经济的方法，取得它们执行职务所需要的图书资料及信息。联合国图书馆虽然不对公众开放，但是可查询其收藏的丰富资源，如联合国文件和出版物的档案收藏，其中就包括联合国的议事录索引、各种发言和表决信息等，还包括由联合国主持编写的各种专著、期刊等信息，部分开放获取的图书和期刊还可以在该网站上直接下载电子版，以供研究使用。（见图 10－2－3）

图 10－2－3　联合国图书馆

同时，联合国图书馆还在世界各地建立托存图书馆（Depository Libraries）来传播联合国信息。其中华东政法大学和上海图书馆都有联合国存托图书馆的设立。

（三）联合国文献研究指南

网址：https://www.un.org/chinese/center/dhl/resguide.htm（1998 年以前的联合国文献）；https://research.un.org/zh（目前仍然继续更新的研究指南和资源网页）

因联合国官方网站所包含内容特别繁多，联合国图书馆开发了“联合国文献研究指南”，该指南是为新接触联合国文献的研究人员和处理资料的专业人员编制的。介绍联合国印发的各类文件和出版物（如报告、决议、会议记录、销售出版物、新闻稿）的概况以及如何使用的简单说明。

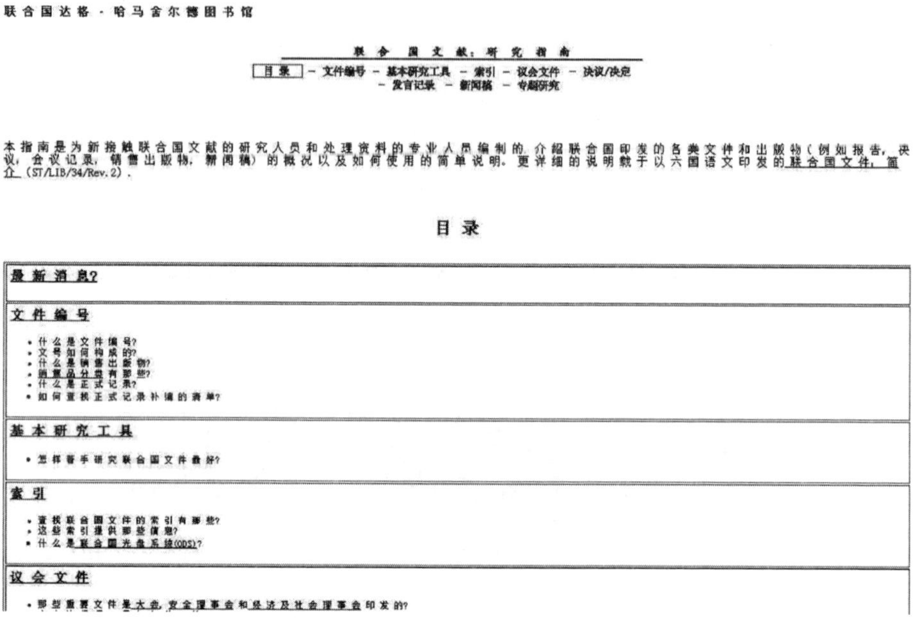

图 10－2－4 联合国文献研究指南

这一指南有两个主要网页,图 10－2－4 所展示的数据库是达格·哈马舍尔德图书馆提供的一个研究数据库,但该数据库自 1998 年开发以后就不再更新,目前该数据库中的大量资源可供研究联合国成立后至 21 世纪前的国际问题。

由于网页开发技术的更新,在 21 世纪以后达格·哈马舍尔德图书馆提供的“联合国研究指南和资源”转移到另一个网页中,并实时更新(见图 10－2－5)。这一网页对所有联合国中的文献进行资源的分类整合,并且不同语言网页提供的资源种类和数量各不相同,在这一网站的英文版网页中还提供了“非洲”“亚太”“裁军”“性别”“人道事宜”等专题,每个专题项下都提供关于这一主题有关的全部联合国文献,包括网站、数据库、年鉴、其他出版物等资源,可供研究者对某一专题进行深入探索。

此外,该网站对于联合国大会、安理会的历次会议,以及安理会的历次投票有关的所有文件,都提供了快速指引(quick links),所有相关文件均可在该网站上下载 PDF 版本。

图 10－2－5　联合国研究指南和资源

上述 3 个数据库所提供的文献资源基本是重合的，检索方式大同小异。因 3 个网站都有中文界面，检索非常方便。但在所有数据库中使用最多且最为便捷的是联合国的“正式文件系统”(Official Document System，ODS)。如想要查找 2022 年联合国印发出来的全部文件，可以通过联合国网站主页最下面的“行动使命”进入“文件”选项卡中，选择“搜索文件”下的第一个“正式文件系统”(网址：https://documents. un. org/prod/ods. nsf/home. xsp，见图 10－2－6)。

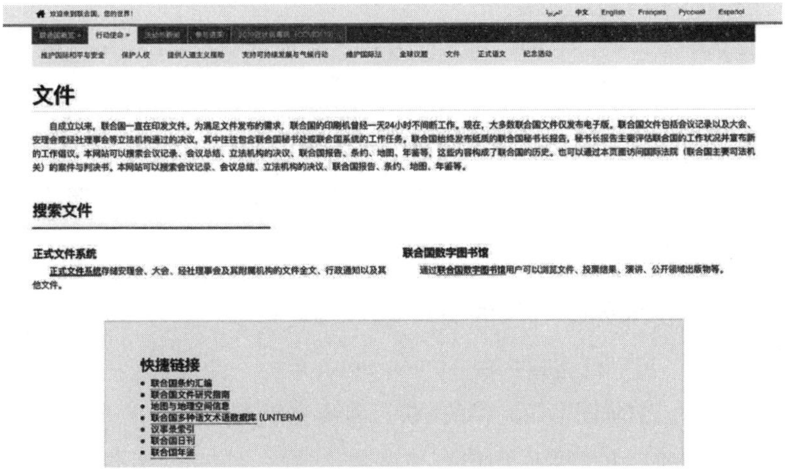

图 10－2－6　联合国文件中心

选择简单检索,检索条件只要输入印发起止日期“01/01/2022”和“31/01/2022”,点击“搜索”,即可得到返回结果为按照文号顺序排列的前 500 份出版于 2022 年 1 月的联合国文件。(见图 10 - 2 - 7)

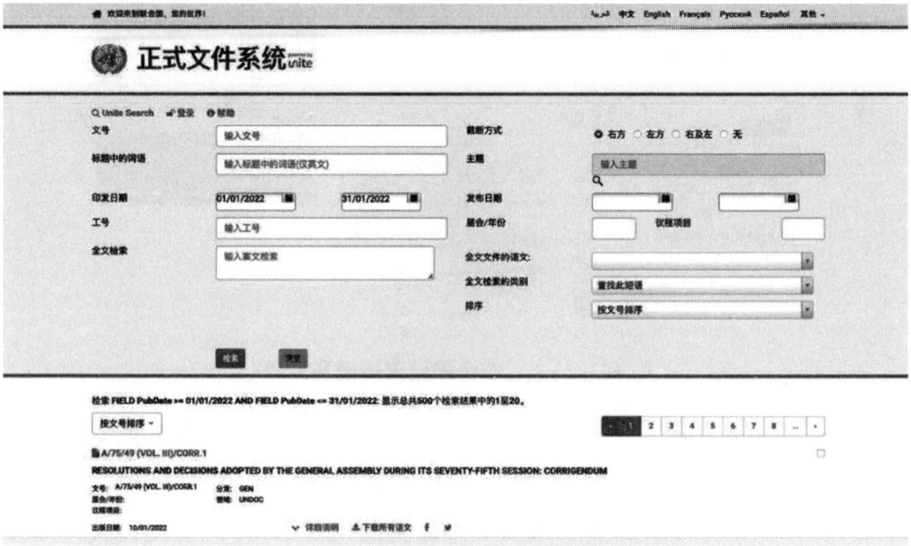

图 10 - 2 - 7 联合国文件系统简单检索界面

如果想要查找某主要机构的文件,则可以直接进入“行动使命”项下的“文件”,这里的文件首先按机构分类,再按文件类型分类,最后按时间分类,读者可以逐层往下查找所需资料。如果已知文件编号,“文件”也提供了按文件编号搜索的服务。

如果要查找某一专题的文件,如要查找“裁军”方面的文件,则可以通过前述的联合国研究指南和资源网页,找到专门的裁军文件数据库,进入按照标题或文件首字母查找即可。

(四)纽约大学法学院图书馆联合国研究指南

网址:https://nyulaw.libguides.com/c.php?g=773851

由纽约大学法学院图书馆制作的“联合国研究指南”,涵盖了该法律图书馆收藏的有关联合国的官方文件及出版物,以及相关著作、期刊、判例汇编、年鉴、索引、工具书、数据库和网站,该数据库具有索引的性质,并非所有内容都可以在该数据库中检索到全文，部分资料可通过跳转至 HeinOnline 和全球法律信息平台（Global Lex）等数据库，或者其他国家图书馆或其他学校图书馆进行检索。除此之外，该数据库还提供了有关国际联盟（League of Nations）和常设国际法院（Permanent Court of International Justice）的有关文献资源。（见图 10－2－8）

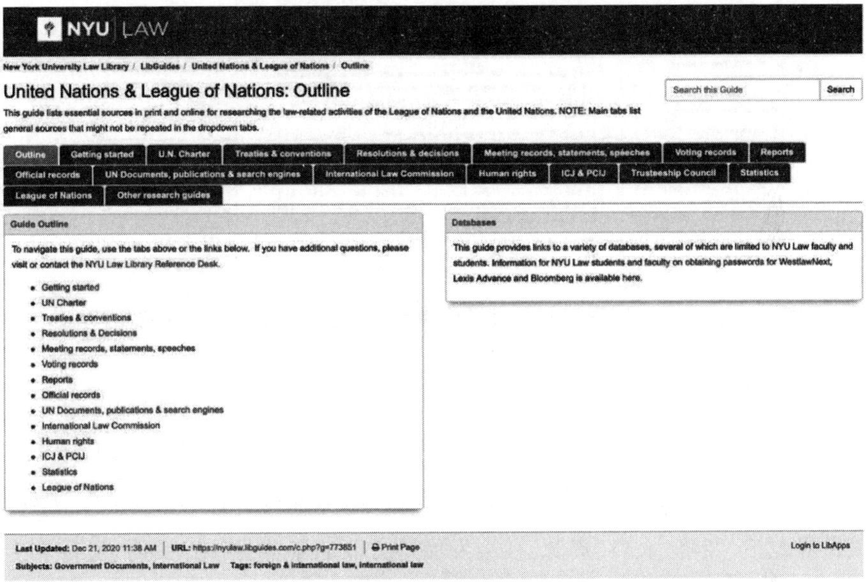

图 10－2－8　纽约大学法学院图书馆“联合国研究指南”

（五）加利福尼亚州大学伯克利分校图书馆联合国网络资源导航

网址：https://guides.lib.berkeley.edu/united-nations

加利福尼亚州大学伯克利分校图书馆是联合国的托存图书馆，该馆按照主题、组织机构以及基本工具等将网络资源进行了分类，不仅汇集了大量联合国的相关资源，类别齐全、检索方便，并且更新迅速。该网站提供大量可供国际法研习者接触联合国的文献资源，其中还包括大量的介绍性书目的链接如《牛津联合国手册》（*Oxford Handbook on the United Nations*）、《牛津通识读本：联合国》（*United Nations: A Very Short Introduction*）等，尽管部分资源只有校内人员可以访问，但绝大多数的资源仍然可以免费获得。（见图 10－2－9）

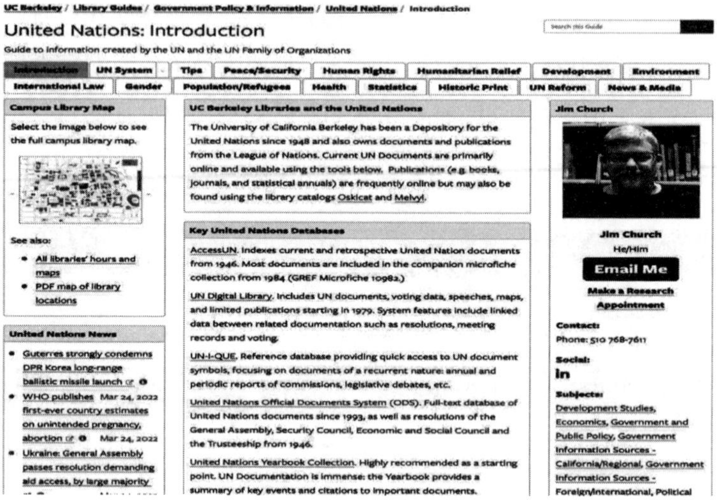

图 10－2－9　加利福尼亚州大学伯克利分校图书馆联合国网络资源导航

(六)联合国的出版物

1945 年联合国成立后,在其常设机构秘书处下设有出版/销售科,它用中文、阿拉伯文、英文、法文、俄文、西班牙文 6 种文字出版与发行联合国出版物。主要出版有关世界政治、经济、人口、资源、社会发展等方面的年鉴、指南、手册、文件和专著,每年出版图书 400 多种、期刊 12 种。在版图书 4000 多种。这些出版物均为非商业性出版物,除部分免费赠送外,通常售价较低。此外,联合国下属的各种专门机构和附属机构都出版各自的出版物。其中,联合国粮农组织、国际劳工组织、国际货币基金会、国际海事组织、国际民航组织、联合国教科文组织、世界银行、世界卫生组织、世界气象组织、联合国大学的出版物较多。

第三节　世界贸易组织与国际贸易法

世界贸易组织(World Trade Organization, WTO),中文简称为世贸组织。世贸组织是一个独立于联合国的永久性国际组织,其前身为 GATT。1994 年 4 月在摩洛哥马拉喀什举行的关贸总协定部长级会议上正式决定成立世界贸易组织,1995 年 1 月 1 日世界贸易组织正式开始运作,该组织负责管理世界经济和贸易秩序,总部设在瑞士日内瓦莱蒙湖畔。其基本原则和宗旨是通过实施非歧视、关税减让以及透明公平的贸易政策,来实现世界贸易自由化的目标。世贸组织是具有法人地位的国际组织,在调解成员争端方面具有更高的权威性。与其前身关贸总协定相比,世贸组织管辖范围涵盖货物贸易、服务贸易、知识产权以及投资措施等领域。截至目前,其成员方达到164个,是迄今为止世界上最大的多边贸易组织。

一、世界贸易组织的组织机构

世界贸易组织的组织机构可以分为四个层级:第一层级是部长级会议,是世界贸易组织的最高决策权力机构;第二层级是总理事会,负责世界贸易组织的日常事务工作;第三层级是各专门理事会和专门委员会;第四层级是理事会与委员会的附属机构。(见图10-3-1)

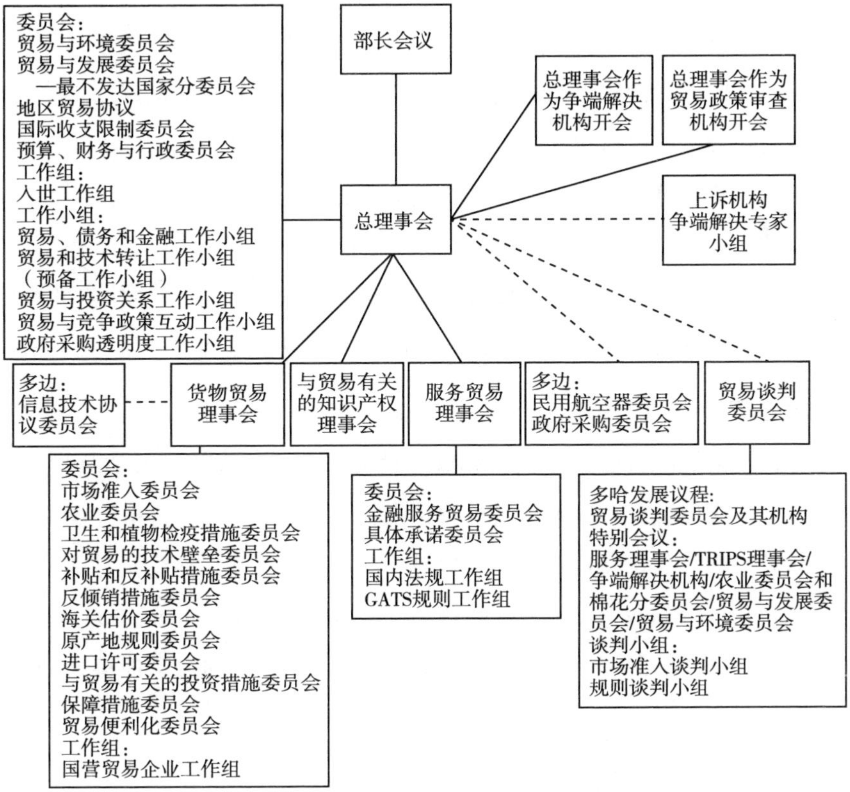

图10-3-1　世界贸易组织组织架构

(一)部长级会议

部长级会议(Ministerial Conference,MC)是世贸组织的最高决策权力机构,由所有成员国主管外经贸的部长、副部长级官员或其全权代表组成,一般2年举行一次会议,讨论和决定涉及世贸组织职能的所有重要问题,并采取行动。第一次部长级会议于1996年12月在新加坡召开,截至2021年12月,共召开11次部长级会议,第12次部长级会议因新冠病毒疫情(COVID－19)的影响而延后召开。

部长级会议的主要职能是:

1. 任命世贸组织总干事并制定有关规则;

2. 确定总干事的权力、职责、任职条件和任期以及秘书处工作人员的职责及任职条件;

3. 对世贸组织协定和多边贸易协定作出解释;

4. 豁免某成员对世贸组织协定和其他多边贸易协定所承担的义务;

5. 审议其成员对世贸组织协定或多边贸易协定提出修改的动议;

6. 决定是否接纳申请加入世贸组织的国家或地区为世贸组织成员;

7. 决定世贸组织协定及多边贸易协定生效的日期等。

部长级会议下设总理事会和秘书处,负责世贸组织日常会议和工作。世贸组织成员资格有创始成员和新加入成员之分,创始成员必须是关贸总协定的缔约方,新成员必须由其决策机构——部长级会议以2/3多数票通过方可加入。

(二)总理事会

在部长级会议休会期间,其职能由总理事会(General Council,GC)行使,总理事会也由全体成员组成。总理事会可视情况需要随时开会,自行拟订议事规则及议程。同时,根据《马拉喀什建立世界贸易组织协定》,总理事会、贸易政策审议机构(Trade Policy Review Body)和争端解决机构(Dispute Settlement Body)3个机构在外观上都是总理事会,但在处理不同问题、履行不同职能时,总理事会分别依照不同职权范围和不同程序行事,并向部长级会议负责。

(三)各专门理事会和委员会

总理事会下设3个主要专门理事会,即货物贸易理事会(Goods Council)、服务贸易理事会(Services Council)和与贸易有关的知识产权理事会(TRIPS Council),这些理事会可视情况自行拟订议事规则,经总理事会批准后执行。所有成员均可参加各理事会。

由于 WTO 的内括协定有多边贸易协定(Multilateral trade agreements)和诸边贸易协定(Plurilateral trade agreements),对于每一个诸边贸易协定,也有专门的理事会负责相关协定有关的事务,包括民用航空器贸易理事会和政府采购理事会;对于尚未被纳入诸边贸易协定内的《信息技术协定》也成立了信息技术协定理事会,这些理事会面向所有加入该诸边贸易协定的成员方开放。

此外,对于一些世界贸易组织体系内部的重要事项,还成立了贸易谈判委员会、各个专门委员会(贸易与环境委员会,贸易与发展委员会,最不发达国家分委员会,区域贸易协定委员会,国际收支限制委员会,预算、财务与行政委员会)、入世工作组和其他工作组(如贸易与技术转让工作组等)。1996 年 12 月的新加坡部长级会议还决定设立新的工作组,研究投资和竞争政策、政府采购的透明度和贸易便利化。

(四)理事会与委员会的附属机构

在各个专门理事会与委员会下还设有不同的附属机构,这些附属机构同样由全体世界贸易组织成员方组成。例如,在货物贸易理事会下就设有农业委员会、市场准入委员会、卫生与植物检疫措施委员会、与贸易有关的投资措施委员会、原产地规则委员会、海关估价委员会等 12 个专门委员会,除此之外,对货物贸易理事会负责的还有纺织品监督机构,以及处理通知(政府向世贸组织通报当前和新政策或措施)和国有贸易企业的小组。

(五)秘书处与总干事

由部长级会议任命的总干事领导的世界贸易组织秘书处(以下简称秘书处),设在瑞士日内瓦,大约有 500 人。秘书处工作人员由总干事指派,并按部长级会议通过的规则决定他们的职责和服务条件。部长级会议明确了总干事的权力、职责、服务条件及任期规则。

世贸组织总干事主要有以下职责:

1. 可以最大限度地向各成员施加影响,要求它们遵守世贸组织规则;

2. 总干事要考虑和预见世贸组织的最佳发展方针;

3. 帮助各成员解决它们之间所发生的争议;

4. 负责秘书处的工作,管理预算和与所有成员有关的行政事务;

5. 主持协商和非正式谈判,避免争议。

二、世界贸易组织的法律渊源

围绕世界贸易组织而制定的各种法律规范,作为一个整体,构成现代国际法律秩序的一个新体系。世界贸易组织法是一个庞大的法律体系,乌拉圭回合通过的有关世界贸易组织的法律文件相当繁多复杂,其最后文本就包括 21 项内容,由 45 个文件组成,厚达 550 页,这还不包括 WTO 成立之前的 1947 年关税与贸易总协定及其 40 多年来的各种法律文件。世界贸易组织法集中体现于《乌拉圭回合多边贸易谈判的最后文件》(Final Act Embodying the Results of Multilateral Trade Negotiations,以下简称《最后文件》),它是由一系列协议组成的法律文件群。

世界贸易组织的法律框架主要是由《建立世界贸易组织的马拉喀什协议》及其 4 个附件组成。附件一包括《货物贸易多边协定》《服务贸易总协定》《与贸易有关的知识产权协定》,分别称为附件 1A、附件 1B 及附件 1C;附件二为《关于争端解决规则与程序的谅解》;附件三为《贸易政策审议机制》;附件四是诸边协议。

(一)马拉喀什建立世界贸易组织协定

有关基本法的文件主要是《建立世界贸易组织协定》(Agreement on Establishing the World Trade Organization)。此外,乌拉圭回合其他各项协定涉及相关领域的组织结构的条款,也可归属基本法的范畴。《建立世界贸易组织协定》是世界贸易组织的章程。该章程位于《最后文件》所列各项协定之首,其主要内容包括:

1. 世界贸易组织的宗旨与原则;

2. 世界贸易组织的活动范围;

3. 世界贸易组织的职能;

4. 世界贸易组织的结构;

5. 世界贸易组织的决策规则;

6. 世界贸易组织的成员资格;

7. 世界贸易组织的法律地位;

8. 世界贸易组织的财政预算与会费分配；

9. 世界贸易组织与其他国际组织的关系；

10. 世界贸易组织章程的修正、接受、生效和保存。

(二)贸易协定

世界贸易组织的主要实体规则是贸易协定，包括附件 1A 的货物贸易协定、附件 1B 的服务贸易协定和附件 1C 的与贸易有关的知识产权协定。

其中，货物贸易一直是关贸总协定所调整的传统部门。乌拉圭回合对关贸总协定涉及的贸易的原则、规则、规章和制度进行了通盘审查，分别予以继承、修正、增补及制定新的法律规范，并将审查的结果载入《最后文件》的附件一。其主要内容可归纳为：

第一，《1994 年关税与贸易总协定》(GATT 1994)，其中包括：世界贸易组织成立前的《1947 年关贸总协定》及其业已生效的各项矫正、修正或修改的法律文件。

世界贸易组织成立之前根据《1947 年关贸总协定》生效的法律文件，如涉及关税减让的各项议定书和证明书、加入议定书；世界贸易组织成立之前仍然有效的依 1947 年关贸总协定给予豁免义务的决定；1947 年关贸总协定缔约国全体作出的其他决定。

乌拉圭回合就关贸总协定有关条款达成的一系列谅解书，如《关于 1994 年关贸总协定第二条第一款第二项解释的谅解书》《关于 1994 年关贸总协定第十七条解释的谅解书》《关于 1994 年关贸总协定收支平衡规定的谅解书》《关于 1994 年关贸总协定第二十四条解释的谅解书》《关于依据 1994 年关贸总协定豁免义务的谅解书》《关于依据 1994 年关贸总协定第二十八条解释的谅解书》。

第二，为建立多边货物贸易秩序的其他 13 个专门协定：《农业协定》、《卫生与植物检疫措施协定》、《纺织品与服装协定》(2005 年 1 月 1 日以后终止适用)、《贸易技术壁垒协定》、《与贸易有关的投资措施协定》、《关于实施 1994 年关贸总协定第六条的协定》(《反倾销协定》)、《关于实施 1994 年关贸总协定第七条的协定》(《海关估价协定》)、《装运前检验协定》、《原产地规则协定》、《进口许可证协定》、《补贴与反补贴措施协定》、《保障措施协定》、《贸易便利化协定》。

服务贸易领域的原则、规则、规章和制度主要规定在《最后文件》的附件 1B《服务贸易总协定》之中。此外,《最后文件》的部长决定和宣言中《关于服务贸易与环境的决定》《关于自然人流动谈判的决定》《关于金融服务的决定》《关于海运服务谈判的决定》《关于基本电信谈判的决定》《关于职业服务的决定》《关于金融服务承诺的谅解书》,均是世界贸易组织的服务贸易法的重要组成部分。

与贸易有关的知识产权问题则是乌拉圭回合谈判中的新问题,在《最后文件》附件1C中规定《与贸易有关的知识产权协定》作为世界贸易组织面对知识产权问题的回应,并在多哈发展议程(Doha Development Agenda)中不断受到重视,世界贸易组织曾在2017年对TRIPS协定作出修改。

(三)争端解决协定

《关于争端解决规则与程序的谅解》(Understanding on Rules and Procedures Governing the Settlement of Disputes,DSU)是世贸组织关于争端解决的最基本的法律文件。它规定了适用于乌拉圭回合各项协议下可能产生的争端的一套统一解决规则,确立了WTO争端解决机制。DSU包括27条和4个附件,主要内容涉及世界贸易组织争端解决机制的适用范围、管理机构、一般原则、基本程序和特殊程序。

(四)贸易政策审议协定

《贸易政策审议机制》(Trade Policy Review Mechanism,TPRM)是世界贸易组织管辖的一项多边贸易协议,是在总结关贸总协定运作40多年经验和教训的基础上形成和发展起来的。它由目的、国内政策透明度、审议程序、报告、与《1994年关贸总协定》和《服务贸易总协定》的国际收支条款的关系、对机制的评审、国际贸易环境发展综述等7条组成。

(五)诸边贸易协定

与上述组织法、货物贸易法和服务贸易法中的各项协定不同,诸边贸易协定,亦称为"复边贸易协定",不属于"一揽子"接受的范畴,其生效与接受从其自身的规定。诸边贸易协定涉及民用航空器、政府采购、奶制品和牛肉四个领域。这些协定中除个别条款进行了调整或修改外,基本上保持了东京回合四个守则的原样。尽管诸边贸易协定在接受方式上没有与建立世界组织的协定和多边贸易挂钩,它们同样经过乌拉圭回合载入《最后文件》,从而亦构成世界贸易组织法律体系的组成部分。

但随着国际贸易形势的不断变化,奶制品协定和牛肉协定已经失效,目前仍在生效的诸边贸易协定主要是《民用航空器贸易协定》和《政府采购协定》,除此之外,《信息技术协定》作为世界贸易组织框架内的诸边谈判形成的协定,虽然尚未赋予其诸边贸易协定的地位,但在该协定的参与方之间同样具有法律效力。

三、世界贸易组织法律资源检索

在进行有关世贸组织法律的研究时,可以通过以下途径了解和掌握其发展和研究现状。

(一)世界贸易组织官方网站

网址:https://www.wto.org/index.htm

世贸组织官方网站是获取WTO法律资源最权威、全面、准确的途径,该网站提供WTO三种官方语言,即英语、法语和西班牙语的网页,网站首页提供世贸组织概况、新闻会议直播、贸易专题、成员国、官方文件、政策与法规、图片视频、在线学习系统等极其丰富的信息资源,网站的资讯性内容实时更新。(见图10-3-2)

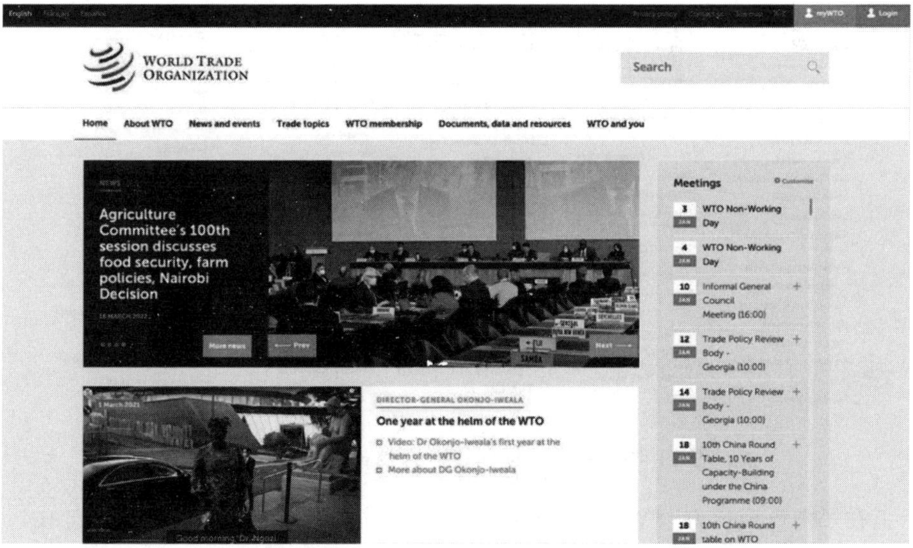

图10-3-2　世界贸易组织网站

在“关于 WTO”(About WTO)栏目中,可以了解世贸组织的基本情况、组织机构、决策机制、世贸组织的发展历史及各成员国详细情况等内容,还有包括世贸组织与其他国际组织间的合作,以及世贸组织与联合国可持续发展目标之间合作的介绍;WTO 还提供关于世贸组织的入门读物和小册子等电子资源的下载。

在“新闻与活动”(News and events)栏目中,可以了解 WTO 近期的新闻、事件和重要会议等内容。

“贸易主题”(Trade topics)栏目中包含了货物、服务、知识产权、争端解决、多哈会议议程等专题相关的详细内容(见图 10－3－3)。例如,在“货物”项下,可以查找到农业、反倾销、市场准入、关税、原产地、技术贸易壁垒等专题的法律法规、谈判文件、新闻等详细内容;在“服务”项下,可以对跨境交付、境外消费、商业存在、自然人流动四方面服务贸易的相关政策与法律法规进行全面的了解;在“争端解决”项下,可以按照字母、WTO 协议、成员方、主题等选项查找 WTO 争端,并且可以根据不同统计需要绘制争端解决地图。此外,关于世贸组织在近期工作中主要关注的主题,如新冠病毒疫情与国际贸易之间的关系、电子商务、国有企业等重点议题也在这一栏目中有所体现。

图 10－3－3　WTO 网页中的“Trade topics”栏目

在“WTO 成员方”(WTO Membership)栏目中,可以按字母排序查找到 164 个成员方的入世文件,涉及各成员方的争端等。

在“文件、数据和资源”(Document, data and resources)栏目中,不仅可以对世贸组织的理事会和委员会的官方文件进行查阅,还可以对 1947 年以来关税与贸易总协定的全部历史文件、谈判记录等进行检索,同时其还提供各种贸易统计、经济研究、世贸组织出版物、视频、音频、图片的下载。另外,还可以下载构成世界贸易组织的法律框架主体——世贸组织协定的法律文本。(见图 10－3－4)

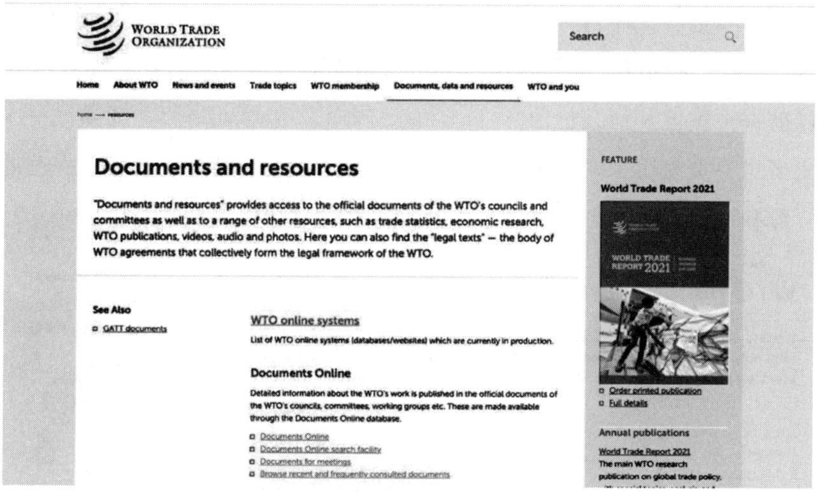

图 10－3－4　WTO 网页中的 Document and Resources 页面

(二)世界贸易组织官方出版物检索

世界贸易组织每年都会发布许多有关贸易数据统计、贸易争端解决和世界贸易组织运作的年度报告,其中主要包括:

1. 世界贸易报告(World Trade Report):该出版物是世界贸易组织的一份年度出版物,旨在加深读者对于贸易、贸易政策和多边贸易体制发展趋势的了解。

2. 世界贸易统计年鉴(World Trade Statistics Review):该出版物提供每年世界贸易的最新发展概况,提供各地区详细的贸易情况、商业服务中各类生产和贸易的商品贸易统计,取代了先前的《国际贸易统计年鉴》(International Trade Statistics)。

3. 世界贸易组织年度报告(Annual Report):该出版物总结过去一年中世界贸易组织的各类活动,提供和世贸组织相关的组织架构、人员和预算的详细信息。

世界贸易组织还会不定期针对某些特殊问题发布官方出版物,如上诉机构年度报告、世界贸易组织贸易概况、关税概况、发展报告等,还会与其他政府间国际组织或非政府间国际组织发布联合报告或其他出版物,如在新冠病毒疫情期间,世界贸易组织就与联合国贸易与发展会议、世界知识产权组织、世界卫生组织等联合发布报告,以供各国政策研究。

除此之外,世界贸易组织还不定期以专著或编著的形式出版相关书籍,如《世界贸易组织争端解决机制手册》《世界贸易组织争端解决案例概览》等出版物,但这些出版物通常与牛津大学出版社、剑桥大学出版社等联合推出,且通常不是免费的,但由于在一定程度上能反映出世界贸易组织对某些问题的观点和看法,因而具有很高的参考价值和研究价值。

更多世界贸易组织的官方出版物可以在世界贸易组织官方网站上的“文件、数据和资源”栏目里面的“出版物”上浏览、查找并下载。(见图 10 – 3 – 5)

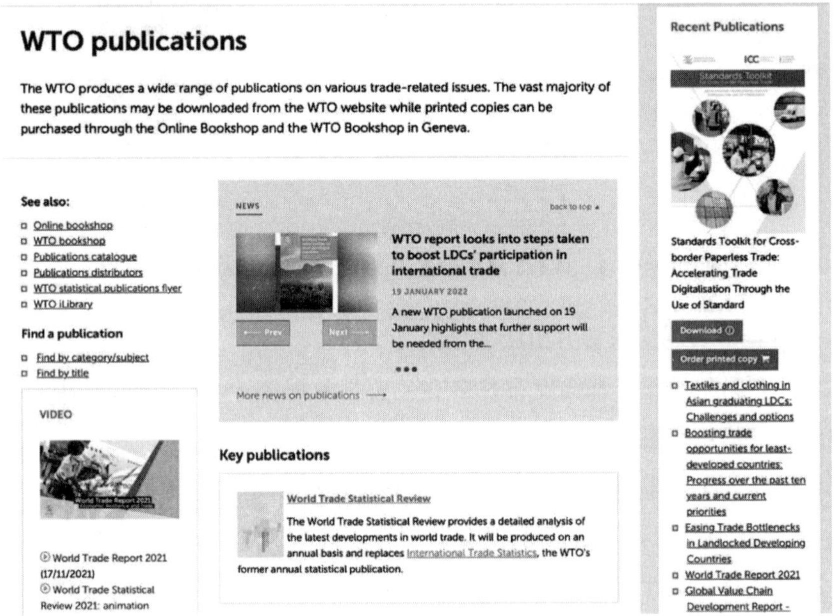

图 10 – 3 – 5 WTO 官网上的出版物

(三)世界贸易组织图书馆

网址:http://library. wto. org

除上述文件外,世界贸易组织还有众多的图书馆和文献中心,可以快速而便捷地为用户提供相关信息、文件、出版物以及视听资料。世界贸易组织图书馆(WTO Library)和世界贸易组织电子图书馆(WTO iLibrary)通过对出版物和电子资源的收集,促进对多边贸易体制的认识和实践。

世界贸易组织图书馆收集有近 40,000 部专著,1000 多家刊物,800 多本年鉴。其收集的关贸总协定和世贸组织的正式文件和出版物可以追溯到哈瓦那宪章的版本。另外,它对成员国和非成员国的贸易情况还有一个非常详细的统计。其网站提供图书馆资源的分类检索,并提供各种电子资源的数据库链接,如斯坦福大学 GATT 电子资源数据库、WTO 官方文件数据库(WTO Docs Online),以及其他合作图书馆的数据库链接。(见图 10－3－6)

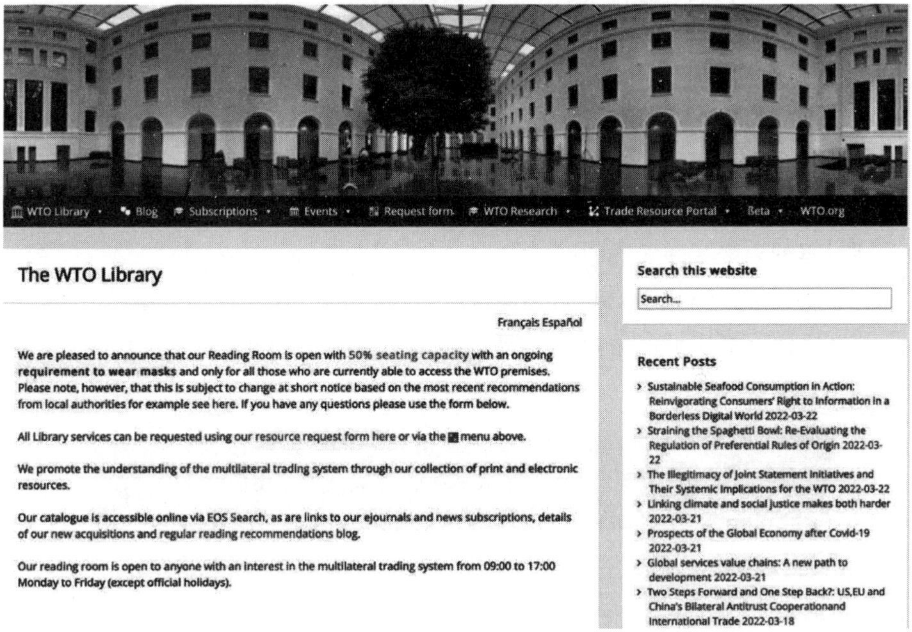

图 10－3－6　世界贸易组织图书馆

世界贸易组织电子图书馆(https://www.wto-ilibrary.org)收纳有关全球贸易的图书 1800 余部、图书章节 14,000 余项、工作文件 300 余份,以及 800 余份贸易报告和 25 个全球贸易数据库。对于所收纳的文献提供按照贸易主题、国家与地区、文献类型的概览,其统计数据库中包含有关全球贸易数据、关税数据的具体情况,该数据库中的资源大多可以 PDF 格式的文件或 HTML 格式的网页进行下载。其内容相当丰富,并且可以通过 RSS 订阅该网站的实时更新。(见图 10－3－7)

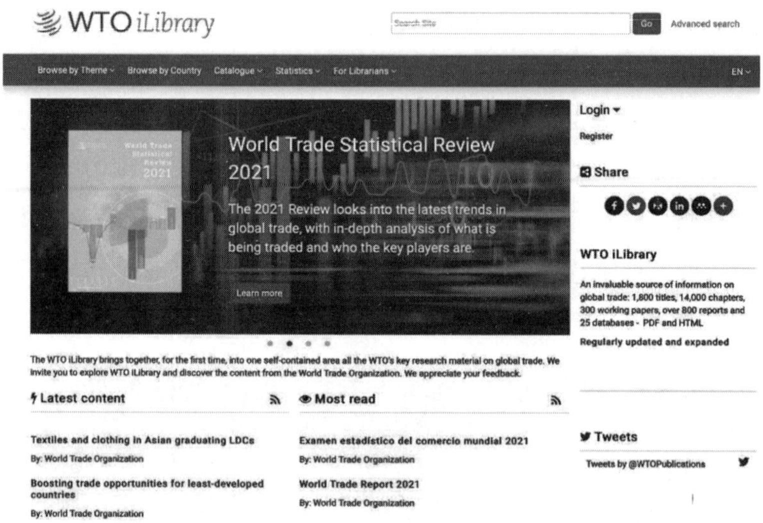

图 10－3－7　世界贸易组织电子图书馆

(四)世界贸易文库

网址:https://www.worldtradelaw.net

世界贸易文库是为世贸组织争端解决提供法律支持的综合法律搜索工具。(见图 10－3－8)

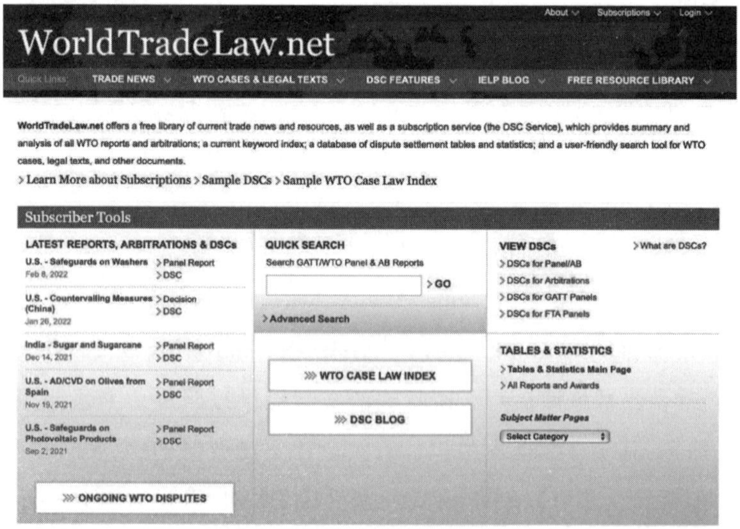

图 10－3－8　世界贸易文库

在“WTO 法律文本”(WTO Legal Texts)栏目中,提供对乌拉圭回合协定、东京回合协定、农业协定、服务贸易总协定、争端解决机制、保障措施等世贸组织法律文本的浏览和下载。在“WTO 案例”(WTO Cases)栏目中,有世贸组织所有的上诉机构报告、专家组报告和根据《关于争端解决规则与程序的谅解》进行的仲裁裁决,以及关贸总协定时代的专家组报告,有十分丰富的案例资料可供参考。(见图 10 - 3 - 9)

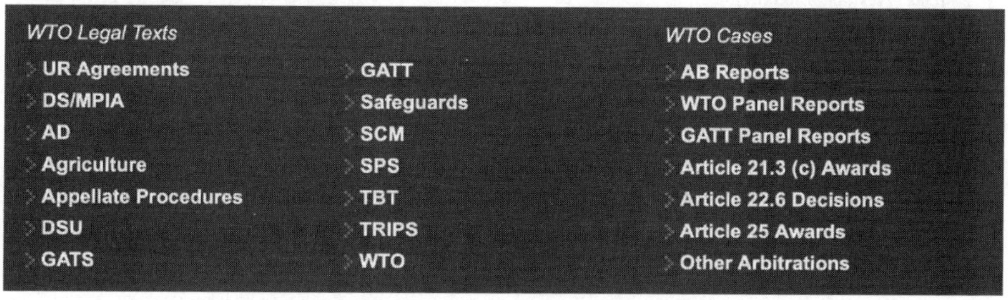

图 10 - 3 - 9　WTO Cases & WTO Legal Texts

此外,该网站最重要的功能是可以检索到对世界贸易组织相关案例的评注,即《争端解决评注》(Dispute Settlement Commentaries, DSC),尽管该评注并非专家组或上诉机构提供的官方评注,但有助于研习者快速理解一个贸易争端中所涉及的法律问题,以及专家组和上诉机构作出的分析和推理。(见图 10 - 3 - 10)

Appellate Body Reports
China - Measures Affecting Imports of Automobile Parts
(WT/DS339,340,342/AB/R)

Participants
Appellant: China
Appellees: Canada, EC, U.S.
Third Participants: Argentina, Australia, Brazil, Chinese Taipei, Japan, Mexico, Thailand

Appellate Body Division
Bautista (Presiding Member), Hillman, Sacerdoti

Timeline of Dispute
Panel Request (Canada): September 15, 2006
Panel Request (EC): September 15, 2006
Panel Request (U.S.): September 15, 2006
Panel Established: October 26, 2006
Panel Composed: January 29, 2007
Interim Reports Issued: February 13, 2008
Final Reports Issued to Parties: March 20, 2008
Final Reports Circulated: July 18, 2008
Notice of Appeal: September 15, 2008
AB Reports Circulated: December 15, 2008
Adoption: January 12, 2009

Table of Contents

Key Findings

- Upheld Panel's finding that "the *charge* under the measures is an *internal charge* under [GATT] Article III:2."
- Upheld Panel's findings that the measures are inconsistent with GATT Articles III:2 and III:4.
- Reversed Panel's finding that the measures are inconsistent with the commitment in paragraph 93 of China's Accession Working Party Report.

图 10-3-10　WTO 争端解决报告评注版(DSC)

该网站有许多免费资源可供研究者利用,其中包括 WTO 争端的专家组报告、上诉机构报告、法律文件、磋商会议文件的简单检索,与国际贸易有关的其他重要法律文件及相关报告、评注等也有免费提供,包括对《北美自由贸易协定》《美墨加协定》等贸易协定和向 WTO 发出通知的双边贸易协定或区域间贸易协定等。此外,该网站对于世界贸易组织法有关领域的重要期刊文献和专著也有收录。(见图 10-3-11)

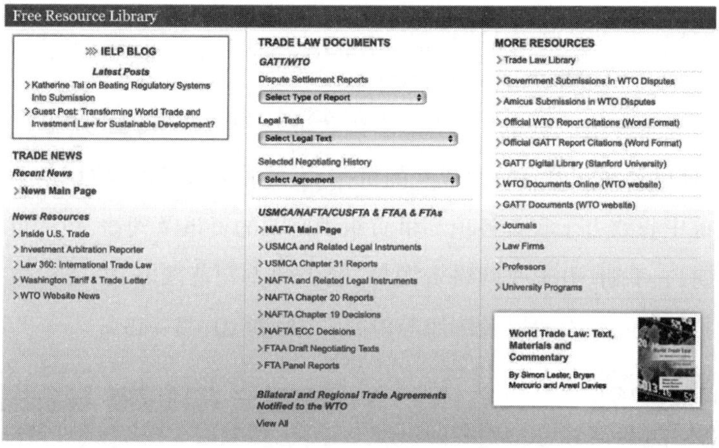

图 10-3-11　世界贸易文库的免费资源

(五)纽约大学法学院图书馆的 WTO/GATT 研究指南

网址:https://nyulaw.libguides.com/wto_gatt

由纽约大学法学院图书馆制作的"WTO & GATT 研究",涵盖了该法律图书馆收藏的有关 GATT/ WTO 相关法律文件、出版物、著作、期刊、判例汇编、年鉴、索引、工具书、数据库和网站等重要资源,是获取 WTO/GATT 相关法律文献的一个比较全面的网站。(见图 10-3-12)

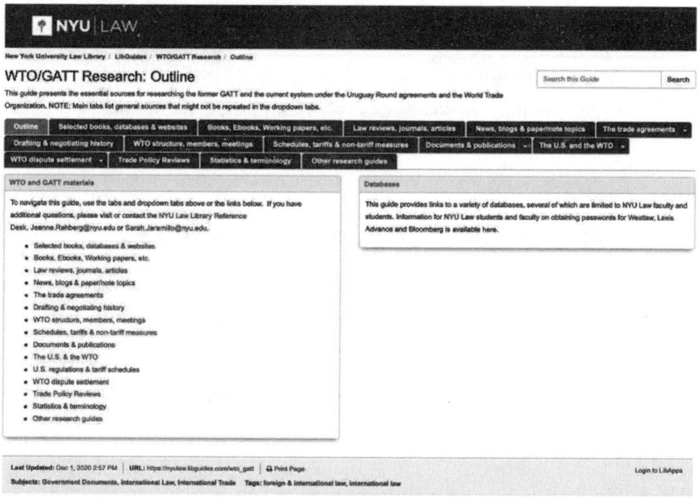

图 10-3-12　纽约大学法学院图书馆 WTO/GATT 研究指南

(六)香港大学图书馆 WTO 资源中心

网址:https://lib. hku. hk/hkspc/wto. html

“香港世界贸易组织资源中心”是中国香港特别行政区首个获得世界贸易组织及香港特别行政区政府支持而成立的机构,直属香港大学的“中国与全球发展研究所”。资源中心致力于收集各项与世贸组织有关的资讯及刊物,包括世贸组织的各类专著、期刊、手册、电子及网络资源等,涵盖的主题范围非常广泛,包括所有相关的政策、贸易、环境、工业以及法律等内容。(见图 10 - 3 - 13)

图 10 - 3 - 13 香港大学图书馆 WTO 资源中心

世贸资源中心的主要内容有两个方面:一个是世界贸易组织,其主要内容分为 9 个方面:一般信息(General Information)、关税与贸易总协定(GATT)、立法和条约(Legislation and Treaties)、成员方(Membership)、部长级会议(Ministerial Conferences)、新闻(News)、在线出版物(Online Publications)、在线培训(Online Training)、贸易与环境(Trade and Environment)。另一个是中国与世界贸易组织,主要内容分为 8 个方面:一般信息(General Information)、中国与澳大利亚的贸易关系(China and Australia Trade Relations)、中国与欧盟的贸易关系(China and E. U. Trade Relations)、中国和日本的贸易关系(China and Japan Trade Relations)、中国和美国的贸易关系(China and U. S. Trade Relations)、电子商务与互联网法(E-commerce and Internet Law)、国际贸易与经济问题(International Trade and Economic Issues)、新闻(News)。

(七)中国台湾地区中华经济研究院 WTO 及 RTA 中心

网址:https://web. wtocenter. org. tw

中华经济研究院 WTO 及区域贸易协定(Regional Trade Agreement,RTA)中心网站的 WTO 栏目中,“WTO 的运作”项下有诸如货物、服务、知识产权、争端解决、投资等主题的相关消息、简介、法律文件及与之相关联的研究网站等有价值的内容;“研究成果”栏目中可以查找到该中心发布的时事评论、研究报告和出版物;“资料库”栏目中,可以进行经贸文件、各国关税、贸易争端、服务贸易统计等信息查询。(见图 10-3-14)

图 10-3-14　中华经济研究院 WTO 及 RTA 中心网站

(八)上海 WTO 事务咨询中心

网址:http://www. sccwto. org

上海 WTO 事务咨询中心是上海市人民政府主办的非营利性 WTO 事务专业

咨询服务机构,其网站主要提供 WTO 动态研究,包括区域动态、国别动态产业评析等;数据库资源中提供了部分可以免费浏览的有关 WTO 的网站和期刊;“中心成果”栏目用于发布该中心近期出版的研究报告。(见图 10-3-15)

图 10-3-15 上海 WTO 事务咨询中心

四、其他与国际贸易有关的组织和研究机构简介

(一)联合国国际贸易法委员会

网址:https://uncitral.un.org

联合国国际贸易法委员会(United Nations Commission on International Trade Law,UNCITRAL)是联合国在国际贸易法领域的重要机构,其涉及的领域主要包括国际货物贸易、国有企业、破产、国际商事调解与仲裁、公私合营、政府采购等,是《联合国国际货物销售合同公约》、《承认与执行外国仲裁裁决公约》(《纽约公

约》)和《联合国国际合同使用电子通信公约》等重要国际公约,以及《贸易法委员会电子可转让记录示范法》《联合国国际贸易法委员会国际商事仲裁示范法》等重要示范法的起草者。

其网站不仅提供与国际贸易和国际贸易法有关的新闻和会议、委员会文件、大会决议等,还提供由其起草的国际公约,以及相关国际公约的准备文件、判例法(CLOUT)、判例法摘要(Digest)、公约缔约国和其缔约状态、解释性文本等内容的检索,其文件多以 PDF 格式提供,是研究国际商事交往相关法律制度的重要网站。该网站还提供大量关于国际贸易法的课程,可供研习者学习使用。

(二)国际商会

网址:https://iccwbo. org

国际商会(International Chamber of Commerce,ICC),是一个经济领域的非政府间国际组织,于 1920 年在巴黎成立。ICC 通过其下设的十几个专业委员会和数十个工作组,制定了许多国际商业领域的规则和惯例,如《托收统一规则》《跟单信用证统一惯例》《国际贸易术语解释通则》等,为全世界广泛采用。但国际商会制定的规则和惯例并不可以公开获取,所有的文件都成为其出版物公开售卖。此外,该商会的网站也包含 WTO 相关资源,以及与其他重要国际贸易网站的链接。

除此之外,国际商会还有专门的国际商会仲裁院,可供世界各国当事人在经贸活动中进行争端解决,国际商会仲裁院提供的《国际商会调解与仲裁规则》也是国际商事争端解决中的重要规则。国际商会提供了该规则的中文译本,可供法律从业者研究和使用。

(三)中国世界贸易组织研究的组织机构

1. 世界贸易组织法研究会

网址:http://www. wtolaw. org. cn

世界贸易组织法研究会是中国法学会所属的专门从事世界贸易组织法研究的全国性学术团体。其网站主要提供世贸热点、学会研究成果等 WTO 相关内容,特别是有关中国与 WTO 的关系、中国的国际贸易参与、中国拟加入的贸易协定、中美贸易争端等方面的研究成果。

2. 中国世界贸易组织研究会

网址:http://www.cwto.org.cn

中国世界贸易组织研究会(China Society for World Trade Organization Studies)是中华人民共和国商务部直属管理的从事 WTO 及相关经济和贸易问题研究的全国性社团组织,但并非商务部的隶属部门。该组织负责《中国世界贸易组织年鉴》的出版工作,组织主办各种中国与世界贸易和世界贸易组织的研讨会,提供贸易争端信息和贸易数据,以及大量专家观点的讨论。

3. 中华人民共和国商务部世贸组织司

网址:http://sms.mofcom.gov.cn

中华人民共和国商务部世贸组织司网站主要提供世贸组织多项议题的谈判进展信息,包括农业、环境、服务贸易、信息技术等议题的谈判进展,贸易政策审议工作的相关进展与文件,以及中国与世界贸易组织的相关内容,网站还提供部分世贸组织协定的中文译本。该司提供的"WTO/FTA 咨询网"中可以检索到大量有关世界贸易的信息资讯,包括《区域全面经济伙伴关系协定》、WTO 改革、自贸协定与自贸区等主题,同时提供国际智库与国内专家学者的专业意见。网站还提供贸易救济和争端解决进展及其经典案例的分析和解读。对于国际贸易中的相关问题也可以进行留言,并由商务部专门人员对问题进行解答。

第四节　国际司法机构

一、国际法院

(一)国际法院简介

国际法院(International Court of Justice,ICJ),又称为"国际法庭""世界法院""海牙国际法庭",是联合国的司法裁决机构,根据《国际法院规约》于 1946 年 2 月成立,位于荷兰海牙。国际法院的正式语言是法文和英文。

国际法院由联合国大会和联合国安理会选出 15 名不同国籍的法官组成,包括正副法院院长各 1 名。15 名法官必须全部来自不同的国家(安理会的 5 个常任理事国,美国、英国、中国、法国和俄罗斯必须各占一个名额)。法官应不论国籍,而且应尽量能够代表世界各大文化及主要法系，其中不得有 2 名属于同一国籍。法官不代表任何国家。他们的任期为 9 年，每 3 年更换 1/3。当选的法官应具有在本国担任最高司法职务的资格或者是公认的国际法权威。院长任期 3 年，法官与院长均可连选连任。

国际法院的主要机构还有简易程序分庭、预算和行政委员会、关系委员会、图书馆委员会、修订国际法院规约委员会和国际海洋法庭等。

国际法院的职权有两项，即诉讼管辖权和咨询管辖权。

国际法院的诉讼管辖，是指提交给法院的诉讼具有的管辖权。就诉讼管辖权中的当事人管辖(personal jurisdiction)而言，只有国家才可以把他们之间争端的案件交给国际法院来裁决，它不受理政府间国际组织的诉讼，当然不接受个人的诉讼。诉讼到国际法院的国家有三类：第一类是联合国的会员国，第二类是非联合国的会员国，但它是《国际法院规约》的当事国，如果上述两类国家都不是，那么，第三类是一个国家与别国发生争端后，愿意按照《联合国宪章》的规定把他们之间的争端交给国际法院审判，对此，法院也有管辖权。

就管辖方式而言，有三种情况：一是自愿提交的案件，国家可以在它们之间发生争端之后达成协议，愿意将争端的案件提交法院审判，即自愿管辖。二是争端当事国在争端发生前，在它们之间的现行条约或协定中约定，由于条约的解释及其他特定事项而发生争议愿意接受国际法院裁判，对这样案件的管辖称协定管辖。三是任意强制管辖，又称任择强制管辖。任何国家自愿地发表声明表示愿意接受《国际法院规约》第 36 条第 2 款的规定(这一款叫作强制条款)。

国际法院的咨询管辖，是指国际法院应联合国大会、安理会的请求对有关法律问题发表建设性意见。按《联合国宪章》的规定，联合国大会、安理会有权就任何问题对国际法院进行咨询。除这两个机关外，还有经联合国大会授权的联合国其他机关和专门机构根据联合国的授权就他们职权范围内的法律问题请求法院发表权威意见。

(二)国际法院法律资源检索

网址：https://www.icj-cij.org/en/list-of-all-cases

国际法院官方网站提供了该法院所有的法律依据和案例。在网站主页右侧导

航链接“案例”(Case)栏目下包含了以下分类链接:

全部案例(List of All Cases);

未结案例(Pending Cases);

争讼案例(Contentious cases);

依国家分类的争讼案例(Contentious cases organized by State);

裁决、咨询意见、命令(Judgments, Advisory opinions and Orders)。

点击任意一个链接可以进入相应的案例查询页面。查询页上显示的案例链接清单均以时间降序排列,逐层点击即可获得需要的案件文档。有的查询页上还提供按国家、国际组织等的筛选功能,可以帮助更快速地定位资源。

此外,国际法院的官方网站上还可以检索到常设国际法院时期的全部司法案例,查询相关判决与异议意见,并通过常设国际法院的判例集形式提供下载。(见图 10-4-1)

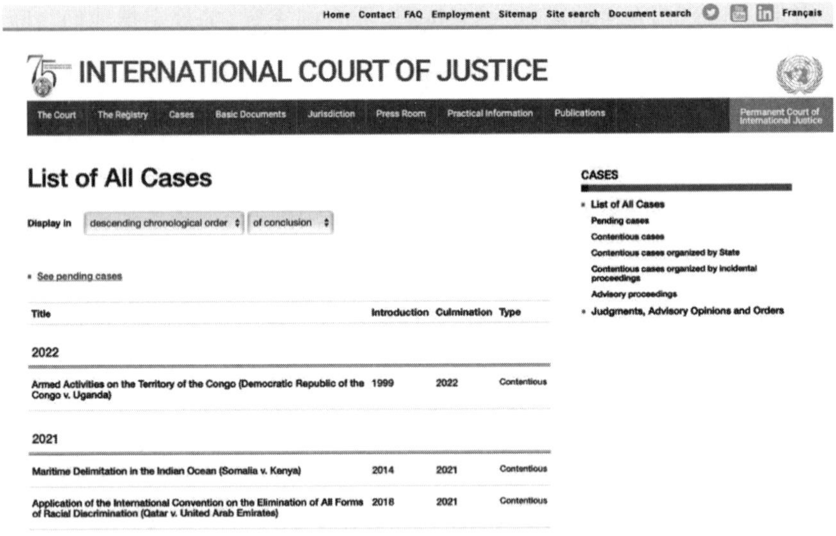

图 10-4-1 国际法院网站

二、国际海洋法法庭

(一)国际海洋法法庭简介

国际海洋法法庭(International Tribunal for the Law of the Sea,ITLOS),位于德

国汉堡,1996 年 10 月正式成立,是根据《联合国海洋法公约》(United Nations Conventions on the Law of the Sea,UNCLOS)设立的独立司法机关,旨在裁判因解释或实施《联合国海洋法公约》所引起的争端。法庭管辖权包括根据《联合国海洋法公约》及其执行协定提交法庭的所有争端,以及在赋予法庭管辖权的任何其他协定中已具体规定的所有事项。

根据《联合国海洋法公约》的规定,法庭由 21 名独立法官组成。他们应具有以下条件:(1)享有公平和正直的最高声誉,并在海洋法领域内具有公认资格;(2)不得执行任何政治或行政职务,也不能对与"勘探和开发海洋或海底资源"或"与海洋或海底的其他商业用途有关"的任何企业的任何业务有"积极联系"或"财务利益"。法庭作为一个整体,还必须能代表世界各主要法系和公平地区分配。

《联合国海洋法公约》规定了海底争端分庭的组成、管辖权等。此外,法庭还可视必要设立特别分庭,包括简易分庭,渔业争端分庭和海洋环境争端分庭等。海洋法法庭的法官选举按《联合国海洋法公约》各缔约国协议的程序举行。得票最多并获得出席并参加表决的缔约国 2/3 多数票的候选人即当选为法官,但该项多数应包括过半数的缔约国。法官任期 9 年,可连选连任。

根据《联合国海洋法公约》的规定,法庭的管辖权及于下列案件:(1)有关《联合国海洋法公约》的解释或适用的任何争端;(2)关于与《联合国海洋法公约》的目的有关的其他国际协定的解释或适用的任何争端;(3)如果同《联合国海洋法公约》主题事项有关的现行有效条约或公约的所有缔约国同意,有关这种条约或公约的解释或适用的争端,也可提交法庭。此外,根据《联合国海洋法公约》第十一章的规定,国际海底管理局或其企业部、国营企业以及自然人或法人,在作为有关"区域"内活动的合同的当事各方的情形下,他们之间关于该合同的解释或适用等争端可以提交法庭下设的海底争端分庭解决。

(二)国际海洋法法庭法律资源检索

网址:https://www.itlos.org/en/

国际海洋法法庭至今为止审理的案件数量并不多,读者可以直接浏览检索这些案例。其网站提供国际海洋法法庭审理案件情况概览、审理中的案件、案件列表、争讼案件等相关页面,对于正在审理中的案件还提供审理时间表以及法庭现场的直

播。此外,该网站提供邮件方式订阅海洋法法庭的资讯更新。(见图 10－4－2)

图 10－4－2　国际海洋法法庭网站

网站提供的简单检索功能可以检索站内的任何信息和文件,条件检索可以依文件性质和文件内容对海洋法法庭审理案件的相关文书进行检索(Document Search),该检索系统不但可以在所有文件中进行检索,而且可以限定到某一个具体案件进行检索。(见图 10－4－3)

图 10－4－3　国际海洋法法庭网站的条件检索

三、国际刑事法院

(一)国际刑事法院简介

国际刑事法院(International Criminal Court,ICC)成立于2002年,位于荷兰海牙,工作语言为英语和法语。其主要功能是对犯有灭绝种族罪(genocide)、危害人类罪(crimes against humanity)、战争罪(war crimes)、侵略罪(aggression)的个人进行起诉和审判。国际刑事法院设有18名法官,1个检察官办事处,1个预审庭,1个审判庭和1个上诉庭。18名法官经选举产生,任期9年,不能有2名法官来自同一个国家。国际刑事法院首批18名法官2003年3月在荷兰海牙宣誓就职。

法院由4个部门组成:

1. 院长会议(Presidency)——对除检察官办公室之外的全院整体行政负责,由3名法官组成,分别为:院长、第一副院长、第二副院长。

2. 司法部门(Judicial Divisions)——分为上诉庭、审判庭和预审庭。

3. 检察官办公室(Office of the Prosecutor)——一个单独机关,独立行使权利和义务,负责接收和审查提交的情势以及关于本法院管辖权内的犯罪的任何事实根据的资料,进行调查并在本法院进行起诉。

4. 书记官处(Registry)——负责非司法方面的行政管理和服务。书记官处设被害人和证人股,负责与检察官办公室协商,提供保护措施与安全措施给予证人、出庭作证的被害人,以及由于这些证人作证而面临危险的其他人。

根据《罗马规约》的规定,国际刑事法院将对批准国及联合国安理会移交的案件进行审理,但只审理2002年7月1日以后发生的案件。国际刑事法院与现有的其他国际司法机构不同,其他法庭均有一定存在期限,而国际刑事法院是一个永久性的国际司法机构。国际刑事法院审理国家、检察官和联合国安理会委托它审理的案件。法院有权对种族灭绝罪、战争罪、反人类罪和侵略罪进行审判,但是只追究个人的刑事责任,而且是在各个国家所属的法院不能自主审理的情况下才可介入。检察官将根据国际刑事法院预审法庭的同意,应某个国家或联合国安理会的请求对罪犯进行起诉。

(二)国际刑事法院法律资源的检索

网址:https://www. icc-cpi. int

国际刑事法院的官方网站上提供有关《罗马规约》及其实施的诸多信息,以及目前国际刑事法院正在审理和已经审结的案件。该网站中可以检索到2002年《罗马规约》正式生效以后的法庭庭审记录、官方公报、案件报告等,有关国际刑事法院的资讯信息更新可通过主页进行RSS订阅,同时ICC的网站还提供专门的检索数据库(ICC Legal Tools)和判例法数据库(ICC Case Law),所有相关信息和资料均可在该数据库中查询并下载PDF版本以供研究使用。(见图10-4-4)

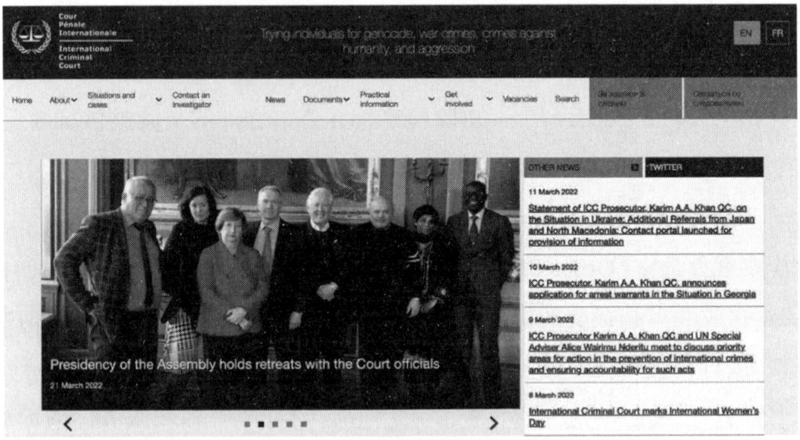

图10-4-4 国际刑事法院网站

四、特别问题国际刑事法庭

(一)前南斯拉夫问题国际刑事法庭

网站:https://www. icty. org

前南斯拉夫问题国际刑事法庭(International Criminal Tribunal for the former Yugoslavia,ICTY),是"审理起诉1991年起发生于前南斯拉夫地区严重违反国际人道法罪行人物之国际法庭"(International Tribunal for the Prosecution of Persons Responsible for Serious Violations of International Humanitarian Law Committed in the Territory of the Former Yugoslavia since 1991)的简称。

1991 年以来,在前南斯拉夫境内发生的武装冲突中,发生了某些严重违反国际人道主义法的事件,如蓄意杀人、种族屠杀、种族灭绝、严刑拷打、强奸、破坏文化遗产和宗教财产、任意逮捕等。国际社会对此极为震惊,要求追究有关责任人的国际责任,安理会通过了第 827 号决议(其中附有《前南国际法庭规约》),成立了联合国前南斯拉夫国际刑事法庭,该法庭是安理会根据《联合国宪章》第 7 章和第 29 条设立的,作为安理会的一个具有司法性质的附属机关,设立在海牙。专门负责审判自 1991 年以来在前南联盟境内违反国际人道主义法律的犯罪嫌疑人,开创了由国际法庭审理国内战争罪犯的先例。其管辖的主要犯罪,包括严重违反 1949 年《日内瓦公约》的情形、违反战争法和习惯的行为、灭绝种族罪和危害人类罪,法庭有权起诉对前南境内严重违反国际人道主义法行为负责的人,而且仅限于对自然人有管辖权,对法人、组织和国家无管辖权。同时,如遇具有相同管辖权的国内法院,前南法庭的管辖权优先。该法庭于 2017 年完成全部审判工作,自 2017 年起解散。

前南国际刑事法庭由下列机构组成:

分庭(Chambers):包括三个审判分庭和一个上诉分庭。审判分庭由 9 名常设法官和 9 名审案法官组成,其中任何 2 名常设法官均不得为来自同一国家的国民。上诉分庭由 7 名法官组成,同时为前南法庭和卢旺达问题国际法庭服务。前南法庭目前有 14 名大法官,分别来自中国、法国、赞比亚、澳大利亚、英国、葡萄牙、马来西亚、埃及、圭亚那、哥伦比亚、摩洛哥、牙买加、美国和意大利等国。这些法官都是由联合国大会根据安理会提名任命的。

检察官办公室(Office of the Prosecutor):负责调查和起诉应对 1991 年以来前南斯拉夫境内所犯严重违反国际人道主义法行为负责者。检察官办公室作为法庭的一个单独机关独立行事。

书记官处(Registry):同时为各分庭和检察官服务,负责法庭的行政和服务工作。

有关前南斯拉夫问题国际刑事法庭的法律资源可以通过该法庭网站进行检索,在该网站主页上方的导航链接“案例”(Cases)是获取案例资源的入口,通过该入口可以获得起诉书、判决书、关键决定、其他文书等资源。(见图 10-4-5)

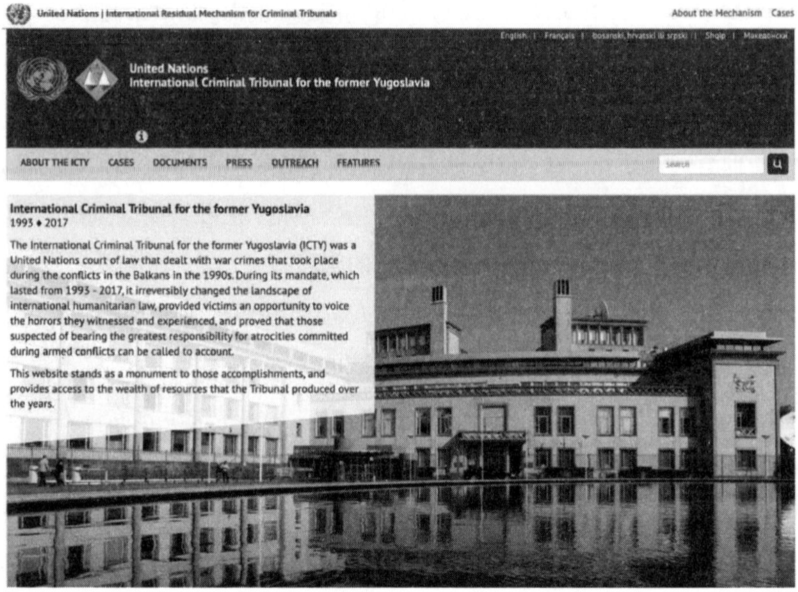

图 10-4-5 前南斯拉夫问题国际刑事法庭网站

点击“案例”链接即可进入案例资源的汇总页面,页面左侧显示有关案例的分类导航链接,通过分类标签可以定位的案例包括:案件关键人物(Key Figures of the Cases)、交互式地图(Interactive Map)、判决清单(Judgement Iist)、有罪答辩(Guilty Pleas)、藐视法庭案件(Contempt Cases)、案件移交(Transfer of Cases)、执行判决(Enforcement of Sentences)。如果已知案例编号(Case Number)或是被控人(Accused Name),可以通过页面右上方的检索框直接进行搜索。

值得注意的是判例法数据库(Case Law Database)、司法记录和档案数据库(Judicial Records and Archives Database)和法庭记录(ICTY Court Records),这三个链接在网站首页都有出现,点击链接即可进入相应的查询页。司法记录和档案数据库查询页提供所有判决及其摘要的查询,可以按年份浏览并定位;记录查询页提供超过19万条法庭公开记录的查询,不过需要查询者免费注册成为用户才可以检索记录。

(二)卢旺达问题国际刑事法庭

网址:https://unictr.irmct.org/en

卢旺达问题国际刑事法庭(International Criminal Tribunal for Rwanda,ICTR),

简称“卢旺达刑庭”，于 1994 年 11 月由联合国安理会通过第 955 号决议而成立，庭址位于坦桑尼亚的阿鲁沙。该法庭的设立是为了要审理 1994 年 1 月 1 日至 12 月 31 日于卢旺达境内从事种族灭绝和其他严重违反国际人道主义行为之人，以及于这一段期间于邻国境内从事种族灭绝和其他该类违法行为的卢旺达公民。刑庭管辖的罪行包括：灭绝种族罪、危害人类罪以及战争罪，这些罪行严重违反《1949 年日内瓦公约》及其第二附加议定书。

卢旺达刑庭运作以来，审判了卢旺达前总理坎班达、14 名前政府部长和其他高级军事将领和地方官员，对卢旺达及其周边地区的和平和民族和解发挥了积极作用。卢旺达刑庭的判例对国际刑法的实体法和程序法都有深远影响。另外，卢旺达刑庭在证人保护、羁押设施以及辩护律师的管理等方面也积累了宝贵经验，对刚刚开始运作的国际刑事法院都有重要的参考价值。该法庭自 2015 年 12 月 31 日完成全部审判工作后，正式停止运作。

卢旺达刑庭由分庭、检察官办公室和书记官处组成。

卢旺达刑庭设 3 个审判庭和 1 个上诉庭，由 16 名常任法官和最多（同一时期内）9 名审案法官组成。每个审判庭由 3 名常任法官和最多（同一时期内）6 名审案法官组成。卢旺达刑庭的上诉庭也是前南刑庭的上诉庭，组成上诉庭的 7 名常任法官中，2 名来自卢旺达刑庭，另外 5 名来自前南刑庭。

检察官办公室由检察官领导，负责案件的调查和起诉。自卢旺达刑庭建立以来，其检察官一直由前南刑庭的检察官兼任。2003 年 8 月，安理会在关于“完成战略”的决议中，决定增设卢旺达刑庭检察官一职，并由其组建卢旺达刑庭自己的检察官办公室。

书记官处负责卢旺达刑庭的行政管理和服务。

卢旺达问题国际刑事法庭的网站有英语、法语和卢旺达语三种语言版本，提供概况、新闻、日志、案例、法律文件等相关内容。其中，“案例”栏目中包含了和法庭相关的所有案例，这些案例均已分类。“文件”栏目中则包含法庭规约、程序与证据规则、双边协定、年度报告等一系列法律文件并可供查阅与下载。同时，该网站还提供了 ICTR、ICTY 等国际刑事法庭的判例法和法庭记录数据库的链接，可供研究者参阅使用。（见图 10－4－6）

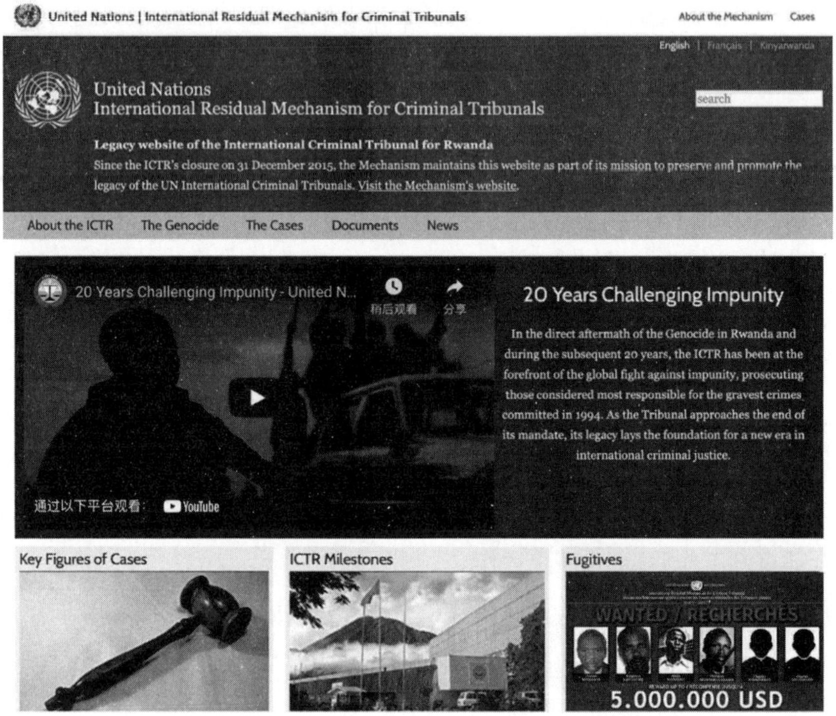

图 10－4－6　卢旺达问题国际刑事法庭网站

(三)塞拉利昂问题特别法庭

网址:http://www. rscsl. org

1991 年 3 月 23 日,塞拉利昂革命联合阵线(简称“联阵”)发动反政府政变,塞拉利昂内战爆发,由此开始了塞拉利昂长达 11 年的动乱。2000 年 5 月,桑科及其领导的“联阵”绑架了 500 多名联合国驻塞维和部队士兵并将其扣为人质。人质危机结束后,联合国安理会一致通过决议,决定设立联合国塞拉利昂问题特别法庭。凡是对塞拉利昂境内严重侵犯国际人道主义法的行为和对被塞拉利昂有关法律定为的犯罪行为负最大责任的人,特别法庭都要问罪。该法庭于 2002 年 7 月 1 日开始运作,是通过塞拉利昂政府与联合国间的协定设立的一个“混合法庭”,它融合了国际和国家两方面的机制、工作人员、调查员、法官、检察官和法律。

法庭由审判分庭和上诉分庭组成。2002 年 5 月,联合国秘书长任命了特别法庭一名代理书记官长和一名检察官。2002 年 7 月,塞拉利昂政府和联合国秘书长任命了审判分庭和上诉分庭的法官。2002 年 5 月，特别法庭管理委员会审议并暂行通过特别法庭《财务条例》和《工作人员条例》。

特别法庭具有补充塞拉利昂真相与和解委员会的职能。两者一起共同加强问责、震慑犯罪并促进全国和解。特别法庭还将协助塞拉利昂重建其国家法律体制，并重新确立牢固的法治基础。

由于塞拉利昂问题特别法庭已经完成其审判任务而解散，其网站（http://www. sc-sl. org/）也不再使用，目前针对尚未完成的部分事宜，联合国与塞拉利昂共同建立了塞拉利昂问题特别法庭的留守法庭（residual court），并将全部法律资源合并。（见图 10－4－7）

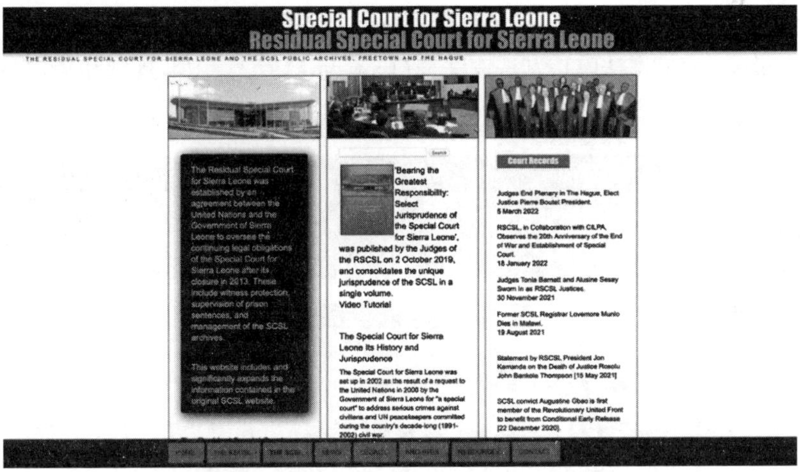

图 10－4－7　塞拉利昂问题特别法庭网站

（四）柬埔寨法院特别法庭

网址：https://www. eccc. gov. kh/en/

在 1975 年 4 月至 1979 年 1 月的 3 年 8 个月时间里，柬埔寨红色高棉在柬执政，其领导人实施极端政策，并进行党内政治大清洗，造成数以万计柬埔寨人因劳役、迫害、饥荒而非正常死亡。对此，联合国与柬埔寨王国政府于 2003 年签署协议决定成立特别法庭，用于审理前红色高棉高级领导人在柬埔寨犯下的种族灭绝罪、战争罪及危害人类罪等罪行。2007 年 6 月 12 日，特别法庭通过了内部规则，标志着法庭开始运作。2009 年 2 月，法庭正式开庭对前红色高棉成员进行审判。

柬埔寨法院特别法庭由预审庭、审判庭和最高法庭组成。

基于联合国和柬埔寨签订的协议,审判是由柬埔寨本国法官和国际法官共同主持的。其中,预审庭和审判庭都是由 3 名柬埔寨籍法官和 2 名外国籍法官组成,而最高法庭则是由 4 名柬埔寨籍和 3 名外国籍法官组成。各法庭还有 1 ~ 2 名预备法官。所有外国籍法官均是由柬埔寨最高法院长官从联合国秘书长的提名名单中挑选和任命的。各法官任期至特别法庭的审判完毕为止。

柬埔寨法院特别法庭的网站提供高棉语、英语和法语 3 种语言版本,主要包括法庭概况、组织机构、案例、法律文件以及媒体中心等内容。法庭到目前为止共受理 4 起案件,收录在"案例"栏目下,按时间先后顺序排列,直接浏览即可。"法律文件"栏目中包含法庭文件(Court documents)、联合国相关文件(UN documents)、协议(Agreements)、柬埔寨法院特别法庭法律(Law on ECCC)、内部规则和条例(Internal Rules & regulations)、柬埔寨文件(Cambodian documents)。(见图 10 - 4 - 8)

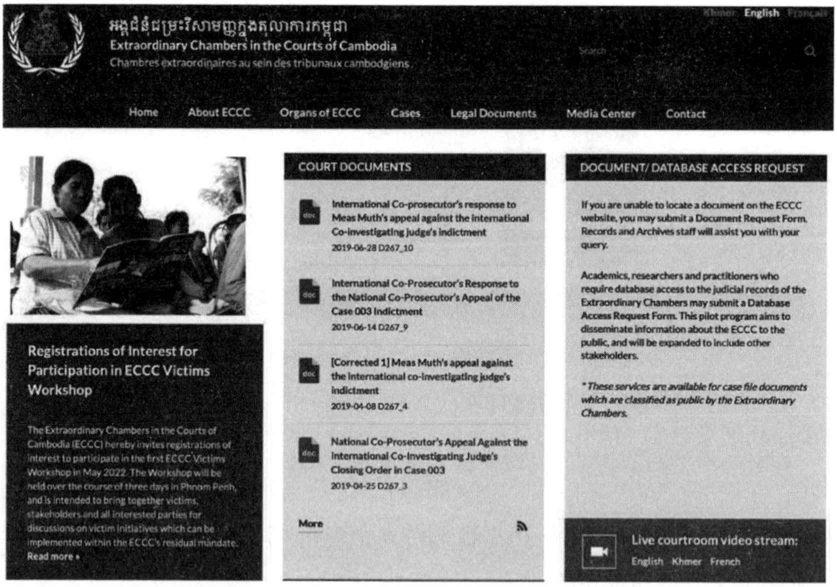

图 10 - 4 - 8 柬埔寨法院特别法庭网站

(五)黎巴嫩问题特别法庭

网址:https://www.stl-tsl.org/en

2005 年 12 月 13 日,黎巴嫩共和国政府请求联合国设立一个具有国际性质的特别法庭,以对被指控导致前总理拉菲克·哈里里和其他22人遇害的2005年2月14日贝鲁特袭击事件的所有负责者进行审判。根据安全理事会第1664(2006)号决议,联合国和黎巴嫩共和国通过谈判达成了设立黎巴嫩问题特别法庭协定。根据安全理事会第1757(2007)号决议,该决议所附文件的规定和《特别法庭章程》自2007年6月10日起生效。

黎巴嫩问题特别法庭(Special Tribunal for Lebanon)的任务是,对造成前总理拉菲克·哈里里遇害和他人伤亡的2005年2月14日袭击事件负责者提起诉讼。但值得注意的是,法庭的管辖权并不限于此,法庭对以下两种情形也具有管辖权:(1)2004年10月1日至2005年12月12日在黎巴嫩发生的其他袭击事件,根据刑事司法原则与2005年2月14日爆炸事件存在关联,并具有与该事件类似性质和严重性;(2)2005年12月12日后发生的犯罪行为,前提是黎巴嫩共和国政府和联合国作出这种决定并得到安全理事会的同意,并且能够证明此后的犯罪与2005年2月14日的袭击事件有关。这种关联包括但不限于以下要件的组合:犯罪意图(动机)、攻击目的、被攻击者的身份、攻击模式(作案手法)和行为人。检察官办公室如果想要对此类情形提起诉讼,需要提交与此种关联有关的表面证据(*prima facie* evidence)。

特别法庭由分庭、检察官、书记官处和辩护方办公室四个机构组成。

分庭:由1名国际预审法官、1个审判分庭(3名法官:1名为黎巴嫩法官,2名为国际法官)、1个上诉分庭(5名法官:2名为黎巴嫩法官,3名为国际法官),以及2名候补法官(1名为黎巴嫩法官,1名为国际法官)组成。由1名国际法官担任预审法官。预审法官负责审查和确认起诉书,并可发出逮捕令、转交请求以及其他进行调查和筹备公平、快速审判所需的命令。法官任期3年,可重新任命。

检察官:秘书长与黎巴嫩政府协商并根据甄选小组的建议任命检察官。甄选小组由某一国际法庭2名现任或卸任法官和秘书长的1名代表组成。检察官任期3年,可重新任命。黎巴嫩共和国政府应与秘书长和检察官协商,任命1名黎巴嫩籍副检察官,协助检察官履行职能。检察官负责对特别法庭管辖权内的罪行负责者进行调查和起诉。

书记官处:书记官处由书记官长及所需的工作人员组成。书记官长由秘书长任命,为联合国工作人员。书记官长任期3年,可重新任命。书记官处在特别法庭庭长的领导下,负责法庭的行政和事务工作。

辩护方办公室:独立的辩护方办公室负责保护被告权利,编列辩护律师名单,并为辩护律师和有权得到法律援助的人员提供支持和援助。辩护方办公室主任由秘书长与特别法庭庭长协商任命。

除上述机构外,经联合国与黎巴嫩政府协商还成立了管理委员会。管理委员会的任务包括,为特别法庭所有非司法方面的工作提供咨询和政策指导,并审查和批准特别法庭的年度预算。

黎巴嫩问题特别法庭网站提供英语、法语和阿拉伯语3种语言版本,提供法庭概况、案例、新闻、文件等各方面相关内容。(见图10-4-9)

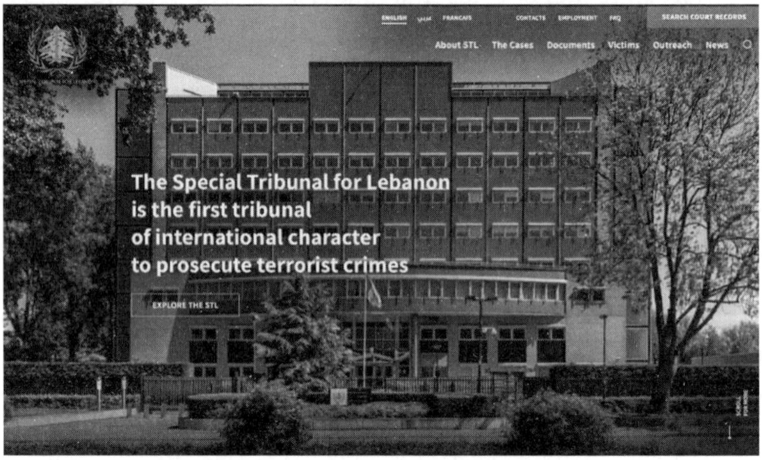

图10-4-9 黎巴嫩问题特别法庭网站

其中,"案例"栏目中包含所有案例的公共文件,如起诉书、判决书、司法裁决等,"新闻报道"栏目中包含新闻稿、法庭材料、照片、视听材料以及基本法律文件等,"文件"栏目中则包含了所有的相关文件(有关案例的法庭文件除外),如各种规约、法令、程序和证据规则、安理会决议、年度报告、国防办公室文件等。

另外,联合国网站也提供了特别法庭文件资料的中文版本,在联合国网站主页上选择中文版本,然后在"国际法"栏目中选择"黎巴嫩问题特别法庭",可以查看法庭相关文件资料的中文版本。(网址:http://www.un.org/chinese/focus/

lebanon/tribunal/index. shtml)(见图 10－4－10)

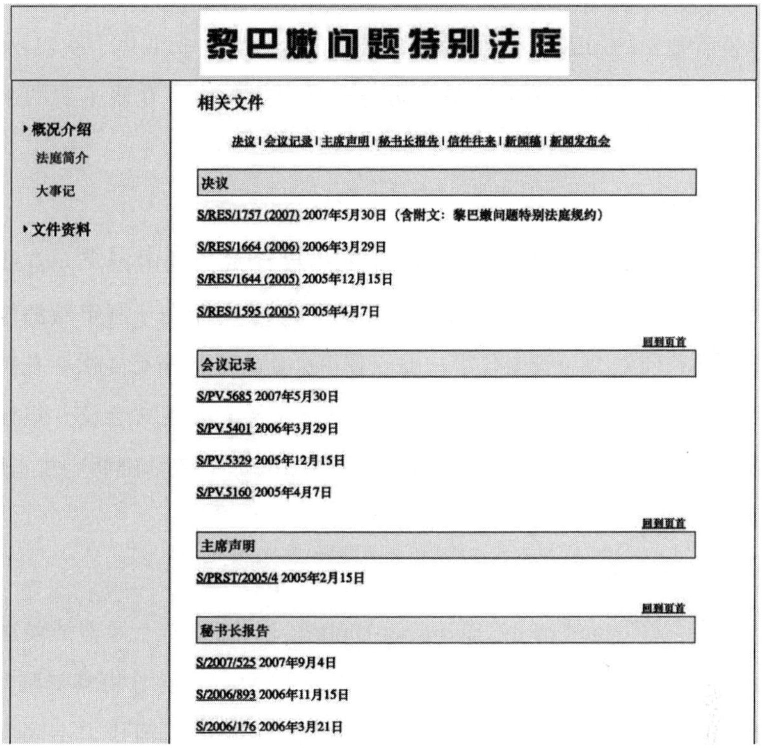

图 10－4－10　黎巴嫩问题特别法庭中文版

第五节　欧　　盟

一、欧盟的组织机构

欧洲联盟(European Union,EU),简称欧盟,前身是由欧洲煤钢共同体、欧洲原子能共同体以及欧洲经济共同体组成的欧洲共同体(European Communities)。1991 年 12 月 9 ~ 10 日,在马斯特里赫特举行了两次欧洲共同体政府间会议,通过了建立“欧洲经济货币联盟”和“欧洲政治联盟”的《欧洲联盟条约》,通称《马斯特里赫特条约》。1993 年 11 月 1 日,该条约正式生效,欧盟由此成立,并实现了从经济实体向政治经济实体的转变,成为世界上具有重要影响的区域一体化组织,其总部设在比利时首都布鲁塞尔,目前共有 27 个成员国。

欧盟并非一个联邦政府,也不是一个如同联合国那样的政府间的合作组织,其成员国保持着独立的国家主权,但同时自愿将部分国家主权汇集于欧盟,从而实现仅凭单个成员国的力量所无法获得的实力和世界影响力。欧盟主要的组织机构如下。

(一)欧洲理事会

欧洲理事会(European Council),是由欧盟 27 个成员国的国家元首或行政首长与欧洲联盟委员会主席共同参加的首脑会议,主要功能在于制定欧洲统合方针与协调欧盟的共同外交与安全政策。欧洲理事会通常一年举行 4 次。在特殊情况下,欧洲理事会主席国也能在其他国家召开欧盟领导人非正式会议。担任国家元首角色的欧洲理事会主席由成员国首脑根据各国的选举结果协商产生,任期 2 年半,可以连任 1 次。

(二)欧盟理事会

欧盟理事会(Council of the European Union),由来自 27 个欧盟成员国各国政府部长所组成的理事会,与欧洲议会同为欧盟的主要决策机构,相当于西方议会政治体制中的上议院。每一个国家在理事会中都有 1 名理事,但代表不同国家的理事所拥有的投票数不同。在 2004 年《罗马条约》签署之后,通常也称之为"部长理事会",目的是把它和欧洲理事会的理事即国家元首或政府首脑区分开来。理事会没有常任主席,只有轮值主席国,由各成员国轮流出任,每 6 个月轮换一次。欧盟理事会的主要职责在于:

1. 负责制定和颁布条例、指令和决定;
2. 协调各成员国的经济政策;
3. 代表欧盟与其他国家或国际组织签订协议;
4. 与欧洲议会共同制订预算计划;
5. 拟定公共外交和安全防务政策。

(三)欧盟委员会

欧盟委员会(European Commission),是欧盟的执行机构,体现和支持欧盟的利益,主要负责起草新的欧盟法律提案,实施欧盟条约、法规和理事会决定、向理事会提出立法动议并监督其执行情况,并作为欧盟在国际舞台的代表,进行特别是商贸和合作方面的国际条约的谈判。委员会由 27 人组成,来自各成员国,任期为 5 年。

(四)欧洲议会

欧洲议会(European Parliament),是唯一的一个直选议会机构;与欧盟理事会同为欧盟的主要决策机构,相当于西方议会政治体制中的下议院。欧洲议会最初只具有咨询权和监督权,不过发展至今,其地位与作用正在逐步提升,目前主要拥有以下三项核心职能:

一是立法职能。《里斯本条约》通过后,在很多的政策领域上,欧洲议会要和欧盟理事会经由共同决定的程序立法,即欧洲议会和欧盟理事会是平等的立法机构。欧盟 2/3 的法律法规由欧洲议会和欧盟理事会共同制定。欧洲议会的立法职能还体现在决定条约的缔结和其他国家加入欧盟。

二是监督职能。欧洲议会监督欧盟其他机构,以确保工作开展的民主性。包括表决弹劾动议,迫使委员会辞职;批准欧盟预算的使用方式;审查公民的请愿并设立调查委员会;与欧洲中央银行协调货币政策;对委员会和理事会进行质询;进行选举监察等。

三是财政职能。欧洲议会可与欧盟理事会共同制定欧盟财政预算,并批准欧盟的长期预算,即“多年金融框架”(Multiannual Financial Framework)。

(五)欧盟法院

欧盟法院(Court of Justice of the European Union),为欧洲联盟的法院系统之总称,与各个欧盟成员国的内国法院合作,确保欧盟法律在欧盟各国间能够有统一的解释和适用。欧盟法院设置于卢森堡,根据《欧洲联盟条约》第 19 条的规定,由以下两个审级法院组成:

欧盟普通法院(General Court):根据 2009 年 12 月 1 日生效的里斯本条约,普通法院掌理一般案件的一审。该法院的管辖权主要是对个人、公司以及在某些情况下对欧盟政府提起的撤销诉讼作出裁决。在实践中,这意味着该法院主要处理竞争法、国家援助、贸易、农业、商标等方面的争议。

欧洲法院:根据欧盟法律为欧洲联盟的最高法院,掌理一般案件的法律审上诉,以及特殊案件的初审,主要处理国家法院提出的初步裁决请求(requests for preliminary rulings)、废止诉讼(actions for annulment),以及全部的上诉。

根据《欧盟运作条约》的规定,下列诉讼请求通常可由欧盟法院受理:

1. 初步裁决之诉:欧盟国家的国家法院被要求确保欧盟法律得到正确适用,但不同国家的法院可能会有不同的解释。如果国家法院对一项欧盟法律的解释或有效性有疑问,可以要求法院予以澄清。同样的机制也可用于确定一项国家法律或惯例是否与欧盟法律兼容。

2. 侵权行为之诉(要求强制执行法律):这类案件是针对国家政府未能遵守欧盟法律而提起的。可以由欧盟委员会或其他欧盟国家启动。如果该国被发现有过错,它必须立即改正,否则有可能被提起第二次诉讼,这可能导致罚款。

3. 撤销之诉(要求撤销欧盟法律行为):如果认为欧盟的某项行为违反了欧盟条约或基本权利,可以要求法院将其撤销——由欧盟政府、欧盟理事会、欧盟委员会或在某些情况下由欧洲议会提出。私人也可以要求法院废除与他们直接相关的欧盟行为。

4. 不作为之诉(确保欧盟采取行动):议会、理事会和委员会必须在某些情况下作出某些决定。如果他们不这样做,欧盟政府、其他欧盟机构或在某些条件下个人或公司可以向法院投诉。

5. 损害赔偿之诉(制裁欧盟机构):任何因欧盟或其工作人员的作为或不作为而使其利益受到损害的个人或公司都可以通过法院对其采取行动。

(六)欧洲中央银行

欧洲中央银行(European Central Bank),负责欧盟欧元区的金融及货币政策,为欧元区的中央银行。欧洲中央银行由其董事会负责管理,设有董事会主席,并设有理事会,包括了董事会的成员及各欧洲国家各自的中央银行代表。欧洲中央银行的主要职能如下:

1. 确定向欧元区(也称欧元区)商业银行贷款的利率,从而控制货币供应和通货膨胀;

2. 管理欧元区的外汇储备和货币的买卖以平衡汇率;

3. 确保国家当局对金融市场和机构进行良好的监督,并确保支付系统运行良好；

4. 确保欧洲银行系统的安全和稳健；

5. 授权欧元区国家生产欧元纸币；

6. 监测价格趋势并评估价格稳定的风险。

（七）欧洲审计院

欧洲审计院（European Court of Auditors），负责欧盟的财政审计，提高欧盟的财务管理，报告公共资金的使用情况，其审计的方式只包括财务审计（financial audit）、合规审计（compliance audit）和绩效审计（performance audit）。审计院成立于1975年，总部设在卢森堡，其成员须由欧洲议会协商通过并由欧盟理事会任命，其任期为6年，欧盟审计院设主席一职，任期为3年，由选举产生，允许连任。其主要职能如下：

1. 审计欧盟的收入和支出，以检查欧盟的资金是否被正确地筹集、使用，实现资金的价值并入账；

2. 检查任何处理欧盟资金的个人或组织，包括对欧盟机构（尤其是欧盟委员会）、欧盟国家和接受欧盟援助的国家进行抽查；

3. 为欧盟委员会和国家政府撰写审计报告中的结论和建议；

4. 向欧洲反欺诈办公室报告可疑的欺诈、腐败或其他非法活动；

5. 为欧洲议会和欧盟理事会编写年度报告，议会在决定是否批准委员会对欧盟预算的处理之前，会对该报告进行审查；

6. 就如何更好地管理欧盟财政并使其对公民更负责任向欧盟决策者提供专家意见。

二、欧盟的法律渊源

在欧盟形成的过程中，其成员国缔结的条约及欧盟机构制定的规范性法律文件等，对欧盟成员国具有普遍约束力的，统称为欧盟法，其形式多样，内容覆盖面也极其广泛。欧盟法律渊源主要包括：（1）基础性法律渊源（primary sources），是指经过谈判与协商而达成的，关于欧洲共同体和欧盟的基础条约及后续条约；（2）派生性法律渊源（secondary sources），是指由欧盟的主要机构根据基础条约所赋权限，制定和颁布的各种规范性法律文件,如条例、指令、决定、建议和意见等。除此之外,还包括欧盟与非成员国或者其他国际组织缔结的条约以及一般法律原则、司法判例与解释等。

(一)基础条约

基础条约是欧盟法中最重要、最根本的内容,也是其他欧盟法律的立法渊源,他们规定了欧盟的根本目标、基本任务以及适用的法律制度和各项方针政策,设立了各种机构并明确规定了它们的权限。从法理上讲,这些基础条约是一种具有类似宪法性质的法律文件。此外,关于上述各种基础条约的补充性公约,以及欧盟与其他非成员国签订的国际协定也都是欧盟法不可分割的组成部分。

欧盟的基础条约主要有:

1951 年《欧洲煤钢共同体成立条约》;

1957 年《欧洲经济共同体成立条约》,以及《欧洲原子能共同体成立条约》,上述两个条约也被统称为《罗马条约》;

1965 年《理事会、委员会合并协议》;

1986 年《欧洲单一法令》;

1992 年《欧洲联盟条约》,又称为《马斯特里赫特条约》;

1997 年《阿姆斯特丹条约》;

2001 年《尼斯条约》;

2007 年《里斯本条约》。

(二)次级立法

次级立法又称为自主立法(autonomous legislations),其目的主要是制定欧盟的各种政策措施,以及为实施这些政策提供有关规则。主要包括:

条例(regulation)。作为基础条约的实施细则,条例具有最高的法律效力,在欧盟整个范围内具有普遍适用性和全面的效力。因此,它无须经过成员国的立法机构通过转换立法的程序或以批准的方式,使其成为成员国的国内法,而是在所有的成员国中直接适用。

指令(directive)。指令是一种较为独特的立法形式,是为履行与欧盟有关条约上的义务,而做出的对特定成员国有约束力,并指令成员国在一定期限内通过国内立法程序将其转换成国内立法,以履行该义务的法律规定。一般具有下列特征:非全面约束力、仅适用于某一特定成员国、通常并非直接适用。

决定(decision)。决定是一种执行决议,是对特定对象而决定的、执行欧盟法令的一项行政措施,目的在于提高欧盟法令的公开性和透明度。决定对其所指向的成员国、公司或个人具有完全约束力。

建议和意见(recommendation and opinion)。建议和意见并不具有法律上的约束力,是欧盟理事会对某个问题未能达成一致意见、形成指令时,向各成员国提出的建议,以作为欧盟立法趋势和政策导向,供各成员国参考。

除上述立法形式外,欧盟通常还发表一些名为决议(resolution)、决议案(conclusion)、宣言(declaration)、公告(announcement)和方案(program)的文件,尽管并非基础条约所明确规定,这类"软法"(soft law)通常介于具有法律效力和没有法律约束力之间,其适用范围也日益扩大。

(三)欧盟签订的国际条约

欧盟作为国际法主体,拥有与其他国际法主体缔约条约的能力。当其行使缔约权,与非成员的第三国或者其他国际组织缔结条约时,这些国际条约就构成了欧盟的一大法律渊源。其中既包括欧盟与第三国或国际组织签订的,也包括欧盟及其成员国共同作为缔约一方与对方签订的条约与协定。前者被称为"独有协定"(exclusive community agreements),后者称为"混合协定"(mixed agreements)。这些国际条约成为欧盟法律的组成部分,对欧盟各机构和成员国都具有约束力,其效力低于基础条约。

欧盟各成员国签订的国际条约,其中于欧盟成立前存在的条约,仍然继续有效;于欧盟成立后签订的条约,不得与欧盟基础条约及其基本利益相抵触。

三、欧盟法律资源检索

(一)欧盟在线

网址:https://european-union.europa.eu/index_en

欧盟的官方网站——欧盟在线(EUROPA)目前有24种语言版本,提供欧盟概况、各项事务、政策与法规、欧盟条约以及欧洲法院判例等极其丰富的信

息资源。(见图 10 - 5 - 1)

图 10 - 5 - 1　欧盟在线主页

该网站中的"原则、国家、历史"(Principles, countries, history)栏目对欧盟的基本情况进行简要介绍,其中包括欧盟的基本原则和价值、欧盟的历史、欧盟成员国概览、欧盟的各种标识和欧盟使用的官方语言,同时提供前往欧盟各个组织机构的链接;在"优先事项和行动"(Priorities and actions)栏目中,有对欧盟的政策与行动的介绍,并提供分主题概览,可对欧盟在农业、环境、经济与货币财政、就业与社会事务以及外交和安全政策等众多领域内的相关政策与法律法规进行全面了解。(见图 10 - 5 - 2)

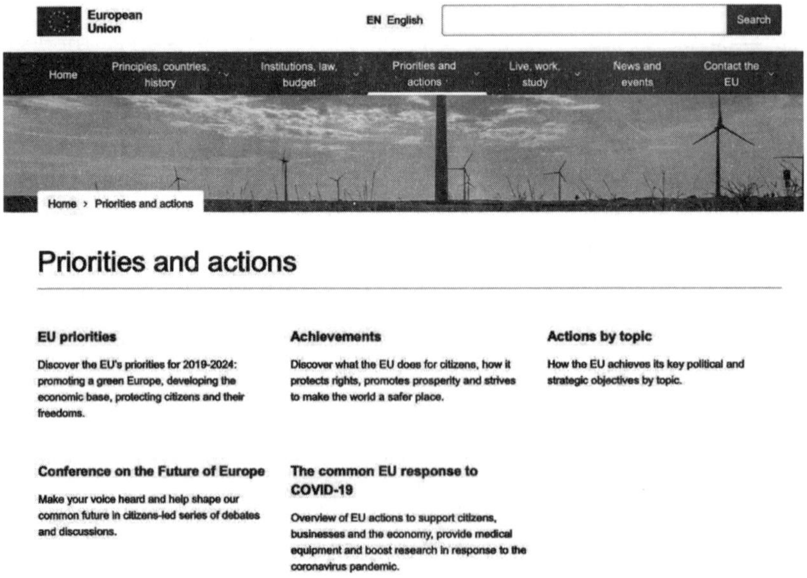

图 10 - 5 - 2　欧盟主页"优先事项和行动"(Priorities and actions)栏目

欧盟法检索门户 EUR-Lex（网址：https://eur-lex. europa. eu/homepage. html）目前有大约 2,815,000 条记录，最早可追溯至 1951 年，数据库每天更新，每年大约新增 12,000 条记录。EUR-Lex 可提供欧盟官方公报的在线版本，可通过简单查询以及高级查询的方式检索欧盟有关的条约、国际协定、现行立法、立法草案、司法判例等，可提供 PDF、DOC、HTML、TIFF 格式的文件浏览和下载，并能对每一份文件进行元数据分析。该网站还提供个性化的定制服务，可以创建“我的 EUR-Lex”账号对检索记录进行保存和订阅。

该数据库目前将欧盟的全部法律文件进行分类，包括欧盟成文立法、欧盟判例法、欧盟成员国的成文立法与判例法等板块，每个板块下还有更细致的分类。例如，欧盟成文立法下，就包括欧盟条约、法案（包括次级立法）、国际条约、准备文件、欧盟运作条约等不同专题，可供检索时选择；同时该网站提供简单检索和高级检索等不同检索方式，高级检索中还提供文本、会议文件、作者、法规编号、日期、官方公报、主题、立法程序等不同条件，并且高级检索功能覆盖的范围包括 EUR-Lex 网站的全站内容。（见图 10－5－3）

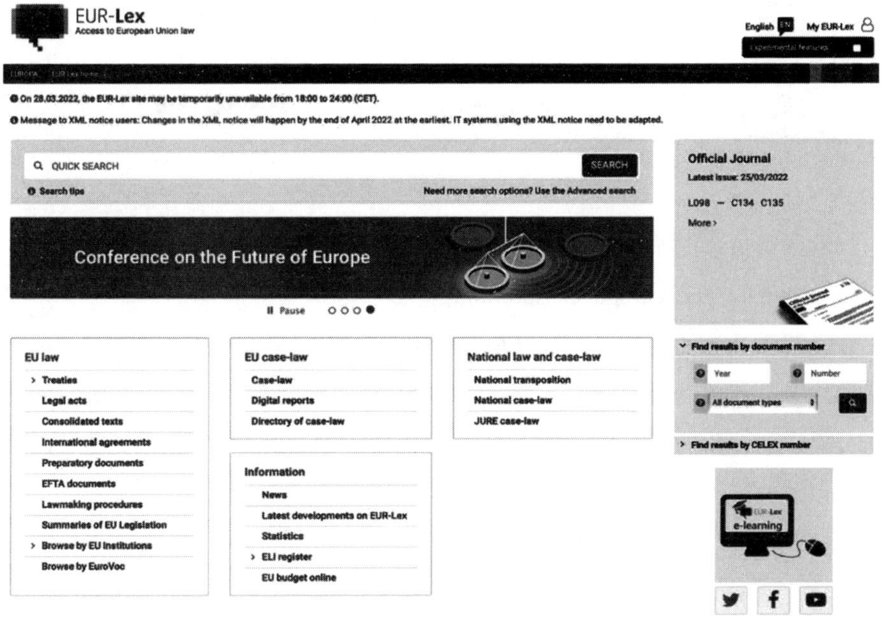

图 10－5－3　EUR-Lex 欧盟法检索门户数据库

(二)欧盟各组织机构网站

1. 欧盟理事会网站

网址:https://www.consilium.europa.eu/homepage.aspx/? lang = en/

欧盟理事会是欧盟的立法和决策机构,在其网站上也集合了众多政策(Policies)、文件(Documents)以及里斯本条约(Treaty of Lisbon)的相关内容。同时,许多欧盟的资讯性新闻、立法动态资料、会议资料等内容也可在该网站中查询。(见图 10-5-4)

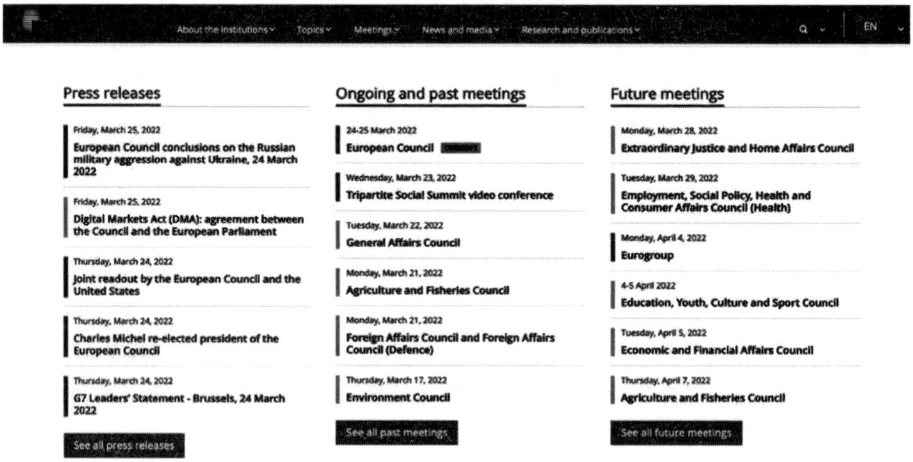

图 10-5-4 欧盟理事会网站

2. 欧盟委员会网站

网址:https://ec.europa.eu/info/index_en

在欧盟委员会的网站上也可以查询到相关政策、法规,还提供在线咨询及网上论坛等服务。此外,该网站将欧盟委员会的主要工作以及相关的资讯新闻和文件进行分类汇编,每个专题项下还有欧盟委员会提供的合规建议,此类文件可以公开获取并以 PDF 形式下载。(见图 10-5-5)

图 10 –5 –5　欧盟委员会网站

3. 欧洲议会网站

网址：https://www.europarl.europa.eu/portal/en

欧洲议会的网站上可以查询议会每周的会议议程、重要会议和辩论的直播与回放、重要新闻，以及议会讨论问题的相关文件和法案草案等信息。同时，欧洲议会采用许多新颖形式，从不同视角全方位展现欧洲议会的日常任务，以及开展的各项活动，该网站中的视听资料可供研究者了解欧洲议会内部关于某项议程或法律的论争；并提供如推特（Twitter）、脸书（Facebook）、领英（LinkedIn）等社交媒体服务，供订阅者随时关注欧洲议会的动态。（见图 10 –5 –6）

图 10－5－6　欧洲议会网站

(三)欧盟法院

网址:https://curia. europa. eu/jcms/jcms/j_6/en/

欧盟法院网站中可以检索到欧盟法院的所有案例及相关文件,并且可以通过“判例法”(Case-law)栏目查询在线版的案例报告、判例法摘要(Digest of the case-law)、月度判例法摘要、判决评注、判例法的引注方法等。此外,欧盟法院还定期出版一些本组织机构的出版物,如年度报告、信息手册等,供研习者对欧盟法院及其运作机制进行初步了解。(见图 10－5－7)

图 10－5－7　欧盟法院主页

欧盟法院的判例法检索也有简单检索和高级检索两种检索方式，并提供专门检索判例法的数据库（InfoCuria），该数据库可以通过选择案件状态、法院、案号、当事人、文件类型、裁判依据、引证号、全文内容、案件标的、程序、案件日期等条件进行检索，相关文书可以获取 PDF 格式下载，同时该数据库还同欧盟法检索数据库 EUR-Lex 相连，可以快速跳转至 EUR-Lex 的判例法数据库进行检索。（见图 10－5－8）

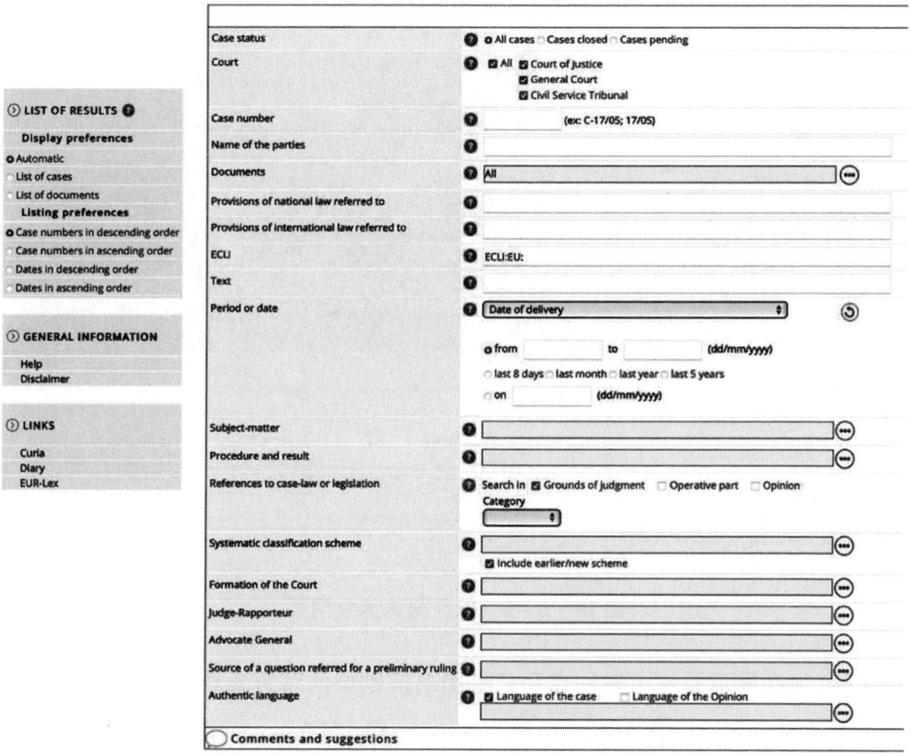

图 10－5－8　InfoCuria 欧盟判例法检索数据库

（四）欧盟研究协会

网址：https://www.eustudies.org

成立于 1988 年的欧盟研究协会（European Union Studies Association，EUSA）是一个非营利性的学术专业协会。该协会还下设多个分会，如欧盟法律小组、欧盟政治经济学小组、欧盟经济小组、欧盟公众舆论小组等。在其网站“出版物”

(Publication)栏目中提供有电子版的《EUSA 评论》(*EUSA Review*)、《欧盟局势》(*State of the European Union*)以及 EUSA 年会论文。该网站还利用欧盟法、欧盟经济与贸易等模块将相关的网站、数据库与重要期刊资源进行整合,提供索引资料供研习者参考。此外,该网站还可以通过 RSS 订阅更新。(见图 10－5－9)

图 10－5－9　欧盟研究协会网页

(五)加利福尼亚州大学伯克利分校图书馆欧盟网络资源导航

网址:https://guides.lib.berkeley.edu/european-union

加利福尼亚州大学伯克利分校图书馆是联合国、欧盟、亚洲开发银行以及欧洲安全与合作组织的托管图书馆,同时积极参与与其他国际政府组织在出版物方面的图书采购计划、选择性托管安排以及文献交换协议。该馆的欧盟网络资源导航按照欧盟机构、欧盟研究主题、欧盟的各种类型文件,以及其他相关信息等分类方式,集中了众多有关欧盟主题的网络资源。(见图 10－5－10)

图 10－5－10　加利福尼亚州大学伯克利分校图书馆欧盟网络资源导航

(六)纽约大学法学院图书馆欧盟研究指南

网址：https://nyulaw. libguides. com/european_union_updated

由纽约大学法学院图书馆制作的“欧盟研究指南”，涵盖了该法律图书馆收藏的有关欧盟(以及大部分欧洲共同体)的官方文件及出版物，以及相关著作、期刊、判例汇编、年鉴、索引、工具书、数据库和网站。此外，该研究指南最有特色的项目是有关欧盟的术语表和词典，可供欧盟法的研习者查询。该网站的部分资料需要经由 Westlaw 和 Lexis 进行检索。(见图 10－5－11)

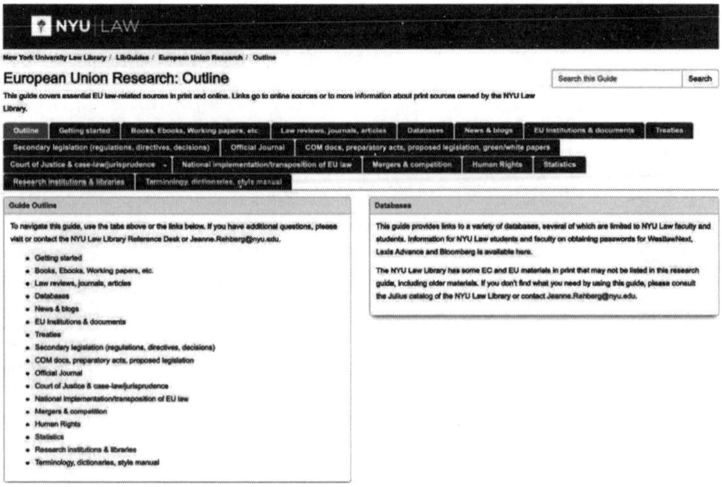

图 10-5-11 纽约大学法学院图书馆欧盟研究指南

(七)中国香港大学图书馆欧盟文献中心

网址:https://lib. hku. hk/hkspc/edc/

中国香港大学图书馆的欧盟文献中心(European Documentation Centre)根据香港大学和欧盟委员会达成的协议,由该校图书馆接受欧洲共同体机构自 1995 年以来所发布的完整的文档,包括欧盟颁布的立法文件、议会的辩论、政策声明、数据统计报告、商业外贸文件及其他相关报告,协议还提供了进入欧盟公共数据库的免费入口。(见图 10-5-12)

图 10-5-12 中国香港大学图书馆欧盟文献中心“欧盟”专题索引

除文献中心的总数据库外，该网站还提供两个特别专题索引，分别是欧盟（European Union）与欧洲研究（European Studies）。前者包括五个主要部分，即欧盟（European Union）、新闻时讯（News）、欧盟的主要机构（Major European Institutions and Servers）、全球欧盟文献中心链接（European Documentation Centres World-wide）、欧盟出版物（European Union Publications）；后者也包括五个部分，即一般指南（General Guide）、专门指南（Specialized Guide）、中国香港特别行政区相关网站（Hong Kong Related Sites）、电子期刊（E-Text/E-Journals）和欧盟出版物。（见图 10－5－13）

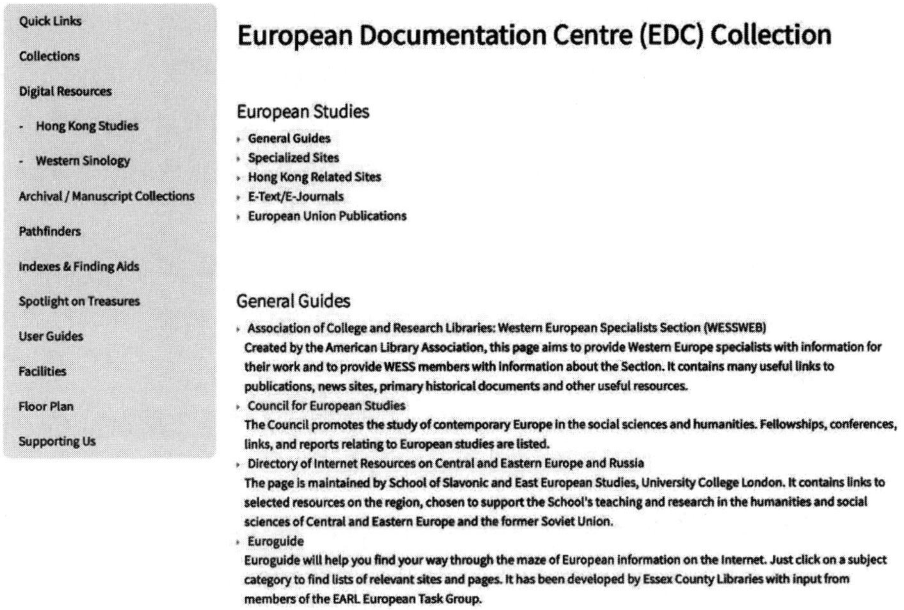

图 10－5－13　中国香港大学图书馆欧盟文献中心“欧洲研究”专题索引

四、欧盟官方出版物与图书馆

（一）欧盟官方出版物

1.《欧盟官方公报》

《欧盟官方公报》（*Official Journal of the European Union*，OJ）是欧盟唯一一份在每个工作日用欧盟所有官方语言出版的官方杂志。《欧盟官方公报》主要包括两个系列:L“立法”系列(legislation)以及C“信息及通告”系列(information and notices),此外还有一个S“政府采购”的附录部分(public procurement)。

其中,L系列(OJ L Series)的内容主要与欧盟立法有关,主要刊载理事会与委员会经由立法程序制定的立法文件,包括条例、指令、决定、建议和意见等。此外,《共同体现行法律目录》(the Directory of Community Legislation in Force)也作为L系列的一部分出版,该目录列表提及一些初始的法律文本以及后续所做的修改,还包含了在对外关系的框架下欧盟签署的协议和约定,以及欧盟法律汇编、补充条例等。

C系列(OJ C Series)主要刊载除立法文件外的其他相关信息,包括法院判例汇总(summaries)、欧洲议会的会议纪要(minutes)、欧盟审计院报告(reports)、议会的书面问题以及理事会或委员会的答复、欧盟经济与社会委员会以及区域委员会的申明(statements)、征集有关欧盟的项目意向书以及其他根据欧盟立法发行的文件。

上述两个系列既可以通过订阅方式获得,也可以通过购买光盘的方式获得,还可经由欧盟在线的EUR-Lex数据库提供的在线服务进行咨询、检索。

2.《年度综合报告》

按照有关条约规定,每年欧盟委员会都会出版《年度综合报告》(*General Report*),概述了这一年来欧盟开展的活动、经历的挑战以及取得的成绩,在书的最后还附有该年度所发生的主要事件的年表。

更多的官方文件可以通过欧盟在线的“官方文件”(official documents)栏目,获得更为全面的信息,例如,欧洲议会的会议议程(agenda)、诉讼程序报告(reports of proceedings)、立法文本(legislative texts)、决议(resolutions);欧盟理事会的理事会决定(Conclusions of Council meetings);欧洲理事会决议(European Council presidency conclusions);欧盟委员会的绿皮书(Green Papers)、白皮书(White Papers)、工作计划(work programme)、会议纪要等;欧洲法院的判例、年度报告(annual report);欧洲审计院的审计报告和意见(reports and opinions);欧洲中央银行的年度报告、金融稳定评论(financial stability review);欧洲监察使的决议、推荐草案(draft recommendations);欧洲经济和社会委员会以及区域委员会的意见、决议等。

（二）图书馆与文献信息中心

除上述的官方文件外，欧盟还有众多的图书馆和文献中心，可以快速而便捷地为用户提供相关信息、文件、出版物以及视听资料。

欧盟委员会图书馆，原称“欧盟委员会中央图书馆”（The European Commission Central Library）成立于1958年，位于布鲁塞尔。图书馆可提供书目查询、信息咨询、馆际互借等多项服务。其馆藏主题涵盖法律、文化、教育、管理、国际关系、经济政策、自然资源等；资源类型包括了几乎所有的欧盟出版物，无论是纸质的，还是光盘，或是在线数据库。该图书馆主页提供了一套完整的图书馆检索系统Find-ER，该数据库中有大量的法学、医学、经贸等领域的电子文献资源，对于该馆没有馆藏的电子资源也提供出版商链接以供查阅使用。（见图10－5－14）

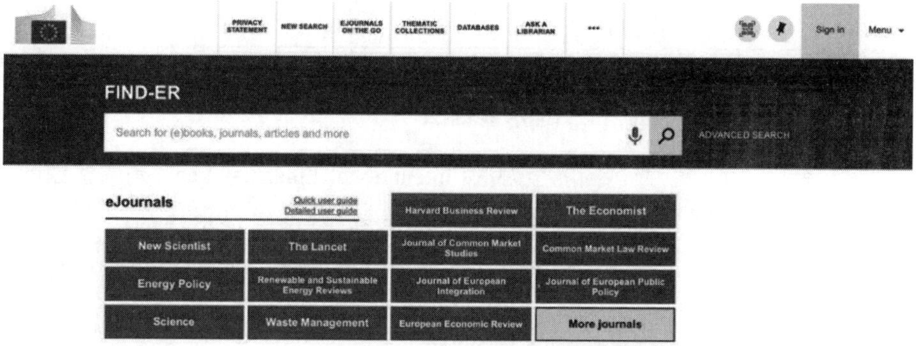

图10－5－14　欧盟委员会图书馆Find-ER资源检索网页

第十一章　专题法律文献检索举要

第一节　国际金融法律文献检索

检索国际金融法律资源,首先要了解国际金融法的基本知识,其次要熟悉各种检索渠道,包括出版物、数据库、网站。

一、国际金融法

国际金融法(Intenational Financial Law)是调整国际金融关系的法律规范的总称,是国际经济法的一个重要分支。国际金融法的范围很广,既包含国际法规范也包含国内法规范,既有公法规范也有私法规范。国际金融法主要有以下渊源。

1. 国际金融条约

国际金融条约是国家、国际组织等国际法主体依国际法缔结的、确定其在相互金融关系中的权利和义务的书面协议,可以分为全球性条约和区域性条约。前者包括在国际金融法律体系中占有重要地位的基金协定和世界银行协定;后者包括《亚洲开发银行协定》《美洲开发银行协定》《马斯特里赫特条约》等。

2. 国际金融惯例

国际金融惯例，是指在国际交往中逐渐形成的不成文的原则和规则，可以分为金融交易惯例和金融监管惯例。前者包括国际商会的《跟单信用证统一惯例》《托收统一规则》《合同担保统一规则》《见索即付担保统一规则》《国际备用信用证惯例》，国际保理商联合会的《国际保付代理通则》等。后者包括巴塞尔银行监管者委员会发布的《巴塞尔资本协议》及其修正案、《有效银行监管核心原则》，国际证券商协会、塞德尔、欧洲清算组织共同拟定的《ACE 惯例规则》等。

3. 国家金融立法

由于发达国家的金融立法对国际金融的影响程度大于发展中国家的金融立法，所以国际金融的国内法渊源主要是指发达国家的金融法律。例如，美国《金融服务现代化法》、英国《金融服务和市场法》。

4. 国际金融软法

软法是指由各类政府间国际组织或非政府组织制定的，不具有法律约束力但却可能产生实际法律效果的行为规范。制定软法的主体具有多样性，如欧盟、金融行动特别工作组、巴塞尔委员会、国际证监会组织、国际保险监督官协会、金融稳定论坛等。

二、国际金融法律图书期刊检索

查找国际金融法律图书、期刊信息最好的途径还是图书馆书目系统。目前，一些数字图书馆整合了不少实体图书馆的数据信息，提供更为方便的书刊信息。这是一种新的途径。

下面利用读秀电子数字图书馆查询系统以查找国际金融法律图书为例说明这种新的查找方式。

第一步：进入高级检索页面（见图 11－1－1）；

第二步：在书名字段键入“国际金融”；

第三步：选择分类下拉表单中的政治与法律；

第四步：点击高级搜索按钮。

图 11－1－1　读秀高级检索

查询结果页面显示命中 59 条记录,再点击页面左侧的学科分类筛选,最终得到 54 种国际金融法律图书信息的列表。点击具体记录可以查看该书的详细信息,包括作者、出版发行信息、ISBN、页数、丛书名、原书定价、主题词、中图法分类号、参考文献格式、内容提要。如果要获得某书,可以查看详细记录页面右侧的“获取此书”信息区域。这里提供了多种获取方式,包括网络书店购买、向其他图书馆借阅、电子书文献传递等。

三、国际金融法律数据库检索

一些专门数据库中收录了大量的国际金融法律资源,提供了强大的查询功能,是“一站式”获得各种类型资源的最佳途径。常用的专业法律数据库有 Westlaw、Lexis、Heinonline。

(一) Westlaw 法律数据库中的国际金融法律资源及检索方法

1. 众多的 Westlaw 子数据库中,有一些包含大量的国际金融法律信息。下面列出几个具有代表性的数据库。

金融期刊索引(Financial Journals Index),内容始于1992年。索引内容包括在英国发表的40多种金融杂志所收录的文章,涉及保险、养老金与银行以及金融服务法律领域。每个文档记录信息包括引文标题、出处、摘要。用户可以检索获得国际金融法律的文章信息。

索引杂志(Journals Indexed),其内容包含法学期刊索引和金融期刊索引这两个数据库中所收录杂志的信息,每个文档记录信息包括:出版商名称及联系方式、价格、国际标准期刊编号和出版周期。用户可以检索获得国际金融法律的期刊信息。

法律法规发展索引(Legal and Regulatory Developments Index),其收录的内容始于1994年,包含英国和欧盟的政府和准政府组织发布的法律法规文件的摘要或概括。该数据库具体包括来自以下几个方面文件的概括或摘要:立法、法律法规新闻、实践指南和政府出版物等。其中,法律法规新闻精选来自《时代杂志》《金融时报》等著名杂志的最新法律法规资讯。每个文档记录信息包括:法规名称、法规主题、相关主题、法规简介、法规引证、关键词、出版者、全文网址等信息。

2. 在Westlaw International中利用主目录法(International Directory)寻找国际金融法律主题的子数据库。

Westlaw International提供了33个实务专题(见图11-1-2),其中包含与国际金融法律高度相关的类目,如金融与银行(Finance & Banking)、保险法(Insurance law)、证券执法与诉讼(Securities Enforcement & Litigation)等。

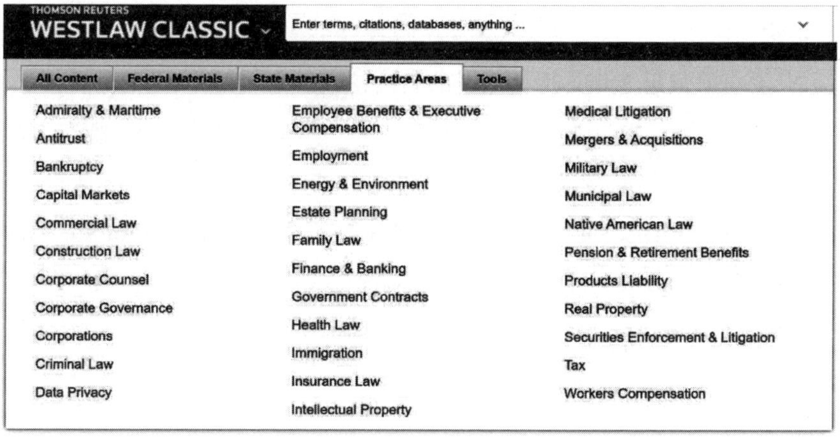

图11-1-2　Westlaw International 实务专题

(二)Lexis 法律数据库中的国际金融法律资源及检索方法

1. Lexis 法律数据库中的国际金融法律资源

Lexis 设置了 33 个主题(见图 11 -1 -3),可以选择银行法(Banking Law)、证券法(Securities Law)、税法(Tax Law)等金融法律相关的类别查看。

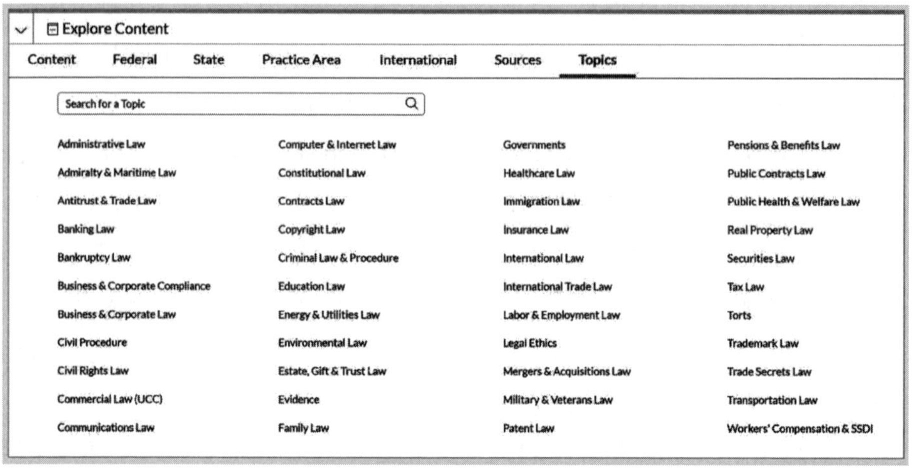

图 11 -1 -3 Lexis 主题页面

点击某个主题链接即可进入子库集成页面,该页面上子库按照资源类型分为若干栏目,每个栏目下有数量不等的子库可供选择。可以一次挑选多个子库,进行跨库检索,"一站式"地获得该主题下诸如案例、法规、论文等不同类型的资源。

2. 检索举例

例如,要求检索近 3 年备用信用证的案例、法规、论文、新闻方面的资料。

在首页点击最上方检索栏下的"更多选项"(MORE OPTIONS),在"实践领域"(practice areas)选项中勾选合适的子库,点击"高级检索"(Advanced Search)进入高级检索界面。限定时间为"晚于 2019 年 3 月 31 日"(Date is after 3/31/2019),输入关键词"standby letter of credit"(备用信用证),提交检索。获得检索结果为:68 个案例,58 条法规、9 篇论文、1752 条新闻。(见图 11 -1 -4)

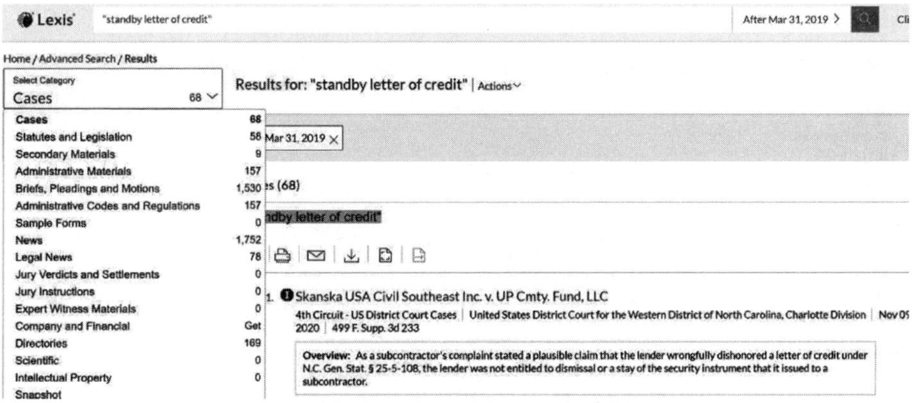

图 11－1－4　Lexis 检索结果

（三）Heinonline 法律数据库中的国际金融法律资源及检索方法

1. Heinonline 法律数据库中的国际金融法律资源

Heinonline 数据库主要收录法律期刊，其特色是回溯时间长。Heinonline 数据库中的国际金融法律资源，主要是期刊文章。该库收录的国际金融法律知名期刊如：《福特汉姆公司和金融法杂志》（*Fordham Journal of Corporate and Financial Law*）、《德保罗商业与商法杂志》（*DePaul Business & Commercial Law Journal*）、《银行和金融法评论》（*Review of Banking and Financial Law*）、《银行法杂志》（*Banking Law Journal*）、《国际金融法评论》（*International Financial Law Review*）。

Heinonline 中国际金融法律资源分布可以通过其主题分类了解。Heinonline 的“法律期刊图书馆”（Law Journal Library）数据库提供主题浏览功能，其中与国际金融法律涉及的主题有：保险（Insurance）、国际商法/经济（International Business/Economics）、国际法（International Law）、国际关系（International Relations）、投资（Investments）等。

2. 检索举例

例如，要求检索有关美国证券法域外管辖的论文资料。

进入 Heinonline 最大的子库“法律期刊图书馆”（Law Journal Library），在字段检索中输入关键词“域外管辖权”（extraterritorial jurisdiction）、“美国证券”（US securities），为了获得更为精确的检索结果，限定主题为“证券法”（Securities Law），

点击检索,得到73条检索结果,其中包含52篇论文资料。(见图11-1-5)

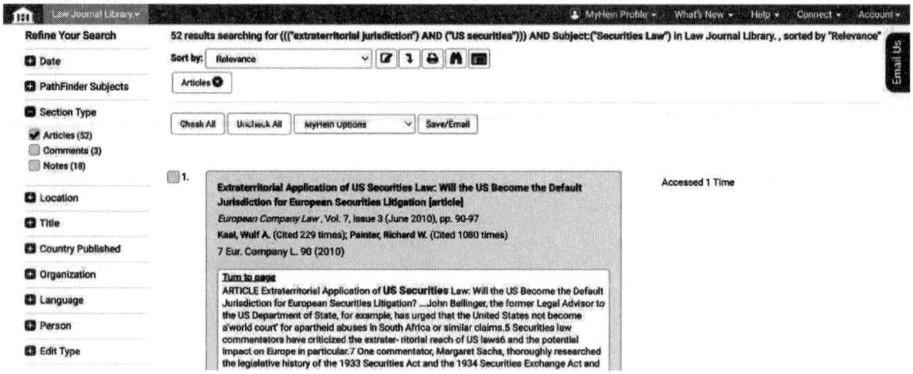

图11-1-5 Heinonline检索结果

四、国际金融法律网络检索

网络资源丰富,是查找国际金融法律资源重要途径。国际金融组织与国际金融法关系密切,因此在其设立的网站上包含大量有价值的国际金融法律资源。除此以外,其他网站诸如:研究指南、学术机构网站也是国际金融法律资源重要的信息源。

(一)国际金融组织网站

1. 国际货币基金组织

网址:http://www.imf.org/external/index.htm

国际货币基金组织(International Monetary Fund, IMF)于1945年12月27日成立,职责是监察货币汇率和各国贸易情况、提供技术和资金协助,确保全球金融制度运作正常,其总部设在华盛顿。该组织是一个独立于联合国的永久性国际组织,在法律上与联合国等国际组织处于平等地位。

国际货币基金组织网站首页的"新闻"(NEWS)栏目提供IMF的新闻检索,可查询多种新闻类型。首页的"数据"(DATA)统计栏目则提供各种金融指标的统计数据,如汇率、借贷利率等。值得研究者注意的是,在首页"研究"(RESEARCH)栏目下,网站提供IMF论文的检索。点击该栏目,在新的页面底部可以看到最新的论文列表。如果想要进一步精确查找论文,则可以在列表下的查询框中键入关键词检索;如果希望通过其他更为具体的途径寻找论文,则可以点击论文列表的更多按钮,在新进入的页面中,可以按照各个年份浏览论文。点击浏览某个年份,出现该年论文的题录信息的列表,题录信息项目有:题名、作者、论文标号、日期、主题、作者关键词。其中,论文题录信息的标题、主题、关键词都是超链接显示。点击主题、关键词的链接相当于按照该词进行了全库的检索,可以获得更为专业的论文题录信息列表。点击某个论文标题则能得到该论文更为详细的信息,包括摘要、页数,以及更为重要的可下载 PDF 格式电子全文的链接等。(见图 11 –1 –6)

图 11 –1 –6　国际货币基金组织网站

2. 世界银行

网址:http://www.worldbank.org/

世界银行(World Bank)是一个国际组织。最初,其使命是资助在第二次世界大战中被破坏的国家。今天它的任务是资助国家克服穷困,向发展中国家提供低息贷款、无息信贷和赠款,在减轻贫困和提高生活水平的使命中发挥独特的作用。世界银行集团由 5 个机构组成,分别是国际复兴开发银行、国际开发协会、国际金融公司、多边投资担保机构、国际投资争端解决中心。

通过世界银行网站的网站地图可以快速整体地了解网站的栏目,其中包括世界银行介绍、项目、商业中心、出版物、国家地区、数据统计、资源、评估、知识、发展的主题。值得研究者特别注意的栏目主要是:发展的主题、出版物及文档、数据统计。在“我们所做的工作”(WHAT WE DO)分类下“发展的主题”栏目中涉及国际金融的内容有:金融危机、世界银行改革等;在“出版物及文档”栏目中可以检索并全文下载8万余个文档报告,包括运作文档(项目文档、分析建议报告、评估),正式及非正式的研究论文,大多数银行出版物等;在“数据统计”栏目中,可以获得各个国家、各个主题如金融部门的多种指标的数据报告,这些报告以Excel和XML文件的形式提供用户下载。(见图11-1-7)

图11-1-7 世界银行网站

3. 国际清算银行

网址:http://www.bis.org/

国际清算银行(Bank for International Settlements,BIS)是致力于国际货币政策和财政政策合作的国际组织,由63个国家及地区的中央银行和货币当局组成;其主要作用包括推进国际货币政策的对话和实施、经济和货币政策研究中心、中央银行支付体系、执行国际金融业务的保管。

最有效的获取国际清算银行网站资源的方式是通过网站首页右上角有一般检索入口和高级检索链接入口,尤其是高级站内搜索,通过它可以检索全站的资源。高级检索页中的“检索帮助”链接列出诸如如何进行时间限制、如何分主题浏览、如何使用通配符等问题的解答,以帮助使用者进行更为有效的检索。用户可检索的资源包括国际清算银行出版物、巴塞尔委员会、新闻发布稿、国际清算银行介绍、

央行行长发言、关于国际金融体系的委员会介绍、关于清算和结算的委员会等。(见图 11－1－8)

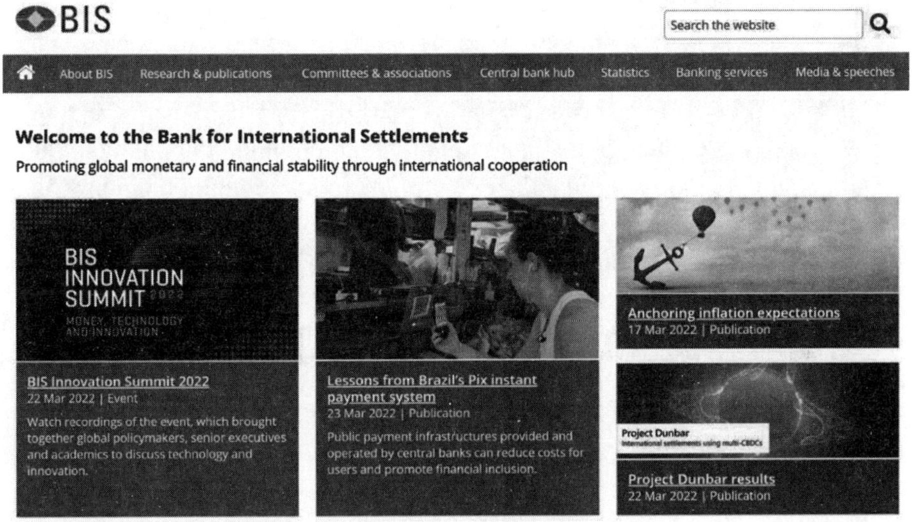

图 11－1－8　国际清算银行网站

4. 国际证券委员会组织

网址:http://www.iosco.org/

国际证券委员会组织(International Organization of Securities Commissions, IOSCO)是国际各证券期管理机构所组成的国际合作组织。总部设在加拿大的蒙特利尔市。该组织于 1974 年创建于美洲,始称为美洲间证券委员会和类似组织。该组织由世界银行和美洲国家发起,开始的宗旨是帮助发展拉美市场,前 10 年,该组织的活动仅限于年度会议。1983 年,该组织正式成为全球性组织。目前共有 131 个正式会员、34 个联系会员和 73 个附属会员(截至 2023 年 10 月)。

国际证券委员会组织网站首页上有多个栏目,其中只有“出版物”(Publications)栏目提供 IOSCO 的公开文档,包括出版物、报告、新闻发布稿等。点击该栏目后,就可以进入各种文档的分类浏览页面。各种分类文档的目录出现在左侧,具体的文档包括会议年报、合作文档、交流文档、政策文档等几大类。各个类左侧的加号标志表明该类下还有子类,可以进一步点击浏览,直至最终来到文档原文页面。(见图 11－1－9)

图 11－1－9　国际证券委员会组织网站

5. 国际商会

网址:http://www.iccwbo.org/

国际商会(International Chamber of Commerce,ICC)是为世界商业服务的非政府间组织,是联合国等政府间组织的咨询机构。国际商会于 1919 年在美国发起,1920 年正式成立,其总部设在法国巴黎。其主要职能有以下 4 个:(1)在国际范围内代表商业界,特别是对联合国和政府专门机构充当商业发言人;(2)促进建立在自由和公正竞争基础上的世界贸易和投资;(3)协调统一贸易惯例,并为进出口商制定贸易术语和各种指南;(4)为商业提供实际服务。

国际商会网站首页左侧导航栏目包括:关于 ICC、全球问题和趋势、争议解决、商业资源、活动、在线学习、媒体和商会服务。点击首页右上角“查找文档”(FIND A DOCUMENT)可进入文档检索页面。用户通过关键词检索服务及分类过滤结果筛选功能可以快速准确地获得各种文档资源,其中包括指南、报告、政策声明和讨论文章等。(见图 11－1－10)

图 11－1－10　国际商会网站

6. 国际保险监督官协会

网址：http://www.iaisweb.org/

国际保险监督官协会（International Association of Insurance Supervisors，IAIS）又称国际保险监管者协会，是保险业监管的重要国际组织，成立于 1994 年，现有成员包括 180 个国家的保险监管组织。

国际保险监督官协会网站首页设有五个栏目，分别为："关于 IAIS"（About the IAIS）、"活动和主题"（Activities and Topics）、"出版物"（Publications）、"资讯"（Consultations）、"新闻和活动"（News and Events）。"活动和主题"和"出版物"栏目的内容是各种文档，包括保险核心原则文件、国际保险监管的共同框架文件、标准及指导文件、演讲记录文件、新闻发布稿和市场报告，等等。这些文件都以 PDF 文件格式供用户下载。（见图 11－1－11）

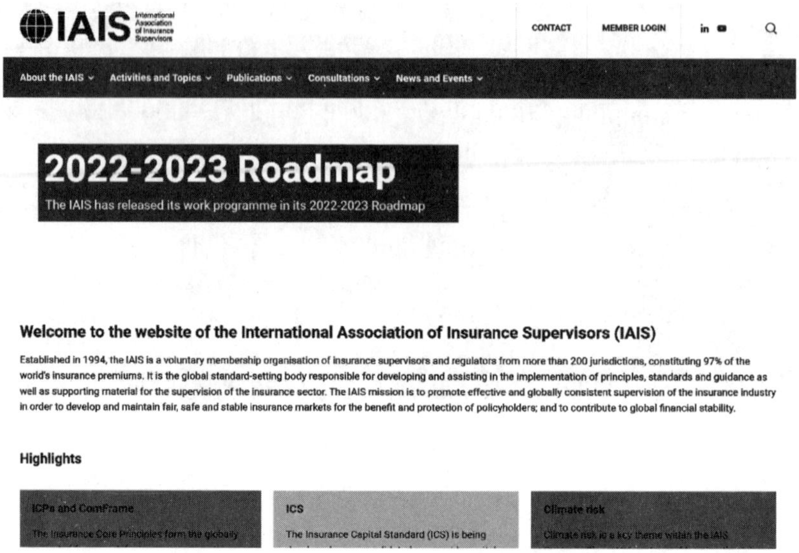

图 11-1-11　国际保险监督官协会网站

7. 巴塞尔银行监管委员会

网址:http://www. bis. org/bcbs/index. htm

巴塞尔银行监管委员会(Basel Committee on Banking Supervision)简称巴塞尔委员会,原称为银行法规与监管事务委员会,是由美国、英国、法国、德国、意大利、日本、荷兰、加拿大、比利时和瑞典的中央银行于1974年年底共同成立的。它作为国际清算银行的一个正式机构,以各国中央银行官员和银行监管当局为代表,总部在瑞士的巴塞尔。委员会的主要宗旨在于交换各国的监管安排方面的信息、改善国际银行业务监管技术的有效性、建立资本充足率的最低标准及研究在其他领域确立标准的有效性。

网站首页导航栏目设有:"关于BIS"(About BIS)、"研究与出版物"(Research & publications)、"委员会和协会"(Committees & associations)、"中央银行枢纽"(Central bank hub)、"统计数据"(Statistics)、"银行服务"(Banking services)、"媒体与演讲"(Media & speeches)。其中,"研究与出版物"栏目下包含了大量的文档资源,包括年度报告、季度评论、论文、工作论文、委员会会刊、会议纪要等。点击目标链接即可进入资源页面,该页面中央显示资源文档的列表,左侧提供分类筛选,便

于查询者快速获得所需资源。所有资源文档均为 PDF 标准格式文件。(见图 11 - 1 - 12)

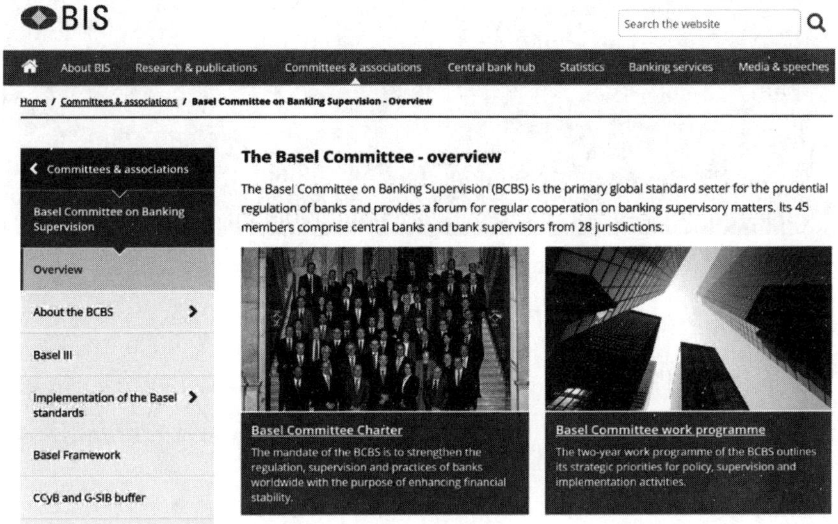

图 11 - 1 - 12　巴赛尔银行监管委员会网站

8. 金融稳定理事会

网址:http://www.financialstabilityboard.org/

金融稳定理事会(Financial Stability Board, FSB)的前身为金融稳定论坛(Financial Stability Forum, FSF),是 7 个发达国家(G7)为促进金融体系稳定而成立的合作组织。在中国等新兴市场国家对全球经济增长与金融稳定影响日益显著的背景下,2009 年 4 月 2 日在伦敦举行的 20 国集团(G20)金融峰会决定,将成员方扩展至包括中国在内的所有 G20 成员,并将其更名为 FSB。FSB 的任务是制定和实施促进金融稳定的监管政策和其他政策,解决金融脆弱性问题。

网站首页标签设为:"关于 FSB "(ABOUT THE FSB)、"FSB 的工作"(WORK OF THE FSB)、"出版物"(PUBLICATIONS)、"资讯"(COUNSULTATIONS)、"新闻"(PRESS)。这些栏目下包含了大量的文档资源,其中包括出版物、标准文献、新闻稿等。点击这些栏目的链接即可进入资源页面,该页面中央显示资源文档的列表,左侧提供主题分类筛选和时间限制功能,便于查询者快速获得所需资源。所有资源文档均为 PDF 标准格式文件。(见图 11 - 1 - 13)

图 11 -1 -13　金融稳定理事会网站

9. 世界贸易组织(WTO)

世界贸易组织将金融服务贸易纳入其调整范围,并形成了以协定、附录、谅解组成的多边法律规范。可以说,WTO 虽然不是金融组织,但是与研究国际金融法问题有关的组织。

WTO 金融服务网页(http://www. wto. org/english/tratop_e/serv_e/finance_e/finance_e. htm)自上而下设有 WTO 金融服务多个具体栏目,具体有金融服务背景、金融服务部发展、有关规则、委员会金融文件库查询入口、乌拉圭回合金融服务协商、当前义务与豁免、其他信息及研究。这些栏目除有简要说明以外还包括各种重要的导航链接,如服务数据库(Services Database)、官方文件库(Official Documents)、金融论文下载等。使用者可以方便在了解栏目内容的同时,点击链接深入查找各专栏信息。(见图 11 -1 -14)

图 11 -1 -14　世界贸易组织网站

（二）其他网站

1. 法律研究指南

国际金融专题研究指南一般由图书馆的专家制作，全面揭示该主题的各种资源，因而对检索国际金融法律资源，尤其是刚开始涉及该领域的研究人员有着很大的帮助。网络上这样的指南有不少，在搜索引擎输入一些关键词如“国际法”（international financial law）、“检索指南”（research guide）就能找到一部分。例如，和平宫（Peace Palace）图书馆制作的法律研究指南中就含有外国直接投资（Foreign Direct Investment）和世界贸易组织（World Trade Organization）两个专题（https://peacepalacelibrary. nl/rescarch-guide，见图 11 – 1 – 15），而乔治城法律图书馆（Georgetown Law Library）也制作了银行法检索指南（Banking Law Research Guide，网址：https://guides. ll. georgetown. edu/bankinglaw，见图 11 – 1 – 16）。

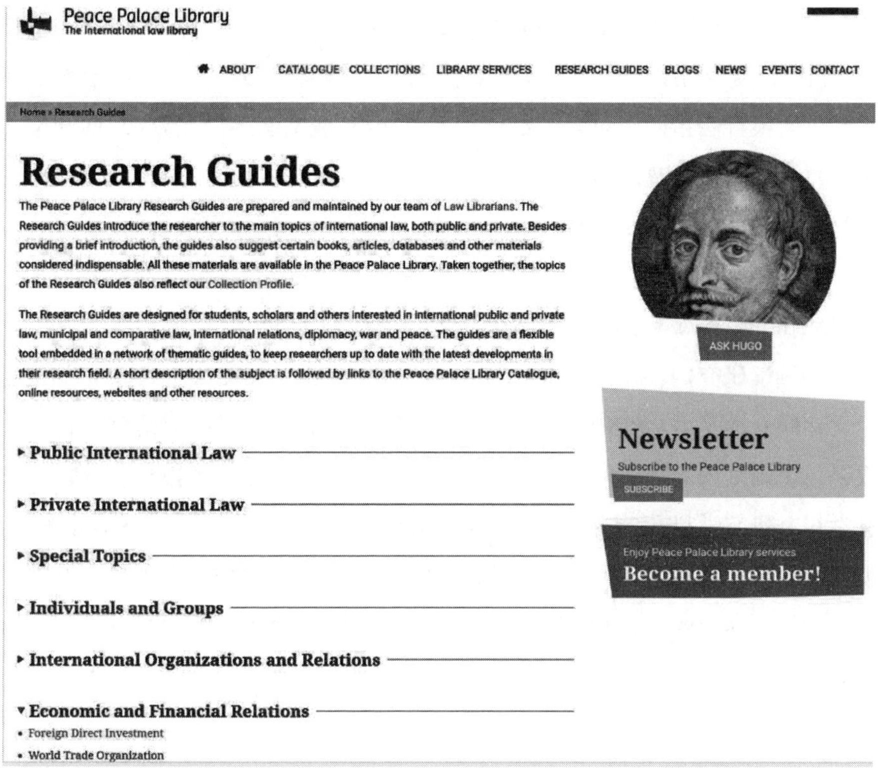

图 11 – 1 – 15 和平宫图书馆法律研究指南

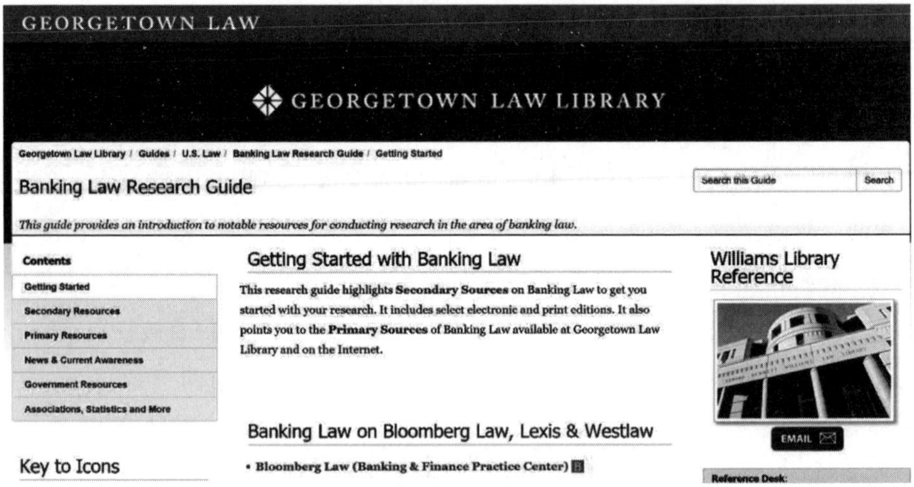

图 11-1-16　乔治城法律图书馆银行法检索指南

和平宫图书馆制作的指南一般设有数个栏目标签,具体为:内容简介、相关法律、参考作品、精选书籍和文章、期刊和连续出版物、参考书目等。而乔治城法律图书馆制作的银行法指南则包含了银行法入门介绍、成文法等原始资源、期刊论文等二次资源、行业新闻、政府资源和协会组织等。虽然很多链接指向的资源只向注册用户开放,但是整体性地了解这些专题资源无疑有助于国际金融法的研究。

2. 社会科学研究网

网址:http://www.ssrn.com/en/

社会科学研究网(Social Science Research Network,SSRN)一个免费的社会科学论文存储开放平台,学者和其他研究人员可以自由地使用该网站分享自己的研究成果。该网站内容涵盖社会学科、人文学科、应用科学、健康科学、生命科学、物理科学6个研究学科,其中社会学科包括法律、政治学、社会学、经济学等30个学科类别。截至2023年10月8日该网站已收录来自70个学科的1,277,329篇研究论文,涉及1,398,048名研究人员,其中含有大量的金融法方面的文献,用户可免费获取。(见图11-1-17)

图 11 - 1 - 17　社会科学研究网网站

3. 金融规管与经济发展研究中心

网址:https://www.law.cuhk.edu.hk/app/areas-projects/about-cfred/

金融规管与经济发展研究中心是香港中文大学法学院下的机构,研究领域涉及一切商务活动中的法律,包括银行法、资本市场、商业法、合同法、公司法、投资法、知识产权、证券监管、国际贸易法、税法等。"工作文件"(Working Papers)栏目下有部分免费资源,可以全文下载。(见图11 - 1 - 18)

图 11 - 1 - 18　金融规管与经济发展研究中心网站

(三)微信公众号

随着新媒体的兴起,有些金融机构也建立了自己的微信公众号。在微信公众号中,我们能获得不少和金融法律相关的有用信息。在每个公众号介绍的顶端有检索框,可检索该公众号发布的历史内容。

1. 中国外汇

微信号:china – forex

“中国外汇”是国家外汇管理局外汇研究中心认证设立的公众号,其内容为聚焦外汇管理政策和改革、金融热点话题,提供政策法规培训,交流学术研究成果。该微信公众号首页提供了“专题专栏”“政策释疑”“服务合作”3 个板块。(见图 11 – 1 – 19)

图 11 – 1 – 19 “中国外汇”微信公众号

2. 中国人民银行

微信号:zgrenminyinhang

“中国人民银行”是中国人民银行认证设立的微信公众号。其首页分为“发布解读”“央行矩阵”“专题专栏”3 个板块。(见图 11 - 1 - 20)

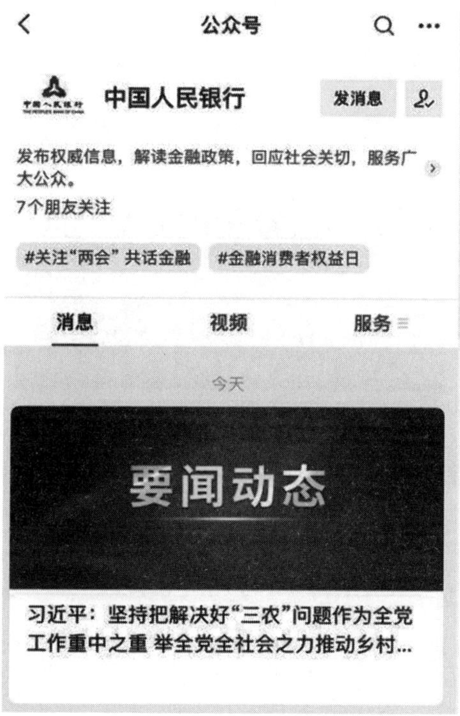

图 11 - 1 - 20　“中国人民银行”微信公众号

3. 外汇市场自律机制

微信号:gh_8b8cafc21fc5

“外汇市场自律机制”是中国外汇交易中心(全国银行间同业拆借中心)认证设立的微信公众号,由全国外汇市场自律机制秘书处主办,公开发布外汇市场自律的外汇准则、展业原则、案例、重要新闻等。其首页分成“自律平台”“准则方圆”“展业有道”3 个板块。其中,“准则方圆”提供“外汇准则”“签署指导”“案例问答”“准则培训”“风险中性专栏”5 个专辑。(见图 11 - 1 - 21)

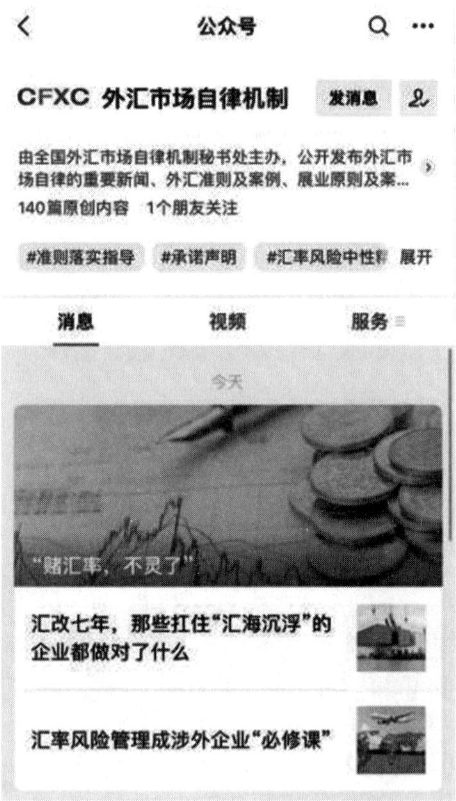

图 11－1－21 “外汇市场自律机制”微信公众号

4. 中国货币市场

微信号:chinamoneymagazine

“中国货币市场”是《中国货币市场》杂志社认证设立的微信公众号。《中国货币市场》杂志是由中国人民银行主管、中国外汇交易中心主办的中英文财经月刊。该公众号首页分“市场观察”“热点评论”“行情一览”3个板块。其中,“热点评论”提供“专访”“宏观分析”“海外视角”“金融科技”“探索争鸣”5个专辑。(见图11－1－22)

图 11－1－22　“中国货币市场”微信公众号

5. 金杜研究院

微信号：KWM_China

“金杜研究院”是北京市金杜律师事务所认证设立的微信公众号。金杜律师事务所是亚洲地区居于领先地位的综合性律师事务所，专注提供各类境内和跨境交易的法律解决方案。该公众号首页分为“金杜律师”“金杜云”“金杜视野”3 个板块。其中，“金杜律师”提供“争议解决”“合规业务”“公司与证券”“金融资本”“知识产权”5 个专辑。（见图 11－1－23）

图 11－1－23 “金杜研究院”微信公众号

6. 图解金融

微信号：visualfinance

“图解金融”原名“大队长金融”。“大队长金融”是上海图解金融信息服务有限公司认证设立的微信公众号。其首页提供“证券化较真”“票据法律白话”“资管纠纷科普”“债券指导手册”“中介机构责任”“白话民法典”“破产那些事儿”“详解九民纪要”“最热新规解读”“数据合规精编”10 个精选合辑。截至 2023 年 10 月，该微信公众号已更名为“图解金融”，改为收费服务。(见图 11－1－24)

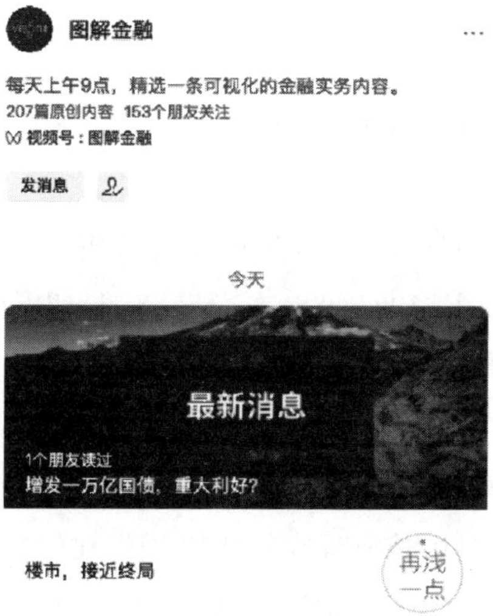

图 11-1-24　“图解金融”微信公众号

第二节　自贸区法律文献检索

一、自贸区法律概述

广义的自由贸易区(Free Trade Area,FTA),通常是指两个或两个以上的国家或地区,通过签订自由贸易协定,相互取消绝大部分货物的关税和非关税壁垒,取消绝大多数服务部门的市场准入限制,开放投资,从而促进商品、服务和资本、技术、人员等生产要素的自由流动,实现优势互补,促进共同发展。如北美自由贸易区、东南亚国家联盟等。

狭义的自由贸易区(Free Trade Zone,FTZ),是指主权国家或地区内,一个或多个消除了关税和贸易配额,并且对经济的行政干预较小的区域,往往是自由港的延伸。如迪拜杰贝阿里、巴拿马的科隆等。

二、主要自贸区概述

(一)全球知名的自由贸易区(FTA)

● 东南亚国家联盟

东南亚国家联盟的前身是由马来西亚、菲律宾和泰国3国于1961年7月31日在曼谷成立的东南亚联盟。1967年8月7日至8日,印度尼西亚、新加坡、泰国、菲律宾4国外长和马来西亚副总理在泰国首都曼谷举行会议,发表了《东南亚国家联盟成立宣言》,即《曼谷宣言》,正式宣告东南亚国家联盟的成立。

● 中国—东盟自由贸易区

中国—东盟自由贸易区是中国与东盟10国组建的自由贸易区。中国和东盟对话始于1991年,中国当年成为东盟的全面对话伙伴国。2010年1月1日贸易区正式全面启动。自贸区建成后,东盟和中国的贸易占到世界贸易的13%,成为一个涵盖11个国家、19亿人口、GDP达6万亿美元的巨大经济体,是目前世界人口最多的自贸区,也是发展中国家间最大的自贸区。

● 欧盟

欧洲联盟是由欧洲共同体发展而来的。1991年12月,欧洲共同体马斯特里赫特首脑会议通过《欧洲联盟条约》,通称《马斯特里赫特条约》。1993年11月1日,《马斯特里赫特条约》正式生效,欧盟正式诞生。总部设在比利时首都布鲁塞尔(Brussel),现有27个成员国(英国脱欧),人口4.4亿人。其实质是一个集政治实体和经济实体于一身、在世界上具有举足轻重的巨大影响力的区域一体化组织。欧盟的诞生使欧洲的商品、劳务、人员、资本自由流通,欧洲的经济增长速度快速提高。

● 北美自由贸易区

1992年8月12日,美国、加拿大和墨西哥3国就《北美自由贸易协定》达成一致意见,并于同年12月17日由3国领导人分别在各自国家正式签署。1994年1月1日,协定正式生效,北美自由贸易区宣布成立。3个会员国彼此必须遵守协定规定的原则和规则,如国民待遇、最惠国待遇及程序上的透明化等来实现其宗旨,借以消除贸易障碍。自由贸易区内的国家货物可以互相流通并减免关税,而贸易区以外的国家则仍然维持原关税及壁垒。

（二）世界著名的自贸区（FTZ）

● 爱尔兰香农自由贸易区

香农自贸区始建于1959年，核心区位于爱尔兰中西部的香农机场。香农自贸区跨越爱尔兰中西部5个郡，即利默里克郡（Limerick）、克莱尔郡（Clare）、奥菲莱郡（Offaly）南部地区、提帕拉里郡（Tipperary）北部地区和凯里郡（Kerry）北部地区。总面积2.43平方公里，人口约40.7万人。香农自贸区是世界上最早以从事出口加工为主的自由贸易区，以其免税优惠和低成本优势吸引外国特别是美国企业的投资。整个地区拥有便利的水、陆、空交通条件，从业人员素质普遍较高，有着健全高效的配套服务业。

● 迪拜自由贸易区

迪拜自由贸易区成立于1985年，面积135平方公里，区内50年免征企业所得税，无个人所得税，进口完全免税，吸引了7000多家企业。它的仓储、物流和分销，成为西亚和非洲销售产品的中转站。建立该自由贸易区的初衷是为了鼓励外商贸易与投资，经过30多年的建设发展，迪拜成为中东最大的自由贸易港，并在《金融时报》2012年对世界上1200个自由贸易园区评比时排名第一，这也促使迪拜和其他酋长国国家出现了多个以其为参考模型的自由区。

● 巴拿马科隆自贸区

巴拿马科隆自贸区，为西半球最大的自由贸易区，也是全球第二大转口站。成立于1948年、设在巴拿马运河大西洋入海口处，位于科隆市东北部，在巴拿马的银行存款不纳税，无外汇管制，利润汇出汇入自由。科隆自由贸易区货物进口自由，无配额限制、不缴进口税；用于转口的货物自由、不缴税。此外，设在贸易区内的企业，其产品向美国和欧洲出口不受配额限制并享受优惠关税。

● 德国汉堡港

德国汉堡港，于1888年10月15日正式建立，在其125年的发展历史中，占汉堡港区大约1/5的汉堡自由港曾跻身世界上规模较大的经济自由区之一，为欧洲经济自由区的典型。它依托汉堡港建立，陆上通道关卡有25个，海路通道关卡12个，面积约16.2平方公里，可开展货物转船、储存、流通及船舶建造等业务。汉堡港的优势在于其物流效率,对进出的船只和货物给予最大限度的自由,这种自由贯穿于货物卸船、运输、再装运的整个过程中。自 2013 年 1 月 1 日开始,汉堡港自由贸易区正式终结了它逾百年的历史,取消了对港口区域内储存和处理欧盟国家货物的特殊监控程序,以及对目前每年约 100 万只空集装箱在港口过境关卡的耗时处理,但保留海关免税仓,取而代之的是整个汉堡港适用于欧盟对报关港的一系列规定。

• 新加坡自贸区

1969 年,新加坡政府在裕廊工业区的裕廊码头设立了自由贸易区。为进一步打造国际级货物集散基地,吸引世界各地销往亚太地区的商品到新加坡中转,新加坡在海关法、进出口商品管理法等基础上制定了自由贸易区法令。如今,新加坡自由港已发展成为一个高度开放的贸易自由港,并逐渐向更具科技含量的综合性自贸区靠拢。

• 香港自贸区

香港 1841 年成为自由贸易港。1872 年以来,香港自由贸易港的内涵和功能逐步扩展,成为全世界最自由、最开放、功能最多的自由港,也是全球较大的贸易、金融和航运中心之一。香港实行对外完全开放的自由港政策,大多数货物进出香港自由,仅需提前 14 天报关,外国人也可以自由进行投资、生产。

(三)中国自贸区

2013 年 9 月 27 日,国务院批复成立中国(上海)自由贸易试验区。

2014 年 12 月 26 日,党中央、国务院决定设立广东、天津、福建 3 个自贸区,并扩展上海自贸区的实施范围。2015 年 4 月 20 日,国务院批复成立中国(广东)自由贸易试验区、中国(天津)自由贸易试验区、中国(福建)自由贸易试验区 3 个自贸区,并扩展中国(上海)自由贸易试验区实施范围。

2016 年 8 月 31 日,党中央、国务院决定设立辽宁、浙江、河南、湖北、重庆、四川、陕西 7 个自贸区。2017 年 3 月 31 日,国务院批复成立中国(辽宁)自由贸易试验区、中国(浙江)自由贸易试验区、中国(河南)自由贸易试验区、中国(湖北)自由贸易试验区、中国(重庆)自由贸易试验区、中国(四川)自由贸易试验区、中国(陕西)自由贸易试验区 7 个自贸区。

2018 年 10 月 16 日，国务院批复同意设立中国（海南）自由贸易试验区。

2019 年 8 月 2 日，国务院批复同意设立中国（山东）自由贸易试验区、中国（江苏）自由贸易试验区、中国（广西）自由贸易试验区、中国（河北）自由贸易试验区、中国（云南）自由贸易试验区、中国（黑龙江）自由贸易试验区。

2019 年 8 月 6 日，国务院同意设立中国（上海）自由贸易试验区临港新片区。

2020 年 6 月 1 日，中共中央、国务院印发了《海南自由贸易港建设总体方案》，并发出通知。

2020 年 9 月 21 日，国务院批复同意设立中国（北京）自由贸易试验区、中国（湖南）自由贸易试验区、中国（安徽）自由贸易试验区，扩展中国（浙江）自由贸易试验区。

- 中国（上海）自由贸易试验区

2013 年 8 月，国务院正式批准设立中国（上海）自由贸易试验区。2013 年 9 月 29 日中国（上海）自由贸易试验区正式挂牌成立，面积 28.78 平方公里，涵盖上海市外高桥保税区、外高桥保税物流园区、洋山保税港区和上海浦东机场综合保税区等 4 个海关特殊监管区域。2014 年 12 月 28 日全国人大常务委员会授权国务院扩展中国（上海）自由贸易试验区区域，将面积扩展到 120.72 平方公里。

2019 年 8 月 6 日，国务院同意设立中国（上海）自由贸易试验区临港新片区。临港新片区在上海大治河以南、金汇港以东以及小洋山岛、浦东国际机场南侧区域。

建设中国（上海）自由贸易试验区，是顺应全球经贸发展新趋势，更加积极主动对外开放的重大举措。要进一步深化改革，加快政府职能转变，坚持先行先试，既要积极探索政府经贸和投资管理模式创新，扩大服务业开放；又要防范各类风险，推动建设具有国际水准的投资贸易便利、监管高效便捷、法制环境规范的自由贸易试验区，使之成为推进改革和提高开放型经济水平的“试验田”，形成可复制、可推广的经验，发挥示范带动、服务全国的积极作用，促进各地区共同发展。这有利于培育我国面向全球的竞争新优势，构建与各国合作发展的新平台，拓展经济增长的新空间，打造中国经济“升级版”。

上海自贸区四大制度创新：

深入探索负面清单管理模式,形成更加开放透明的投资管理制度;

深化贸易监管制度创新,提高贸易便利化水平。实行国际贸易"单一窗口""先进区、后报关"政策;

深化金融制度创新,提升对实体经济发展的服务水平。黄金"国际板"、原油期货正式挂牌,"沪港通"也已正式推出。

加强事中事后监管,创新政府管理方式。目前,上海自贸区已经制定形成安全审查办法、三个领域反垄断工作办法等制度。

• 中国(广东)自由贸易试验区

2015 年 4 月 21 日,中国(广东)自由贸易试验区在广州南沙区举行挂牌仪式。广东省自贸区总面积达到 116.2 平方公里,包括南沙新区、前海蛇口片区、珠海横琴新区。广东主打港澳牌,将建立粤港澳金融合作创新体制、粤港澳服务贸易自由化,以广州及通过制度创新推动粤港澳交易规则的对接。

战略定位。依托港澳、服务内地、面向世界,将自贸试验区建设成为粤港澳深度合作示范区、21 世纪海上丝绸之路重要枢纽和全国新一轮改革开放先行地。

• 中国(天津)自由贸易试验区

2015 年 4 月 21 日,中国(天津)自由贸易园区挂牌成立。天津试验区总面积为 260 平方公里,主要涵盖 3 个功能区,滨海新区中心商务区、东疆保税港区,以及天津港保税区(含空港经济区)。这 3 个功能区均在滨海新区的辖区,总面积约 260 平方公里。

作为北方首个自贸区,天津的战略定位将挂钩京津冀协同发展。在学习和复制上海经验基础上,将重点摸索天津特色,包括用制度创新服务实体经济;借"一带一路"契机服务和带动环渤海经济;突出航运,打造航运税收、航运金融等特色。

战略定位。以制度创新为核心任务,以可复制可推广为基本要求,努力成为京津冀协同发展高水平对外开放平台、全国改革开放先行区和制度创新试验田、面向世界的高水平自由贸易园区。

• 中国(福建)自由贸易试验区

2015 年 4 月 21 日,中国(福建)自由贸易园区在福州片区行政服务中心举行挂牌仪式。福建自贸区总面积 118.04 平方公里,包括平潭片区 43 平方公里、厦门片区 43.78 平方公里、福州片区 31.26 平方公里。福建自贸区也是位置上最接近台湾地区的自由贸易园区。

战略定位。围绕立足两岸、服务全国、面向世界的战略要求,充分发挥改革先行优势,营造市场化、法治化、国际化营商环境,把自贸试验区建设成为改革创新试验田;充分发挥对台优势,率先推进与台湾地区投资贸易自由化进程,把自贸试验区建设成为深化两岸经济合作的示范区;充分发挥对外开放前沿优势,建设 21 世纪海上丝绸之路核心区,打造面向 21 世纪海上丝绸之路沿线国家和地区开放合作新高地。

三、中国自贸区法律文献检索

(一)自贸区官网资源

• 中国(上海)自由贸易试验区

网址:http://www.china－shftz.gov.cn/Homepage.aspx

上海自贸区官网有中文、英文、日文三个版本(见图 11－2－1)。如想要查找《中国(上海)自由贸易试验区外商投资准入特别管理措施(负面清单)》《中国(上海)自由贸易试验区条例》等法规可以在该网站政务公开栏目中的法律法规项下找到;该网站还有官方的政策法规解读等信息;如果要了解上海自贸区各个片区的详细信息,该网站还给出了保税区、陆家嘴、金桥、张江、世博管理局的网站链接,各分片区的网站更加详细具体地介绍了该片区的投资环境、投资政策、公共服务等信息。同时,该网站还开通了网上办事平台,可以进行企业注册、外商投资等事项的网上办理,特别是网站链接了投资办事直通车平台,对于境内外投资的准入、流程、负面清单、政策法规等都有详细介绍。(图 11－2－2)

图 11 -2 -1　上海自贸区官方网站

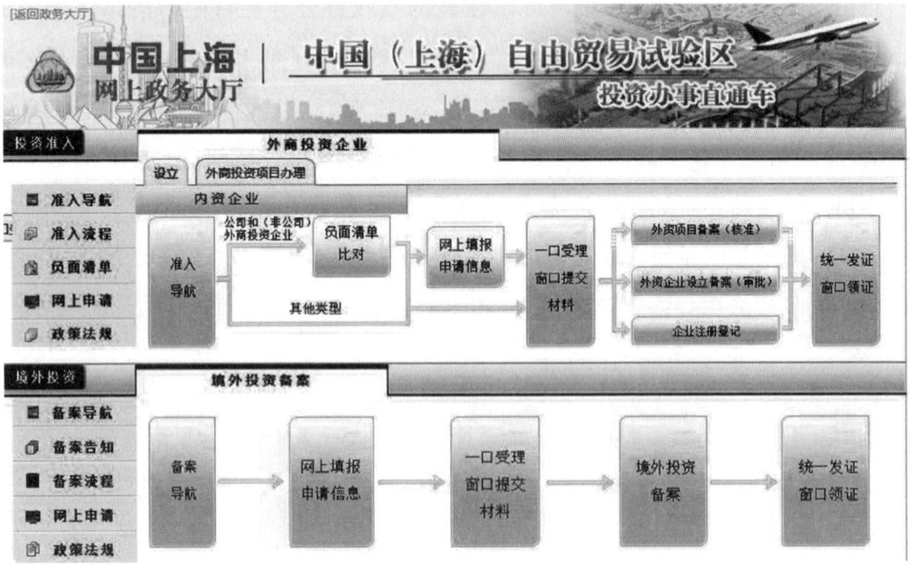

图 11 -2 -2　上海自贸区投资办事直通车网站

• 中国(广东)自由贸易试验区

网址:http://www.china-gdftz.gov.cn/

广东自贸区网站上主要包含以下几个方面内容:政务公开、办事服务、政策法规。政务公开主要是有关广东自贸区的新闻、通知公告、政府信息公开;办事服务栏目提供了广州南沙新区、深圳前海蛇口、珠海横琴新区片区的海关、国税、地税、等办事服务平台;政策法规按照综合、投资、贸易、金融、财税等专题分门别类地详细列出了有关广东自贸区的所有政策法规。(见图 11－2－3)

图 11－2－3　广东自贸区官方网站

• 中国(天津)自由贸易试验区

网址:http://www.china-tjftz.gov.cn/html/cntjzymyqn/portal/index/index.htm

天津自贸区网站目前已开通中文和英文两个版本。主要内容包括区域概况、政务公开、投资自贸、法律法规、网上办事平台,以及天津港东疆、机场和中心商务三个片区的链接等。(见图 11－2－4)

图 11-2-4 天津自贸区官方网站

- 中国(福建)自由贸易试验区

网址:http://www.china-fjftz.gov.cn/

在福建自贸区的网站上同样可以查询到与福建自贸区相关的中央和地方法律法规、法规解读、新闻动态、制度创新等信息,以及福州、厦门、平潭三个片区的网上办事大厅平台。该网站还开辟了一个特别的专栏——福建自贸区挂牌六周年专题,专栏内容包括福建自贸区改革创新红利、创新举措、福建自贸区建设成效、创新举措、创新实践案例、对台合作、海上丝绸之路和上海经验推广等专栏,通过这些专栏内容,可以更加全面、深刻地了解福建自贸区。(见图 11-2-5)

图 11－2－5 福建自贸区官方网站

• 其他自贸区网站

目前，我国已经设立了 23 个自贸区，除以上介绍的上海、广东、天津、福建自贸区外，还有辽宁、浙江、河南、湖北、重庆、四川、陕西、海南、江苏等 19 个自贸区。以下列举几个自贸区的官方网站链接。这些网站的内容大体相似，主要包括各自贸区的概况、法律法规、新闻、网上办事平台等。官方网站是获得相关新闻、法律法规最权威、准确的途径，所以如果要查找自贸区的相关信息，相应的官方网站是首要的获取途径。

中国（辽宁）自由贸易试验区（http://www.china－lnftz.gov.cn/）；

中国(浙江)自由贸易试验区(http://www.china-zjftz.gov.cn/);

中国(河南)自由贸易试验区(http://www.china-hnftz.gov.cn/);

中国(湖北)自由贸易试验区(http://www.china-hbftz.gov.cn/index.html);

中国(重庆)自由贸易试验区(http://www.liangjiang.gov.cn/2017/cqzmq.htm);

中国(四川)自由贸易试验区(http://www.scftz.gov.cn/);

中国(陕西)自由贸易试验区(http://www.shaanxiftz.gov.cn/);

中国(海南)自由贸易试验区(http://www.hnftp.gov.cn/)。

(二)自贸区研究机构资源

• 中国自由贸易试验区协同创新中心

网址:http://cicftz.shufe.edu.cn/main.htm

2013年9月29日,中国(上海)自由贸易试验区正式挂牌运行不久,由上海财经大学牵头,对外经济贸易大学、上海交通大学、华东政法大学、上海对外经贸大学及时响应,于2013年10月26日联合组建了中国(上海)自由贸易试验区协同创新中心。协同创新中心按照准实体要求推进中心的组织建设和制度建设,以五大创新任务为牵引,以体制机制改革为保障,组建五大创新团队,全程参与完成了自贸试验区的主要创新任务。根据中心章程,中心将重点研究"四大问题":贸易投资自由化与金融创新研究、政府职能转变研究、法律保障研究、风险监测与政策效应评估研究。同时,将以中国(上海)自由贸易试验区的开放与建设的国家重大需求为牵引,在理论体系构建、高端人才培养、学术队伍建设、学术交流深入、国际影响扩大等方面积极开展工作。

该中心网站上对自贸区研究者比较有价值的内容有:专家视点、科学研究、自贸区动态、社会服务、政策文件、成果展示等。专家视点主要是介绍该中心的专家在会议、论文、报纸等渠道发布的有关自贸区的研究内容;自贸区动态是有关中国自贸区近期的政策法规、新闻等内容;社会服务中可以查找到如中心对上海自贸区第三方评估报告等信息;成果展示是中心近期发布的有关自贸区研究的科研报告、科研项目、著作、研究论文等,如《建设中国自由贸易港研究》《上海自由贸易区与"五个中心"发展联动》等。(见图11-2-6)

图 11－2－6　中国自由贸易试验区协同创新中心网站

● 华东政法大学中国自贸区法律研究院

网址：http://ftz.ecupl.edu.cn/

华东政法大学中国自由贸易区法律研究院于 2013 年 10 月 12 日成立，研究院充分发挥学校法学学科优势，致力于研究自贸区建设所需的法律制度的调整与创新。研究院设金融法律、贸易法律、投资法律、航运法律、知识产权法律、数据分析、市场监管法律 7 个研究中心，并成立由校内外专家组成的专家咨询委员会，负责研究课题的评议和指导。研究院通过开放共享，聚集校内外资源，形成人才、学科、科研三位一体的新格局，汇聚和培养高素质人才，切实解决自贸区建设中的法律问题。研究院自成立以来，充分发挥法学学科优势，取得了丰硕的研究成果，院科研团队已主持与自贸区法律研究有关的国家级及省部级课题 20 多项，课题的研究结论和建议得到了有关部门不同程度的采纳，特别是所承接的商务部重点课题“国内市场规则与国际高标准经贸谈判规则比较研究”，得到了国务院有关领导同志的重要批示。

在该网站上可以查询到自贸区相关的法律法规、前沿问题研究,以及研究院所承接的课题等内容。值得关注的是信息简报一栏,其中,《华东政法大学中国自由贸易区法律研究院信息简报》是研究院工作人员编写的有关自贸区最新资讯的信息简报,内容包括新闻、法律法规、研究院动态、媒体评论、前沿研究等,每月一期,目前已经更新至第 100 期。(见图 11 -2 -7)

图 11 -2 -7　华东政法大学中国自贸区法律研究院网站

• 中国自贸区发展研究院

网址:http://www. zgzmqyjy. com/

中国自贸区发展研究院于 2017 年 5 月挂牌成立,是中国产学研合作促进会中国自由贸易区创新发展研究联盟的下属机构,是为 11 个自贸区发展服务的社会智库。

该网站的内容不单是针对某个自贸区研究,而是汇集中国目前所有自贸区的相关信息,如自贸区政策的解读、自贸区特色解读、自贸区经济研究、自贸区相关期刊等,是比较倾向于实务部门的研究网站。(见图 11 -2 -8)

图 11-2-8　中国自贸区发展研究院网站

• 其他自贸区研究院

目前，随着自贸区的建设和发展，针对自贸区的研究院也纷纷成立，这些研究院大多是自贸区所在地的某个高校依托学校的优势学科成立的。2017 年 9 月 23 日，由浙江省法学会主办、浙江省法学会自由贸易园（港）区法治研究中心承办、浙江工业大学协办的中国自贸试验区改革方案法治保障会上，浙江省法学会自由贸易园（港）区法治研究中心、复旦大学自贸区法治研究中心、华东政法大学中国自由贸易区法律研究院等 10 多家研究中心结成联盟，中国自贸试验区法治智库联盟正式成立。智库联盟的宗旨就是运用法治思维和法治方式，推进中国自贸试验区改革创新，为破解中国自贸区建设中的重大法治问题和难题提供智力支撑。

在智库成员中，有的已经开通网站，提供相应的自贸区信息服务，详细的法治智库联盟成员名单如下（排名不分先后）：

浙江省法学会自由贸易园（港）区法治研究中心；

复旦大学自贸区法治研究中心（http://www.sif.fudan.edu.cn/）；

华东政法大学中国自由贸易区法律研究院(http://ftz.ecupl.edu.cn/);

华南理工大学中国对外开放法治研究中心(http://www2.scut.edu.cn/openingup/);

辽宁大学一带一路与自贸区法律研究中心;

南开大学国际法研究中心;

上海财经大学法学院自贸区法治研究中心(http://ssd.shufe.edu.cn/);

上海交通大学凯原法学院亚洲法律中心;

上海市法学会自贸区法治研究会;

四川大学中国(四川)自贸试验区暨"一带一路"法律研究中心;

武汉大学海外投资法律研究中心;

西安交大"一带一路"自贸区研究院法律治理研究中心;

西北政法大学中国(陕西)自由贸易区法律研究院(http://www.ftzlaw.org/);

西南政法大学自由贸易区法治研究中心;

厦门大学财税金融法治研究中心;

郑州大学自贸区·"一带一路"法治研究中心;

中山大学法学院自由贸易区法律研究中心(http://iftzr.sysu.edu.cn/)。

(三)自贸区实务部门资源

• 中国(上海)自由贸易试验区法庭

网址:http://www.ftzcourt.gov.cn/

中国(上海)自由贸易试验区法庭成立于2013年11月5日,隶属于上海浦东新区人民法院。自贸区法庭主要以审理与自贸区相关的民商事案件为主。在案件审理中要准确适用中外法律、国际条约,遵循国际通行规则和惯例,确保涉自贸区相关案件得到公正、高效的审理,为自贸区建立符合国际化和法治化要求的跨境投资和贸易规则体系营造良好的法治环境。

上海自贸区法庭网站包含争端解决、司法公开、法庭动态、诉讼服务、诉讼指南等选项,争端解决板块可以查询到调解、诉讼、仲裁的争端解决指南、案例、流程等;司法公开板块可以查询诉讼开庭、庭审直播等信息;诉讼服务板块可以查询法官信息、法律文书、诉讼流程、失信查询等；诉讼指南包括法院管辖、诉讼费用、网上诉讼、送达等信息，是对用户比较友好的网站。（见图 11－2－9）

图 11－2－9　中国（上海）自由贸易试验区法庭网站

• 中国（上海）自由贸易试验区仲裁院

网址：http：//www. cietac-sh. org/Trade/index. aspx

中国（上海）自由贸易试验区仲裁院，成立于 2013 年 10 月，隶属于上海国际经济贸易仲裁委员会（上海国际仲裁中心）。仲裁院旨在为区内当事人提供便捷高效、与国际接轨的仲裁法律服务。由上海国际仲裁中心制定的《中国（上海）自由贸易试验区仲裁规则》于 2014 年 4 月 8 日正式发布，并于 2014 年 5 月 1 日起施行，该仲裁规则吸纳、完善了诸多国际商事仲裁的先进制度，包括完善“临时措施”，增设“紧急仲裁庭”制度；确立仲裁员开放名册制等。这部仲裁规则的发布，有利于满足境内外当事人争议解决方式的多元化需求，推动自贸试验区完善国际化、法治化的营商环境。

该网站上可以查询到《中国（上海）自由贸易试验区仲裁规则》、示范条款、仲裁员等仲裁信息；与自贸区相关的法律法规、咨询动态，以及一些有关自贸区仲裁的研究。（见图 11－2－10）

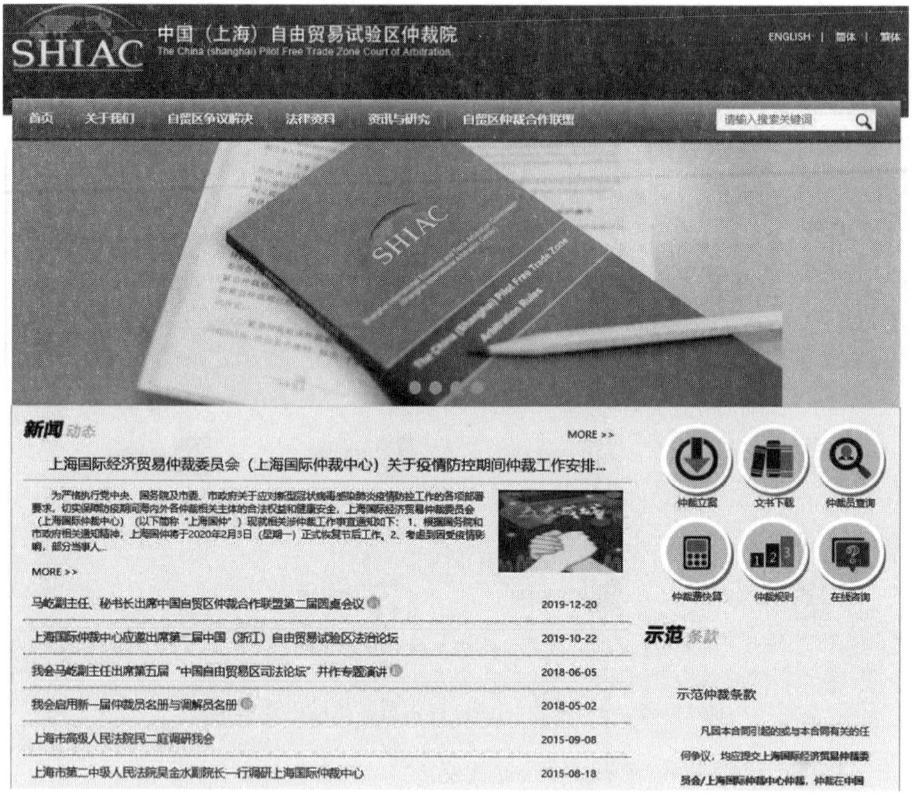

图 11-2-10　中国(上海)自由贸易试验区仲裁院

• 深圳前海合作区人民法院

网址:https://www.szqhcourt.gov.cn/webCN/

前海法院是最高人民法院确立的综合性司法改革示范法院,2014 年 12 月 2 日经最高人民法院批准成立,2015 年 1 月 28 日揭牌。前海法院管辖范围包括发生在前海、蛇口自由贸易区范围内一般知识产权案件,以及发生在前海、蛇口自由贸易区范围内的除专利、植物新品种、集成电路布图设计、技术秘密、计算机软件、涉及驰名商标认定纠纷案件及垄断纠纷案件之外的第一审一般知识产权民事案件。

在该网站的裁判文书公开、审判信息公开、执行信息公开、庭审直播公开等栏目中可以查询到与前海涉自贸区,特别是前海涉自贸区知识产权的案件相关公开信息,网站还有专门的案例库可供查询。(见图 11-2-11)

图 11－2－11　深圳前海合作区人民法院网站

四、世界著名自贸区法律文献检索

（一）主要 FTA 的法律文献查询

• 东南亚国家联盟

网址：http://asean.org/

在东南亚国家联盟网站首页上，东盟（Association of Southeast Asian Nations, ASEAN）一栏中，详细介绍了 ASEAN 的成员国、章程、组织机构、同其他国家的关系等多项内容；在“资源”（Resource）一栏中，可以查找到 ASEAN 的数据统计、法律文件、出版物等信息，其中法律文件（Legal Instruments）按照政治、经济、社会文化

分类详细列出。(见图 11－2－12)

图 11－2－12　东南亚国家联盟网站

• 中国—东盟自由贸易区

网址:http://www.cafta.org.cn/

中国—东盟自由贸易区网站为中文网站,内容丰富,涉及中国东盟—自由贸易区(China－ASEAN Free Trade Area,CAFTA)的货物贸易、服务贸易、投资、经济合作、原产地证明、关税、协议文本等多项内容。同时,该网站的布局合理,操作简单,用户可以简单地获取相关信息,是一个对用户很友好的网站。(见图 11－2－13)

图 11－2－13　中国—东盟自由贸易区网站

● 北美自由贸易区(NAFTA)

网址:http://www.naftanow.org/

北美自由贸易区网站有英语、法语、西班牙语三个版本,网站界面简洁明了。用户如果需要与《北美自由贸易协定》相关的协议,可以在页面下方的"条约"(THE AGREEMENT)中查找;如果需要一些争端解决案例作为参考的话,可以在"争端解决"(DISPUTE SETTLEMENT)中查找相关的案例。(见图11-2-14)

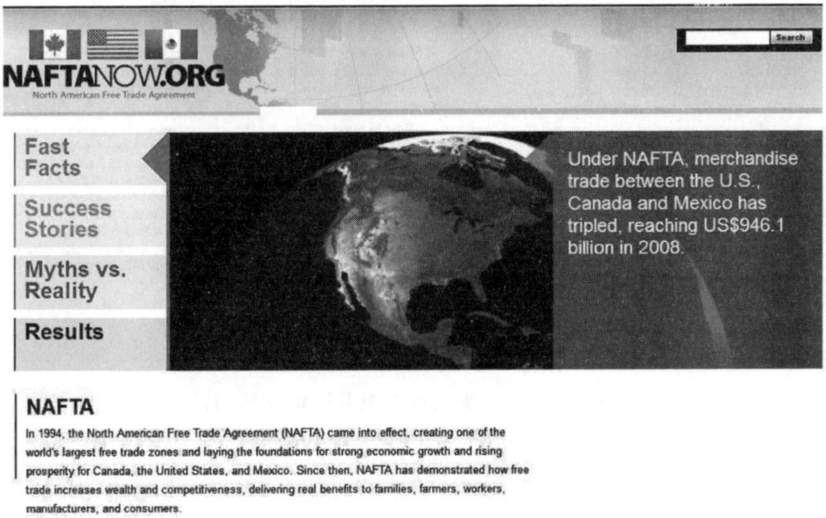

图11-2-14　北美自由贸易区网站

(二)主要FTZ的法律文献查询

● 美国的自由贸易区

网址:https://enforcement.trade.gov/ftzpage/letters/ftzlist-map.html

美国目前设有296个自由贸易区,统一由美国商务部和财政部共同设立的美国自由贸易区管理局(U.S. Foreign-Trade Zones Board)管理,想要获得美国这些自贸区的信息,可以在该管理局的网站上查找。

该网站上按照州列出了美国所有自贸区的信息,有的自贸区可以通过其官方网站获取详细的信息,但不是所有的自贸区都有官方网站,这些自贸区可以在美国自贸区管理局的网站上获取相关的信息,包括相关自贸区的条例、政策法规等。(见图11-2-15)

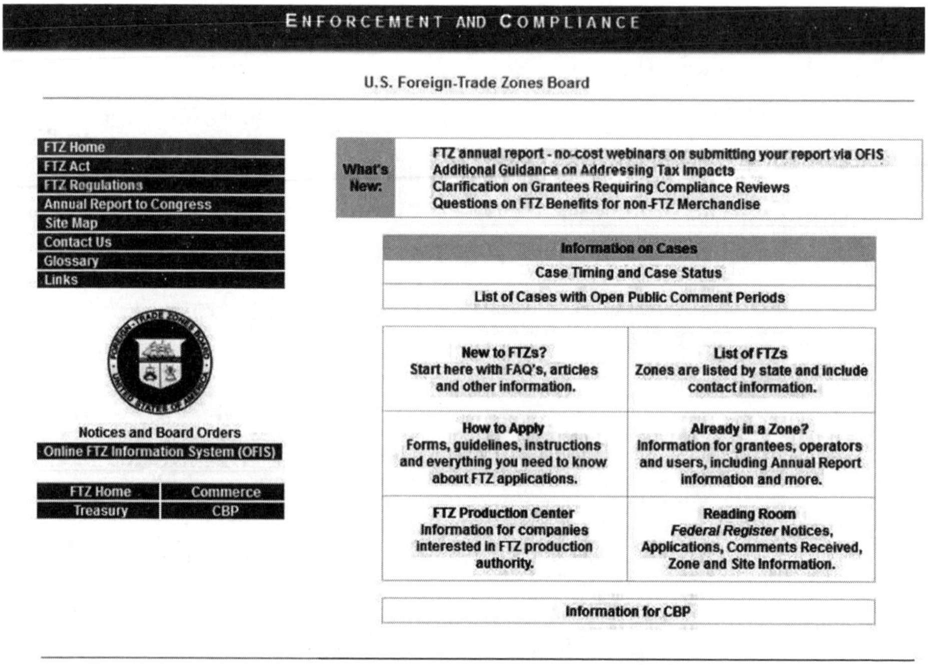

图 11 -2 -15　美国自由贸易区管理局网站

• 中国香港自贸区

网址:https://www. hkmpb. gov. hk/en/index. html

在香港海运港口局的网站上可以获取有关香港自贸区或香港自由港的相关信息,如在“香港港口”(HK PORT)一栏中,可以查找香港的港口信息;在“海事枢纽”(MARITIME HUB)一栏中可以获得相关海运的服务内容,以及一些避免双重收税的协议安排;在“信息”(INFORMATION)一栏中,可以获取相关的数据、研究报告和出版物等。(见图 11 -2 -16)

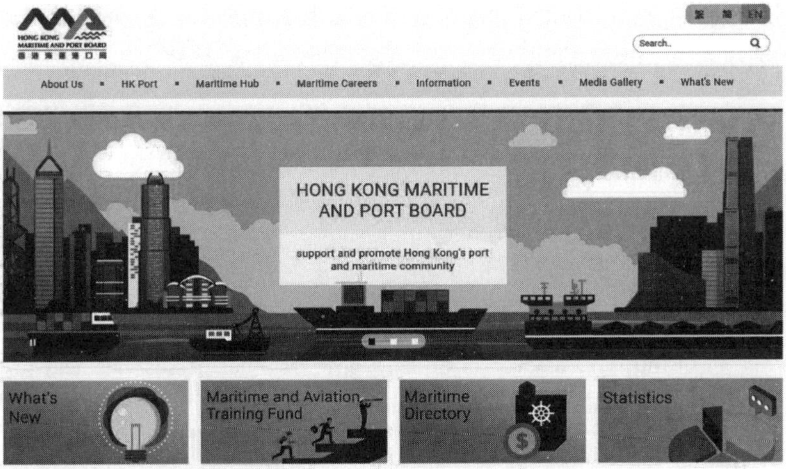

图 11－2－16　中国香港海运港口局网站

• 新加坡自贸区

网址：https://www.customs.gov.sg/

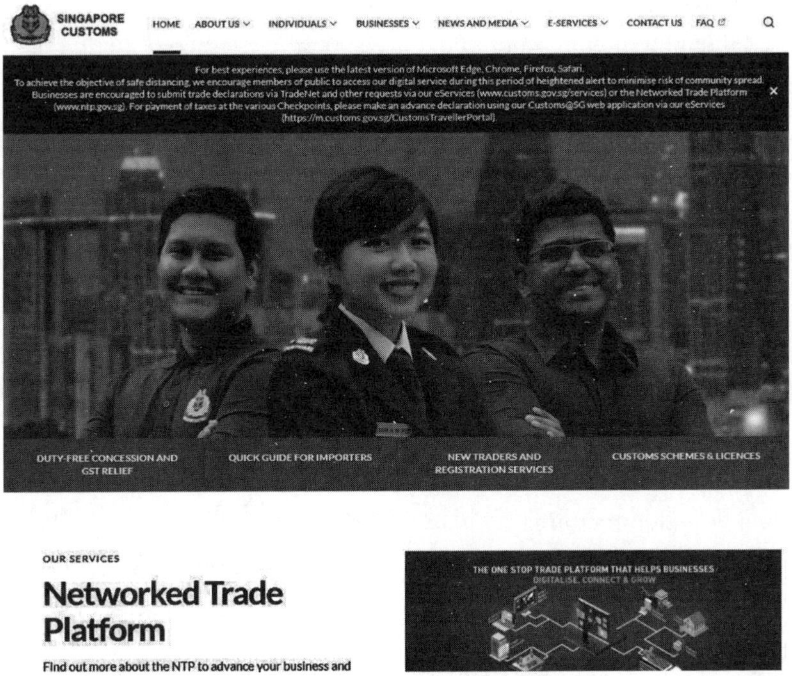

图 11－2－17　新加坡海关网站

该网站上“商业”(BUSINESS)栏目下可以查询到新加坡有关的贸易政策、关税政策(Goods and Services Tax Act,Customs Act)、海关政策(Regulation of Imports and Exports Act)、自由贸易区政策(Free Trade Zones Act),以及具体的海关程序(Customs Procedures)、货物清单(Controlled Goods)等详细列表。(https://www.customs.gov.sg/businesses/compliance/overview)

以及新加坡投资、贸易的指南、电子手册等实用资料,如《新注册商户指南》(*Guide for Newly Registered Traders*)、《海关手续指南》(*Guide to Customs' Procedures*)。(https://www.customs.gov.sg/businesses/business-resources/courses-and-events)

另外,在美国对外贸易局网站上也有关于新加坡的商业指南,该指南详细地介绍了新加坡商业、贸易、投资、自贸区的信息,非常实用。(https://www.export.gov/article?id=Singapore-Customs-Regulations)

- 迪拜自贸区

网址:https://www.dafz.ae/en

图 11-2-18 迪拜机场自贸区网站

在迪拜机场自贸区网站的“公司设立”(BUSINESS SETUP)一栏中,详细地给出了设立公司需要的程序、提交的材料、需要获得的执照许可等信息;在“服务”(SERVICES)一栏中,可以查找到该网站提供的执照服务、技术服务、官方证件服务、安全服务等;在“下载”(DOWNLOAD)一栏中,提供英语、中文、韩语、德语、意大利语、西班牙语的迪拜机场自贸区电子手册的下载。

迪拜自贸区的其他信息也可以通过以下几个网站获取：

https://www.digitaldubai.ae/(迪拜政府)

https://www.dubaiairport.com/(迪拜机场)

在美国对外贸易局网站上也有关于阿联酋的商业指南，该指南也详细地给出了该国家投资、贸易、关税等政策，自由贸易区的相关信息也可以查询到，并给出了具体管理部门的网站链接，方便用户查找更详细的资讯。(https://www.trade.gov/export-solutions)

另外，国外的自贸区并不都像国内自贸区一样，开设官方或自主网站，所以有些自贸区只能通过一些相关网站或者目前已有的出版物获取相关信息。

在此推荐几本自贸区的出版物，可以获得更多的世界上其他自贸区的有关信息：

《全球100个自由贸易区概览》上下两册，由上海财经大学自由贸易区研究院、上海发展研究院编写。该书在整合现有自贸区研究基础上，选取了30多个国家和地区的100个自贸区案例进行了深入研究，内容包括相关自贸区概述、发展历程、所属类型、相关法律和政策措施、运行特点、取得的成绩、存在的问题及未来趋势等。可以说，这套书对于国外自贸区的研究提供了丰富的案例资料和数据信息。

《全球自贸区发展研究及借鉴》，也是由上海财经大学自由贸易区研究院、上海发展研究院编写，该书分三部分内容：第一部分总结全球自贸区发展的特点和趋势；第二部分从自贸区的功能定位、法制保障、管理模式、投资准入、外汇管制、财税政策等8个方面对世界各国自贸区的做法进行梳理和深度分析；第三部分选择了美国、英国、韩国、新加坡、巴西和印度6个典型国家的自贸区进行深度案例分析，为进一步的研究提供基础。

五、自贸区研究出版物

自2013年上海自贸区成立以来，国内研究自贸区的学者、机构也如雨后春笋般发展壮大起来，本章前面也介绍了众多自贸区的研究机构，这些机构或者学者也纷纷将自己的研究成果出版发行。以下是一些近几年有关自贸区研究的法律出版物：

《自贸区法律制度研究》;

《中国自贸区金融创新与法律支持研究》;

《中国所涉自贸区原产地规则与相关问题研究》;

《中国自由贸易试验区知识产权制度创新》;

《中国上海自由贸易试验区与国际经济合作》;

《自由贸易区的原产地规则问题研究》;

《上海自贸试验区法治创新的轨迹理论思辨与实践探索》;

《自由贸易区法律适用第 1 辑》;

《自由贸易法治论丛自由贸易区法律适用第 2 辑》;

《自由贸易试验区的制度创新与法律保障》;

《自由贸易试验区国外相关法律文件编译》;

《自由贸易法治评论第 1 辑》;

《自由贸易区司法评论第 1 辑》;

《自由贸易区司法评论第 2 辑》;

《上海自贸区背景下的服务贸易发展研究》;

《福建自贸区重大法律问题研究》;

《中国自贸区法律制度建立与完善研究》;

《中国自由贸易试验区知识产权制度创新》;

《自由贸易账户论中国(上海)自由贸易试验区金融改革的理论与实践》;

《中国(上海)自由贸易试验区与海关监管制度创新》;

《TPP 视野下的中国自由贸易区战略研究》;

《我国外商投资负面清单管理模式研究》;

《区域自由贸易协定中“负面清单”的国际比较研究》;

《中国(上海)自由贸易试验区制度解读与展望》。

第三节　知识产权法律文献检索

在经济全球化浪潮席卷,知识经济时代到来的背景下,知识产权受到国内各界前所未有的关注。2020 年 11 月,在十九届中央政治局第二十五次集体学习时,习近平总书记指出,“我国知识产权事业不断发展,走出了一条中国特色知识产权发展之路,知识产权保护工作取得了历史性成就”,“我国正在从知识产权引进大国向知识产权创造大国转变,知识产权工作正在从追求数量向提高质量转变”。[①]本章内容主要为知识产权机构官方文献资源、知识产权法律数据库及其他网站资源检索。

一、知识产权法律文献概述

通常意义上,知识产权(“Intellectual Property”或“Intellectual Property Rights”,简称 IPRs),是指自然人、法人与其他组织享有的,基于智力活动创造的成果和经营管理活动中使用的标志等而受法律保护的民事权利。我国内地民法理论在 20 世纪七八十年代将其称为“智力成果权”,1986 年《中华人民共和国民法通则》正式使用“知识产权”概念取代了“智力成果权”,沿用至今。我国台湾地区和香港特别行政区,通常称之为智慧财产权或智力财产权。

(一)知识产权制度

现代意义上的知识产权制度从欧洲发源至今,已历经数几百年。英国 1623 年颁布的《垄断法规》、1709 年颁布的《安娜女王法令》(原名《为鼓励知识创作授予作者及购买者就其已印刷成册的图书在一定时期内之权利的法》)是世界上最早的专利法和著作权法;法国 1857 年颁布的《关于以使用原则不审查原则为内容的制造标识的商标的法律》是世界上最早的商标法。这些法律的产生,标志着专利、著作、商标开始具有了法律上财产的意义,知识产权制度由此产生。经过几个世纪的演绎,知识产权制度在各国建立发展,并不断实现国际化,成为管理保护知识产权和有效促进科技创新的重要手段。

我国的知识产权制度是随着改革开放逐步建立和发展起来的。虽然起步时间较晚,但发展迅速,已建立较为完备的法律体系,先后出台并不断修订《中华人民共

---

① 习近平:《全面加强知识产权保护工作　激发创新活力推动构建新发展格局》,载《求是》2021 年第 3 期。

和国商标法》《中华人民共和国专利法》《中华人民共和国著作权法》,2021 年实施的《中华人民共和国民法典》第 123 条明确规定"民事主体依法享有知识产权"。

(二)知识产权法律文献分类

知识产权法律文献是一切记录有关知识产权法律知识的文献载体。依前述法律文献的分类标准,知识产权法律文献包含以下类型:

按照文献载体分类,知识产权法律文献包括纸质知识产权文献和数字知识产权文献;按照文献信息类型,知识产权法律文献包括知识产权法律法规、知识产权案例、知识产权专著与论文以及知识产权法律参考工具;按照国外法律文献常用分类法,知识产权法律文献包括原始知识产权文献和二次知识产权文献。

此外,知识产权法律文献还可以依据知识产权的不同权利类型进行分类。知识产权的范围有广义与狭义之分,狭义的知识产权通常是指著作权、专利权、商标权;广义的知识产权则包括著作权(包括计算机软件)、专利权(包括实用新型、工业品外观设计等)、商标权(包括厂商名称、地理标志等)、商号权和商业秘密权等。WTO 于 1993 年签订的《与贸易有关的知识产权协议》(Agreement on Trade-Related Aspects of Intellectual Property Rights,TRIPs)列举的知识产权包括著作权以及有关权利、商标权、地理标记权、工业品外观设计权、专利权、集成电路布图设计权与未公开信息权。相应地,知识产权法律文献包括著作权法律文献、专利权法律文献、商标权法律文献及其他知识产权法律文献。

二、知识产权机构及其文献资源

(一)中国知识产权机构及其法律资源

1. 中国国家知识产权局

中国国家知识产权局(State Intellectual Property Office,SIPO)是国家市场监督管理总局管理的国家局,下设局机关、专利局、商标局以及中国知识产权报社等 5 个直属单位、中国知识产权研究会等 2 个社会团体。其主要职能包括拟订和组织实施国家知识产权战略、保护知识产权、促进知识产权运用、知识产权的审查注册登记和行政裁决、建立知识产权公共服务体系、统筹协调涉外知识产权事宜等,与国家版权局有明确分工。①

国家知识产权局官网（https://www.cnipa.gov.cn/），有简体中文、繁体中文和英文三个版本，其中简体中文站是其主网站，内容较其他两个版本更为丰富，提供众多专利信息查询工具。（见图 11－3－1）

图 11－3－1　中国国家知识产权局网站

（1）政策法规

国家知识产权局网站有政策法规栏目，收录专利、商标、地理标志、集成电路布图设计等知识产权法律法规及政策文件。其中，法律法规包括相关法律、行政法规和部门规章，政策文件包括知识产权局的公告、白皮书、公报及年度报告等。

（2）国家知识产权局政务服务平台

国家知识产权局政务服务平台分为专利、商标、地理标志和集成电路布图设计四个板块，分别含有相关申请、审查、复核等服务事项，并提供不同类型的检索平台，如专利检索及分析系统、中国及多国专利审查信息查询、地理标志产品检索、集成电路布图设计公告等。其中，专利检索及分析系统是集专利检索与专利分析于一身的综合性专利服务系统，共收集了 103 个国家、地区和组织的专利数据，同时收录了引文、同族、法律状态等数据信息。多国发明专利审查信息查询服务可以通过输入申请号、公开号、优先权号等查询中国国家知识产权局、欧洲专利局、日本特

---

① 根据《中华人民共和国著作权法》的规定，全国著作权管理工作由国家版权局主管。

许厅、韩国特许厅、美国专利商标局受理的发明专利审查信息。

(3)国家知识产权公共服务网

国家知识产权公共服务网整合了国家知识产权局内现有知识产权公共服务资源,可进行全国知识产权公共服务体系骨干节点和服务网点一体化可视化查询,实现业务服务、政务服务和信息服务的"一站式"办理。

此外,该网站还有众多相关网站链接,如专利数据服务实验系统、重点产业专利服务信息以及国外主要知识产权网站等。SIPO 英文站(http://english.cnipa.gov.cn/)的内容有所不同,主要内容有"法律和政策"(LAW&POLICY)、"特别主题"(SPECIAL TOPIC)等,可查找知识产权法规的英文版。

2. 国家版权局

中华人民共和国国家版权局设立于 1985 年,之后经过多次机构调整。2018 年 3 月,中共中央印发《深化党和国家机构改革方案》,明确指出,"为加强党对新闻舆论工作的集中统一领导,加强对出版活动的管理,发展和繁荣中国特色社会主义出版事业,将国家新闻出版广电总局的新闻出版管理职责划入中央宣传部。中央宣传部对外加挂国家新闻出版署(国家版权局)牌子"。2018 年 4 月 16 日,国家版权局正式揭牌。其主要职能是贯彻实施中华人民共和国著作权法律、法规,并且接受全国人民代表大会及其常务委员会的委托起草著作权的法律、接受中华人民共和国国务院的委托起草与著作权有关的行政法规。

国家版权局的官网(https://www.ncac.gov.cn/chinacopyright/),主要由信息发布和办事服务两部分内容组成,其中信息发布板块包括相关新闻、公告、法律法规等信息。同时,官网可连接至国际版权组织和相关部门、各地方版权管理机构网站、中国版权协会、中国版权保护中心等。(见图 11-3-2)

图 11 -3 -2　中国版权局网站

版权局设直属机构中国版权保护中心，其主要职责是具体实施《中华人民共和国著作权法》以及有关法规和规章，为著作权人和与著作权有关的权利人以及使用者提供著作权专业服务。版权保护中心官网(http://www.ccopyright.com.cn)收录软件、作品和数字公告，以及《中国版权》杂志目录等文献信息。

3. 香港知识产权署

香港知识产权署是我国香港特别行政区的知识产权管理部门，知识产权署于1990年7月2日成立，接替注册总署处理专利注册、货品的商标注册及其他相关工作。知识产权署下的商标注册处、专利注册处、外观设计注册处和版权特许机构注册处，分别负责商标、专利、外观设计和版权特许机构注册的事宜。

香港知识产权署官网(http://www.ipd.gov.hk/)，有简体中文、繁体中文和英语三个版本，依知识产权类别分设商标、专利、外观设计和版权等版块。同时，另有若干相关资源链接，包括知识产权概念介绍、香港知识产权公报、知识产权署刊物、粤港澳知识产权专题等。(见图 11 -3 -3)

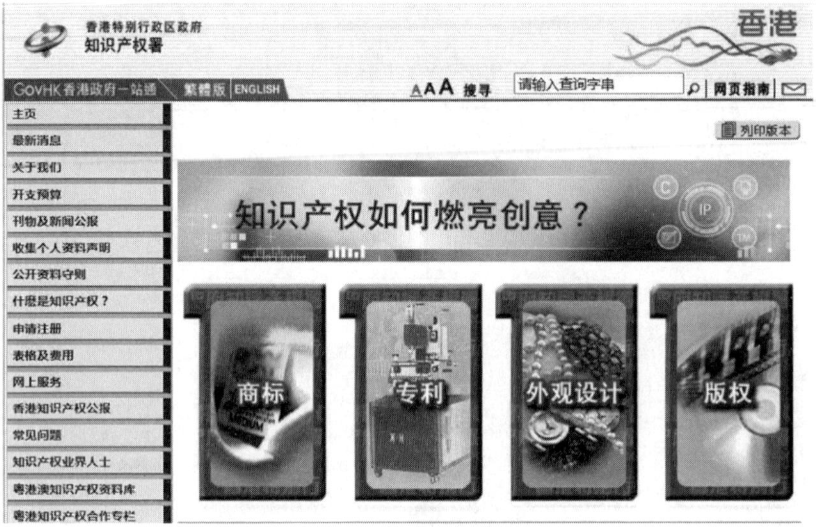

图 11-3-3　香港知识产权署网站

(二)其他国家知识产权机构及其法律资源

1. 美国专利及商标局

美国专利及商标局(United States Patent and Trademark Office,简称 PTO 或 USPTO)是美国商务部下的一个分支机构。USPTO 的主要职能包括:专利授权与商标注册;为发明人提供与其专利或发明、产品及服务标识相关的服务;通过实施专利与商标等知识产权相关法律,管理专利、商标以及与贸易有关的知识产权事务,并向总统和商务部长提出相关政策建议,为增强国家经济实力出谋划策;为商务部和其他机构提供涉及知识产权事务的建议和帮助;通过保存、分类和传播专利信息,帮助、支持创新和国家科技发展。USPTO 的机构设置有专利局、商标局、总法律顾问部、国际部(外事主管部)及专利公共咨询委员会和商标公共咨询委员会等。

美国专利及商标局官网(http://www.uspto.gov/),设有专利、商标、法律和政策、学习与资源等板块。其中专利一栏分专利申请流程、专利检索等子版块;商标一栏分商标申请流程、商标检索等子版块;法律政策一栏分知识产权法律法规、知识产权国际事务、相关研究等子版块。(见图 11-3-4)

图 11－3－4　美国专利及商标局网站

2. 英国知识产权局

英国知识产权局(Intellectual Property Office,IPO),隶属于英国商务、能源与工业战略部,是负责知识产权(包括专利、外观设计、商标和版权)的英国官方政府机构。其前身为英国专利局,2007 年 4 月 2 日正式更名为英国知识产权局,职责不仅包括专利、外观设计、商标和版权等方面的申报、审核和批准,还负责协调政府决策者、执法部门、企业,打击知识产权领域犯罪和侵权等。

IPO 官网(http://www. ipo. gov. uk/),对应专利、商标、外观设计和版权,分别设有专题栏目。其中,商标一栏包含《1994 年商标法(最新修订版)》(The Trade Marks Act 1994, as amended)、《2008 年商标规则(最新修订版)》(Trade Marks Rules, as amended)、《商标实务手册》(Manual of trade marks practice)等内容,可进行商标(trade mark)和商标决策(trade mark decisions)的检索;专利一栏包含《1977 年专利法(最新修订版)》(The Patents Act 1977, as amended)、《2007 年专利规则(最新修订版)》(The Patents Rules 2007, as amended)、专利说明(Patent directions)、专利实务手册(Manual of Patent Practice)、专利审裁处手册(Tribunal Patents Manual)等,并可进行专利(patent)、专利决策(patent decisions)、专利期刊(patents journal)的检索;外观设计一栏包含注册外观设计法律法规(Registered Designs Act and Rules)、注册外观设计审查实践(Registered Designs Examination Practice)、外观

设计法定文书(Designs Statutory Instruments)等,并可进行外观设计(registered design)及外观设计决策(Designs decisions)的检索;版权一栏包含著作权相关法条(Copyright Act)、孤儿作品(orphan works)相关法律法规等。(见图 11-3-5)

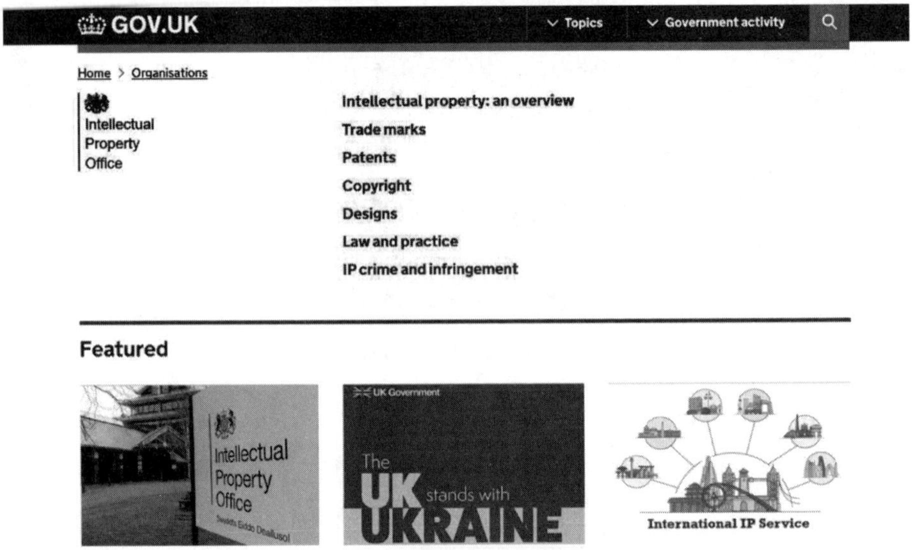

图 11-3-5 英国知识产权局网站

3. 德国专利与商标局

德国专利局成立于 1877 年,现更名为德国专利与商标局(The German Patent and Trade Mark Office,DPMA),总部设在慕尼黑,隶属联邦司法部。主要职责是审查发明,授予专利,注册商标、实用新型和外观设计,管理知识产权并向公众提供知识产权信息。

DPMA 官网(https://www.dpma.de/),设有专利、实用新型、商标和外观设计专题板块,网站主要的检索平台有 DPMAregister 数据库,提供关于专利、实用新型、商标以及工业设计出版物及注册数据,可检索相应的法律法规、法律状态以及出版物;DEPATISnet 是德国专利信息系统,在该数据库中可检索多个国家和组织公开的专利文献信息,并可以浏览具有 PDF 格式的专利说明书全文。(见图 11-3-6)

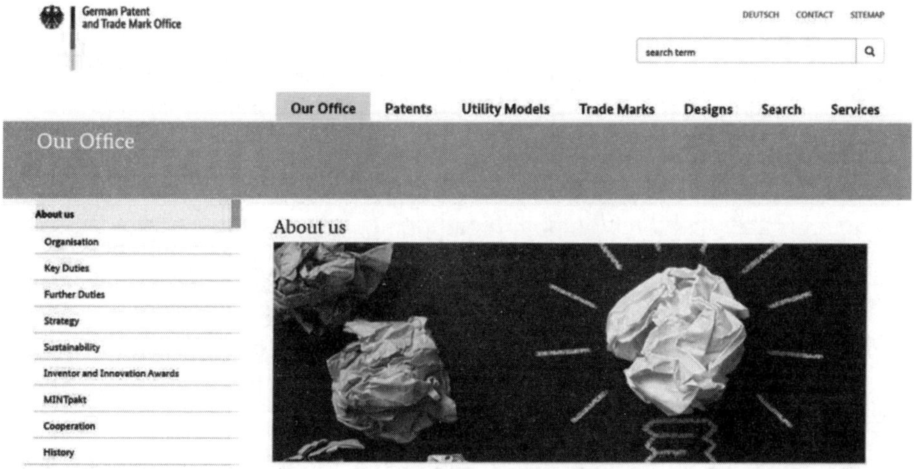

图 11－3－6 德国专利与商标局网站

4. 日本专利局

日本专利局(Japan Patent Office,JPO,也译为日本特许厅),成立于1885年,隶属经济产业省。其职责范围包括受理工业产权、拟定工业产权方针政策、工业产权领域国际合作、审查修订工业产权制度、支持中小企业和大学,促进产业、学术界、政府之间的合作以及拓展工业产权信息发布等。

JPO官网(http://www.jpo.go.jp/),有英语和日语版本,除根据知识产权的分类,提供专利(Patents)、实用新型(Utility models)、外观设计(Designs)和商标(Trademarks)相关制度介绍外,另专设有审判上诉(Appeals/Trials)、法律政策(Laws and Policies)版块,提供审判与上诉相关新闻、程序手册、法律法规等诸多文献资料。

JPO可链接至日本专利信息平台(J-PlatPat),支持专利和实用新型、设计、商标和各类裁判文献的检索和下载。网站支持日文及英文检索,有简单检索和高级检索模式,检索结果有TEXT和PDF两种形式。(见图11－3－7)

图 11-3-7　日本专利局网站

(三)知识产权国际(地区)组织及其文献资源

1. 世界知识产权组织

世界知识产权组织(World Intellectual Property Organization,WIPO)是一个致力于促进使用和保护人类智力作品的国际组织。总部设在瑞士日内瓦,是联合国组织系统中的16个专门机构之一。目前成员国有184个国家。该组织主要职能是负责通过国家间的合作促进对全世界知识产权的保护,管理相关机构(通过关于专利、商标和版权方面的多边条约设立的机构)的行政工作,并办理知识产权法律与行政事宜。

世界知识产权组织官网(http://www.wipo.int/),支持中文、法文、阿拉伯语等多种语言,相关文献资源主要集中在资源(Resources)板块,包括:

全球知识产权法律信息数据库(WIPO Lex)。免费提供世界各地的知识产权法律信息检索,收录法律、条约和判决书等法律文件50,000份。数据库支持高级检索功能,检索结果可在线浏览或下载。同时检索结果页面内置翻译工具,可在页面内直接选择使用WIPO Translate或Google Translate机器翻译,获取翻译文本。(见图11-3-8)

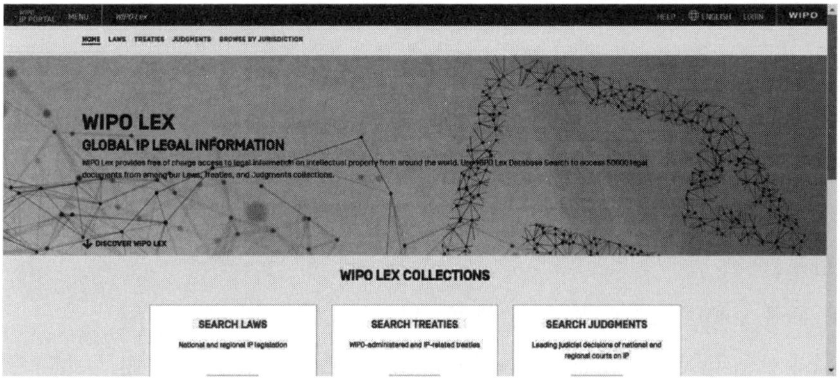

图 11－3－8 世界知识产权组织法律信息检索页面

WIPO 管理的国际条约（WIPO-administered treaties）。WIPO 管理着 26 个国际多边条约，我国已加入了大部分知识产权的国际多边条约，其中最重要的是《建立世界知识产权组织公约》（Convention Establishing the World Intellectual Property Organization，以下简称 WIPO 公约）与 TRIPs。在 26 个公约中，除 WIPO 公约外，还包含关于各类知识产权保护标准的条约 15 个，关于知识产权全球保护体系的条约 6 个，关于发明专利、商标、工业品外观设计等分类的条约 4 个。该板块可查阅全部 26 个条约的全文、摘要和成员。

WIPO 出版物（WIPO Publications）。可免费在线浏览和下载 WIPO 的所有出版物，包括 WIPO 年度报告、期刊、专著等。同时可通过机构知识库（Knowledge Repository），使用简单检索或高级检索功能获得 1885 年以来其所有的出版物。

WIPO 仲裁与调解中心（Alternative Dispute Resolution）。WIPO 仲裁与调解中心是一个中立的、国际性的和非营利的争议解决机构，提供多种替代性争议解决服务，解决国内或跨境知识产权和技术争议。该板块提供内容包括相关新闻、争议解决程序和 WIPO 调解、仲裁、快速仲裁和专家裁决等各类规则。

知识产权和技术数据库（IP and technology databases）。包含专利数据库（PATENTSCOPE）、全球品牌库（Global Brand Database）、全球外观设计数据库（Global Design Database）、原产地名称检索（Lisbon Express）、《巴黎公约》第 6 条保护的国徽和政府间组织的名称、缩写和其他徽记检索（Article 6ter Express）、WIPO 术语（WIPO Pearl）、可信数字证据（WIPO PROOF）等各类信息检索平台。

此外,资源板块中还包括全球知识产权分类和标准(classifications and standards),可进行国际分类与WIPO标准的浏览和检索;WIPO会议信息及文件数据库(Documents),可检索WIPO会议信息及正式会议文件;各国知识产权简介(Country profiles),收录各国的知识产权法律、机构、数据、活动和利用WIPO服务的情况;WIPO图书馆(WIPO Library),提供该图书馆超过35,000种知识产权参考资料目录。

2. 欧亚专利组织

欧亚专利组织(Eurasian Patent Organization,EAPO),是由《欧亚(大陆)专利公约》的成员国组成的一个跨国专利国际公约组织。组织成立于1996年1月1日,官方语言是俄文。俄罗斯、亚美尼亚、阿塞拜疆、白俄罗斯、哈萨克斯坦、吉尔吉斯斯坦、摩尔多瓦、土库曼斯坦和塔吉克斯坦9个公约缔约国都是组织成员。

EAPO官网(https://www.eapo.org/en/),成立于1998年6月1日,服务欧亚专利系统用户。提供的资源包括该组织概况、年度报告、新闻、专利检索等内容与服务。主要法律文献信息包括:

欧亚专利信息系统(Eurasian Patent Information System,EAPATIS),由欧亚专利局开发的信息检索系统,提供对世界、地区和国家专利文献集的访问,检索语言为俄语或英语。可根据检索需求填写检索式生成器(Query Builder)进行高级检索,检索路径包括专利申请人、申请编号、公开编号关键词等12项,最多可叠加6重检索条件。同时,可依据国别或编号进行简单检索。(见图11-3-9)

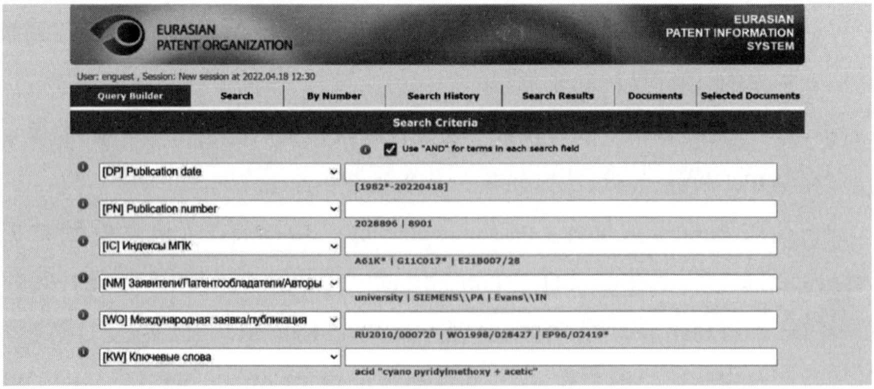

图11-3-9 欧亚专利信息检索系统

欧亚专利公报(Eurasian Patent Gazettes),收录欧亚专利局 1996 年至今的专利公报,其中 1996~2011 年为季刊或双月刊,2012 年后每月发行一次。WEB 版可在线浏览公报全文、PDF 版可在线浏览或下载全文。

欧亚专利登记(Eurasian Patent Register),可通过专利号、申请编号、发明名称、发明人、专利权人、代理人等 14 种检索途径,进行已经登记的欧亚专利的检索。检索结果以列表方式呈现,点击对应发明名称,可获得专利详情。

此外,该网站还提供《欧亚专利组织公约》等各类法律文件,可在文件(Documents)板块分类浏览。

3. 欧盟知识产权局

欧盟知识产权局(European Union Intellectual Property Office,EUIPO),负责管理欧盟成员国内的外观设计和商标注册。其前身为欧盟内部市场协调局(Office for Harmonization in the Internal Market),自 2016 年 3 月 23 日起,依据欧盟商标条例[Regulation(EU)2015/2424],更名为欧盟知识产权局,该局所管辖的“共同体商标”,也更名为“欧盟商标”。在管理、促进欧盟内部商标和外观设计的发展,办理共同体工业产权注册相关手续,维护注册人权利等方面有积极的作用。

EUIPO 官网(https://euipo.europa.eu/ohimportal/)包含机构管理的商标、外观设计相关信息。其中法律文献资源主要包括欧盟商标、外观设计相关法律法规、国际条约及其他相关法律文件。支持分类浏览和简单检索功能。主要检索平台包括:

EUIPO 在线检索(eSearch plus 数据库),是 EUIPO 管理的成员国内外观设计和商标注册数据库,可查询某一欧盟商标或外观设计的详细档案历史,包括权利的创设、变更、许可、转让等具体信息。数据库可进行简单检索或高级检索,特色是支持图像检索功能。

EUIPO 判例法检索(eSearch Case Law 数据库),可检索欧盟知识产权局做出的各类决定以及欧盟普通法院、欧洲法院和成员国法院做出的判决等文书。数据库支持简单检索和高级检索,包含日期、语言、判决案号、商标或外观设计名称等检索路径。(见图 11-3-10)

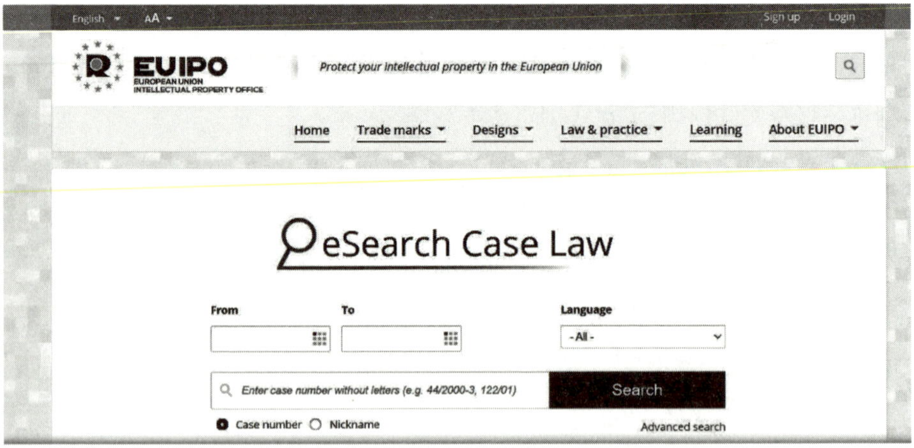

图 11 -3 -10 欧盟知识产权局判例法检索系统

此外,网站还提供 TMview 数据库(收录加入该项目的欧盟及其他国家的商标信息)、Designview 数据库(收录加入该项目的欧盟及其他国家的外观设计信息)、GLview 数据库(收录欧盟及其他地区地理标志)等检索平台。

4. 欧洲专利局

欧洲专利局(European Patent Office, EPO)成立于 1973 年,是根据《欧洲专利公约》成立的政府间组织,负责欧洲地区的专利审批。现有 38 个成员国,包括 27 个欧盟成员国以及挪威、瑞士和土耳其等国家。总部设在慕尼黑,在海牙设有分支机构,在柏林、维也纳和布鲁塞尔设有办事处。

EPO 官网(http://www.epo.org/),拥有较完整的专利文献资料、便捷的专利信息检索系统和专利审查、申诉及法律研究方面的文献及资源。主要栏目包括专利检索、专利申请、法律与实践、新闻及大事件以及学习资源。其中,法律文献资源主要包括:(1)法律法规——包含《欧洲专利公约》、官方公报、《审查指南》、《伦敦协定》、与欧洲专利公约有关的国内法等,支持在线浏览或 PDF 下载;(2)上诉委员会资源——提供专利上诉委员会的判例、年报等信息;(3)统一专利及统一专利法院资源——包括统一专利相关法律框架、特点、统一专利法院常见问题等;(4)法律学习资源——提供法律相关的文字及视频课程,包括部分免费课程。(见图 11 - 3 - 11)

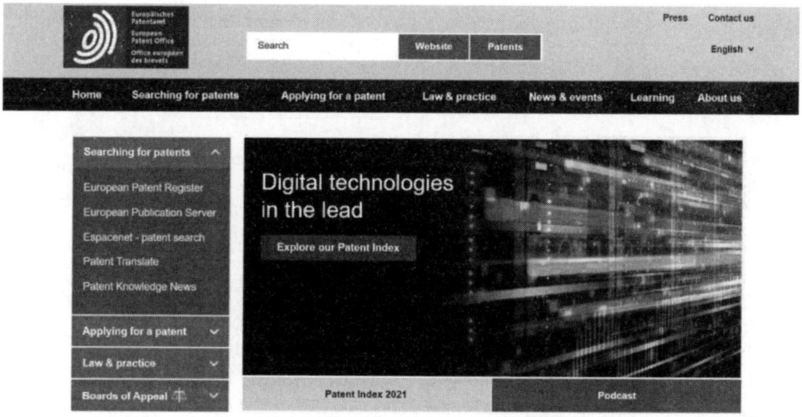

图 11－3－11　欧洲专利局网站

国际(地区)知识产权机构还包括比荷卢知识产权组织(Benelux Office for Intellectual Property,BOIP),官网 https://www.boip.int/nl;非洲知识产权组织(African Intellectual Property Organization,OAPI),官网 http://www.oapi.int/;非洲地区工业产权组织(African Regional Industrial Property Organization,ARIP),官网 http://www.aripo.org/;海湾阿拉伯国家合作委员会专利局(The Patent Office of the Cooperation Council for the Arab Slates of the Gulf,GCCPO),官网 http://www.gccpo.org 等。

三、知识产权法律数据库检索

各类综合性数据库、法律类数据库收录大量知识产权法律文献,包括相关图书、期刊、论文、法律法规、案例、专利、商标以及外观设计等。通过专业检索工具的使用,可精准获得各类数字化资源。

(一)中文数据库中的知识产权法律检索

1. 知识产权图书期刊检索

纸质图书期刊检索主要依托各图书馆馆藏资源,电子图书期刊检索依托各类电子书数据平台、电子期刊数据平台,以下以读秀中文学术搜索和中国知网为例,查找知识产权法律图书期刊(论文)。

读秀中文学术搜索的图书检索,可采用高级检索功能,书名字段中,以“知识产权”“专利”“商标”“外观设计”等为关键词,分类字段中选择“政治、法律”进行检索。如图 11 - 3 - 12 所示,书名字段以“知识产权”为关键词检索,结果页面导航栏中,勾选法律(D9)学科,可获得相关图书共计 3207 种。

图 11 - 3 - 12　读秀中文学术搜索高级检索界面

中国知网检索知识产权相关期刊和论文,可以“知识产权”“专利”“商标”“外观设计”等为关键词,分别进行出版物检索和文献高级检索。

例如,出版物检索—期刊导航页面,学科选择“社会科学Ⅰ—民商法”,来源刊名(曾用刊名)字段输入“知识产权”,可获得知识产权相关期刊共计 23 种。刊物详情页面包含刊物的基本信息、出版信息和评价信息,并可通过刊物各期目录链接至各期刊论文页面。(见图 11 - 3 - 13)

图 11 - 3 - 13　中国知网出版物检索界面

如期刊导航页面，选择“核心期刊导航—第一编哲学、社会学、政治、法律类—法律类”，再以“知识产权”作为关键词进行检索，可获得知识产权法律相关核心期刊。

文献检索—高级检索页面，检索范围选择学术期刊，文献分类选择“社会科学Ⅰ－民商法”，主题字段输入关键词“知识产权”，来源类别勾选“北大核心”“CSSCI”，可检索知识产权法律相关核心期刊论文，返回结果10,474条，点击论文详情，可获取论文摘要、下载链接、引文网络、参考文献、相关推荐等内容。（见图11－3－14）

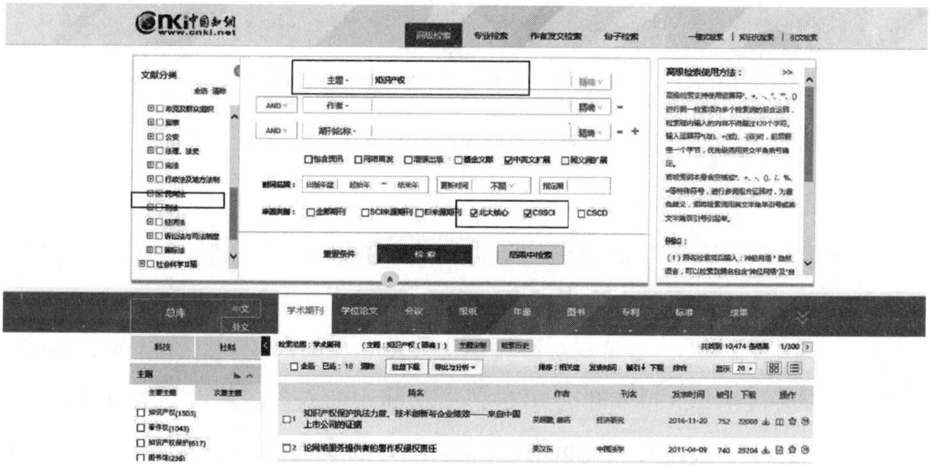

图11－3－14　中国知网期刊论文高级检索界面

中国知网也设有专利检索平台，收录中国专利和海外专利。其中，中国专利收录了1985年以来在内地申请的发明专利、外观设计专利、实用新型专利，共4290余万项，每年新增专利约250万项；海外专利包含美国、日本、英国、德国、法国、瑞士、俄罗斯、韩国、加拿大、澳大利亚、世界知识产权组织、欧洲专利局及中国香港特别行政区、中国台湾地区等10国两组织两地区的专利，共计收录从1970年至今专利1.2余亿项，每年新增专利约200万项。可通过主题、申请号、公开号、申请人、发明人、代理人等共计15个字段进行检索，检索结果包含专利基本信息、摘要、法律状态等。（见图11－3－15）

图 11 – 3 – 15　中国知网专利高级检索界面

2. 知识产权法条案例检索

我国知识产权法律法规包括《中华人民共和国民法典》总则、物权、合同、侵权责任编中的一般性规定;《中华人民共和国商标法》《中华人民共和国专利法》《中华人民共和国著作权法》等单行法律;《中华人民共和国刑法》《中华人民共和国科学技术进步法》《中华人民共和国海关法》等法律中的相关条款;《集成电路布图设计保护条例》《中华人民共和国植物新品种保护条例》等行政法规和部门规章、相关司法解释、地方立法以及我国加入的知识产权国际条约等。以下以北大法宝法律数据库为例,查找知识产权相关法条与案例。

北大法宝—法律法规—首页法律浏览界面,法规类别中,选择“知识产权”,可获得 5237 条结果,可通过效力级别、发布部门、时效性、发布年份等,做进一步筛选,获得所需文献。如图 11 – 3 – 16 所示,如法规类别选择“知识产权”、效力级别选择“法律”,可获得知识产权相关法律 24 部。

图 11 -3 -16　北大法宝法律法规检索界面

相关法律亦可使用北大法宝法律法规库的简单检索或高级检索功能,通过标题、全文,结合日期、发布部门、效力级别等字段的限定,精准获取。

北大法宝—司法案例—首页案例浏览界面,案由选择“知识产权与竞争纠纷”,可获得 1,520,658 条结果,可通过参照级别、案件类型、审理法院、审理程序等,做进一步筛选,获得所需文献。如图 11 -3 -17 所示,如案由选择“知识产权与竞争纠纷—知识产权合同纠纷—著作权合同纠纷”、参照级别选择“公报案例—最高人民法院公报”,可获得相关公报案例 3 则。

图 11 -3 -17　北大法宝司法案例检索界面

相关司法案例亦可使用北大法宝司法案例库的简单检索或高级检索功能,通过案由结合标题、全文、案号、法官、律所、律师、当事人、核心问题等字段的限定,精准获取。

(二)外文数据库中的知识产权法律检索

在科技和经济国际化发展的背景下,知识产权制度国际化的趋势也越来越明显,外文知识产权法律文献在知识产权法律研究与法律适用中必不可少。

1. Westlaw Classic

Westlaw Classic 全球法律数据库中,知识产权法律文献主要包括美国、加拿大、澳大利亚、欧盟及中国香港特别行政区等地的成文法、判例法、国际条约以及期刊、图书、实务指南、新闻等。

首页"浏览/实践领域"(Browse/Practice Areas)下有"知识产权"(Intellectual Property)专区,可一键导航至知识产权资源(Intellectual Property Resources)、专利(Patent)、商标(Trademark)和版权(Copyright)四个选项的知识产权法律文献资源,如相关法令、判例、陪审团裁决、各类手册与指导材料、期刊论文等。

以检索美国专利法中关于虚假专利标识的相关规定为例,可在首页检索框中输入关键词"专利虚假标记"(Patent False Marks),检索结果页面左侧目录中,选择"法律法规"(Statutes & Court Rules),即可获得美国专利法第 292 条"虚假标记"(§292. False marking)的规定。条文详情页面包含:"文件"(Document)提供法条全文及附加材料;"裁决"(Note of Decision)提供法庭对该条款适用的准确解释以及涉及的重要判例;"历史"(History)提供立法进程,展现过去、现在和将来法律、草案及相关文件等。(见图 11-3-18)

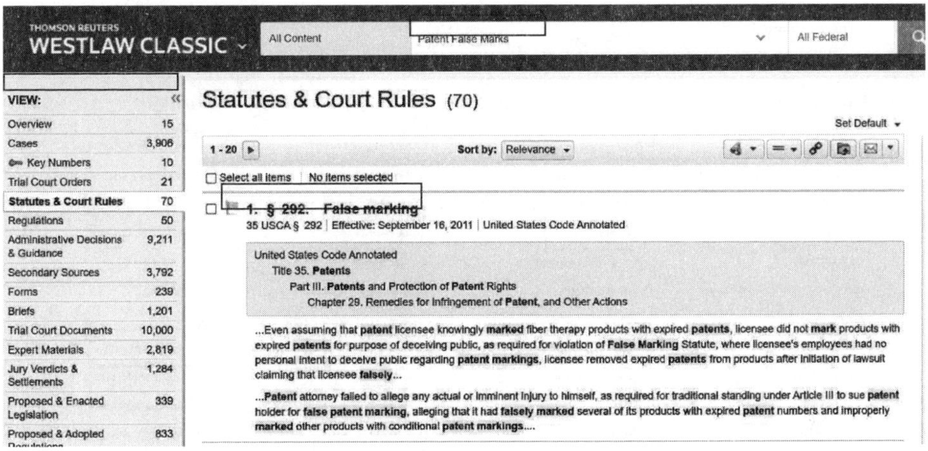

图 11－3－18　Westlaw Classic 法律检索

2. Lexis

Lexis 收录资源以美国法律文献为主，可以查看联邦及各州知识产权相关成文法、案例和行政法规，并提供司法解释、实务指南、评论文章和合同范本等内容。

可以文献来源进行检索，通过“搜集内容/资源”（Explore Content/Sources）选项，查看所有资源（View All Sources），对“实践领域及主题”（Practice Areas & Topics）进行限定，选择版权法（Copyright Law）、知识产权法（Intellectual Property Law）、专利法（Patent Law）、商标法（Trademark Law）、商业秘密法（Trade Secrets Law）等主题，可获取对应文献。亦可进一步限定司法管辖、内容类别等项缩小检索范围。

可以法律主题进行检索，通过“搜集内容/资源”（Explore Content/Topics）选项，以浏览或检索的方式，寻找版权法（Copyright Law）、专利法（Patent Law）、商标法（Trademark Law）或商业秘密法（Trade Secrets Law）等主题，分别链接至相关主题下知识产权分类层级信息。（见图 11－3－19）

图 11－3－19 Lexis Explore Content/Topics 检索界面

也可采用首页简单检索及高级检索功能,通过输入判例名称、法规名称等关键词,限定所需司法管辖、内容类别等,更加精准地获取特定知识产权法律文献资源。

如图 11－3－20 所示,简单检索框输入关键词"谷歌诉甲骨文公司"(Google LLC. v. Oracle Am. , Inc.),管辖选择"美国最高法院"(United States Supreme Court),左侧时间限制选择 2021 ~ 2022 年,可检索美国"谷歌诉甲骨文公司"版权侵权案。[①] 案例详情页中,包含该案的基本信息、概要、判决意见以及判决结果等,亦可通过超链接访问该案之前的审理过程,该案法官律师等相关信息,案件涉及的判例及成文法规等。(见图 11－3－20)

---

① 该案主要涉及软件代码的复制是否构成合理使用。谷歌公司 2005 年收购安卓公司后,为了让熟悉 Java 语言的程序员能够使用新的安卓系统,从 Java SE 程序中复制了 37 个软件中的软件代码,程序员可以调用这些预先编写的计算任务用于自己的程序。2010 年甲骨文公司以 Java SE 所有人的身份对谷歌提起侵权诉讼。一审法院与美国联邦巡回法院数度判决,对于 Java SE 是否能够就复制的代码主张所有权,谷歌是否构成"合理使用"的看法各不相同。2021 年 4 月,美国最高法院认为"代码复制,只包括了那些为软件开发者发挥其编程才能所必需的代码行,以在一个新编写的转换性软件中发挥作用,因此,就法律而言,这是一种合理使用"。判决撤销联邦巡回上诉法院的判决,发回重审。

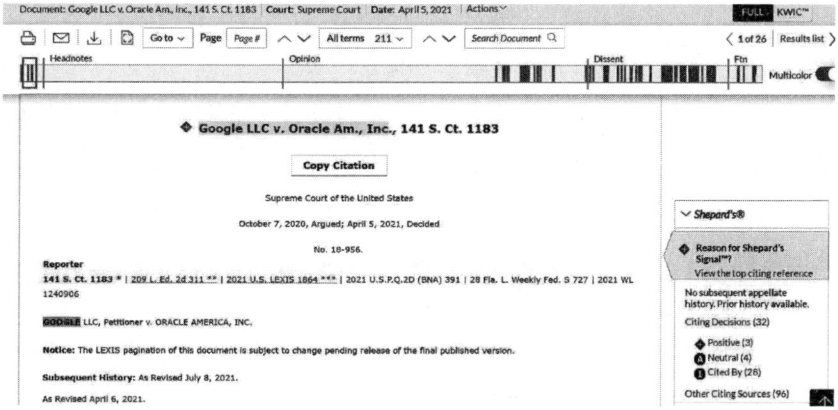

图 11－3－20 Lexis 判例检索结果

3. HeinOnline

HeinOnline 法律数据库收录资源包括各国(地区)法律期刊、专著、案例等，其中期刊收录已涵盖 3000 余种，绝大部分可回溯到创刊号。其设有知识产权法律汇编数据子库，收录知识产权立法进程、相关图书、期刊、论文等与版权、专利和商标相关的诸多法律文献。自数据库首页“按名称浏览数据库\知识产权法”(Browse Databases by Name\Intellectual Property Law Collection)可进入该子库。(见图 11－3－21)

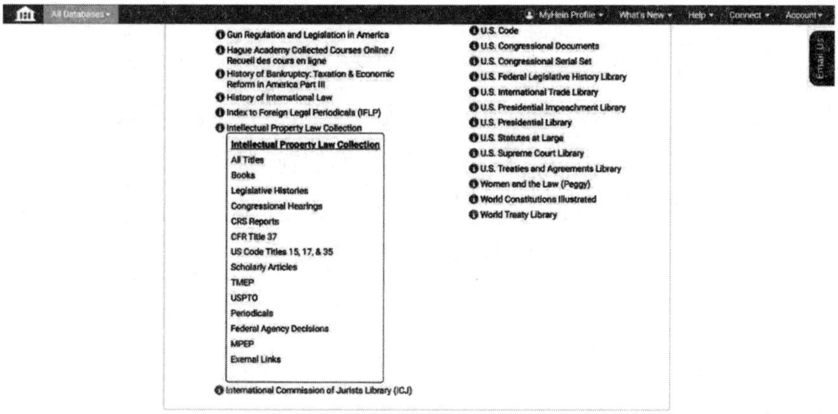

图 11－3－21 HeinOnline(Intellectual Property Law Collection)

子库中，可以分类浏览的方式，查找知识产权法律图书、期刊、论文等资源，依据文献类型不同,可选择作者、名称、日期、被引量、首字母等排列方式;亦可采用简单检索或高级检索方式获取相关文献。

如图 11－3－22 所示,在期刊分类下,选择首字母 T,即可获得知识产权法律知名期刊《得克萨斯州知识产权法杂志》(*Texas Intellectual Property Law Journal*),点击期刊详情页,可通过选择卷号在线浏览或下载论文全文。

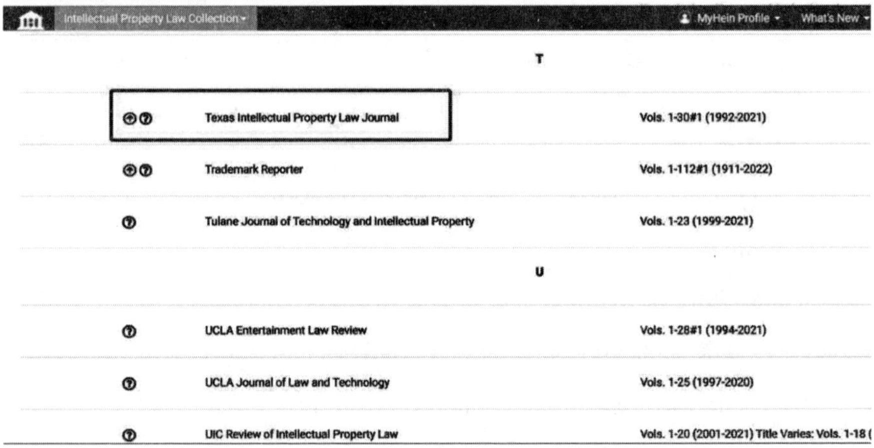

图 11－3－22　HeinOnline(Texas Intellectual Property Law Journal)

4. Kluwer Intellectual Property Law

威科知识产权法(Kluwer Intellectual Property Law)是威科集团整合旗下威科知识产权手册(Kluwer Manual IP)、威科专利法(Kluwer Patent Law),另增威科版权—商标(Kluwer copyright-trademark)内容后的数据平台,提供超过 230 个国家的专利、设计以及和商标相关的图书、期刊、法律、案例、新闻动态等。

数据库首页,可在不同板块分类下,以浏览方式获取相关文献。知识产权手册(Manual IP),包含各个国家和地区专利、商标和设计的注册申请程序和法律规定;图书期刊(Books,Journals),含收录图书期刊全文;快速问答(Quick answers),支持商标、著作权、专利等领域的国别比较;判例法(Case law),包含英美法国家和地区的法律判决等。

也可通过首页检索栏,键入关键词,限定检索范围、内容类型、司法管辖、文献来源、作者等进行检索,获取相关法律文献。(见图 11－3－23)

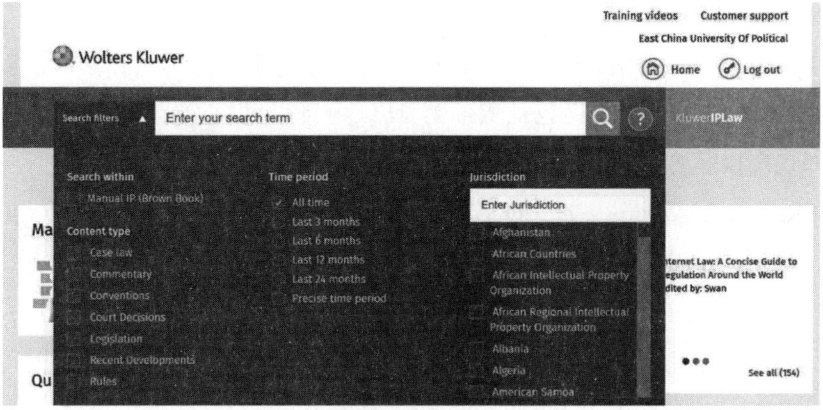

图 11－3－23　Kluwer Intellectual Property Law

此外,知识产权法律文献常用检索平台还有美国海恩公司(William S. Hein & Co., Inc.)的知识产权法学文献数据库(Intellectual Property Law Collection)等。

四、其他知识产权法律网站资源

(一)其他政府网站资源

1. 最高人民法院知识产权法庭官网

最高人民法院知识产权法庭官网(https://ipc.court.gov.cn/zh-cn/index.html),有中文和英文版面,包含知识产权审判动态、诉讼指引、文书公开、裁判要旨、相关实体与程序法律、案例分析、精品裁判、科研论文及微课视频等资源。(见图 11－3－24)

图 11－3－24　最高人民法院知识产权法庭官网

2. IPKey CHINA

IP Key 项目是中国和欧盟在知识产权保护领域的合作项目,作为欧洲委员会支持中欧新知识产权合作协议的资助工具,该项目于 2014 年启动,致力于促进中国的知识产权框架在国际最佳实践的基础上更为有效、公平、透明。

IPKey CHINA(https://ipkey.eu/en/china),有中文和英文两个版本。主要内容包含知识产权资源(IP RESOURCES)和知识产权文件(IP FILES)两部分。前者可通过输入关键词,限定区域、文献类型、审理法院等信息,检索相关知识产权法律文献,虽检索页面仅为英文设计,但支持中文检索。后者包含我国关于专利、商标、版权、设计、实用新型、植物品种、商业秘密、网络知识产权等的法律法规,可链接至前述 TMview 数据库和 Designview 数据库,检索全球商标及设计信息。(见图 11 - 3 - 25)

图 11 - 3 - 25　IPKey CHINA(IP RESOURCES)

3. 中国保护知识产权网

中国保护知识产权网(http://ipr.mofcom.gov.cn/),是由我国商务部主办的知识产权类政府网站,设有中英文双版。主要功能是反映商务部在知识产权方面的各项工作动态和政策法规,为社会各界遵守世界各国知识产权制度与维护自身合法权益提供指导与帮助。内容包括国内外知识产权相关新闻、海外维权平台、国内知识产权保护指南、咨询服务、法律法规库等。(见图 11 - 3 - 26)

图 11－3－26　中国保护知识产权网

(二)出版机构网站

1. 中国知识产权网

中国知识产权网(http://www.cnipr.com/),由知识产权出版社有限责任公司创办,内容涵盖视频访谈、行业资讯、产品服务等,同时开发有“智慧 IP”App 供公众免费检索专利、查阅行业资讯等,创建“CNIPR”微信公众号,发展为包含网站配套“两微一端”的全媒体融合平台。网站内容包括新闻资讯、专家访谈、案例解读、实务知识、课程学习、法律法规、数据统计、IP 一站式服务、用户分类导引等。(见图 11－3－27)

图 11－3－27　中国知识产权网

2. 智南针

智南针(https://www. worldip. cn/),是国家知识产权局知识产权保护司指导、中国知识产权报社主办的海外知识产权信息服务平台,以“聚慧全球,智行天下”为愿景,面向国际化发展的企业和知识产权服务机构提供知识产权信息服务。包含知识产权动态,各国知识产权环境、知识产权法律法规、实务指引,海外知识产权要点观察,海外专利申请、商标注册等丰富文献。

智南针制作了海外知识产权信息检索专栏,详解专利检索的种类;分析专利检索的应用方向;整理常用的检索途径、常用的分类号体系;梳理检索过程、检索基本步骤。在专栏内提供了常用免费专利文献检索库、常用商业机构专利文献检索库、常用外观设计专利文献检索库 20 余个,并且提供了相应的使用说明。(见图 11 -3 -28)

图 11 -3 -28 智南针各国(地区)知识产权法律法规

(三)研究机构网站

1. 中国知识产权研究会

中国知识产权研究会(http://www. cnips. org. cn/),是由从事知识产权研究、管理以及热心知识产权工作的企事业单位、社会组织和个人自愿结成的全国性、学术性、非营利性社会组织,下设高校知识产权专业委员会、网络知识产权委员会、知识产权鉴定专业委员会和国防知识产权委员会。网站资源包括新闻动态、专家简介、学术动态、学术研究成果等,还收录内部刊物《知识产权通讯》、《知识产权竞争动态》以及期刊《知识产权》全文。(见图 11－3－29)

图 11－3－29　中国知识产权研究会网站

2. 中国知识产权研究网

中国知识产权研究网(http://www.iprcn.com/),由中南财经政法大学知识产权研究中心主办,该研究中心是国内较早从事知识产权教学与研究的机构之一。网站收录知识产权基础理论、著作权、商标权、专利权及其他知识产权等相关资源,包括知识产权法律资讯、选萃论文摘要、学术讲座纪要、热点案件评析等。(见图 11－3－30)

图 11－3－30　中国知识产权研究网

(四)工具类网站

1. SooPat 专利搜索引擎

SooPat(http://www2.soopat.com/),是一个专利搜索引擎,Soo 为"搜索",Pat 为"patent"。SooPat 本身不提供数据,而是将所有互联网上免费的专利数据库进行链接和整合。网站首页有国内专利和世界专利两个检索入口,支持使用中文查询 110 个国家和地区、超过 16,000 万的发明、实用新型、外观设计、发明授权等专利文献。此外,网站也可进行专利分类查询、专利引用检索、专利族检索等(见图 11-3-31)。类似的网站还有专利检索网站"大为 INNOJOY 专利库"(http://www.innojoy.com),商标检索网站"权搜索"(https://so.quandashi.com/)等。

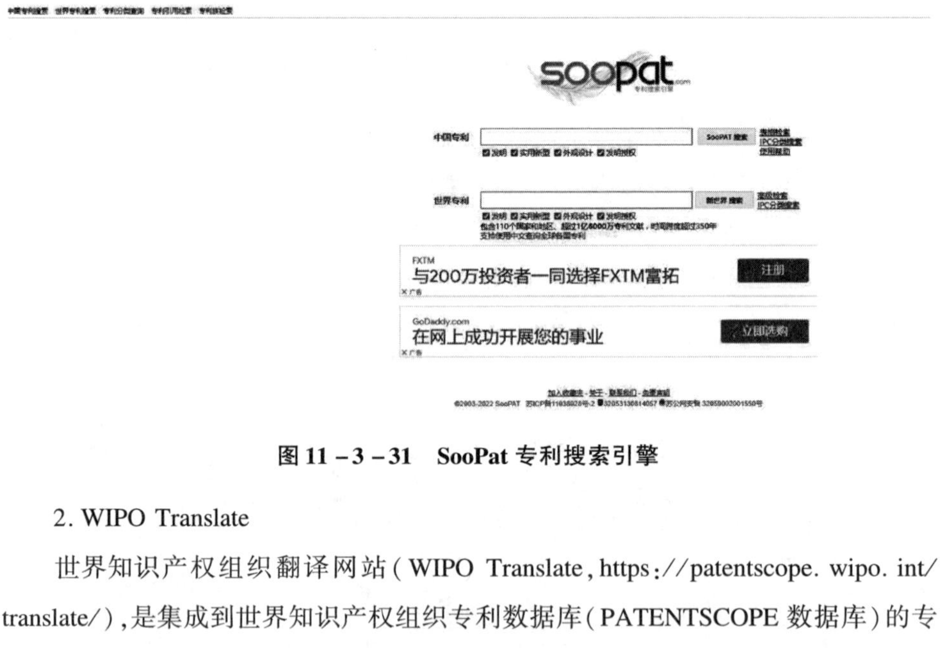

图 11-3-31 SooPat 专利搜索引擎

2. WIPO Translate

世界知识产权组织翻译网站(WIPO Translate,https://patentscope.wipo.int/translate/),是集成到世界知识产权组织专利数据库(PATENTSCOPE 数据库)的专业翻译网站,可生成约 18 种语言之间的专利文献译文。如图 11-3-32 所示,可在首页文本框中直接输入需要翻译的文本,单击"翻译",WIPO Translate 会尝试通过文本自动检测语言,并猜测其所属的领域。为提高语言和所属领域检测的准确性,也可手动选择语言和所属领域后,进行翻译。

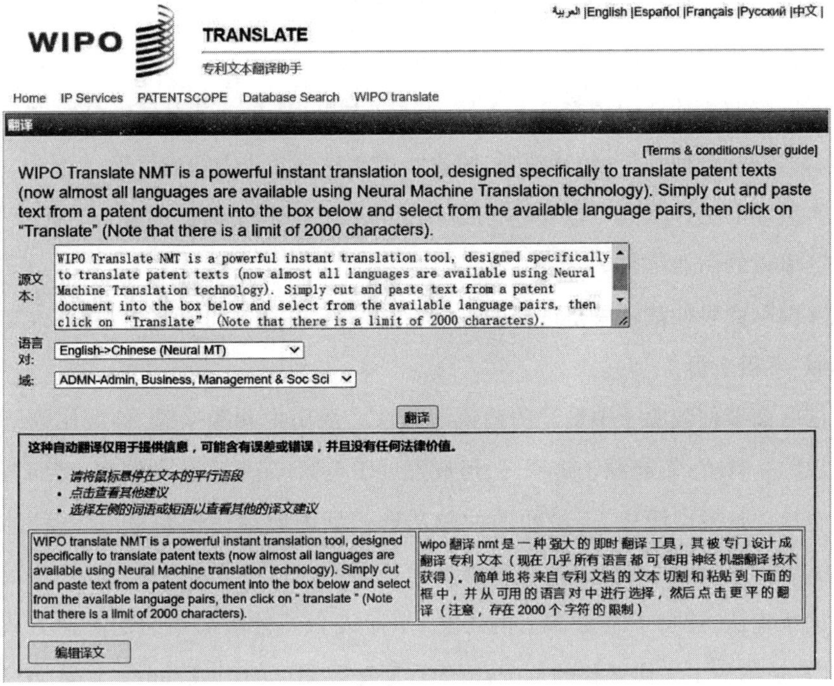

图 11-3-32　WIPO Translate 专利翻译

第四节　国际商事仲裁文献检索

一、国际商事仲裁概述

国际商事仲裁，又称对外经济贸易及海事仲裁、涉外仲裁等，是指不同国家的公民、法人将他们在对外经济贸易及海事中所发生的争议，以书面的形式，自愿交由第三者进行评断和裁决。国际商事仲裁主要运用于下列案件：国际货物买卖合同中的争议；国际货物运输中的争议；国际保险中的争议；国际贸易、支付结算中的争议；国际投资、技术贸易以及合资、合作经营、补偿贸易、来料加工、国际租赁、国际合作开发自然资源、国际工程承包等方面的争议；国际知识产权保护方面的争议；海上碰撞、救助和共同海损中的争议；国际环境污染、涉外侵权行为中的争议等。

国际商事仲裁有如下特点：

• 国际商事仲裁机构一般都是民间组织,不具有法定的强制管辖权,只能受理双方当事人根据仲裁协议提交给它处理的案件。

• 国际商事仲裁中的当事人有较大的自主权,双方当事人可以自由选择仲裁机构、仲裁地点、仲裁员、仲裁规则、仲裁形式及仲裁应适用的法律等。

• 国际商事仲裁庭审理案件一般不公开进行,有利于保护当事人的商业秘密,维护当事人的商业信誉。

• 国际商事仲裁裁决是终局的,一旦作出,立即生效。任何一方当事人如对裁决不服,不得上诉。

国际商事仲裁源于中世纪的商人习惯法。从历史渊源来看,仲裁作为解决民间争议的一种方式,起源于古罗马,形成发展于英国、瑞典等欧洲国家,继而普及于世界各地。从发展历史看,最初的仲裁从形式到内容都比较简单,是一种纯粹的"私力救济"的方式,不在国家法律调整的范围之内。19 世纪中叶以后,仲裁被国家法律所确认,被赋予了法律上的意义,从而成为一种解决纠纷的法律方式。自此,仲裁被纳入了法律调整的范围,成为程序法律制度的组成部分。仲裁协议的效力,仲裁员的权力和仲裁裁决的执行均得到了法律的有效保障。

如今,仲裁作为替代性纠纷解决方式(Alternative Dispute Resolution,ADR)①中制度化最强的方式,是被国际社会普遍认为可与诉讼并行的纠纷解决方式。相对于诉讼的司法性和国家性,仲裁更具有自愿性、专业性、保密性、快捷性和灵活性等特点,并且秉承当事人自愿、独立公正仲裁及一裁终局等原则。仲裁的结果不仅可以依照法律规定强制执行,还具有跨国执行的效力,能满足不同历史传统、不同法律文化背景下人们对于纠纷解决方式多样化的需要,因此在民商事领域得到广泛应用。

按照国际商事仲裁协议主体法律地位的不同,可分为不同国家的国民之间和国家与他国国民之间的商事仲裁。此处的国民,不仅包括自然人、法人,还包括其他法律实体。其特点是:尽管当事人双方属于不同的国家,但他们在国际商事交易

① 自 20 世纪以来,起源于美国的诉讼外纠纷解决方式,成为世界各国法学和司法改革的关注焦点,发展多元化纠纷解决机制也逐渐成为一种全球化的时代潮流。

中所处的法律地位是平等的，因而具有对等的权利与义务。我们平常所说的国际商事仲裁绝大多数属于此类仲裁。对于第二类国际商事仲裁，一方当事人为主权国家或政府行政主管部门，他方为另一国家的国民，他们之间的争端一般是由于国家的管理行为而引起的。按照一些国家的法律，此类争端不能通过仲裁方式解决，只能诉诸法院。但也有一些国家的法律或国际公约规定，这类争端也可通过仲裁解决，如世界银行就主持制定了《解决国家与他国国民间投资争端公约》（Convention on the Settlement of Investment Disputes Between States and Nationals of Other States），主张以仲裁方式解决国家与他国国民之间的投资争端。一些双边投资保护协议中，也有通过仲裁解决东道国与对方国家投资者之间的争端的规定。

二、有关仲裁的国际公约和国际规则

仲裁法有国内立法和国际立法之分，国内立法是某个国家制定的、关于仲裁的法律，只适用于制定国国内。随着当前经济的区域化和全球一体化，国际的经济交流与合作进一步扩大，但各国国内法关于仲裁的规定不统一给国际经济贸易纠纷的仲裁解决造成了一定阻碍。因此，在国际范围内统一仲裁制度已得到国际组织及各国的广泛认同。所谓国际立法，是指国家或地区之间订立的有关仲裁的国际公约、多边条约、双边条约，以及国际社会为谋求各国仲裁立法统一所制定的仲裁示范法等。其中，1958 年的《纽约公约》和 1985 年《联合国国际贸易法委员会国际商事仲裁示范法》是国际商事仲裁立法统一化趋势在不同发展阶段的典型代表。

1.《纽约公约》

1958 年 6 月 10 日，在纽约召开的联合国国际商业仲裁会议上签订了《承认及执行外国仲裁裁决公约》（The New York Convention on the Recognition and Enforcement of Foreign Arbitral Awards，以下简称《纽约公约》），该公约的主要内容是规定承认与执行外国仲裁裁决的范围、条件和程序。其在统一各国分歧、防止国内法对仲裁协议的形式施以苛刻的要求方面发挥了积极的作用。《纽约公约》自 1959 年 6 月 7 日生效以来，被世界各国广为接受，缔约国数目不断扩大，我国政府也于 1987 年 1 月 22 日递交加入书。1987 年 4 月 22 日，该公约对我国生效。

《纽约公约》的规定反映了当前国际上对承认和执行外国仲裁裁决的主要实

践,使国际商事仲裁从根本上弥补了法院诉讼的局限性,从而为国际经济贸易的发展提供了良好的国际法制环境,对各国立法实践及其他有关公约产生了深远的影响。因此,《纽约公约》至今仍是国际商事仲裁裁决承认与执行方面最重要的国际公约,并在一定程度上促进了仲裁规则的国际统一化的发展趋势。

2.《国际商事仲裁示范法》

为了协调世界各国的商事仲裁,为各国制定和修改本国商事仲裁立法提供统一的范本,1985 年联合国国际贸易法委员会主持制定了《联合国国际贸易法委员会国际商事仲裁示范法》(UNCITRAL Model Law on International Commercial Arbitration,以下简称《示范法》),对仲裁的适用范围、仲裁协议、仲裁庭的组成、仲裁庭的管辖权和仲裁程序的实施等问题作了统一规定。《示范法》没有强制执行力,仅供各成员制定国内法时参考使用。《示范法》的颁布,对许多国家或地区,包括一些仲裁法律制度先进国家的仲裁立法都产生了积极的影响,为世界各国国内仲裁法的统一奠定了基础。各国或地区通过采纳和参照《示范法》的规定,修改本国或本地区仲裁法,使仲裁法律制度在世界范围内得到了统一。目前,已有许多国家或地区按照《示范法》的规定建立健全了仲裁法律制度。此外,诸如澳大利亚、加拿大、德国、新加坡及中国香港特别行政区、中国澳门特别行政区等国家和地区的立法机关也将其采纳为本国或本地区的仲裁法律制度。鉴于近年来国际商事仲裁领域的新趋势,2006 年 9 月,联合国贸法会又通过了《示范法》的修订条款。

3.《欧洲国际商事仲裁公约》

在联合国欧洲经济委员会的主持下,《欧洲国际商事仲裁公约》(European Convention on International Commercial Arbitration of 1961)于 1961 年 4 月 21 日在日内瓦签订,并于 1964 年 1 月 7 日正式生效。其成员国主要为欧洲大陆国家,美洲的古巴也于 1965 年加入该公约。该公约希望在有关国际商事仲裁的组织和工作中,尽可能排除阻碍欧洲各国的自然人或法人所遇到的困难,以期推动欧洲贸易的发展。

4.《关于解决国家与其他国家国民之间投资争端公约》

1965 年 3 月 18 日,为了优化投资环境,解决外国投资者及其母国与东道国之间的投资争端,在世界银行的主持下,《关于解决国家与其他国家国民之间投资争端公约》(又称《华盛顿公约》)在华盛顿制定。其旨在向解决国家和外国私人投资者间的争议,提供调解和仲裁方面的便利,促进相互信任的气氛,并鼓励私人资本的国际流动。公约决定在华盛顿成立“解决投资争端国际中心”(International Centre for Settlement of Investment Disputes,ICSID),以之作为解决缔约国与其他缔约国国民争议和实施公约的常设机构。我国于1993年缔约加入该公约。

5.《美洲国家间关于国际商事仲裁公约》

1975年1月30日,在巴拿马主持下,《美洲国家间关于国际商事仲裁公约》(Inter-American Convention on International Commercial Arbitration)由美洲国家组织①在“美洲国家国际私法特别会议”上通过,并于1976年6月16日生效。该公约共13条,对仲裁协议的效力、仲裁员的指定、仲裁裁决的执行等作了简要而明确的规定。

6.《联合国国际贸易法委员会仲裁规则》

1976年联合国国际贸易法委员会制定了《联合国国际贸易法委员会仲裁规则》(UNCITRAL Arbitration Rules,以下简称《UNCITRAL仲裁规则》),该规则对各国不具有普遍的约束力,仅由合同双方当事人自愿以书面方式约定。该规则适用于国家与私人间的投资争议仲裁、多方仲裁、第三人加入仲裁程序、仲裁员的指定、仲裁员责任的豁免、仲裁费用的控制等问题。《UNCITRAL仲裁规则》尽管不是常设仲裁机构的仲裁规则,但自其通过以来,不仅在临时仲裁、商事仲裁、投资仲裁和国家仲裁中被采用,而且为许多常设仲裁机构所采纳,因此该规则被公认为是一个十分成功的文本,对国际仲裁起到了极大的促进作用。

为适应仲裁实务发展的需要,联合国国际贸易法委员会在2010年6月通过了修订后的《UNCITRAL仲裁规则》,该规则已于2010年8月15日生效。《UNCITRAL仲裁规则》的修改借鉴了一些国际现行的规则和实践经验,赋予了仲

---

① 美洲国家组织(西班牙语:Organización de los Estados Americanos,简称OEA;英语:Organization of American States,简称OAS;法语:Organisation des États Américains,简称OEA;葡萄牙语:Organização dos Estados Americanos,简称OEA),是一个以美洲国家为成员的国际组织,总部位于美国华盛顿,其前身是美洲共和国国际联盟。该组织成立于1890年4月14日,1948年在波哥大举行的第9次泛美大会上改称现名。目前,该组织有35个成员国,先后有74个欧美及亚非的国家或地区在该组织派有常驻观察员。

裁庭更广泛的自由裁量权,增加了一系列创新性措施,以顺应当前的仲裁实践并提高仲裁效率,其必定会对国际仲裁乃至国际经济的发展产生更大的影响,并促进国际关系的和谐发展。

7.《国际商会仲裁规则》

国际商会仲裁院成立于1923年,是国际商会下设的机构,1998年更名为国际商会国际仲裁院(International Court of Arbitration)。该仲裁院是目前世界上受理仲裁案件较多的国际仲裁机构之一,以其高质量的仲裁闻名于世。该院的仲裁规则对各国仲裁规则的制定均起到了示范作用。该规则于2017年进行了最新修订,并于2017年3月1日起施行。

三、国际商事仲裁机构

国际商事仲裁多为机构仲裁,常设性的仲裁机构备有较为完善的仲裁规则和仲裁员名册,并提供完备的管理和服务。因此,进行国际商事仲裁研究,了解国际知名的仲裁机构以及各个国家的常设仲裁机构,十分重要。

(一)国际商会国际仲裁院(ICC Court)

网址:https://iccwbo.org/dispute-resolution-services/commission-on-arbitration-and-adr/

国际商会国际仲裁院(The ICC International Court of Arbitration)是附属于国际商会的常设仲裁机构,成立于1923年,1998年改为现名,总部设在法国巴黎。由于该仲裁院是非政府间的国际组织,因此具有很强的独立性。其设立的目的在于,通过处理国际性商事争议促进国际间的经济贸易合作与发展。作为世界上提供国际商事仲裁服务较多且具有广泛影响的仲裁机构,任何国家的当事人都可通过协议将其争议提交仲裁。当事人既可以是个人,也可以是法人,甚至是国家、政府及其机构本身。

点击ICC网站页面左侧的"争端解决服务"(DISPUTE RESOLUTION SERVICES)栏目,其中"仲裁和ADR委员会"(Commission on Arbitration and ADR)是一个可检索的在线资料库,资料源于ICC Court,内容包括:

- ICC Rules of Arbitration(ICC仲裁规则);

- Rules of ICC as Appointing Authority（ICC 任命委员会规则）；
- ICC Mediation Rules（ICC 调解规则）；
- ICC Dispute Boards Rules（ICC 争议委员会规则）；
- ICC Expert Rules（ICC 专家规则）；
- DOCDEX Rules（解决信用证争议规则）。

这些规则提供多语种的在线浏览和下载保存，其中，仲裁规则和调解规则提供了中文、阿拉伯语、法语、德语、西班牙语等 10 种语言的下载。

在“商业资源”（RESOURCES FOR BUSINESS）栏目中还有“ICC 电子图书馆”（ICC Digital Library）、“争端解决服务”（dispute resolution services）、“在线学习”（online learning）等子目录，可以查询《国际贸易术语解释通则》、国际示范合同等资源。（见图 11－4－1）

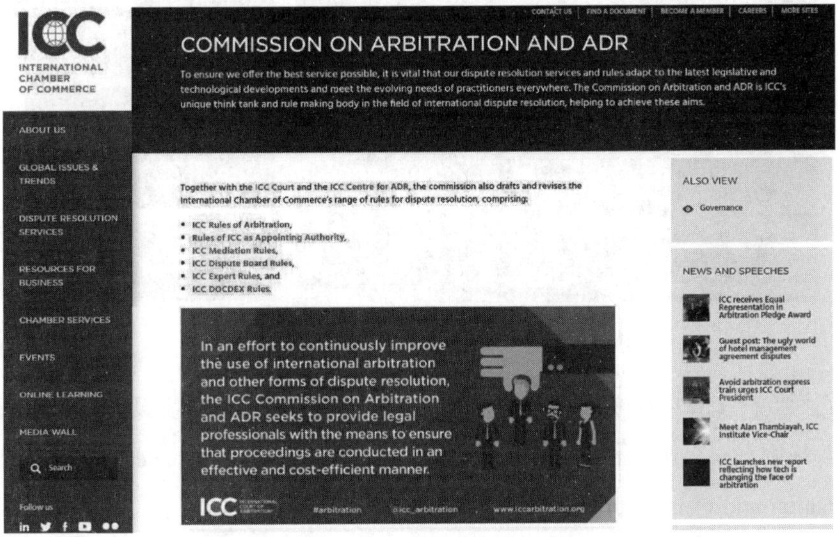

图 11－4－1　国际商会国际仲裁院网页

（二）解决投资争端国际中心（ICSID）

网址：https://icsid. worldbank. org/

解决投资争端国际中心（International Center for Settlement of Investment Disputes，ICSID）是根据 1965 年《关于解决国家与其他国家国民之间投资争端公约》设立的，是专门处理国际投资争议的国际性常设仲裁机构，中心地址在美国华盛顿。解决投资争端国际中心专门通过调解与仲裁途径解决缔约国与其他缔约国国民之间发生的国际投资争端。2004 年 10 月,ICSID 秘书处公布了《有关 ICSID 仲裁机制的改进方案》(Possible Improvements of the Framework for ICSID Arbitration),明确将仲裁裁决的公布和第三方加入列为讨论的方案。2005 年 5 月,ICSID 秘书处还在其工作文件中就 ICSID 的规则修改(Suggested Changes to the ICSID Rules and Regulations)征询意见。2006 年 4 月 5 日,ICSID 秘书处公布了修改后的 ICSID 仲裁规则和程序,并于 2006 年 4 月 10 日生效。

ICSID 的网站非常友好,其资源丰富、界面清晰,查找各种资料非常方便。语言可以选择英语、法语、西班牙语。(见图 11 -4 -2)

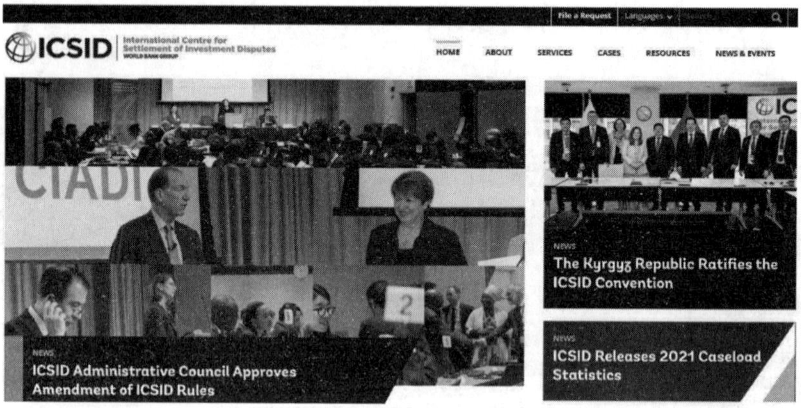

图 11 -4 -2 解决投资争端国际中心网页

在“服务”(SERVICES)栏目中可以看到该中心提供的各项服务,包括该机构的仲裁规则(the Arbitration rules)、机构规则(The Institution Rules)、调停和调解(Mediation and Conciliation)等。

在“案例”(CASES)栏目中,可以查询到所有在该机构登记的案件,有“未决案件”(pending cases)和“已决案件”(concluded cases)分类,可按照案件类型、状态、当事人、适用法律等高级检索方式查找案例(见图 11 -4 -3)。

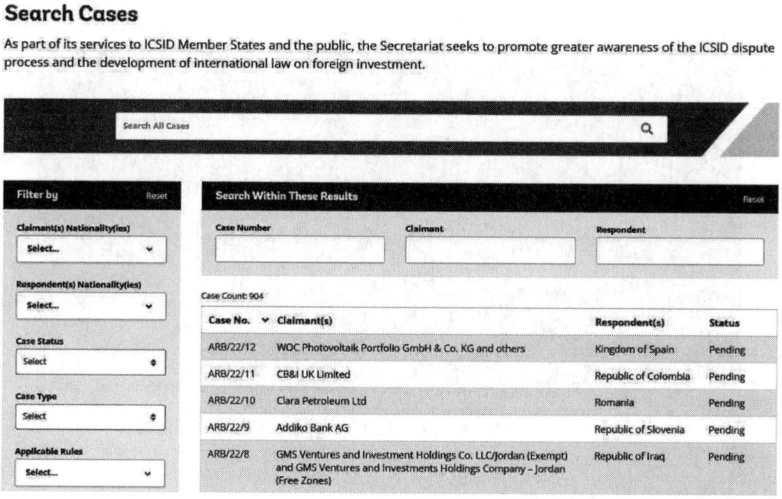

图 11 - 4 - 3　ICSID 网站 CASES 检索页面

在"资源"(RESOURCES)栏目中,可以查找到 ICSID 的出版物、ICSID 的年度报告(ICSID Annual Report)、与投资相关的法律法规和投资公约,以及英语、法语、西班牙语等版本的 ICSID 公约等信息。

(三)国际商事仲裁委员会(ICCA)

网址:http://www.arbitration-icca.org/

国际商事仲裁委员会(International Council of Commercial Arbitration,ICCA)成立于 1969 年,是一个致力于在国际商事仲裁领域运用和发展仲裁、调解及其他纠纷解决形式的组织。ICCA 享有联合国授权的非政府组织的身份,并以这一身份积极参与了联合国国际贸易法委员会(United Nations Commission on International Trade Law,UNCITRAL)在仲裁规则、调解规则、国际商事仲裁示范法、国际商事调解示范法及 UNCITRAL 其他项目的筹备工作。ICCA 也积极开展各项活动,包括召开代表大会和会议、赞助争议解决方面的权威出版物,以及促成仲裁和调解规则、法律、程序和标准的制定。

ICCA 网站首页设置"代表大会"(Congresses)、"出版物"(Publications)、"司法宣传"(Judicial outreach)、"项目"(projects)、"会员资格"(memberships)等栏目,可以查询到该仲裁机构的年鉴(Yearbook)、手册(Handbook)、专家指南(Judges

Guide)、会员规则、会员目录、研究成果等内容。(见图 11 –4 –4)

图 11 –4 –4　ICCA 网站页面

(四)欧盟仲裁庭(CEA)

网址:http://www. cour-europe-arbitrage. org/

欧盟仲裁庭(European Court of Arbitration,CEA),成立于 1959 年,总部设在斯特拉斯堡(Strasbourg),是欧洲仲裁中心(European Centre of Arbitration)的分支机构,旨在促进和管理各成员国的国内和国际仲裁。

CEA 网站有英语和法语两种语言选择,网站功能简洁明了,分为“法院”(THE COURT)、“仲裁”(ARBITRATION)、“调解”(MEDIATION)等几大板块。在 ARBITRATION 栏目下,可以查询到该机构的仲裁规则(THE RULES)、仲裁员(ARBITRATORS)、仲裁费用(The Costs of Arbitration),以及其他与仲裁相关事项的信息。(见图 11 –4 –5)

图 11 –4 –5　CEA 网站页面

四、各国仲裁立法与机构

(一)英国

英国早在1889年就制定了第一部仲裁法令,此后该法一直处于不断渐进的变革之中。1950年,英国在修正、合并之前仲裁法的基础上制定了新的仲裁法,即1950年仲裁法,也被称为英国仲裁法的“主法”(Principle Act)。1975年颁布的仲裁法主要为了适应英国参加《纽约公约》后实施该公约的需要。1979年,又对1950年仲裁法作了若干重要修改,再加上大量的法院判例,构成了当今英国的仲裁制度——《1996年仲裁法》(Arbitration Act 1996)。

1. 英国伦敦国际仲裁院 LCIA

网址:http://www.lcia.org/

英国伦敦国际仲裁院(London Court of International Arbitration, LCIA)是世界上设立最早的仲裁机构,成立于1892年,当时称为“伦敦仲裁会”,1903年更名为“伦敦仲裁院”,1981年起改用现名。该机构现由伦敦市政府、伦敦工商会和皇家特许仲裁员协会等共同组成的联合委员会管理。

伦敦国际仲裁院的职能是解决国际商事争议,它可以受理提交给它的任何性质的国际争议,在国际社会享有较高的声望。特别是国际海事案件,大多都诉诸该院。根据1996年英国新颁布的仲裁法,该院也制定了新的仲裁规则,即1998年1月1日生效的《LCIA仲裁规则》(LCIA Arbitration Rules)。

在LCIA的网站上方的“仲裁”(Arbitration)栏目中,提供英文、中文、阿拉伯语等不同语言版本仲裁规则文件的下载;在“其他服务”(Other Services)栏目中包含调解(Mediation)、其他替代性纠纷解决服务(Other ADR Services)等内容,可以查找该机构的调解规则,以及其他ADR方式的规则和服务。(见图11-4-6)

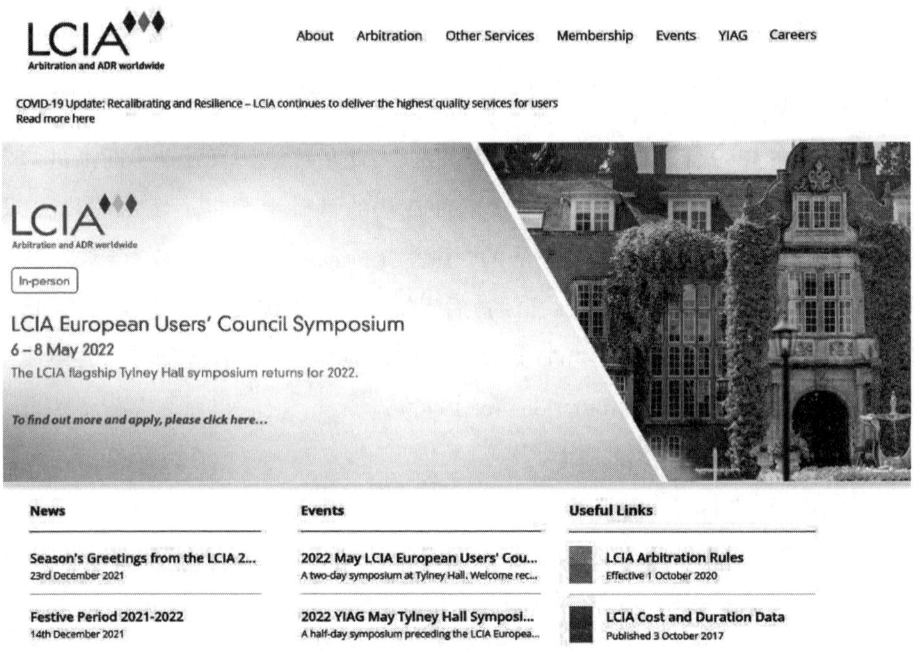

图 11-4-6 英国伦敦国际仲裁院网站

2. 英国特许仲裁员协会(CIArb)

网址:http://www.ciarb.org/

英国特许仲裁员协会(the Chartered Institute of Arbitrators, CIArb),成立于1915年,是世界上提供争议仲裁解决的主要机构之一。该协会的宗旨是致力于促进与提升有效解决个人纠纷解决的多种机制与形式,除为仲裁员、调解员提供教育和培训外,该协会也积极发展其争议解决服务,包括仲裁、调解和其他各种ADR。

在其网站上,有关仲裁的法律资源、文献信息极为丰富。"实训"(Training)栏目提供丰富的仲裁(Arbitration)培训课程。在"争端"(Disputes)栏目中,可以查询到最新版的仲裁规则(The CIArb Arbitration Rules 2015)、仲裁员、仲裁程序等信息,以及诸多示范条款。在"资源"(Resources)栏目中,更是集合了仲裁规则、仲裁程序规则、出版物、研究文献等多种资源。(见图 11-4-7)

图 11－4－7 英国特许仲裁员协会网站

(二)瑞典

斯德哥尔摩商会仲裁院(SCC)

网址:http://www.sccinstitute.com/

瑞典斯德哥尔摩商会仲裁院(The Arbitration Institute of the Stockholm Chamber of Commerce, SCC)成立于1917年,是瑞典最重要的常设仲裁机构。由于瑞典的仲裁历史悠久、体制完善,斯德哥尔摩商会仲裁院成为受理国际经济争端的一个重要场所。其可以受理世界上任何国家当事人所提交的商事仲裁。

SCC的仲裁特点是公正、程序灵活、尊重当事人意思自治、限制法院干预。由于瑞典法允许外国人在瑞典仲裁中担任仲裁员和法律顾问,并且允许仲裁当事人自行选择仲裁语言,这些因素为SCC获得了国际声誉及认可度,使其成为不同背景当事人选择的仲裁中心。SCC没有仲裁员名单,当事人可自由指定任何国家、任何身份的人作为仲裁员。随着我国对外开放的不断深入,许多涉外合同当事人选择SCC作为解决其争议的仲裁机构。

尽管斯德哥尔摩商会仲裁院是商会的机构之一,但它具有独立的地位和组织。该仲裁院目前适用的仲裁规则是2017年1月1日起生效的最新仲裁规则(The SCC Arbitration Rules 2017),在其网站"争端解决"(DISPUTE RESOLUTION)栏目下的规则(RULES)项下,可以找到该规则的多语言版本(包括英语、瑞典语、俄语、德语、阿拉伯语、中文以及西班牙语)下载(http://www.sccinstitute.com/dispute-resolution/rules/)。

该仲裁院网站有英语、瑞典语、俄语、中文等多个版本,其网站上汇集了各国的仲裁法律、国际惯例、法院裁决,以及与仲裁调解有关的论文、书籍、手册,为仲裁研究人员以及实务工作者提供了极大的便利。(见图 11-4-8)

图 11-4-8 斯德哥尔摩商会仲裁院网站

在"服务"(OUR SURVICES)栏目中的仲裁(Arbitration)项下,可以找到中文、英文、法语、意大利语等多个语种的示范条款,还有详细的仲裁规则、调解规则,以及可供下载的 SCC 仲裁员指南(Arbitrator's Guidelines)和仲裁步骤详解(Step by step guide to arbitration)。

从"关于 SCC"(ABOUT THE SCC)选项进入,在电子图书馆(Digital Library)标签下集中了大量的法律信息及文献资源,包括诸如《纽约公约》《华盛顿公约》等重要的公约;一些重要的瑞典法律法规;瑞典部分法院的案例;涉及投资、仲裁的多国重要期刊;仲裁员指南等信息。(见图 11-4-9)

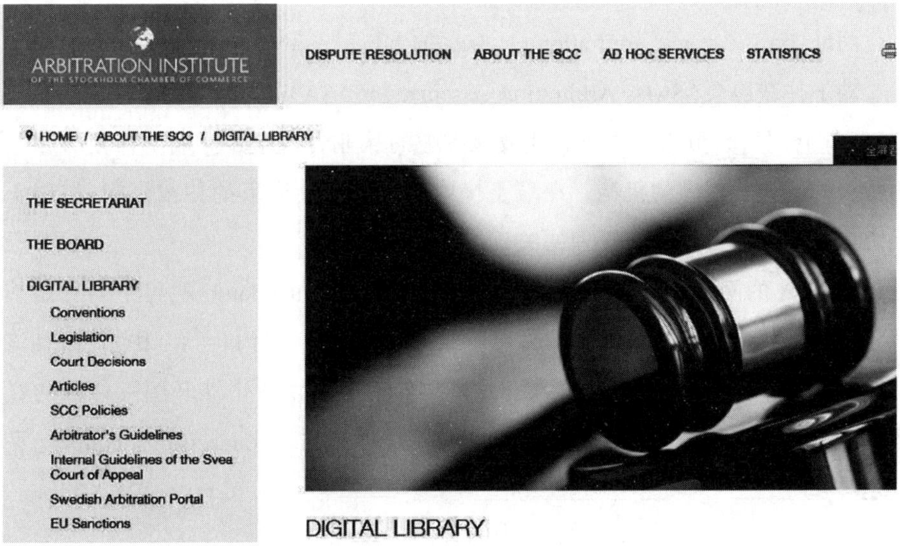

图 11－4－9　SCC 的 Digital Library 文献资源

“统计数据”（STATISTICS）栏目中，可以查找自 2008～2021 年的投资争端数据（INVESTMENT DISPUTES）。

（三）瑞士

在瑞士，长期以来仲裁被认为是民事程序的组成部分，因而是各州立法管辖权范围内的事项。相应地，有关仲裁的规定被纳入各州的民事诉讼法典中。1969 年 3 月 27 日，各州司法部长会议通过了旨在统一各州关于仲裁的程序法规定——《关于仲裁的州际条约》。该条约起到了承认仲裁法的作用，加强了瑞士作为举行国际仲裁较适合国家之一的基础，在当时具有一定的积极意义。但同时它所含有的大量强制性规定，对于今天竞争激烈的国际仲裁环境要求更多灵活性来说，已显得不合时宜。在经过多年审议之后，瑞士联邦议会于 1987 年 12 月 18 日通过了《关于国际私法的联邦法》，其第 12 章对国际仲裁进行了专门规定，该规定已于 1989 年 1 月 1 日开始施行。此后，在瑞士举行的国际仲裁正式区别于国内仲裁而成为联邦事项，由该法第 12 章专门予以调整，而国内仲裁则仍旧由《关于仲裁的州际条约》予以调整。

1. 瑞士仲裁协会(ASA)

网址:http://www.arbitration-ch.org/en/home/index.html

瑞士仲裁协会(Swiss Arbitration Association,ASA)是非营利性的协会,有超过1200名的会员,会员为从事或对仲裁感兴趣的从业者或学者。瑞士仲裁协会本身不作为管理仲裁程序的机构。在瑞士境内的6家商会底下的仲裁机构,与瑞士仲裁协会并不存在管理和被管理的关系。

在ASA的网站上,“瑞士仲裁”(Arbitration in Switzerland)栏目中列有瑞士的国际、国内仲裁规则,相关规则文件可下载PDF版本(见图11-4-10)。而且该网站还提供了一个专门的网址,可以通过其浏览和查找140个涉及国际仲裁的联邦最高法院决定的英文翻译文本(http://www.swissarbitrationdecisions.com/)(见图11-4-11)。

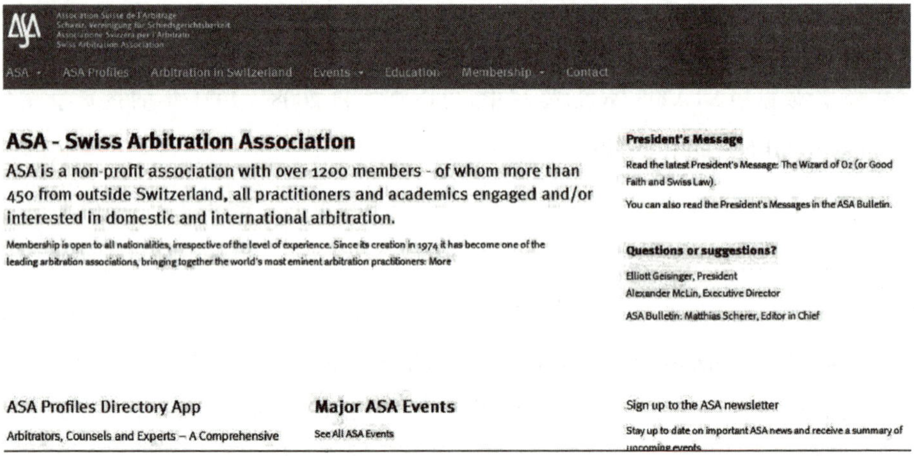

图11-4-10 瑞士仲裁协会网站

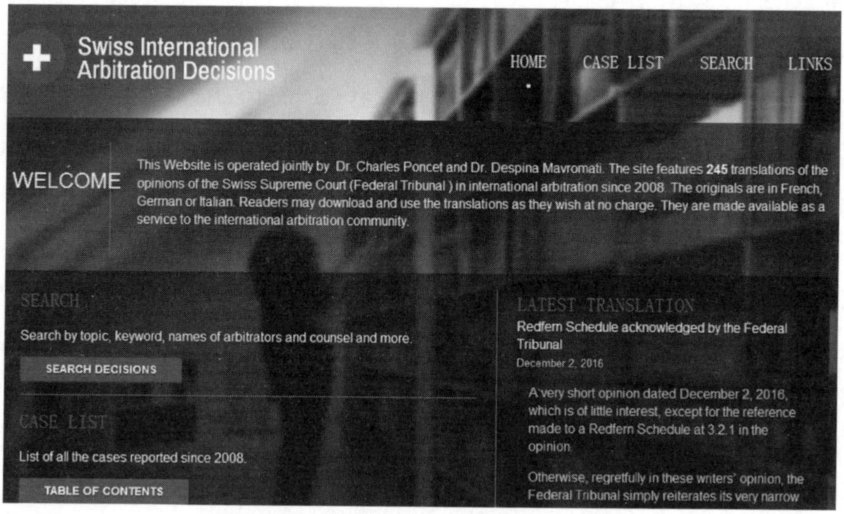

图 11－4－11　ASA 瑞士仲裁协会网站

2. 瑞士苏黎世商会仲裁院(ZCC)

网址:http://www.zurichcci.ch/

瑞士苏黎世商会仲裁院(Court of Arbitration of the Zurich Chamber of Commerce, ZCC)成立于1910年。尽管其属于苏黎世商会下设的常设仲裁机构,但在审理仲裁案件的时候,该仲裁院却独立于苏黎世商会。由于瑞士是永久中立国,因此其裁决比较容易为其他国家和当事人所接受,这使苏黎世商会仲裁院逐渐成为处理国际民商事纠纷的重要仲裁机构之一。

自2004年1月1日起,苏黎世商会仲裁院的国际仲裁程序遵循瑞士国际仲裁规则(Swiss Rules of International Arbitration)。自2011年1月1日起,瑞士当事人之间的国内仲裁,适用苏黎世商会补充规则(ZCC Supplementary Rules)。

(四)德国

德国仲裁协会(DIS)

网址:http://www.dis-arb.de/

德国仲裁协会(German Arbitration Institute, DIS)是经注册的社团,其宗旨是促进德国国内的国际仲裁。1992年1月1日,德国仲裁院(Deutsches Institut für Schiedsgerichtswesen, DIS)接管了德国仲裁委员会(Deutscher Ausschuss für

Schiedsgerichtswesen, DAS)的工作,并更名为德国仲裁协会(Deutsche Institution für Schiedsgerichtsbarkeit),其简称仍沿用DIS。1994年1月1日,德国仲裁协会又合并了仲裁促进联合会及其下设的柏林仲裁庭(SchiedsgerichtBerlin)。现行规则是于2018年3月1日刚刚生效的《德国仲裁协会仲裁规则》(DIS Arbitration Rules)。

DIS官方网站有德文和英文两个版本(见图11-4-12),“仲裁”(ARBITRATION)栏目有与仲裁、调停和调解相关的规则,以及有关仲裁的重要法律法规;在“工具和规则”(TOOLS & RULES)栏目中有DIS规则、示范条款等,在“资源”(RESOURCES)栏目中还有功能强大的数据库检索(Database Search,见图11-4-13),可以检索到与仲裁相关的文献和案例。该网站还集合了DIS的出版物(包括期刊、丛书等)等,对于研究德国的仲裁立法、仲裁规则和仲裁程序等大有助益。

图11-4-12 德国仲裁协会网站英文版

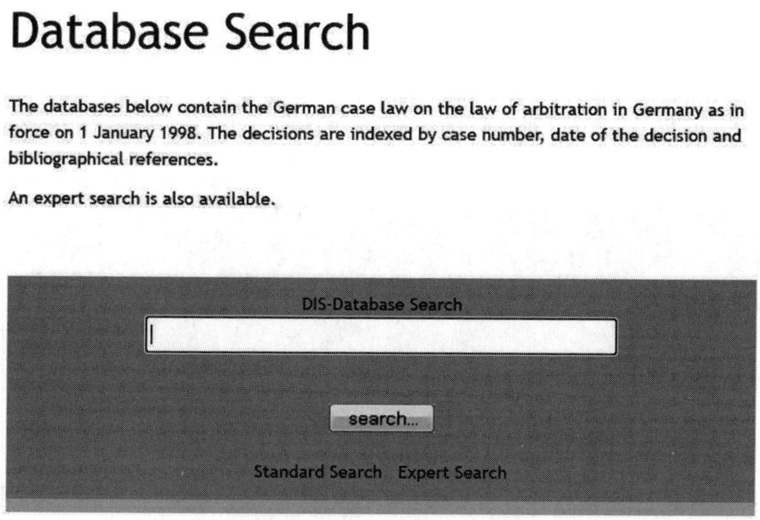

图 11－4－13　DIS－Database search 功能

（五）俄罗斯

俄罗斯联邦工商会国际商事仲裁院（ICAC）

网址：http：//www. tpprf-mkac. ru/

俄罗斯联邦工商会国际商事仲裁院（International Commercial Arbitration Court at the Chamber of Commerce and Industry of the Russian Federation，ICAC），俄语简称"MKAC"，是 1932 年成立的苏联工商会对外经济仲裁委员会的法定继承者，从 1999 年开始成为国际商事仲裁机构联盟成员，目前是俄罗斯及东欧地区主要的国际商事仲裁机构。现行的仲裁规则是 2017 年 1 月 27 日生效的新 ICAC 仲裁规则。

其官方网站有俄语、英语和德语三个版本，在英文版网站上可以查询到 ICAC 规则（Rules of the ICAC）、仲裁条例（Arbitration Agreement）、仲裁员名单（List of Arbitrators）以及互联网听证会的通知（Internet-notices of the hearing）等信息。网站可提供该规则的俄语、英语、德语版本下载。

此外，在"文件"（Documents）一栏中，集合了 ICAC 仲裁规则、仲裁示范条款（Recommended arbitration clauses）、国际条约（International Treaties）、联邦法律（Federal Laws）、俄罗斯联邦工商会法令（Enactments of the RF Chamber of

Commerce and Industry)、国际组织的推荐文档(Documents of recommendation character of International organizations)等内容。(见图 11-4-14)

图 11-4-14 俄罗斯联邦工商会国际商事仲裁院网站

(六)美国

美国仲裁协会(AAA)

网址:http://www.adr.org/

美国仲裁协会(American Arbitration Association, AAA)由美国仲裁会(Arbitration Society of America)、美国仲裁基金会(Arbitration Foundation)以及美国仲裁联合会(Arbitration Conference)于1926年合并成立。它是一个非营利性的民间组织,总部设在纽约,并在美国各主要城市设有分支机构。近年来为拓展业务,该协会也先后成立了亚太争议中心,在欧洲也设立了分部。1996年协会设立了“争议解决国际中心”(International Centre for Dispute Resolution, ICDR),负责管理美国仲裁协会所有国际事务,致力于成为公认的全球冲突管理机构。协会承接处理大量调解、仲裁以及其他ADR事务。(见图 11-4-15)

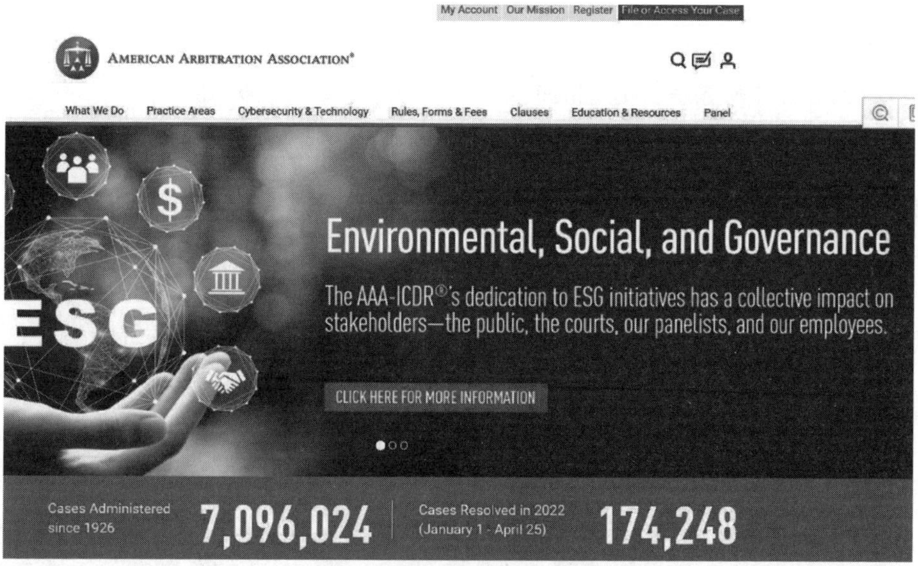

图 11－4－15　美国仲裁协会网站

针对不同类型的争议，AAA 设立了不同的规则，主要有商事仲裁规则及调解程序规则、国际争议解决程序及各行业的争议解决规则。包括：

- 职业会计及相关服务争议解决规则；
- 建筑业仲裁规则及调解程序规则；
- 雇用仲裁规则及调解程序规则；
- 专利纠纷解决补充规则；
- 不动产行业仲裁规则；
- 在线仲裁补充程序。

此外 AAA 还提供一系列指南，例如：

- 商业仲裁员指南；
- 建筑合同 ADR 条款起草指南；
- 早期纠纷解决选择权指南；
- 商人调解仲裁指南；
- 大型复杂案件处理指南；
- 商业仲裁员道德守则；

• 起草争议解决条款实用指南;
• 全球服务手册;
• 解决商业财务争议实用指南;
• 解决就业争议实用指南;
• 解决职业会计和相关服务争议指南;
• 建筑产业纠纷避免和解决指南等。

AAA 还是一个信息中心。协会下属美国仲裁协会大学(American Arbitration Association University,AAAU),网站 https://www.aaau.org/home。(见图 11-4-16)

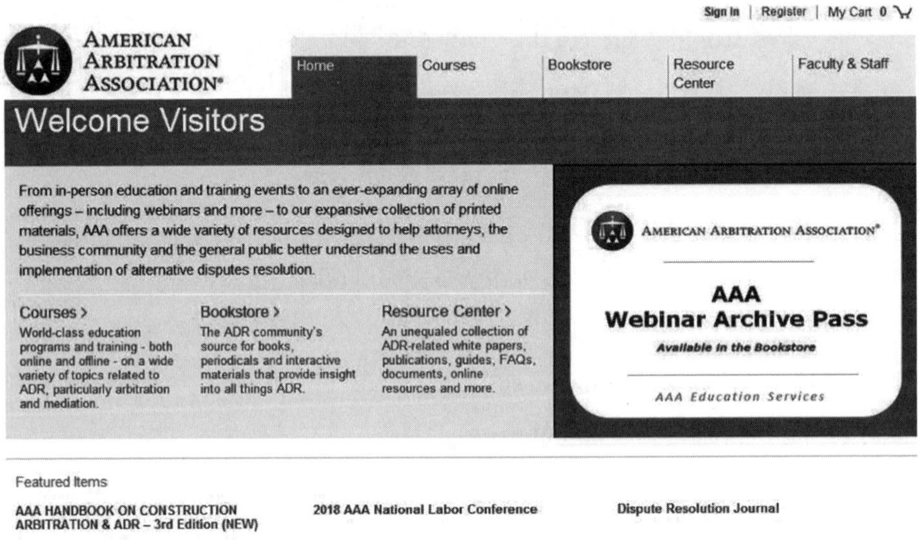

图 11-4-16 美国仲裁协会大学

在"资源中心"(Resource Center)中,通过注册可免费获得宝贵的白皮书、出版物、ADR 指南、常见问题、在线资源等;在"法律法规"(Law & Statutes)栏目中,AAA 提供了大量有关 ADR 机制在美国及国际上发展演变过程中所涉众多法律法规的浏览和下载,包括之前介绍的《联邦仲裁法》以及《统一仲裁法》等;"书架"(Bookstore)栏目为所有关注 ADR 的群体,包括顾问、中立者、公共政策领袖、教育家、学生,提供了丰富的图书、期刊、音频和视频资源,内容涵盖了整个争端解决领域所关注的重要问题。

协会还在纽约专门设立了卢修斯·R. 伊士曼(Lucius R. Eastman)图书馆,该图书馆收集了有关仲裁的各种资料,包括相关法律、书籍、手册等。协会的法律和有关行政人员还负责解答有关仲裁法律及实践中出现的各种问题。

(七)澳大利亚

澳大利亚共有6个州和2个地区,各州均有立法权。因此,在仲裁法律制度方面,除联邦行使其立法权外,各州均在仲裁立法方面有自己的权限。在仲裁立法上,联邦立法机构于1974年制定了专门针对外国仲裁的《国际仲裁法》(又称《外国仲裁裁决和协议法》)。同时,1973年到1986年,新南威尔士、维多利亚、南澳大利亚、西澳大利亚、塔斯马尼亚、昆士兰、北部地区和首都地区,均制定了自己的商事仲裁法:

- 新南威尔士:1984年《商事仲裁法》;
- 维多利亚:1984年《商事仲裁法》;
- 南澳大利亚:1986年《商事仲裁法》;
- 西澳大利亚:1985年《商事仲裁法》;
- 塔斯马尼亚:1986年《商事仲裁法》;
- 昆士兰:1973年《仲裁法》;
- 北部地区:1985年《商事仲裁法》;
- 澳大利亚首都地区:1986年《商事仲裁法令》。

澳大利亚联邦与各州分别对国际仲裁和国内仲裁实行不同的法律制度,这在各国仲裁立法中是不多见的。但如果联邦的法律与州的法律相冲突时,联邦的法律自动取而代之。

澳大利亚仲裁员及调解员协会(IAMA)

网址:https://www. resolution. institute/

成立于1975年的澳大利亚仲裁员及调解员协会(Institute of Arbitrators & Mediators Australia, IAMA),是澳大利亚最大的仲裁和调解机构。协会的宗旨是通过推动有效的纠纷解决方法,如仲裁、调停、调解、裁决等,服务社会及各个行业。它的会员包括著名的工程师、会计师、律师、建筑师及具有仲裁和调解实践经验的专业人士。2015 年 1 月 1 日,IAMA 和数字研究教育与进步实验室(The Lab for the Education and Advancement in Digital Research, LEADR)合并为决议中心(Resolution Institute)。该协会于 2016 年 8 月 3 日开始适用新的规则。

在网站的“争端解决”(Resolving disputes)栏目中,分门别类地对澳大利亚各州关于仲裁、调停、调解的相关法律、法令、示范条款、仲裁员名录、申诉程序、各种规则及指南等进行了详细的介绍,可谓包罗万象,极大地方便了当事人以及欲了解该国仲裁制度的研究者。在“资源”(Resources)栏目中,可以看到诸如《仲裁员和调解员》(*The Arbitrator & Mediator*)等期刊,以及各种手册、年会的详细信息。(见图 11－4－17)

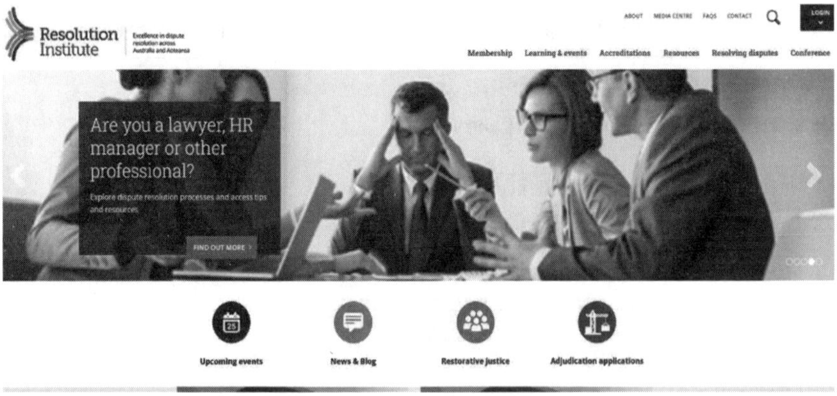

图 11－4－17　澳大利亚仲裁员及调解员协会网站

(八)日本

日本商事仲裁协会(JCAA)

网址:http://www.jcaa.or.jp/

1950 年,日本商事仲裁协会(Japan Commerce ArbitrationAssociation, JCAA)是由日本工商联合会和其他一些全国性的工商组织共同组建的仲裁机构,其总部在东京,在大阪、名古屋、神户、横滨等大城市设有分会。JCAA 是日本唯一的常设商业仲裁机构,致力于妥善解决国内及对外商贸往来中的各种争议与纠纷。JCAA 现在的规则是 2015 年 12 月 10 日修改并施行的《商事仲裁规则》。

JCAA 的网站有日文和英文两个版本,可以分门别类地了解与仲裁、调解以及

JCAA 相关的各类信息。在网站首页的"仲裁"一栏中,可以查询到包括商事仲裁规则、仲裁费用规定、仲裁员报酬条例在内的一系列与仲裁有关的详细规则、根据 UNCITRAL 仲裁规则制定的行政和程序规则,以及日本仲裁法、专利代理人法(节选)、关于承认和执行外国仲裁裁决公约等,还有示范条款、文书范本和有关仲裁的出版物。其中,包括协会自 1972 年以来每年都会出版的《仲裁法规集》,其内容涵盖了各国的仲裁法、主要仲裁机构的仲裁规则、商事仲裁协议等。此外,网站上还有 JCAA 通讯以及研究论文等。

(九)新加坡

新加坡是亚洲主要的国际商事仲裁地之一,其仲裁制度采纳的是国内仲裁与国际仲裁双轨制。新加坡最早的仲裁立法是《1953 年仲裁法》(The Arbitration Act of 1953)。由于当时深受英国法律传统的影响,该仲裁法也是在英国 1950 年仲裁法的基础上制定的,并于 1969 年和 1980 年两度修改。为促进当地的国际仲裁,在参考《国际商事仲裁示范法》的基础上,新加坡于 1995 年颁布实施了《国际仲裁法》。该法的颁布为新加坡成为国际商事仲裁中心奠定了法律基础。自此,新加坡实行国内仲裁与国际仲裁双轨制的仲裁体制。选择在新加坡进行仲裁的当事人,如果协议选择国内仲裁程序,仲裁庭将依据《仲裁法》与 1985 年联合国国际贸易法委员会《国际商事仲裁示范法》进行仲裁;如果协议选择国际仲裁程序,仲裁庭将依据《国际仲裁法》与《国际商事仲裁示范法》进行仲裁。

新加坡国际仲裁中心(SIAC)

网址:http://www. siac. org. sg/

新加坡国际仲裁中心(Singapore International Arbitration Centre, SIAC)成立于 1991 年。作为一家独立的、非营利性的组织,SIAC 旨在给快速发展的亚洲地区提供一种中立、高效、可靠的争议解决机制,以满足国际工商界的需要。因此自成立之初,SIAC 就致力于将自己发展成为一个国际性的仲裁机构。在多年的发展过程中,SIAC 以自己独特的仲裁规则和独立、公正、中立、权威、高效的裁决方式,逐渐赢得了国际范围内的普遍认可。现行规则是于 2016 年 7 月 1 日生效的《SIAC 仲裁规则》。

SIAC 网站的"规则"(Rules)一栏可以查找到该机构 2007 ~ 2016 年多个版本

的仲裁规则、2017 年新通过的《SIAC 投资仲裁规则》(The SIAC Investment Arbitration Rules),以及国际和国内仲裁法等资料。在"仲裁员"(Arbitrators)一栏中,可以查找仲裁员名录。在"示范条款"(Model Clauses)一栏中,可以查找 SIAC、UNCITRAL 等示范条款;"资源"(Resources)栏目则集中了大量与仲裁相关的期刊、出版物、年度报告,以及电子版时事通讯(e-newsletter)等资源信息。(见图 11-4-18)

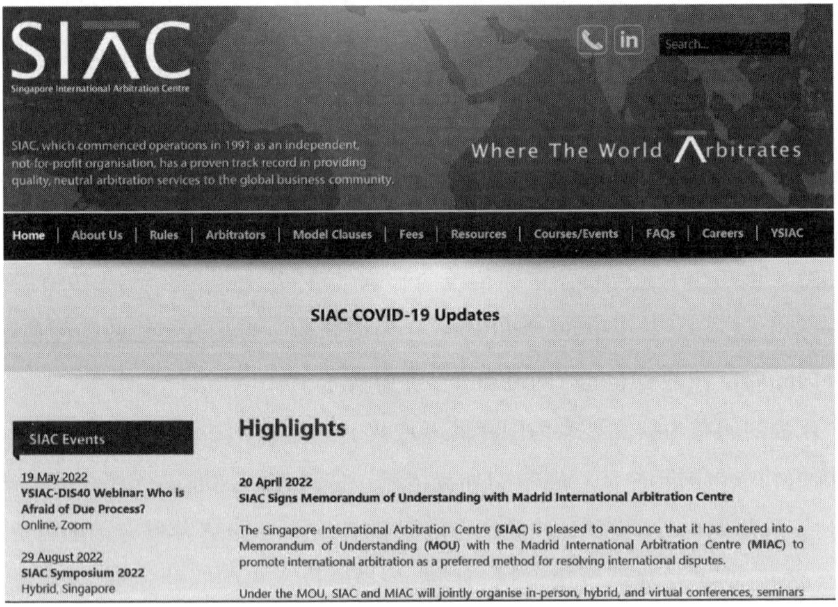

图 11-4-18　新加坡国际仲裁中心网站

(十)韩国

韩国商事仲裁院(KCAB)

网址:http://www.kcabinternational.or.kr/main.do

韩国商事仲裁院(KoreanCommercial Arbitration Board, KCAB)成立于 1966 年 3 月,是韩国历史上第一家有权进行涉外仲裁的仲裁机构。其前身是担当全部商事纠纷仲裁职能的韩国商事仲裁委员会(KoreanCommercial Arbitration Committee),设立于韩国工商会议所内。1970 年 3 月 21 日经工商部的许可,该仲裁院成为具有独立法律地位的社团法人。之后由于业务量的增加,其于 1980 年 8 月 29 日修改章程,改用现名。KCAB 是具有社团法人地位的民间机构,其职责是负责国内和国际仲裁程序的管理，并为当事人、企业、律师和政府提供仲裁方面的信息和咨询服务。KCAB 致力于纠纷解决业务、ADR 业务、国际仲裁合作和仲裁制度的借鉴，以及仲裁制度的研究、发展、出版、宣传与仲裁院教育事业等。施行的仲裁规则经过多次修订，现行规则为 2016 年 6 月生效的《KCAB 国际仲裁规则》。

韩国商事仲裁院网站有韩文、英文两个版本。可以在英文版网站上查找到 KCAB 的仲裁规则、仲裁员信息、示范条款等信息。（见图 11－4－19）

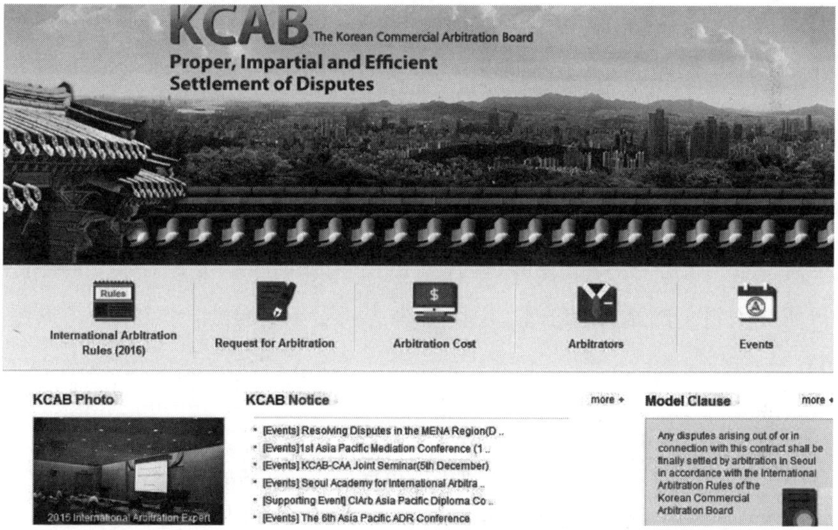

图 11－4－19　韩国商事仲裁院网站

（十一）中国

1. 中国国际经济贸易仲裁委员会（CIETAC）

网址：http://www.cietac.org/

中国国际经济贸易仲裁委员会（China International Economic and Trade Arbitration Commission，CIETAC），是世界上主要的常设商事仲裁机构之一。其于 1956 年 4 月成立，当时名称为“对外贸易仲裁委员会”。为了适应国际经济贸易关系不断发展的需要，于 1980 年改名为“对外经济贸易仲裁委员会”，1988 年再次更名为“中国国际经济贸易仲裁委员会”。2000 年，中国国际经济贸易仲裁委员会同时启用“中国国际商会仲裁院”的名称。仲裁委员会的总会设在北京，并在上海、深圳、重庆和天津分别设有仲裁委员会上海分会、华南分会、西南分会和天津仲裁中心,还先后设立了 26 个地方和行业办事处。

该仲裁委员会在国内首先推出独具特色的行业争议解决服务,为不同行业的当事人提供适合其行业需要的仲裁法律服务。现行规则是 2015 年 1 月 1 日生效的《中国国际经济贸易仲裁委员会仲裁规则》。此外,仲裁委员会还为应对快速解决电子商务纠纷及其他经济贸易争议的需要,于 2009 年 5 月 1 日推出《网上仲裁规则》。该规则根据案件争议金额大小,在“普通程序”之外分别规定了“简易程序”和“快速程序”,以适应在网上快速解决经济纠纷的需要。

在 CIETAC 网站,可以清楚地了解仲裁的申请及其程序,还可以下载仲裁文书、了解现行仲裁规则和仲裁指南,以及贸仲自成立以来的仲裁委员会的相关规则。“资料”栏目则集中了相关的中国法、外国法、国际公约及惯例、外国仲裁机构仲裁规则,以及合同范本、案例等。在“仲裁员”中,能够获得较为详细的、最新的仲裁员信息。在“研究”栏目中,可以查找到相关仲裁的论文、案例评析、年度报告、出版物等研究资料。网站内容丰富、栏目板块清晰明了,使用非常方便。(见图 11 - 4 - 20)

图 11 - 4 - 20　中国国际经济贸易仲裁委员会网站

2. 香港国际仲裁中心(HKIAC)

网址:http://www.hkiac.org/

中国香港特别行政区作为亚太地区重要的国际仲裁中心之一,吸引着众多国内外商事争议当事人到此进行仲裁,同时香港特别行政区仲裁法改革与完善的步伐从未停止。香港国际仲裁中心(Hong Kong International Arbitration Center,HKIAC)成立于1985年,是一个由商界及专业人士组成的委员会运作的、独立的非营利性机构,它由香港特别行政区政府提供资助并接受私人捐赠,其宗旨是为香港特别行政区本地以及国际仲裁提供服务(包括指定仲裁员、提供辅助服务),并依该中心自身的仲裁规则及联合国国际贸易法委员会仲裁规则进行仲裁管理。2013年,香港国际仲裁中心推出了2013版的《香港国际仲裁中心机构仲裁规则》(HKIAC Administered Arbitration Rules 2013),新的规则对本地仲裁和国际仲裁都适用。

香港国际仲裁中心网站有英文、简体中文及繁体中文三个版本,可以查询到有关仲裁、调解、判决的规则,以及参考文献和网站链接。在"仲裁"(Arbitration)栏目中,可以清楚地了解香港现行及之前推出的仲裁规则、仲裁程序、示范条款、仲裁员等信息,以及《香港国际仲裁中心机构仲裁规则》《仲裁〈仲裁及公断人的委任〉规则》《仲裁收费及费用表》等,并提供英文、中文、韩语、日语等多语言版本的浏览及下载。实务研究者还可以通过"数据统计"(Statistics)一栏,掌握1992~2010年,如HKIAC、AAA、ICC、SIAC、CIETAC等世界主要仲裁机构受理的国际仲裁案件,以及1997~2010年在我国香港特别行政区执行的仲裁裁决。(见图11-4-21)

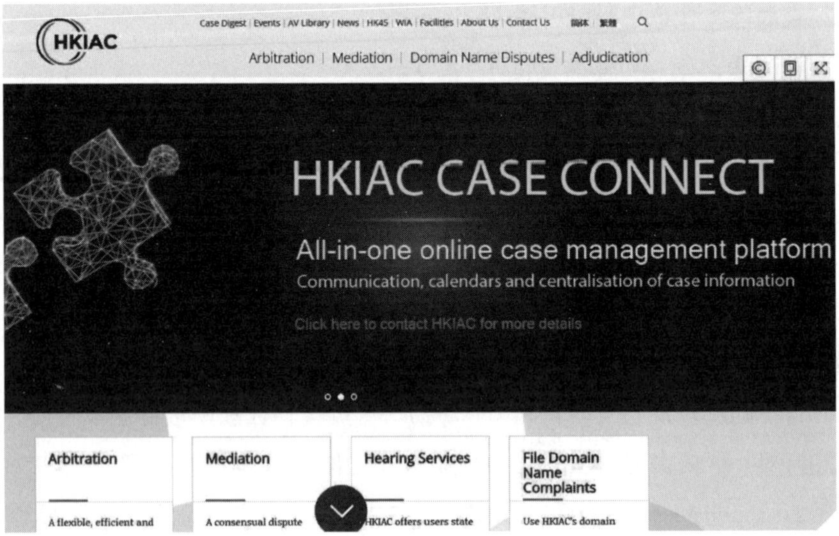

图 11-4-21　香港国际仲裁中心网站

(十二)非洲

非洲商法统一组织(法文:Organization pour l'harmonisation du Droit desAffairs enAfrique,OHADA;英文:Organization for the Harmonization of Business Law in Africa,OHBLA;以下简称 OHADA)有 16 个成员国。大部分成员国是前法国的殖民地,有着共同的历史背景。独立后,一些新的非洲国家决定弥补没有仲裁立法的缺陷,相继颁布了一些有关国内仲裁的法律,如喀麦隆、乍得、刚果与塞内加尔。还有一些国家颁布了有关国际商事仲裁的法律,如科特迪瓦和多哥。由于各国不同的立法政策导致 OHADA 地区的法律制度并不协调,严重阻碍了该地区相关国家经济的发展。为此,1993 年法郎区国家的首脑通过了《OHADA 条约》,建立了非洲商法统一组织。非洲商法统一组织的机构之一是司法与仲裁共同法院(Cour Commune de Justice et d'Arbitrage, CCJA),该机构不仅具有司法职能,还有仲裁管理职能。至此,OHADA 仲裁制度体系形成:一个是以《CCJA 仲裁规则》为核心的机构仲裁体系,规定了在 OHADA 进行机构仲裁的程序和规则;另一个是以《仲裁统一法》(UniformAct of Arbitration, UAA)为核心的临时仲裁体系,规定了进行临时仲裁的程序和规则。

OHADA 仲裁制度的法律渊源有《OHADA 条约》、《CCJA 仲裁规则》、《仲裁统一法》、CCJA 作出的解释以及国际条约。其中，国际条约主要包括《纽约公约》、1965 年《华盛顿公约（ICSID 公约）》、1988 年《多边投资担保机构公约》。因此，在仲裁过程中，当事人也会受到国际条约的约束。

OHADA 司法与仲裁共同法院（CCJA）

网址：https://www.ohada.org/en/category/our-institutions/common-court-of-justice-and-arbitration-ccja/

CCJA 是非洲商法统一组织主要的司法机构。它具有双重性质，既是地区超国家法院，也是一个仲裁机构。该机构的职能之一，是根据《OHADA 条约》第 21 条的规定组织仲裁事项。CCJA 作为仲裁机构，本身并不处理争议，其主要职能是指定仲裁员、处理对仲裁员提出的异议、了解仲裁程序的进展，并在裁决作出前对裁决草案进行复查。

OHADA 组织的缔约国多为法语国家，因此其官方语言为法语，不过 CCJA 网站有法语、英语、西班牙语以及葡萄牙语版本，全面而详尽地收录了 OHADA 的发展沿袭、组织概况、宗旨及愿景，以及著名的“八部统一法”的主要规定、相关的法律法规、官方文件等信息，对于研习非洲的仲裁制度很有帮助。（见图 11-4-22）

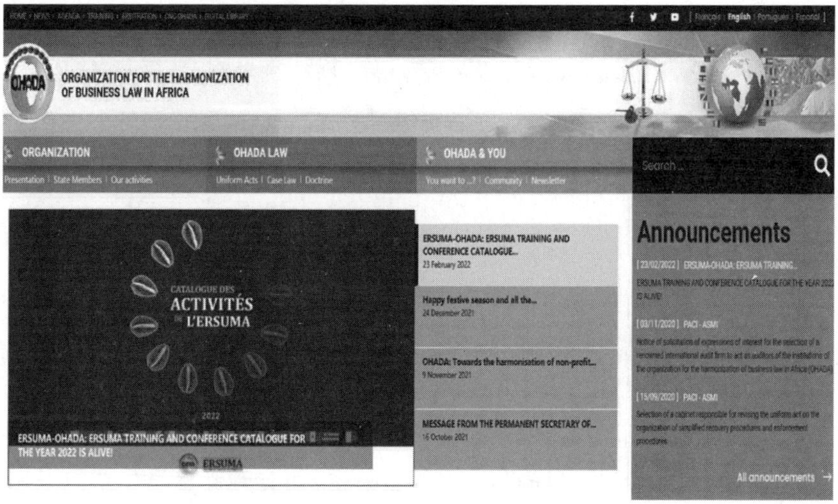

图 11-4-22　OHADA 司法与仲裁共同法院网站

五、国际商事仲裁出版物及数据库、网络资源

(一) 专业期刊

国际商事仲裁的期刊有很多,如 *Kluwer law International*(威科国际法)出版系列刊物:

Journal of International Arbitration(《国际仲裁杂志》);

Arbitration International(《国际仲裁》);

ASA Bulletin(《瑞士仲裁协会公报》);

Asian International Arbitration Journal(《亚洲国际仲裁》);

Revue de l'Arbitrage(《国际仲裁 – 法语》);

Spain Arbitration Review(《西班牙仲裁评论》);

World Trade and Arbitration Materials(《世界贸易和仲裁材料》)。

上述期刊可在 Kluwer Arbitration 数据库中查找得到。

此外,还有:

Mealey's International Arbitration Report(《Mealey 国际仲裁导报》);

Mealey's International Arbitration Quarterly Law Review(《Mealey 的国际仲裁季刊法律评论》);

Stockholm International Arbitration Review(《斯德哥尔摩国际仲裁评论》);

ICC International Court of Arbitration Bulletin(《ICC 国际仲裁院公告》)。

相关的中文期刊有《北京仲裁》《仲裁研究》等。

(二) 数据库

Kluwer Arbitration

作为全球最为丰富的仲裁专业数据库,威科仲裁(Kluwer Arbitration)秉承了 Kluwer law International 在内容上的权威性,并运用最新的网络技术和功能,提供仲裁相关专业最新的资讯以及研究动态。该数据库的主要内容包括国际公约、法律法规、仲裁裁决、国际仲裁业界的最新动态、国际商事仲裁委员会年鉴以及国际和各国仲裁机构的年度报告,对于了解全球重要的仲裁法律、判例、时讯等都很有帮助。(见图 11 –4 –23)

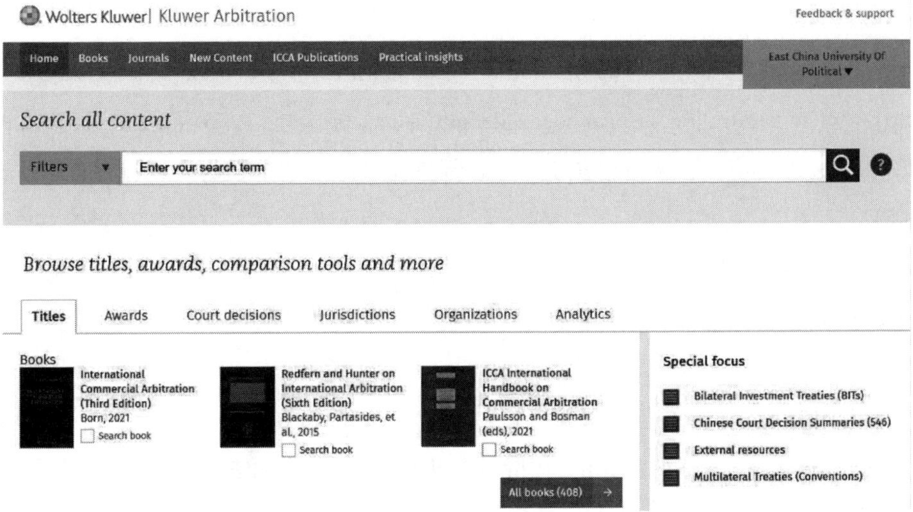

图 11 －4 －23　Kluwer Arbitration 数据库

例如，如果需要查询一些知名仲裁机构的仲裁规则，可点击页面检索框左侧的“筛选”（Filters），选中“规则”（Rules），再点击搜索即可。如图 11 －4 －24 所示，便可以获得如 AAA、ICSID、LCIA、CIETAC 等仲裁机构沿用的仲裁规则。

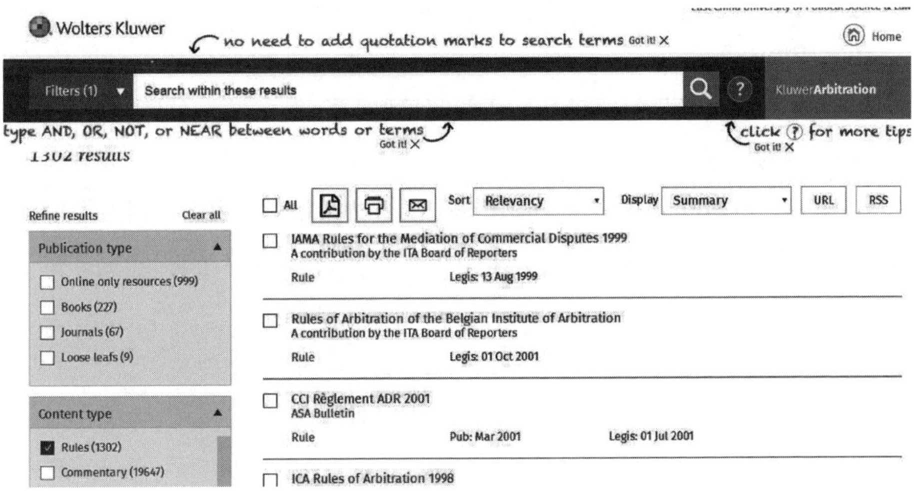

图 11 －4 －24　Kluwer Arbitration 数据库

(三)专题网站

南非仲裁基金会(The Arbitration Foundation of Southern Africa, AFSA):http://www.arbitration.co.za/pages/default.aspx。成立于1996年,是一家涉及商业组织、法律、会计专业的合资公司,总部在桑顿,在南非各中心城市设有分支机构。

美国Juris出版公司:http://www.jurispub.com/。主要关注国际法领域的国际商务和投资、反垄断、ADR和仲裁、国际商事仲裁、国际公法、银行与金融,以及知识产权等。

美国国际法学会主办的国际商事仲裁专业网站:http://www.asil.org/。提供各国国内仲裁法、国际仲裁条约、国际仲裁机构及其规则、仲裁案例及相关资讯。

全美仲裁论坛:http://www.adrforum.com/。在一群富有远见的法律专家倡议下,于1986年创建。至今,其已成为发展和推广仲裁制度与服务的学术性专题网。

澳大利亚国际商事仲裁中心(The Australian Centre for International Commercial Arbitration, ACICA):http://acica.org.au/。一个成立于1985年的非营利性机构,提供有关国际仲裁的信息,并通过研讨会等形式提供教育培训。

中国仲裁网:http://www.china-arbitration.com/。1997年由仲裁业内的专业人士创办,为内地最早的仲裁专业网站。仲裁网秉承宣传推广仲裁、普及仲裁知识、沟通信息的宗旨,为业内人士认可。

中国仲裁在线:http://www.cnarb.com/。致力于增强中国仲裁研究和争议解决研究的能力,提升中国仲裁界和争议解决界的理论和实务水平,提供务实和有效的仲裁和其他争议解决方面的咨询。

第十二章　法律文献检索结果管理

在科研的准备阶段，我们需要搜集课题相关信息，进行大量阅读，经常使用的工具是计算机系统自带的资源管理器和通用写作软件。到了写作阶段，我们除了必须融合准备阶段积攒的内容，还要对写作时引用的内容逐条加上各类注释。而到了投稿阶段，还要依据各期刊的不同体例修改注释。然而，使用资源管理器以文件夹形式管理搜集自各数据库的文献资源和阅读时记录的笔记，会因这些内容散落于各文件夹而不能有效整合，而通用的写作软件只能逐条手动修改注释，也给我们带来了很大的工作量。实际上通用软件的这些不足，用检索结果管理软件就可以解决，并能一次性满足上述科研各阶段的文献管理需求。

比较常见的文献检索结果管理软件有 Endnote、Mendeley、Zotero、Citavi、Noteexpress、知网研学等，适用范围基本覆盖了文献的搜集与导入、管理与分析、阅读摘录与写作引用等环节。

第一节　文献检索结果管理软件概述

一、Endnote

Endnote 是广为人知的文献管理软件，由汤姆森科技公司(Thomson Scientific)推出,支持 Windows、macOS、iOS 平台。

Endnote 具备以下功能:

1. 部分数据库支持软件内在线检索;

2. 自带写作引用插件,引用的参考文献样式较为丰富,支持自定义引用格式;

3. 使用内置 PDF 工具,可轻松地在库内阅读、注释和搜索;

4. 管理的数据库没有上限;

5. 系统资源占用较小,极少出现因数据库较大而宕机的情况。

但相对其他文献管理软件,Endnote 不支持中文文献自动识别题录,库内分组管理只支持二级目录,也不支持标签索引。

Endnote 只提供英文界面,但官网提供了相关的操作培训资源,可协助初学者迅速掌握软件的使用:https://clarivate. com/webofsciencegroup/support/endnote/。(见图 12 - 1 - 1、图 12 - 1 - 2)

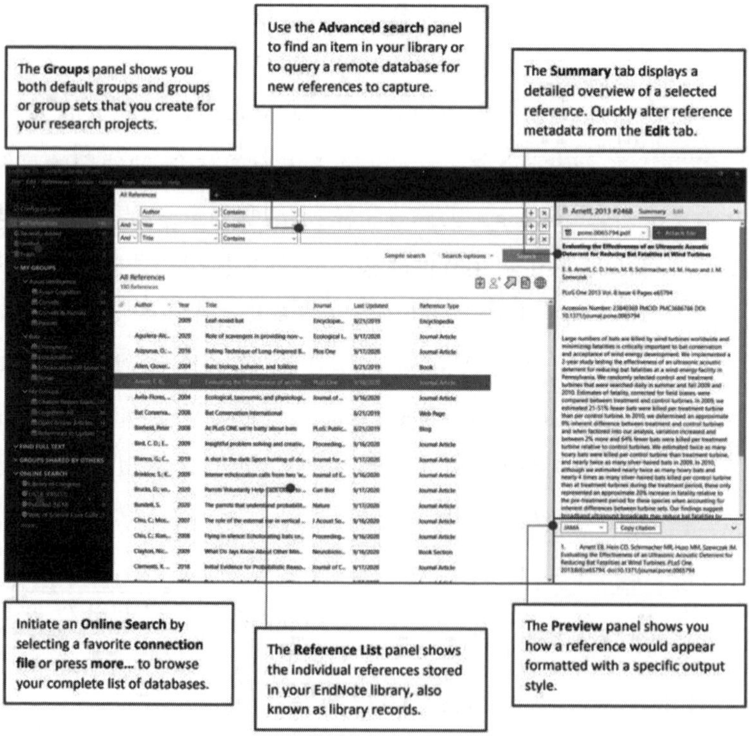

图 12 - 1 - 1 Endnote 软件界面

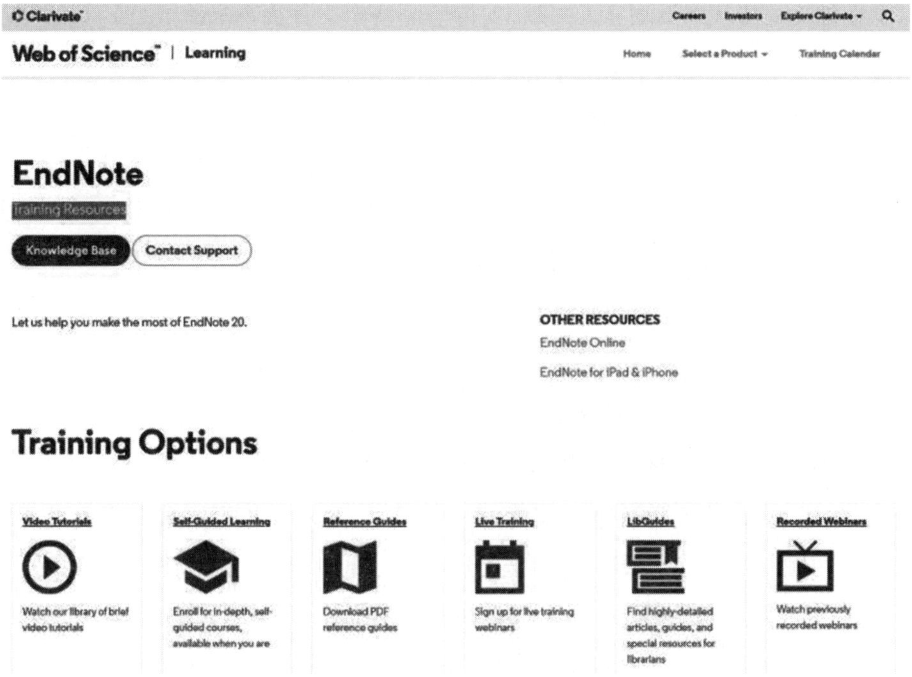

图 12-1-2　　Endnote 网站

二、Mendeley

Mendeley 由爱思唯尔公司(Elsevier)推出,开源并免费,支持 Windows、macOS、Linux 平台。

Mendeley 最显著优势就是自带社区功能,可设置多个群组,给予参与者阅读、修改等不同权限以方便讨论。Altmetric 文献评价标准参考因素之一,就包括 Mendeley 的社区功能。①

Mendeley 还支持以下功能:

1. 用 DOI、ISSN 或 PMID 号抓取题录,支持拖拽方式导入本地文献,在安装浏

---

① Altmetric 评价系统是随着社会化分享的趋势而出现的。一篇论文在发表后,被广泛转载传播,而这种转载传播的渠道并不局限于传统媒体,更包含了网络媒体报道、个人博客以及 Twitter 或者 G+ 上评论和分享等,传统的评价方法(如影响因子)就不能反映文章的分享和认知程度,于是 Altmetric 就应运而生了,它可以反映文献的分享程度、下载、阅读及认可的情况。

览器插件后支持从网页端导入文献,支持监测特定文件夹(watch folder)以自动更新题录;

2. 支持多级文件夹和标签分组;

3. 内置 PDF 工具,可在软件界面搜索 PDF 全文,支持注释,但注释只保存于 Mendeley 数据库而非 PDF;

4. 自带 Mendeley Cite 文献引用插件;

5. 支持在个人作品栏里上传自己的已发表论文,查看阅读人数及其研究领域和所属国等;

6. 提供网页浏览器编辑界面,供用户在不安装软件的情况下使用。

但 Mendeley 导入格式只限 PDF,对中文文献支持不佳,网络存储空间也只有 2G,最关键的是,必须联网登录才能使用软件,一旦网络出现故障就会影响软件使用。

Mendeley 也只提供英文界面,不过软件官网提供了简要的帮助指南,供用户查询之用:https://www. mendeley. com/guides。(见图 12 -1 -3、图 12 -1 -4)

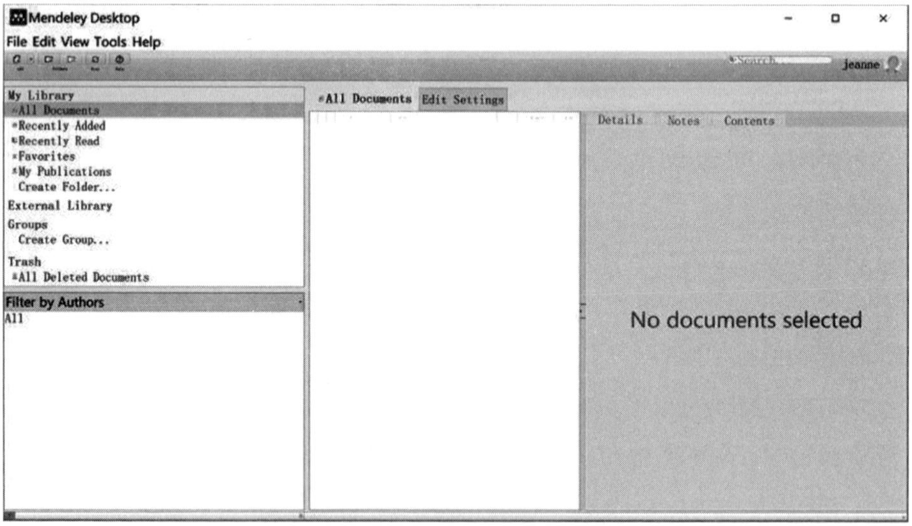

图 12 -1 -3　Mendeley 软件界面

图 12－1－4　Mendeley 网站帮助指南

三、Zotero

Zotero 由安德鲁·W. 梅隆基金会、斯隆基金会以及美国博物馆和图书馆服务协会资助开发，原是火狐浏览器（Firefox）的一个文献管理插件，后推出了支持 Windows、macOS、Linux 平台的单机版。

Zotero 有如下功能：

1. 支持直接抓取在线文献数据库网页内的题录；

2. 库内分组支持无限目录和标签分组，自带写作插件可方便插入参考文献；

3. 在申请账户后支持限量 300M 的免费同步空间，如若超额则需付费购买空间，不过 Zotero 还支持 WebDAV 同步到其他的网络云盘，可以此突破免费同步空间的限制；

4. 支持添加独立笔记和源文献下子笔记，支持笔记全文检索；

5. 有较为丰富的免费插件资源，可扩充其功能。

然而，Zotero 对中国知网 PDF 支持不佳，且以条目而非文档的形式保存资料，一旦软件出现故障无法使用，导入的文献就无法通过电脑系统自带的文件管理器轻易找到。

Zotero 支持中文界面,软件官网提供了简要的快速上手说明和较为详尽的操作指南供用户参照:https://www.zotero.org/support/。(见图 12-1-5、图 12-1-6)

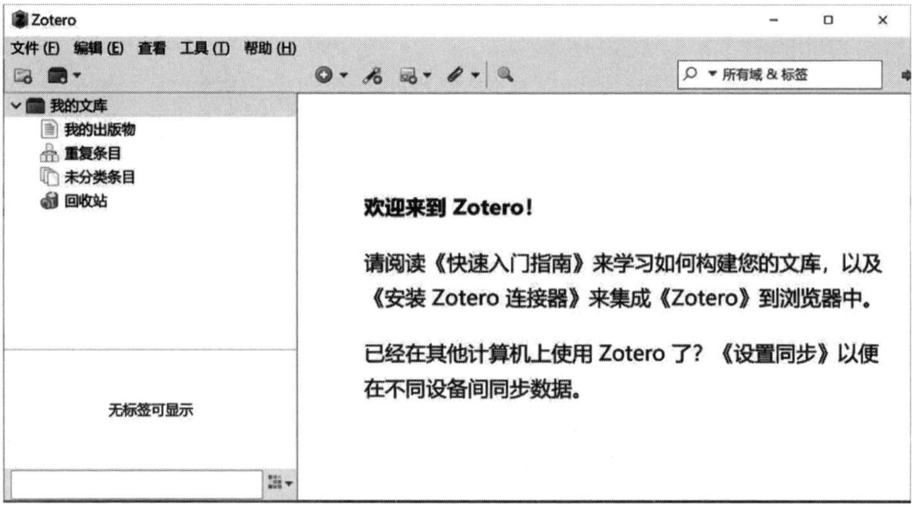

图 12-1-5　Zotero 程序界面

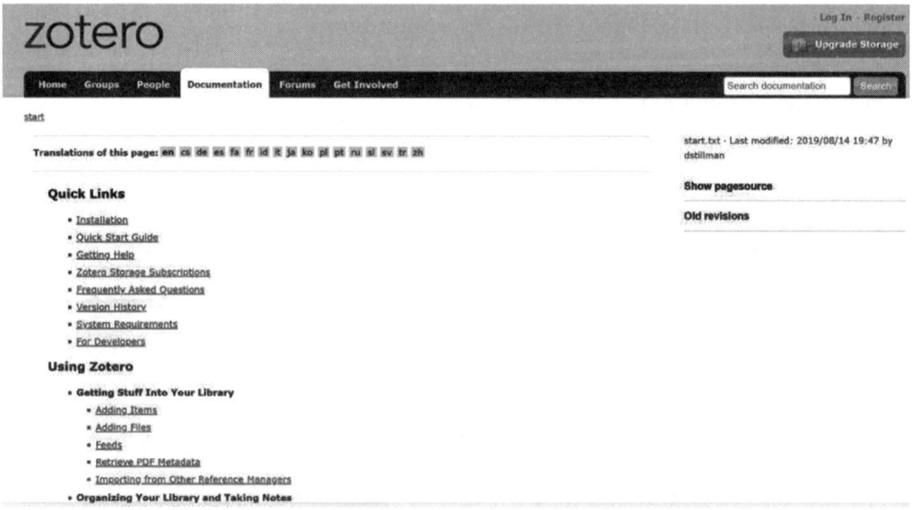

图 12-1-6　Zotero 网站快速上手说明和操作指南

四、Citavi

Citavi 来自瑞士学术软件公司（Swiss Academic Software），支持 Windows 平台，在欧洲（特别是德语区）被广泛使用。相比较传统的文献管理软件，Citavi 的功能更侧重于知识管理。

Citavi 界面分成“参考”（Reference）、“知识”（Knowledge）、“任务”（Task）三大版块。

“Reference”栏是传统的文献管理界面，支持：

1. 从 Citavi 内置数据库和库目录直接检索；

2. 可用 ISBN、DOI、PubMedID 等添加文献；

3. 自带 PDF 的阅读器可标注导入的 PDF，支持 PDF 全文检索；

4. 撰写摘要和评论，支持自动添加引用。

“Knowledge”栏为笔记界面，Citavi 笔记功能较强，笔记被分为摘要、目录、直接引用、间接引用、总结、图片或文件引用、评论、想法和分级等，方便用户在此基础上撰文写作。

“Task”栏为任务界面，可对文献条目或其他事件建立任务，提供阅读进度、写作进程的展示。

Citavi 引文支持自定义样式，也提供收费代为制作样式的服务，但软件启动速度过慢，且项目导入的文献都被置于同一个文件夹内，如果文献数量较多则会显得杂乱无章，一旦软件崩溃，很难快速找到需要的内容。

除桌面版独立软件外，Citavi 还推出了网页版的 Citavi Web，方便用户在没有安装 Citavi 软件情况下使用。网页版的操作界面与桌面版相同，因其服务器在国外，使用速度较慢。

Citavi 不支持中文界面，但其中文官网提供了简要使用说明，供使用者参考：https://www.softhead-citavi.com/resources。（见图 12－1－7、图 12－1－8）

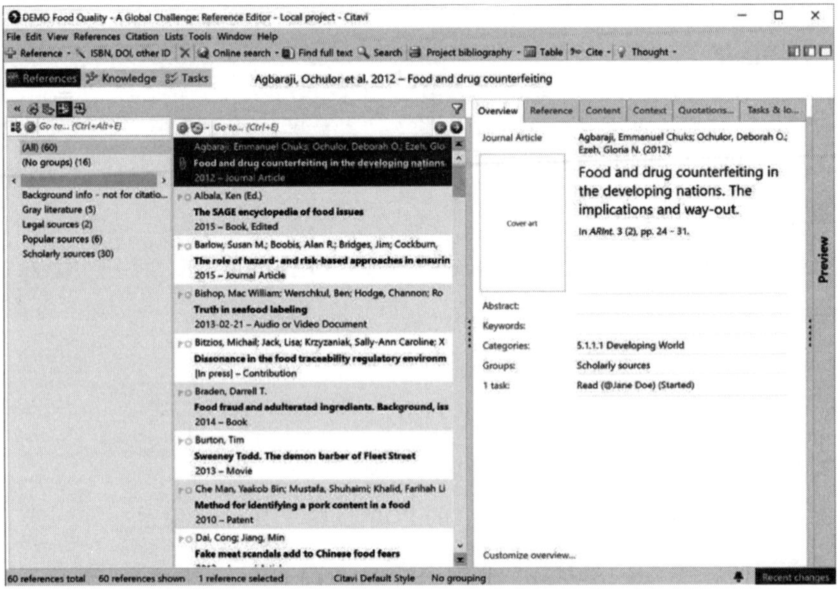

图 12 -1 -7　Citavi 软件界面

图 12 -1 -8　Citavi 网站使用说明

五、知网研学

知网研学是中国知网推出的知识管理软件，原名 E-Study，支持 Windows、macOS、iOS、Android 平台，除提供桌面端独立软件外，还提供了网页版和微信小程序，对中文文献支持较好。

知网研学有如下功能：

1. 文献管理；

2. 软件内检索中外数据库文献、在线阅读与批量下载；

3. CAJ、PDF 等文献阅读；

4. 支持导入文献内的参考文献；

5. 对文献进行注释（注释只保存于知网研学数据库而非 PDF 本身）；

6. 写作与投稿；

7. 同一账号多终端资料云同步；

8. chrome 浏览器扩展。

然而，知网研学数据库相关功能仅限于中国知网、CrossRef、IEEExplore、PubMed、ScienceDirect、SpringerLink，文献格式除知网特有格式外只支持 PDF 和图片，且非会员有较多限制，如无法通过在线检索导入文献、不支持笔记、不能进行多端多设备同步及在线阅读等。

知网研学具备中文界面，其网站提供使用手册、常见问题和视频教程，供用户参考：https://x.cnki.net/search。（见图 12－1－9、图 12－1－10）

图 12－1－9　知网研学软件界面

图 12 -1 -10　知网研学网站介绍

六、NoteExpress

NoteExpress 由北京爱琴海软件公司推出，对中文文献支持较好，单机版支持 Windows 平台，同步版青提学术(NoteExpress Web)支持 MacOS、Windows、Linux、iOS、Android 平台。

NoteExpress 具有如下功能：

1. 支持在线数据库检索，批量获取题录，部分数据库支持全文批量下载；

2. 支持题录批量导入，支持多层文件夹全文批量导入；

3. 智能识别标题、DOI 等关键信息，自动更新补全题录元数据，对中文文献支持良好；

4. 支持文件夹及标签方式(星标、彩色旗帜和标签云)标记分类；

5. 提供专用笔记栏，笔记支持富文本格式，可嵌入图片、表格、公式等，支持全文检索；

6. 自带 Word 和 WPS 写作插件，可以实现边写作边引用参考文献，参考文献样式数量较多，支持自定义样式；

7. 提供数据可视化分析功能(如词云图、词共现关系图)；

8. 对导入的文献格式几乎未作限制，能管理硬盘上任何资源。

NoteExpress 数据库以传统的树形文件夹形式构建，能与导入文件所在文件夹结构相对应,即便软件崩溃,也能使用计算机自带资源管理器直接查看文件。但使用 NoteExpress 摘录的笔记被放置在后缀为“nel”的数据库文件里,一旦该文件毁损则无法找回笔记。

NoteExpress 为中文界面,其官网还提供非常详尽的使用技巧,供用户查阅:http://www. inoteexpress. com/wiki/index. php/% E9% A6% 96% E9% A1% B5。(见图 12 - 1 - 11、图 12 - 1 - 12)

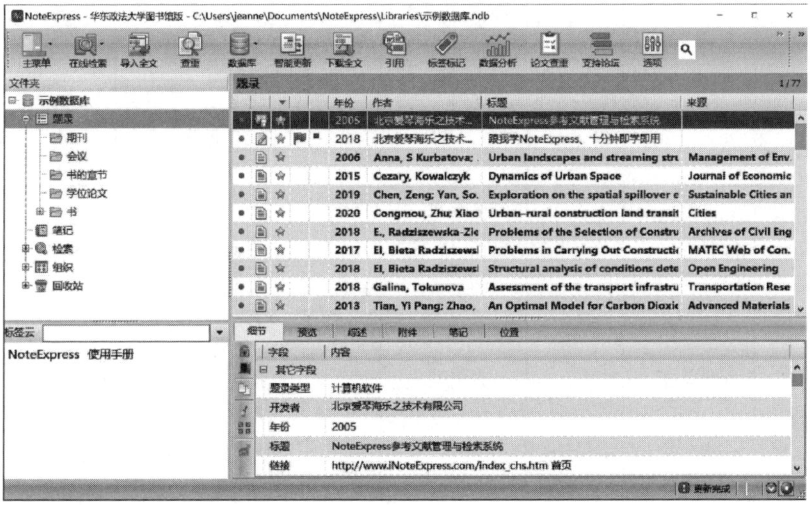

图 12 - 1 - 11 NoteExpress 软件界面

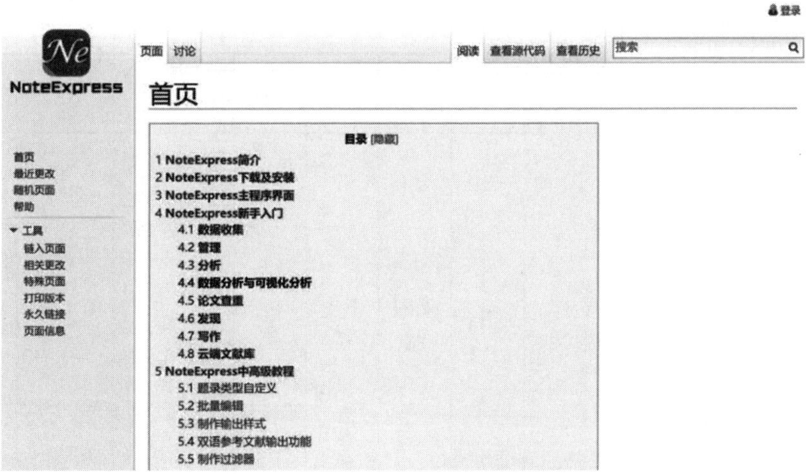

图 12 - 1 - 12 NoteExpress 使用技巧

上述6个软件在文献搜集、导入、管理上大同小异,在阅读、笔记摘录、写作引用操作上各有侧重,我们制作了对照表(见表12-1-1),供读者参考。

表12-1-1　软件对照

软件	支持平台	界面语言	监测特定文件夹实时更新	文件夹分组	中文题录自动更新	自带PDF阅读器	笔记功能	自带参考文献样式数量	写作插件适用
Endnote	Windows、macOS、iOS	不支持中文	支持	限2层	不支持	支持	支持Research Note条目方式及PDF阅读器内标注,不支持放入图片	7180个	Word
Mendeley	Windows、macOS、Linux	不支持中文	支持	无限制	不支持	支持	支持简单的Note标注及PDF阅读器内标注,不支持放入图片	自带15个,但支持导入CSL样式	Word
Zotero	Windows、macOS、Linux	支持中文	支持	无限制	不支持	无	提供功能丰富的笔记编辑器,支持独立笔记和子笔记2种方式,笔记支持"Ctrl+V"方式放入图片	10,046个	Word、WPS

续表

软件	支持平台	界面语言	监测特定文件夹实时更新	文件夹分组	中文题录自动更新	自带PDF阅读器	笔记功能	自带参考文献样式数量	写作插件适用
Citavi	Windows	不支持中文	不支持	限1层	不支持	支持	提供功能丰富的笔记编辑器，支持笔记内容在知识栏内具体分类，笔记不支持放入图片	11,506个	Word
知网研学	Windows、macOS、iOS、Android、网页版、微信小程序	支持中文	不支持	无限制	支持	支持	提供功能丰富的笔记编辑器，笔记支持插入图片，但不支持"Ctrl + V"方式放入	1197个	Word、WPS
NoreExpress及同步版青提学术	单机版支持Windows平台，同步版支持MacOS、Windows、Linux、iOS、Android	支持中文	不支持	无限制	支持	支持	提供功能丰富的笔记编辑器，有专有的笔记文件夹界面，笔记支持"Ctrl + V"放入图片	单机版自带4757个，同步版自带4750个	Word、WPS

第二节　基于 NoteExpress 的法律文献检索结果管理

目前,尚无专用于法律文献检索的管理软件,但我们可以选用支持自定义题录格式的通用文献管理软件来管理法律文献检索结果。鉴于 NoteExpress 对中文支持良好,且有较多自定义功能,我们就以 NoteExpress 为例讨论法律文献检索及结果管理。

NoteExpress 目前最新版本是 v3. 6. 0. 9155,支持的写作软件包括 Microsoft Office、WPS 两大主流软件。在安装完成后,安装程序会提示用户选择安装写作插件,我们可以根据自己的情况予以选择。(见图 12 - 2 - 1)

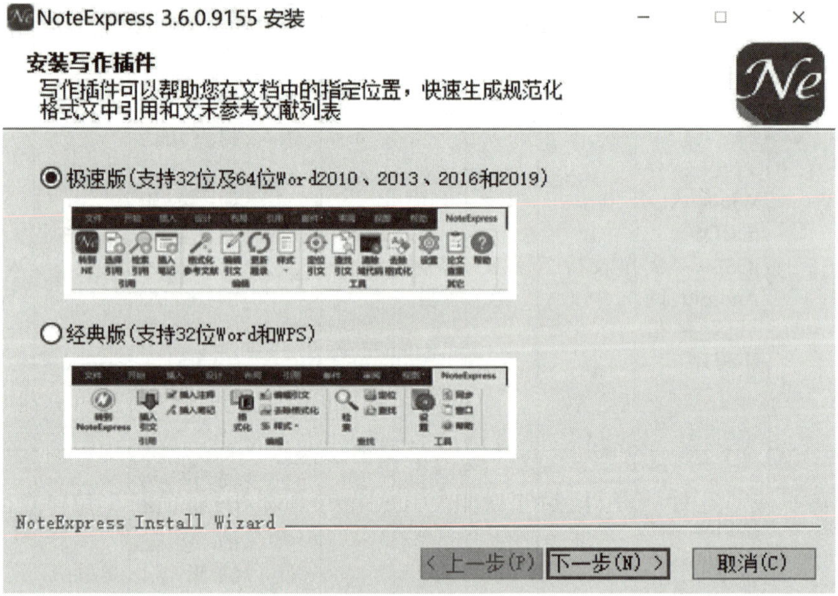

图 12 - 2 - 1

一、认识 NoteExpress 操作界面

安装 NoteExpress 后,打开软件会发现,NoteExpress 自带一个"示例数据库",包含若干帮助信息,其中有一条提供了 NoteExpress 官网链接,还有一条则提供了简要使用说明。(见图 12 - 2 - 2)

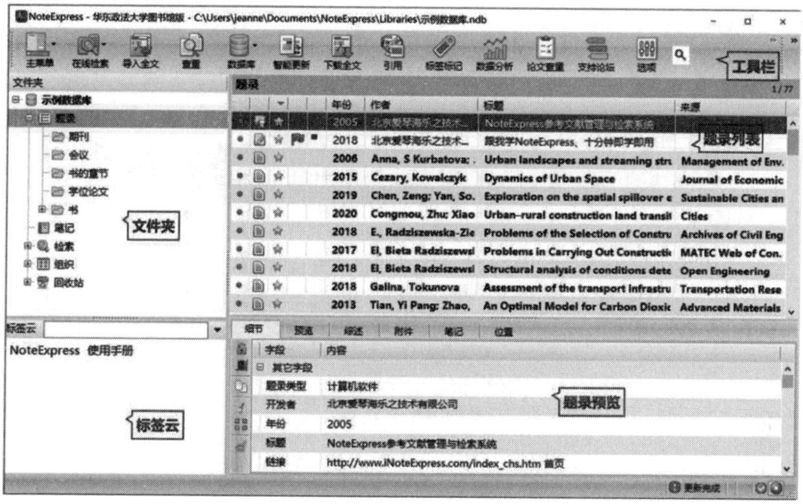

图 12－2－2

但这个“示例数据库”只起到方便使用者熟悉软件的作用，真正使用 NoteExpress 管理检索结果，还需要自建一个数据库。点击工具栏上的数据库图标，在弹出菜单上选择“新建数据库”，即可自建。（见图 12－2－3）

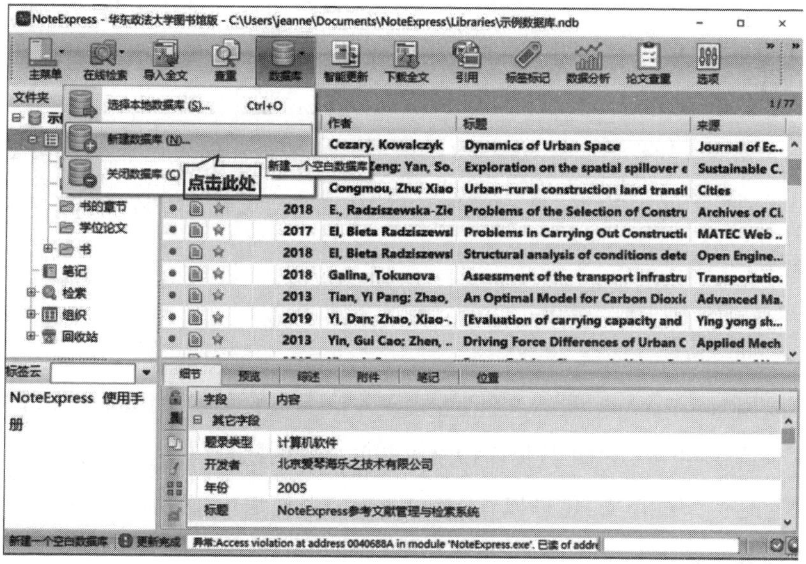

图 12－2－3

新建数据库文件指定存储位置时，建议不要设在 C 盘，以免因操作系统崩溃或重装而丢失,设定附件添加方式建议选择“移动文件到附件文件夹”选项,使所有附件都集中存储,便于管理。(见图 12-2-4)

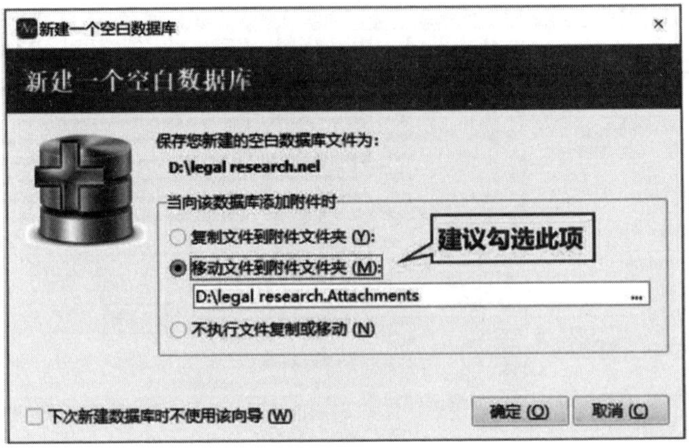

图 12-2-4

新建完成后,可以看到扩展名为 ndb 的数据库文件,而在导入文献至该数据库后,在数据库文件所在位置会出现名为“数据库文件名”+“. attachments”的附件文件夹。为方便使用,我们也可以移动数据库文件及附件文件夹至移动硬盘或网盘内(如 Onedrive、WPS 网盘等)。但使用网盘,有可能会因同步不全而暂时无法打开数据库文件,此时可再次启动同步,等同步完成后即可打开。

NoteExpress 的数据库含有题录、笔记、检索、组织和回收站 5 个默认文件夹。我们可在题录下创建多级文件夹管理文献,其他 4 个文件夹会随着我们对题录的操作自动生成对应内容。

二、文献搜集与导入

可以用 NoteExpress“导入文件”方式导入已下载的文献,而后在软件里更新相应的题录信息;也可以先在数据库检索以获取文献的题录信息,而后用 NoteExpress“导入题录”并下载全文;还可以在 NoteExpress 内使用内置“在线检索”或浏览器插件来检索题录并下载全文。

1. 导入文件方式

NoteExpress 导入文献有如下多种方式:

(1)使用 NoteExpress 工具栏按钮导入已下载文件;

(2)右键点击文件夹方式导入;

(3)使用“文件”菜单上的“导入文件”选项来导入;

(4)拖拽方式导入。

值得注意的是,NoteExpress 支持多层文件夹导入,导入后还能保持原先的文件夹结构,所以我们也可以使用资源管理器先建好多层文件夹,而后一次性导入。(见图 12－2－5、图 12－2－6)

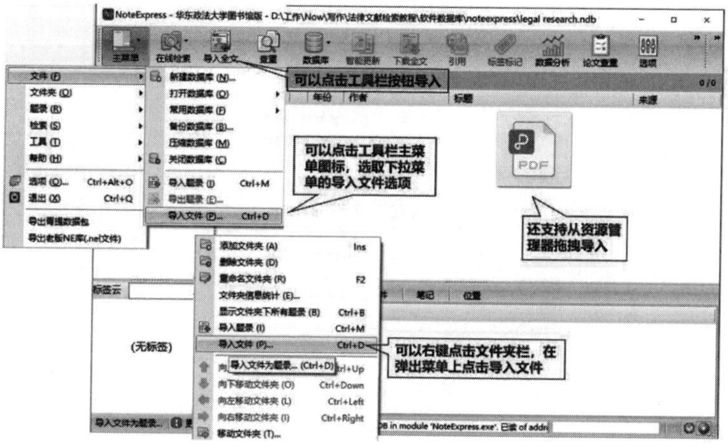

图 12－2－5

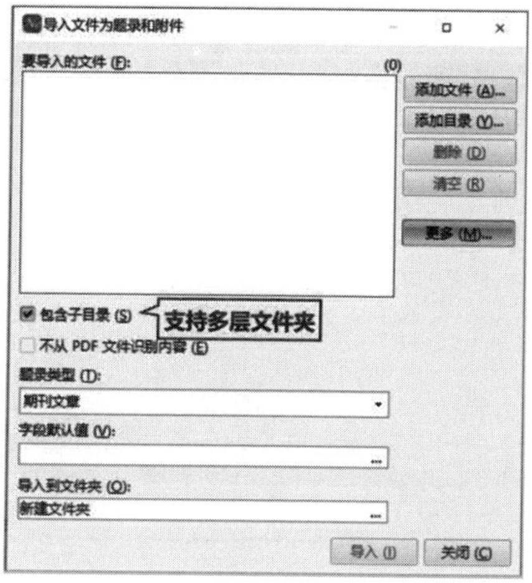

图 12－2－6

导入文件后,点击工具栏的“智能更新”按钮,即可更新题录。若“智能更新”失败,可右键点击题录,选择“在线更新”。在题录标题提取无误的前提下,可选择“自动更新”,若题录标题提取有误,则选择“手动更新”。(见图 12-2-7、图 12-2-8)

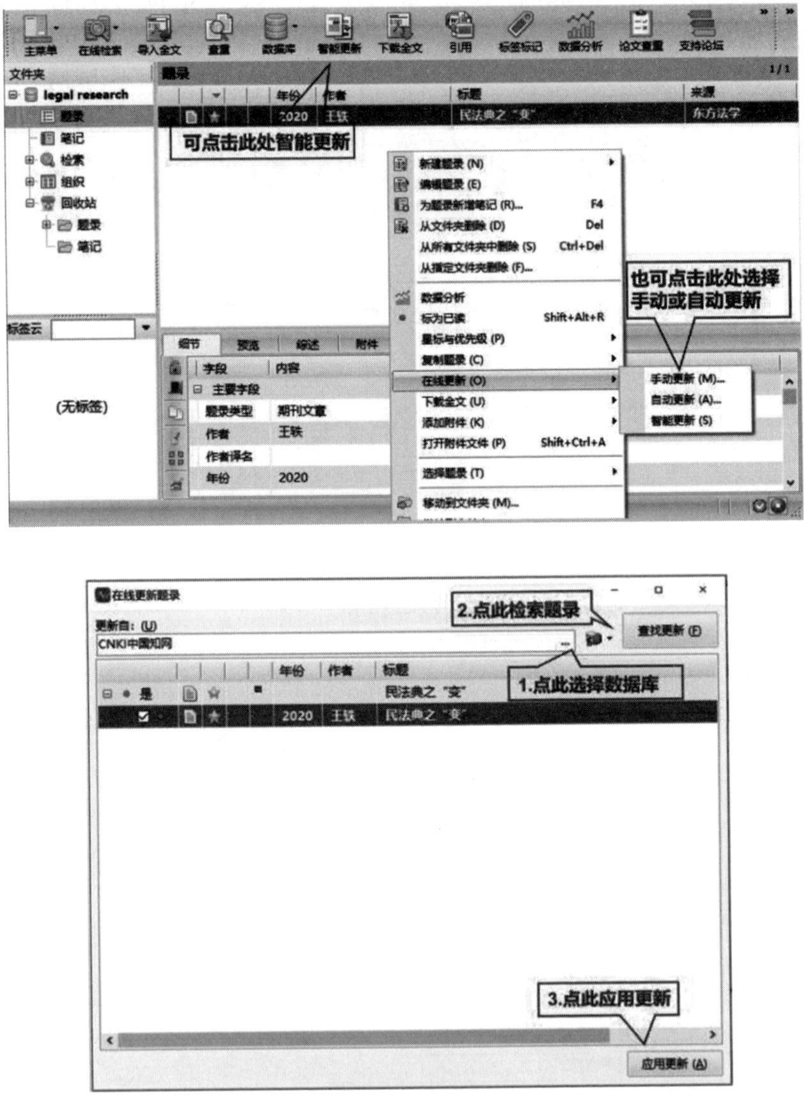

图 12-2-7

图 12－2－8

2. 手动导入题录方式

NoteExpress 支持多个数据库检索结果的导入，可先使用网页浏览器查询数据库以得到检索结果的规范化题录文件，而后将之导入 NoteExpress。比如，检索中国知网，我们可以先在检索结果列表界面勾选需要的文献，再勾选“导出与分析”按钮以导出检索结果为 NoteExpress 格式的题录文件（或复制检索结果到剪贴板），最后在 NoteExpress 以“文件”菜单方式或者右键菜单方式导入题录。（见图 12－2－9、图 12－2－10、图 12－2－11）

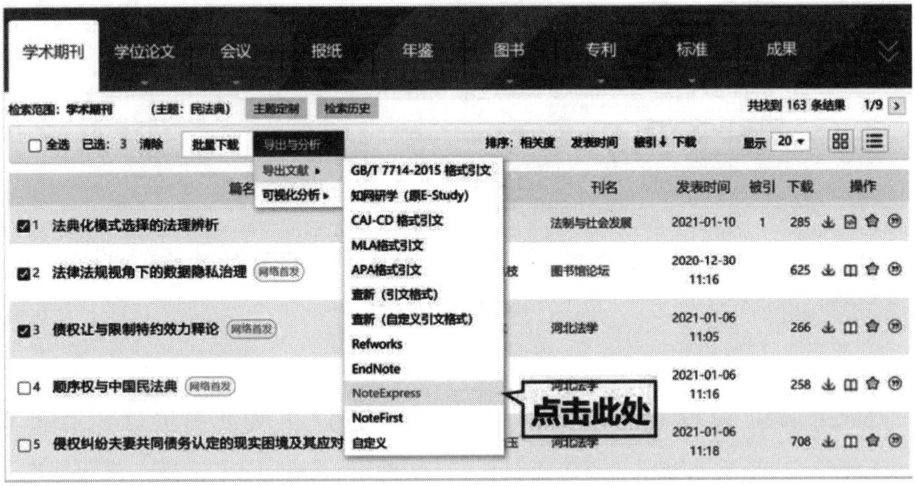

图 12－2－9

图 12-2-10

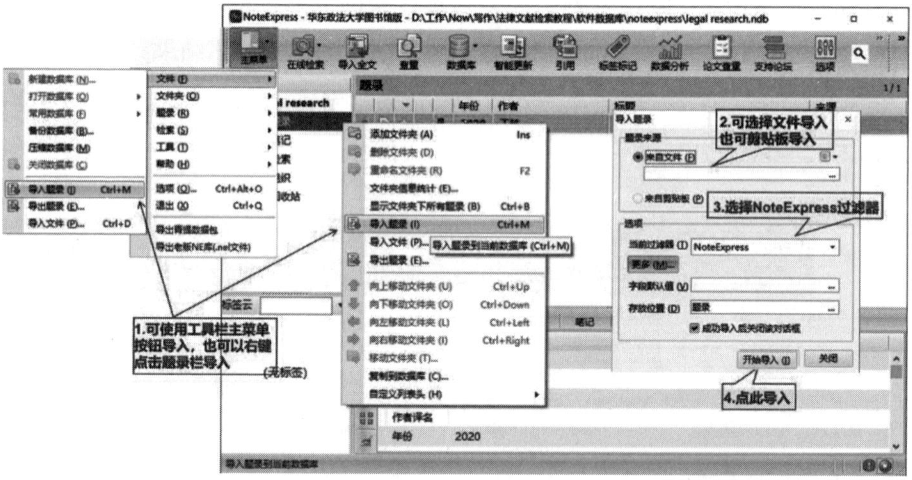

图 12-2-11

3. 内置在线检索方式

NoteExpress 内置数据库检索功能，可以不依托网页浏览器而直接在 NoteExpress 内检索数据库。点击工具栏“在线检索”按钮，即可选择在线数据库进行在线检索。（见图 12-2-12、图 12-2-13）

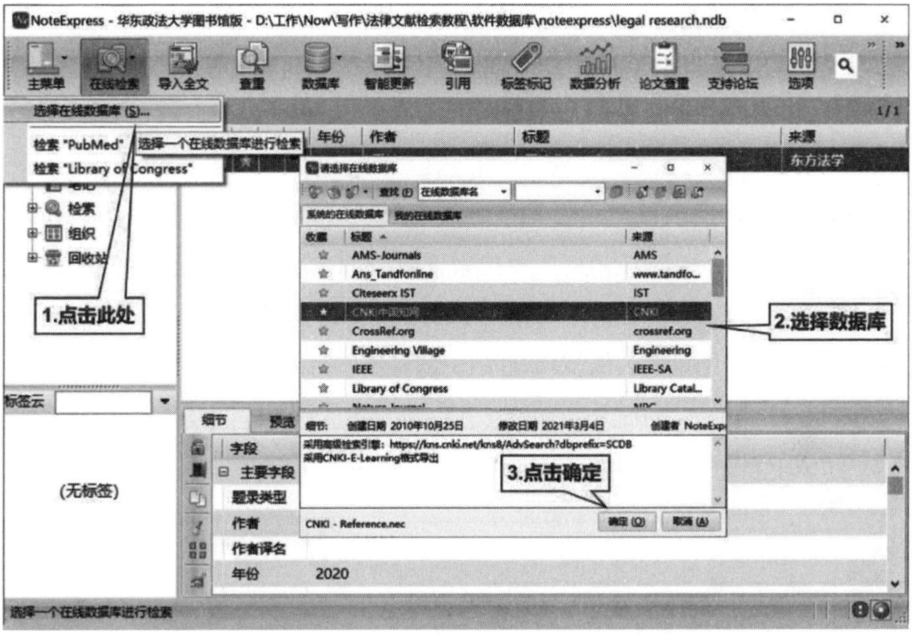

图 12－2－12

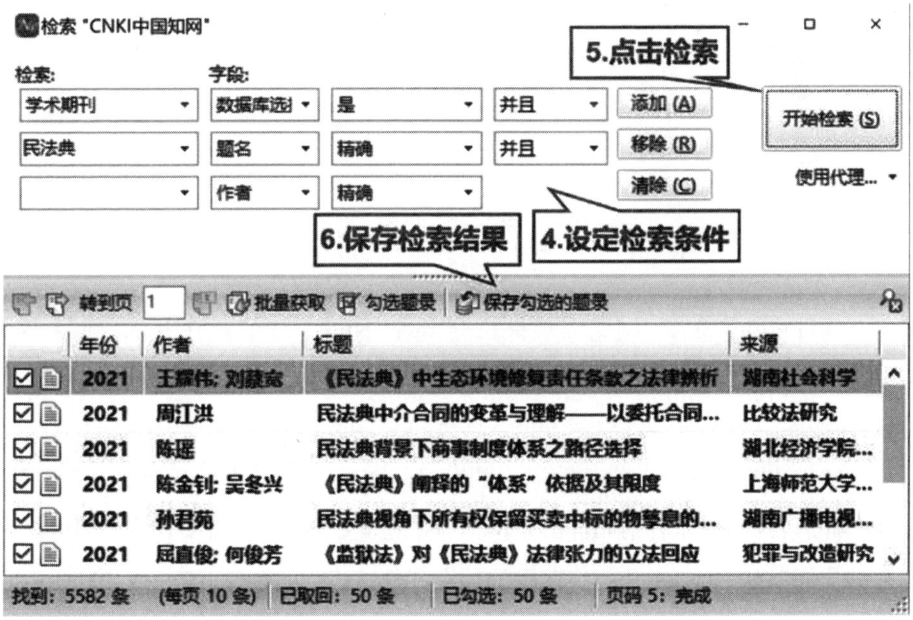

图 12－2－13

4. 网页插件方式

NoteExpress 还提供了基于 Chrome 浏览器及 Chromium 内核浏览器的插件程序,可以一键抓取特定数据库检索结果并保存至 NoteExpress 当前数据库的指定目录。

(1)安装插件

我们可以在 Chrome 应用商店中搜索下载“NoteExpress 网络捕手”并安装,也可以直接在 NoteExpress 官网下载插件,通过浏览器插件安装方式手动安装,图 12 - 2 - 14 以 360 浏览器为例,对插件的手动安装作简要说明。

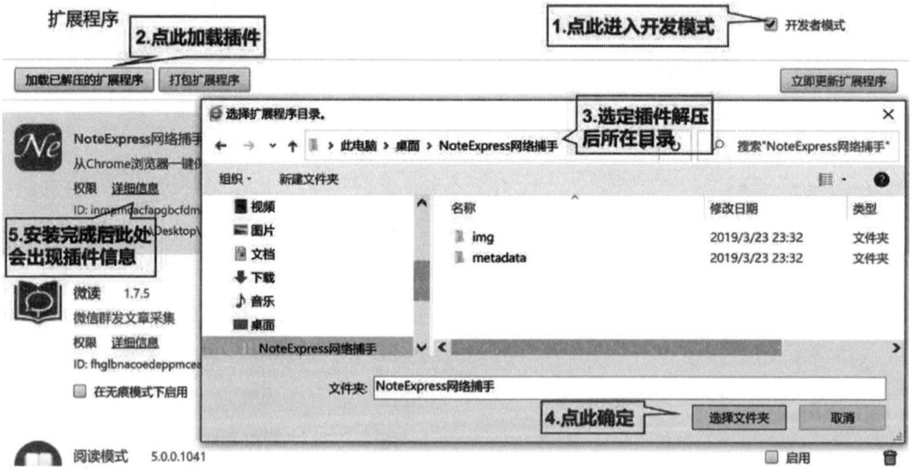

图 12 - 2 - 14

(2)使用插件

在插件成功安装后,浏览器插件栏会出现“NE”字样的软件图标。点击该按钮,即可启动插件,不过,在使用该插件之前,我们必须确保 NoteExpress 桌面端软件已启动。

该插件支持一键导入若干数据库的题录。在数据库检索结果界面,点击按钮启动插件后,我们可以看到插件已自动抓取了检索结果,勾选需要的内容即可一键保存到我们自建 NoteExpress 数据库的指定文件夹。(见图 12 - 2 - 15、图 12 - 2 - 16)

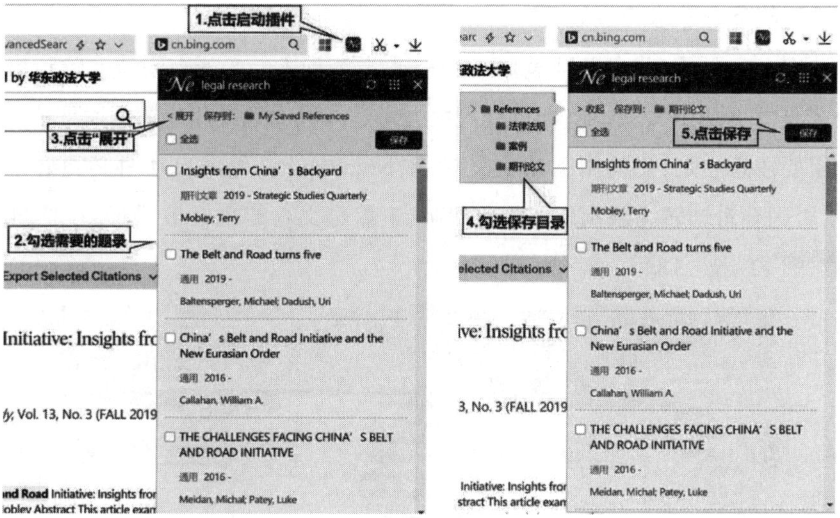

图 12－2－15

点击插件右上方按钮,我们还可以查阅该插件支持的数据库。

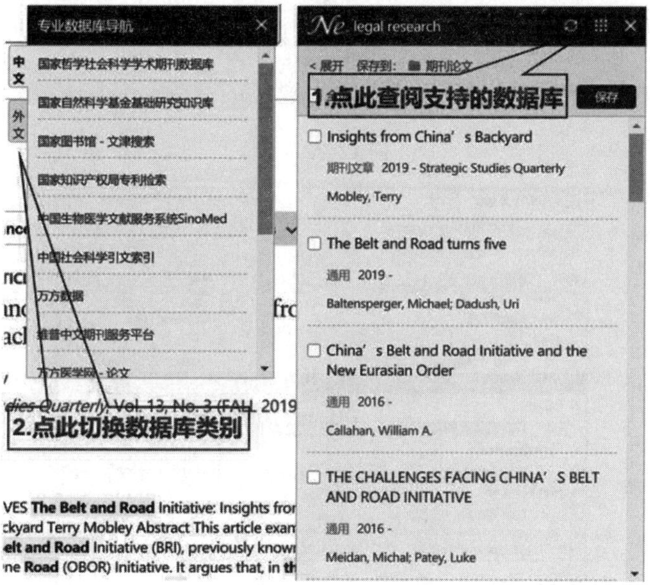

图 12－2－16

5. 下载全文

NoteExpress 对部分数据库支持全文批量下载。当筛选题录后,可以使用该功能下载可能具有学术价值的内容,以便进一步阅读。

选定一条题录(或多条题录)后点击工具栏“下载全文”按钮;或右键点击题录列表,勾选“下载全文”选项;即可进入数据库选择界面选择相应数据库下载。

需要注意的是,要使用下载全文功能,NoteExprcss 程序启动时必须处于联网状态,否则会自动转为限制较多的免费版,下载全文功能也会被屏蔽。(见图 12 - 2 - 17、图 12 - 2 - 18)

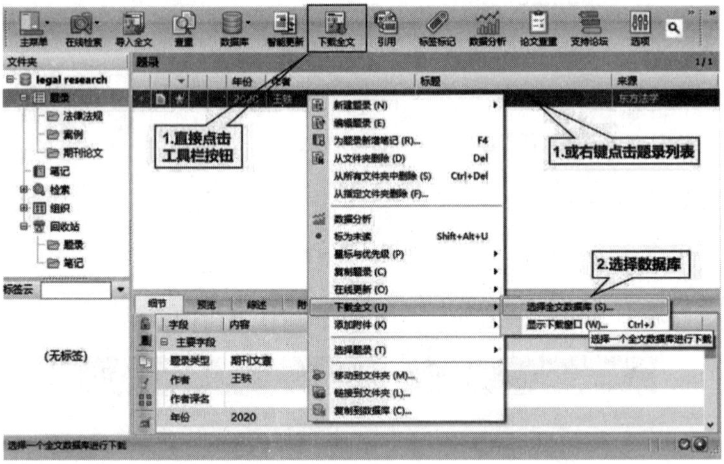

图 12 - 2 - 17

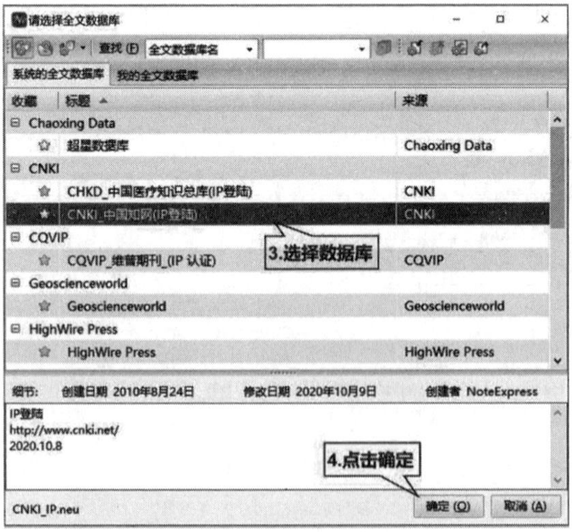

图 12 - 2 - 18

三、文献管理与分析

NoteExpress 支持对导入的文献依据题录字段进行排序、文件夹或标签管理以及数据可视化分析。因其题录字段及题录列表表头支持自定义，我们还可使用该功能设置相应内容以便更好地管理保存至 NoteExpress 的法律法规及案例。

1. 设置适合法律文献的题录列表

NoteExpress 默认的题录列表表头包含了年份、作者、标题、来源等项，足以管理期刊及书籍类文献，但对法律法规及案例内容则力有不及。可以通过 NoteExpress 自定义题录字段及列表表头的功能对 NoteExpress 题录列表进行改造。

首先，点击工具栏的“选项”按钮，或者点击主菜单下拉菜单栏的“选项”字样，进入选项界面；其次，点击“自定义”栏，即可自定义题录字段和列表表头。（见图 12－2－19）

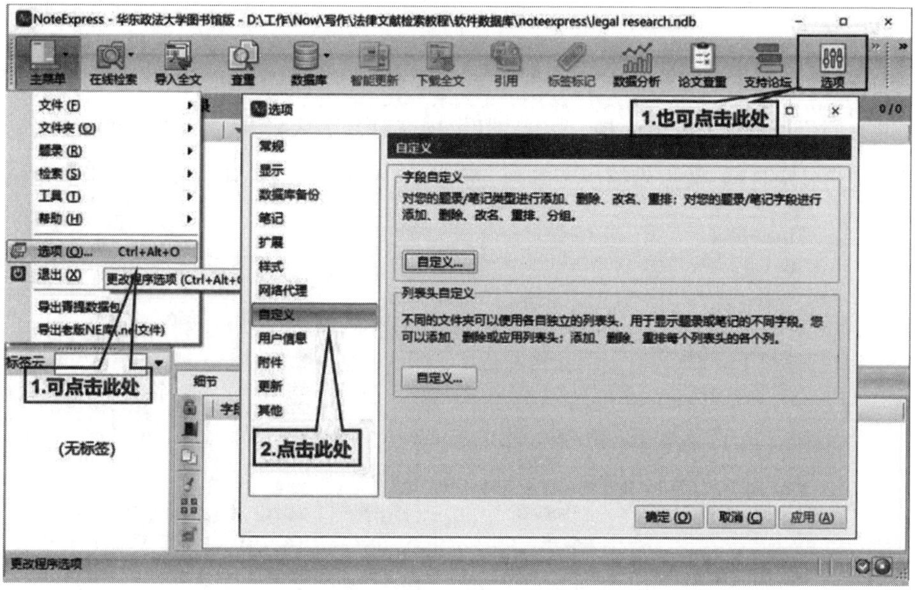

图 12－2－19

在“选项”的自定义栏，点击“字段自定义”的按钮，即可对题录字段进行自定义。这里我们以法条为例，增设发布部门、年份、标题、效力级别实施日期等题录字段。（见图 12－2－20）

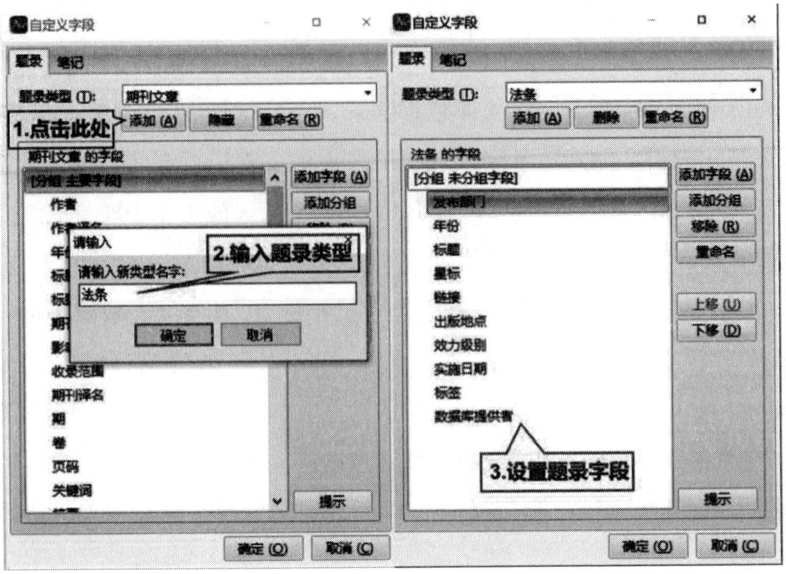

图 12-2-20

在"选项"的自定义栏,点击"自定义列表头"处的按钮,即可新建列表头样式。这里我们仍以法条(法律法规)为例,增设"law"列表表头样式,并设置年份、作者、标题、类型、显示日期、数据库提供者等列,而后应用到相应文件夹。(见图 12-2-21)

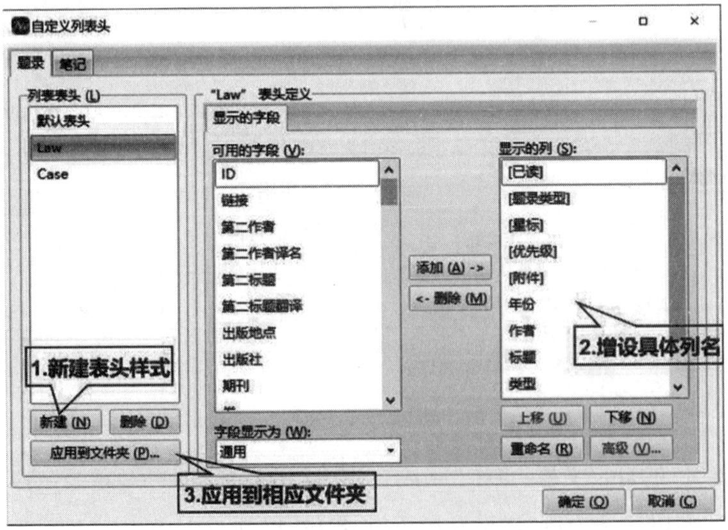

图 12-2-21

如此,NoteExpress 就能提供一个适合法律法规的管理界面了。而在这个界面,点击列表头即可对列表进行各种排序,以方便阅读和使用。(见图 12－2－22)

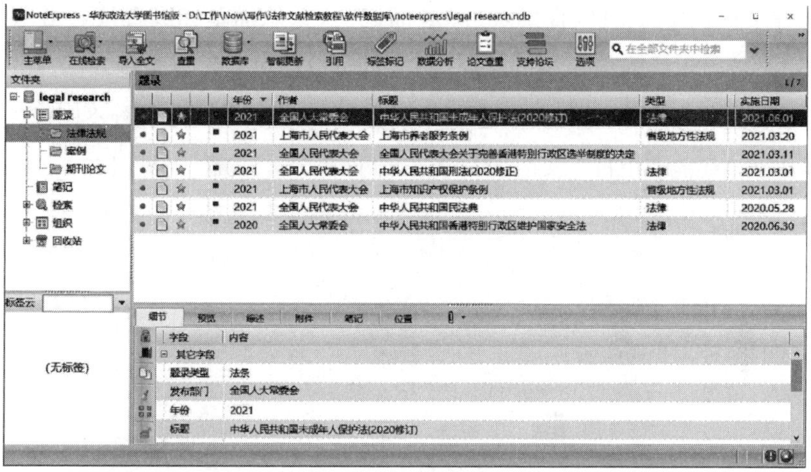

图 12－2－22

同理,也可以设置适合案例管理的题录列表。(见图 12－2－23)

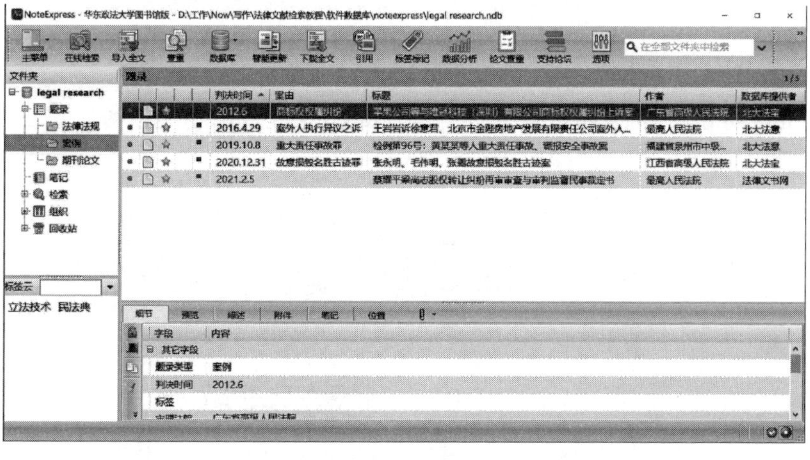

图 12－2－23

2. 使用标记筛选题录

在 NoteExpress,可以使用文件夹方式来管理题录。和 Endnote 不同的是,NoteExpress 对文件夹层数没有限制。还可以使用标记(星标和不同颜色的彩色旗帜)和自定义标签来快速区分、筛选题录。NoteExpress 的文件夹管理方式类似于操作系统的文件资源管理器,故而不再赘述。但标记标签操作方式不同于普通的文献筛选,我们在此作简要说明。

在题录列表界面,可以直接点击“星标栏”快速添加星标或直接点击“优先级栏”快速添加表示优先级最高的红色旗帜;也可以通过右键点击题录的方式,在弹出菜单里勾选相应内容,更为具体地使用不同颜色的彩色旗帜来区分不同优先级;而后一操作方式还能使用自定义标签来标记不同知识点的文献。(见图 12－2－24)

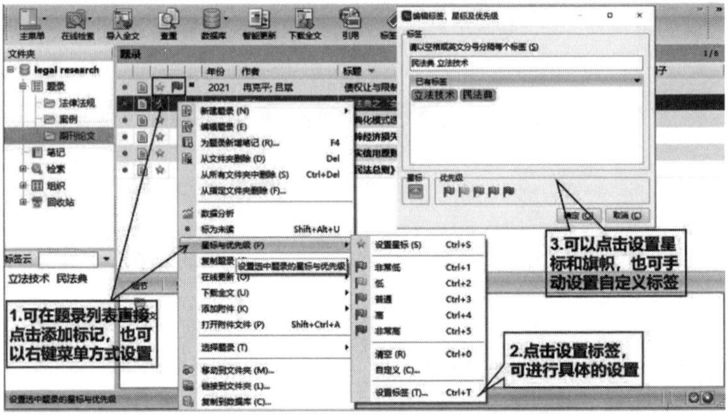

图 12－2－24

自定义标签设置后,可以通过点击 NoteExpress 主界面左下角的标签云对题录进行筛选。(见图 12－2－25)

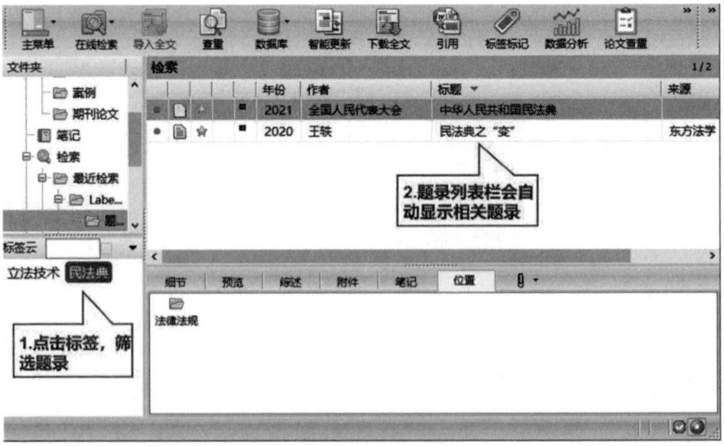

图 12－2－25

3. 数据可视化分析

针对某一内容搜集的文献,其元数据本身就隐含了很多研究信息,如依据年份统计数据,可观察到该研究的热度和发展趋势;查看关键词分布,可观察该研究切入点的分布情况;统计作者频次,可观察该研究的学者;而来源分布则展示了哪些刊物关注这类研究。对此,我们可以使用 NoteExpress 的数据统计和可视化分析的功能进行数据分析。

(1)文件夹统计

NoteExpress 提供题录文件夹信息统计功能来统计题录单一元数据字段的分布频率。右键点击特定文件夹,选择弹出菜单的“文件夹信息统计”,在统计界面点选特定字段,点击统计按钮后即可查看该字段的显示频次。该统计内容还可另存为 excel 文件保存。(见图 12 - 2 - 26)

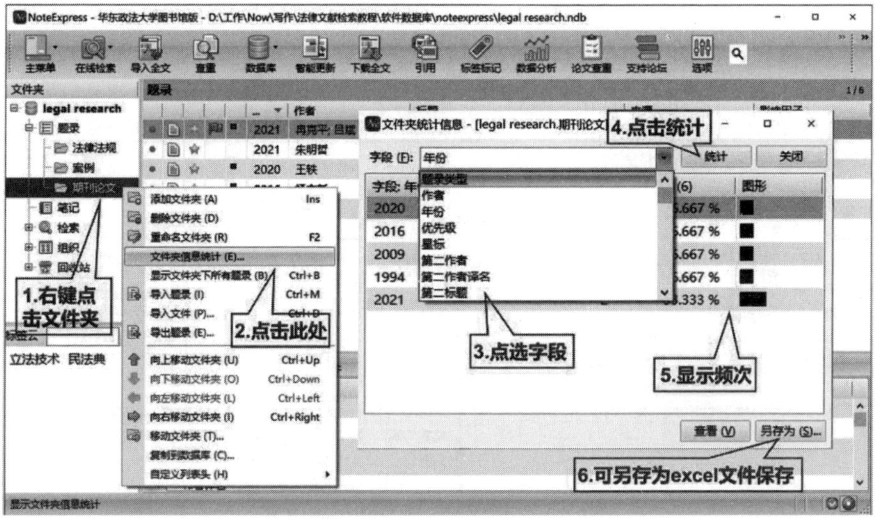

图 12 - 2 - 26

(2)多字段统计

NoteExpress 提供对题录字段分布频率的可视化数据分析。在选定多个题录后,点击工具栏上的“数据分析”按钮或在右键弹出菜单里点选“数据分析”,即可进入数据分析界面。(见图 12 - 2 - 27)

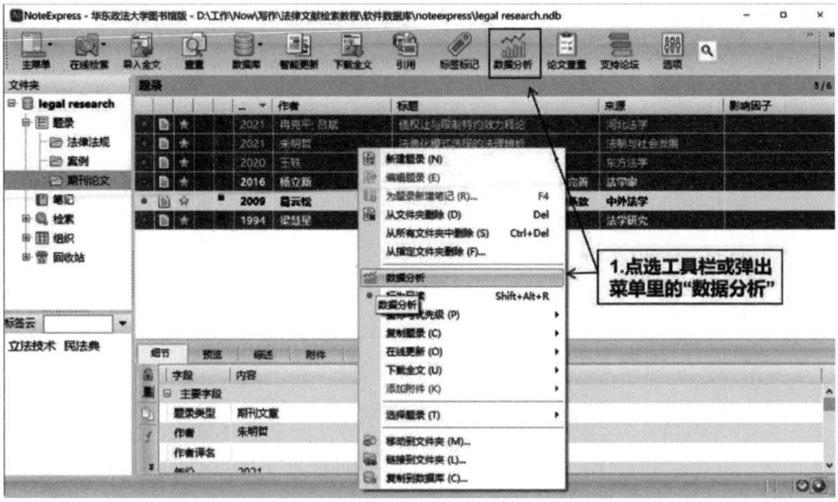

图 12-2-27

在数据分析界面,点选“分析字段”以及“数量”栏相应的内容,而后点击下一步进入“词频统计与词规范化”界面。(见图 12-2-28)

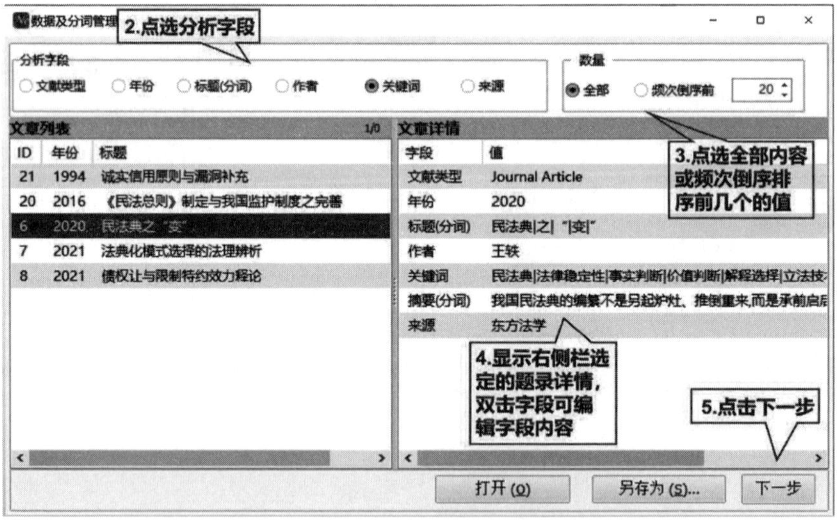

图 12-2-28

在“词频统计及词规范化”界面,可对同义词进行词频规范化操作。(见图 12-2-29)

图 12－2－29

最后,勾选分析方法,即可生成相应图表。(见图 12－2－30、图 12－2－31)

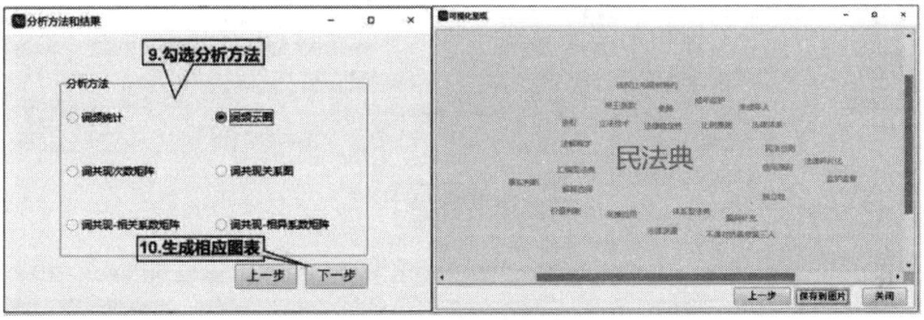

图 12－2－30

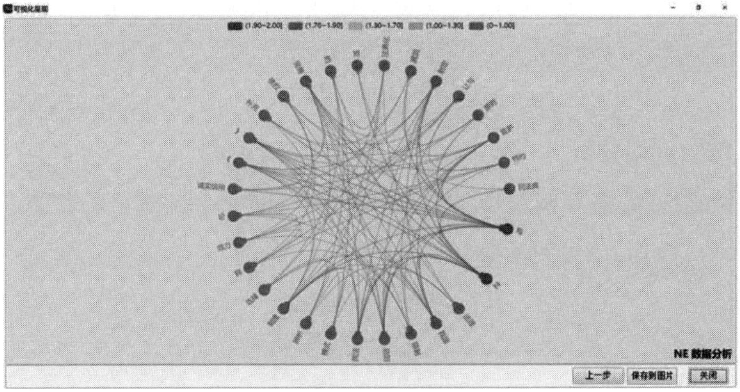

图 12－2－31

四、文献阅读与摘录

1. 快速浏览

NoteExpress 的文献“综述”栏收录了文献标题、作者名、发布期刊、摘要及关键词等内容,通过阅读这些,可以迅速判断该文献是否为我们所需。在 NoteExpress 里,可以用“综述”阅读的方式快速浏览文献概览信息:先在题录列表选定一条题录,而后选定“综述”页面,此时可以用键盘的上下方向键来切换题录,以此达到略读筛选题录的效果。(见图 12-2-32)

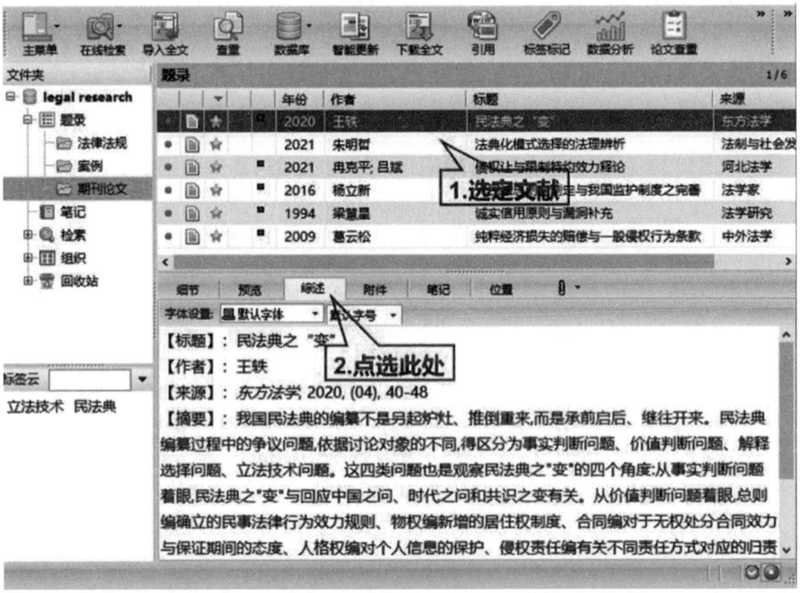

图 12-2-32

2. 内置 PDF 阅读器

在略读筛选后,需要精读选出的文献。在 NoteExpress 题录列表选定题录后,点击“回形针”按钮,即可阅读全文。(见图 12-2-33)

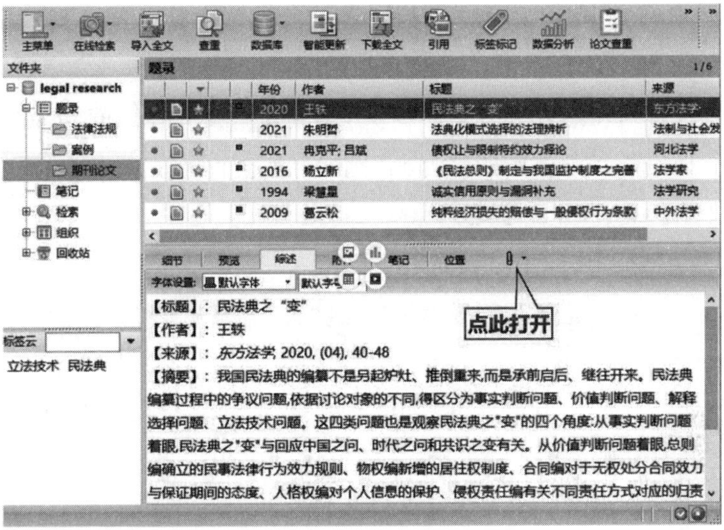

图 12－2－33

最新版的 NoteExpress 已嵌入了 PDF 阅读器，可以在 NoteExpress 设置选项选择是否使用内置的 PDF 阅读器。（见图 12－2－34）

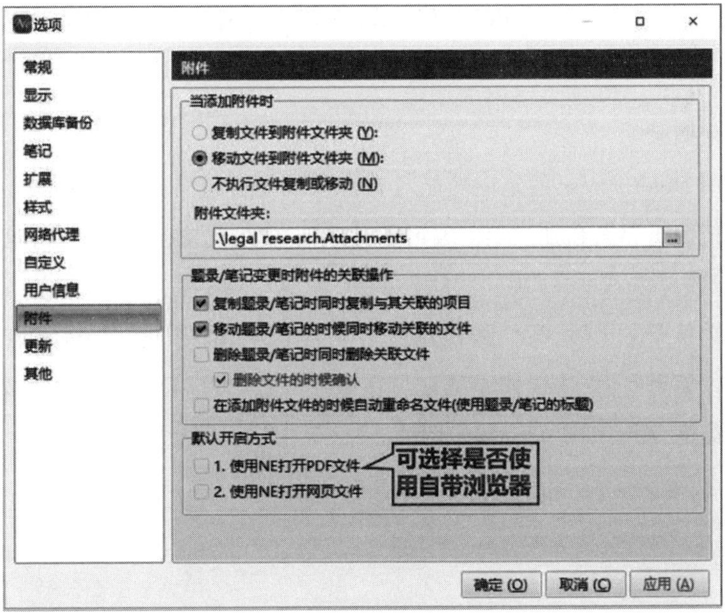

图 12－2－34

内置 PDF 阅读器提供了阅读、标注等功能，界面较为简洁：左侧提供了书签、页面等选项；右侧则为标注栏，对文件添加文字标注框、文本框或文字后，会在此处生成对应的注解列表；上方的工具栏提供了自定义阅读页面、标注以及查找文献等功能按钮。使用该 PDF 阅读器对文献添加的标注会直接嵌入 PDF，即便更换 PDF 阅读器也不会丢失。(见图 12－2－35)

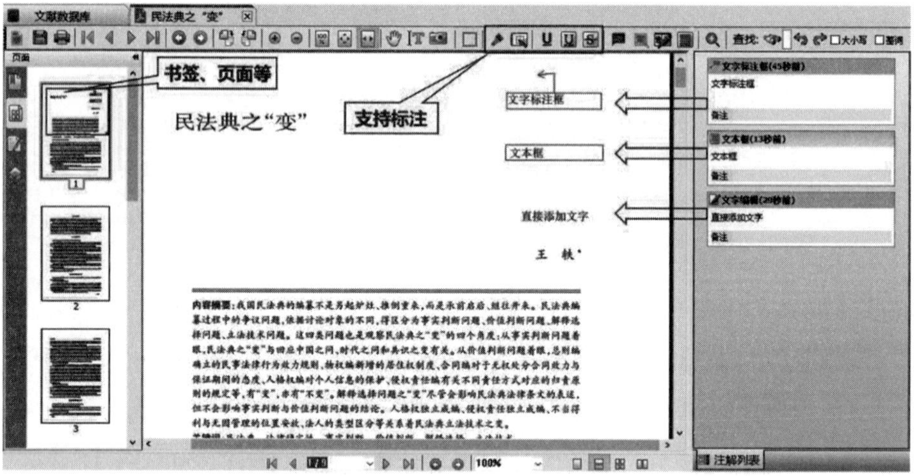

图 12－2－35

3. 笔记摘录

可以用 NoteExpress 的笔记功能对有价值的内容进行摘录。NoteExpress 提供嵌入式笔记编辑界面和独立笔记编辑器，其笔记格式支持富文本，支持笔记内容全文检索。

在点选某条题录后，我们可以点击主界面下方“笔记”字样，进入该题录对应笔记的嵌入编辑界面，快速摘录笔记。在该界面，除可以整理文字内容外，还可以用粘贴快捷键方式(Ctrl＋V)插入图片、表格等内容。(见图 12－2－36)

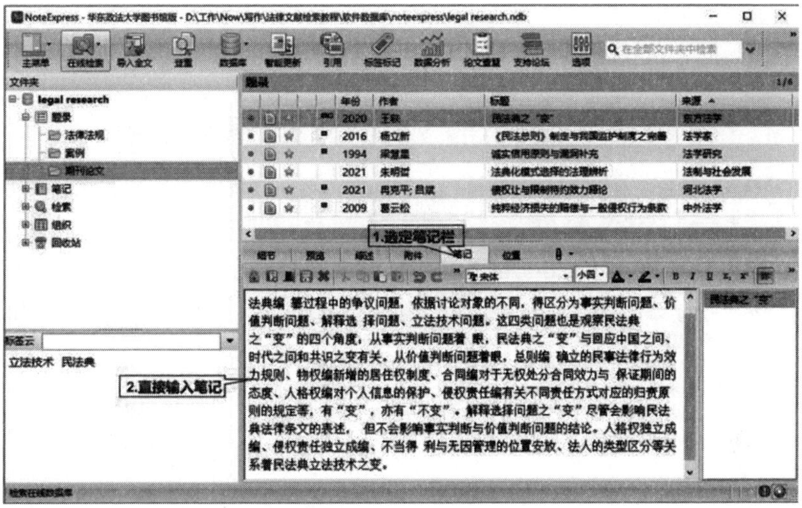

图 12－2－36

右键点击题录列表，选择为题录新增笔记，即可进入笔记的独立编辑器。相比嵌入式编辑界面，独立编辑器具有更多自定义的功能：除可以实现富文本的通常功能外，还能对笔记内容进行段落的样板设置、打印笔记以及导出笔记。此外，该编辑器除支持快捷键方式放入表格、图片、公式等内容外，还支持以菜单命令的方式放入这些内容，尤其是支持在该界面直接建立表格。（见图 12－2－37、图 12－2－38）

图 12－2－37

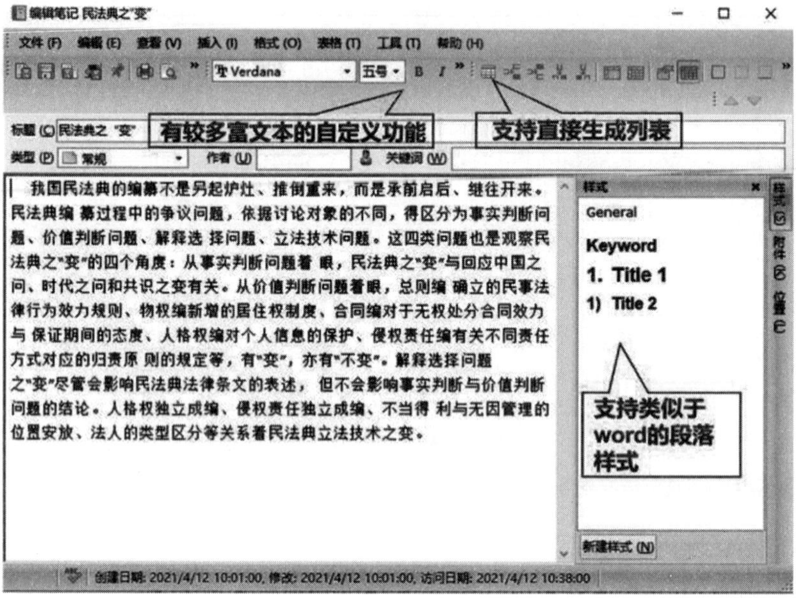

图 12－2－38

五、写作引用

在撰写稿件时,对于引用内容要插入相应的注释或参考文献信息;在投稿阶段,还需要根据期刊格式的要求来更改注释及参考文献的格式,若是注释及参考文献较多,这项工作会非常耗时。对此,NoteExpress 提供了大量注释及参考文献的样式,支持以写作插件来实现注释的插入和注释格式的批量修改。

1. 安装写作插件

一般来说,写作插件会在软件安装时自动安装。如果发现写作插件没有安装,可以在选项的“扩展”界面手动安装。(见图 12－2－39)

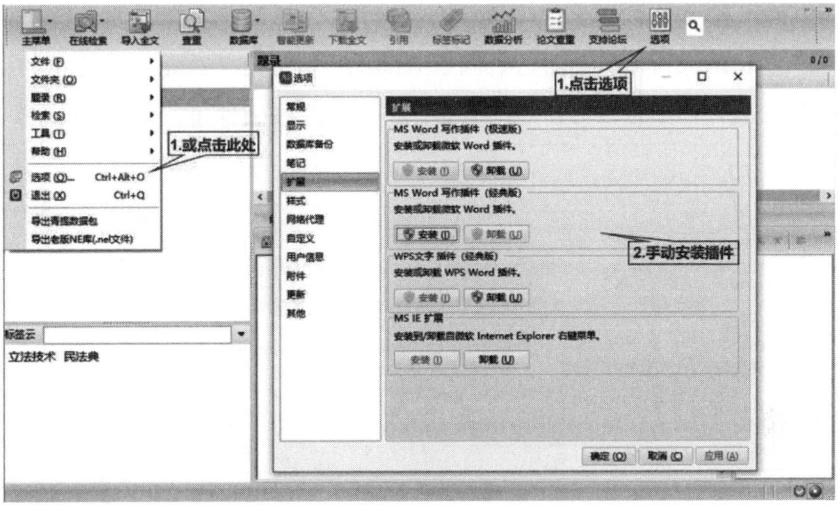

图 12 -2 -39

写作插件分“经典版”和“极速版”两类。Microsoft Word 支持安装任意一类插件,而 WPS 只支持使用“经典版”。这两类插件在软件层面具有明显区别,但实际功能则大同小异,任选一种使用即可。但必须注意的是,即便电脑同时安装了 Microsoft Word 和 WPS 两个写作软件,写作插件也只能安装在一个写作软件上,否则会出现软件错误。(见图 12 -2 -40、图 12 -2 -41)

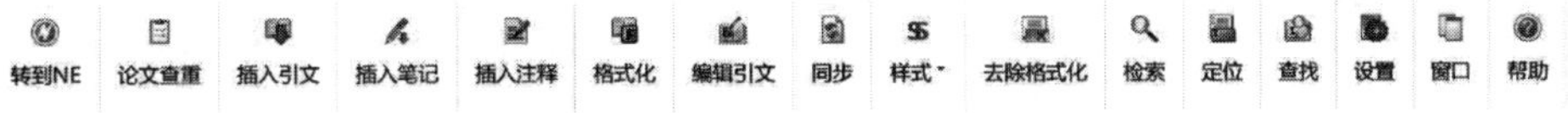

图 12 -2 -40　“经典版”写作插件界面

图 12 -2 -41　“极速版”写作插件界面

2. 插入笔记和注释

撰写稿件时,可以通过写作插件将在 NoteExpress 里记录的笔记直接插入稿件正文,还可以在正文插入大量注释以方便后期批量切换注释格式。

(1)插入笔记

插入笔记的操作比较简单,只需在 NoteExpress 选定某一条含有笔记的题录,而后在写作软件界面点击写作插件上的"插入笔记"按钮即可。(见图 12-2-42、图 12-2-43)

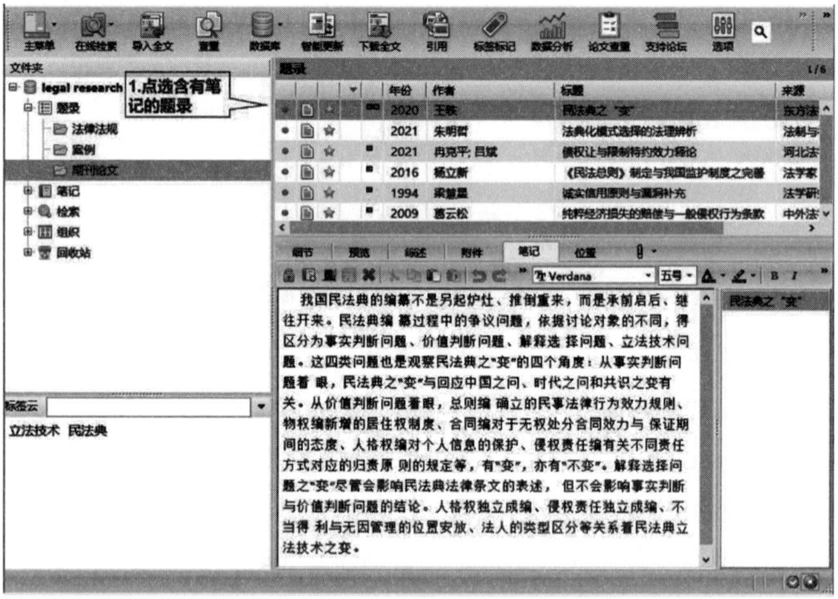

图 12-2-42

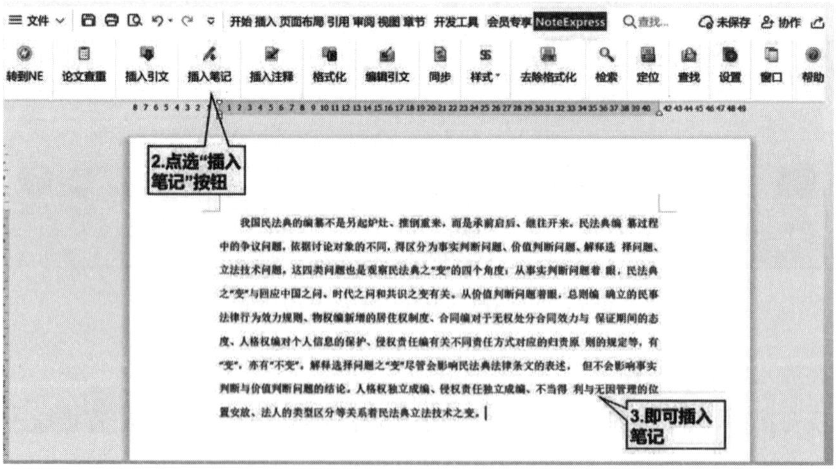

图 12-2-43

(2)插入注释

插入注释的步骤相对较多。首先需要在写作插件内点选特定样式,而后在NoteExpress内点选需要插入的题录,然后回到写作插件界面,点选“经典版”写作插件的“插入引文”或“插入注释”(视该注释样式而定),或“极速版”写作插件的“选择引用”。(见图12－2－44、图12－2－45)

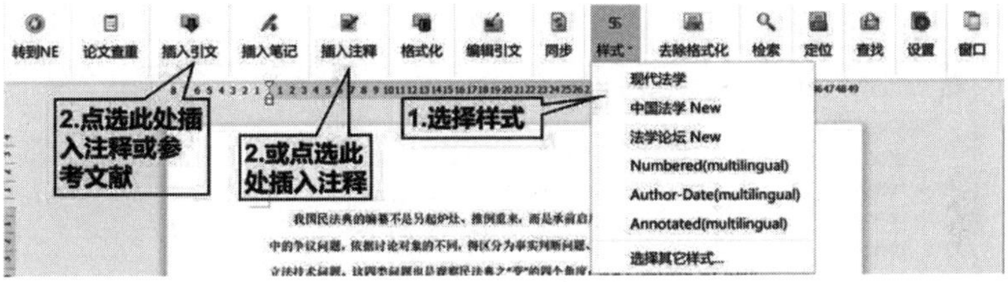

图12－2－44

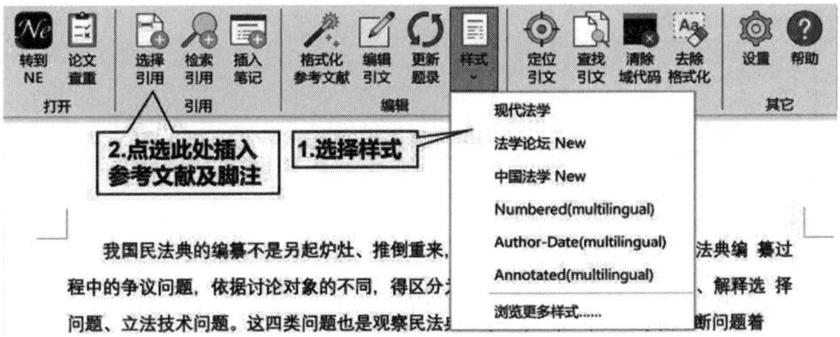

图12－2－45

在插入多个注释后,可以使用写作插件的“检索引用”按钮来查找特定注释,也可以选定正文的注释序号后,使用写作插件的“编辑引文”以手动修改注释内容。(见图12－2－46)

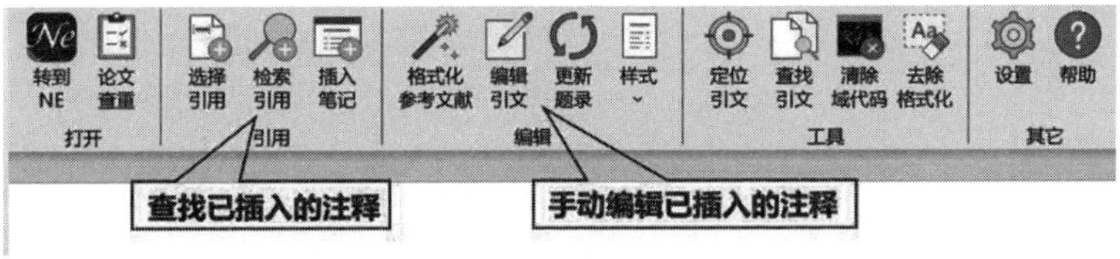

图12－2－46

3. 修改注释样式

NoteExpress 的样式管理器自带“题录”和“注释”两套注释系统,其功能和设置几乎相同。一般而言,“题录”系统,是指文末生成的参考文献列表,而“注释”系统则是指每一页页面底部的脚注。但是也可以用“题录”系统来管理脚注内容。

使用这两套注释系统,需要在题录勾选“生成题录列表”或在注释页面“生成注释列表”。(见图 12 - 2 - 47、图 12 - 2 - 48)

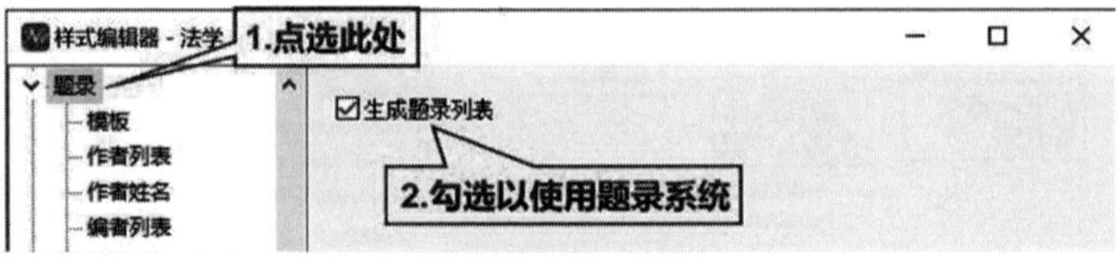

图 12 - 2 - 47

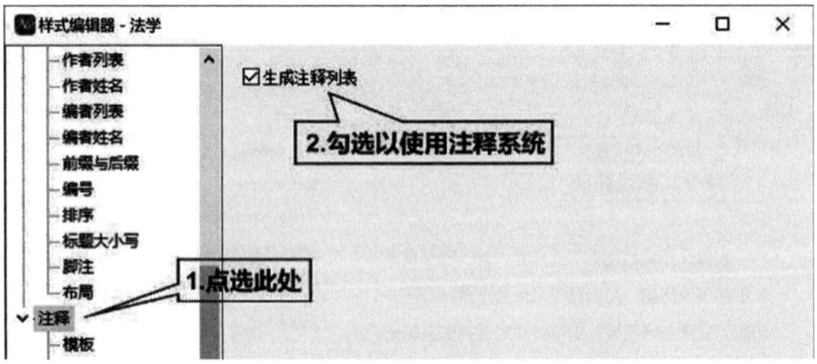

图 12 - 2 - 48

如确定使用脚注形式,还需在样式管理器“题录”或“注释”栏下,点击“脚注”页,勾选“生成脚注而非尾注”选项。需要注意的是,不能在两个系统同时启用脚注。(见图 12 - 2 - 49、图 12 - 2 - 50)

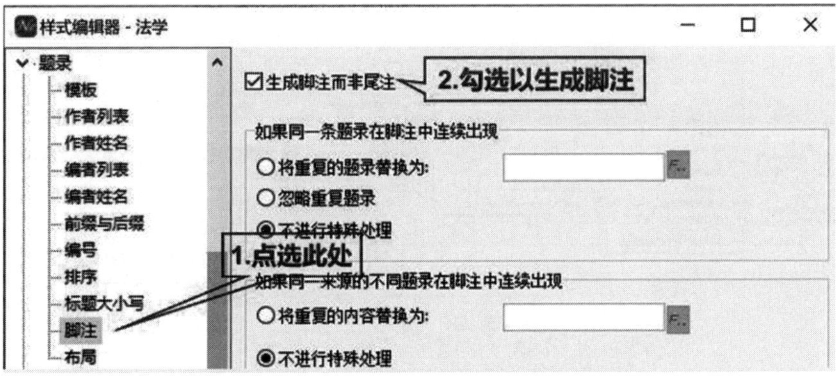

图 12 －2 －49

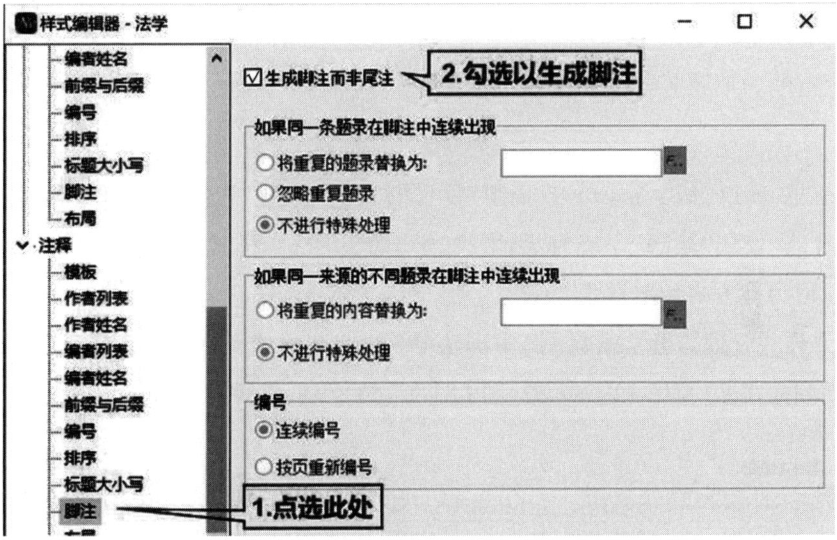

图 12 －2 －50

NoteExpress 自带的法学类期刊注释样式并不多,但该软件的支持论坛提供样式修改的免费服务,也支持注释样式的自定义功能。可以先通过菜单方式或者选项里的样式栏调出样式管理器界面,而后在样式管理器里找到一个和我们需要的期刊格式类似的样式,以此为基础进行修改。(见图 12 －2 －51)

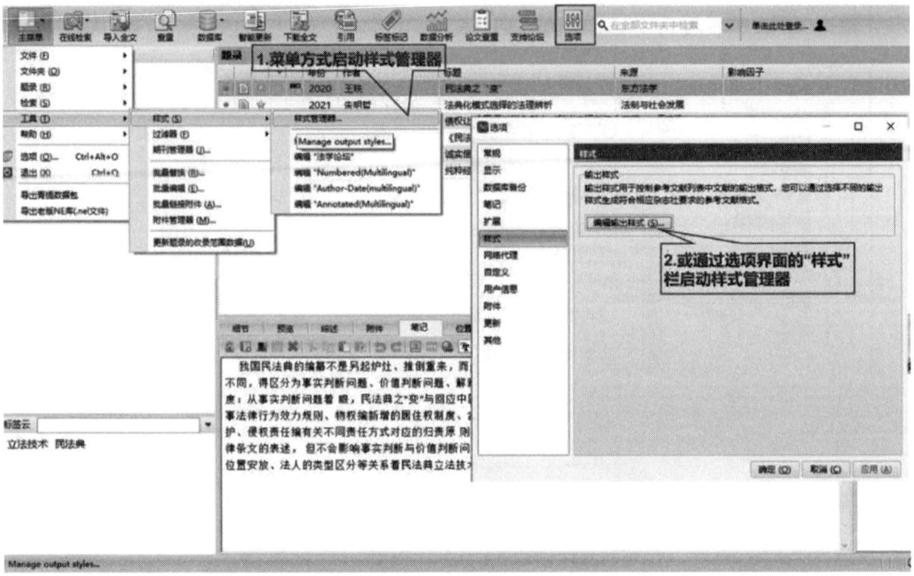

图 12－2－51

这里,就以《法学》月刊“投稿须知”里的“注释体例”为标准,修改《中国法学》期刊样式(使用“题录”系统)以新增《法学》期刊的注释样式。

(1)另存方式新增样式

在样式管理器里检索找到《中国法学》的期刊样式,双击打开后,另存为《法学》期刊样式。(见图 12－2－52、图 12－2－53)

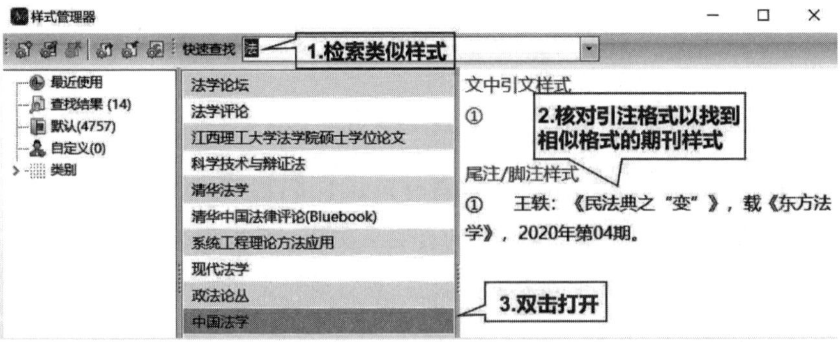

图 12－2－52

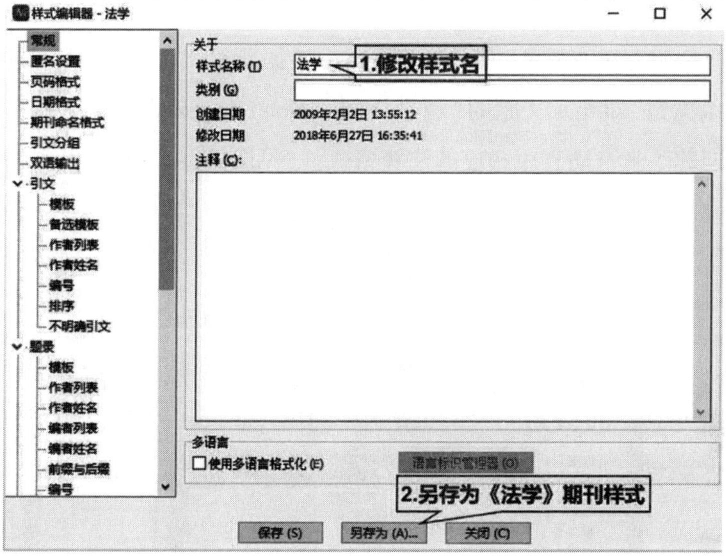

图 12 – 2 – 53

(2)修改正文内注释序号

在样式编辑器界面的左侧,有引文、题录、注释三栏内容,分别对应稿件正文内的注释序列号、参考文献、脚注或尾注的内容。

可以在引文的"模板"栏,根据期刊要求设置正文注释序号的形式,《法学》月刊"注释体例"对此要求与《中国法学》相同,故而不用改动。(见图 12 – 2 – 54)

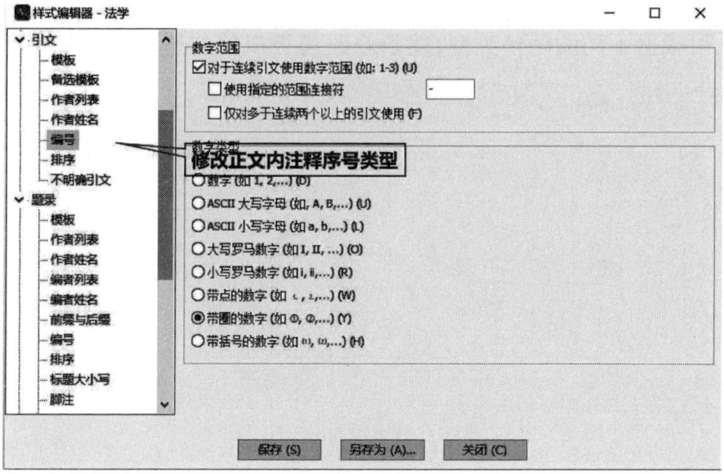

图 12 – 2 – 54

(3)修改样式模板

在样式编辑器的“题录”栏,NoteExpress 依据题录类型设置了不同格式的模板,该“题录类型”即导入文献的“题录类型”,NoteExpress 的写作插件会依据这些类型给不同的题录自动套用相应的注释格式。(见图 12-2-55)

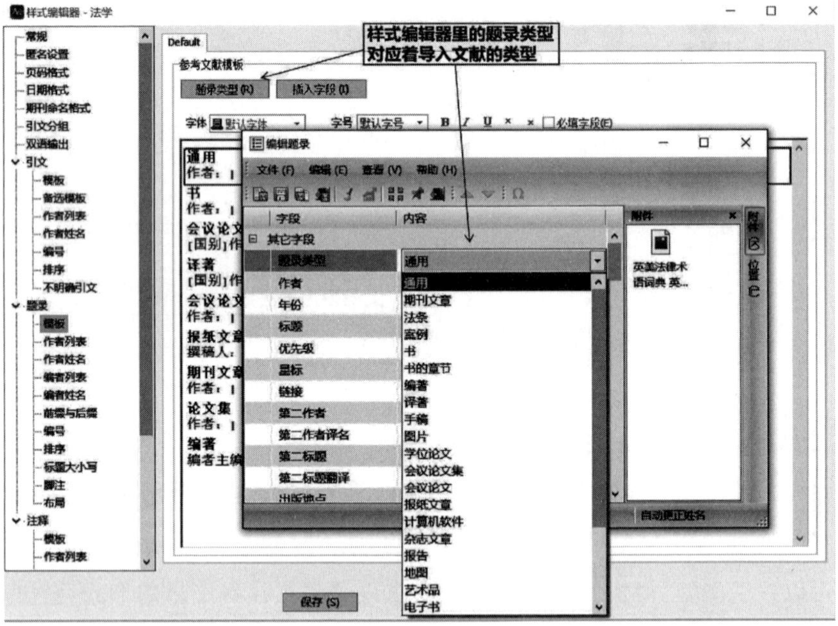

图 12-2-55

这里,可根据不同的题录类型,逐条修改模板以使之适合《法学》期刊的要求。(见图 12-2-56)

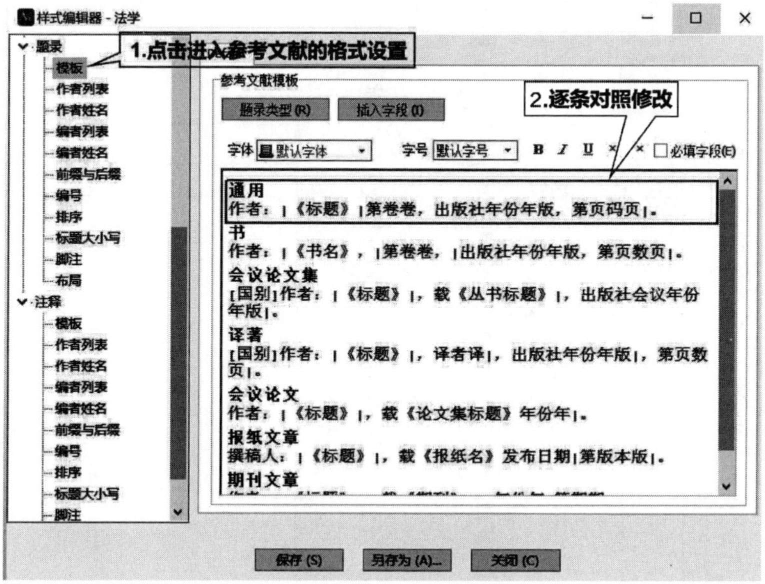

图 12－2－56

①修改原有模板

《法学》月刊“注释体例”对“著作类”示例如图 12－2－57 所示。

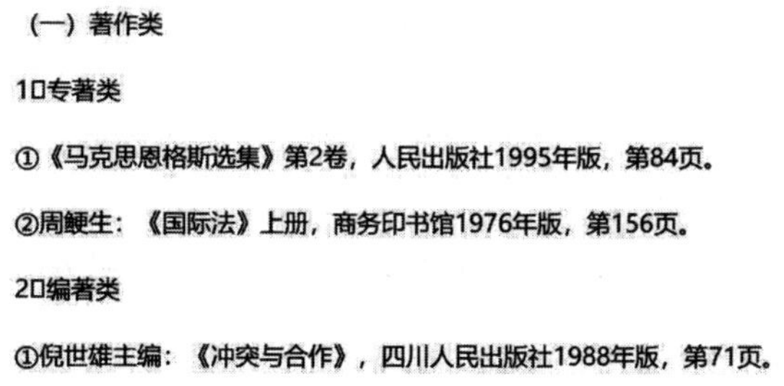
(一) 著作类

1□专著类

①《马克思恩格斯选集》第2卷，人民出版社1995年版，第84页。

②周鲠生：《国际法》上册，商务印书馆1976年版，第156页。

2□编著类

①倪世雄主编：《冲突与合作》，四川人民出版社1988年版，第71页。

图 12－2－57

《中国法学》样式与专著类相似的是“书”的模板。可以修改“书”的模板使之符合《法学》期刊体例要求：把“第卷卷”改为“卷册”，这样就得到了《法学》月刊“专著类”参考文献的格式模板(为方便查看，插入的字段标为楷体，手动输入内容设为加粗字体)。(见图 12－2－58)

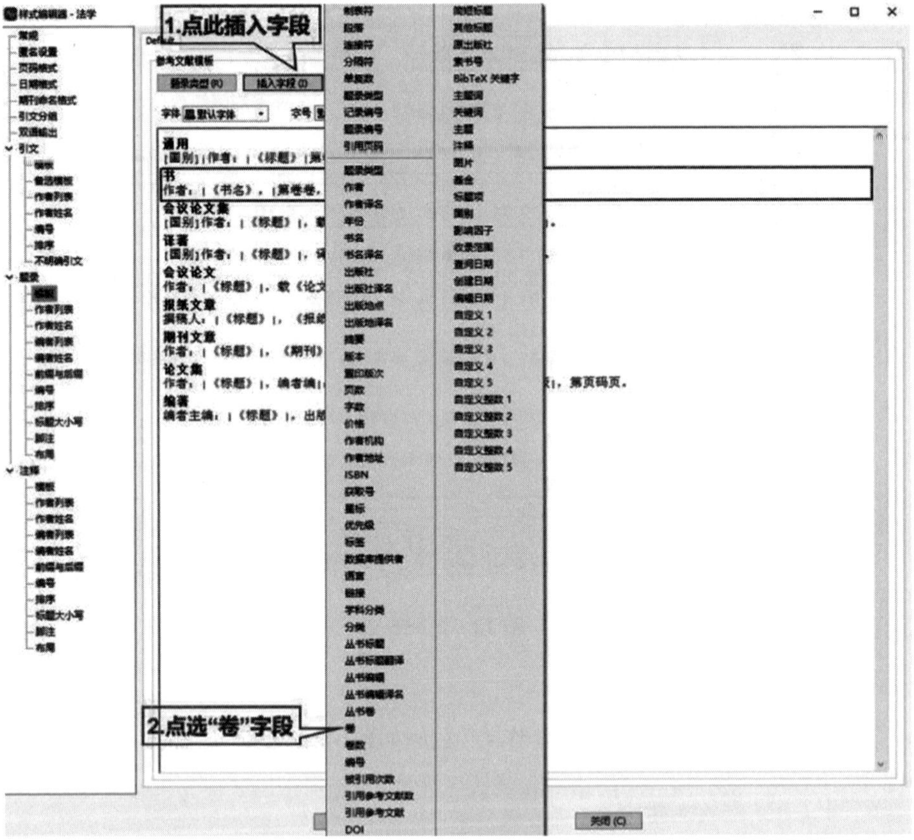

图 12－2－58

“书”类的修改结果为：

作者：|《书名》，|第卷册，|出版社年份年版，第页数页|。

②新增注释模板

《法学》月刊“注释体例”对“编著类”有具体要求，但《中国法学》期刊样式缺少“编著类”模板，因此，我们要新建一条“编著类”模板。

首先点击“题录类型”按钮插入“编著”类型，再点击“插入字段”按钮依次插入“编者”“标题”“出版社”“年份”“页数”；其次点击“插入字段”插入“分隔符”以隔开各字段；最后用手动输入的方式补全信息（插入的字段标为楷体，加粗字体为手动输入）。（见图 12－2－59）

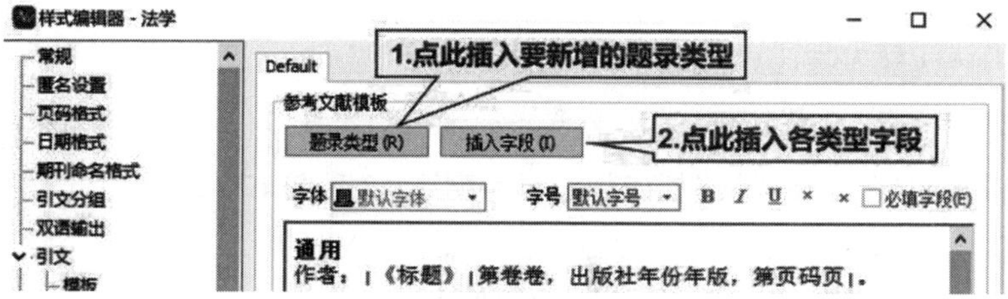

图 12－2－59

“编著”类修改结果为：

编者主编：|《标题》|，出版社年份年版|，第页码页|。

③使用“通用”格式模板

《法学》月刊“注释体例”对“古籍类”和“辞书类”具体要求如图 12－2－60 所示。

（六）古籍类

①《宋会要辑稿·食货》卷3。

②［清］沈家本：《沈寄移先生遗书》甲编，第43卷。

（七）辞书类

①《中国大百科全书》（法学卷），中国大百科全书出版社1985年版，第234页。

图 12－2－60

但 NoteExpress 的“样式编辑器”没有提供这两类的题录类型，这种情况下，可以在导入文献时限制“题录类型”为“通用”类，在写作时，使用 NoteExpress 插入文献，写作插件会自动调取“通用”题录模板以规范题录格式。

“通用”格式只有一个模板，但在设定题录时，可以只输入引用需要的内容，这样在写作引用时，就会忽略题录内不存在的信息。这样做的前提是，“通用”格式必须包含《法学》月刊“注释体例”对这两类内容所要求的全部字段。对照“通用”模板，只需要在“作者”字段前依次插入“国别”字段及其后的分隔符，然后手动补全括号（加粗字体）即可。

“通用”类修改结果为：

[国别]|作者:|《标题》|第卷卷,出版社年份年版,第页码页|。

④确认注释为脚注

《法学》月刊"注释体例"要求文章注释采用当页注,即脚注形式。我们需要在样式编辑器的"题录—脚注"栏确认注释为脚注。(见图 12-2-61)

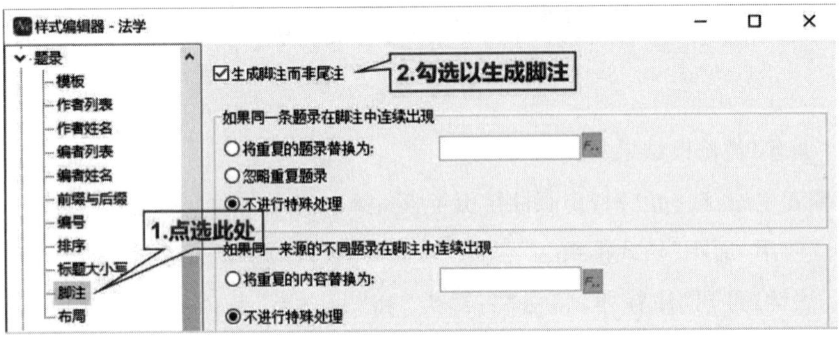

图 12-2-61

如上,《法学》月刊的期刊样式就建好了。这里使用的是"题录"系统,当然也可以使用的"注释"系统,因"注释"系统操作方式和"题录"系统相似,故不再赘述。

4. 切换注释格式

在投稿阶段,需要按照相关期刊的注释体例来逐条修改注释的格式。若是注释内容较多,操作就会很烦琐。但如果在写作阶段使用 NoteExpress 写作插件插入注释,那么在投稿阶段就可以用 NoteExpress 写作插件来批量切换注释格式了。切换操作非常简单,只需在写作软件界面,点选写作插件上的"样式"按钮,勾选投稿刊物的样式,即可批量切换注释格式。(见图 12-2-62、图 12-2-63)

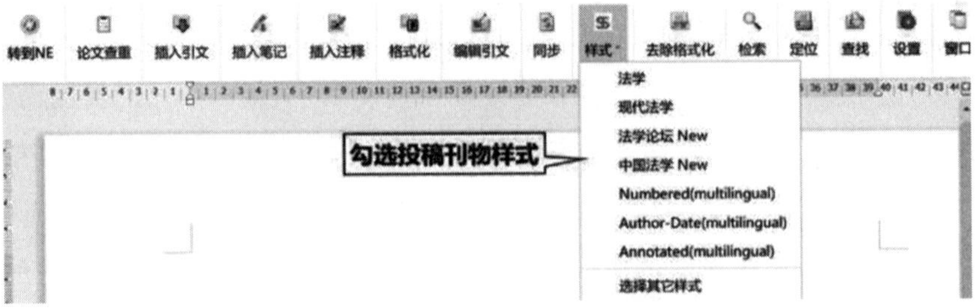

图 12-2-62

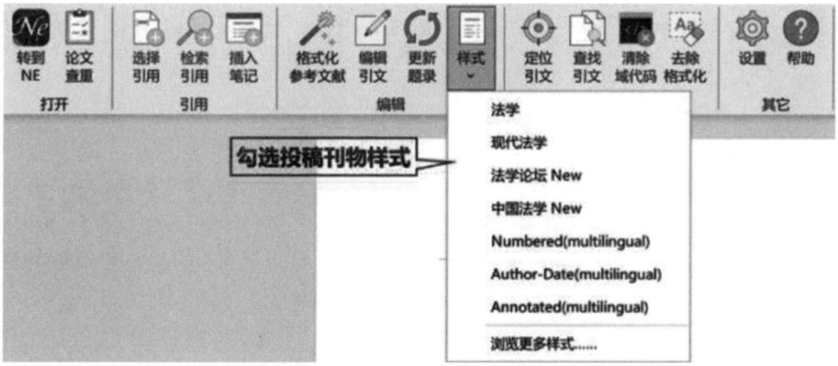

图 12 －2 －63

也可以通过“格式化”按钮对引注内容进行格式化操作，以此来批量切换注释格式。（见图 12 －2 －64、图 12 －2 －65）

图 12 －2 －64

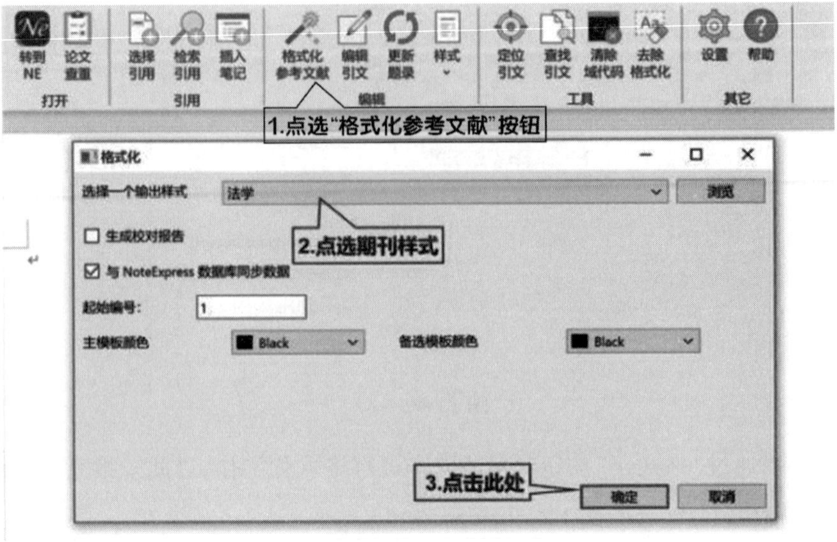

图 12-2-65

5. 固化注释格式

NoteExpress 写作插件插入的注释,受限于 NoteExpress 软件,以域代码形式存在,所以在稿件发出之前,还需去除域代码以固化注释格式,避免编排人员因为不熟悉域的相关操作而丢失注释或格式。但对于这个操作必须非常谨慎,因为一旦操作"清除域代码",就不能再使用 NoteExpress 写作插件来批量切换注释了。所以建议操作"清除域代码"前,另存一份含有域代码的原始稿件,以备后期修改。

"清除域代码"操作较为简单,在 NoteExpress 经典版写作插件里,需要点击"去除格式化"按钮,在弹出界面上点选"清除域代码"按钮即可。而在 NoteExpress 极速版写作插件里,"清除域代码"按钮独立存在于写作插件界面,直接点击"清除域代码"按钮即可。(见图 12-2-66、图 12-2-67)

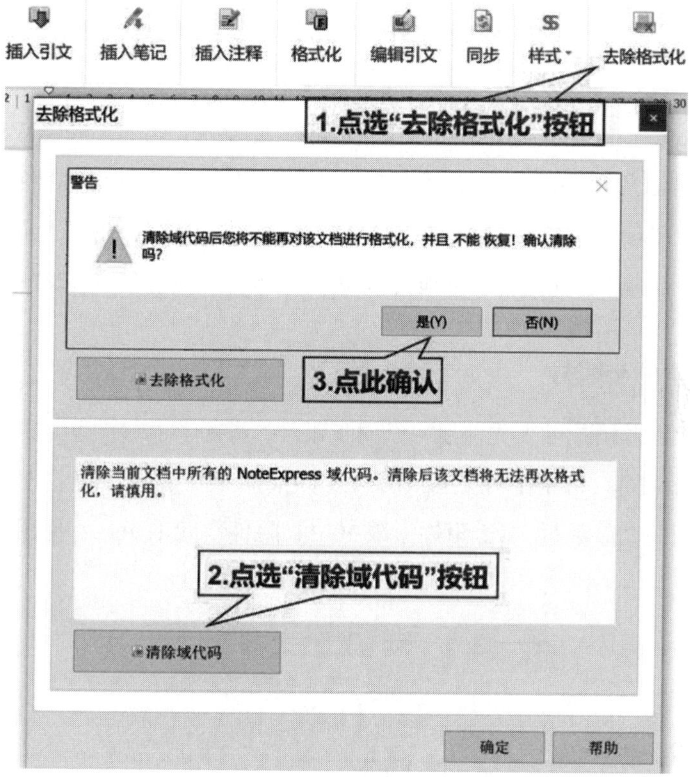

图 12－2－66

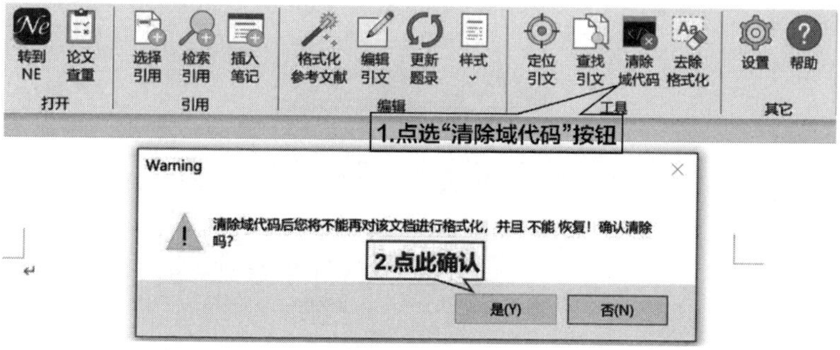

图 12－2－67

第三节　NoteExpress 同步版：青提学术

NoteExpress 在 2021 年推出了同步版，即青提学术（NoteExpress Web），除支持 Windows 、macOS 、Linux 计算机操作系统外，还支持 iOS 和 Android 移动操作系统。青提学术和 NoteExpress 在资源搜集、管理、阅读和引用等功能上大同小异，不过，NoteExpress 致力于专业化管理本地文献，青提学术则更侧重于多终端的管理模式。

一、注册同步账号

使用青提学术前，需要先注册一个同步账号。青提学术对普通会员账号提供 500 篇限额的文献数量，每个附件上限 10M，附件空间 100M；对 VIP 会员账号则提供 9500 篇限额的文献数量，每个附件上限 100M，附件空间 1.9G。（见图 12－3－1）

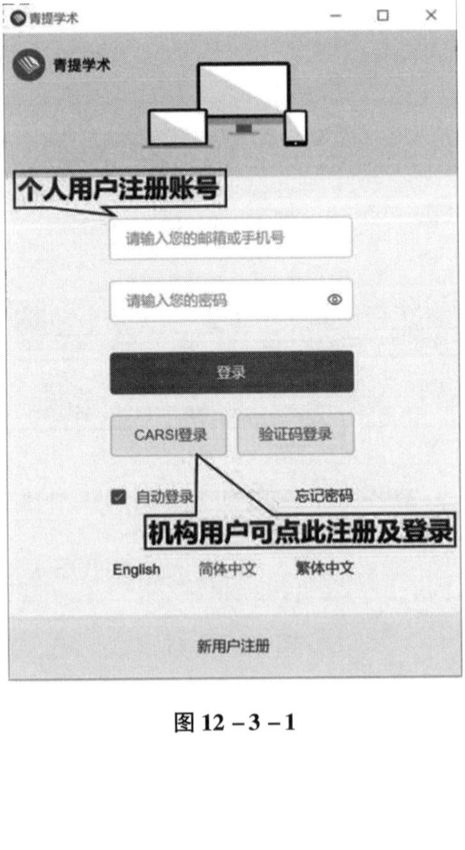

图 12－3－1

二、认识软件界面

青提学术的文献管理界面与 NoteExpress 相似,只是增加了更为直观的内嵌界面切换栏。(见图 12－3－2)

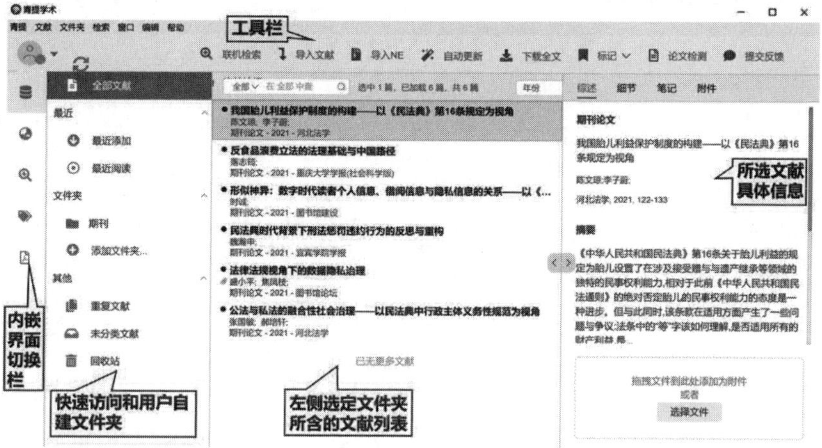

图 12－3－2

青提学术内嵌网页浏览器界面,可直接访问相关数据库,该浏览器自带网页插件,方便我们快速保存网页上的内容到青提学术桌面端的指定文件夹。(见图 12－3－3)

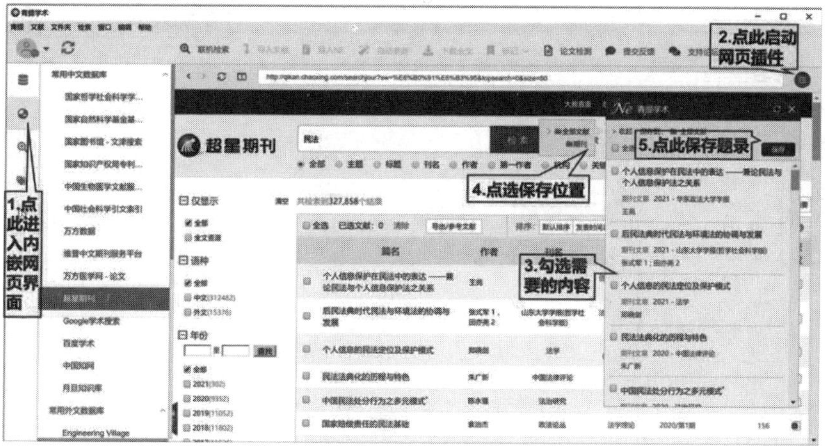

图 12－3－3

青提学术内嵌检索界面,支持专业检索式检索。(见图 12 -3 -4)

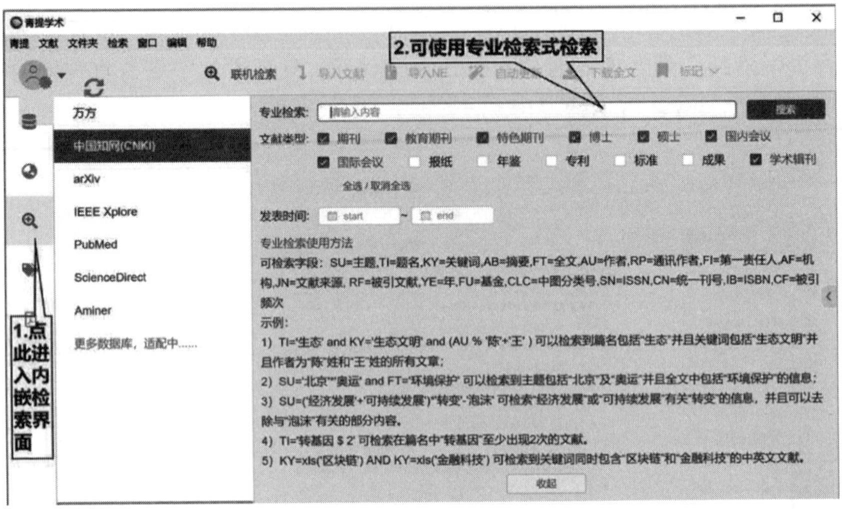

图 12 -3 -4

青提学术支持收藏、多色标签及星级评分等多重标记,内嵌标记界面,方便我们在初步筛选的基础上分类深入阅读。(见图 12 -3 -5)

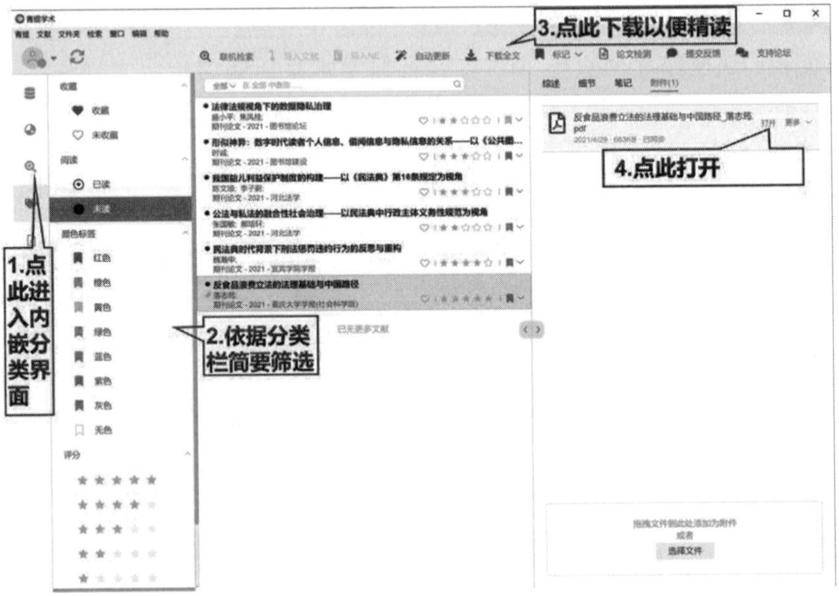

图 12 -3 -5

青提学术自带阅读器,打开全文会自动进入阅读器界面。该阅读器支持文本选取,方便我们摘录笔记;在阅读界面的右侧即为笔记编辑处,支持纯文本笔记或Markdown 笔记。(见图 12-3-6)

图 12-3-6

三、进行同步操作

相比 NoteExpress,青提学术最大的特点就是支持数据同步,可以实现本地数据和云端数据的同步,以及多台设备之间的数据同步。

点击工具栏上的同步按钮或点击下拉菜单内的同步选项,即可实现本地数据与云端同步。(见图 12-3-7)

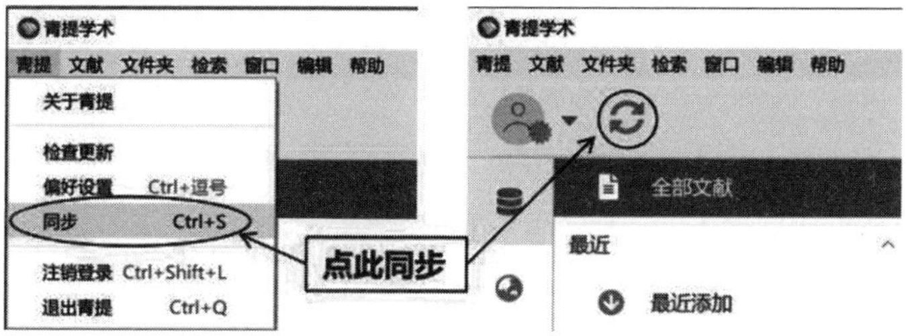

图 12-3-7

青提学术桌面端在进行同步操作后,桌面端数据会自动与云端同步。青提学术移动端用同步账户登录即可读取同步数据,除阅读题录、下载全文外,移动端的内嵌阅读器还支持拷贝方式摘录笔记,以及自动提供与阅读文献相关的推荐内容供我们参考。(见图 12-3-8)

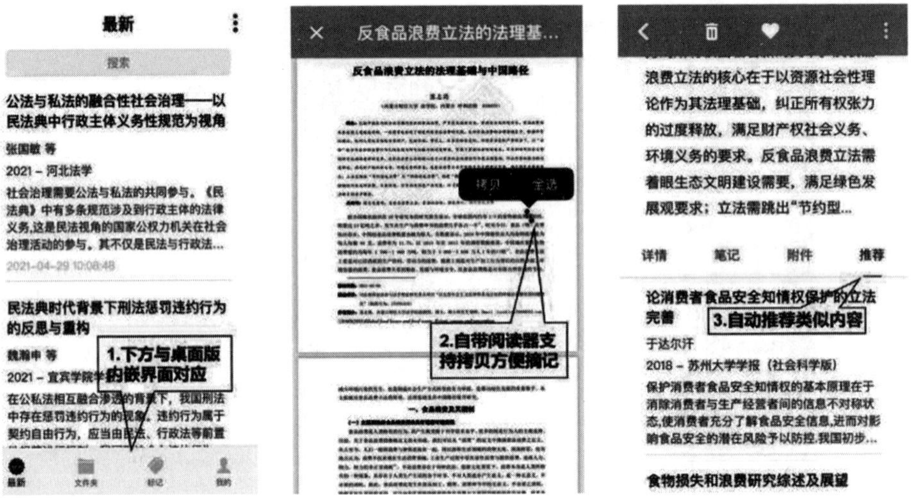

图 12-3-8

后 记

这本新修订的《信息素养与法律文献检索》就要付印了,我们在2018年出版的书稿基础上进行了更新、修订,也增加了一些新的内容。2004年我们写了《法律文献检索:方法、技巧与策略》,当时这本书反响很好,还获得了上海市教学成果奖。经过几年的教学实践,2013年我们又出版了《中外法律文献检索》,主要介绍一些常用的法律文献检索方法和途径,实用性很强,受到广大法律工作者的好评。2018年为给法学院的学生开设通识课,我们重新编写了《信息素养与法律文献检索》,从法律文献检索的基本技巧、方法,上升到一种信息素养的培养和学习能力的提升。每次修订都会把最新的内容补充进去,力求与新的检索方法和检索技术同步。

本书由我编写大纲、体例和各章节安排,最后统稿。感谢复旦大学图书馆的研究馆员刘丽君老师,她一如既往地支持我们,并毫无保留地提供最新的法律文献检索方法和信息。此外,特别要提到我的同事、华东政法大学图书馆副馆长钱崇豪老师,20世纪90年代他就读于华东师范大学图文信息专业,毕业后来华政图书馆工作。他有良好的专业素养,热爱图书馆事业,工作兢兢业业。不幸的是他于2020年年初突然病逝,年仅53岁。这本书有他撰写的章节,为了纪念他,我们保留了下来。

本书由图书馆中外法律文献中心和参考咨询部的年轻老师们共同完成,他们参加了各章节的编写工作:郭海霞,第一章;钱崇豪,第二章、第三章、第四章部分内容;龚思文、米婷,第二章部分内容;王丽,第三章部分内容;刘章,第四章部分内容;顾欣欣,第五章;李梅瑛,第六章、第十一章部分内容;缪岚,第六章、第十一章部分内容;林燕萍、朱玥,第七章、第八章、第九章;吴志鸿,第十章、第十一章部分内容;王兴海,第十章、第十一章部分内容;胡金颖,第十二章,全书由我统稿和审定。

感谢法律出版社法治与经济分社沈小英社长,她一直支持这本书的出版事宜;感谢刘晓萌编辑,她认真审阅了书稿,并提出了一些修改意见。由于水平有限,若书中有错误或不当之处,敬请读者批评指正。

我们希望这本新修订的法律文献检索书不仅使法学院的学生受益,而且能成为众多法律工作者有用的工具书。

林燕萍

2023 年 10 月 22 日